Agrarkommunikation

Matthias Kussin · Jan Berstermann

Agrarkommunikation

Eine Einführung in Theorie, Konzeption
und Umsetzung

 Springer Gabler

Matthias Kussin
Hochschule Osnabrück
Osnabrück, Deutschland

Jan Berstermann
Agrarwissenschaften und
Landschaftsarchitektur
Hochschule Osnabrück
Osnabrück, Deutschland

ISBN 978-3-658-36340-6   ISBN 978-3-658-36341-3   (eBook)
https://doi.org/10.1007/978-3-658-36341-3

Die Deutsche Nationalbibliothek verzeichnet diese Publikation in der Deutschen Nationalbibliografie;
detaillierte bibliografische Daten sind im Internet überhttp://dnb.d-nb.de abrufbar.

Planung/Lektorat:Angela Meffert
Springer Gabler ist ein Imprint der eingetragenen Gesellschaft Springer Fachmedien Wiesbaden GmbH und ist
ein Teil von Springer Nature.
Die Anschrift der Gesellschaft ist: Abraham-Lincoln-Str. 46, 65189 Wiesbaden, Germany

Inhaltsverzeichnis

Über die Autoren

Prof. Dr. phil. Matthias Kussin, Dipl.-Soz., M.Sc., lehrt und forscht als Professor für Medien- und CSR-Kommunikation an der Fakultät Agrarwissenschaften und Landschaftsarchitektur der Hochschule Osnabrück. Zu seinen Schwerpunkten zählen dabei die strategische Unternehmenskommunikation, Nachhaltigkeitskommunikation, Risiko- und Krisenkommunikation sowie Methoden der empirischen Sozialforschung. Daneben berät er Unternehmen und andere Organisationen u. a. zu diesen Themen. Zuvor war er über zwölf Jahre in der Unternehmenskommunikation sowie in der Kommunikationsberatung für verschiedene Unternehmen und andere Organisationen tätig.

Dr. Jan Berstermann ist seit 2019 als Organisationsberater im Bereich des Nachhaltigkeits- und Innovationsmanagements tätig und forscht im Rahmen des Food Future Labs der Hochschule Osnabrück an Themen der Unternehmensentwicklung. Zuvor promovierte er an der Universität Bremen im Fachbereich Wirtschaftswissenschaften, insbesondere Nachhaltiges Management, und studierte Wirtschaftsingenieurwesen und Unternehmensführung mit dem Schwerpunkt Agrar- und Lebensmittelwirtschaft. Seit 2017 ist er außerdem Dozent in den Bereichen Unternehmensführung und Nachhaltigkeitsmanagement.

Abbildungsverzeichnis

Tabellenverzeichnis

Einleitung

Die Kommunikation aus, über und mit der Landwirtschaft – sie ist gegenwärtig wohl nahezu so bunt und vielfältig wie die Landwirtschaft selbst. Da gibt es Initiativen wie *„Echt Grün – eure Landwirte"* und *„Landwirtschaft mag doch jeder"*, die eine Verbesserung des Images der Landwirtinnen[1] anstreben (vgl. Deter, 2020), oder Aktivitäten wie die des Forums moderne Landwirtschaft, die den Verbraucherinnen gegenwärtig genutzte Produktionsverfahren im Pflanzenbau und in der Tierhaltung nahebringen – über Informations- und Dialogangebote im Internet, aber auch über Präsenzformate wie z. B. den Erlebnisbauernhof (vgl. Fischer, 2020). In den sozialen Netzwerken machen Agrarbloggerinnen auf sich und ihre Themen aufmerksam; weitere Berufskolleginnen empfangen Schulklassen auf ihren Betrieben, damit diese erfahren, woher die Milch kommt und wie Schweine gehalten werden. Schließlich äußern Netzwerke wie *„Land schafft Verbindung"* ihre Vorstellungen von einer künftigen Agrarpolitik, aber auch fairen Preisen – mit öffentlichkeitswirksamen Aktionen (vgl. o. A., 2021).

Neben der *Herstellung* und Vermarktung von landwirtschaftlichen Produkten zählt somit auch die *Darstellung* der dahinterliegenden Tätigkeiten, der arbeitenden Menschen und Maschinen zu den selbstverständlichen Aufgabenbereichen in der Landwirtschaft. Diese Bemühungen sind einerseits nicht überraschend, zeichnet sich die heutige Zeit doch dadurch aus, dass Kommunikation an Relevanz gewinnt. Zeitdiagnosen wie die von der *„Dynamik der Kommunikationsgesellschaft"* (Münch, 1995) weisen darauf hin, in welchem Ausmaß gegenwärtiges Leben und Arbeiten von Kommunikationsprozessen geprägt ist. Und so nimmt auch die professionelle Darstellung von Menschen, Produkten, Aktivitäten und Entscheidungen weiten Raum ein.

---

[1] Aufgrund besserer Lesbarkeit wird das generische Femininum verwendet, womit aber immer auch andere Geschlechter mitgemeint sind.

M. Kussin und J. Berstermann, *Agrarkommunikation,*
https://doi.org/10.1007/978-3-658-36341-3_1

Andererseits fällt auf, in welchem Maße das Thema die Landwirtschaft und ihr Umfeld beschäftigt. Das eingangs geschilderte Maß an kommunikativer Betriebsamkeit mag nicht darüber hinwegtäuschen, dass Teile der Landwirtschaft bei der Frage nach den Möglichkeiten einer positiven Selbstdarstellung verunsichert sind. Sie fühlen sich von Medien, Gesellschaft oder Politik unter Druck gesetzt (vgl. Ermann et al., 2017, S. 92–93). Damit einher geht, dass die Kommunikation der Branche in der akademischen und gesellschaftspolitischen Diskussion sehr grundsätzlich reflektiert wird. Es sind Begriffe wie *„Gesellschaftsorientierung"* (vgl. Sonntag et al., 2021, S. 10), *„gesellschaftlich akzeptierte Nutztierhaltung"* (Wissenschaftlicher Beirat für Agrarpolitik beim BMEL, 2015) bis hin zu einem neuen *„Gesellschaftsvertrag"* (Feindt et al., 2019), die einen besonderen Fokus setzen, damit bestehende Defizite *an*deuten und zugleich auf mögliche Schwerpunkte für die künftige Branchenkommunikation *hin*deuten.

Im Rahmen dieses Spannungsfelds des *einerseits* und *andererseits* bewegen sich die Darstellungen in den folgenden Kapiteln. Sie folgen der Grundüberlegung, dass Agrarkommunikation vor Aufgaben steht, die auch die professionelle Kommunikation in anderen Branchen und Organisationen auszeichnen. Und sie tragen ebenso dem Umstand Rechnung, dass sich die Landwirtschaft in der Kommunikation selbst spezifischen Aufgaben gegenübersieht: Aufgaben, die eng mit ihrer historischen Entwicklung, den materiellen Grundlagen ihres Wirtschaftens, der gesellschaftlichen Funktion der Branche, Erwartungen an ihre Arbeitsweise, aber auch dem Selbstverständnis der in ihr Tätigen zusammenhängen.

Ziel dieses Buches ist es, der an Agrarkommunikation interessierten Leserin ein grundsätzliches Verständnis und methodische Herangehensweisen darüber zu vermitteln,

- was erfolgreiche Kommunikation im Allgemeinen, aber auch im Besonderen im landwirtschaftlichen Kontext auszeichnet,
- welche Wirkungen sich mit Kommunikation erzielen lassen und unter welchen Voraussetzungen Kommunikation keinen relevanten Teil der Lösung darstellt, und
- was es zu tun und zu lassen gilt, damit Kommunikation positiv wirkt.

1.1 Ausgangspunkt 1: Öffentliche Kommunikation als branchenunabhängige Aufgabe professioneller Organisationen

Eine professionelle öffentliche Kommunikation von Unternehmen, Verbänden und Branchen ist kein Phänomen jüngerer Zeit. In der Kommunikationsforschung und in historischen Betrachtungen zum Kommunikationsmanagement besteht Einigkeit, dass sich spätestens in der zweiten Hälfte des 19. Jahrhunderts moderne Formen von Öffentlichkeitsarbeit herauszubilden begannen (vgl. Szyszka, 2015, S. 488). Es waren Industrieunternehmen – z. B. aus dem Bereich der Stahlproduktion –, die neue

Formen der Kommunikation einsetzten, um öffentlich wahrgenommen zu werden. Um die Jahrhundertwende verfügte bereits eine Vielzahl von Unternehmen über Abteilungen wie *literarische Büros*, *Zentralstellen für Pressewesen* und *Reklame- und Pressebüros*, mittels derer Einfluss auf die öffentliche Meinung genommen werden sollte (vgl. Szyszka, 2015, S. 492). Zudem traten Werbung und andere Formen der Verkaufskommunikation vermehrt an die Stelle von persönlichen Austauschbeziehungen zwischen Produzentin und Kundin (vgl. Zurstiege, 2015, S. 33–35). Nötig wurde dies, weil sich mit neuen Verfahren der Massenproduktion auch die Vertriebswege änderten (vgl. Marx, 1953, S. 15–16). Und möglich wurde dies durch Entwicklungen im Mediensystem, durch die dann neue Formen von Öffentlichkeitsarbeit sowie werbebasierter Kommunikation entstehen konnten: konkret also durch die Verbreitung moderner Massenmedien wie Zeitungen und Zeitschriften, dann des Hörfunks und später des Fernsehens – allesamt Medien, die eine wesentliche Rolle bei der Herausbildung professioneller öffentlicher Kommunikation spielten (vgl. Szyszka, 2015, S. 496).

Diese Medien zeichnet aus, dass sie technisch in der Lage sind, eine beliebige Anzahl an Adressaten zu erreichen. Sie stellen Informationen bereit, wirken auf Einstellungen und Meinungen und beeinflussen das Verhalten von Menschen. Dafür produzieren die Medien *Images*, also Bilder auf der Basis von Text, Fotografie, Ton und Video, die wiederum Bilder von Unternehmen, Menschen und ganzen Branchen in den Köpfen der Menschen erzeugen (vgl. Eisenegger, 2005, S. 72–73). Nicht zuletzt um diese Bilder geht es, wenn Unternehmen, andere Organisationen oder eine ganze Branche Öffentlichkeitsarbeit betreiben. Ziel ist es, derartige Images gezielt im eigenen Sinne zu verbessern oder auch neue Bilder zu schaffen (siehe Kap. 4) (vgl. Merten & Westerbarkey, 1994, S. 208; Einwiller, 2014, S. 375) – damit Marken geliebt und Produkte gekauft werden, Politikerinnen die Anliegen einer Branche oder bestimmter Unternehmen in Gesetzgebungsverfahren nicht vergessen, der Finanzmarkt Investitionschancen sieht oder auch Menschen Lust haben, für Unternehmen in der Branche zu arbeiten. Indes sind diesen Bemühungen Grenzen gesetzt: Bilder lassen sich dehnen, schärfen und kolorieren. Ihre *Überzeichnung* oder gar Gestaltung *frei Hand* birgt hingegen Risiken. Dann drohen Images zu offensichtlichen und haltlosen Fassaden zu werden – und damit wirkungslos oder sogar schädlich mit Blick auf die Intentionen ihrer Urheberin.

Beiträge aus den Kommunikationswissenschaften haben gezeigt: Images wirken dann, wenn sie *anschlussfähig*[2] sind: zum einen an bestehende *Selbst*bilder in Organisation und Branche (vgl. Einwiller, 2014, S. 381–382), zum anderen aber auch an bestehende *Fremd*bilder, also an Vorstellungen und Erwartungen, die bereits außerhalb der Organisation bzw. Branche bestehen. Denn auch dort werden Bilder angefertigt – von den Medien selbst, aber auch von Politikerinnen, Umweltschützerinnen oder Wissenschaftlerinnen. Diese Bilder können ein geplantes Image stärken, ihm Glaubwürdig-

---

[2] Der Begriff der Anschlussfähigkeit in der hier zugrunde gelegten Bedeutung entstammt der soziologischen Systemtheorie (vgl. Luhmann, 1987, S. 204).

keit verleihen. Und sie können es schwächen, wenn sie eine ganz andere Sichtweise zeigen oder gar Diskrepanzen zwischen Image und der Realität hinter dem Image, also Abweichungen der Darstellung von der Herstellung, markieren (vgl. Eisenegger, 2015, S. 455). Stimmigkeiten, aber auch Unstimmigkeiten von Selbstbild, gewünschtem Image und Fremdbildern treten im Kontext der Digitalisierung noch deutlicher hervor. Denn in den digitalen Kanälen prallen diese drei Perspektiven noch unvermittelter aufeinander und entfalten noch wuchtiger ihre Wirkungen. Der *„Strukturwandel der digitalen Öffentlichkeit"* (Lischka & Stöcker, 2017) schafft neue Veröffentlichungsmöglichkeiten. Auch deshalb gewinnen veränderte Arbeitsweisen im Kommunikationsmanagement an Aufmerksamkeit: Das monologische Senden von Bildern mittels einer durch das Unternehmen kontrollierten Kommunikation wandelt sich hin zu einem offeneren, rekursiveren Verständnis von Öffentlichkeitsarbeit. Es geht nicht mehr ausschließlich darum, vorab definierte Bilder des Unternehmens bzw. der Branchen durchzusetzen. Wichtiger wird es daneben, im Austausch mit gesellschaftlichen Gruppen wechselseitig bestehende Vorstellungen abzugleichen (vgl. Karmasin, 2015, S. 349–350) und die richtigen Bilder zu finden – das heißt damit auch, zuzuhören und gesellschaftliche Erwartungen im Zeitverlauf zu reflektieren. Und es kann auch bedeuten, auf der Herstellungsebene Veränderungen einzuleiten, um diese Ebene mit der der geplanten Darstellung in Einklang zu bringen. Was dafür erforderlich wird, ist ein Modus, der in der Soziologie als *„Resonanzfähigkeit"* (Luhmann, 1990, S. 98) bezeichnet wird – also die Möglichkeit, sich auf externe Erwartungen *einzuschwingen* und damit ein möglichst hohes Maß an Stimmigkeit (nicht Einigkeit!) von internen und externen Bildern und auch zwischen der Herstellungs- und Darstellungsebene zu erreichen.

1.2   Bezugspunkt 2: Die branchenspezifischen Aufgaben öffentlicher Kommunikation in der Landwirtschaft im historischen Rückblick

Aktivitäten für eine professionelle Kommunikationsarbeit reichen auch in der Landwirtschaft weit zurück. Aufgrund der Branchenstruktur waren es Verbände und nicht die Einzelbetriebe, die diese Aufgabe übernahmen. Frank Uekötter (2010, S. 135) sieht als einen Schlüsselmoment für eine professionelle Außenwirkung der Branche in Deutschland die Gründung des *„Bunds der Landwirte"* im Jahr 1893 – einer Organisation, die von ostelbischen Großgrundbesitzern geführt wurde und – im Unterschied zu den christlichen Bauernvereinen – in kurzer Zeit zu einem einheitlichen und schlagkräftigen Agrarverband mit über 300.000 Mitgliedern heranwuchs (vgl. Ullmann, 1990, S. 100–101). Der Verband war sehr aktiv in der politischen Lobbyarbeit, aber auch darüber hinaus in der Öffentlichkeitsarbeit von der lokalen bis zur nationalen Ebene. Er betonte die hervorgehobene Bedeutung der Landwirtschaft für die Gesellschaft (vgl. Uekötter, 2010, S. 136). Zur Untermauerung dieser Botschaft konnte er sich auf außerkommunikative, allgemeine strukturelle Rahmenbedingungen stützen: Denn in der ersten Hälfte des 20. Jahrhunderts war die Landwirtschaft trotz voranschreitender Industrialisierungsprozesse weiterhin ökonomisch bedeutsam, politisch mächtig und kulturell privilegiert. Ihr wurde, wie der Historiker Gunther Mai (2007, S. 478) schreibt, als Wirtschafts- und Lebensform von der Gesellschaft eine „Sonderrolle" zugebilligt.

Auf diese hervorgehobene gesellschaftliche Bedeutung erhob auch die Landwirtschaft in der zweiten Hälfte des 20. Jahrhunderts Anspruch – das war zunächst eine zentrale Botschaft der Branche (vgl. Patel, 2010, S. 169). Sie wurde vor allem formuliert von einem informellen agrarpolitischen Netzwerk aus Verbänden, Landwirtschaftskammern und Agrargenossenschaften, als deren *Verdichtungspunkt* der Deutsche Bauernverband und allem voran sein erster Präsident Andreas Hermes fungierten. Dieses Netzwerk knüpfte Fäden zu einschlägigen Forschungsinstituten und Medienorganen sowie in die Unionsparteien, in Landesparlamente, den Bundestag und in die einschlägigen Ministerien (Patel, 2010, S. 165).[3] Es stand für gemeinsame Ziele (1), Botschaften sowie Themen (2), aber auch Maßnahmen (3) der Branche ein, um so spezifische Wirkungen (4) durch Kommunikation hervorzurufen.

1.2.1 Ziele

In der externen Kommunikation verfolgte das Netzwerk allem voran zwei Ziele: Erstens ging es darum, weiterhin besondere Wertschätzung und gesellschaftliche Anerkennung für Leistungen der Landwirtschaft für die Gesellschaft zu erhalten. Zweitens arbeitete es – aufbauend auf dem ersten Ziel – sehr konkret daran, öffentliche Zahlungsbereitschaften für die Landwirtschaft auszulösen, um Anschluss an Einkommensentwicklungen in anderen Branchen zu ermöglichen (vgl. Patel, 2010, S. 168). Mit einem dritten Ziel sollten zudem Wirkungen innerhalb der Branche erreicht werden: Es bestand darin, die Landwirtschaft zusammenzuhalten und auf eine gemeinsame Linie, auf eine Identität einzuschwören – trotz großer Interessenunterschiede, die sich auf regionale Unterschiede, Betriebsgrößen und -formen zurückführen ließen (vgl. Patel, 2010, S. 166).

1.2.2 Botschaften und Themen

Dabei waren es zunächst zwei Narrative, mit denen das Bild einer Branche mit Sonderstellung fundiert wurde und die in einem *„agrarromantischen Denken"* (Patel, 2010, S. 164) wurzelten. Das eine stellte besondere Charaktereigenschaften der Bäuerin heraus. Es beschwor so etwas wie einen Mythos von der Landwirtschaft – ein Narrativ,

---

[3] Die Präsenz der organisierten Bauern zeichnete sich in der Öffentlichkeit mindestens bis in die 70er Jahre vor allem dadurch aus, *„dass sie immerzu klagten"* (Radkau, 2017, S. 72).

das vor allem von der politisch prägenden Generation des Wiederaufbaus (vgl. Mai, 2007, S. 506), aber auch von branchennah arbeitenden Agrarsoziologinnen nachgezeichnet wurde (Patel, 2010, S. 164). Das zweite Narrativ fußte in der Gegenüberstellung einer Landidylle gegenüber der *gefräßigen Stadt*. Dieses Narrativ wurde ab den 1950er Jahren unter anderem in teils poetischen Beiträgen des damaligen DBV-Präsidenten Rehwinkel artikuliert. Die Ursprünge beider Narrative reichen mindestens bis ins 19. Jahrhundert zurück.[4] Sie stehen in enger Verbindung zum holistischen Ideal der *ganzen Landwirtin,* die in einem gemischten Betrieb, der Natur unterworfen, in ihrer Arbeit den biologischen Kreisläufen Rechnung trägt. Diese Darstellungen prägten auch bis in die 1960er Jahre das Selbstverständnis der Landwirtschaft. Und das, obwohl – wie Joachim Radkau festhält – das Bild von der bäuerlichen Tradition und Naturnähe bereits in den 1930er Jahren erste Risse bekam. Die Welt der Herstellung und die der Darstellung verloren an Deckungsgleichheit. Verantwortlich dafür waren Rationalisierungsprozesse in der Branche, die durch Entwicklungen in der Landtechnik ausgelöst wurden (vgl. Radkau, 2017, S. 65) und für die durch Verfügbarkeit von Stickstoffdünger bereits seit einigen Jahrzehnten der Boden bereitet war (vgl. Grossarth, 2018, S. 139).[5] Bereits ab den 1950er Jahren übernahm zudem eine neue Generation technikbegeisterter Betriebsleiterinnen das Sagen, und es entstand ein Netzwerk aus technischen Dienstleistern mit Reparaturwerkstätten, Kundendiensten und Lohnunternehmern, die die Spezialisierung weiter voranbrachten (vgl. Uekötter, 2010, S. 332). In der Betriebsführung wurden ökologische und menschliche Aspekte zunehmend technischen Logiken untergeordnet (vgl. Uekötter, 2010, S. 339). Aus Sicht der Geschichtswissenschaften vollzog sich so eine *Revolution ohne Plan,* die von den meisten Beteiligten ungeplant mit gefördert wurde (vgl. Radkau, 2017, S. 75).

Gunther Mai (2007, S. 473) datiert den Anfang vom Ende der kulturellen Dominanz der traditionellen agrarischen Leitbilder auf die beginnenden 1960er Jahre – und zwar in ganz Europa. Das Ideal eines organischen, dem natürlichen Kreislauf unterworfenen Prozesses verschwand indes nicht vollkommen, es blieb in einer *paradoxen Gleichzeitigkeit des Ungleichzeitigen* noch eine Zeit lang verfügbar (vgl. Uekötter, 2010, S. 375). In der öffentlichen Kommunikation dominierte ab den 1970er Jahren das Narrativ von einer effizienten und modernen Landwirtschaft. Es begann dann, die Erzählung des agrarromantischen Denkens zu überlagern (vgl. Uekötter, 2010, S. 175) und einen Imagewandel der Landwirtschaft einzuleiten. An die Stelle des *„ganzen Landwirts"* trat der *„wendige Betriebsleiter"* (Uekötter, 2010, S. 373), der hochspezialisiert und auf Basis

---

[4]Bereits zu dieser Zeit wurde die Sorge geäußert, dass urbane Einflüsse die bestehenden dörflichen Eigenkulturen zerstören, die Stadt also nicht nur Natur, sondern auch Kultur *frisst* (vgl. Mai, 2007, S. 487).

[5]In der deutschen Agrargeschichte wird der Beginn der Mineraldüngerepoche sogar schon auf 1880 datiert (vgl. Radkau, 2012, S. 243).

von Technik hocheffizient wirtschaftet.[6] Auch das Leitbild vom bäuerlichen Familienbetrieb (vgl. Mai, 2007, S. 507) erfuhr eine Umdeutung. Galt es vormals als ein Garant
für den Erhalt konservativer Werte, so stellte es nun eine produktive Wirtschaftseinheit
dar (vgl. Peuker, 2014, S. 101).

1.2.3   Maßnahmen

Vermittelt wurde das neue Bild der fortschrittlichen Landwirtschaft dabei mit bewährten
Kommunikationsmaßnahmen, die bereits zuvor die Agrarkommunikation prägten: Dazu
zählten insbesondere vertrauliche Lobbyaktivitäten, öffentlicher Protest und zuweilen
eine Kombination beider Ansätze. Die Struktur des agrarpolitischen Netzwerkes basierte
auf vertraulicher, persönlicher Kommunikation. Sie ermöglichte eine Form *„ver-
bandsbasierten Co-Managements des Politikbereichs"* (Zimmer, 2020, S. 4). Daneben
nutzte die Branche das öffentlichkeitswirksame Instrument der Demonstration, um die
Bedeutung der Branche und Entschlossenheit ihrer Mitglieder zu zeigen – auch dann,
wenn das inhaltliche Ziel unklar blieb.[7] Als charakteristisch galt die Drastik im Tonfall.
Repräsentanten wie Edmund Rehwinkel wird eine *verbale Brutalität* zugeschrieben, mit
der sie die Positionen des agrarischen Netzwerks vertraten – bei öffentlichen Auftritten
(vgl. Radkau, 2017, S. 80) oder auch in offenen Briefen an Politikerinnen (vgl. Patel,
2010, S. 166).

1.2.4   Wirkungen

Im Rückblick wurde diese Kommunikation in zwei Punkten als über viele Jahre erfolgreich beurteilt. Intern schaffte das Netzwerk so Voraussetzungen dafür, die Landwirtschaft zu einen und damit auch Radikalisierungen in Richtung eines völkischen,
demokratiefeindlichen Denkens im Verband zu unterbinden. Gleichzeitig entwickelte es
gegenüber der Politik eine große Schlagkraft, die auch anhielt, als die Branche sozio-
ökonomisch an Bedeutung verlor.[8] Das Bild einer systemrelevanten und zugleich dauer-

---

[6] Nur eine überschaubare Anzahl an biologisch-dynamischen Landwirtinnen ging diesen Weg nicht
mit. Diesen Landwirtinnen wurde vonseiten der konventionell arbeitenden Berufskolleginnen zum
Teil Unverständnis und Missbilligung entgegengebracht (vgl. Uekötter, 2011, S. 173–174).

[7] Als Beispiel wird hier eine vom Bauernverband initiierte Großdemonstration im Jahre 1971 in
Bonn genannt, deren inhaltliche Botschaft fraglich war, da die Regierung ohnehin die Position des
DBV unterstützte (vgl. Patel, 2010, S. 176).

[8] Dies geschah nicht zuletzt mit Drohungen von Spitzenverbandsvertreterinnen, die Bäuerinnen
würden zahlreich NPD wählen, wenn bestimmte finanzielle Forderungen von den anderen Parteien
nicht erfüllt würden (vgl. o. A., 1967).

haft krisengeschüttelten Branche mobilisierte weiter Zahlungen für die Landwirtschaft, zunächst aus Bonn und später aus Brüssel (vgl. Patel, 2010, S. 172).

Diese Zahlungsbereitschaft der Politik an die Landwirtschaft konnte die Branche aufrechterhalten. Und das, obwohl das grundlegendere Ziel – eigentlich eine Voraussetzung für diese Bereitschaft – verfehlt wurde: die allgemeine öffentliche Vorstellung von einer Branche mit Sonderstellung im vormaligen Sinne. So nahmen Landwirtinnen wahr, dass das Bild von den Besonderheiten ihres Berufsstands verblasste und die Wertschätzung zurückging. Der Agrarsoziologe Franz Kromka (1992, S. 284) schreibt: *„Allerdings denken nicht wenige ältere Landwirte mit gewisser Wehmut an jene Zeit zurück, in der sie im Vergleich zu anderen dörflichen Gruppen noch eine vorzügliche, herausragende Sozialposition einnahmen."* Hans Pongratz (1987, S. 540) erkennt *„soziale Marginalisierungsprozesse sowohl in der tatsächlichen sozialen Lage großer Gruppen von Bauern als auch in ihrer Wahrnehmung und Interpretation durch die Betroffenen"*. Die Branche rückte auch in Folge dieser Erfahrungen enger zusammen. Mit der Verstädterung schwand die ländliche Gesellschaft als Sozialisationsraum. An ihre Stelle trat eine imaginierte überörtliche Gemeinschaft aus Produzentinnen und Dienstleisterinnen, Forscherinnen und Beraterinnen sowie Funktionärinnen mit gemeinsamen Einstellungen und intensiver Kommunikation untereinander (vgl. Uekötter, 2010, S. 445). Nach *innen* produzierte dieser Zusammenschluss Nähe und Vertrautheit. Nach *außen* baute er hingegen *Distanz* auf (Pongratz, 1987, S. 532) und setzte damit eine Form der *Entfremdung*[9] der Landwirtschaft[10] und der darin Beschäftigten von weiten Teilen der übrigen Gesellschaft in Gang (vgl. Uekötter, 2010, S. 444). Es ist diese Entwicklung, die die folgende externe Kommunikation prägte. So präsentierte sich die Landwirtschaft in einer Form, die kaum Anschluss an branchenexterne Erwartungen suchte, stark reaktiv geprägt war und kaum Veränderungsbereitschaft als Reaktion auf Impulse aus öffentlichen Diskussionen signalisierte. Dieses Defizit offenbarte sich nicht zuletzt in drei Diskussionsfeldern, die bereits seit Mitte der 1960er Jahre Beachtung fanden und bis heute die öffentliche Kommunikation über Landwirtschaft wesentlich mitprägen: die Ökologie (a), die menschliche Gesundheit (b) und das Tierwohl (c).

Ökologie (a)
Das ökologische Thema gewann ab Mitte der 1960er Jahre sehr rasch an Aufmerksamkeit (vgl. Radkau, 2011, S. 124–133). Weltweit wuchs die Sorge um die ökologische Tragfähigkeit der Erde. Die Mahnungen vor den *„Grenzen des Wachstums"* (Meadows, 1972) wurden dringlicher. Hörbar wurde dies über wissenschaftliche und populärwissen-

---

[9] Der Begriff der Entfremdung hat in den Sozialwissenschaften eine große Tradition. Der Soziologe Hartmut Rosa bezeichnet damit in einer aktuellen Definition einen Modus der *Weltbeziehung*, in dem die Welt als irrelevant oder gar als feindlich erfahren wird (vgl. Rosa, 2016, S. 306).

[10] Mit der Verstädterung und der sinkenden Zahl an Landwirtinnen verschwand auch *„die ländliche Gesellschaft als Sozialisationsraum"* (Uekötter, 2010, S. 445).

schaftliche Veröffentlichungen, die Gründung von Umweltbewegungen, aber auch politische Initiativen in diesem Themenfeld. Die Branche befand sich – anders als die Industrie oder der Verkehr – zwar zunächst nicht im Fokus des breiteren ökologischen Protests (vgl. Uekötter, 2010, S. 394). Gleichwohl wurde auch die Mitverantwortung moderner landwirtschaftlicher Produktionsweisen bereits früh formuliert, z. B. in bekannten Publikationen wie *Der Stumme Frühling,* die den Einsatz von Pflanzenschutzmitteln wie DDT anprangerten (vgl. Grossarth, 2018, S. 230).

Zu dieser Diskussion hatte die Landwirtschaft zunächst wenig zu sagen – ihr fehlte die räumliche, aber auch kulturelle Nähe zu ihren Wortführern, die vor allem in städtischen und akademischen Milieus verortet waren (Pongratz, 1992, S. 122).[11] Auch als die kritische Debatte über die ökologische Verantwortung der Landwirtschaft in den 1980er Jahren eine breitere institutionelle Verankerung im politischen Raum erfuhr, positionierte sich die Branche nicht als gesprächsbereit für eine offene inhaltliche Diskussion. Auf das Sondergutachten „Umweltprobleme in der Landwirtschaft" des Sachverständigenrats für Umweltfragen der Bundesregierung (SRU) reagierten die landwirtschaftlichen Verbände in einer Weise, die als „*heftig* und *ablehnend"* (Conrad, 1985, S. 432) wahrgenommen wurde.[12] Mit Attributen wie „*abenteuerliches Gutachten"* und „*hinter jedem Bauer ein Polizist"* erweckten sie den Eindruck, jedes kritische Argument gegenüber modernen landwirtschaftlichen Verfahren und ihren ökologischen Folgen frühzeitig abwehren zu wollen (vgl. Conrad, 1985, S. 434). Öffentliche Kritik wurde nicht fachlich beantwortet, sondern mit Verweis auf mangelnde Kompetenz von Kritikerinnen und berichtenden Medien zurückgewiesen (Pongratz, 1987, S. 532). Gleiches galt für die kommunikativen *Attacken* der Berufskolleginnen aus dem alternativen Landbau, die mit Gegenangriffen beantwortet wurden (vgl. Uekötter, 2011, S. 174).

Einen Erklärungsansatz für dieses Kommunikationsverhalten formuliert der Soziologe Hans Pongratz in seiner Studie zu diesem Thema: Demnach erlebten die Branche und ihre Vertreterinnen in Politik und branchennahen Wissenschaftsbereichen diese Diskussion gar nicht als inhaltlich getriebenen Gesprächszusammenhang, sondern als ideologischen Konflikt, als „*die Gesellschaft gegen uns".* Agrarsoziologinnen an den Agrarfakultäten charakterisierten die ökologische Diskussion gar als einen „*fanatisch geführten Kampf",* warnten vor „*direkten Gefahren des Angriffs"* und hielten einen „*Kampf gegen ungerechtfertigte negative Komponenten ihres Fremdbildes"* für erforder-

---

[11] Die Branche bemühte sich mit Konzepten wie denen zum *integrierten Pflanzenbau* zwar um Antworten auf ökologische Fragen, musste aber feststellen, dass diese – obwohl wissenschaftlich wertvoll – in der öffentlichen Kommunikation kaum Wirkung entfalteten (vgl. Uekötter, 2010, S. 408).

[12] Diese Strategieoption dominiert auch an anderer Stelle in der Agrarkommunikation (vgl. Sonntag et al., 2021, S. 10). Dieser Begriff ist Teil einer Strategietypologie in der Krisenkommunikation, auf die später noch eingegangen wird (siehe Kap. 4. Strategische Kommunikationsplanung).

lich (vgl. Pongratz, 1992, S. 265). Dieser Interpretation hält Pongratz Daten aus der empirischen Sozialforschung entgegen. Denen zufolge äußerten die Bürgerinnen zwar in allgemeinen Meinungsumfragen spezifische Kritik an bestimmten Produktionsweisen der modernen Landwirtschaft, wie der Düngung und dem Einsatz von Pflanzenschutz-mitteln. Insgesamt aber herrschte das Bild von verantwortungsvoll wirtschaftenden Landwirtinnen vor (vgl. Pongratz, 1992, S. 266). Weitere Befragungsergebnisse aus den Folgejahren stützten die These von Pongratz. Sie sprachen ebenfalls dafür, dass die allgemeine Öffentlichkeit gegenüber der Landwirtschaft, anders als von dieser angenommen, nicht grundsätzlich feindlich eingestellt war. Ökologische Probleme wurden sehr wohl gesehen, aber in höherem Maße der Industrie zugerechnet. Auch gegenüber sachlichen Argumenten zeigen sich die Bürgerinnen offen (vgl. Sauer-land, 1994, S. 470). Die Landwirtschaft verwechselte so womöglich die alarmistische Kommunikation einzelner Stimmen mit einer differenzierten, konstruktiv-kritischen Gesamtstimmung in der Bevölkerung. Sie konzentrierte sich in der Kommunikation auf einen reaktiven Verteidigungsmodus (vgl. Schöttler, 1987, S. 77) und überließ die Themensetzung den Kritikerinnen. In vergleichbarer Weise galt dies für ein zweites Themenfeld: die menschliche Gesundheit und deren Schutz.

Menschliche Gesundheit (b)
Auch dieses Thema gewann mit der Technisierung der Landwirtschaft an Aufmerksam-keit. In den 1950er Jahren fanden sich Medienberichte über Gesundheitsgefahren durch moderne Technologien der Agrar- und Ernährungswirtschaft – allerdings behandelten diese zunächst einzelne Vergiftungsfälle (vgl. Grossarth, 2018, S. 175). In den folgenden Jahrzehnten wurden Gesundheitsbelastungen durch die moderne Agrar- und Ernährungs-wirtschaft dann als ein Thema präsentiert, von dem jeder potenziell betroffen sein konnte. Dabei gerieten Gesundheitsbelastungen in den Fokus, denen die Bevölkerung direkt durch Produktionsprozesse als ausgesetzt galt, beispielsweise in der Nähe von Anlagen der Agrarchemie wie z. B. Düngemittelfabriken (vgl. Koch & Vahrenholt, 1980, S. 52–53). Noch größere Aufmerksamkeit erfuhren indes mögliche Gesundheitsgefahren, die auf den Verzehr von Lebensmitteln zurückgeführt wurden. Es ging um *neue Chemie in Lebensmitteln,* die als Schadstoffe aus der Industrie über die Böden in die Lebens-mittel gelangen oder über Lebensmitteltechnologie bewusst verarbeitet wurden (vgl. KATALYSE Institut, 1995, S. 15), und um Rückstände von Substanzen, die in modernen landwirtschaftlichen Produktionssystemen Verwendung fanden – Wachstumshormone und Arzneimittel in der Tierproduktion (vgl. KATALYSE Institut, 1995, S. 195–202) sowie Pflanzenschutzmittel im Ackerbau. Es ging also um legale, aber auch illegale Vor-gänge – und dies mit Blick auf sowohl die Landwirtschaft als auch die verarbeitende Lebensmittelproduktion.

Seit den 1980er Jahren fanden entsprechende Ereignisse auch in den Medien als Lebensmittelkrisen und Lebensmittelskandale Beachtung.[13] So wie die moderne Lebensmittelproduktion die Verbraucherinnen von ihren Lebensmitteln *entfremdete* (vgl. KATALYSE Institut, 1995, S. 17), bildeten sich neue Formen der Risikowahrnehmung und auch der medialen Skandalisierung heraus.[14] Als *„Anfang aller Lebensmittelskandale in Deutschland"* (Schelling, 2010) gilt der Glykolweinskandal aus dem Jahr 1985. Als (bisheriger) Höhepunkt wird die BSE-Krise bezeichnet – und dabei insbesondere der November 2000, als der erste Krankheitsfall bei einem deutschen Rind nachgewiesen wurde. Für die Branche bedeutete dieses zweite Ereignis eine Zäsur. Sie sah sich in der Folge institutionellen Veränderungen gegenüber, die weit über das einzelne Thema hinausgingen. Mit der Umbenennung des Landwirtschaftsministeriums in ein Ministerium mit starkem Fokus auf dem Verbraucherschutz sollte auch die Einflussmacht des agrarpolitischen Netzwerks geschmälert werden (vgl. Böschen et al., 2003, S. 48; Grossarth, 2018, S. 393).

Gemeinsam hatten Vertreterinnen der landwirtschaftlichen Interessenverbände und aus der Agrarpolitik zuvor das Thema BSE als *„britische Krise"* (Böschen et al., 2003, S. 41) bezeichnet, den *„Mythos des sicheren deutschen Fleisches"* (Böschen et al., 2003, S. 48) beschworen und die Möglichkeit eines Überspringens des Virus von England auf das europäische Festland mit Verweis auf Grenzschließungen ausgeschlossen. Mit der Vermittlung einer *„illusorischen Sicherheit"* (Kurzenhäuser, 2001, S. 337) verfehlte die Branche ihr kommunikatives Ziel, die *„Strategie des Aussitzens"* (vgl. Sonntag et al., 2021, S. 10) ging nicht auf.

Die Folgenschwere der BSE-Krise für die Branche zeigte sich nicht allein in institutioneller Hinsicht, sondern auch mit Blick auf die öffentliche Diskussion: Mit dem Begriff der *Agrarwende*[15] gelang es den Kritikern der modernen Landwirtschaft, in der Öffentlichkeit *von außen* dauerhaft ein wirkungsmächtiges Narrativ zu verankern, das der Deutung der Branche entzogen war. Die Vertreterinnen konnten nur dabei zusehen und -hören, wie ihre Kritikerinnen nun vormals positiv besetzte und politisch förderwürdige Leitbilder kommunikativ gegen sie verwendeten: Sei es der effiziente und technikbasierte Produktionsbetrieb oder auch die moderne und arbeitsteilig organisierte Wertschöpfungskette.

Die Agrarwende galt als Lösung für die unterschiedlichsten als problematisch charakterisierten Aspekte – sowohl in der Land- und Ernährungswirtschaft als auch in der Agrar- und Verbraucherpolitik (vgl. Feindt & Ratschow, 2003, S. 5). Dabei spielte

---

[13] Auf diese Dynamiken wird eingehender im Kap. 11. Krisenkommunikation eingegangen.

[14] Auf diesen Zusammenhang zwischen Technisierung, Risikowahrnehmung und Skandalisierung wird im Kap. 7. Risikokommunikation eingegangen.

[15] Der Begriff wurde das erste Mal von der damaligen Ministerin Künast in ihrer ersten Regierungserklärung am 8. Februar 2001 in die Debatte gebracht (vgl. Feindt & Ratschow, 2003, S. 4).

die Landwirtschaft gewissermaßen ein Spiel mit, dessen Regeln die Kritikerinnen vorgaben, indem sie das Erfordernis einer Agrarwende kommunikativ negierte[16] und damit
eine Intervention von außen als noch drängender erscheinen ließ. Die Kritikerinnen der
konventionellen Landwirtschaft trieben die – aus Sicht der Landwirtschaft absurde –
Rollenverteilung mit der Behauptung auf die Spitze, die Agrarwende sei gar im Sinne
der Bäuerinnen (vgl. Feindt & Ratschow, 2003, S. 6). Sie schafften es so, den einstmals
stolzen und kulturell prägenden Gesellschaftsbereich öffentlich als eine Berufsgruppe
auf dem Holzweg erscheinen zu lassen, die vor sich selbst bzw. dem *System* zu schützen
sei. Jeder skandalisierbare Vorfall[17] bot die Möglichkeit, das Bild von der veränderungs-
bedürftigen Branche zu erweitern – gleichgültig, ob die Ursache in der Urproduktion
oder in der Weiterverarbeitung verortet war. Das *„industrielle Agrarsystem"* (Pötter,
2011) wurde für jedwede unwillkommene Entwicklung verantwortlich gemacht. Und der
Systembegriff ermöglichte es, so alles mit allem als zusammenhängend erscheinen zu
lassen.

Die Protagonistinnen der Agrarwende, allen voran die damalige Ministerin Künast,
machten dabei keinen Unterschied zwischen Tier und Pflanze oder Rind und Schwein.
Ihnen ging es um *konventionell* gegen *bio*. Die Wende hin zum Biologischen – aus
ihrer Sicht wies nur sie den Weg hin zu einer gesellschaftsorientierten und zukunfts-
orientierten Landwirtschaft. Uekötter zeigte, in welcher Kompromisslosigkeit die Unterscheidung von bio und konventionell als Schablone diente, um gute und böse, legitime
und illegitime, zukunftsfähige und überkommene Formen von Landwirtschaft zu
definieren – und damit eine simplifizierende Darstellung von der Branche zu zeichnen,
die der Vielfalt an Betriebsformen nicht gerecht wurde (vgl. Uekötter, 2011, S. 179).[18]
Biologisch wirtschaftender bäuerlicher Betrieb vs. Agrarfabrik – der affektiven Wucht
derartiger Kontrastbilder konnte das technikdeterminierte Selbstbild in der Landwirtschaft mitsamt der Botschaften von Versorgungssicherheit und Preiswürdigkeit der
Lebensmittel kaum etwas entgegensetzen.[19] Die Branchenkommunikation blieb damit

---

[16] Der Naturschutzbund nutzte bis 2017 die vermeintliche Abwehrhaltung des Bauernverbands zu
diesem Begriff, um die rückwärtsgewandte Rolle der Agrarverbände öffentlich zu unterstreichen
(vgl. Naturschutzbund o. J.).

[17] Ab der Jahrtausendwende geben vor allem tierische Produkte Anlass zur Skandalisierung von
Vorgängen in der Agrar- und Ernährungswirtschaft. In der Zeit zwischen 2002 und 2012 werden
15 Ereignisse gezählt, zu denen eine signifikante Medienberichterstattung stattfand (vgl. Kohne &
Ihle, 2016, S. 13).

[18] Die Unterscheidung ignorierte zudem, dass auch die Erzeugnisse von biologisch wirtschaftenden
Betrieben mit Gesundheitsrisiken in Verbindung gebracht wurden – man denke an den
Nitrofenskandal (vgl. o. A., 2002) oder später auch die Ehec-Krise (vgl. Lambernd, 2021). All dies
hatte für das Image der Biobranche kaum Konsequenzen.

[19] Bis zu einem gewissen Grad nutzten so die Kritikerinnen der modernen Landwirtschaft das
ursprüngliche agrarromantische Narrativ eines naturverbundenen Betriebs, um es gegen das
neuere Narrativ des technikbestimmten, effizienten Betriebs in Stellung zu bringen. Die Branche
zeigt zwar nach außen klare Kante, doch die Binnenperspektive vieler war durch Ambivalenz

in der Defensive. Und ihre Repräsentantinnen mussten wiederum erleben, wie die Diskussion zur Agrarwende über den Verbraucherschutz hinauswies und sich das Tierwohl einverleibte.[20]

Tierwohl (c)

Auch die einsetzende kritische Diskussion um das Tierwohl in der Nutztierhaltung steht in Zusammenhang mit der bereits angesprochenen *stillen Revolution,* der Technisierung der Landwirtschaft. Diese Diskussion begleitet die Branche seit dem Aufkommen intensiver Haltungsformen. Vor allem die Haltung von Legehennen in Käfigen wurde früh zum Thema. Publikationen wie das Buch *Animal Machines* von Ruth Harrison im Jahr 1964 lösten international und damit auch in Deutschland eine kritische Debatte zu den neuen, modernen Haltungsverfahren aus: auch in der Politik (vgl. Gall, 2016, S. 39). Die Vertreterinnen des agrarpolitischen Netzwerks begegneten, einer aktuellen agrarökonomischen Einordnung zufolge, der Kritik mit einer Strategie der Leugnung. Mögliche Probleme in der Käfighaltung von Legehennen wurden demnach – im Sinne des agrartechnischen Leitbilds – mit Verweis auf die Vorteile der Käfige für Hygiene und Tiergesundheit zurückgewiesen (vgl. Sonntag et al., 2021, S. 10).

Gesetzliche Regelungen gegen diese Technologien blieben lange Zeit aus. Gleichwohl nahm ab den 1970ern eine breitere gesellschaftliche Diskussion um das Wohl von Nutztieren in Deutschland ihren Anfang: In diesem Fall weder ausgelöst durch einen wissenschaftlichen Forschungsbericht wie den zu den Grenzen des Wachstums (Ökologie) noch durch ein als krisenhaft wahrgenommenes Ereignis (menschliche Gesundheit), sondern durch eine Ausgabe der damals beliebten Fernsehsendung „Ein Platz für Tiere".[21] Die Diskussion gewann an Breite. Und sie gewann, flankiert durch eine tierethische Debatte, an Schärfe.[22] Tierrechtsorganisationen wie PETA[23] sorgten für eine massive Zuspitzung und Polarisierung der Diskussion (vgl. Schulze et al., 2008, S. 469). Die breite Öffentlichkeit erlebte einen Konflikt, in dem die Branche mit

---

gezeichnet: Diese pendelte zwischen Marktorientierung und Produktionsmodernisierung einerseits und Traditionalismus mit Blick auf Sozialmuster, Wertorientierungen und Lebensstilen und damit Abgrenzung von städtischen Lebenswelten andererseits (vgl. Mai, 2007, S. 514).

[20] Der Begriff, so folgerte Feindt, ist dem Wendediskurs aus der Ökologie entlehnt (vgl. Feindt & Ratschow, 2003, S. 7). So zeigt sich auch hier die Verknüpfung zwischen Ökologie- und Gesundheitsdiskurs/Verbraucherschutz.

[21] So setzte sich ihr Moderator Bernhard Grzimek, zugleich Direktor des Frankfurter Zoos, am 13. November 1973 in sehr kritischer Weise mit der Käfighaltung auseinander. Gemäß einer empirischen Studie der Sozialanthropologin Barbara Wittmann markierte dies den Startpunkt für eine kritische Betrachtung moderner Haltungsformen (vgl. Wittmann, 2017, S. 69).

[22] Als ihr Startpunkt wird das Erscheinen der Publikation „Animal Liberation" des australischen Philosophen Peter aus dem Jahr 1975 bezeichnet (vgl. Schmitz, 2015, S. 49).

[23] PETA Deutschland wurde nach eigenen Angaben 1993 gegründet (vgl. Peta, o. J.).

Attributen wie *Fleischmafia* und *Profitmaximierer* bezeichnet wurde und Tierrechtsorganisationen sich im Gegenzug Titulierungen wie *Taliban* und *Spendenmaximierer*
gefallen lassen mussten. Der Diskurs um die Tierhaltung zeichnete sich so durch einen
Kommunikationsstil aus, der in einem Forschungsband zu dem Thema 2009 als *unnötig
destruktiv* charakterisiert wird (vgl. Böhm et al., 2009, S. VII). Die Kosten fielen vor
allem in der Landwirtschaft an: Ihre Vertreterinnen mussten zur Kenntnis nehmen,
dass ihnen nicht allein die Rolle als Themensetzerinnen streitig gemacht wurde – wie
dies durch ökologiebewegte Bürgerinnen und gesundheitsbewusste Verbraucherinnen
geschah. Im Zuge der Tierwohldiskussion kam ihr auch die Hoheit über die Bilder
abhanden.

Vor allem mit der Verfügbarkeit digitaler Aufnahmegeräte sowie einer mühelosen
Verbreitung von Filmmaterial in sozialen Netzwerken wurde die Tierhaltung zu einem
attraktiven Thema, um Kritik an moderner Landwirtschaft zu illustrieren: Die Nitrat-
einträge ins Grundwasser und der ausgebrachte Pflanzenschutz, sie bleiben für das
menschliche Auge unsichtbar. Mit den Aufnahmen bewegungsgestörter Rinder in
Großbritannien wurde BSE zumindest in eine symbolträchtige Bildsprache gefasst –
die Gefahren für die menschliche Gesundheit waren darüber jedoch auch nur indirekt
erfassbar. Bei der bildlichen Dokumentation der Tierhaltung verhält es sich anders.
Sie bietet Potenziale, um visuell tatsächliche und vermeintliche Missstände in ganz
konkrete, unmittelbare Bilder zu fassen, die Kritik am *Agrarsystem* konkret zu machen
und Veränderungen einzufordern. Entsprechend gelangten immer wieder Aufnahmen aus
Ställen in die Medien, die bei unerlaubtem Zutritt von Tierrechtsaktivistinnen in Ställen
entstanden sein mussten. Die Landwirtschaft konzentrierte sich in der öffentlichen
Kommunikation darauf, die rechtliche Seite der Bilderstellung zu hinterfragen, ihre
Echtheit und Aktualität anzuzweifeln oder als Beispiele für Einzelfälle einzuordnen.
Und sie musste feststellen, dass weite Teile der Bevölkerung ihr in ihrer Sichtweise nicht
folgten – nämlich die Einbrüche aus Tierschutzgründen als notwendig betrachteten und
somit die Legitimität des unerlaubten Eindringens nicht infrage stellten (vgl. Schulze
et al., 2018, S. 275–276).

Auch im Kontext der Tierwohldiskussion fand sich die Branche so in einer
kommunikativen Rolle wieder, in der sie Kritik grundsätzlich abwehrte und dabei, wie
schon im Falle der Ökologie, stark auf Basis von Freund-Feind-Kategorien operierte.
Dabei überschätzte die Landwirtschaft vermutlich die Relevanz der Fundamentalkritik
der Tierrechtspositionen – die breite Bevölkerung sah, wie Studien zeigten, die Landwirtinnen keinesfalls als tierfeindlich an (vgl. Helmle, 2011, S. 41). Und sie überhörte
gleichwohl eine kritische Grundstimmung in breiteren Bevölkerungsgruppen: Diese
waren zwar gar nicht unbedingt bereit, sich intensiv mit der Tierhaltung auseinander-
zusetzen (vgl. Simons et al., 2018, S. 8). Aber sie erwarteten doch mehr von der Tierhaltung als die sichere und günstige Produktion von Lebensmitteln (vgl. Kantar Emnid,
2017, S. 24).

Es war wiederum ein Sondergutachten aus der wissenschaftlichen Politikberatung, nun
eines des Wissenschaftlichen Beirats für Agrarpolitik, Ernährung und gesundheitlichen

Verbraucherschutz (WBA), das diese veränderte Situation fachwissenschaftlich fundierte – 31 Jahre nach dem Gutachten des SRU in 1985. Dabei verdeutlichte der Titel *Wege zu einer gesellschaftlich akzeptierten Nutztierhaltung* bereits, wie sich die Koordinaten auch aus Sicht der Agrarwissenschaften verschoben hatten. Weder die Positionen aus der Branche noch die Erkenntnisse der ihr assoziierten akademischen Fachdisziplinen und auch nicht die Opportunitäten der Märkte galten allein mehr als Richtschnur für die Entwicklung von Landwirtschaft und Landwirtschaftspolitik. Das Gutachten verwies darauf, dass weitere gesellschaftliche Perspektiven von Relevanz waren, die bisher zu wenig gehört wurden. Der Beirat empfahl in seinem Gutachten Veränderungen auf Ebene der Herstellungsprozesse – der Tierhaltungssysteme, aber auch des Managements. Und er empfahl zugleich Veränderungen auf der Ebene der Kommunikation: eine andere Form der Darstellung, aber auch neue Formate für den Austausch zwischen Landwirtschaft und weiteren gesellschaftlichen Gruppen (vgl. WBA, 2015, S. 131). Dahinter steht das Bild von einer Landwirtschaft, die ihre Resonanzfähigkeit gegenüber branchenexternen Sichtweisen aufbaut und Offenheit gegenüber Fremdbildern der Branche entwickelt, statt diese zu bekämpfen. Und auch, wenn Teile aus der Branche noch einmal gegen das Gutachten aufbegehrten (vgl. Deutscher Bauernverband, 25.03.2015), markierte es doch eine Zeitenwende, deren erste Konsequenzen sich bereits an verschiedenen Stellen zeigten.

1.3 Systematisches Kommunikationsmanagement als Antwort auf *neue Unübersichtlichkeit*

Inzwischen haben einzelne Bauernverbände ihre Bereitschaft erklärt, an der Agrarwende mitzuarbeiten (vgl. o. A., 2019) – sie haben Initiativen wie z. B. die Nachhaltigkeitsoffensive gestartet, um die Erwartungen der Gesellschaft bei ökologischen, ökonomischen und sozialen Fragen systematisch mit zu denken (vgl. Westfälisch Lippischer Landwirtschaftsverband, o. J.). Und sie arbeiten in politischen Kommissionen mit Vertretern aus Naturschutz, Tierschutz und Verbraucherschutz an Zukunftsthemen der Branche (vgl. Agra Europe, 2021). Die Neuausrichtung markiert auch das Ende des technikdeterminierten, hocheffizienten Betriebs als des konkurrenzfreien Narrativs der Landwirtschaft. Eine Rückkehr zum agrarromantischen Vorgängernarrativ ist dabei ebenfalls nicht abzusehen.[24] Auch das Tableau an Maßnahmen, Themen und Kommunikationsstilen verbreitert sich, wie eingangs geschildert. Reaktive Formen der Zurückweisung von Kritik und rustikale Spielarten des Protests auf der Straße finden weiter statt, auch Formen der Aufklärungskommunikation sind ebenso Teil der Agrarkommunikation. Gleichzeitig scheint sich eine größere Offenheit für dialogische Formen des Austauschs und konstruktiver Beteiligung an Diskussionen zur Landwirtschaft zu

---

[24] Schließlich setzt selbst der Biobereich heute weniger auf Romantik, sondern verfolgt konstruktiv kritisch den Weg hin zu einer (nachhaltigen) Landwirtschaft 4.0 (vgl. INKOTA-netzwerk e. V., 2020).

entwickeln. Und schließlich tun sich bei einzelnen Themen sogar Allianzen auf, die noch vor einiger Zeit undenkbar schienen.[25] Damit entstehen neue Optionen, und es verabschieden sich vormalige Gewissheiten, die den Verbänden und ihren Mitgliedern über Jahrzehnte in der Kommunikation als Kompass dienten: Kooperation und Konflikt, Lob und Kritik, Technologie und Natur, Tradition und Fortschritt, Heimat und Weltmarkt, *Bullerbü und Tierfabrik*[26] – all diese vermeintlichen Gegensätze erscheinen inzwischen nicht mehr als ein klares *Entweder-oder,* sondern als ein unübersichtliches und unstetes *Sowohl-als-auch:* auf der Ebene der Herstellung, wo dies ein stückweit schon immer der Fall war, aber besonders auch auf der Ebene der Darstellung, des Selbstbilds der Branche, das von einer *neuen Unübersichtlichkeit*[27] geprägt ist.

Ziele, Botschaften und Maßnahmen der Kommunikation können und müssen daher immer wieder neu definiert, überprüft und reformuliert werden. Dies gilt für die Bereiche Marktkommunikation und (noch) kleinere prosperierende Geschäftsfelder wie die Direktvermarktung oder den Agrartourismus. Aber auch bei Themen mit gesellschaftspolitischer Relevanz, bei denen die aufgeführten Fragen zur Ökologie, zur menschlichen Gesundheit und zum Tierwohl in besonderem Maße eine Rolle spielen, ergeben sich neue Freiheitsgrade. An dieser Stelle setzt dieses Buch an.

In Kap. 2 bis 6 stellt es mit dem Konzeptionsprozess ein methodisches Handwerkszeug vor, das in den Kommunikationswissenschaften mittlerweile als *„Lehre von der strategischen Kommunikation"* (Nothhaft & Bentele, 2015) gesetzt ist. In seiner Struktur ähnelt es dem allgemeinen Managementzyklus (vgl. Becker & Holzmann, 2014, S. 74), der auch in anderen Arbeitsbereichen wie der Unternehmensführung, dem technischen Projektmanagement oder auch dem Marketing methodische Orientierung bietet. Die ausführliche Beschäftigung mit den Schritten der Konzeption ist dabei den zwei grundsätzlichen Überlegungen geschuldet, dass

1. sich für eine professionelle Kommunikation eine bestimmte kommunikationsspezifische Herangehensweise empfiehlt und dass
2. mit dieser spezifischen Herangehensweise ein Werkzeug für die systematische Bearbeitung ganz unterschiedlicher kommunikationsspezifischer Aufgaben zur Verfügung steht.

Die Herangehensweise sieht vor, das zugrunde liegende Problem bzw. eine mögliche Chance der Kommunikation zu analysieren (Kap. 3), Ziele, Zielgruppen und Bot-

---

[25] So demonstrierte „Land schafft Verbindung" gemeinsam mit der Arbeitsgemeinschaft bäuerlicher Landwirtschaft und Greenpeace anlässlich eines Handelsgipfels vor dem Kanzleramt in Berlin gegen *Billigfleisch* (vgl. Awater-Esper, 2020).

[26] Das Begriffspaar ist zugleich der Titel eines Buches, das sich mit dem Blick auf die Landwirtschaft beschäftigt (vgl. Möller, 2018).

[27] Dieses Begriffspaar ist auch der Titel eines zeitdiagnostischen Buches von Jürgen Habermas, bezeichnet aber inhaltlich hier etwas anderes.

schaften zu definieren (Kap. 4. Strategische Kommunikationsplanung), dazu stimmige Maßnahmen (Kap. 5) zu planen und umzusetzen und auch die Wirkung der Aktivitäten (Kap. 6) zu betrachten. Die Problemlagen können vielfältig sein: eine erfolgreiche Gestaltung der Kundinnenkommunikation in der Direktvermarktung, die Gewinnung von Unterstützung oder zumindest Verständnis bei Bauprojekten für die Tierhaltung oder Energiegewinnung bis hin zum Aufbau von Vertrauen bei Bürgerinnen im eher übergeordneten Sinne. Auf diese und andere konkrete Ansatzpunkte wird in den Kapiteln immer wieder Bezug genommen. Die zentral gestaltete einheitliche Agrarkommunikation vormaligen Zuschnitts dürfte in ihrem Sendungsbewusstsein ohne eine Analyse der Situation ausgekommen sein, auch bedurfte es keiner steten Reflexion und ggf. Reformulierung von Zielen, Zielgruppen und Botschaften sowie darauf abgestimmter Maßnahmen. Die jüngst zu beobachtenden Veränderungen sprechen dafür, dass derartige Ansätze zur Gestaltung einer resonanzfähigen Kommunikation vermehrt zur Anwendung kommen könnten.

Die historischen Betrachtungen lieferten dabei Hinweise, dass auch künftig in den Themenfeldern der Ökologie (inklusive Klima), der menschlichen Gesundheit und auch des Tierwohls der Kommunikationsbedarf der Landwirtschaft groß sein dürfte. Vor diesem Hintergrund stellen Kap. 6 bis 11 ausgewählte Teilbereiche des Kommunikationsmanagements vor, die in besonderer Weise dazu geeignet sind, die Kommunikationsdynamiken in diesen Themenfeldern zu verstehen und Implikationen für die Praxis daraus abzuleiten. Entsprechend schildern die Kapitel Herausforderungen und Vorgehensweisen zum Umgang mit

- Risikowahrnehmungen und -kommunikation, die insbesondere in Debatten zur Ökologie und zum Gesundheitsschutz aufkommen,
- Stakeholderinnenerwartungen an das nachhaltige Wirtschaften (in) der Landwirtschaft, insbesondere auch mit Blick auf alle drei Themenfelder,
- Kommunikationsaufgaben in Veränderungsprozessen, die angesichts des Strukturwandels der Branche vermehrt an Bedeutung gewinnen,
- Akzeptanzfragen und weiteren kommunikativen Herausforderungen, die im Kontext von Investitionsprojekten aufkommen,
- möglichen und tatsächlichen Krisenereignissen, ausgelöst z. B. durch technische Unfälle, Verunreinigungen von Futter- oder Lebensmitteln oder Vorwürfen gegenüber Nutztierhalterinnen in den Medien.

Im jeweiligen theoretischen Teil jedes Kapitels geht es darum, die zugrunde liegende Herausforderung, das *Warum* der kommunikativen Aufgabe nachzuvollziehen. Dazu wird auf verschiedene ökonomische, historische, aber auch psychologische und soziologische Forschungsergebnisse Bezug genommen. Im Praxisteil jedes Kapitels wird ein idealtypisches Vorgehen, ein *Wie* der jeweiligen Kommunikationsaufgabe beschrieben, das sich an der Grundstruktur des Kommunikationsprozesses orientiert und damit ein stringentes methodisches Vorgehen aus den ersten 5 Kapiteln des Buches nutzt.

1.4   Fallbeispiele aus der Praxis

Neben dem Bezug auf theoretisch-konzeptionelle Literatur aus verschiedenen wissenschaftlichen Disziplinen sowie auf Ergebnisse aus empirischen Studien nutzt das Buch auch Beispiele aus der Agrarpraxis, um Probleme und Aufgaben zu veranschaulichen. Dazu dienen reale Fallbeispiele als Ausgangspunkt, deren Themen im Kontext studentischer Arbeiten schon einmal bearbeitet oder für die anlässlich dieses Buches Recherchen durchgeführt wurden.

- **Fallbeispiel Bürgerwindpark:** In diesem Fallbeispiel geht es um die Errichtung eines Bürgerwindparks in einer Kleinstadt in Nordrhein-Westfalen, wobei sich die Anzahl der Windkrafträder im zweistelligen Bereich befindet.
- **Fallbeispiel Gartenbaubetrieb:** Dieses Fallbeispiel bezieht sich auf einen niedersächsischen Familienbetrieb im Gartenbau, der bereits seit über 100 Jahren besteht und sich nun mit einem Nachfolgeprozess und einer Digitalisierung der Geschäftsprozesse auseinandersetzt.
- **Fallbeispiel Hühnermobil:** Das Fallbeispiel Hühnermobil bezieht sich auf einen familiengeführten Betrieb im Osnabrücker Land. Dieser betreibt neben einer Schweinemast auch eine Rinderzucht und ist in der Legehennenhaltung aktiv. Für die Eierproduktion plant der Betrieb in ein Hühnermobil zu investieren. Neben der Tierhaltung und dem Ackerbau für Futtermittel zählt auch die Direktvermarktung zu den Betriebszweigen.
- **Fallbeispiel Imagekampagne:** Ein landwirtschaftlicher Verband möchte die Akzeptanz für die Landwirtschaft stärken, insbesondere für die Nutztierhaltung.
- **Fallbeispiel Kartoffelvermarktung:** In diesem Fallbeispiel geht es um einen regionalen Verband in Norddeutschland, der sich um die Vermarktung einer regionalen Kartoffelsorte kümmert.
- **Fallbeispiel Krisenkommunikationshandbuch:** In diesem Fallbeispiel geht es um einen Kreisbauernverband, der ein Handbuch zur Krisenkommunikation für sich entwickelt hat. Die Region ist stark durch intensive Nutztierhaltung geprägt, in der jüngeren Vergangenheit hat es verschiedene Krisenereignisse in Betrieben gegeben.
- **Fallbeispiel Milchtankstelle:** Dieses Fallbeispiel bezieht sich auf einen Milchviehbetrieb im Münsterland mit 220 Milchkühen und 800 Mastschweinen in einer ländlichen Gegend. Neben der Lieferung an die Molkerei betreibt der Betrieb auch eine Milchtankstelle auf dem Hof, an der sich Konsumentinnen rund um die Uhr Rohmilch zapfen können. Neben der Milchtankstelle befindet sich auch ein Regiomat, in welchem landwirtschaftliche Produkte von anderen Höfen angeboten werden.
- **Fallbeispiel Pferdepension:** In diesem Fallbeispiel geht es um einen privaten Reitstall am Rande einer größeren Stadt. Der Reitstall bietet neben einem Pferdepensionsbetrieb, einer privaten Pferdezucht und regelmäßigem Unterricht auch Lehrgänge in den Oster-, Sommer- und Herbstferien an, die sich an Dressur-, aber auch an Spring- und Vielseitigkeitsreiterinnen richten.

- **Fallbeispiel Stallbau:** Dieses Fallbeispiel bezieht sich auf einen landwirtschaftlichen Betrieb aus Nordrhein-Westfalen, der sich auf die Schweinemast spezialisiert hat. Im Laufe der vergangenen Jahre ist dieser stetig gewachsen und umfasst mittlerweile einen Bestand von über 1000 Sauen.

Literatur

Agra Europe. (2021). Zukunftskommission Landwirtschaft: "Neuanfang für Agrar- und Umweltverbände". *top agrar online*, 16.07.2021. https://www.topagrar.com/management-und-politik/news/neuanfang-fuer-agrar-und-umweltverbaende-12628961.html. Zugegriffen: 20. Juli 2021.

Awater-Esper, S. (2020). Greenpeace, AbL und LsV demonstrieren vor Handelsgipfel. *top agrar online*, 03.02.2020. https://www.topagrar.com/management-und-politik/news/greenpeace-abl-und-lsv-demonstrieren-vor-handelsgipfel-11968503.html. Zugegriffen: 19. Juli 2021.

Becker, W., & Holzmann, R. (2014). *Kosten-, Erlös- und Ergebnisrechnung. Einführung für Bachelor-Studierende*. Springer Gabler.

Böhm, J., Albersmeier, F., & Spiller, A. (Hrsg.). (2009). *Die Ernährungswirtschaft im Scheinwerfer der Öffentlichkeit*. Josef Eul.

Böschen, S., Viehöver, W., & Zinn, J. (2003). Rinderwahnsinn. Können Gesellschaften aus Krisen lernen? *Berliner Journal für Soziologie, 13*(1), 35–58. https://link.springer.com/content/pdf/10.1007%2FBF03204082.pdf. Zugegriffen: 12. Juli 2021.

Conrad, J. (1985). Buchbesprechung: Der Rat von Sachverständigen für Umweltfragen: Umweltprobleme der Landwirtschaft: Sondergutachten. *Agrarwirtschaft, 34*, 432–435.

Deter, A. (2020). Mag doch jeder: Kampagne angelaufen. Bei dem Projekt „Landwirtschaft: Mag doch jeder" investieren mehr als 900 Bauern aus Westfalen-Lippe ihr Geld, um die Verbraucher auf ihre Arbeit und den Wert der Landwirtschaft aufmerksam zu machen. *top agrar online*, 02.08.2020. https://www.topagrar.com/mediathek/fotos/verschiedenes/mag-doch-jeder-kampagne-angelaufen-12126406.html. Zugegriffen: 5. Juli 2021.

Deutscher Bauernverband. (25.03.2015). "Export der Nutztierhaltung ist keine Lösung für Landwirtschaft und Tierschutz" – DBV: Empfehlungen des Wissenschaftlichen Beirats sind leichtfertig und praxisfern. https://www.presseportal.de/pm/6599/2982013. Zugegriffen: 20. Juli 2021.

Einwiller, S. (2014). Reputation und Image. Grundlagen, Einflussmöglichkeiten, Management. In A. Zerfaß & M. Piwinger (Hrsg.), *Handbuch Unternehmenskommunikation: Strategie, Management, Wertschöpfung* (S. 371–391). Springer Gabler.

Eisenegger, M. (2005). *Reputation in der Mediengesellschaft Konstitution, Issues Monitoring, Issues Management. Dissertation.* VS.

Eisenegger, M. (2015). Identität, Image und Reputation. In R. Fröhlich, P. Szyszka, & G. Bentele (Hrsg.), *Handbuch der Public Relations. Wissenschaftliche Grundlagen und berufliches Handeln. Mit Lexikon* (3. Aufl., S. 431–460). Springer VS.

Ermann, M, Christoph-Schulz, I., & Spiller, A. (2017). Under Pressure – Wie nehmen Landwirtinnen und Landwirte in Deutschland den Druck externer Stakeholder wahr? *Jahrbuch der österreichischen Gesellschaft für Agrarökonomie, 26*, S. 85–94. https://oega.boku.ac.at/fileadmin/user_upload/Tagung/2016/Band_26/09_19_Ermann_et_al-JB_OEGA2016_FINAL.pdf. Zugegriffen: 14. Juli 2021.

Feindt, P. H., Krämer, C., Früh-Müller, A., Heißenhuber, A., & Pahl-Wostl, C. et al. (2019). Ein neuer Gesellschaftsvertrag für eine nachhaltige Landwirtschaft. Springer Open. https://link.springer.com/content/pdf/10.1007%2F978-3-662-58656-3.pdf. Zugegriffen: 19. Juli 2021.

Feindt, P. H., & Ratschow, C. (2003). „Agrarwende": Programm, Maßnahmen und institutionelle Rahmenbedingungen. BIOGUM Universität Hamburg (BIOGUM-Forschungsbericht/ BIOGUM-Research Paper FG Landwirtschaft, 7). https://www.biogum.uni-hamburg.de/ueber-biogum/fg-lws/3pdfs/2003/biogum-fb-2003-07.pdf. Zugegriffen: 13. Juli 2021.

Fischer, K. (2020). Grüne Woche: Das bietet der Erlebnisbauernhof. *agrar heute online*, 18.01.2020. https://www.agrarheute.com/politik/gruene-woche-bietet-erlebnisbauernhof-563825. Zugegriffen: 20. Juli 2021.

Grossarth, J. (2018). *Die Vergiftung der Erde. Methaphern und Symbole agrarpolitischer Diskurse seit Beginn der Industrialisierung*. Campus.

Helmle, S. (2011). Darf es heute etwas Landwirtschaft sein? Über das Image der Landwirtschaft in Deutschland. *Yearbook of Socioeconomics in Agriculture*, S. 35–58. http://www.repec.agrar-soziologie.ch/YSA/YSA2011/helmle11.pdf. Zugegriffen: 16. Juli 2021.

INKOTA-netzwerk e. V. (2020). Positionspapier Landwirtschaft 4.0. Politische Leitplanken für eine sozial gerechte und ökologisch verträgliche digitale Landwirtschaft. https://webshop.inkota.de/file/2017/download?token=QgjXzyn3. Zugegriffen: 20. Juli 2021.

Kantar Emnid. (2017). *Das Image der deutschen Landwirtschaft. Ergebnisbericht*. Kantar Emnid.

Karmasin, M. (2015). PR im Stakeholder-Ansatz. In R. Fröhlich, P. Szyszka, & G. Bentele (Hrsg.), *Handbuch der Public Relations. Wissenschaftliche Grundlagen und berufliches Handeln. Mit Lexikon* (S. 341–355). Springer VS.

KATALYSE Institut (Hrsg.). (1995). *Neue Chemie in Lebensmitteln*. Zweitausendeins.

Koch, E. R., & Vahrenholt, F. (1980). *Seveso ist überall. Die tödlichen Risiken der Chemie*. Fischer-Taschenbuch.

Kohne, K., & Ihle, R. (2016). Die mediale Wahrnehmung von Lebensmittelskandalen in Deutschland zwischen 2000 und 2012. *Berichte über Landwirtschaft. Zeitschrift für Agrarpolitik und Landwirtschaft*, *94*(1), 1–17. https://www.buel.bmel.de/index.php/buel/article/view/95/Kohne%2C%20Ihle.pdf. Zugegriffen: 3. Juli 2021.

Kromka, F. (1992). Zwischen Agrarromantik und Agrarfeindschaft: Die Irrtümer der öko-sozialistischen Agrarsoziologie. *Agrarwirtschaft*, *41*(10), 280–289.

Kurzenhäuser, S. (2001). Risikokommunikation in der BSE-Krise. Illusorische Sicherheit und Transparenz. *Bundesgesundheitsblatt*, *44*, 336–340. https://link.springer.com/content/pdf/https://doi.org/10.1007/s001030050448.pdf. Zugegriffen: 12. Juli 2021.

Lambernd, S. (2021). EHEC: Sprossen lösen vor zehn Jahren eine Krise aus. Hg. v. Norddeutscher Rundfunk. https://www.ndr.de/geschichte/chronologie/EHEC-Sprossen-loesen-vor-zehn-Jahren-eine-Krise-aus,ehec852.html. Zugegriffen: 13. Juli 2021.

Lischka, K., & Stöcker, C. (2017). Digitale Öffentlichkeit Wie algorithmische Prozesse den gesellschaftlichen Diskurs beeinflussen. Arbeitspapier. Bertelsmann Stiftung. Gütersloh. https://www.bertelsmann-stiftung.de/fileadmin/files/BSt/Publikationen/GrauePublikationen/Digitale_Oeffentlichkeit_final.pdf. Zugegriffen: 19. Febr. 2020.

Luhmann, N. (1987). *Soziale Systeme. Grundriß einer allgemeinen Theorie*. Suhrkamp.

Luhmann, N. (1990). *Ökologische Kommunikation. Kann die moderne Gesellschaft sich auf ökologische Gefährdungen einstellen?* (3. Aufl.). Westdt.

Mai, G. (2007). Die Agrarische Transition. Agrarische Gesellschaften in Europa und die Herausforderungen der industriellen Moderne im 19. und 20 Jahrhundert. *Geschichte und Gesellschaft*, *33*, 471–514.

Marx, K. (1953). *Grundrisse der Kritik der politischen Ökonomie. (Rohentwurf) 1857–1858*. Dietz.

Meadows, D. H. (1972). *The limits to growth. A report for the Club of Rome's project on the predicament of mankind* (7. Aufl.). Universe Books.

Merten, K., & Westerbarkey, J. (1994). Public opinion und public relations. In K. Merten, S. J. Schmidt, & S. Weischenberg (Hrsg.), *Die Wirklichkeit der Medien. Eine Einführung in die Kommunikationswissenschaft* (S. 188–211). Westdt.

Möller, A. (2018). *Zwischen Bullerbü und Tierfabrik. Warum wir einen anderen Blick auf die Landwirtschaft brauchen.* Gütersloher Verlagshaus.

Münch, R. (1995). *Dynamik der Kommunikationsgesellschaft.* Suhrkamp.

Naturschutzbund. (o. J.). 16 Jahre mit Volldampf in die Sackgasse. Die Politik des DBV ist auf Bestandswahrung einer Weniger ausgerichtet. https://www.nabu.de/natur-und-landschaft/land-nutzung/landwirtschaft/agrarpolitik/23705.html. Zugegriffen: 15. Juli 2021.

Nothhaft, H., & Bentele, G. (2015). Strategie und Konzeption: Die Lehre der strategischen Kommunikation. In R. Fröhlich, P. Szyszka, & G. Bentele (Hrsg.), *Handbuch der Public Relations. Wissenschaftliche Grundlagen und berufliches Handeln. Mit Lexikon* (S. 697–713). Springer VS.

o. A. (1967). Im Getto. Bauern. *Der Spiegel, 8.* https://www.spiegel.de/politik/im-getto-a-f9cda87d-0002-0001-0000-000046369567?context=issue. Zugegriffen: 24. Juni 2021.

o. A. (2002). Nitrofen-Skandal. Verseuchtes Getreide stammt aus Mecklenburg-Vorpommern. *Spiegel Online,* 01.06.2002. https://www.spiegel.de/politik/deutschland/nitrofen-skandal-ver-seuchtes-getreide-stammt-aus-mecklenburg-vorpommern-a-198981.html. Zugegriffen: 13. Juli 2021.

o. A. (2019). Bauernverband bereit zur Agrarwende. *Welt Online,* 06.09.2019. https://www.welt.de/regionales/hamburg/article199795324/Bauernverband-bereit-zur-Agrarwende.html. Zugegriffen: 18. Juli 2021.

o. A. (2021). Höhere Preise für Erzeuger gefordert: Bauern blockieren Lager von Discountern. *MDR online,* 04.01.2021. https://www.mdr.de/nachrichten/thueringen/mitte-thueringen/apolda-weimarer-land/bauernprotest-aldi-lidl-weimarer-land-100.html. Zugegriffen: 20. Juli 2021.

Patel, K. K. (2010). Der Deutsche Bauernverband 1945 bis 1990 *Vierteljahreshefte für Zeitgeschichte, 58*(2). https://www.ifz-muenchen.de/heftarchiv/2010_2_1_patel.pdf. Zugegriffen: 24. Mai 2021.

Peta (o. J.). Über Peta Deutschland e. V. https://www.peta.de/ueberpeta/. Zugegriffen: 25. Mai 2021.

Peuker, B. (2014). Alternativen in der Landwirtschaft – Ideologie oder Utopie? *momentum Quarterly Zeitschrift für sozialen Fortschritt, 3*(2), 93–106.

Pongratz, H. (1987). Bauern — am Rande der Gesellschaft? Eine theoretische und empirische Analyse zum gesellschaftlichen Bewußtsein von Bauern. *Soziale Welt, 38*(4), 522–544.

Pongratz, H. (1992). *Die Bauern und der ökologische Diskurs. Befunde und Thesen zum Umweltbewußtsein in der bundesdeutschen Landwirtschaft. Dissertation.* Profil-Verl.

Pötter, B. (2011). Schurken statt Strukturen. Kommentar Dioxin-Skandal *Die Tageszeitung,* 07.11.2011. https://taz.de/Kommentar-Dioxin-Skandal/!5129146/. Zugegriffen: 8. Juli. 2021.

Radkau, J. (2011). *Die Ära der Ökologie. Eine Weltgeschichte.* Beck.

Radkau, J. (2012). *Natur und Macht. Eine Weltgeschichte der Umwelt* (2. Aufl.). Beck.

Radkau, J. (2017). *Geschichte der Zukunft. Prognosen, Visionen, Irrungen in Deutschland von 1945 bis heute.* Hanser.

Rosa, H. (2016). *Resonanz. Eine Soziologie der Weltbeziehung.* Suhrkamp.

Sauerland, I. (1994). Das Bild der Landwirtschaft im Image der Verbraucher. In K. Hagedorn, F. Isermeyer, D. Rost, & A. Weber (Hrsg.), *Gesellschaftliche Forderungen an die Landwirtschaft. Schriften der Gesellschaft für Wirtschafts- und Sozialwissenschaften des Landbaues e. V.* (Bd. 30, S. 467–473). Landwirtschaftsverlag.

Schelling, P. (2010). Mutter aller Panschereien. *Die Welt,* 09.07.2010. https://www.welt.de/welt_print/wirtschaft/article8381800/Mutter-aller-Panschereien.html. Zugegriffen: 8. Juli 2021.

Schmitz, F. (2015). Tierethik – Eine Einführung. In F. Schmitz (Hrsg.), *Tierethik. Grundlagentexte* (2. Aufl., S. 13–73). Suhrkamp.

Schöttler, R. (1987). Meinungsbildungsprozesse – gesellschaftliches Konfliktpotenzial – Herausforderungen. In von Z. Urff (Hrsg.), *Landwirtschaft und Umwelt – Fragen und Antworten aus der Sicht der Wirtschafts- und Sozialwissenschaften des Landbaues. Schriften der Gesellschaft für Wirtschafts- und Sozialwissenschaften des Landbaues e. V.,* (Bd. 23, S. 69–85). Landwirtschaftsverlag.   https://gewisola.de/files/Schriften_der_GEWISOLA_Bd_23_1987.pdf. Zugegriffen: 2. Juli 2021.

Schulze, B., Spiller, A., & Lemke, D. (2008). Glücksschwein oder arme Sau? Der Einstellung der Verbraucher zur modernen Nutztierhaltung. In A. Spiller & B. Schulze (Hrsg.), *Zukunftsperspektiven der Fleischwirtschaft. Verbraucher, Märkte, Geschäftsbeziehungen* (S. 465–488). Universitätsverlag Göttingen.

Schulze, M., Risius, A., & Spiller, A. (2018). Heimliche Stallaufnahmen aus gesellschaftlicher Sicht im Wechselspiel zwischen Landwirtschaft, Tierschutzorganisationen und staatlichen Kontrollmechanismen. *German Journal of Agricultural Economics, 67*(4), 267–280.

Simons, J., Luy, J., Vierboom, C., Härlen, I., & Hartmann, M. (2018). Akzeptanz der Nutztierhaltung in Deutschland – Ergebnisse der psychologischen und ethischen Untersuchung von Bestimmungsfaktoren. *Journal of Consumer Protection and Food Safety, 13,* 7–12. https://link. springer.com/article/https://doi.org/10.1007/s00003-017-1144-7. Zugegriffen: 21. Juli 2021.

Sonntag, W. I., Ermann, M., Spiller, A., & Meyer-Höfer, M. von (2021). Im Streit um die Nutztierhaltung: Gesellschaftsorientierte Kommunikationsstrategien für die Agrar- und Ernährungswirtschaft. *German Journal of Agricultural Economics, 70*(1), 1–16. https://doi. org/10.30430/70.2021. Zugegriffen: 2. Juli 2021.

Szyszka, P. (2015). Berufsgeschichte Public Relations in Deutschland. In R. Fröhlich, P. Szyszka, & G. Bentele (Hrsg.), *Handbuch der Public Relations. Wissenschaftliche Grundlagen und berufliches Handeln. Mit Lexikon* (S. 487–510). Springer VS.

Uekötter, F. (2010). *Die Wahrheit ist auf dem Feld. Eine Wissensgeschichte der deutschen Landwirtschaft.* Vandenhoeck & Ruprecht.

Uekötter, F. (2011). *Am Ende der Gewissheiten. Die ökologische Frage im 21. Jahrhundert.* Campus.

Ullmann, H.-P. (1990). Wirtschaftsverbände in Deutschland. *Zeitschrift für Unternehmensgeschichte, 35*(2), 95–115.

von Gall, P. (2016). *Tierschutz als Agrarpolitik. Wie das deutsche Tierschutzgesetz der industriellen Tierhaltung den Weg bereitete.* transcript.

WBA. (2015). Wege zu einer gesellschaftlich akzeptierten Nutztierhaltung. Gutachten des Wissenschaftlichen Beirats für Agrarpolitik beim Bundesministerium für Ernährung und Landwirtschaft. *Berichte über Landwirtschaft. Zeitschrift für Agrarpolitik und Landwirtschaft,* Sonderheft   221.   https://buel.bmel.de/index.php/buel/article/view/82/Nutztiergutachten%20 -%20Sonderheft%20221%20-%20B%C3%BCL-pdf. Zugegriffen: 11. Juni 2021.

Westfälisch Lippischer Landwirtschaftsverband. (o. J.). Offensive Nachhaltigkeit. https://www. offensive-nachhaltigkeit.de/offensive-nachhaltigkeit/. Zugegriffen: 20. Juli 2021.

Wissenschaftlicher Beirat für Agrarpolitik beim BMEL. (2015). Wege zu einer gesellschaftlich akzeptierten Nutztierhaltung. Gutachten. https://www.bmel.de/SharedDocs/Downloads/DE/_ Ministerium/Beiraete/agrarpolitik/GutachtenNutztierhaltung.pdf;jsessionid=E2326F8E60CFA 81E0B79873670C92F29.live832?__blob=publicationFile&v=2. Zugegriffen: 19. Juli 2021.

Wittmann, B. (2017). Vorreiter der Intensivtierhaltung. Die bundesdeutsche Geflügelwirtschaft 1948 bis 1980. *Zeitschrift für Agrargeschichte und Agrarsoziologie, 65*(1), 53–74.

Zimmer, A. (2020). Lobbying als nicht-öffentliche Form der Public Affairs: Konzeption, Gestaltungsformen, Fallbeispiele. In U. Röttger, P. Donges, & A. Zerfaß (Hrsg.), *Handbuch public affairs. Politische Kommunikation für Unternehmen und Organisationen* (S. 1–22). Springer Gabler. https://doi.org/10.1007/978-3-658-23391-4_23-1. Zugegriffen: 2. Juni 2021.

Zurstiege, G. (2015). *Medien und Werbung*. Springer VS.

Konzeption

2

Ein großer Teil dieses Buches widmet sich der Konzeptionierung von Agrarkommunikation. In der folgenden Aussage aus einem Buch zur Konzeption von Kommunikation findet sich ein wesentlicher Grund dafür: *„Gute Kommunikation ist immer Kommunikation mit Konzept."* (Schmidbauer & Jorzik, 2017, S. 42).

Schmidbauer und Jorzik (2017, S. 42) weisen damit darauf hin, dass sich das Konzeptionieren für alle Kommunikationsaufgaben lohnt; für die umfangreichen und langfristig angelegten, aber auch für kleinere und weniger komplexe, sich spontan ergebende Aktivitäten, die scheinbar intuitiv umgesetzt werden können; ob für einen Tag des offenen Hofes auf dem Betrieb des Fallbeispiels Hühnermobil, ein neues Produktangebot im Fallbeispiel Milchtankstelle, für ein Vorhaben wie den Geschäftsführerinnenwechsel im Fallbeispiel Eierhandel oder für die Bewältigung einer Krise nach dem Auftauchen von unautorisierten Bildern aus dem eigenen Stall: In all diesen Fällen kann es sich lohnen zu kommunizieren und die Kommunikation konzeptionell vorzubereiten.

Konzept ist dabei nicht gleich Konzept: Die Vielfalt der Anwendungsmöglichkeiten spiegelt sich auch in der Anzahl an Konzeptionstypen wider, die Schmidbauer und Jorzik nennen und von denen einige in Abb. 2.1 dargestellt sind. Es gibt Konzeptionsaufgaben, die stärker strategieorientiert sind – wie vielleicht ein Kommunikationskonzept zur Begleitung des Geschäftsführerinnenwechsels –, andere dagegen haben eine stärker operative Ausrichtung. Dies könnte bei einem Event wie einem Hoftag der Fall sein. In manchen Fällen steht die Lösung von Problemen im Zentrum – zu denken wäre hier an die Konzeption von Krisenkommunikation bei einem Stalleinbruch. Andere Konzepte dienen der Nutzung von Chancen, z. B. bei der Kommunikation von Tierwohlaktivitäten. Eine Konzeption ist demnach ein *„… methodisch entwickeltes, kreatives und in sich schlüssiges Planungspapier für kommunikationspolitische Problemlösungen intern und extern"* (Dörrbecker & Fissenewert-Goßmann, 2001, S. 21).

© Springer Fachmedien Wiesbaden GmbH, ein Teil von Springer Nature 2022   25
M. Kussin und J. Berstermann, *Agrarkommunikation,*
https://doi.org/10.1007/978-3-658-36341-3_2

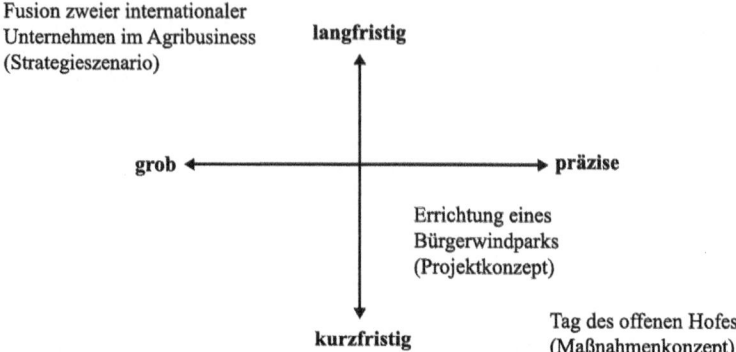

Abb. 2.1 Mögliche Anwendungsfälle in der Agrarwirtschaft und potenziell geeignete verschiedene Konzeptionstypen. (In Anlehnung an Schmidbauer & Jorzik, 2017, S. 43)

Aus dieser Definition lassen sich verschiedene Anforderungen entnehmen: an den
Prozess (methodisch entwickelt), an die Struktur (kreativ und in sich schlüssig) sowie
an den Gegenstand (kommunikationspolitische Problemlösung) – wobei dabei, wie
in Abb. 2.2 ersichtlich ist, immer auch Chancen mit gemeint sind. Es wäre dabei
vor allem dieser dritte Punkt, die kommunikationspolitische Problemlösung, der die

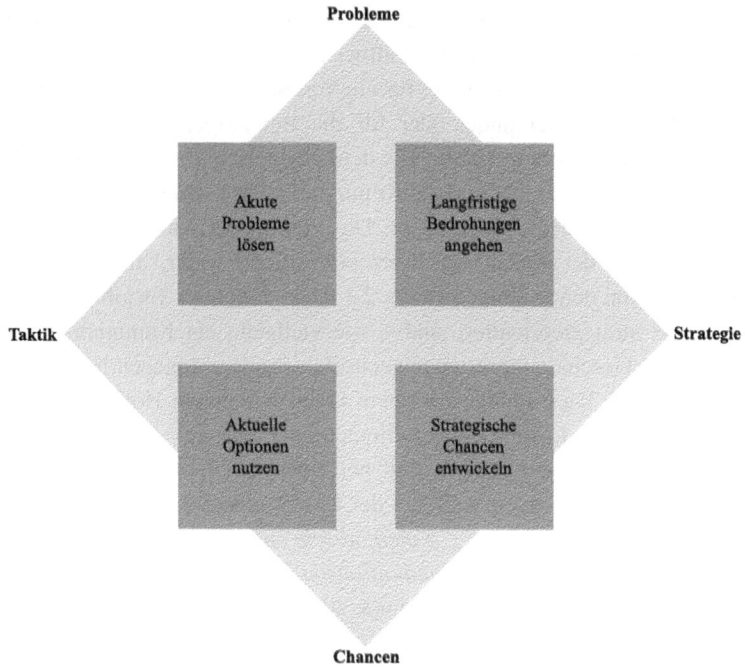

Abb. 2.2 Aufgabenfelder. (Schmidbauer & Jorzik, 2017, S. 69)

Unterschiede zwischen Kommunikationskonzepten und Konzeptionen für andere Unternehmensaufgaben wie Produktion und Vertrieb sichtbar machen sollte. Denn es geht in der Kommunikation nicht um Probleme (oder Chancen verbesserter) technischer Effizienz oder eine unzureichende Qualität von Produkten. Stattdessen stehen typische kommunikative Fragen im Fokus: Probleme mangelnder Wahrnehmung, geringer Bekanntheit oder mangelnden Wissens (kognitiv), fehlende Akzeptanz oder fehlendes Ansehen (affektiv) sowie zu geringe Unterstützungsbereitschaft (konativ) (vgl. Merten, 2013, S. 11). Diese Probleme sollen mithilfe kommunikativer Wirkungen gelöst werden, für deren Erzeugung ein systematisches Vorgehen konzipiert wird. Dafür stellen eine nachvollziehbare Struktur (Abschn. 2.1) und ein systematischer Prozess (Abschn. 2.2) die Grundlage dar.

2.1 In sich schlüssig und kreativ – die Grundstruktur der Konzeption

Schlüssig soll das Planungspapier sein – diese Anforderung stellt Klaus Dörrbecker an die Problemlösung. Schlüssigkeit ist, wie bereits erwähnt, kein exklusives Merkmal der Kommunikation. Und auch die Grundstruktur eines Kommunikationskonzepts unterscheidet sich zunächst nicht von der der üblichen Konzeptsorten aus anderen Arbeitsbereichen. Sie beruht auf dem Grundgerüst des allgemeinen Managementzyklus (vgl. Röttger, 2009, S. 76), wie er auch in Marketing und Unternehmensführung bekannt ist, und umfasst die folgenden Elemente:

1. Analyse
2. Strategie
3. Maßnahmenplanung
4. Evaluation – im Anschluss an die Umsetzung der Maßnahmen

Über diesen Aufbau herrscht in der Literatur zur Konzeption von Kommunikation weitgehend Einigkeit (vgl. Nothhaft & Bentele, 2015, S. 705) – auch, wenn es in den Unterkategorien immer wieder unterschiedliche Bezeichnungen und Abweichungen gibt.

In der praktischen Verwendung dieses abstrakten Modells finden sich Gemeinsamkeiten mit anderen Unternehmensaufgaben, aber auch Aspekte, die nur für den Bereich der Kommunikation charakteristisch sind. Eine Gemeinsamkeit liegt in der systematischen und vollständigen Anwendung (Abschn. 2.1.1). Das Besondere an Kommunikationskonzepten ist nun der Umstand, dass ihre Erarbeitung oft zirkulär verläuft und auch in der praktischen Umsetzung immer wieder Anpassungen erwartet werden müssen (Abschn. 2.1.2).

2.1.1   Systematische und vollständige Anwendung

Konzeption kann nur dann erfolgreich sein, wenn alle Schritte systematisch bearbeitet werden und miteinander verzahnt sind. Das heißt: Keine sinnvolle Strategie ohne Analyse, keine wirksamen Maßnahmen ohne Strategie. Dies gilt für die Konzeptionen im Allgemeinen, ob für ein Bauprojekt oder auch für die Betriebsnachfolge. Beim Konzeptionieren von Kommunikation wird diese Systematik nicht immer beachtet – ein Punkt, auf den Jürg Leipziger aufmerksam macht (vgl. Leipziger, 2009, S. 14). Viele Konzepte für Kommunikation scheitern demzufolge aufgrund von *falschem Denken* der Konzeptionerinnen – beispielsweise dann, wenn Botschaften für eine Kommunikationskampagne zur Landwirtschaft formuliert werden, ohne analysiert zu haben, ob diese Botschaften bei Zielgruppen ankommen können. Ein weiteres Beispiel ist die Produktion von stimmungsvollen Bildmaterialien über Landwirtschaft und Landwirtinnen. Dies ist i. d. R. nur dann effektiv, wenn zuvor bedacht und explizit entschieden wird, was denn das Ziel dieser Maßnahmen ist, was die Bilder bei den Rezipientinnen auslösen sollen und inwiefern das auf übergeordnete Ziele des Unternehmens bzw. der Branche einwirkt.

Das häufig unsystematische Vorgehen, das Leipziger anspricht, mag auch einer zweiten Anforderung an Kommunikationskonzepte geschuldet sein, die sie nun tatsächlich von anderen Konzeptionsaufgaben unterscheidet: Die Bedeutung von Rekursivität im Vorgehen, also das wechselseitige Anpassen von Analyse, Strategie, Maßnahmenplanung und Maßnahmen selbst.

2.1.2   Rekursivität und Unabhängigkeit der Einzelelemente

Konzepte aus dem technischen Projektmanagement, aber auch der übergeordneten Unternehmensführung zeichnen sich idealerweise durch zwei Merkmale aus: Erstens lassen sich die Phasen der Strategieformulierung und -implementierung i. d. R. klar voneinander abgrenzen und zweitens folgt die Konzepterarbeitung einer stringenten Chronologie.[1] Diese Systematik ist im Fall einer Konzeption des Kommunizierens nicht zwingend. Denn trotz der Orientierung an einer logischen Reihenfolge (Analyse, Strategie, Maßnahmenplanung, [Umsetzung], Evaluation) zeichnet sich das praktische Konzeptionieren im Kommunikationsbereich, wie in Abb. 2.3 ersichtlich, typischerweise dadurch aus, dass die verschiedenen Schritte immer auch wieder aufeinander abgestimmt

---

[1] Dabei kann auch die Reihenfolge der Schritte variieren, wie Günter Müller-Stewens und Christoph Lechner mit Blick auf den St. Galler General Management Navigator deutlich machen. Aber auch mit dieser Varianz handelt es sich immer noch um einen unidirektionalen Prozesspfad (vgl. Müller-Stewens & Lechner, 2005, S. 39–40).

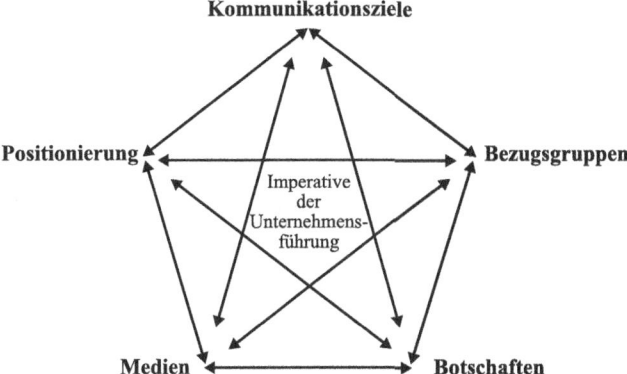

Abb. 2.3 Rekursives und zirkuläres Vorgehen in der Kommunikation. (Bentele & Nothhaft, 2014, S. 625)

werden. Für diese Besonderheit in der Kommunikation sind vor allem zwei Aspekte (mit-)verantwortlich:

1. Auf der einen Seite spielen sich viele Kommunikationsprozesse in einem höchst-dynamischen Umfeld ab. Digitale Infrastrukturen der Kommunikation haben zu einer Beschleunigung und Vernetzung geführt, die fortwährend neue (Medien-)Realitäten schaffen und damit ein flexibles und anpassungsfähiges Vorgehen auch bei strategisch geleiteten Prozessen erforderlich machen. So können bei einem Stalleinbruch neue Bilder oder Bewertungen auftauchen, die eine neue Beurteilung der Lage erforderlich machen. Die Struktur eines Kommunikationskonzeptes sollte so angelegt sein, dass sie schnell und flexibel angepasst werden kann – vor allem, weil sich die Rahmen-bedingungen auch stetig ändern und vielleicht neue Antworten erforderlich sind.

2. Ein solches Vorgehen ist zum zweiten auch sinnvoll vor dem Hintergrund, dass sich Kommunikation – anders als technische Prozesse – nicht kausal steuern und in ihren Wirkungen evaluieren lässt (siehe Kap. 6). Wenn die Livekamera aus dem Stall nicht die gewünschte Resonanz auf der Internetseite erhält, scheint die Maßnahme so nicht zu funktionieren – dann muss über Anpassungen nachgedacht werden können, um das mögliche Ziel von mehr Transparenz zu erreichen. Die Konzeption muss dafür flexibel genug sein. In jedem Kommunikationsprozess gilt es daher fortlaufend zu prüfen, ob die angestrebten Wirkungen tatsächlich realisiert werden. Auch muss beobachtet werden, ob sich nichtgeplante und unerwünschte Nebenfolgen einstellen, auf die jetzt reagiert werden sollte – mit einer erneuten Analyse, einer Anpassung von Maßnahmen oder sogar einer Modifikation der Strategie (vgl. Meffert et al., 2019, S. 634).
Eine lineare *Abarbeitung* von der Analyse bis zur Evaluation ist auch aus einem anderen Grund nicht üblich. Gute Kommunikation ist keine Mathematik – sie ist immer auch das Gesamtergebnis von systematischem Vorgehen sowie kreativen Einfällen und spontanen

Ideen. Anders als in technischen Planungsprozessen ergeben sich aus der Analyse nicht automatisch Strategieentscheidungen und lassen sich aus der Strategie nicht unmittelbar mögliche Maßnahmen ableiten. Die einzelnen Konzeptionsschritte sind eher lose gekoppelt, sodass im Laufe des Prozesses immer wieder Offenheit für weitere Aspekte und kreative Ideen hinzukommt.

In den einschlägigen Konzeptionslehren für Kommunikation wird dies mit verschiedenen Begrifflichkeiten herausgestellt. Leipziger (2009, S. 12) bezeichnet die Phasen der Analyse, Strategie/Taktik und Maßnahmen als drei *„unabhängige Denksysteme"*. Mit diesem Begriff macht er darauf aufmerksam, dass jede Phase auch für sich steht (vgl. Bentele & Nothhaft, 2014, S. 614). Für Peter Szyszka (2008, S. 55) ist deshalb in seinem AE-Modell in jeder Phase der Konzeption – der Ausgangslage, der Strategie und der Umsetzung – eine spezifische Analyse angedacht, in der immer wieder neu nachgedacht wird und es sich eben um lose gekoppelte Prozessschritte handelt.

Wie viel Zeitaufwand für eine Konzeption anfällt, hängt von der Aufgabenstellung ab. So wird für die Erstellung eines Maßnahmenkonzeptes, z. B. für die Neugestaltung und -durchführung eines Events wie einen Tag des offenen Hofes, eine Zeitspanne von ein bis drei Wochen veranschlagt (vgl. Schmidbauer & Jorzik, 2017, S. 66), für aufwendige Kampagnenkonzepte können dagegen auch Zeitspannen von sechs bis 15 Wochen erforderlich sein, um entsprechende Analysen durchzuführen, eine Strategie auszuarbeiten und Maßnahmen zu planen. Auch der Aufwand für die einzelnen Schritte unterscheidet sich. Bei einem Maßnahmenkonzept werden typischerweise zehn bis 15 % der Arbeitszeit in die Analyse investiert, 15 % in die Strategie und 70 % in die Maßnahmen. Der starke Fokus auf die Maßnahmenplanung erklärt sich dadurch, dass das zu lösende Kommunikationsproblem bzw. die zu nutzende Chance von vergleichsweise geringer Komplexität ist. Zugleich gilt es für diese Aufgaben viele ganz konkrete Handlungen vorauszudenken. Deshalb ist der Fokus auf den Maßnahmenteil umso bedeutsamer. Anders sieht die Gewichtung dementsprechend für ein Strategieszenario aus. Hier wird von jeweils 45 % für Analyse und Strategie ausgegangen und lediglich 10 % für die Maßnahmenplanung (vgl. Schmidbauer & Jorzik, 2017, S. 57).

2.2   Methodisch entwickelt und kreativ – der Prozess des Konzeptionierens

Von Umfang und Komplexität einer Konzeption ist auch abhängig, auf welche Weise ein Konzept entwickelt wird. Während ein Konzept früher eher von einer Person allein erdacht wurde, ist das Konzeptionieren heute, wie auch Abb. 2.4 zeigt, i. d. R. eine Gemeinschaftsaufgabe (vgl. Schmidbauer & Jorzik, 2017, S. 51). Gerade für die Analyse, aber auch die Strategieauswahl empfiehlt sich ein partizipatives Werkstattprinzip, in dem alle relevanten Akteurinnen an einen Tisch kommen, um ihr Wissen, aber auch ihre Einschätzungen und Bedürfnisse zum Stand der Konzeption einzubringen (vgl. Schmidbauer & Jorzik, 2017, S. 52).

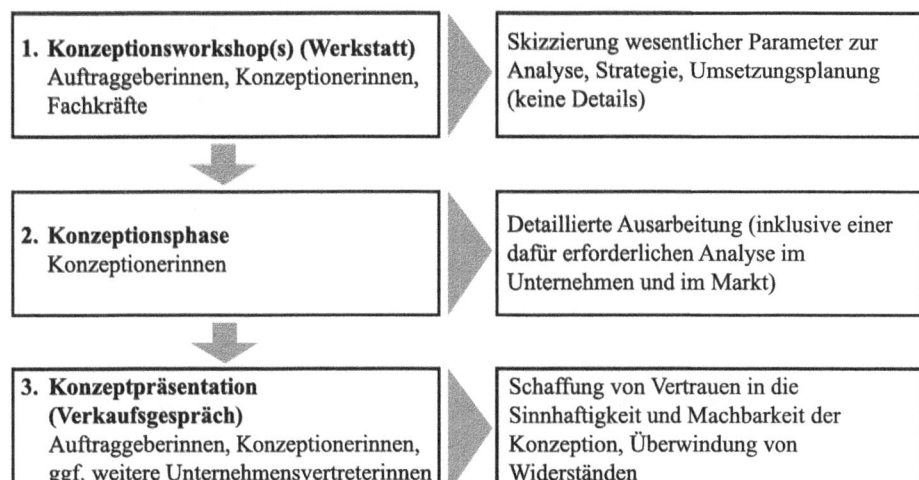

Abb. 2.4 Der Prozess der Konzeptionsentwicklung. (In Anlehnung an Schmidbauer & Jorzik, 2017, S. 53–54)

Vorarbeiten – das Briefing
Empfehlenswert für jede Konzeption ist zunächst ein Informationsaustausch, eine Art Einweisung der Beteiligten in die Aufgabe – in der Fachterminologie *Briefing* genannt. Ein solches Briefing erfolgt i. d. R. in schriftlicher und mündlicher Form (vgl. Schmidbauer & Jorzik, 2017, S. 74–75). Dabei geht es nicht um die Entwicklung von Details, sondern die große konzeptionelle Linie (vgl. Schmidbauer & Jorzik, 2017, S. 53).

Das Briefing ist den eigentlichen Schritten der Konzeption vorgeschaltet und liefert den Anstoß für die weiteren Schritte (vgl. Schmidbauer, 2007, S. 11). Insbesondere dann, aber nicht nur dann, wenn externe Personen wie Kommunikationsagenturen am Konzept beteiligt sind, ist ein solches Briefing wichtig (vgl. Merten, 2013, S. 168) – es geht darum zu verstehen, was die groben Rahmenbedingungen sind, was die übergeordnete Intention darstellt und welche Möglichkeiten zur Verfügung stehen, um dies zu erreichen (vgl. Mast, 2016, S. 123). Das gilt vor allem für externe Konzeptionerinnen. Sie müssen nicht nur Fakten, sondern auch Atmosphäre im Unternehmen und Meinungen und Sichtweisen der Auftraggeberinnen aufnehmen, um ein maßgeschneidertes Konzept erarbeiten zu können. Aber auch für das eigene Vorgehen kann ein solches Briefingpapier als Standortbestimmung helfen. Inhalt sollten auf jeden sein:

- *Das Thema und die Problemstellung:* Oftmals ist das größte Problem nicht der Mangel an einem Thema und den damit verbundenen Problemen, sondern häufig eher der Überfluss an Aspekten. Dieser Zustand ist nur auf den ersten Blick ein Luxusproblem. Eine Fokussierung kann bereits im Briefing helfen, um nicht in die falsche Richtung zu arbeiten.

- *Der Zeitrahmen:* Es macht einen Unterschied für die Konzeption, ob es sich um eine sehr kurzfristige Kommunikationsaufgabe handelt, die ein hohes Maß an Umsetzungsthemen bearbeiten soll, oder eher um ein langfristig angelegtes Projekt. Auch dies gilt es im Vorfeld abzustimmen.
- *Das dahinterstehende Unternehmen bzw. die betroffene Subbranche:* Dieser Punkt ist in der Praxis vor allem dann relevant, wenn externe Dienstleister wie Kommunikationsagenturen einbezogen sind, die nur geringes Organisations- oder Branchenwissen mitbringen. Ihnen geht es darum, den groben Kontext zu präsentieren, in dessen Rahmen die Konzeption stattfindet.

Diese Dinge werden in einem kurzen Papier[2] grob fixiert. In der Terminologie von Schmidbauer und Jorzik (2017, S. 43) kann dies eher als Konzeptskizze bezeichnet werden, die kurzfristig angelegt ist und in ihrer Ausgestaltung eher grob bleibt – anders vielleicht als ein Kampagnenkonzept, das wesentlich detaillierter und auch langfristiger ausgelegt ist. Dabei handelt es sich i. d. R. um ein zweiseitiges Kommunikationspapier, in dessen Zuge das Thema, aber auch Ansatzpunkte für die Bearbeitung entstehen. Das Briefing dient dazu, allen am Konzeptionsprozess Beteiligten Klarheit über den Umfang der Aufgabe zu geben und ihnen in ihren Rollen Verantwortlichkeiten zuzuweisen.

Ist das Briefing abgestimmt und sind damit die grundlegenden Ziele und Merkmale der zu bearbeitenden Kommunikationsaufgabe festgelegt, beginnt der eigentliche Konzeptionsprozess:

Literatur

Bentele, G., & Nothhaft, H. (2014). Konzeption von Kommunikationsprogrammen. In A. Zerfaß & M. Piwinger (Hrsg.), *Handbuch Unternehmenskommunikation. Strategie, Management, Wertschöpfung* (2. Aufl., S. 607–632). Springer Gabler.

Dörrbecker, K., & Fissenewert-Goßmann, R. (Hrsg.). (2001). *Wie Profis PR-Konzeptionen entwickeln. Das Buch zur Konzeptionstechnik* (4. [Nachdr.]). Frankfurter Allgemeine Buch.

Leipziger, J. W. (2009). *Konzepte entwickeln. Handfeste Anleitungen für bessere Kommunikation; mit vielen praktischen Beispielen.* Frankfurter Allgemeine Buch. http://www.wiso-net.de/document/FAZB,AFAZ__9783899814071221. Zugegriffen: 20. Jan. 2021.

Mast, C. (2016). *Unternehmenskommunikation. Ein Leitfaden* (6. Aufl.). UVK.

Meffert, H., Burmann, C., Kirchgeorg, M., & Eisenbeiß, M. (2019). *Marketing. Grundlagen marktorientierter Unternehmensführung: Konzepte – Instrumente – Praxisbeispiele* (13. Aufl.). Springer Gabler.

Merten, K. (2013). *Konzeption von Kommunikation. Theorie und Praxis des strategischen Kommunikationsmanagements.* Springer. http://dx.doi.org/https://doi.org/10.1007/978-3-658-01467-4.

---

[2] Im wissenschaftlichen Kontext ist dann von einem Exposé die Rede. Bei Arbeiten, die eine Praxis-Konzeption zum Gegenstand haben, ließe sich aber ebenso von Briefing sprechen/schreiben.

Müller-Stewens, G., & Lechner, C. (2005). *Strategisches Management. Wie strategische Initiativen zum Wandel führen; der St. Galler General Management Navigator®* (3. Aufl.). Schäffer-Poeschel.

Nothhaft, H., & Bentele, G. (2015). Strategie und Konzeption: Die Lehre der strategischen Kommunikation. In R. Fröhlich, P. Szyszka, & G. Bentele (Hrsg.), *Handbuch der Public Relations. Wissenschaftliche Grundlagen und berufliches Handeln. Mit Lexikon* (S. 697–713). Springer VS.

Röttger, U. (2009). Public Relations. In M. Bruhn, F.-R. Esch, & T. Langner (Hrsg.), *Handbuch Kommunikation. Grundlagen – Innovative Ansätze – Praktische Umsetzungen* (S. 67–83). Gabler.

Schmidbauer, K. (2007). *Professionelles Briefing – Marketing und Kommunikation mit Substanz. Damit aus Aufgaben schlagkräftige Konzepte werden.* BusinessVillage.

Schmidbauer, K., & Jorzik, O. (2017). *Wirksame Kommunikation – mit Konzept. Ein Handbuch für Praxis und Studium.* Talpa.

Szyszka, P. (2008). Analyse- und Entscheidungsmodell strategischer PR-Planung. In P. Szyszka (Hrsg.), *Strategische Kommunikationsplanung* (S. 37–73). UVK.

Analyse

3

Welche Relevanz hat die Kommunikation für den Erfolg von landwirtschaftlichen Betrieben sowie von vor- und nachgelagerten Bereichen der Wertschöpfungskette? Auf diese Frage gibt es keine pauschale Antwort. Ihr gilt es im Rahmen einer strukturierten Analyse nachzugehen – immer mit Blick auf konkrete Aufgaben, die sich in einer Situation für einen Betrieb oder die Branche ergeben. Wie bereits in Abschn. 2.1 erläutert, sollte jede Konzeptionstätigkeit mit einer Analyse beginnen. Darüber herrscht in der Marketing- sowie PR-Literatur weitgehende Übereinstimmung. Im Detail unterscheiden sich die Kommunikationsmodelle in mancher Hinsicht: Ein wichtiger Unterschied besteht dabei in der Frage, an welchem Punkt eine Analyse für eine Kommunikationskonzeption beginnt.

3.1 Das Problem

Einige Konzeptionen setzen mit ihrer Analyse an dem Punkt an, an dem Kommunikation – oder kommunikationsverwandte Ansätze – als Lösung für ein Problem vorausgesetzt werden (vgl. Bruhn, 2016, S. 28; Schmidbauer & Jorzik, 2017, S. 69). Im Folgenden wird dagegen für ein Vorgehen plädiert, das früher ansetzt (vgl. Leipziger, 2009, S. 27; Merten, 2013, S. 169) – nämlich zu einem Zeitpunkt, an dem noch gar nicht klar ist, welche Rolle Kommunikation bei einem entsprechenden Problem bzw. einer entsprechenden Option einnimmt.

Eine sorgfältige Beschreibung des Problems ist der erste Schritt in der Analysephase einer Konzeption. Ein Fehler in der Konzeption kann darin bestehen, die Kommunikation vorschnell zur Lösung für ein Problem zu erklären, ohne vorher systematisch zu prüfen, ob sich mit Maßnahmen wie der Öffentlichkeitsarbeit überhaupt

das vorliegende Probleme lösen lässt. Die Ursachen für Probleme sind jedoch vielfältig,
z. B.:

- Bei einem relevanten Anteil der Kundinnen nimmt die Bindung zu einem Anbieter
  ab, weil diese nur unterdurchschnittlich mit dem Geschmack und der Frische der
  Produkte zufrieden sind. Es spricht also zunächst viel dafür, dass ein Problem in der
  Produktqualität vorliegt. Kommunikation stellt in diesem Fall aller Voraussicht nach
  nicht den effektivsten und effizientesten Lösungsansatz dar, um diese Kundinnengruppen zu erreichen. Stattdessen dürften Veränderungen im Produktionsprozess oder
  eine andere Lagerhaltung der Produkte die sinnvollere Problemlösung darstellen.
- Bei einem anderen Teil der Kundinnen nimmt dagegen die Kundinnenbindung
  ab, weil sie ein generelles Misstrauen gegenüber der Landwirtschaft mit Blick auf
  Umweltbelastungen und Nahrungsmittelskandale hegen. Um diese Kundinnengruppe
  zu halten, könnte Kommunikation eine Lösung sein. Zumindest könnten Direktver-
  markterinnen den Blick auf den eigenen Betrieb verändern und Vertrauen schaffen:
  vorausgesetzt, das eigene Unternehmen kann tatsächlich ein vorbildliches Verhalten
  dokumentieren.

3.1.1 Formulierung des Problems

Um die Eignung von Kommunikation zur Problemlösung festzustellen, beginnt daher
jede Konzeption mit einer möglichst präzisen Beschreibung des Problems. Eine erste
Problembeschreibung ist auch zentraler Bestandteil des Briefings (siehe dazu Kap. 2), im
eigentlichen Konzeptpapier geht es nun noch einmal darum, diese mit einer prägnanten
Formulierung zu schärfen – und zwar auf der Basis von fundierten Informationen. Die
Beschreibung sollte daher in einfachen Worten und im Präsens erfolgen, ohne bereits
Lösungen anzudeuten. Claudia Mast (2016, S. 119) hat folgende Leitfragen zur Problem-
beschreibung vorgeschlagen:

- Wo liegt die Quelle des Problems?
- Wann und wo tritt das Problem auf?
- Wer ist davon betroffen?
- Wie stark sind die Personen oder Gruppen betroffen?
- Warum ist das Problem für das Unternehmen oder seine Teilöffentlichkeiten bedeut-
  sam?

Betriebe und Branchenbereiche der Landwirtschaft können dabei vor sehr unterschiedlichen Problemen stehen, wie sich anhand einiger der verwendeten Fallbeispiele zeigen
lässt:

Das Problem des Fallbeispiels Milchtankstelle: Die Auslastung der Milchtankstelle
ist betriebswirtschaftlich nicht optimal, sondern unterliegt ungünstigen Schwankungen.

Während in den Sommermonaten viele Kundinnen per Fahrrad ihre Milch an der Tankstelle zapfen und die Liefermenge 160 l beträgt, geht der Absatz in den Wintermonaten um fast 50 % zurück. Die schlechte Auslastung bedroht zwar nicht die Existenz des Betriebs, da nur ein geringer Teil (unter 10 %) der Menge über diesen Weg vermarktet wird. Dennoch ist das Problem bedeutsam, da die Fixkosten für die Milchtankstelle (z. B. Anschaffungskosten) nicht gedeckt sind.

Ähnlich ließe sich die Problemstellung für das Fallbeispiel Pferdepension formulieren: Die Besetzung der Boxen ist verbesserungsfähig. So stehen Zuchtpferde in den Sommermonaten auf den umliegenden Weiden, wodurch ihre Boxen ungenutzt bleiben und für andere Pferde genutzt werden könnten.[1] Das Problem tritt in den Sommermonaten auf und betroffen ist der Betrieb selbst. Auch hier ist das Problem insofern bedeutsam, als sich die Wirtschaftlichkeit durch eine maximale Auslastung der Boxen erhöhen würde, da Fixkosten für die Stallungen über das gesamte Jahr anfallen. Zudem stiege damit auch die Möglichkeit, Reitkurse des Betriebs besser zu vermarkten.

Im Fallbeispiel Hühnermobil liegt zwar auch ein kundinnenspezifisches Problem vor – allerdings geht es dabei nicht um saisonale Schwankungen: Die Kundinnenstruktur in der Direktvermarktung der Eier ist unausgewogen. So sind die meisten Kundinnen älter als 50 Jahre. Es finden sich wenige junge Familien und andere Bevölkerungsgruppen im Kundinnenstamm. Dieser Zustand kann einerseits als Problem der Gegenwart definiert werden, da vorhandene Potenziale nicht genutzt werden. Er ist aber auch mit Blick auf die künftige Entwicklung problematisch. Wenn es nicht gelingt, die jetzt jungen potenziellen Zielgruppen als Käuferinnen zu gewinnen, dürfte die Kundinnenbasis in den kommenden Jahren immer kleiner werden.

Das Problem im Fallbeispiel Eierhandel ist ein anderes. In diesem Fall geht es um Unsicherheit, die durch die neue Führung entsteht. Das Unternehmen wird durch seine Geschäftsführerin vertreten, die bisher alle Kontakte zu den Kundinnen hält. An dieser Stelle wird es mit dem Wechsel auf dieser Position zwangsläufig Veränderungen geben. Was damit vorliegt, ist zunächst kein ökonomisches, sondern ein Führungsproblem. Eingespielte Prozesse, aber auch Erwartungen von Kundinnen stehen infrage. Es drohen externe und interne Unsicherheit, die sich wiederum auf den Unternehmenserfolg auswirkt, wenn Kundinnen mit der neuen Geschäftsführung nicht mehr zusammenarbeiten wollen.

Auch im Fallbeispiel Bürgerwindpark handelt es sich zunächst nicht um ein ökonomisches Problem. Vielmehr besteht hier die Unsicherheit, ob Anwohnerinnen, aber auch Vertreterinnen von Naturschutzverbänden das Projekt akzeptieren. Hier geht es also nicht um die Frage der Wirtschaftlichkeit, sondern um die *Licence to Operate*.

---

[1] Nicht immer ist eine solche Situation zwingend ein Problem. So gibt es sicherlich Fälle, in denen ein solcher Leerstand ökonomisch zu verkraften ist. Im Sinne einer Optimierung des Geschäfts kann aber von einem Problem gesprochen werden, wenn Ressourcen nicht optimal genutzt werden.

Probleme beziehen sich nicht unbedingt auf einzelne Unternehmen, sondern können sich auch auf ganze Subbranchen bzw. Regionen mit starker Präsenz in der Subbranche beziehen. Dies zeigt sich am Beispiel der Kartoffelregion. Die Vermarktungsgesellschaft hat mit dem Problem zu kämpfen, dass der Kartoffelkonsum in Deutschland generell zurückgeht und dass darüber hinaus die Wertschätzung für die besondere Qualität von Kartoffeln aus der Region nicht ausgeprägt ist.

Dies wird auch am Fallbeispiel Imagekampagne deutlich: Hier besteht das Problem in mangelnder Wertschätzung für Teile des landwirtschaftlichen Berufsstands, in diesem Fall für Nutztierhalterinnen, was zu Frustration im Berufsstand führt, die Attraktivität des Berufs verringert und das Ansehen des Berufsstands in der Gesellschaft reduziert.

In den Fallbeispielen Milchtankstelle und Reiterpension handelt es sich um ökonomische, marktorientierte Probleme des Absatzes. Ob Kommunikation die Lösung dafür ist oder ob Ressourcen an anderer Stelle im Betrieb zu mobilisieren sind, gilt es im Laufe der Analyse zu klären. Auch im Fallbeispiel Hühnermobil liegt ein Marktproblem vor, das sich nicht in einem schwankenden Absatz, sondern in einer unausgewogenen Kundinnenstruktur zeigt. Bei dem Fall Eierhandel handelt es sich um ein (organisationsinternes) Führungsproblem, das in der Konsequenz ökonomische Probleme auslösen kann, wenn sich als Folge des Wechsels die Kundinnen- oder Lieferantinnenbeziehungen zu Ungunsten des Unternehmens verändern.

In den Fällen Windpark, Kartoffelvermarktung und landwirtschaftlicher Verband haben wir es mit Problemen zu tun, die sich nicht auf Kategorien des Absatzes, der Kundinnenstruktur oder der Unternehmensführung zurückführen lassen. Hier stehen stärker Wahrnehmungs- und Einstellungsaspekte im Zentrum, die auch direkt kommunikationspolitische Lösungen vermuten lassen. Aber auch hinter den anderen Fallbeispielen können sich kommunikationsspezifische Probleme verbergen.

Klassifizierung von Kommunikationsproblemen
Leipziger (2009, S. 48) führt in seiner Konzeptionslehre auf, welche fünf Klassen von Kommunikationsproblemen auftreten:

1. **Wahrnehmung/Bekanntheit:** Damit sind Probleme gemeint, die darin bestehen, dass ein Produktionsprozess, ein Produkt oder eine Dienstleistung sowie Informationen darüber nicht bekannt sind bzw. nicht ausreichend wahrgenommen werden.
2. **Akzeptanz:** Akzeptanzprobleme bedeuten, dass etwas auf der rationalen Ebene auf Ablehnung stößt. Produkte werden zurückgewiesen, weil z. B. bestimmte technische Kriterien nicht auf Zustimmung stoßen.
3. **Ansehen:** Die Problemklasse mangelnden Ansehens bezeichnet Leipziger als Zwillingspaar zur Akzeptanz (vgl. Leipziger, 2009, S. 50–51). Auch hier geht es um das Problem mangelnder Zustimmung, allerdings aufgrund von emotionalen Faktoren. Da, wie Leipziger hervorhebt, rationale und emotionale Aspekte im Entscheidungsverhalten eng verknüpft sind, hängen die Problemklassen zwei und drei eng zusammen.

4. **Präferenz:** Probleme im Kontext von Präferenz ergeben sich erst aus dem Wettbewerb: Sie können auch dann auftreten, wenn das eigene Angebot bekannt, akzeptiert und angesehen ist – nämlich unter der Voraussetzung, dass dies bei der Konkurrenz ein stückweit mehr der Fall ist. Insbesondere in hart umkämpften Märkten können Präferenzprobleme dazu führen, dass Kommunikation erforderlich ist.

5. **Vertrauen:** Vertrauensprobleme ergeben sich typischerweise aus Problemen der vorangegangenen vier Problemklassen. Ein weiterer wichtiger Faktor ist der der Glaubwürdigkeit als Grundvoraussetzung für Vertrauen (vgl. Leipziger, 2009, S. 52).

Im Fall der in diesem Buch verwendeten Beispiele lässt sich kein Problem identifizieren, das sich auf Problemklasse 1 beschränkt. In gewisser Hinsicht steht der Fallbeispiel Bürgerwindpark vor einem Problem, das diese Problemklasse berührt. Schließlich sind vor Projektstart noch viele Fragen offen und damit auch Botschaften auf der kognitiven Ebene zu senden. Es dürften hier aber auch Fragen der Akzeptanz und des Ansehens berührt sein. Das Fallbeispiel Kartoffelvermarktung lässt sich als eine Kombination von Problemen aus den Klassen 2, 3 und 4 beschreiben. Die Kartoffel ist ja durchaus bekannt, aber ihre Wertschätzung nimmt ab – die besondere Qualität frischer Kartoffeln aus einer Region wird nicht mehr wertgeschätzt. Wenn andere Stärkebeilagen wie Nudeln oder Brotwaren gegenüber frischen Kartoffeln präferiert werden, so muss es in diesem Fall – neben einer allgemeinen Wertschätzung für die Kartoffel – darum gehen, in einem kleiner gewordenen Markt die Präferenz für die regionale Kartoffel hochzuhalten.

Im Fallbeispiel Imagekampagne (s. o.) stehen dagegen Probleme der Kategorien 2, 3 und 5 im Zentrum – auch der landwirtschaftlichen Nutztierhaltung fehlt es nicht an Bekanntheit, sondern vor allem an Akzeptanz und Ansehen. An dieser Stelle wird ersichtlich, welchen Zweck die analytische Unterscheidung zwischen Urteils- und Emotionsebene verfolgt. Es macht einen Unterschied, ob etwas emotional abgelehnt wird, obwohl der Sinn rational verstanden wird, oder ob dies der Fall ist, weil die Defizite auf einer fachlichen Ebene begründet sind. Mit Blick auf das Fallbeispiel Imagekampagne wird davon ausgegangen, dass beides der Fall ist.

Neben der inhaltlichen Betrachtung lassen sich Probleme in zeitlicher Hinsicht unterscheiden: in akute Probleme und strategische Bedrohungen (vgl. Schmidbauer & Jorzik, 2017, S. 69). So kann das Problem des Eierhandels als dringend angesehen werden, da mit dem Führungswechsel ein klares Datum für Veränderungen feststeht. Anders ist es im Fall des Hühnermobils gelagert. Hier dürfte es sich eher um einen schleichenden Prozess und damit um eine langfristige Bedrohung handeln.

3.1.2 Informationsquellen zur Problemdefinition

Eine fundierte Problemdefinition und -analyse hängt immer auch von der Qualität der Informationen ab, die dafür herangezogen werden. Die Informationsquellen zur Benennung der Probleme können sehr unterschiedlich sein:

1. **Erfahrungswerte und logische Schlüsse:** Am unsichersten ist die Bewertung der Fälle, bei denen das Problem bzw. die Auswirkungen des Problems in der Zukunft zu verorten sind. Dies lässt sich an den Fallbeispielen Eierhandel und Bürgerwindpark ablesen. In beiden Fällen treten erst mit dem Eigentümerwechsel und dem Projektbeginn mögliche Folgen auf. Grundlage der Problembeschreibung sind damit keine eigenen empirischen Daten, sondern der Vergleich mit anderen Fällen sowie logisches Denken und Schlussfolgerungen. Wenn sich die Unternehmensleitung verändert oder bestimmte Eingriffe in der Landschaft vorgenommen werden, hat dies Wirkungen auf die relevanten Stakeholdergruppen, für die noch keine Erfahrungswerte vorliegen. Daher dürfte es sich gerade in einer solchen Konstellation anbieten, die Problemdefinition in einem Gesprächs- und Workshopformat vorzunehmen, um möglichst verschiedene Perspektiven einfließen zu lassen (siehe Abschn. 2.2).

2. **Betriebsdaten und (eigene) Kundinnendaten:** Eindeutig sind die Datenquellen für die Fallbeispiele Milchtankstelle und Pferdepensionsbetrieb. Die Problemanalyse der Milchtankstelle beruht dabei auf unternehmenseigenen Daten (Absatz), ebenso wie im Fall des Pferdepensionsbetriebs, der die Auslastung aus der Buchhaltung entnehmen kann. In diesen Fällen ist die Lage objektiv nachvollziehbar, schließlich liegen solche Informationen über Mengen und Erlös vor, und es kann daraus abgeleitet werden, dass die Situation so nicht zufriedenstellend bzw. dass mehr möglich ist. Ebenfalls durch Daten gesicherte Erkenntnisse liegen im bereits genannten Beispiel der Direktvermarktung vor – schließlich stammen die Ergebnisse der Studie aus einer wissenschaftlich angelegten Kundinnenbefragung.[2]

3. **Individuelle Wahrnehmungen und Urteile von Schlüsselinformantinnen und Expertinnen:** Etwas anders ist die Lage im Fallbeispiel Hühnermobil: Auch hier haben wir es mit der Formulierung eines Problems zu tun, das in der Kundinnenbeziehung verortet ist. Die Grundlagen für die Problemformulierung im Falle des Hühnermobils stammen von den Eindrücken und Erfahrungen der Betriebsleiterin, die in den Verkauf eingebunden ist – eine durch quantitative Daten abgesicherte Analyse liegt nicht vor. Dennoch kann die Betriebsleiterin hier als eine sogenannte Schlüsselinformantin (vgl. Mast, 2016, S. 121) eingeschätzt werden, die aufgrund ihrer Tätigkeiten über ein hervorgehobenes/exklusives Wissen verfügt und damit einen Expertinnenstatus besitzt (vgl. Liebold & Trinczek, 2002, S. 35–36). In solchen vergleichbar überschaubaren Zusammenhängen der Vermarktung kann eine

---

[2] Mehr zu der Vorgehensweise und weiteren Einsatzfeldern solcher Befragungen in Abschn. 3.2.

solche Quelle ausreichen, um ein brauchbares Bild zu bekommen – die Wahrscheinlichkeit ist groß, dass sich hier die Eindrücke mit den tatsächlichen Fakten über die
Kundinnenzusammensetzung decken. In größeren Zusammenhängen wären dann aber
andere Ansätze erforderlich.

4. **Informationen aus Sekundärquellen:** Nicht immer basiert die Problembeschreibung
   auf eigenen Quellen – gerade bei Problemen, die über die Ebene eines Einzelbetriebs
   hinausgehen, sind z. T. auch Daten und Ergebnisse verfügbar, die nicht selbst erhoben
   wurden. Dies ist im Beispiel der Kartoffelvermarktung der Fall. Hier handelt es
   sich um eine Kombination aus Expertinneneinschätzungen von Vertreterinnen der
   Kartoffelvermarktungsgesellschaft sowie um weitere Sekundärquellen, die für die
   Identifikation des Problems herangezogen werden. Der abnehmende Kartoffelkonsum
   lässt sich anhand von öffentlich zugänglichen Verbrauchsstudien nachvollziehen.
   Auch die Frage nach dem Image von Nutztierhalterinnen kann aus Sekundärquellen
   abgelesen werden. Ein Ergebnis der Imagestudie der IMA ist, dass das Gap zwischen
   Ist und Soll in der Nutztierhaltung besonders hoch ist. Die externe Informationsquelle
   verweist also auf das bestehende Problem (vgl. Kantar Emnid, 2017, S. 24).

Bei dieser ersten Problembeschreibung beschränkt sich die Analyse noch nicht zwingend
auf kommunikative Fragen. Gleichwohl scheint es wenig sinnvoll zu sein, Probleme, die
für die Kommunikation offensichtlich keine Rolle spielen, weiter nach den Ansätzen
einer Kommunikationskonzeption zu bearbeiten – man denke an technische Probleme
oder finanzielle Probleme, die sich nicht durch die Steigerung der Unternehmens-
bekanntheit oder ein besseres Produktimage lösen lassen.

3.2 Ist-Analyse

Der zweite Schritt in der Analysephase besteht in einer umfassenden Situationsanalyse.
Diese wird in der Unternehmenspraxis nicht selten vergessen – auch, weil viele Entscheiderinnen glauben, das Unternehmen gut zu kennen und diesen Schritt überspringen
zu können. Dabei besteht gerade bei langjährigen Führungskräften und Mitarbeiterinnen
die Gefahr, dass sie mit einem Tunnelblick auf ihren Betrieb schauen und möglicherweise wichtige Aspekte übersehen (vgl. Schmidbauer & Jorzik, 2017, S. 66–67).

In der Literatur zur Konzeptionslehre herrscht daher weitgehend Einigkeit darüber,
dass eine sorgfältige Analyse wichtig ist, bevor die Strategie erarbeitet wird und die
Instrumente festgelegt werden. Bei der konkreten Ausgestaltung der Analyse gibt es
dann – wie bereits erwähnt – einige inhaltliche und begriffliche Unterschiede in der
Literatur. Wie auch im Kontext der Problembeschreibung geht es dabei um die Frage,
ob die Analyse sich auf kommunikative Aspekte beschränkt oder ob auch nicht-
kommunikative Aspekte aufzunehmen sind.

In einigen Quellen beschränkt sich die Analyse auf die kommunikative Situation,
wohl auch, weil – wie eingangs dieses Kapitels geschildert – ein kommunikatives

Problem vorausgesetzt wird – andere Autorinnen plädieren für eine sogenannte „integrierte Analyse". Mit dieser werden neben der eigentlichen Unternehmens-kommunikation auch die Dimensionen Produktentwicklung und Marketing in die Ist-Analyse einbezogen (vgl. Lies, 2015, S. 381), um „den Kommunikationsstatus" zu erfassen (vgl. Bruhn, 2015, S. 136–138). Beide Vorgehensweisen – die Fokussierung auf die rein kommunikativen Aspekte sowie die Einbeziehung ausgewählter korrespondierender Bereiche wie Produktentwicklung und Marketing – bringen allerdings den Nachteil mit sich, dass weitere relevante Informationen nicht angemessen berücksichtigt werden. In einer klassischen Konzeptionslehre von Jürg Leipziger aus der Öffentlichkeitsarbeit wird folglich dazu geraten, bei der Analyse nicht allein auf den Kommunikationsbereich zu schauen, sondern übergeordnet auf die Unternehmens-und/oder Branchensituation (vgl. Leipziger, 2009, S. 11). Eine ähnliche Einschätzung findet sich auch bei Klaus Merten (2013, S. 17–18), der ebenfalls dazu rät, nicht-kommunikative Aspekte aufzunehmen, sofern sie mit Blick auf das Problem relevant sein könnten.

Bereits die Problemdefinition sollte auf einer Analyse basieren – diese wird nun im nächsten Schritt in einer ausführlichen Ist-Analyse noch präzisiert. Ziel ist es, dem Problem auf den Grund zu gehen und zu klären, wo die Ursachen liegen – ob stärker im Unternehmen oder extern in der Unternehmensumwelt. Relevant sind alle Daten (im weitesten Sinne), die über einen Informationswert für das Problem verfügen. In der Praxis ist dies nicht immer einfach zu entscheiden. So betreibt der Hof im Beispiel zum Hühnermobil zugleich auch eine Schweinemast. Ob dies einen relevanten Faktor darstellt, der das Image des Betriebs mitprägt und damit Einfluss auf die Präferenz bestimmter junger Kundinnengruppen hat, lässt sich vorab nicht eindeutig klären. Auch deshalb empfiehlt es sich, wie auch im Falle der Problembeschreibung, in die Analyse weitere Sichtweisen einfließen zu lassen.

3.2.1 Grundverständnis der Analyse

Die Analysen bei Kommunikationsproblemen weisen Parallelen zu Analyseverfahren in der Unternehmensführung auf. Sehr grob lassen sich zwei unterschiedliche Aufmerksam-keitsschwerpunkte einer Analyse nennen:

- Der erste Aufmerksamkeitsschwerpunkt richtet sich auf das, was im Unter-nehmen bzw. in der Branche vor sich geht, wie z. B. Produkte, Prozesse, Standorte, Kompetenzen, Unternehmenskultur und weitere Aspekte.
- Der zweite richtet sich auf die Unternehmensumwelt und betrachtet relevante Sach-verhalte und Akteurinnen, z. B. Kundinnenerwartungen, allgemeine gesellschaft-liche Trends, das politische Umfeld oder auch die Medienlandschaft (vgl. Bentele & Nothhaft, 2014, S. 613–614).

	Positiv	Negativ
Intern: (Jetzt)	**Stärken**	**Schwächen**
	– Lage an Hauptstraße Nähe Fahrradweg – im Umkreis von 15 km einziger Anbieter – 24 Stunden, 7 Tage die Woche geöffnet – neben Milch weitere regionale Produkte im Angebot – Familienbetrieb – Betrieb kann jederzeit besichtigt werden – positive Beiträge in Regionalpresse	– weite Entfernung zum Dorf (4 km) – Rohmilch muss abgekocht werden – kein persönlicher Kontakt bei Kauf (Selbstbedienung) – nur am Hof Ausschilderungen
	Chancen	**Risiken**
	– Regionalität und Verkauf ab Hof sind *in* – Angebot an regionalen Produkten ausbaufähig – Verbraucher essen bewusster und interessieren sich immer mehr für die Herkunft ihrer Lebensmittel – Zahlungsbereitschaft steigt	– Krankheitsvorfälle durch Rohmilch – konventionelle Tierhaltung in der Kritik

Abb. 3.1 Situationsanalyse Milchtankstelle

Und doch gibt es Unterschiede zur Vorgehensweise im klassischen Marketing oder in der Unternehmensführung. Im Bereich des Kommunikationsmanagements wird weder eine konsequent chronologische Vorgehensweise noch werden aufwendige Berechnungen genutzt, um zu Ergebnissen zu kommen. Dies ist auch gar nicht möglich, weil die für einen Benchmarking-Prozess erforderlichen Marktdaten (Erlöse, Absatzzahlen etc.) gar nicht verfügbar sind und damit auch keine Mittelwerte vorliegen (vgl. Merten, 2011, S. 66–67). Die Ist-Analyse folgt zwar einem grundsätzlichen Erkenntnisinteresse, wie es auch in einer SWOT-Analyse im klassischen Sinne vorliegt. In eine solche Analyse werden an dieser Stelle gleichwohl noch keine strategischen Optionen eingefügt, wie es im strategischen Management der Fall ist (vgl. Müller-Stewens & Lechner, 2005, S. 225).

Diese vermeintliche Schwäche ermöglicht auf der anderen Seite wieder eine Stärke. Die Konzeption von Kommunikation ist flexibler und iterativer angelegt (siehe Abschn. 2.1.2). Sie ist eher als eine generische Sammlung von Fakten und begründeten Behauptungen zu verstehen, in der die verschiedenen internen Stärken und Schwächen mit Blick auf externe Entwicklungen mit zu verzeichnenden Chancen und Risiken zusammengebracht werden. Claudia Mast (2016, S. 121) schlägt dazu die folgenden Leitfragen vor:

- Stärken: Wo sind wir besser als der Durchschnitt?
- Schwächen: Wo sind wir schlechter als der Durchschnitt?
- Chancen: Was könnte uns stärker machen?
- Risiken: Welche Risiken könnten uns bedrohen?

Stärken	Schwächen
– Die Region ist eine traditionelle Kartoffelregion und bringt aufgrund der Beschaffenheit der Böden hier eine besondere Qualität hervor – Es bestehen bereits verschiedene Akteure aus den Feldern Anbau, Handel, Gastronomie und Tourismus, die auf die Kartoffel hinweisen	– Regionale Esskultur und Wertschätzung für Lebensmittel mit bestimmter Identität nimmt zu – Natürliche, unverarbeitete Lebensmittel genießen ein hohes Vertrauen
Chancen	Risiken
– Die Ziele der Akteure sind nicht ganz deckungsgleich	– Die Kartoffel als Grundnahrungsmittel hat über die Jahrzehnte an Bedeutung verloren, der Konsum ist stetig zurückgegangen. Nudeln und Reis werden aufgrund der besseren Lagerfähigkeit sowie – bei Nudelprodukten – einer schnelleren Zubereitung präferiert. – Der Kartoffel haftet oft das Image des Dickmachers an

Abb. 3.2 Situationsanalyse Kartoffelvermarktung

Gesammelt werden dafür alle als relevant zu betrachtenden Fakten. So heterogen, wie sich die Probleme zu diesem Zeitpunkt noch zeigen, so vielfältig sind auch die Ansatzpunkte. Für das Fallbeispiel Milchtankstelle wurde dafür die in Abb. 3.1 gezeigt Analyse erstellt.

In einem Beispiel eines solchen Betriebs fließen somit ganz unterschiedliche Informationen wie die geografische Lage, Öffnungszeiten und Produktangebote über Betriebsform bis hin zu gesellschaftlichen Entwicklungen und Auswirkungen auf die Landwirtschaft mit ein. Zugleich finden sich auf der Chancen- und Risiken-Seite Punkte, die weit über den Einzelbetrieb hinausgehen und übergeordnete gesellschaftliche Aspekte beleuchten.

Gleiches gilt für den Fall Kartoffelvermarktung. Auch in diesem Kontext spielen allgemeine gesellschaftliche Trends eine wichtige Rolle, ebenso wie konkrete produktspezifische Aspekte (siehe Abb. 3.2).

An dieser Sammlung zeigt sich auch noch einmal die Heterogenität der unterschiedlichen Informationen in anderer Hinsicht. Im Quadranten *Risiken* haben wir es einmal mit einer Information zu einer Marktentwicklung zu tun (sinkende Nachfrage). Zugleich finden sich Informationen, die auf der Wahrnehmungsebene (die Kartoffel als *Dickmacher*) einzuordnen sind. Jan Lies (2015, S. 393) vermutet, dass die Einbeziehung der subjektiven Wahrnehmung von Kundinnen als Standard von Kommunikationsprojekten gilt. Dieser Zusammenhang lässt sich aber auch umgekehrt formulieren: Wenn sich viele Schwächen und Risiken finden lassen, die auf der Ebene der Wahrnehmung verortet sind, dann spricht viel für ein Problem oder mehrere Probleme im Bereich der Kommunikation – die mit kommunikativen Mitteln gelöst werden könnten.

		Bedeutung für das Unternehmen		
		Niedrig	Mittel	Hoch
Brisanz im Umfeld	Hoch	*Diskussionen über Infraschall*	-	*Beteiligung von Bürgern als Investoren*
	Mittel	*erhöhtes Verkehrs-aufkommen in der Bauphase*	*CO$_2$-Reduktion (im Vergleich zu Graustrom)*	*geschützte Vögel*
	Niedrig	-	-	*Entwicklung EEG-Förderregime*

Abb. 3.3 Themenanalyse Bürgerwindpark

Nicht immer lassen sich alle relevanten Fakten und Hypothesen den vier Dimensionen einer SWOT-Analyse zuordnen. In diesen Fällen bieten sich weitere Analyseansätze für ein besseres Verständnis der Ist-Situation an, deren Ergebnisse dann aber vielleicht auch wieder in die SWOT-Analyse einfließen können.[3] Für kommunikationsbezogene Frage-stellungen eignen sich dabei insbesondere zwei kommunikationsbezogene Ansätze: die Themenanalyse und die Imageanalyse (vgl. Schmidbauer & Jorzik, 2017, S. 153).

Themenanalyse
In der Themenanalyse geht es – wie in Abb. 3.3 beispielhaft für das Fallbeispiel Bürger-windpark dargestellt – darum, die Bedeutung relevanter Themen für das Unternehmen/ die Branche sowie deren Brisanz im Unternehmensumfeld hinsichtlich der öffentlichen Meinungsbildung zu bewerten. Damit stellt sie insbesondere ein brauchbares Instrument für die Risikokommunikation dar (siehe Abschn. 7.3.1). Zugleich erinnert sie stark an die Vorgehensweise, die in der Nachhaltigkeitskommunikation bei Erstellung einer Materialitätsmatrix vorgenommen wird (siehe Abschn. 8.4), ihr Anwendungsbereich ist aber eben nicht allein auf Nachhaltigkeitsthemen beschränkt.

Auch die strategische Unternehmensplanung arbeitet mit vergleichbaren Verfahren (vgl. Camillus & Datta, 1991). Dabei wird der Fokus im Unternehmensumfeld allerdings nicht auf den Aspekt der Meinungsbildung gelegt.

Image- und Reputationsanalysen
Bei kommunikativ zu lösenden Problemen geht es oftmals darum, Veränderungen in der Wahrnehmung der Organisation zu bewirken oder aber seine eigene Wahrnehmung

---

[3] Bei kundinnenbezogenen Themen können das Analysen der Marktsituation sein, wie sie im strategischen Management und Marketing angewendet werden, z. B. zur Marktabgrenzung (vgl. Bruhn, 2015, S. 144).

und die entsprechende Kommunikation an die externen Wahrnehmungen anzupassen. Wird der Reitstall eher als elitäres Sportangebot betrachtet, in dem Kinder aus Oberschichtfamilien vor allem unter sich bleiben? Oder wird er in der Wahrnehmung der Bevölkerung als familienfreundliches Sportangebot betrachtet, das sich an jedermann richtet? Eine Imageanalyse kann dabei helfen, diese Wahrnehmungen bestimmter Dialoggruppen offenzulegen. In eine solche Analyse fließen dabei folgende Aspekte ein (vgl. Einwiller, 2014, S. 375):

- das intendierte Image (wie der Betrieb, die Branche von außen wahrgenommen werden will),
- das vermutete Image (die Vermutungen im Unternehmen darüber, wie das Unternehmen von außen wahrgenommen wird),
- das wahrgenommene Image (was die Öffentlichkeit bzw. Stakeholder tatsächlich für ein Bild vom Unternehmen haben).

Wahrnehmungen können dabei in unterschiedlicher Weise strukturiert werden. Als Strukturmuster dienen dabei ganz verschiedene Einzelfaktoren, beispielsweise Qualität, Preis, Service, Nachhaltigkeit, Effizienz. Anhand dieser und anderer Faktoren werden Wahrnehmungen abgefragt. An den Ergebnissen dieser Befragung orientiert sich die Kommunikation gegenüber den primären Dialoggruppen, bei denen etwas durch die Kommunikation bewirkt werden soll. So kann es im Kontext von Vertriebskommunikation, wie beispielsweise im Fallbeispiel Eierhandel, darum gehen, die Wahrnehmungen der Kundinnen hinsichtlich Qualität, Preis, Service, Bekanntheit oder Innovation mit beabsichtigten Wahrnehmungen zu vergleichen. Konkret wird dann in Beziehung gesetzt, wie das Unternehmen selbst gesehen werden möchte, wie es vermutet, dass es gesehen wird, und wie es tatsächlich gesehen wird (vgl. Schmidbauer & Jorzik, 2017, S. 154).

Eine weitere Möglichkeit der Einteilung von Imagefaktoren findet sich bei Eisenegger (2005, S. 28), der zwischen funktionaler und sozialer Reputation unterscheidet.[4] So bildet sich die funktionale Reputation auf der Basis von wahrgenommenen Bildern, die z. B. mit ökonomischem Erfolg, technischer Kompetenz und innovativer Unternehmensausrichtung verbunden sind. Im Fallbeispiel Windpark geht es dann darum, ob seine Initiatoren als kompetent im Projektmanagement für Aufbau und Betrieb dieser technischen Infrastruktur angesehen werden. Soziale Reputation bezieht sich dagegen auf Aspekte, die sich eher auf moralische Fragen wie die Einhaltung übergesetzlicher Normen und Werte beziehen. Im Falle des Windparks könnte dies heißen, dass die

---

[4]Die Dimensionen Image und Reputation hängen eng zusammen, werden in der Literatur aber zum Teil unterschiedlich verwendet. Eine instruktive Unterscheidung findet sich bei Mark Eisenegger (2005, S. 21–25).

Initiatoren ihr Bekenntnis zum Klimaschutz, aber auch ihr Interesse an lokaler Wert-schöpfung durch den Windpark glaubhaft vermittelt haben.

Wenn sich aus einer dieser beiden Analysen Handlungsbedarf ergibt – weil Themen identifiziert wurden, die für das Unternehmen bedeutsam sind und in der relevanten öffentlichen Meinung Brisanz produzieren, oder aber in der Imageanalyse deutliche Unterschiede zwischen Selbstwahrnehmung, vermuteter Fremdwahrnehmung und tat-sächlicher Fremdwahrnehmung erkennbar werden, spricht dies bereits dafür, dass Kommunikation einen relevanten Faktor für die Problemlösung darstellt.

3.2.2 Quellen und Methoden der Informationssammlung

Bereits bei der Problemdefinition kann sich die Konzeption, wie in Abschn. 3.2 geschildert, auf verschiedene Quellenarten stützen. Bei der Ist-Analyse stehen grund-sätzlich alle Arten von Informationsquellen zur Verfügung. Jedoch wird der Fokus noch einmal erweitert, um möglichst viele Informationen zu sammeln, die mit Blick auf das Problem und eine spätere Problemlösung von Interesse sind. Claudia Mast nennt exemplarisch eine Vielzahl an Instrumenten, mit denen sich Informationen sammeln lassen, von *persönlichen Kontakten und Beobachtung* über *soziale Medien und andere Online-Quellen* bis hin zu *Sekundäranalysen*.

Für eine strukturierte Darstellung werden drei Instrumente in loser Anlehnung an eine Unterscheidung vorgestellt, wie sie auch in der sozialwissenschaftlichen empirischen Forschung vorgenommen wird (vgl. Merten, 2013, S. 133–165):

1. die Analyse von Dokumenten,
2. die Befragung relevanter interner oder externer Stakeholder sowie
3. die Beobachtung von Personen und/oder Situationen.

Diese drei Instrumente werden im Folgenden vorgestellt.

1. **Analyse:** Unter dem Begriff der Analyse als Erhebungs- bzw. Informations-sammlungsform lassen sich ganz unterschiedliche Verfahren zusammenfassen. Gemein ist diesen Ansätzen, dass die Daten bereits in irgendeiner Form vorliegen und nicht mehr mit eigenen Aktivitäten erhoben werden müssen.
   Die Ist-Analyse im Fallbeispiel Milchtankstelle stützt sich ausschließlich auf das Zusammentragen verschiedener bestehender Daten aus internen und externen Quellen. Neben den Betriebsdaten, die im Rahmen der Problemdefinition der Aus-löser für die Suche nach einer kommunikativen Problemlösung waren, kommen nun weitere Aspekte dazu: Neben der Darstellung der Ressourcen (Öffnungszeiten und Produktangebot) findet sich hier das Instrument Wettbewerbsanalyse (nächster

Anbieter 15 km entfernt).[5]Ebenso wie im Falle der Problemdefinition spielen nun auch Informationen aus Sekundärquellen eine Rolle. Insbesondere in den Feldern der Chancen und Risiken, in denen es weniger um die Situation des eigenen Betriebs/der eigenen Subbranche geht, sondern oftmals allgemeine gesellschaftliche Trends und Wahrnehmungen eine Rolle spielen, sind solche Daten für die Problembeschreibung instruktiv. Im Falle der Milchtankstelle konnte der allgemeine Trend nach Regionalität und Verkauf ab Hof identifiziert werden. Dieser Trend ist durch verschiedene Studien abgesichert (vgl. Zühlsdorf & Spiller, 2012, S. 21–22). Und er berührt die hier genannten Fallbeispiele in unterschiedlicher Hinsicht:

– Für die Milchtankstelle handelt es sich um einen Chancenaspekt, das Gleiche gilt für den Betrieb des Fallbeispiels Hühnermobil; auch für die Kartoffelvermarktung kann dieser Aspekte eine Chance sein.

– Für den Betrieb des Fallbeispiels Pferdepension, wo es nicht um Regionalität von Produkten geht, spielt dieser Punkt keine Rolle, ebenso wenig wie für den Eierhandel, der nicht an Privatkundinnen liefert.

– Für den Landwirtschaftsverband ist dieser Punkt ambivalent. Einerseits können sich Landwirtinnen als Akteurinnen präsentieren, die in der Region tätig sind und vor Ort produzieren. Andererseits bedienen sie ja auch den Weltmarkt und wollen ihr Image nicht mit einer falschen Sicht verbessern, dass sie nur kleine *Museumshöfe* betreiben.

Nicht allein für die Durchführung von Ist-Analysen im umfassenden Sinne, sondern auch für die angesprochenen Imageanalysen können sich Sekundärquellen als hilfreich erweisen. So sind für die Imagekampagne übergeordnete Studien zum Image der Landwirtschaft wichtige Ansatzpunkte. Schwieriger dürfte es für kleinere Betriebe/ Kontexte sein, aus den allgemeinen, überregionalen Imagestudien präzise Schlüsse für das spezifische Image des eigenen Betriebs zu ziehen. Zwar geben Unterscheidungen nach Rind/Schwein erste Implikationen. Aber da dies in den verschiedenen Regionen sehr unterschiedlich ist (ob sich der Hof am Stadtrand von Berlin oder im Oldenburger Münsterland befindet), sind für solche Kontexte weitere Informationsquellen über Befragungen erforderlich. Ein weiterer Ansatz ist ein sogenanntes Issues-Monitoring, also die Analyse von öffentlicher Kommunikation nach Themen mit Relevanz für das eigene Geschäft (vgl. Eisenegger, 2005, S. 125). Ein solches Verfahren kann jedoch sehr aufwendig sein. Es empfiehlt sich in den genannten Fallbeispielen, wenn überhaupt, für die Kartoffelvermarktung und die Imagekampagne. Außerhalb dieser Beispiele wären große Agrarhandelsunternehmen oder Landtechnikhersteller in der Lage, derartige Analysen zu stemmen. Das Gleiche gilt für weitere große inhaltsanalytische Verfahren, wie sie in den Kommunikationswissenschaften Verwendung finden (vgl. Früh, 2017). Eine Beobachtung der Regionalpresse mit Blick auf die Behandlung

---

[5]Auch die Öffnungszeiten sind für sich erst einmal nur Daten – sie werden zu Informationen mit Blick auf das Problem und dann an dieser Stelle als Stärke bewertet.

bestimmter Themen und ggf. die Erwähnung des eigenen Betriebs ist dagegen leichter zu bewerkstelligen – und findet auch im Fallbeispiel Milchtankstelle Verwendung (siehe zur Medienresonanzanalyse auch Kap. 6).

2. **Befragung relevanter interner und externer Stakeholder:** Nicht immer ist es ausreichend, die Ist-Analyse auf bereits vorhandenen Dokumenten aufzusetzen. Zusätzlich kann es hilfreich sein, eigene Daten zu erheben. In wissenschaftlich ausgelegten Analysen wie der bereits angesprochenen Studie zur Direktvermarktung ist dies Standard. Aber auch für eine erfolgreiche Planung der Kommunikation in der Praxis kann sich diese Vorgehensweise anbieten. Dafür eignen sich verschiedene Verfahren. Ein naheliegendes Verfahren stellt die Befragung als Instrument der klassischen Markt- und Konsumentinnenforschung dar (vgl. Spiller, 2019, S. 66–69). So wäre es für die Milchtankstelle auch eine Möglichkeit gewesen, aktiv Kundinnen direkt zu befragen, z. B. warum sie dort einkaufen, wie ihnen die Milch schmeckt, was sie darüber hinaus gern auf dem Betrieb kaufen würden und welche Anregungen sie außerdem hätten. Ebenso könnten aber auch Menschen in den umliegenden Ortschaften vor Supermärkten oder auf Wochenmärkten zu ihrem Kaufverhalten und ihrer Wertschätzung für verschiedene Lebensmittel befragt werden, um daraus Informationen für potenzielle Kundinnengruppen zu gewinnen.

Zur Erhebung bieten sich Befragungen qualitativer und quantitativer Natur an. Im Rahmen dieser Analyse kann zudem als Erhebungs- und Darstellungsform eine Matrix sinnvoll sein, die auch im Rahmen des Polaritätsprofils, eines inhaltsanalytischen Verfahrens, zum Einsatz kommt. Dabei werden den Dimensionen bestimmte Eigenschaftspaare zugeordnet, zu denen in einer siebenstufigen Skala die Einschätzungen der Befragten eingetragen und anschließend aus den Gesamtergebnissen die jeweiligen Mittelwerte berechnet werden (vgl. Merten, 1995, S. 247–249). Nicht immer genügt es, Kundinnen oder Vertreterinnen anderer Zielgruppen standardisierte Fragen zu stellen – zum einen, weil das Erkenntnisinteresse ein anderes ist, und zum anderen, weil der Aufwand zu groß ist. Dies ist beispielsweise im Kontext des Fallbeispiels Kartoffelvermarktung der Fall. Zur Analyse von Kundinnenerwartungen wurden Interviews mit ausgewählten Expertinnen geführt. Diese Erhebungsform wird auch in den Sozialwissenschaften angewendet. Bei ihr geht es darum, die besonderen Wissensbestände der Expertinnen aus dem relevanten Wissensgebiet aufzunehmen. Diese Wissensbestände können dann daher rühren, dass die Person entweder einen deutlichen Wissensvorsprung aufweist oder aber über sogenannte institutionalisierte Kompetenz verfügt (vgl. Liebold & Trinczek, 2002, S. 37). Im Fall der kommunikativen Positionierung der Kartoffel wurden dafür Marketingmitarbeiterinnen aus der Praxis befragt. Auch im Rahmen des Eierhandels kam die Methode der Expertinneninterviews zum Einsatz. Befragt wurden hier einzelne Key-Account-Kundinnen, die bereits seit langer Zeit mit der Geschäftsführerin zusammenarbeiten und daher über eine institutionalisierte Kompetenz verfügen. Anders als in der quantitativen Befragung verlaufen Expertinneninterviews i. d. R. teilstandardisiert. Das heißt: Vor Beginn des Interviews stellt die Interviewerin in einem

Leitfaden die groben Themengebiete zusammen, auf die im Rahmen des Interviews eingegangen werden soll. Wie und in welcher Reihenfolge die Fragen gestellt werden, ist dabei vor allem vom Gesprächsverlauf abhängig. Neben der Einzelerhebung von Wissen, Einschätzungen und Interpretationen können sich in bestimmten Situationen auch Fokusgruppen bzw. Gruppendiskussionen anbieten.[6] In diesem Fall werden mehrere Expertinnen oder auch Kundinnen gebeten, über ein bestimmtes Thema zu sprechen und dazu ihre Erfahrungen und Einschätzungen einzubringen. Bei dem Erkenntniswert von Befragungsmethoden sind zwei Limitationen zu berücksichtigen: Die erste besteht darin, dass die Befragten nur das antworten, was sie antworten wollen; die zweite darin, dass sie nur antworten, was sie antworten können. Die erste Limitation wird unter dem Begriff des sozial erwünschten Verhaltens diskutiert. Insbesondere bei gesellschaftlich kontroversen Themen wie der Tierwohldiskussion gibt es immer wieder Hinweise, dass ein Unterschied zwischen dem besteht, was Bürgerinnen sagen, und dem, wie sie dann tatsächlich handeln (vgl. Enneking, 2018, S. 2). Die zweite *Limitation des Könnens* rührt daher, dass in der täglichen Interaktion Prozesse ablaufen und Muster zu erkennen sind, die den Akteurinnen selbst gar nicht bewusst sind, da sie auf Basis unbewusster nicht hinterfragter sozialer Prozesse ablaufen.[7]

3. **Informationssammlung durch Beobachtung:** Um diese Limitationen zu umgehen, besteht die Möglichkeit, das Instrument der Beobachtung einzusetzen. Die Beobachtung von Personen und Situationen ist ein aufwendiges Analyseverfahren, das ursprünglich in der ethnografischen Feldforschung eingesetzt wurde – z. B. bei der Erforschung indigener Völker (vgl. Lévi-Strauss & Heintz, 1960). Heute werden ethnografische Verfahren ebenfalls als Instrument der Markt- und Konsumentinnenforschung oder auch der Erforschung von Unternehmenskulturen eingesetzt (vgl. Mathews & Kaltenbach, 2011, S. 149–162; Fayard & van Maanen, 2018, S. 4–27). In einigen Quellen wird die Analyse als Analyse der kommunikativen Situation eingeordnet (Schmidbauer & Jorzik, 2017, S. 69) – andere Autoren plädieren für eine sogenannte *integrierte Analyse*. In dieser wird die Ist-Analyse als Instrument gesehen *den Kommunikationsstatus* zu erfassen, dies aber in einer erweiterten Perspektive, in die neben der eigentlichen Unternehmenskommunikation auch die Dimensionen der Produktentwicklung (im Falle eines produzierenden Unternehmens) und des

---

[6]Während in der Literatur zur empirischen Sozialforschung auf die Unterschiede zwischen Fokusgruppen und Gruppendiskussionen hingewiesen wird (vgl. Liebig & Nentwig-Gesemann, 2002, S. 145), finden sich in der Marketingliteratur beide Begriff als Synonym (vgl. Spiller, 2019, S. 69). In diesem Kontext wird die Verwendungsweise des Marketings aufgegriffen, weil für die praktische Anwendung die methodologischen Differenzierungen hier nicht zentral ist.

[7]Auf die Unterscheidung zwischen bewussten Handlungen und nicht beabsichtigten und unbemerkten Funktionen und Folgen dieser Handlungen ist auch in den Sozialwissenschaften hingewiesen worden (vgl. Merton & Sztompka, 1996, S. 87).

Marketings mit einbezogen werden (vgl. Bruhn, 2015, S. 136–138; Lies, 2015, S. 381).

Auch deshalb wurde die Methode der Beobachtung im Fallbeispiel Eierhandel angewendet: Eine Vermutung war hier, dass ein Erfolgsfaktor für das Unternehmen darin zu sehen ist, wie die Geschäftsführerin mit ihren Kundinnen umgeht, und dass das persönliche Verhältnis dafür eine Rolle spielt. Um dieses persönliche Verhältnis zu untersuchen, wurde zunächst eine persönliche Befragung durchgeführt, in der die bisherige Geschäftsführerin sowie ausgewählte Kundinnen in Expertinneninterviews befragt wurden. Im Vorfeld der Befragungen wurde die Methode der teilnehmenden Beobachtung angewendet, um die Interaktion zwischen der Geschäftsführerin und den Kundinnen besser zu verstehen. Dahinter stand die Vermutung, dass der Geschäftsführerin möglicherweise selbst gar nicht bewusst war, wie sie auf Kundinnen wirkte und was das Erfolgsgeheimnis ihrer Kommunikation war. Das Gleiche gilt für Kundinnen, die sich vielleicht aus unbewussten Motiven wie einer besonders wertschätzenden Kommunikation immer wieder für das Unternehmen entscheiden. Da der Eierhandel fast ausschließlich im B2B-Geschäft tätig ist und vergleichsweise wenige, aber dafür intensive und langfristige Kundinnenbeziehungen pflegt, war in diesem Ansatz auch der Aufwand zu rechtfertigen.

3.3 Problemlösung

In der Problemlösung geht es darum, die vielen verschiedenen Erkenntnisse aus der Situationsanalyse noch einmal zusammenzuführen, um damit die wirklich relevanten Themen, Handlungsfelder sowie Daten und Fakten aus der Analyse zu ziehen, um darauf aufbauend Argumente für den Lösungsweg zu formulieren (vgl. Merten, 2013, S. 21). Besonders wichtig ist dies, wenn die Analyse eine hohe Komplexität aufweist, weil beispielsweise viele verschiedene Arten von Daten (ökonomische, geografische, technische, kundinnenbezogene etc.) gesammelt wurden, viele Informationsquellen hinzugezogen wurden und unterschiedliche Methoden wie eine SWOT- oder Imageanalyse zum Einsatz kamen. Die dadurch entstandene Komplexität gilt es nun wieder zu reduzieren, um auf dieser Basis für sich (und Dritte) nachvollziehbar die Strategie zu erarbeiten (vgl. Leipziger, 2009, S. 66–67)[8].

Im Falle der Milchtankstelle könnte die Lösung darin liegen, die Aufmerksamkeit für das Angebot zu erhöhen, um neben den Fahrradfahrern weitere mögliche Kundinnengruppen auf das Angebot aufmerksam zu machen, die dann außerhalb der Fahrradsaison

---

[8]Leipziger spricht bei diesem dritten Schritt nicht von Problemlösung, sondern von Problemanalyse (vgl. Leipziger, 2009, S. 61). Der zweite Teil seiner Problemanalyse weist dabei allerdings Ähnlichkeiten zu dem auf, was Merten unter der Problemlösung versteht, den Prozess der Verdichtung, argumentativen Schärfung der Analyse, als Vorbereitung für die Strategie.

in der Wintersaison vorbeikommen. Teil der Lösung ist die Positionierung über die Aspekte der Regionalität, des Familienbetriebs und der Offenheit. In diesem Fallbeispiel ist die Problemlösung vergleichsweise einfach, auch deshalb, weil dieser Ansatz auf der Hand liegt.

Im Fallbeispiel Eierhandel ist der Lösungsweg ebenfalls einfach, allerdings liegt er nicht im Kontext der kommunikativen Lösungen. So kam die Analyse (teilnehmende Beobachtung und Interviews) zu dem Schluss, dass nicht in der Kommunikation mit den Kundinnen der zentrale Ansatz für den Geschäftserfolg liegt, sondern dass vielmehr der besondere Service im Vertrieb gegenüber dem Lebensmitteleinzelhandel (LEH) eine hohe Kundinnenzufriedenheit und -bindung hervorbringt. Damit wird die Kommunikation für diesen Betrieb nicht unwichtig. Sie ist aber, so das Ergebnis der Analyse, nicht mehr der zentrale Hebel, um das Problem des Wechsels an der Geschäftsführung zu lösen. Der primäre Lösungsweg liegt somit auf einer anderen Ebene.

Schwieriger wird es, wenn sich aus den verschiedenen Analysen nicht unbedingt ein direkt einleuchtender Lösungsweg ergibt. Beim Fallbeispiel Kartoffelvermarktung ist dies der Fall. So bieten sich (mindestens) zwei Problemlösungen an, die in unterschiedliche Richtungen weisen:

- So könnte die Problemlösung darin liegen, die Kartoffel als Lebensmittel insgesamt positiv zu positionieren, dies insbesondere verknüpft mit den Aspekten Gesundheit, Vielfalt, Geschmack und anderen Attributen.
- Eine zweite Positionierung könnte dagegen die spezifische Anbauregion und die Qualität der dort angebauten Kartoffel ins Zentrum stellen, verknüpft mit Aspekten wie Regionalität, besondere Tradition etc.

Auch wenn in der Umsetzung einzelne Maßnahmen vielleicht auf beide Lösungsansätze einzahlen, macht es für die Strategieentwicklung einen Unterschied, welche Problemlösung als vielversprechender betrachtet wird. Das bedeutet, dass an dieser Stelle der Konzeption ein Denken in Handlungsszenarien erforderlich ist (vgl. Leipziger, 2009, S. 68–86). Leipziger (2009, S. 81) macht deutlich, dass die Auswahl des präferierten Handlungsszenarios eben nicht über quasi automatisierte Verfahren möglich ist, die einem nach Eingabe aller Variablen den optimalen Lösungsweg ausrechnen. Vielmehr kommt es bei der Auswahl in hohem Maße auch auf Intuition an. Dies spricht dafür, an dieser Stelle ein Workshopformat einzubeziehen. Das bedeutet auch, dass die Ergebnisse der Analyse mitsamt den Zwischenergebnissen im Rahmen des gesamten Konzeptionsprozesses präsent bleiben (vgl. Schmidbauer & Jorzik, 2017, S. 174) und darauf auch in der Strategieentwicklung und der Umsetzungsplanung immer wieder zurückgegriffen werden kann, um Anpassungen vorzunehmen – ganz im Sinne des iterativen Vorgehens bei der Konzeptionierung von Kommunikation (siehe Abschn. 2.1.2).

Literatur

Bentele, G., & Nothhaft, H. (2014). Konzeption von Kommunikationsprogrammen. In A. Zerfaß & M. Piwinger (Hrsg.), *Handbuch Unternehmenskommunikation. Strategie, Management, Wert-schöpfung* (2. Aufl., S. 607–632). Springer Gabler.

Bruhn, M. (2015). *Kommunikationspolitik. Systematischer Einsatz der Kommunikation für Unternehmen* (8. Aufl.). Vahlen. http://lib.myilibrary.com?id=728717.

Bruhn, M. (2016). Grundlagen der strategischen Kommunikation aus Sicht der Marketing-kommunikation. In M. Bruhn, F.-R. Esch, & T. Langner (Hrsg.), *Handbuch Strategische Kommunikation. Grundlagen – Innovative Ansätze – Praktische Umsetzungen* (2. Aufl., S. 23–48). Springer Gabler.

Camillus, J. C., & Datta, D. K. (1991). Managing strategic issues in a turbulent environment. *Long range planning, 24*(2), 67–74.

Einwiller, S. (2014). Reputation und Image. Grundlagen, Einflussmöglichkeiten, Management. In A. Zerfaß & M. Piwinger (Hrsg.), *Handbuch Unternehmenskommunikation: Strategie, Management, Wertschöpfung* (S. 371–391). Springer Gabler.

Eisenegger, M. (2005). *Reputation in der Mediengesellschaft. Konstitution, Issues Monitoring, Issues Management. Dissertation.* VS.

Enneking, U. (2018). Kaufbereitschaft bei verpackten Schweinefleischprodukten im Lebensmitteleinzelhandel. Realexperiment und Kassenzonen-Befragung. Hochschule Osnabrück. Osnabrück. https://www.hs-osnabrueck.de/fileadmin/HSOS/Homepages/Personalhomepages/Personalhomepages-AuL/Enneking/Tierwohlstudie-HS-Osnabrueck_Teil-Realdaten_17-Jan-2019.pdf. Zugegriffen: 31. Mai 2021.

Fayard, A.-L., & van Maanen, J. (2018). Making culture visible: Reflections on corporate ethnography. *Journal of Organizational Ethnography, 4*(1), 4–27. https://doi.org/10.1108/JOE-12-2014-0040.Zugegriffen:16.08.2019

Früh, W. (2017). *Inhaltsanalyse. Theorie und Praxis* (9. Aufl.). UVK.

Emnid, K. (2017). *Das Image der deutschen Landwirtschaft. Ergebnisbericht.* Kantar Emnid.

Leipziger, J. W. (2009). *Konzepte entwickeln. Handfeste Anleitungen für bessere Kommunikation; mit vielen praktischen Beispielen.* Frankfurter Allgemeine Buch. http://www.wiso-net.de/document/FAZB,AFAZ__9783899814071221. Zugegriffen:

Lévi-Strauss, C., & Heintz, S. (1960). *Traurige Tropen.* Kiepenheuer & Witsch.

Liebig, B., & Nentwig-Gesemann, I. (2002). Gruppendiskussion. In S. Kühl & P. Strodtholz (Hrsg.), *Methoden der Organisationsforschung. Ein Handbuch* (S. 141–174). Rowohlt.

Liebold, R., & Trinczek, R. (2002). Experteninterview. In S. Kühl & P. Strodtholz (Hrsg.), *Methoden der Organisationsforschung. Ein Handbuch* (S. 33–71). Rowohlt.

Lies, J. (2015). Kommunikationskonzept und -strategie. In J. Lies (Hrsg.), *Praxis des PR-Managements. Strategien – Instrumente – Anwendung* (S. 357–423). Springer Gabler.

Mast, C. (2016). *Unternehmenskommunikation. Ein Leitfaden* (6. Aufl.). UVK.

Mathews, P., & Kaltenbach, E. (2011). Ethnographie. Auf den Spuren des täglichen Verhaltens. In G. Naderer & E. Balzer (Hrsg.), *Qualitative Marktforschung in Theorie und Praxis: Grundlagen, Methoden, Anwendungen* (S. 147–162). Gabler.

Merten, K. (1995). *Inhaltsanalyse. Einführung in Theorie, Methode und Praxis* (2. Aufl.). Springer Fachmedien Wiesbaden GmbH.

Merten, K. (2011). Konzeption von PR-Konzeptionen Versuch einer Strukturierung. *PR-Magazin, 42*(9), 64–69.

Merten, K. (2013). Konzeption von Kommunikation. *Theorie und Praxis des strategischen Kommunikationsmanagements. Springer.* https://doi.org/10.1007/978-3-658-01467-4

Merton, R. K., & Sztompka, P. (1996). *On social structure and science*. University of Chicago Press.

Müller-Stewens, G., & Lechner, C. (2005). *Strategisches Management. Wie strategische Initiativen zum Wandel führen; der St. Galler General Management Navigator®* (3. Aufl.). Schäffer-Poeschel.

Schmidbauer, K., & Jorzik, O. (2017). *Wirksame Kommunikation – Mit Konzept Ein Handbuch für Praxis und Studium*. Talpa.

Spiller, A. (2019). *Marceting-Basics. Ein Online-Lehrbuch* (5. Aufl.). Georg-August-Universität Göttingen.

Zühlsdorf, A., & Spiller, A. (2012). Trends in der Lebensmittelvermarktung. Begleitforschung zum Internetportal lebensmittelklarheit.de (Studie Teil I). Marketingtheoretische Einordnung praktischer Erscheinungsformen und verbraucherpolitische Bewertung. Hg. v. Agrifood Consulting GmbH. Göttingen. https://www.zuehlsdorf-und-partner.de/app/download/8607745385/Marktstudie%E2%80%89+%E2%80%89-+Trends%E2%80%89+%E2%80%89in%E2%80%89+%E2%80%89der%E2%80%89+%E2%80%89Lebensmittelvermarktung_Studientext_final.pdf. Zugegriffen: 5. Juli 2021.

Strategische Kommunikationsplanung

4

Im analytischen Teil des Kommunikationskonzeptes wurde die gegenwärtige Situation des Unternehmens bereits umfänglich erfasst und durch den Einsatz von Verfahren, Techniken und Instrumenten der strategischen Umweltanalyse weiter verdichtet und evaluiert. Zumeist können aus den dabei gewonnenen Erkenntnissen auch schon erste strategische Ideen und Anregungen zur kommunikativen Ausrichtung des Unternehmens abgeleitet werden. Hierbei ist allerdings darauf zu achten, dass diese zunächst nur in einer *Datenbank* bzw. einem *Ideen-Pool* zusammengetragen und erst im Rahmen der tatsächlichen Strategieentwicklung dazu eingesetzt werden, die Ergebnisse aus der Analysephase in eine feste Struktur zu gießen. Andernfalls besteht das Risiko, dass der weitestgehend neutrale Blick aus der Situationsanalyse verzerrt wird (vgl. Merten, 2013, S. 16 ff.; Schmidbauer & Jorzik, 2017, S. 178 f.).

Neben dem Lagebild zur derzeitigen Situation des Unternehmens ist aber auch die Notwendigkeit einer Veränderung bzw. das zu lösende Problem nachvollziehbar darzustellen. Dieses wird i. d. R. ebenfalls in der Analysephase herausgearbeitet, was auch in Kap. 3 anhand einiger Fallbeispiele verdeutlicht wird. Der Grund für die Problemfokussierung liegt vor allem darin, dass ein gewisser Veränderungsdruck erforderlich ist, um die Entwicklung und die Umsetzung von Kommunikationskonzepten in Organisationen zu legitimieren. In einer fortwährend gleichbleibenden Situation entstehen keine neuartigen Probleme, an die ein bereits bestehendes Kommunikationskonzept anzupassen wäre (vgl. Schmidbauer & Jorzik, 2017, S. 178; Merten, 2013, S. 16 ff., 21). Dies wird auch in der Definition nach Dörrbecker deutlich, der das Kommunikationskonzept als ein *„in sich schlüssiges Planungspapier für kommunikationspolitische Problemlösungen intern und extern"* (Dörrbecker und Fissenewert-Goßmann, 2001, S. 23) beschreibt und dadurch insbesondere die Relevanz der Problembewältigung hervorhebt.

© Springer Fachmedien Wiesbaden GmbH, ein Teil von Springer Nature 2022
M. Kussin und J. Berstermann, *Agrarkommunikation*,
https://doi.org/10.1007/978-3-658-36341-3_4

Nachdem sowohl das Lagebild als auch der Veränderungsbedarf vollständig erfasst und beschrieben worden sind, werden in einem nächsten Schritt der *kommunikative Switch* ermittelt und der *künftige Kommunikationskurs* festgelegt (vgl. Merten, 2013, S. 21 f.; Schmidbauer & Jorzik, 2017, S. 178 f.):

Beim kommunikativen Switch wird überprüft, ob Kommunikation überhaupt dazu geeignet ist, die zuvor herausgearbeiteten Veränderungsimpulse aufzugreifen bzw. das identifizierte Problem zu lösen. Hierzu kann das Problem auch zergliedert und dahingehend analysiert werden, ob Kommunikation zumindest in einzelnen Teilbereichen des Problems unterstützend wirken kann (vgl. Merten, 2013, S. 17, 22 f.).

- In dem verwendeten Fallbeispiel der Milchtankstelle ist z. B. zu überprüfen, ob Kommunikation tatsächlich dabei unterstützen kann, die Auslastung und somit auch die betriebswirtschaftliche Rentabilität zu erhöhen, oder ob z. B. die ungünstige Lage für den Grad der Auslastung ausschlaggebend ist.
- Bei dem Fallbeispiel zur Eier-Direktvermarktung ist zu überprüfen, ob die Möglichkeit besteht, den Altersdurchschnitt der Kundinnen durch eine geeignete Kommunikation zu reduzieren. Möglicherweise ist die derzeitige Kundinnenstruktur aber auch in anderen Faktoren begründet, wie z. B. der Produktqualität oder der Lokation.

Im Anschluss an den kommunikativen Switch wird der künftige Kommunikationskurs festgelegt. Dieser umfasst verschiedene Arbeitsschritte, für die in der einschlägigen Literatur z. T. unterschiedliche Bezeichnungen angeboten werden. Im Rahmen dieses Buches wird dazu das folgende Schema verwendet (vgl. Schmidbauer & Jorzik, 2017, S. 178 ff.; Merten, 2013, S. 16):

1. *Strategische Ziele festlegen,*
2. *Zielgruppen bestimmen,*
3. *Position festlegen,*
4. *Botschaft formulieren und*
5. *strategischen Weg bestimmen.*

Bei der Bearbeitung der einzelnen Schritte sollte allerdings berücksichtigt werden, dass es sich hierbei nicht um einen detaillierten Vorgehensplan handelt, der im weiteren Verlauf des Kommunikationskonzeptes nur noch abgearbeitet werden muss, um erfolgreich eine Problemlösung zu erwirken. Vielmehr geht es um einen iterativen Entwicklungsprozess von langfristigen Zielen in grob umrissenen Problemfeldern, die durch den Einsatz von Ressourcen in einem bestimmten Zeitraum erreicht werden sollen (vgl. Merten, 2013, S. 21; Schmidbauer & Jorzik, 2017, S. 180 f.). Im Folgenden wird der Ablauf zur Bestimmung des Kommunikationskurses näher beschrieben.

1. In einem ersten Prozessdurchgang zur Bestimmung des Kommunikationskurses wird eine Rohversion der Kommunikationsstrategie entwickelt. Dabei ist es wichtig, dass alle erforderlichen Arbeitsschritte – strategische Ziele festlegen, Zielgruppen bestimmen, Position festlegen, Botschaft formulieren und strategischen Weg bestimmen – zügig, jedoch nicht zwangsläufig in vorgestellter Reihenfolge durchlaufen werden. Dadurch wird der Blick für das große Ganze weitgehend gewahrt und nicht durch isolierte Detailarbeiten eingeschränkt (vgl. Schmidbauer & Jorzik, 2017, S. 178 ff.). Merten führt in diesem Zusammenhang an, dass es wichtig ist, *„das Undenkbare zu denken und das Unerwartete zu erwarten"* (Merten, 2013, S. 21). Somit sind durchaus auch ein gewisses Maß an unternehmerischem Mut und ein umfängliches Problemverständnis von Vorteil, wenn Grundsatzentscheidungen mit strategischer Tragweite getroffen werden sollen (vgl. Schmidbauer & Jorzik, 2017, S. 178).

2. Im zweiten Prozessdurchgang wird die erste Grobfassung des Kommunikationskurses dann weiter verfeinert. Dazu werden die einzelnen Arbeitsschritte aus dem ersten Prozessdurchgang so häufig durchlaufen, bis die Kommunikationsstrategie als Orientierungsrahmen für das weitere konzeptionelle Vorgehen herangezogen werden kann. Es sollte somit abschließend möglich sein, die konkreten Maßnahmen zur Operationalisierung der Strategie aus den Ergebnissen der strategischen Kommunikationsplanung abzuleiten. Andernfalls würde die Verknüpfung zwischen der strategischen Ausrichtung eines Unternehmens und ihrer operativen Umsetzung ausbleiben, womit auch kein zielführender Kommunikationsweg erschlossen werden kann (vgl. Schmidbauer & Jorzik, 2017, S. 178 f.).

Die einzelnen Arbeitsschritte aus dem Kommunikationskurs können noch zusätzlich strukturiert werden, wobei diese in *externe Umfeldkoordinaten* und *Binnenkoordinaten* untergliedert werden. Die externen Umfeldkoordinaten umfassen

1. die strategischen Ziele und
2. die Zielgruppen, die durch die strategische Kommunikation erreicht oder angesprochen werden sollen. Den Binnenkoordinaten werden
3. die Positionierung,
4. die Botschaften und
5. der strategische Weg zugeordnet, womit festgelegt wird, wie das Kommunikationsobjekt aufzustellen ist, um die strategischen Ziele über die Zielgruppen erreichen zu können.

Wie bereits angeführt, ist diese Reihenfolge in der praktischen Umsetzung jedoch nicht zwingend einzuhalten (vgl. Schmidbauer & Jorzik, 2017, S. 179 ff.). Somit besteht die Möglichkeit, dass bspw. zuerst die Zielgruppen definiert werden und erst danach die strategischen Ziele. Oder es erfolgt zunächst die Ausformulierung einer Botschaft, um die übrigen Binnenkoordinaten daran ausrichten zu können.

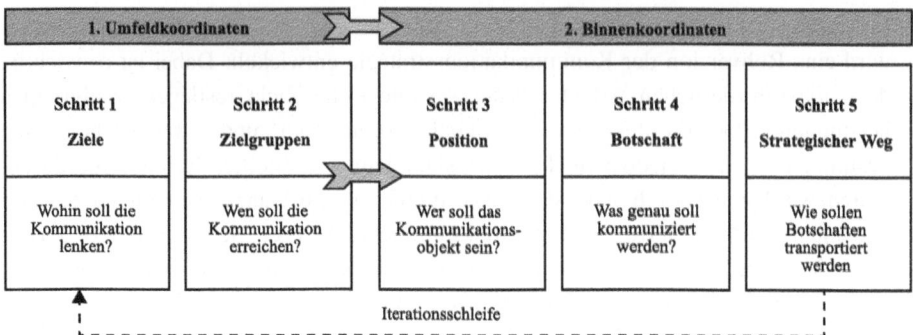

Abb. 4.1 Strategische Schrittfolge zum Kommunikationskurs in der strategischen Kommunikationsplanung. (In Anlehnung an Schmidbauer & Jorzik, 2017, S. 180)

Bei der Bearbeitung der einzelnen Schritte ist in jedem Fall darauf zu achten, dass die Koordinaten nicht isoliert voneinander betrachtet werden, da sich diese aufgrund von Wechselwirkungen zumeist gegenseitig beeinflussen (vgl. Schmidbauer & Jorzik, 2017, S. 180 f.; Merten, 2013, S. 16). Eine Veränderung der Ziele kann somit auch eine Veränderung der Positionierung oder aber auch der Zielgruppen zur Folge haben. Wenn das Ziel im Fallbeispiel der Milchtankstelle z. B. nicht auf einer höheren und vor allem auch kontinuierlicheren Auslastung liegt, sondern darin, ökologisch erzeugte Milch an gesundheitsbewusste Kundinnen zu vermarkten, würde nicht nur die Zielsetzung verändert, sondern z. B. auch die Botschaft und die Positionierung. Insbesondere bei nachträglichen Veränderungen an einzelnen Koordinaten sollten auch immer die Querverbindungen zu den übrigen Koordinaten berücksichtigt werden, da das Kommunikationsziel sonst möglicherweise verfehlt wird (vgl. Schmidbauer & Jorzik, 2017, S. 180 f.).

In Abb. 4.1 ist die strategische Schrittfolge zum künftigen Kommunikationskurs in Anlehnung an Schmidbauer und Jorzik visualisiert. Der aufgeführte Verlauf der Iterationsschleife stellt nur ein beispielhaftes Vorgehen dar und kann der Situation entsprechend angepasst werden.

Trotz einer sorgfältigen Planung und Umsetzung der dargelegten strategischen Schrittfolge stellt diese keinesfalls einen Garanten für eine gelungene Kommunikation dar, sondern lediglich die Möglichkeit, die bereits in der Analysephase wahrgenommenen Risiken zu reduzieren. Unternehmen können jederzeit mit Unabwägbarkeiten konfrontiert werden, durch die die bestehenden Kraftfelder und Beziehungsstrukturen, in denen sie sich bewegen, tiefgreifend verändert werden (vgl. Schmidbauer & Jorzik, 2017, S. 181). Ein mögliches Beispiel wäre hier die Entwicklung des Tierseuchengeschehens, wie z. B. der Afrikanischen Schweinepest oder auch der Vogelgrippe. Andererseits können Veränderungen aber auch durch die Verschärfung politischer und rechtlicher Rahmenbedingungen initiiert werden, was z. B. in der Glyphosat-Debatte deutlich wurde. Dies kann dann zur Folge haben, dass die Ergebnisse aus der Analysephase an Validität verlieren und die Ausarbeitung zu den Koordinaten die gewünschte Wirkung verfehlt. Es ist somit unbedingt erforderlich, dass die Analyseergebnisse kontinuierlich, zumindest aber periodisch auf ihre Aktualität und Gültigkeit überprüft werden, um im Bedarfsfall zeitnah Gegenmaßnahmen einleiten zu können und den Kommunikationskurs zu ändern (vgl. Schmidbauer & Jorzik, 2017, S. 181). Dabei sollte jedoch auch berücksichtigt werden, welche der Koordinaten tatsächlich einer Veränderung unterliegen sollten. So bleibt das Kommunikationsziel der Landwirtschaft im Beispiel der Glyphosat-Debatte vermutlich weiterhin eine nachhaltige Wertschöpfung, wohingegen die Kommunikationsbotschaft auf die Ängste und Bedenken der jeweiligen Zielgruppen auszurichten ist.

4.1   Ermittlung von strategischen Kommunikationszielen

Die Ermittlung und Ausformulierung der strategischen Kommunikationsziele ist ein wesentlicher Arbeitsschritt bei der Entwicklung des künftigen Kommunikationskurses. Dies liegt vor allem daran, dass die Kommunikation ohne einen festgelegten Soll-Zustand weitestgehend richtungslos bleiben würde und die Wirksamkeit der Kommunikation nicht vollständig ausgeschöpft werden kann. Es fehlt somit schlicht an einem Gestaltungsrahmen für die gesamte strategische Kommunikationsplanung und die daran anknüpfende Operationalisierung. Aber auch für die Akteurinnen, die in die jeweiligen Prozesse eines Kommunikationskonzeptes zu involvieren sind, bedarf es übergeordneter Ziele. Zum einen verleihen diese dem Unternehmen eine Identität und den Mitarbeiterinnen einen gewissen Grad an Orientierung und zum anderen kann durch diese auch die Legitimation von Entscheidungen erhöht werden (vgl. Schmidbauer & Jorzik, 2017, S. 182 f.; Bea & Haas, 2009, S. 71 ff.).

Bei der Ermittlung von strategischen Kommunikationszielen ist zunächst herauszuarbeiten, welche unterschiedlichen Funktionen durch die Ziele erfüllt werden sollen, wobei die wesentlichen fünf Zielfunktionen in Abb. 4.2 aufgeführt und näher beschrieben sind. Die Relevanz der einzelnen Funktionen hängt dabei vor allem von der jeweiligen Problemstellung ab, die im Rahmen der Analysephase ermittelt wurde und auf die es durch das Unternehmen zu reagieren gilt (vgl. Schmidbauer & Jorzik, 2017, S. 182; Merten, 2013, S. 22).

- Bei der *Richtungsfunktion* im Fallbeispiel des Bürgerwindparks ist zunächst einmal festzustellen, an welchem Sachverhalt und/oder an welchen Personengruppen die Kommunikation ausgerichtet werden soll. Hier besteht z. B. die Möglichkeit, dass die Teilnahme der Einwohnerinnen an der Informationsveranstaltung zum Bürgerwindpark als Richtung bestimmt wird oder aber die Freigabe von Nutzungsrechten an den Grundstücken im Windpotenzialgebiet. In Bezug auf das Beispiel der Eier-Direktvermarktung könnte hier die Ansprache junger Zielgruppen als Richtung festgelegt werden, um die Altersstruktur der Abnehmer zu senken.

Die 5 wesentlichen Zielfunktionen in der Kommunikationskonzeption				
1. **Richtung**	**2.** **Evaluierung**	**3.** **Motivation**	**4.** **Koordination**	**5.** **Etat**
Ausrichtung der Kommunikation Anpassung sämtlicher Aktivitäten Möglichkeiten der Früherkennung, da Grundausrichtung bekannt	durch Ziele einen Soll-Wert bestimmen Evaluierung durch einen Soll-/Ist-Wert-Vergleich Handlungsbedarf aus Abweichungen ableiten	Ziele als Herausforderung formulieren Mix aus sachlicher und emotionaler Formulierung Anreize schaffen	eindeutige und transparente Bezugspunkte für Kommunikations-aktivitäten schaffen Orientierungshilfe für weitere Funktionsbereiche	aus den Zielen die notwendige Höhe des Kommunikationsetats bestimmen bei Unvereinbarkeiten sind das Etat oder die Ziele anzupassen
Abstimmung mit den Formal- und Sachzielen eines Unternehmens				

Abb. 4.2 Funktionen von strategischen Zielen in der Kommunikationskonzeption

- Bei der *Evaluierungsfunktion* sind die Kommunikationsziele in quantitative Werte zu überführen, um zum einen den Zielerreichungsgrad messbar zu machen und zum anderen auch eine Kontrolle der Kommunikationsarbeit vornehmen zu können. Beim Bürgerwindpark kann z. B. festgelegt werden, dass mindestens 60 % der Anspruchs-gruppen an der Informationsveranstaltung zum Bürgerwindpark teilnehmen. Eine weitere Möglichkeit wäre, dass mindestens 90 % der Grundstückseigentümerinnen im Windpotenzialgebiet ein Nutzungsrecht zu ihren Grundstücken einräumen, damit die nötigen Kabel und Leitungen für die Windkrafträder verlegt werden können. Bei der Direktvermarktung der Eier kann das Kommunikationsziel z. B. darin bestehen, den Bekanntheitsgrad des Unternehmens im Vergleich zum Vorjahr um 20 % zu erhöhen oder aber den Altersdurchschnitt der Kundinnen innerhalb eines Jahres um fünf Jahre zu senken.
- In Bezug auf die *Motivationsfunktion* ist es z. B. möglich, sowohl die finanziellen als auch die umweltbezogenen Vorteile des Bürgerwindparks kommunikativ herauszustellen, womit die ökonomischen Interessen der jeweiligen Grundstücks-eigentümerinnen mit den gesellschaftlichen Anforderungen an eine nachhaltige Lebensweise verknüpft werden. Des Weiteren ist hier z. B. auch deutlich zu machen, was von den einzelnen Personengruppen erwartet wird und wie ihr optimaler Bei-trag zum Projekt des Bürgerwindparks aussehen soll. Bei der Eier-Direktvermarktung können z. B. die Vertriebsziele angepasst oder auch Incentivierungen für die Mit-arbeiterinnen eingeführt werden. Außerdem besteht die Möglichkeit, dass die öko-logischen Vorteile der Direktvermarktung gegenüber dem Einkauf im Discounter hervorgehoben werden, um potenzielle Kundinnen vom Geschäftsmodell der Direkt-vermarktung zu überzeugen.
- Hinsichtlich der *Koordinationsfunktion* kann möglicherweise die bereits heraus-gestellte Kommunikationsrichtung wieder aufgegriffen werden, um die verschiedenen

Funktionsbereiche und Aktivitäten aufeinander abzustimmen. Bei dem Bürgerwind-
park-Projekt wird durch die Kommunikationsrichtung z. B. für das gesamte Projektteam verdeutlicht, dass die einzelnen Kommunikationsaktivitäten vor allem darauf
einzahlen sollten, dass möglichst viele Einwohnerinnen des Windpotenzialgebietes an
der Informationsveranstaltung teilnehmen. Im Rahmen der Eier-Direktvermarktung
kann z. B. auf Ergebnisse der Markt- und Trendforschung zurückgegriffen werden,
wobei der Fokus auf die gewünschte Altersstruktur gelegt werden sollte.

- Abschließend ist noch der *Etat* festzulegen, welcher zur Erreichung der
  Kommunikationsziele benötigt wird. Im Fallbeispiel des Bürgerwindparks kann
  z. B. der monetäre Kommunikationsaufwand in Form von Anzeigen in Print-Medien,
  Broschüren oder Telefonanrufen festgelegt werden, der zur Förderung der Teil-
  nehmerzahl an der Informationsveranstaltung erforderlich ist. In Bezug auf die Eier-
  Direktvermarktung wird z. B. der Etat für die Außenwerbung durch Plakate oder auch
  kleinere Werbegeschenke bestimmt.

Des Weiteren ist bei der Ermittlung von strategischen Kommunikationszielen aber auch
darauf zu achten, dass diese mit den Unternehmens-, Geschäftsbereichs- und Funktions-
bereichszielen bzw. dem bestehenden Zielsystem eines Unternehmens abgestimmt
werden. Dies ist deshalb erforderlich, damit möglichst keine Zielkonflikte auftreten,
durch die ein Unternehmen in seiner Wertschöpfung eingeschränkt werden kann. Um
sowohl die Zielermittlung als auch die zielbezogenen Entscheidungen erleichtern zu
können, kann hier auf eine Zielhierarchie zurückgegriffen werden. Dabei sind einige
Sach- und Formalziele des Unternehmens oberhalb der Kommunikationsziele zu
positionieren, einige aber auch neben sowie unterhalb dieser (vgl. Schmidbauer &
Jorzik, 2017, S. 183 ff.; Bea & Haas, 2009, S. 75 ff.; Merten, 2013, S. 22 f.).

- **Oberhalb der Kommunikationsziele:** Oberhalb der Kommunikationsziele sind das
  Unternehmensleitbild, übergeordnete Ziele der normativen Unternehmensführung
  sowie Nachhaltigkeits- und Marketingziele abzubilden. Diese stellen eine Grund-
  ausrichtung und einen langfristigen Entwicklungspfad für das Unternehmen dar und
  sollen dazu beitragen, dass sich die wesentlichen Anspruchsgruppen mit dem Unternehmen identifizieren können. Des Weiteren soll aber auch die Legitimation von
  Entscheidungen erleichtert werden, indem für sämtliche Unternehmensebenen ein
  organisationaler Handlungsrahmen festgelegt wird (vgl. Schmidbauer & Jorzik, 2017,
  S. 84 f.; Bea & Haas, 2009, S. 72 f.).
- **Neben den Kommunikationszielen:** Auf gleicher Höhe mit den Kommunikationszielen werden i. d. R. die Unternehmensziele angeführt, die der operativen Führung
  zuzuordnen sind und durch das Kommunikationskonzept beeinflusst werden. Insbesondere bei Beschaffungs-, Qualitäts-, Kosten-, Personal- sowie Forschungs- und
  Entwicklungszielen liegt häufig eine enge Beziehung zum Kommunikationskonzept
  vor. Hier gilt es zu überprüfen, ob und auch welche Wechselwirkungen zwischen den
  verschiedenen Zielen möglicherweise auftreten können. Dabei sind komplementäre

oder indifferente Ziele grundsätzlich zu fördern und Konkurrenzen sowie Antinomien zu vermeiden (vgl. Schmidbauer & Jorzik, 2017, S. 185 f.). Beim Fallbeispiel der Milchtankstelle kann z. B. förderlich sein, dass über die Qualität in geeigneter Form an die jeweiligen Zielgruppen kommuniziert wird. Ein ähnliches Beispiel kann in Bezug auf die Entwicklungsziele eines Unternehmens angeführt werden. Im Fallbeispiel des Bürgerwindparks war in der Initialisierungs- und Konzeptionsphase bspw. eine gezielte Kommunikation mit Bürgerinnen, Gemeinden und Kommunen erforderlich, um u. a. Nutzungsrechte zu erwirken, Vermeidungsmaßnahmen zu verhindern und die Akzeptanz der Anwohnerinnen und Grundstückseigentümerinnen im Windpotenzialgebiet zu erhöhen. Nur so konnten die Weichen für einen erfolgreichen Projektstart und -verlauf gestellt werden. In Bezug auf konkurrierende Ziele könnte wiederum eine umfassende Entlassung von Mitarbeiterinnen im Rahmen einer Rationalisierungsmaßnahme einen negativen Einfluss auf die Glaubwürdigkeit der Nachhaltigkeitskommunikation zur Folge haben und somit auch auf deren jeweilige Kommunikationsziele. Abgesehen davon wird Kommunikation auch in der klassischen Produktentwicklung häufig dazu eingesetzt, um den Übergang von der Entwicklungs- in die Einführungsphase zu erleichtern und die Einführungs- und Wachstumsphase insoweit auszugestalten, dass der Produktlebenszyklus möglichst planmäßig verläuft (vgl. Schmidbauer & Jorzik, 2017, S. 185 f.; Bea & Haas, 2009, S. 136–140).

- **Unterhalb der Kommunikationsziele:** Abschließend werden dann die Ziele im Unternehmen näher betrachtet, die in der Zielhierarchie unterhalb der Kommunikationsziele abgebildet werden. Diese werden auch als Teilziele bezeichnet und zumeist in den einzelnen Fach- und Funktionsbereichen eines Unternehmens festgelegt. Zu den Teilzielen gehören z. B. Presse- oder Werbeziele sowie auch Kampagnen- oder Maßnahmenziele. Grundsätzlich gilt es in diesem Zusammenhang darauf zu achten, dass die Kommunikationsziele vor den Teilzielen entwickelt werden und die Teilziele an den Kommunikationszielen auszurichten sind. Häufig haben die Fach- und Funktionsbereiche aber bereits feste Vorstellungen darüber, welche Teilziele sie in jedem Fall erreichen wollen. Somit ist an dieser Stelle ein gewisses Maß an Empathie und Kompromissbereitschaft erforderlich, um die Kommunikationsziele entwickeln zu können, die im Unternehmen auf eine möglichst breite Akzeptanz stoßen (vgl. Schmidbauer & Jorzik, 2017, S. 86 f.).[1]

In Abb. 4.3 werden die einzelnen Kommunikationsziele in Form der zuvor beschriebenen Zielhierarchie dargestellt.

---

[1] Für rein landwirtschaftliche Betriebe ist diese Strukturierung evtl. nicht notwendig. Dennoch kann sie als Hilfestellung genutzt werden, um die Kommunikation gedanklich an den Unternehmensstrukturen auszurichten.

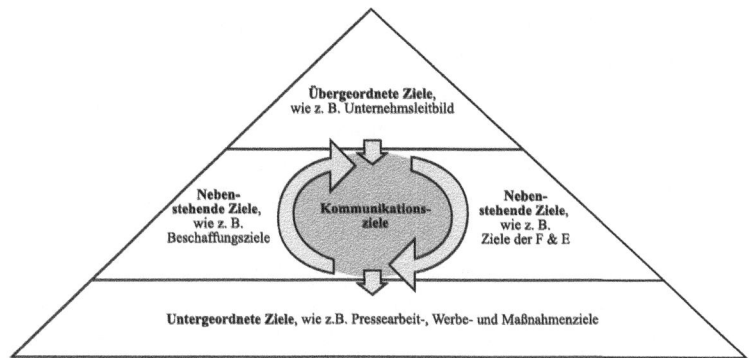

Abb. 4.3 Organisatorische Sach-, Formal- und Kommunikationsziele in einer Zielhierarchie

Nachdem nun die Sach- und Formalziele sowie auch die Kommunikationsziele in einer Zielhierarchie abgebildet wurden, sind die Kommunikationsziele noch weiter zu spezifizieren. Hierzu führen u. a. Schmidbauer und Jorzik (2017, S. 188 ff.), Bruhn (2015, S. 181 f.) sowie Mast (2016, S. 128 f.) an, dass Kommunikationsziele als *außerökonomische Ziele* oder auch *psychologische Ziele* bezeichnet werden können und in drei Zielarten zu untergliedern sind: *kognitiv orientierte Ziele, affektiv orientierte Ziele* und *konativ orientierte Ziele*. Mast erweitert diese Dreiteilung noch um die *sozial orientierten Ziele*, wobei durch alle vier Zielarten eine bestimmte Wirkung bei den jeweiligen Zielgruppen hervorgerufen bzw. gefördert werden soll.

- **Kognitiv orientierte Ziele:** Durch die kognitiv orientierten Ziele soll das Wissen bzw. der Kenntnisstand einer Zielgruppe in Bezug auf einen bestimmten Sachverhalt erhöht werden. Dazu ist es erforderlich, dass in einem ersten Schritt die Aufmerksamkeit durch Informationsimpulse geweckt wird, die mittels verschiedener Sinne wie z. B. Hören, Sehen und Fühlen wahrgenommen werden. In einem weiteren Schritt sind dann die gewünschten Informationen auf die Zielgruppe zu übertragen und abschließend weitestgehend im Gedächtnis zu verankern. Hierbei ist darauf zu achten, dass die Informationen nachvollziehbar und verständlich ausformuliert werden und dass der Kommunikationsdruck nicht nur hoch, sondern auch dauerhaft angelegt ist. Andernfalls besteht das Risiko, dass die erreichte Kommunikationswirkung bereits nach kurzer Zeit wieder abflacht, wodurch der gewünschte Lerneffekt verringert wird oder sogar vollständig ausbleibt (vgl. Schmidbauer & Jorzik, 2017, S. 188; Mast, 2016, S. 128; Bruhn, 2015, S. 182). Dies wurde auch bereits bei den Problemarten in Kap. 3 verdeutlicht, wobei im Fallbeispiel des Bürgerwindparks vor allem die Wahrnehmung und Einstellung der Zielgruppen im Zentrum einer erfolgreichen Kommunikation stehen.
- Wie bereits in Kap. 3 angeführt, zeigt sich im Fallbeispiel der Eier-Direktvermarktung die Problematik eines geringen Bekanntheitsgrades insbesondere bei jüngeren

Kundinnengruppen. Ein kognitives Kommunikationsziel kann an dieser Stelle somit sein, den Bekanntheitsgrad bei den jeweiligen Zielgruppen um 10 % im Vergleich zum Vorjahr zu steigern. Hierzu können z. B. Hof-Events oder regelmäßige Stallbegehungen für Kindergärten oder Schulgruppen angeboten werden.

- **Affektiv orientierte Ziele:** Bei affektiv orientierten Zielen geht es weniger darum, das Wissen einer bestimmten Zielgruppe systematisch zu erhöhen. Vielmehr ist ein gedanklicher Bezugsrahmen in den Köpfen der Zielgruppen zu konstruieren, in dem sich Einstellungen, Haltungen und Interessen manifestieren können. Dazu ist es wichtig, dass für die Zielerreichung ein längerfristiger Zeitraum festgesetzt wird, da das Normen- und Wertesystem der Zielgruppe zu verändern ist (vgl. Schmidbauer & Jorzik, 2017, S. 188 f.; Mast, 2016, S. 128; Bruhn, 2015, S. 182). Dies wird u. a. auch im Schichtenmodell der Unternehmenskultur deutlich. Hier wird davon ausgegangen, dass der jeweiligen Bezugsperson eine lohnende Alternative in Aussicht gestellt werden muss, damit die gewohnten Normen und Wertvorstellungen hinterfragt werden. Des Weiteren wird in diesem Zusammenhang aber auch angeführt, dass nur ein Teil der Wertvorstellungen in der Form von äußerlich wahrnehmbaren Verhaltungsmustern ausgedeutet wird, womit auch nur dieser Teil gezielt durch Kommunikation angesprochen werden kann (vgl. Dillerup & Stoi, 2013, S. 130 f.; Welge et al., 2017, S. 798 ff.).

- Dieser Ansatz kann im Fallbeispiel des Bürgerwindparks aufgegriffen werden. Das Kommunikationsziel liegt hier vor allem darin, das Interesse und die Akzeptanz für erneuerbare Energiequellen zu erhöhen und eine positive Einstellung zur Windkrafterweiterung und den damit einhergehenden Veränderungen des Landschaftsbildes zu konstituieren. Eine Möglichkeit an dieser Stelle wäre, mit den jeweiligen Anspruchsgruppen in den Dialog zu treten. Dabei sollten die Ängste und Befürchtungen der Anspruchsgruppen offen angesprochen werden, damit ein gemeinsamer Verständnisrahmen geschaffen sowie akzeptierte Lösungsansätze gesucht werden können.

- **Konativ orientierte Kommunikationsziele:** Bei den konativ orientierten Zielen soll ein Verhaltensimpuls hervorgerufen werden, der dafür sorgt, dass die jeweiligen Zielgruppen eine entscheidungsorientierte Absicht entwickeln, bestimmte Handlungen durchzuführen. Dabei handelt es sich häufig um eine Anregung des Kaufverhaltens, wobei die jeweiligen Zielgruppen z. B. ein bestimmtes Produkt ausprobieren oder sogar die Anbieterin wechseln sollen. Hierbei gilt es jedoch zu bedenken, dass Handlungen nicht durch Kommunikation umgesetzt werden können. Durch Kommunikation können Handlungen lediglich ausgelöst werden, wofür jedoch auch eine vorgelagerte Wahrnehmung – *kognitiv orientierte Ziele* – und eine entsprechende emotionale Verbundenheit – *affektiv orientierte Ziele* – erforderlich sind. Allerdings besitzen insbesondere die konativ orientierten Kommunikationsziele auch eine besondere Relevanz in der Unternehmenspraxis, da die Ergebnisse aus der Kommunikation als beobachtbares Verhalten sichtbar werden (vgl. Schmidbauer & Jorzik, 2017, S. 189 f.; Mast, 2016, S. 128; Bruhn, 2015, S. 182).

Bei den konativ orientieren Zielen kann ein Bezug zum Fallbeispiel der Pferdepension hergestellt werden. Hier sind z. B. die Vorteile gegenüber anderen Pferde-
pensionen hervorzuheben oder auch ein Zusatznutzen anzubieten, wie bspw. ein
professionelles Fütterungsmanagement oder eine Live-Übertragung von Beweg-
bildern aus den Pferdeboxen direkt auf das Smartphone der Einstellerinnen. Des
Weiteren könnten auch Probearrangements angeboten werden, in denen sich die
Halterinnen kostenfrei oder zu vergünstigten Konditionen von den Vorteilen der
Pferdepension überzeugen lassen können, infolge dessen sie ggf. einen Stallwechsel
anstreben.

- **Sozial orientierte Ziele:** Bei den sozial orientierten Zielen handelt es sich um eine
  Zielart, durch die die außerökonomischen Ziele erst nachträglich ergänzt werden. Der
  Fokus liegt dabei auf dem Aufbau von Beziehungen, wobei grundsätzlich davon ausgegangen wird, dass ein gegenseitiges Kennenlernen unbedingt erforderlich ist, um
  ein gewisses Verständnis und auch ein Mindestmaß an Empathie für das Verhalten
  anderer Personen zu entwickeln und zu zeigen. Insbesondere in einem Zeitalter der
  zunehmenden und vor allem auch weltweiten Vernetzung erscheint die Notwendigkeit dieser Zielart durchaus plausibel (vgl. Mast, 2016, S. 129; Schmidbauer & Jorzik,
  2017, S. 189).

  Diese Zielart kann z. B. im Fallbeispiel der Schweinemastanlage eingesetzt werden.
  Hier könnte das Ziel vor allem darin liegen, das Verständnis der Bevölkerung für
  die Schweinehaltung zu erhöhen. Eine Möglichkeit wäre dabei die Übertragung von
  Bewegtbildern aus der Stallanlage in Form eines Vlogs oder auch das regelmäßige
  Angebot einer Hofbegehung.

In Bezug auf die *ökonomischen Ziele* eines Unternehmens reicht die strategische
Kommunikationsplanung jedoch nicht aus, um diese vollständig und auch frucht-
bringend zu erreichen. Vielmehr leistet die Kommunikation einen Beitrag, der durch die
weiteren Unternehmensbereiche zu ergänzen ist. Hierzu sind dann die unterschiedlichen
Unternehmens- und Kommunikationsziele aufeinander abzustimmen (vgl. Schmidbauer & Jorzik, 2017, S. 190). Wenn z. B. in einem Schweinestall ein bestimmtes
Qualitätsziel erreicht werden soll, sind z. B. auch das Fütterungsmanagement und der
Einkauf sowie das Qualitätsmanagement in die Zielentwicklung einzubinden, denn die
Kommunikationsabteilung kann zwar die neuen Anforderungen an die Zielgruppen
kommunizieren, jedoch bedarf es möglicherweise auch einer veränderten Futtermittel-
qualität oder einer Anpassung des Reinigungsmanagements.

Somit besteht zwar generell die Möglichkeit, dass ökonomische Ziele direkt in ein
Kommunikationskonzept übertragen werden, dies würde jedoch die Verantwortungs-
zuteilung verzerren und folglich auch das Risiko erhöhen, dass die Ziele nicht oder nur
z. T. erreicht werden. Damit behält der bereits zu Beginn dieses Kapitels angeführte
Grundsatz auch hier seine Gültigkeit, wonach in einem Kommunikationskonzept
ausschließlich die Ziele anzuführen sind, die durch Kommunikation erreicht werden
können (vgl. Schmidbauer & Jorzik, 2017, S. 190; Merten, 2013, S. 17).

Methodisches Vorgehen zur Zielentwicklung
Die Grundlage zur Entwicklung der Kommunikationsziele liegt in der übergeordneten Aufgabenstellung der jeweiligen Organisation. Diese gilt es in einem ersten Schritt so weit zu operationalisieren, dass daraus klar abgrenzbare und verständliche Kommunikationsziele abgeleitet werden können. Dabei ist darauf zu achten, dass die Ziele zunächst in Anlehnung an die bereits angeführte Zielhierarchie zu untergliedern sind – *übergeordnete, nebenstehende* oder *untergeordnete Ziele*. Dies ist erforderlich, damit überprüft werden kann, ob es sich tatsächlich um klar justierte Kommunikationsziele handelt oder z. B. eher um Teilziele eines Funktionsbereichs. Abschließend sollte dann eine überschaubare Liste an Kommunikationszielen bestehen, die im Rahmen einer Kommunikationsstrategie dazu beitragen soll, die übergeordneten Aufgabenstellungen eines Unternehmens zu erreichen (vgl. Schmidbauer & Jorzik, 2017, S. 190 f.; Merten, 2013, S. 22 f.).

Im nächsten Schritt wird eine Strukturierung der herausgearbeiteten Kommunikationsziele vorgenommen, wobei diese um die *Fristigkeit,* den *Zielbereich* und die *Priorisierung* ergänzt werden.

- **Fristigkeit:** In Bezug auf die Fristigkeit wird zumeist zwischen langfristigen (drei bis zehn Jahre) und kurzfristigen (ein bis drei Jahre) Zielen unterschieden. Allerdings besteht je nach Bedarf auch die Möglichkeit, eine mittelfristige bzw. taktische Ebene in der Zeitplanung zu berücksichtigen (drei bis fünf Jahre). Bei der Entwicklung von langfristigen Zielen ist jedoch darauf zu achten, dass sich diese auf einen Zeithorizont beziehen, der in seinen Ansätzen noch berechenbar und steuerbar erscheint. Andernfalls ist aufgrund der steigenden Veränderungsdynamiken damit zu rechnen, dass tiefgreifende Anpassungen der Ziele vorgenommen werden müssen, um diese im Zeitverlauf mit den jeweiligen Umweltveränderungen zu koordinieren. Des Weiteren verfügen langfristige Ziele i. d. R. über einen hohen Aggregationsgrad und eine nur geringe Detailtiefe, womit diese im Unternehmen auch als strategischer Gestaltungsrahmen herangezogen werden können, in dem die kurzfristigen Ziele gebündelt sind. Jedes kurzfristige Ziel stellt somit einen Teilerfolg eines langfristigen Ziels dar und die quantitative Messbarkeit wird erst bei den kurzfristigen Zielen in Gänze vorausgesetzt. Wird im Rahmen einer Zielprüfung erkennbar, dass die Erfüllung der langfristigen Ziele nicht ausreichend gefördert wird, kann in Bezug auf die kurzfristigen Ziele zeitnah interveniert werden. Wichtig hierbei ist jedoch, dass auch bei einer Anpassung der kurzfristigen Ziele das gesamte Zielsystem auf mögliche Wechselwirkungen überprüft wird (vgl. Schmidbauer & Jorzik, 2017, S. 192 f.; Merten, 2013, S. 22 f.; Dillerup & Stoi, 2013, S. 338 ff.).
- **Zielbereich:** Bei der Bestimmung des Zielbereichs kann dahingehend unterschieden werden, ob die *interne* oder *externe Unternehmensumwelt* durch die Kommunikationsziele angesprochen werden soll, wobei nicht in jedem Fall eine strenge Trennung dieser Bereiche vorgenommen werden kann. Wenn die externe Unternehmensumwelt im Fokus der Zielsetzung steht, sollten z. B. auch die internen

Anspruchsgruppen über die jeweiligen Ziele informiert werden, damit diese z. B. als Multiplikatoren wirken und die Zielerreichung unterstützen können. Darüber hinaus ist es häufig sinnvoll, die internen Anspruchsgruppen als Erstes über die externen Ziele aufzuklären, damit sich diese in den entsprechenden Entscheidungsprozessen nicht übergangen fühlen. Andernfalls besteht das Risiko, dass Widerstände oder Blockaden entstehen, die wiederum dazu führen können, dass die Zielerreichung gehemmt oder gar ausgeschlossen wird (vgl. Schmidbauer & Jorzik, 2017, S. 193 f.; Krüger & Bach, 2014, S. 35 ff.).

- **Priorisierung:** Bei der Priorisierung von Kommunikationszielen können diese in *primäre* und *sekundäre Ziele* bzw. *Haupt- und Nebenziele* untergliedert werden, womit eine unterschiedliche Gewichtung der Ziele vorgenommen wird. Besonders bei einer größeren Anzahl von Zielen ist es von Vorteil, dass diese in eine einheitliche Rangfolge gebracht werden, da das bestehende Kontingent an personellen, zeitlichen und auch finanziellen Ressourcen ansonsten gleichmäßig auf alle Ziele aufzuteilen ist. Dadurch besteht die Gefahr, dass keines der ermittelten Ziele vollständig erreicht werden kann, da die verfügbare Menge an Ressourcen ggf. nicht ausreichend ist (vgl. Schmidbauer & Jorzik, 2017, S. 194; Dillerup & Stoi, 2013, S. 336).

Um die ermittelten Ziele in eine Rangfolge zu bringen, gilt es erst einmal herauszuarbeiten, ob und wie stark die einzelnen nebenstehenden Ziele voraussichtlich auf die Erreichung der übergeordneten Ziele einzahlen werden und wie stark die unterstehenden Ziele voraussichtlich auf die Erreichung der nebenstehenden Ziele einzahlen werden. Diese Logik kann auch auf die langfristigen, mittelfristigen und kurzfristigen Ziele übertragen werden. Bei einem hohen Beitrag zur Zielerreichung ist dann eine dementsprechend hohe Priorisierung innerhalb der Rangfolge vorzunehmen. Dabei gilt es jedoch zu beachten, dass die sekundären Ziele ebenfalls im Kommunikationskonzept zu berücksichtigen sind, dies jedoch nur mit untergeordneter Relevanz (vgl. Schmidbauer & Jorzik, 2017, S. 194; Dillerup & Stoi, 2013, S. 124 f.).

Neben der *Fristigkeit,* dem *Zielbereich* und der *Priorisierung* besteht jedoch auch die Möglichkeit, noch weitere Vorgehensweisen zur Zielstrukturierung heranzuziehen. Diese orientieren sich vor allem an den Umfeld- und Binnenkoordinaten, die bereits zu Beginn dieses Kapitels angeführt wurden. Demnach können Ziele z. B. in Anlehnung an die jeweilige Zielgruppe, ihre Botschaft, den Gegenstand der Kommunikation oder auch eine geografische Abgrenzung gegliedert werden. Wichtig ist dabei jedoch, dass die eingesetzten Modelle in der jeweiligen Situation zielführend sind, wobei auch eine Kombination mehrerer Modelle möglich ist (vgl. Schmidbauer & Jorzik, 2017, S. 195).

In Abb. 4.4 ist das Modell der Zielhierarchie exemplarisch am Fallbeispiel der Milchtankstelle angeführt, wobei außerdem eine Priorisierung in Form von Haupt- und Nebenzielen vorgenommen wird.

Nachdem nun durch das Modell der Zielhierarchie verdeutlicht wurde, dass die übergeordneten Ziele eines Unternehmens den Gestaltungsrahmen für die kommunikationsorientierten Zielansätze darstellen und diese wiederum anhand unterschiedlicher

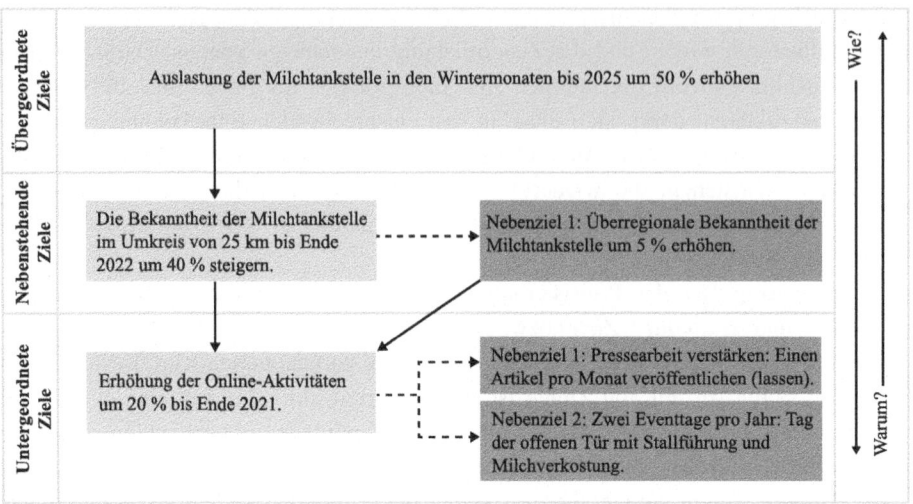

Abb. 4.4 Zielstrukturierung am Fallbeispiel der Milchtankstelle

Gliederungsansätze strukturiert werden können, wird im Folgenden näher auf die eigentliche Konzipierung der Kommunikationsziele eingegangen (vgl. Schmidbauer & Jorzik, 2017, S. 195).

Zuerst einmal ist grundsätzlich darauf zu achten, dass alle Kommunikationsziele am Gestaltungsrahmen bzw. an den übergeordneten Zielen des Unternehmens ausgerichtet werden, damit zum einen die Entwicklungsfähigkeit des Unternehmens gesteigert und zum anderen auch dessen Identifikation gestärkt werden kann. Des Weiteren sind die Kommunikationsziele aber auch möglichst präzise auszuformulieren. Dies ist erforderlich, damit die Ziele detailliert geplant und umgesetzt werden können und die Zielerreichung im Rahmen einer Erfolgskontrolle nach Möglichkeit gemessen werden kann. Hierbei gilt es allerdings zu beachten, dass i. d. R. ein bis zwei Sätze ausreichend sind, um ein Kommunikationsziel vollständig abzubilden. Andernfalls besteht das Risiko, dass der Fokus des Ziels verloren geht. Bei der eigentlichen Ausformulierung der Kommunikationsziele können dann unterschiedliche Zielkomponenten berücksichtigt werden. Diese sind in Tab. 4.1 aufgeführt und um Leitfragen und eine inhaltliche Ausrichtung ergänzt. Hierbei ist zu berücksichtigen, dass es zumeist nicht sinnvoll ist, alle Zielkomponenten innerhalb eines einzigen Kommunikationsziels anzuwenden, da dessen Diktion dann an Übersichtlichkeit verlieren würde. Es sind vielmehr nur die Komponenten einzusetzen, die für das jeweilige Kommunikationsziel als absolut wesentlich erscheinen (vgl. Schmidbauer & Jorzik, 2017, S. 195–201).

Bei dem Einsatz der Zielkomponenten ist insbesondere darauf zu achten, dass eine *terminlich festgelegte Zielerreichung* und ein *realistisches Zielausmaß* definiert werden. Dies bedeutet, dass zum einen der Zielzeitpunkt bzw. eine Zeitspanne festgelegt wird,

Tab. 4.1 Übersicht der Zielkomponenten zur Ausarbeitung eines Kommunikationsziels in Anlehnung an Schmidbauer und Jorzik (vgl. Schmidbauer & Jorzik, 2017, S. 196 f.)

Zielkomponenten	Leitfragen	Inhaltliche Ausrichtung
Zielart	WAS soll durch das Kommunikationsziel bewirkt werden?	Kognitive Zielart Affektive Zielart Konative Zielart
Zielrichtung	WELCHE Wirkungsrichtung soll dem Kommunikationsziel zugrunde liegen?	Progressive Wirkung Konstante Wirkung Degressive Wirkung
Zielmaß	WIE stark soll die Wirkung des Kommunikationsziels sein?	Quantitative Angaben Deskriptive Angaben
Zielobjekt	WAS/WER ist Gegenstand des Kommunikationsziels?	Gesamtobjekt Teilobjekte
Zielzeit	Bis WANN soll das Kommunikationsziel erreicht werden?	Zeitintervall Zeitpunkt
Zielgruppe	WER soll durch das Kommunikationsziel angesprochen werden?	Geografische Zuordnung Soziografische Zuordnung Psychografische Zuordnung Funktionsbezogene Zuordnung
Zielradius	Auf WELCHEN Umkreis soll das Kommunikationsziel wirken?	Geografischer Radius Wohnortbezogener Radius Logistischer Radius
Zielabsender	WER ist die Absenderin des Kommunikationsziels?	Einzelpersonen Gruppen/Unternehmen
Zielprämisse	WELCHE Voraussetzungen müssen erfüllt sein, damit das Kommunikationsziel erreicht werden kann?	Positive Prämissen Negative Prämissen

bis zu dem bzw. innerhalb der das Kommunikationsziel erreicht werden soll. Nur so kann absolut sichergestellt werden, dass eine für alle Beteiligten verständliche Zielrelation konstituiert wird. Zum anderen sind aber auch die wesentlichen Voraussetzungen für die Zielerreichung zu bestimmen. Hier liegt der Nutzen vor allem darin, dass die jeweiligen Prämissen als Legitimationsgrundlage herangezogen werden können, falls die jeweils angestrebten Zustände nicht planmäßig erreicht werden. Abschließend gilt es dann noch zu überprüfen, ob die in den Kommunikationszielen vorausgesetzten Ressourcen tatsächlich zur freien Verfügung stehen und ob mögliche Zielantinomien und -konkurrenzen weitestgehend ausgeschlossen werden können (vgl. Schmidbauer & Jorzik, 2017, S. 196–202; Dillerup & Stoi, 2013, S. 124–128).

Anhand des Beispiels zur Milchtankstelle wird die Ausarbeitung eines Kommunikationsziels unter Einsatz von ausgewählten Zielkomponenten und in

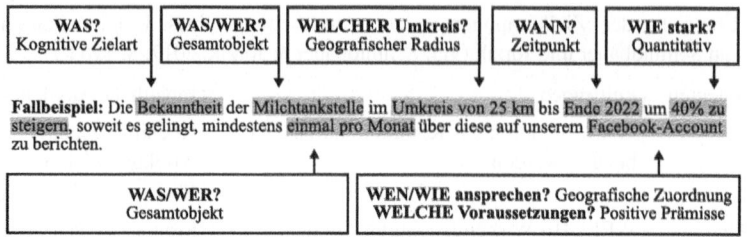

Abb. 4.5 Ausarbeitung eines Kommunikationsziels am Fallbeispiel der Milchtankstelle

Anlehnung an Schmidbauer und Jorzik verdeutlicht (vgl. Schmidbauer & Jorzik, 2017, S. 196) (siehe Abb. 4.5).

4.2 Bestimmung der Zielgruppen

Da der Zielgruppenbegriff u. a. in verschiedenen Forschungsdisziplinen unterschiedlich besetzt ist, gilt es zunächst näher zu beschreiben, was genau unter einer Zielgruppe zu verstehen ist. Schmidbauer und Jorzik definieren Zielgruppen beispielsweise als *„Adressaten, die durch die kommunikationspolitischen Maßnahmen eines Unternehmens angesprochen werden sollen"* (Schmidbauer & Jorzik, 2017, S. 207) und Merten beschreibt diese als *„Gruppen, bei denen die angedachten Maßnahmen gerade die kommunikativen Wirkungen erzeugen, die zur Positionierung führen"* (Merten, 2013, S. 24). Außerdem ist an dieser Stelle auch anzumerken, dass zwischen den klassischen Zielgruppenkonstellationen des Marketings und denen der Kommunikation grundlegende Unterschiede bestehen. Im Bereich des Marketings werden die Zielgruppen zumeist in Anlehnung an die Marktaufgabe und das Marktpotenzial entwickelt. Somit werden dabei auch nur die Personengruppen berücksichtigt, an die eine bestimmte Ware oder Dienstleistung abgesetzt werden soll. Bei der Kommunikation hingegen liegt der Fokus darauf, die zuvor festgelegten Kommunikationsziele zu erreichen, weshalb sich die Zielgruppen auch außerhalb eines definierten Marktfeldes befinden können (vgl. Schmidbauer & Jorzik, 2017, S. 208 f.) (siehe Abb. 4.6).

Dieser Unterschied bedeutet allerdings auch, dass hinsichtlich der Kommunikation kein gemeinsamer Nenner herausgearbeitet werden soll, anhand dessen eine breite Zielgruppe angesprochen wird. Vielmehr sind die kommunikativen Mittel und Maßnahmen speziell auf die einzelnen Zielgruppen zuzuschneiden, damit eine dauerhafte und tragfähige Beziehung aufgebaut werden kann. An dieser Stelle geht es allerdings erstmal nur darum, die relevanten Zielgruppen zu identifizieren und näher zu beschreiben. Dabei gilt es noch unberücksichtigt zu lassen, wie die Zielgruppen künftig angesprochen werden sollen (vgl. Schmidbauer & Jorzik, 2017, S. 207 ff.).

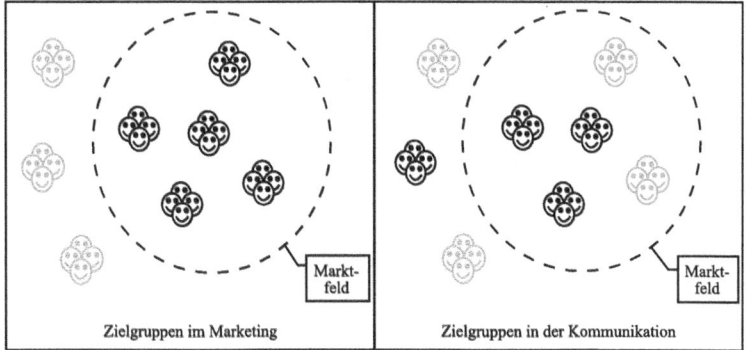

Abb. 4.6 Zielgruppen des Marketings und der Kommunikation unter Berücksichtigung eines Marktfeldes. (In Anlehnung an Schmidbauer & Jorzik, 2017, S. 208)

Die Bestimmung der Zielgruppen kann in der Form eines vierstufigen Prozesses vorgenommen werden. Hierbei erfolgt eine Untergliederung in die folgenden Arbeitsschritte:

1. grobe Auswahl der Zielgruppen,
2. feine Auswahl der Zielgruppen,
3. Strukturierung der Zielgruppen und
4. Charakterisierung der Zielgruppen.

Dabei ist generell darauf zu achten, dass die einzelnen Zielgruppen möglichst umfassend und ausführlich beschrieben werden, womit z. B. auch die Einstellungen, die Befürchtungen und Hoffnungen sowie auch die Motivation der einzelnen Adressaten näher zu hinterfragen sind. Nur so kann durch das Kommunikationskonzept eine Ansprache vorgenommen werden, die schlagkräftig genug ist, um einen förderlichen Zugang zur Zielgruppe zu erreichen (vgl. Schmidbauer & Jorzik, 2017, S. 211 f.).

4.2.1 Schritt 1: Grobe Auswahl der Zielgruppen

Im ersten Schritt des Auswahlprozesses werden sämtliche Zielgruppen zusammengetragen, die hinsichtlich der zuvor aufgestellten Kommunikationsziele relevant sein könnten. Dies sind bspw. Endkundinnen oder Geschäftspartnerinnen sowie auch Absatzmittlerinnen oder Zwischenhändlerinnen. In diesem Zusammenhang gilt es im Unternehmen auch auf Erfahrungswerte und Potenziale zurückzugreifen, die in Bezug auf die gegenwärtigen Zielgruppen bereits generiert und ausgeschöpft wurden und anhand derer die Bedeutung für die jeweiligen Kommunikationsziele deutlich wird. Im Anschluss daran sollte auch noch eine Nachrecherche erfolgen, um das aktuelle Bild der Zielgruppen durch zusätzliche Informationen anzureichern (vgl. Schmidbauer & Jorzik, 2017, S. 212).

Beim Fallbeispiel der Milchtankstelle könnten die Zielgruppen z. B. in Stammkundinnen, Gelegenheitskäuferinnen und Durchfahrtskundinnen untergliedert werden, die dann anhand von gemeinsamen Merkmalskriterien noch weiter zu strukturieren sind. Bei den Stammkundinnen könnte z. B. eine Präferenz zur nachhaltigkeitsbewussten Beschaffung sowie zu regional erzeugten und ernährungsphysiologisch hochwertigen Lebensmitteln bestehen. Die Gelegenheitskäuferinnen hingegen verknüpfen den Einkauf an der Milchtankstelle z. B. mit weiteren Besorgungen in der Region oder empfinden diesen als das besondere Einkaufserlebnis für zwischendurch. Zu den Durchfahrtskundinnen werden dann z. B. Wanderinnen und Radfahrerinnen gezählt sowie auch weitere interessierte Personengruppen, die sich auf der Durchreise befinden. Abschließend ist dann noch herauszuarbeiten, welche der Zielgruppen von besonderer Relevanz sind, um das jeweilige Kommunikationsziel erreichen zu können. An dieser Stelle sind es sicherlich die Stammkundinnen, die im Wesentlichen zur Rentabilität der Milchtankstelle beitragen. Aber auch die Gelegenheits- und Durchfahrtskundschaft birgt durchaus das Potenzial, die Auslastung der Milchtankstelle weiterhin zu erhöhen.

Um eine erste Auswahl der Zielgruppen zu erleichtern, kann deren Relevanz in Anlehnung an Schmidbauer und Jorzik (2017, S. 2) anhand der folgenden Leitfragen überprüft werden.

- Ist die Zielgruppe unverzichtbar, um eines oder mehrere der Kommunikationsziele zu erreichen?
- Sind die festgelegten Strukturmerkmale ausreichend, damit eine klare Abgrenzung zwischen den Zielgruppen erfolgen kann?
- Ist die Zielgruppe groß genug, damit diese in einem angemessenen Verhältnis zum eingesetzten Etat steht?
- Sind die Strukturmerkmale weitestgehend stabil oder unterliegen diese einer gewissen Flüchtigkeit?
- Sind die verfügbaren Kommunikationskanäle und -instrumente ausreichend, um die Zielgruppen durch Kommunikation erreichen zu können?

4.2.2   Schritt 2: Feine Auswahl der Zielgruppen

Im nächsten Arbeitsschritt ist die Zielgruppenauswahl noch weiter zu schärfen. Hierzu werden die typischen Abgrenzungskriterien des Marketings, wie z. B. die geografischen und soziodemografischen Merkmale, um weitere Kriterien ergänzt. Dadurch besteht die Möglichkeit, sich den maßgeblichen Zielgruppen weiter zu nähern und das Kommunikationskonzept spezifischer auszurichten. Die dafür benötigten Zusatzinformationen können zum einen durch Marktforschungsaktivitäten, wie z. B. Umfragen, Beobachtungen oder Auswertungen, generiert werden. Zum anderen ist es aber auch möglich, sogenannte Zielgruppenmodelle einzusetzen, wie bspw. das zweistufige Diffusionsmodell nach Rogers, die *Sinus Milieus* von Sociovision sowie die *Limbische Landkarte* nach Häusel. An dieser Stelle wird jedoch ausschließlich das Diffusionsmodell näher beschrieben, um ein grundlegendes Verständnis dafür zu schaffen, welcher Beitrag zur Abgrenzung von Zielgruppen geleistet werden kann (vgl. Schmidbauer & Jorzik, 2017, S. 215–222; Bruhn, 2015, S. 207–221).

Im Rahmen des *Diffusionsmodells* nach Rogers (1995) werden die Adressaten des Kommunikationskonzeptes dahingehend untersucht, ob sie auf Veränderungen eher positiv oder eher negativ reagieren. Dabei kann eine Untergliederung in die folgenden Gruppen vorgenommen werden: *Innovators (venturesome)*, *Early Adaptors (respect)*, *Early Majority (deliberate)*, *Late Majority (skeptical)* und *Laggards (traditional)* (vgl. Rogers, 1995, S. 262–265; Schmidbauer & Jorzik, 2017, S. 220 ff.).

- Bei den *Innovators* oder auch *frühen Anwenderinnen* handelt es sich i. d. R. um eine kleine Personengruppe, die ein hohes Interesse an z. B. technischen Entwicklungen und Produktinnovationen aufweist. Sie sind sich durchaus darüber bewusst, dass die jeweiligen Neuheiten möglicherweise mit gewissen Risiken behaftet sind, nehmen diese allerdings gerne in Kauf. Infolge ihrer Risikofreudigkeit und Innovationsbereitschaft treten die Innovators auch häufig als *Gate-Keeper* am Markt auf (vgl. Rogers, 1995, S. 263 f.; Schmidbauer & Jorzik, 2017, S. 220).
- Die *Early Adaptors* bzw. die *frühen Übernehmerinnen* sind weniger an der Neuheit eines Gegenstandes interessiert als vielmehr an seiner Nützlichkeit. Eine Innovation muss folglich sinnvoll sein, um von den Early Adaptors übernommen zu werden. Außerdem ist diese Zielgruppe auch größer als die der Innovators und genießt eine einflussreichere Stellung in der Gesellschaft. Somit fungieren diese auch als eine Art Peer-Group und sind ausschlaggebend dafür, ob auch weitere Personengruppen ein positives Interesse an der jeweiligen Innovation entwickeln (vgl. Rogers, 1995, S. 264; Schmidbauer & Jorzik, 2017, S. 220 f.).
- Die *Early Majority* oder auch die *frühe Mehrheit* ist Innovationen gegenüber grundsätzlich aufgeschlossen. Allerdings warten sie darauf, dass sich der jeweilige Gegenstand bereits bewährt hat und von den Early Adaptors empfohlen wird. Anhand dieser Empfehlung fällt auch häufig die Entscheidung darüber, ob eine Innovation tatsächlich für den Massenmarkt geeignet ist oder ob nur ein kleiner Nischenmarkt angesprochen wird (vgl. Rogers, 1995, S. 264 f.; vgl. Schmidbauer & Jorzik, 2017, S. 221).
- Bei der *Late Majority* bzw. der *späten Mehrheit* handelt es sich um eine Zielgruppe, durch die der Massenmarkt repräsentiert wird. Sie hat ein hohes Sicherheitsbedürfnis und greift erst auf einen Gegenstand zurück, sobald sich das damit zusammenhängende Risiko auf ein Minimum reduziert und der gesellschaftliche Druck auf ein Maximum erhöht hat. Sobald sie sich aber gegenüber einer Innovation geöffnet haben, bleiben sie dieser zumeist für eine lange Zeit treu (vgl. Rogers, 1995, S. 265; Schmidbauer & Jorzik, 2017, S. 221).

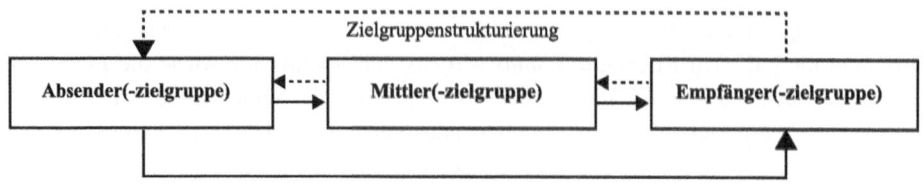

Abb. 4.7 Strukturierungs- und Kommunikationsprozess von Zielgruppen. (In Anlehnung an Schmidbauer & Jorzik, 2017, S. 224)

- Die *Laggards* stellen in diesem Modell die *Nachzüglerinnen* dar und stehen der Innovation mit der größten Skepsis gegenüber. Diese Personengruppe wird auch durch Kommunikationsaktivitäten meistens nur schlecht bis überhaupt nicht erreicht (vgl. Rogers, 1995, S. 265 f.; Schmidbauer & Jorzik, 2017, S. 222).

In der Unternehmenspraxis sollte sich grundsätzlich die Frage gestellt werden, inwieweit die grob herausgearbeiteten Zielgruppen den einzelnen Bereichen des Diffusionsmodells zugeordnet werden können und welche Eigenschaften die einzelnen Zielgruppen tatsächlich haben (vgl. Schmidbauer & Jorzik, 2017, S. 220, 222).

Nachdem die Zielgruppen nun weiter spezifiziert wurden, ist abschließend zu bewerten, wie groß ihr Beitrag zur Erreichung der einzelnen Kommunikationsziele voraussichtlich ausfallen wird. Dies ist von Bedeutung, da die personellen, sachlichen und auch finanziellen Ressourcen in Unternehmen begrenzt sind. Eine gleichmäßige Verteilung der Ressourcen auf alle Zielgruppen würde folglich dazu führen, dass keines der Ziele mit dem nötigen Engagement verfolgt werden kann, um dieses vollständig erreichen zu können. Eine Unterteilung kann hier z. B. in primäre, tertiäre und sekundäre Zielgruppen vorgenommen werden oder aber auch in A-, B- und C-Zielgruppen, wie es bspw. im Controlling und der Warenwirtschaft üblich ist (vgl. Schmidbauer & Jorzik, 2017, S. 222 f.; Buchholz, 2009, S. 144–148).

4.2.3 Schritt 3: Strukturierung der Zielgruppen

Nachdem die Zielgruppen bereits grob ermittelt und weiter priorisiert wurden, sind sie in eine geeignete Struktur zu bringen, um dadurch eine möglichst wirkungsvolle Kommunikation zu erreichen. Dazu sind die Zielgruppen grundsätzlich anhand des klassischen Kommunikationsprozesses auszurichten, der sich aus einer bzw. mehreren *Absenderinnen*, einer *Signalstrecke* und einer bzw. mehreren *Empfängerinnen* zusammensetzt. Dabei ist darauf zu achten, dass im Kommunikationskonzept alle drei Elemente angemessen berücksichtigt werden, da die Zielgruppenansprache andernfalls maßgeblich an Wirkung verlieren kann (vgl. Schmidbauer & Jorzik, 2017, S. 223).

Bei der Strukturierung der Zielgruppen ist darauf zu achten, dass zuerst die Empfängerinnen bestimmt werden, da diese als die eigentlichen Adressatinnen der Kommunikation auftreten. Außerdem sollen anhand der Empfängerinnen auch die Kommunikationsziele erreicht werden. In Abb. 4.7 wird daher sowohl die Abfolge der Zielgruppenstrukturierung aufgezeigt als auch der herkömmliche Kommunikationsprozess.

Die Empfängerseite kann grundsätzlich in den Empfängerstamm, die Empfängerperipherie und das Empfängerpotenzial heruntergebrochen werden. Beim *Empfängerstamm* handelt es sich um Zielgruppen, zu denen bereits eine tragfähige Beziehung aufgebaut werden konnte (vgl. Schmidbauer & Jorzik, 2017, S. 224). Im Fallbeispiel der Milchtankstelle und der Eier-Direktvermarktung sind dies z. B. die langjährigen Stammkundinnen, wohingegen beim Bürgerwindpark z. B. die Projektinitiatorinnen zum Empfängerstamm gehören, die über ein eigenes Grundstück im Windpotenzialgebiet verfügen. Unter der *Empfängerperipherie* werden diejenigen Zielgruppen zusammengefasst, zu denen z. B. schon ein erster Kontakt hergestellt wurde oder die gelegentlich auf ein Produkt oder eine Leistung des jeweiligen Unternehmens zurückgreifen (vgl. Schmidbauer & Jorzik, 2017, S. 224 f.). Im Rahmen der Milchtankstelle können hier z. B. die Gelegenheits- und z. T. auch die Durchfahrtskundinnen angeführt werden. Zum *Empfängerpotenzial* werden hingegen die Zielgruppen gezählt, zu denen noch keine direkte Verbindung aufgebaut wurde, die jedoch aufgrund ihrer Abgrenzungsmerkmale über ein gewisses Potenzial verfügen (vgl. Schmidbauer & Jorzik, 2017, S. 225). Ein Beispiel sind hier die jüngeren Zielgruppen bei der Eier-Direktvermarktung. Diese weisen zwar durchaus ein Empfängerpotenzial auf, dieses konnte aber bislang noch nicht oder nicht vollständig ausgeschöpft werden. Bei der Ansprache der Zielgruppen auf der Empfängerseite sollte generell berücksichtigt werden, dass für den Empfängerstamm weniger Ressourcen benötigt werden als für die Empfängerperipherie und dass für die Empfängerperipherie wiederum weniger Ressourcen aufzubringen sind als für das Empfängerpotenzial. Somit ist bei der Zielgruppenansprache auch immer darauf zu achten, wie viele Ressourcen für die Kommunikation tatsächlich zur Verfügung stehen (vgl. Schmidbauer & Jorzik, 2017, S. 225).

Bei den *Mittlerzielgruppen* handelt es sich um Einzelpersonen oder ganze Personengruppen, die eine besonders anerkannte Stellung und zumeist auch ein hohes Vertrauen in der Gesellschaft genießen. Dies können z. B. die Medien, Peer Groups oder auch Multiplikatorinnen sein. Förderlich sind diese Zielgruppen vor allem dann, wenn die Kommunikationswirkung verstärkt werden soll, weil die Empfängergruppen bspw. zu groß, zu weit entfernt oder aus einem anderen Grund nur schwer zu kontaktieren sind. Allerdings greift auch hier der bereits angeführte Grundsatz, dass die für die Kommunikation benötigten Ressourcen nur begrenzt im Unternehmen zur Verfügung stehen. Damit würde die Ansprache der Mittlerzielgruppen umso oberflächlicher ausfallen, desto mehr Gruppen angesprochen werden oder desto größer die jeweiligen Gruppen sind (vgl. Schmidbauer & Jorzik, 2017, S. 225 ff.).

Nachdem nun bereits herausgearbeitet wurde, wer durch die Kommunikation erreicht und durch wen der Transport der Kommunikationsbotschaft unterstützt werden soll, gilt es nachfolgend auch die Absenderzielgruppen im Unternehmen näher zu bestimmen. Dies ist insbesondere deshalb erforderlich, damit für die übrigen Akteurinnen im Kommunikationsprozess deutlich wird, wer als Trägerin der jeweiligen Botschaft auftritt und folglich auch die damit einhergehenden Entscheidungsprozesse verantwortet. Ohne eine transparente Darstellung der Absenderzielgruppen wird der Kommunikationsbotschaft zumeist nur wenig Vertrauen entgegengebracht. Außerdem ist in diesem Zusammenhang auch darauf zu achten, dass die internen Absenderzielgruppen unterschiedlich angesprochen werden. Häufig erfolgt eine Untergliederung in die *Führung,* die *beteiligten Akteurinnen* und die *Beeinflusserinnen bzw. Folgenden,* wobei diese mit unterschiedlicher Intensität und zu verschiedenen Zeitpunkten in den Kommunikationsprozess eingebunden werden. In einem ersten Schritt wird die oberste Führungsebene über die künftige Kommunikation umfassend informiert und in die weitere Entwicklung des Kommunikationskonzeptes eingebunden. Dies ist besonders wichtig, damit für die übrigen Zielgruppen sichtbar und vor allem auch glaubhaft dargestellt werden kann, dass die Unternehmensspitze die Kommunikationsbotschaft unterstützt. Im Weiteren sind dann die Zielgruppen zu erfassen, die an der Kommunikation beteiligt sind und die nach Möglichkeit einen engen Kontakt zu den Mittler- oder Empfängerzielgruppen aufweisen – beteiligte Akteurinnen. Auch diese sollten sowohl informiert als auch in die Entwicklung des Kommunikationskonzeptes einbezogen werden, soweit dies erforderlich erscheint. Im letzten Schritt ist dann die übrige Belegschaft – Beeinflusserinnen und Folgende – zu informieren. Diese weisen i. d. R. keinen direkten Kontakt zu den Mittler- oder Empfängerzielgruppen auf. Es ist allerdings dennoch wichtig, dass diese nicht vollständig vernachlässigt werden, da bezüglich der Kommunikationsbotschaft ansonsten Blockaden oder Widerstände auftreten können (vgl. Schmidbauer & Jorzik, 2017, S. 227).

Abschließend sollte noch einmal überprüft werden, ob die einzelnen Akteurinnen und Personengruppen für jedes Kommunikationsziel korrekt im Sinne des Kommunikationsprozesses zugeordnet wurden. Dabei kann es durchaus vorkommen, dass eine Person, je nach Kommunikationsziel, unterschiedlichen Zielgruppen zugeordnet werden kann. Sollte eine solche Konstellation auftreten, sind die Zielgruppen ggf. mehrfach zu untergliedern (vgl. Schmidbauer & Jorzik, 2017, S. 226). Ein mögliches Beispiel wären hier die Kundinnengruppen der Milchtankstelle. Die Durchfahrtskundinnen können z. B. auch Stammkundinnen sein, die bspw. auf dem Weg zur Arbeitsstätte an der Milchtankstelle ein Produkt erwerben. Des Weiteren sind die Zielgruppen aber auch in *Muss-, Soll-* und *Kann-Zielgruppen* zu strukturieren. Dadurch besteht die Möglichkeit, dass die vorhandenen Ressourcen vor allem dazu eingesetzt werden, die jeweiligen Muss-Ziele zu erreichen, also die Ziele der Muss-Zielgruppen. Sollten abschließend noch weitere Mittel zur Verfügung stehen, die im Rahmen der Kommunikation eingesetzt werden können, sind diese für die Soll- und ggf. die Kann-Ziele heranzuziehen. Diese Entscheidung sollte jedoch in jedem Fall situationsspezifisch und anhand des übergeordneten Gestaltungsrahmens erfolgen (vgl. Schmidbauer & Jorzik, 2017, S. 229; Mast, 2016, S. 235).

4.2.4 Schritt 4: Charakterisierung der Zielgruppen

Im letzten Schritt der Zielgruppenbestimmung sollen die bisher identifizierten und strukturierten Zielgruppensegmente noch weiter spezifiziert werden. Hierzu sind u. a. die konkreten Bedürfnisse und Erwartungen der einzelnen Akteurinnen innerhalb einer Zielgruppe genauer herauszuarbeiten, die dann durch das jeweilige Unternehmen weitestgehend zu erfüllen sind. Die Umsetzung kann dabei durch den Einsatz unterschiedlicher Vorgehensweisen erfolgen. Diese können je nach Bedarf auch kombiniert werden (vgl. Schmidbauer & Jorzik, 2017, S. 230; Brehm, 2014, S. 259–263).

1. **Zielgruppendialog:** Direkter Austausch zwischen einer Unternehmensvertreterin und den Personen, die einer Zielgruppe zugeordnet wurden. Methodisch können hier z. B. Einzelgespräche oder auch Gruppendiskussionen durchgeführt werden, wie bspw. Informationsveranstaltungen oder Workshops (vgl. Schmidbauer & Jorzik, 2017, S. 230).
2. **Mitarbeiterdialog:** Informationen sind z. T. auch direkt im Unternehmen zu erfassen. Hierbei können die Mitarbeiterinnen verschiedener Fachbereiche über ihr Wissen zu den jeweiligen Zielgruppen befragt werden. Zumeist weisen die Vertriebs- und Servicemitarbeiterinnen infolge ihrer Schnittstellenposition eine besonders große Zielgruppennähe auf (vgl. Schmidbauer & Jorzik, 2017, S. 230 f.).
3. **Daten und Informationen sichten und akkumulieren:** Die bereits dokumentierten Daten und Informationen sind zu einem Informationspool zusammenzutragen. Dabei kann das interne Material eines Unternehmens auch um externes Material ergänzt werden, wie z. B. durch Studien und Statistiken (vgl. Schmidbauer & Jorzik, 2017, S. 231).

Nachdem die wesentlichen Daten und Informationen zu den Zielgruppen zusammengetragen wurden, kann die Charakterisierung auf der Grundlage unterschiedlicher methodischer Ansätze durchgeführt werden.

Eine Möglichkeit ist dabei das *Persona-Modell*. Hierbei wird ein individueller und zumeist tabellarischer Steckbrief zu einer Person erstellt, die die prototypischen Persönlichkeitsmerkmale einer Zielgruppe erfüllt. Dabei ist es wichtig, dass die Persona möglichst anschaulich und detailliert beschrieben wird. Dazu gehören u. a. der Name, die Einstellung und Haltung, die demografischen und sozioökonomischen Merkmale, die Motivation sowie auch das Kommunikationsverhalten. Nach Möglichkeit ist dem Steckbrief auch ein Foto hinzuzufügen, um zum einen die Zielgruppe zu visualisieren und zum anderen eine gewisse Vertrautheit zur Zielgruppe aufbauen zu können (Schmidbauer & Jorzik, 2017, S. 233–236; Uebernickel et al., 2015, S. 125 f.).

Ein weiterer Ansatz zur Zielgruppencharakterisierung ist die Erstellung eines *Ziel-gruppenprofils*. Dieses ist i. d. R. mit weniger Aufwand verbunden als das Persona-Modell und daher auch insbesondere für kleine und mittelständische Unternehmen ein durchaus geeignetes Konzeptionswerkzeug. Für das Profil werden die jeweiligen Ziel-gruppen anhand unterschiedlicher Merkmale charakterisiert bzw. in verschiedene Segmentierungsvariablen untergliedert. Dazu gehören zumeist die vier folgenden Merkmalsbereiche (Schmidbauer & Jorzik, 2017, S. 231 f.; Bruhn, 2015, S. 208 ff.):

- *demografische Merkmale,* z. B. Alter, Geschlecht, Wohnort und Familiengröße,
- *sozioökonomische Merkmale,* z. B. Bildung, Einkommen, Vermögen und berufliche Tätigkeit,
- *psychografische Merkmale,* z. B. Motivation, Wünsche, Einstellung und Ziele,
- *konsum-/verhaltensbezogene Merkmale,* z. B. Loyalität, Preisverhalten und Medien-nutzung.

Bei der Ausarbeitung der Merkmalsbereiche ist darauf zu achten, dass hier nur die Daten und Informationen angeführt werden, die tatsächlich auf die Zielgruppe anwendbar sind und einen Mehrwert für die Zielgruppencharakterisierung darstellen. Besonders bei der Motivation sollte nah an der Zielgruppe gearbeitet werden, da hier zumeist der Antrieb verankert ist, für den ein geeigneter Anreiz gefunden werden soll (vgl. Schmidbauer & Jorzik, 2017, 238 f.). In Abb. 4.8 ist ein exemplarisches Zielgruppenprofil aufgeführt.

Zielgruppenprofil der Stammkunden	
Demografische Merkmale:	*Soziodemografische Merkmale:*
– Alter: 25 bis 65 Jahre – überwiegend weibliche Kunden – regionale Herkunft – Singlehaushalte und Paare	– überdurchschnittlicher Bildungsgrad – Verfügbares Nettoeinkommen > 2.000 € – Wohnen in Eigentumsimmobilie – Bürotätigkeiten
Psychografische Merkmale:	*Konsum-/verhaltensbezogene Merkmale:*
– Legen Wert auf eine hohe Transparenz bei der Produktherkunft – hohes Natur- und Umweltbewusstsein – Förderung der regionalen Wertschöpfung	– mittlere bis hohe Preiselastizität – hohe Käuferloyalität – hoher Qualitätsanspruch

Abb. 4.8 Exemplarische Darstellung eines klassischen Zielgruppenprofils am Fallbeispiel der Milchtankstelle

4.3 Die Positionierung in der strategischen Kommunikationsplanung

Nachdem in der Analysephase der Konzeption das Kommunikationsobjekt herausgearbeitet wurde, geht es bei der Positionierung vor allem darum, wie es von den Zielgruppen wahrgenommen wird bzw. welches Bild in den Köpfen der Zielgruppen entstehen soll. Dabei gilt es zu bedenken, dass eine Positionierung immer dann erfolgt, sobald das jeweilige Kommunikationsobjekt von den Zielgruppen wahrgenommen wird. In diesem Zusammenhang liegt eine wesentliche Unterscheidung darin, ob die Positionierung vollständig dem Zufall überlassen wird und die Zielgruppen autark darüber entscheiden können, in welcher geistigen Kategorie sie das Kommunikationsobjekt einordnen möchten, oder ob die Wahrnehmung gezielt durch die strategische und operative Kommunikationsplanung beeinflusst wird. Ist ein Kommunikationsobjekt jedoch erst einmal positioniert, gestaltet es sich i. d. R. schwierig, den Wahrnehmungsfilter der Zielgruppen wieder aufzubrechen und nachträglich zu verändern (vgl. Schmidbauer & Jorzik, 2017, S. 236 f.).

Durch die Positionierung wird somit das Stimmungsbild zu einem Kommunikationsobjekt beschrieben, das von der Kommunikationsabsenderin festgelegt wird und durch Kommunikation in den Köpfen der Zielgruppen zu verankern ist. Das tatsächliche Bild, das dabei in den Köpfen der Zielgruppen entsteht, kann auch als das Image des jeweiligen Kommunikationsobjektes bezeichnet werden, also z. B. auch als das Unternehmensimage. Wichtig ist in diesem Zusammenhang aber, dass das erwünschte Stimmungsbild und das Image weitestgehend übereinstimmen. Andernfalls sind zeitnah kommunikative Gegenmaßnahmen einzuleiten, um die Ursachen der Abweichungen herauszustellen und anschließend zu reduzieren (vgl. Schmidbauer & Jorzik, 2017, S. 238 ff.) (siehe Abb. 4.9).

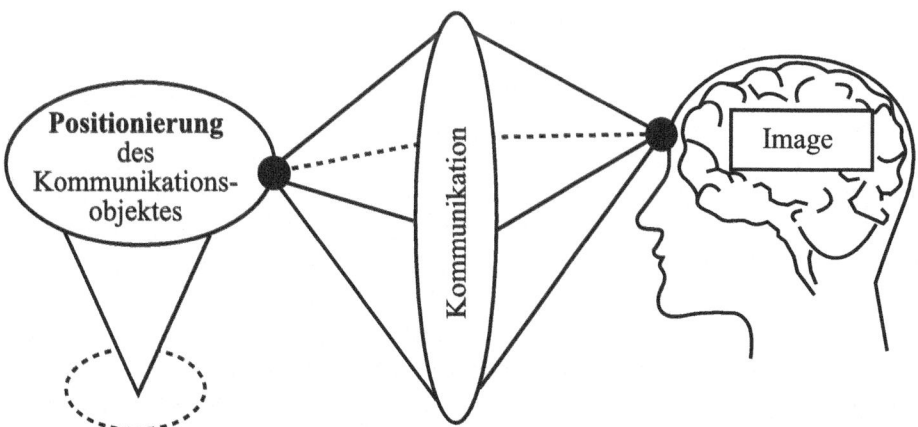

Abb. 4.9 Zusammenhang zwischen der Positionierung und dem Image eines Kommunikationsobjektes. (In Anlehnung an Schmidbauer & Jorzik, 2017, S. 239)

Bei der Ausarbeitung einer Positionierung ist analog zur Formulierung der Kommunikationsziele darauf zu achten, ob im Unternehmen bereits ein übergeordneter Orientierungsrahmen vorliegt, an dem das Kommunikationskonzept auszurichten ist. Wie bereits angeführt, kann dies z. B. ein Unternehmensleitbild oder die Corporate Identity sein. Die Corporate Identity umfasst dabei die *Corporate Communication,* das *Corporate Design* und das *Corporate Behaviour.* Durch die *Corporate Communication* wird eine einheitliche Kommunikation auf sämtlichen Unternehmensebenen sowie auch gegenüber der externen Unternehmensumwelt angestrebt. Dadurch sollen die Einstellungen und das Verhalten der Anspruchsgruppen beeinflusst und ggf. auch langfristig verändert werden. Hier ist jedoch grundsätzlich darauf zu achten, dass die Kommunikation mit der Unternehmensstrategie weitestgehend übereinstimmt. Andernfalls besteht das Risiko, dass das jeweilige Unternehmen an Glaubwürdigkeit und Reputation verliert. Beim *Corporate Design* hingegen handelt es sich um einen einheitlichen gestalterischen Auftritt des Unternehmens, der z. B. das Firmenlogo, die Kleidung oder auch die Verpackung umfasst. Im Fallbeispiel der Eier-Direktvermarktung könnte dies der Logodruck auf dem Eier-Transportkarton sein und beim Fallbeispiel des Reitstalls eine einheitliche Berufsbekleidung. Neben dem rein visuellen Auftritt eines Unternehmens kann im *Corporate Design* aber auch die übrige physiologische Wahrnehmung des Menschen (olfaktorisch, haptisch, auditiv und gustatorisch) berücksichtigt werden. Somit kann im Fallbeispiel der Milchtankstelle z. B. der Produktgeschmack charakteristisch für den Betrieb sein und beim Bürgerwindpark die Geräuschentwicklung der Rotoren. Unter *Corporate Behaviour* ist dann abschließend das (Kommunikations-) Verhalten eines Unternehmens und seiner Mitarbeiterinnen gegenüber der internen und externen Öffentlichkeit zu verstehen. Dieses wird häufig durch Leitbilder, übergeordnete Ziele und Vereinbarungen geprägt und ist somit auch Teil des Werte- und Normensystems eines Unternehmens (vgl. Mast, 2016, S. 39 ff.; Schmidbauer & Jorzik, 2017, S. 242 f.).

Darüber hinaus ist im Rahmen der Positionierung aber auch ein Alleinstellungsmerkmal zu bestimmen, was sich aufgrund der gleichartigen Produktangebote und der zumeist wachsenden Anzahl an Konkurrenzunternehmen als echte Herausforderung darstellt. Allerdings bietet sich der Kommunikation an dieser Stelle auch ein gewisser Freiraum. Wie zuvor beschrieben, geht es bei der Positionierung üblicherweise darum, die Wahrnehmung der Zielgruppen in Bezug auf ein Kommunikationsobjekt zu beeinflussen. Dieser Ansatz ist auch beim Alleinstellungsmerkmal zu berücksichtigen, womit nicht zwangsläufig eine faktische, sondern vielmehr eine wahrgenommene Alleinstellung angestrebt wird. Allerdings gilt es dabei unbedingt zu bedenken, dass durch die Alleinstellungsmerkmale immer ein Leistungsversprechen an die Zielgruppen gegeben wird, weshalb diese auch weitestgehend der Wahrheit entsprechen sollten. Ansonsten besteht durchaus das Risiko, dass die Zielgruppen das Vertrauen in das Unternehmen verlieren und das Unternehmen im Anschluss daran seine *Licence to Operate verwirkt* (vgl. Schmidbauer & Jorzik, 2017, S. 247 ff.; Mast, 2016, S. 132).

In Bezug auf das Fallbeispiel der Milchtankstelle könnte die Positionierung wie folgt aussehen: *„Frische Milch direkt vom Hof – Der einzige regionale Anbieter mit 24-h-Service und einem klimaneutralen Transport".* Dabei werden sowohl die faktischen Alleinstellungsmerkmale hervorgehoben, wie z. B. das regionale Angebot, der 24-h-Service sowie die klimaneutrale Logistik. Das psychologische Bild verspricht zudem ein Frischeerlebnis und ein kundinnenfreundliches Verhalten sowie die Assoziation, dass mit dem Kauf der Milch die Umwelt geschützt wird.

Nachdem das Alleinstellungsmerkmal ermittelt wurde, ist die eigentliche Positionierung festzulegen. Hierzu kann unterschiedlich vorgegangen werden, wobei sich u. a. ein *Positioning-Statement* sowie eine *Positioning-Matrix* anbieten. Da das *Positioning-Statement* durch wenige Wörter oder Sätze erfolgen kann, jedoch auch die Möglichkeit besteht, unter Einsatz des Storytellings einen umfangreicheren Text zu verfassen, wird an dieser Stelle lediglich auf die *Positioning-Matrix* näher eingegangen. Das Storytelling wird als Instrument im Umsetzungsteil der Konzeptionierung (siehe Abschn. 5.1) und in der Risikokommunikation (siehe Abschn. 7.3.3) wieder aufgegriffen und kann bei Bedarf auf die Positionierung angewendet werden. Grundsätzlich gilt es zum Positioning-Statement aber anzuführen, dass die Positionierung hierbei bildhaft beschrieben werden soll, um diese in den Köpfen der Zielgruppen zu verankern. Dabei ist es häufig sinnvoll, auf die in der Analysephase ermittelten Stärken und Chancen zurückzugreifen bzw. die Stärken und Chancen hervorzuheben, die über ein Alleinstellungsmerkmal verfügen. Wichtig ist dabei jedoch, dass nicht mehr als zwei bis drei Stärken zur Positionierung herangezogen werden, da sich in den Köpfen der Zielgruppen sonst kein eindeutiges Bild zum Kommunikationsobjekt manifestieren kann (vgl. Schmidbauer & Jorzik, 2017, S. 247–250).

Bei der Positioning-Matrix hingegen handelt es sich um einen zweidimensionalen Bewertungsraum. In diesem werden die Motive der Zielgruppen oder auch die wesentlichen Dimensionen des Marktumfeldes als Achsenbezeichnung herangezogen. Dabei ist darauf zu achten, dass auf jeder der beiden Achsen immer die Gegensatzpaare anzuführen sind, wie z. B. konventionelle und biologische Nahrungsmittelerzeugung oder auch Preis und Qualität. Nachdem die Achsen bestimmt wurden, ist eine intuitive Positionierung in den vier vorgegebenen Feldern vorzunehmen. Diese kann zum einen in Anlehnung an die Wettbewerbssituation erfolgen. Dabei sind sowohl das eigene Kommunikationsobjekt als auch die Kommunikationsobjekte der wichtigsten Konkurrentinnen in die Matrix einzutragen. Dadurch wird sichtbar, wie unterschiedlich die Positionierungen ausfallen und ob sich die eigene Positionierung vom Wettbewerb abhebt (vgl. Schmidbauer & Jorzik, 2017, S. 249–252).

Zum anderen kann die Positionierung aber auch in Bezug auf die jeweiligen Zielgruppen erfolgen. Dabei wird das Kommunikationsobjekt an der Stelle innerhalb der Matrix angeführt, an der das gewünschte Bild in den Köpfen der Zielgruppen entstehen soll und die Positionierung voraussichtlich mit dem Image übereinstimmt. Außerdem

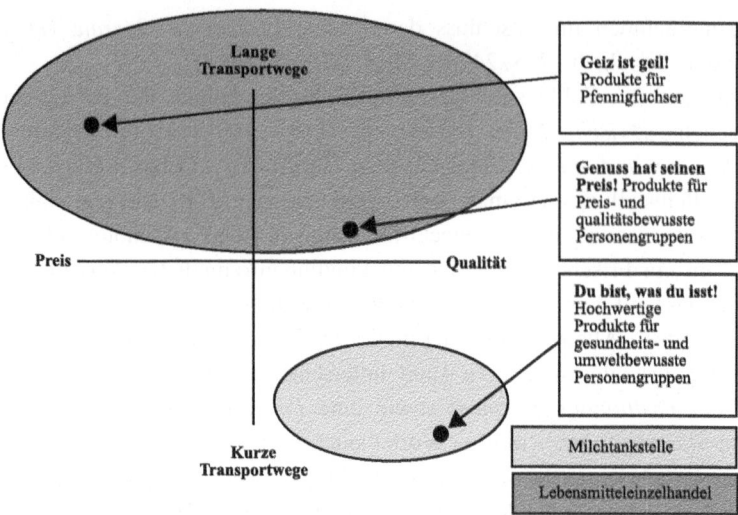

Abb. 4.10 Exemplarische Positionierung in einer Positioning-Matrix am Beispiel der Milchtankstelle

besteht bei beiden Varianten auch die Möglichkeit, die Positionierung um eine Zeitspanne zu ergänzen. Dabei werden die vergangene, die gegenwärtige und die künftige bzw. gewünschte Positionierung in der Matrix abgebildet, womit der Entwicklungsverlauf hervorgehoben und bei Bedarf analysiert werden kann (vgl. Schmidbauer & Jorzik, 2017, S. 250 f.).

In Abb. 4.10 wird eine strategische Positionierung anhand einer *Positioning-Matrix* am Fallbeispiel der Milchtankstelle und in Anlehnung an Schmidbauer und Jorzik (2017, S. 250) dargestellt. Dabei wird eine Zielgruppenorientierung vorgenommen, wobei die Achsen mit den Gegensatzpaaren *lange und kurze Transportwege* sowie *Preis und Qualität* besetzt werden. Als mögliche Wettbewerber sind die Positionierungen der Discounter und des LEHs abgebildet.

Nachdem die Positionierungen in der Positioning-Matrix abgetragen wurden, sollten sie noch einer abschließenden Prüfung unterzogen werden. Diese dient vor allem dazu, eine größere Anzahl an möglichen Positionierungen weiter zu selektieren. Dazu kann es hilfreich sein, die Positionierungen noch einmal mit den Bedürfnissen und Ansprüchen der Zielgruppen abzugleichen. Sollten hierbei stärkere Abweichungen auftreten, ist es ratsam, die jeweils zugehörigen Positionierungen aus der Konzeption zu streichen (vgl. Schmidbauer & Jorzik, 2017, S. 255 f.).

Des Weiteren ist auch darauf zu achten, dass die Positionierungen eine größtmögliche Stabilität aufweisen. Das bedeutet, dass sie trotz ihrer Schwächen oder Risiken nur wenig beeinflusst werden können, auch wenn kleinere Veränderungsimpulse oder anderweitige gesellschaftliche oder marktliche Schwingungen auftreten. Dies ist besonders deshalb wichtig, da die strategische Positionierung im Gegensatz zur taktischen oder operativen Umsetzung zumeist für mehrere Jahre festgelegt wird. Sollte somit bei einigen der Positionierungen eine gewisse Instabilität bestehen, sind diese ggf. ebenso aus der Konzeption zu entfernen. In diesem Zusammenhang sollte aber auch überprüft werden, ob ein Konkurrent oder Wettbewerber bereits eine ähnliche Positionierung besetzt wie die, die für das eigene Kommunikationsobjekt vorgesehen ist. Sollte dies der Fall sein, ist individuell darüber zu entscheiden, ob die eigene Positionierung verändert werden soll oder ob ein direkter Wettbewerb angestrebt wird. Sinnvoll kann dies durchaus sein, wenn z. B. die erfolgreiche Innovation eines Konkurrenten kopiert wird, um diese den eigenen Zielgruppen anzubieten. Hierbei wird auch häufig von einer *Me-too-Strategie* gesprochen (vgl. Schmidbauer & Jorzik, 2017, S. 255–258).

Am Ende dieses letzten Kontrollschrittes bleibt dann i. d. R. nur noch eine Positionierungsmöglichkeit übrig, die als Referenzrahmen für alle weiteren Kommunikationsaktivitäten heranzuziehen ist. Andernfalls sollte genau die Positionierung aus dem verbliebenen Portfolio ausgewählt werden, bei der voraussichtlich das größte Entwicklungspotenzial vorliegt (vgl. Schmidbauer & Jorzik, 2017, S. 256 ff.).

4.4   Die Botschaft in der strategischen Kommunikationsplanung

Die Kommunikationsbotschaft im Rahmen der strategischen Kommunikationsplanung wird auf der Grundlage der Positionierung erarbeitet. Die Botschaften stellen dabei eine zumeist generalistische Grundaussage dar, anhand derer langfristig über das Kommunikationsobjekt informiert werden soll. Wichtig ist dabei, dass die Kommunikation immer einheitlich erfolgt, womit die strategischen Kommunikationsbotschaften auch durchaus als Dachbotschaften eines Unternehmens bezeichnet werden können. Besteht hingegen Uneinigkeit in Bezug auf die Botschaften, kann dies zu einer Irritation bei den Zielgruppen und somit zu einem Verlust der Glaubwürdigkeit führen (vgl. Schmidbauer & Jorzik, 2017, S. 259 f.).

Bevor jedoch die Botschaften systematisch entwickelt werden und darüber entschieden wird, was überhaupt kommuniziert werden sollte, ist es unbedingt notwendig, die jeweilige Positionierung heranzuziehen, durch die der Interpretationsraum der Kommunikationsbotschaften abgesteckt wird. Wie bereits angeführt, werden anhand der Positionierung u. a. die Zielgruppen, das angestrebte Image und ggf. auch die Wettbewerbssituation eines Kommunikationsobjektes herausgestellt, womit die Botschaft nicht in einen luftleeren Raum gegeben wird, in dem sie dann weitestgehend unkontrolliert wirkt. Wie eine Botschaft von den Zielgruppen aufgenommen wird und wie diese darauf reagieren, hängt somit insbesondere von dem Interpretationsangebot ab, welches ihnen zur Verfügung gestellt wird (vgl. Schmidbauer & Jorzik, 2017, S. 260 f.).

Bei der eigentlichen Ausarbeitung der Botschaften sind nach Möglichkeit die folgenden drei Kriterien zu berücksichtigen. Dies ist vor allem wichtig, damit die Zielgruppen überhaupt erst erreicht und somit auch die Kommunikationsziele letztendlich zufriedenstellend erfüllt werden können.

- **Umfang der Botschaft:** Bei der Entwicklung der Botschaften ist zunächst darauf zu achten, dass diese weder zu knapp noch zu umfangreich formuliert sind. Dadurch soll sichergestellt werden, dass zum einen alle wichtigen Informationen in der Botschaft berücksichtigt werden können. Zum anderen soll aber auch die Übersichtlichkeit für die Zielgruppen gewahrt werden. In der Praxis hat sich hierbei eine Anzahl von drei bis maximal sieben Botschaften bewährt, die miteinander verknüpft werden (vgl. Schmidbauer & Jorzik, 2017, S. 261 f.).
- **Verständlichkeit der Botschaft:** Die Botschaften sollten leicht verständlich sein, damit sie nicht durch das Wahrnehmungsraster der Zielgruppen fallen. Dazu sind die einzelnen Aspekte einer Botschaft miteinander zu verknüpfen, womit diese nicht mehr als isolierte Elemente nebeneinanderstehen, sondern zu einer Gesamtbotschaft verschmelzen. Außerdem ist darauf zu achten, dass sich die Botschaft an den Bedürfnissen der Zielgruppen orientiert, wobei sie weder zu gleichgültig noch zu aufgesetzt wirken sollte (vgl. Schmidbauer & Jorzik, 2017, S. 262 f.).
- **Ehrlichkeit der Botschaft:** Neben dem Umfang einer Botschaft ist zudem wichtig, dass keine falschen Versprechungen gegeben werden, ähnlich wie es bereits im Rahmen der Positionierung schon angeführt wurde. Die Kernaussagen einer Botschaft sollten somit immer faktisch belegbar sein, ansonsten besteht das Risiko, dass die Zielgruppen ihr Vertrauen in das Unternehmen verlieren (vgl. Schmidbauer & Jorzik, 2017, S. 262).

Die Entwicklung der Botschaften erfolgt zumeist unter Berücksichtigung der Stärken und Chancen eines Unternehmens, weshalb es an dieser Stelle sinnvoll ist, auf die Ergebnisse aus der SWOT-Analyse zurückzugreifen. Dabei sind jedoch generell nur die Stärken und Chancen zu verwenden, die zu den herausgearbeiteten Zielgruppen und zur Positionierung eines Unternehmens passen, weshalb hier auch eine erste Selektion im Stärken- und Chancenportfolio vorzunehmen ist. Im Anschluss daran sind die übrigen Stärken dann zu Stärkenkombinationen zu bündeln, was im Wesentlichen dazu beiträgt, die Stärken noch besser an die Bedürfnisse und Ansprüche der Zielgruppen anpassen zu können. Allerdings sollten auch die Schwächen und Risiken nicht vollständig vernachlässigt werden. Besteht die Gefahr, dass bestimmte Schwächen oder Risiken von den Zielgruppen möglicherweise aufgegriffen und im Rahmen der künftigen Kommunikation thematisiert werden, sind diese bereits in der Botschaft zu berücksichtigen und durch die Stärken und Chancen des Unternehmens weitestgehend zu entkräften (vgl. Schmidbauer & Jorzik, 2017, S. 265 ff.; Mast, 2016, S. 130).

Nachdem nun die grundsätzlichen Kriterien einer Botschaft bestimmt wurden, gilt es diese nun final auszuformulieren. Dabei ist darauf zu achten, dass die folgenden drei Kernelemente berücksichtigt werden, die für eine gelungene Botschaft wesentlich sind.

1. Zuerst einmal ist eine Basis aus Informationen und Daten zu schaffen. Dafür werden die Stärken und Chancen, ggf. aber auch die Schwächen und Risiken der vorherigen Analyseschritte zu Botschaften zusammengetragen.
2. Im Anschluss daran sind für das dabei verwendete Material Nachweise zu erbringen, durch die belegt werden kann, dass es sich bei der ausformulierten Basis um Fakten und nicht bloße Behauptungen handelt. Dies ist wichtig, damit bei den Zielgruppen kein Misstrauen aufkommt, welches sich dann möglicherweise in Widerständen oder Blockaden ausbildet.
3. Abschließend sind die Botschaften dann speziell auf die Zielgruppen zuzuspitzen. Das bedeutet auch, dass die Botschaften einen *Benefit* für die jeweilige Zielgruppe aufweisen sollten. Dieser kann entweder *in der Form eines Versprechens oder aber einer Sanktion* vorliegen. Bei beiden Formen handelt es sich um Treiber, durch die die Zielgruppen motiviert werden sollen. Allerdings sollte dabei bedacht werden, dass der Einsatz von Druckmitteln häufig nicht ausreichend ist, um langfristige Veränderungsprozesse erfolgreich umzusetzen (vgl. Schmidbauer & Jorzik, 2017, S. 265 ff.).

Neben den drei Kernelementen ist zusätzlich darauf zu achten, dass die Botschaften nicht ausschließlich über verbale Bestandteile verfügen sollten. Eine zusätzliche Visualisierung der Botschaften z. B. durch ein Foto oder eine Illustration sorgt zumeist dafür, dass diese schneller in das Bewusstsein der Zielgruppen aufgenommen werden, dort länger verbleiben und auch leichter wieder reaktiviert werden können. Dies ist vor allem darauf zurückzuführen, dass die Botschaften mit Emotionen verknüpft werden, die dafür sorgen, dass diese fassbarer sind. Hinzu kommt noch, dass es in bestimmten Situationen nicht ausreichend ist, sich auf nur eine bzw. wenige Kommunikationsbotschaften zu beschränken. Dies tritt z. B. in Bezug auf eine hohe Heterogenität von Zielgruppen, verschiedene geografische Räume oder unterschiedliche Bestandteile des Kommunikationsobjektes auf. Dabei ist es zumeist von Vorteil, die Kommunikationsbotschaft in Dachbotschaften und Teilbotschaften zu untergliedern. Die Dachbotschaften bilden dabei den groben Orientierungsrahmen bzw. die Kernbotschaft der Konzeption ab, an der alle weiteren Kommunikationsaktivitäten ausgerichtet werden. Durch die Teilbotschaften werden dann innerhalb dieses Rahmens Unterbotschaften formuliert, durch die die Kommunikation für die einzelnen Zielgruppen spezifisch geschärft werden soll. Hierbei sollte allerdings beachtet werden, dass sich die verschiedenen Botschaften positiv bedingen und keinesfalls in Konkurrenz zueinanderstehen oder gar ausschließen (Schmidbauer & Jorzik, 2017, S. 269–275). Die Botschaft des Bürgerwindparks könnte z. B. wie folgt ausformuliert werden.

„Gemeinsam die Zukunft nachhaltig gestalten. Wir garantieren beständige Strompreise bei gleichzeitigem Ressourcenschutz. Damit profitieren Sie als Partner in doppelter Hinsicht:

1. *Wir bieten einen regelmäßigen Austausch und einen transparenten Informationsfluss zwischen allen Interessierten und Beteiligten. Dabei setzen wir auf Ehrlichkeit und Partizipation.*
2. *Mit unserem Expertenteam unterstützen wir Sie dabei, die für Sie bestmögliche Beteiligungsform zu finden. Unser Service ist dabei kostenfrei und unverbindlich. "*

4.5   Die Bestimmung eines strategischen Wegs

Nachdem nun das strategische Kommunikationsziel, die Zielgruppen, die Positionierung und auch die Kommunikationsbotschaft bestimmt wurden, ist abschließend noch das strategische Vorgehen herauszuarbeiten. Dies ist erforderlich, um die festgelegten Kommunikationsziele erreichen zu können und nicht Gefahr zu laufen, dass die Kommunikation in reinen Aktionismus verfällt. Der strategische Weg dient somit als Orientierungsrahmen für die *taktische Kommunikationsplanung,* vor allem aber auch für deren *operative Umsetzung.* Dabei gilt es jedoch darauf zu achten, dass an dieser Stelle lediglich Prinzipien festgelegt werden und noch keine konkreten Handlungen oder Aktionspläne. Dies erfolgt erst in den nachgelagerten Stufen der Konzeption (vgl. Schmidbauer & Jorzik, 2017, S. 276 f.; Welge et al., 2017, S. 199).

Als mögliche Hilfsmittel zur Ausgestaltung des strategischen Wegs können unterschiedliche Instrumente eingesetzt werden, wie z. B. die *SWOT-Analyse* oder auch der *Soll-Ist-Vergleich.* Häufig wurden diese auch schon in der Analysephase der Konzeption oder ggf. im Zusammenhang mit der Umweltanalyse im strategischen Management angewendet. Sollten sich die Parameter der bereits durchgeführten Analysen nicht oder nur wenig verändert haben, können deren Ergebnisse durchaus als Grundlage für die weitere Ausarbeitung herangezogen und bei Bedarf ergänzt oder anderweitig angepasst werden. Häufig werden aber auch die SWOT-Analyse und der Soll-Ist-Vergleich miteinander verknüpft. Dadurch kann in einem ersten Schritt untersucht werden, über welche Stärken, Chancen, Schwächen und Risiken ein Unternehmen bereits verfügt und an welchen Stellen eine Abweichung zwischen der Soll- und der Ist-Situation vorliegt. In einem zweiten Schritt sind die Ergebnisse aus der SWOT-Analyse dann in unterschiedlicher Form zu kombinieren, damit im Soll-Bereich eine positive Wirkung entsteht. Wichtig ist dabei in jedem Fall auch, dass die Zielgruppen angesprochen und die Positionierung und Botschaft transportiert werden, da die strategischen Ziele ansonsten nicht zu erreichen sind. Die in der Unternehmenspraxis üblichen Kombinationsformen sind folgend angeführt, wobei durch diese zunächst nur eine strategische Grundrichtung festgelegt wird (vgl. Schmidbauer & Jorzik, 2017, S. 77–81):

- die Stärken einzusetzen, um die Chancen zu nutzen,
- die Stärken einzusetzen, um die Risiken zu reduzieren,
- die Chancen zu nutzen, um die Schwächen zu reduzieren, oder
- die Schwächen zu reduzieren, um die Risiken zu reduzieren.

Im Anschluss daran erfolgt dann die eigentliche Wahl einer Strategieart. Dabei sind vor allem die Strategien hervorzuheben, durch die vermutlich eine besonders große sowie auch positive Wirkung im Soll-Bereich hervorgerufen wird. Außerdem können auch mehrere Strategiearten miteinander verknüpft werden, um die Wirkung der Kommunikation noch weiter zu verstärken. Dabei ist allerdings darauf zu achten, dass eine größtmögliche Transparenz erhalten bleibt, womit auf eine komplizierte oder gar komplexe Kombination verzichtet werden sollte. Ansonsten besteht das Risiko, dass die interessierten oder beteiligten Personengruppen das kommunikative Vorhaben nicht mehr vollständig erfassen können, womit auch die taktische Planung und die operative Umsetzung gefährdet werden (vgl. Schmidbauer & Jorzik, 2017, S. 281 f., 283 f.).

Da die Anzahl der möglichen Strategiearten äußerst umfangreich ist, können diese anhand der Bereiche untergliedert werden, durch die eine bestimmte Wirkung erreicht werden soll. Schmidbauer und Jorzik unterscheiden hierbei in *Zielgruppen* (z. B. Early-Adopter-Strategien), *Botschaften* (z. B. Step-by-Step-Strategien), *Wettbewerb* (z. B. Differenzierungsstrategie), *Kooperation* (z. B. New-Face-Strategie), *Zeit* (z. B. Big-Bang-Strategie) und *Instrumente* (z. B. Ereignisstrategien). Diese Auflistung soll nur einen kleinen Einblick in die Vielfalt der Strategiearten geben und kann folglich um weitere Strategiearten und deren Kombinationen ergänzt werden (vgl. Schmidbauer & Jorzik, 2017, S. 281 ff.; Bruhn, 2015, S. 248–264). Um an dieser Stelle aber zumindest partiell einen tieferen Einblick in die Strategiewahl zu ermöglichen, wird im Folgenden exemplarisch auf die *Differenzierungs- und Bekanntheitsstrategie* am Fallbeispiel der Milchtankstelle eingegangen. Die Kommunikationsstrategie im Fallbeispiel der Milchtankstelle könnte z. B. wie folgt aussehen:

Ziel: Die Bekanntheit der Milchtankstelle im Umkreis von 25 km bis Ende 2022 um 40 % steigern.

1. Der Bekanntheitsgrad der Milchtankstelle ist durch eine gezielte regionale PR-Arbeit zu steigern. Diese sollte weitestgehend über die Kanäle der Medientypen *Owned Media* (eigene Kommunikationskanäle eines Unternehmens, z. B. die Unternehmenswebsite und Newsletter) und *Earned Media* (Verbraucher als Kommunikationskanäle, z. B. Journalisten oder Blogger) erfolgen, um den monetären Aufwand für die Kommunikationsmaßnahmen möglichst gering zu halten. Um aber auch den Kenntnisstand zur Milchtankstelle im Sinne eines kognitiv orientierten Ziels zu erhöhen, sind die Kommunikationsmaßnahmen in zeitlich eng umrissenen Abständen durchzuführen, womit der Kommunikationsdruck auf einem einheitlichen Niveau gehalten wird.

2. Inhaltlich sind vor allem die Alleinstellungsmerkmale gegenüber dem Lebensmittel-einzelhandel herauszustellen, wie die hohe Produktqualität, die 24-h-Verfügbarkeit und die klimaneutrale Logistik bis zum Point of Sale. Außerdem ist hier auch auf die Nähe zum Urproduzenten und die Transparenz entlang der Wertschöpfungskette aufmerksam zu machen.

3. Hinsichtlich der anzusprechenden Zielgruppen ist keinerlei Ausschluss vorzunehmen, da die generelle Bekanntheit gefördert werden soll und nicht die Bekanntheit innerhalb einer spezifischen Personengruppe. Dennoch können einzelne Zielgruppen mit unterschiedlichen Teilbotschaften angesprochen werden, soweit dies für die Zielerreichung förderlich erscheint.

Zum Abschluss der strategischen Kommunikationsplanung sind nochmal alle ausgewählten und entwickelten Strategien final auf ihre Umsetzbarkeit zu überprüfen, auch wenn dies bereits z. T. im Rahmen der Zielformulierung erfolgt ist. Außerdem sollte darauf geachtet werden, dass sich die einzelnen Strategien positiv beeinflussen, zumindest aber neutral zueinanderstehen. Damit diesbezüglich auch die Übersichtlichkeit erhalten werden kann, können alle Ergebnisse und Beziehungsstrukturen in einem Übersichtstableau visualisiert werden. Dabei sind auf der obersten Ebene die langfristigen Ziele anzuführen, auf der nächsten Ebene die kurzfristigen Ziele, dann die jeweiligen Zielgruppen, die Priorisierung, die Botschaft sowie abschließend der strategische Weg (vgl. Schmidbauer & Jorzik, 2017, S. 284 f.).

Literatur

Bea, F. X., & Haas, J. (2009). *Strategisches management* (5. Aufl.). Lucius & Lucius.

Brehm, C. (2014). Kommunikation im Wandel. In W. Krüger & N. Bach (Hrsg.), *Excellence in Change. Wege zur strategischen Erneuerung* (5. Aufl., S. 237–264). Gabler.

Bruhn, M. (2015). *Kommunikationspolitik. Systematischer Einsatz der Kommunikation für Unternehmen* (8. Aufl.). Vahlen. http://lib.myilibrary.com?id=728717.

Buchholz, L. (2009). *Strategisches Controlling. Grundlagen – Instrumente – Konzepte.* Gabler.

Dillerup, R., & Stoi, R. (2013). *Unternehmensführung* (4. Aufl.). Vahlen.

Dörrbecker, K., & Fissenewert-Goßmann, R. (Hrsg.). (2001). *Wie Profis PR-Konzeptionen entwickeln. Das Buch zur Konzeptionstechnik* (4. Aufl. [Nachdr.]). Frankfurter Allgemeine Buch.

Fuchs, W. (2003). *Management der Business-to-Business-Kommunikation. Instrumente – Maßnahmen – Fallbeispiele.* Gabler.

Krüger, W., & Bach, N. (Hrsg.). (2014). *Excellence in Change. Wege zur strategischen Erneuerung* (5. Aufl.). Gabler.

Mast, C. (2016). *Unternehmenskommunikation. Ein Leitfaden* (6. Aufl.). UVK.

Merten, K. (2013). *Konzeption von Kommunikation. Theorie und Praxis des strategischen Kommunikationsmanagements.* Springer. http://dx.doi.org/https://doi.org/10.1007/978-3-658-01467-4.

Rogers, E. M. (1995). *Diffusion of innovations* (4. Aufl.). Free Press.

Schmidbauer, K., & Jorzik, O. (2017). *Wirksame Kommunikation – mit Konzept. Ein Handbuch für Praxis und Studium*. Talpa.

Uebernickel, F., Brenner, W., Pukall, B., Naef, T., & Schindlholzer, B. (Hrsg.). (2015). *Design Thinking. Das Handbuch*. Frankfurter Allgemeine Buch.

Welge, M. K., Al-Laham, A., & Eulerich, M. (2017). *Strategisches Management Grundlagen – Prozess – Implementierung* (7. Aufl.). Springer Gabler.

Wöhe, G., & Döring, U. (Hrsg.). (2005). *Einführung in die allgemeine Betriebswirtschaftslehre* (22. Aufl.). Vahlen.

Maßnahmen und Instrumente

5

Nach Analyse und Strategie geht es nun auf der taktischen Ebene um Maßnahmen und Instrumente, mit denen sich eine systematisch angelegte und dadurch wirkungsvolle Kommunikation umsetzen lässt. Die Möglichkeiten dafür sind in den vergangenen Jahren vielfältiger geworden: dies vor allem, weil die Zahl der Kanäle zur Umsetzung von Kommunikationsstrategien in den vergangenen Jahren stark gewachsen ist und weiterwächst. Der zu beobachtende Medienwandel lässt sich dabei nicht monokausal, also durch einen bestimmten Auslöser erklären. Als relevant gelten verschiedene Gründe und Effekte (Bucher et al., 2010, S. 13), wozu zählen:

- **Der technologische Wandel im Zuge von Digitalisierungsprozessen:** Er führt zur Herausbildung neuer Medienkanäle und Medienformate – wie z. B. der sogenannten sozialen Netzwerke und Podcastformate. Damit wächst das Medienangebot. Und es wachsen zugleich die Möglichkeiten für Unternehmen, Organisationen und Personen, nun selbst über diese Formate in Kanälen zu kommunizieren. Zugleich eröffnen sich über Online-Kommunikation Potenziale für Unternehmen, mit relevanten Zielgruppen zu interagieren, was im analogen Raum außerhalb von Präsenzformaten schwerlich möglich war (vgl. Meffert et al., 2019, S. 702).
- **Veränderungen der Nutzerinnenerwartungen:** Diese Veränderungen entstanden ebenfalls mit dem Aufkommen neuer Möglichkeiten. Dabei spielen neue Praktiken und Routinen der Mediennutzung eine Rolle. Ein besonders tiefgreifender Wandel zeigt sich mit Blick auf die Nutzung des Internets – die Zahl der Nutzerinnen hat sich von 1999 bis 2019 von 11,2 Mio. auf 62,9 Mio. Nutzerinnen erhöht (vgl. statista, 2020). Nicht allein die Zahl der absoluten Nutzerinnen der Medien veränderte sich – auch die Nutzungsgewohnheiten befinden sich seitdem im Wandel. So zeigt sich eine schrittweise Verschiebung weg von klassischen linearen Nutzungsformen wie Fernsehen und Radio hin zu non-linearen Nutzungsformen, also dem Streamen

von Filmen im Internet oder das Hören von Podcasts zu einer beliebigen Zeit (vgl. Engel et al., 2018, S. 331). Und neben der passiven Rezeption von Medienangeboten ergeben sich Möglichkeiten der Interaktion mit Unternehmen und Verbänden, aber auch mit anderen nichtprofessionellen Nutzerinnen in den sozialen Netzwerken (vgl. Meffert et al., 2019, S. 702).

- **Veränderungsprozesse im Wettbewerbsumfeld von Medienunternehmen:** Kennzeichnend hierfür sind die Krisen traditioneller Medienanbieterinnen, die z. T. zu starken Veränderungen in den Geschäftsmodellen der Firmen führen (vgl. Colo, 2013, S. 193–197). Eine Folge dieser Veränderung ist, dass Medienunternehmen trotz abnehmender Leserschaft auch in inhaltlicher Hinsicht sogar auf eine Ausweitung des Angebots setzen. Die Zahl der sogenannten Publikumsmedien hat sich zwischen 2006 und 2018 von 1346 auf 1625 erhöht (vgl. Vogel, 2018, S. 290). Auch in der Medienwelt der Agrarbranche ist dieser Wandel zu beobachten, man denke allein an die Ausdifferenzierung der Titel landwirtschaftlicher Fachmedien (vgl. Landwirtschaftsverlag, o. J.). Zugleich steigt auch die Zahl an Informationsangeboten außerhalb der klassischen journalistischen Anbieterinnen. Dazu zählen unter anderem die Newsletter von Unternehmen, Unternehmensverbänden und Institutionen aus der Agrarbranche wie z. B. des Forums Moderne Landwirtschaft (vgl. Forum Moderne Landwirtschaft, o. J.). Aber auch landwirtschaftliche Blogs von Praktikerinnen oder Expertinnen aus dem Umfeld zählen dazu, auf die im Folgenden noch detaillierter eingegangen wird (siehe in Abschn. 5.2.1 und 5.2.3). Jede Nutzerin kann heute über digitale Kanäle Texte, Bilder, Videos und Audiobeiträge veröffentlichen. Damit ist aber noch lange nicht entschieden, ob und welche Reichweite eine Veröffentlichung erzielt (vgl. Lischka & Stöcker, 2017, S. 18). Der in der Einleitung genannte Wettbewerb um Aufmerksamkeit ist so vor allem ein Phänomen, das über die ganz praktischen, konkreten digitalen Anwendungen der Kommunikation und ihrer tatsächlichen Nutzung vorangetrieben wird.

Dieser Prozess hin zu einer größeren Vielfalt von Kommunikation mit Blick auf Kanäle und Absenderinnen führt auch zu einem Mehr an Inhalten der Kommunikation, was sich insbesondere auch in der Agrarwirtschaft zeigt. Zwar ist Kanalvielfalt kein spezifisches Merkmal der Kommunikation dieser Branche. Aber in der Landwirtschaft im engeren Sinne spricht viel dafür, dass die Vielfalt der Absenderinnen sich in besonderer Weise zeigt. So zählt der Sektor Forst-, Landwirtschaft und Fischerei mit 599.000 darin Tätigen zwar nicht zu den Branchen mit den meisten Beschäftigten (vgl. Deutscher Bauernverband, 2020, S. 8). Dafür aber weist sie mit 40 % einen vergleichsweise hohen Anteil an Selbstständigen auf (vgl. Deutscher Bauernverband, 2020, S. 10). Diese können auch in der Kommunikation weitgehend selbstständig entscheiden, wie und worüber ihr Unternehmen kommuniziert – anders als in einer Branche, die durch Großunternehmen geprägt ist, in denen die Kommunikation häufig durch einige zentrale Abteilungen koordiniert wird.

Die charakteristische Branchenstruktur mit vielen selbstständig Tätigen birgt Chancen und Risiken für eine wirksame Kommunikation: Einerseits ermöglicht es den Landwirtinnen, eigenständig, schnell und authentisch zu öffentlich thematisierten Ereignissen Stellung zu nehmen. Beispiele dafür hat es in der jüngeren Vergangenheit verschiedene gegeben – man denke nur an die Reaktionen auf die sogenannten Bauernsprüche der damaligen Bundesumweltministerin Barbara Hendricks, die in den sozialen Netzwerken eine besondere Eigendynamik entfalteten (vgl. Berger, 2017). Zugleich besteht das Risiko, dass in diesem Zuge zumeist aus dem Affekt, also der gegenwärtigen Gefühlslage heraus, kommuniziert wird. Das Ergebnis dieser Bemühungen ist dann die Veröffentlichung von Botschaften in einer Tonalität, die aus der Situation heraus plausibel erscheinen mag, für die Erreichung übergeordneter Ziele des Betriebs oder auch der Branche dagegen nicht immer hilfreich ist. Das Internet verstärkt diese Entwicklung. Aufgrund seiner technischen und sozialen Architektur wirkt es, um es mit einem Begriff des Soziologen Andreas Reckwitz zu sagen, in weiten Teilen wie eine *„Affektmaschine"* (vgl. Reckwitz, 2017, 234). Das heißt: Ein großer Teil der kommunikativen Beiträge ist weniger von sachlichen und rationalen Kognitionen, sondern von Gefühlen getragen. Gerade in sozialen Netzwerken kommt es dann schnell zur kollektiven Erregung (vgl. Pörksen, 2018, S. 116) – und insbesondere die Agrar- und Ernährungswirtschaft befindet sich hier seit dem Ende der 2000er-Jahre *„im Brennglas neuer Öffentlichkeiten"* (vgl. Kolb, 2010, S. 61).

Mit der Ausweitung der Kanäle erweitert sich auch die Rolle von Unternehmen, Verbänden und anderen Branchenvertreterinnen. Sie sind nun, wie in der klassischen Kommunikation, nicht mehr nur Absender von Informationen und Mitteilungen. Hinzu kommt die Anforderung, mit Stakeholdern zu interagieren, was nun durch technische Möglichkeiten und Nutzererwartungen möglich wird. Und damit einher geht die Anforderung, nicht mehr als eine zentrale Instanz zu agieren, sondern gewissermaßen im Netzwerk als Gleiche unter Gleichen unterwegs zu sein – ein Verständnis von Kommunikation, das in der Literatur mit Konzepten wie sogenannter Cluetrain-PR (vgl. Pleil, 2015, S. 1033–1034) oder als Teil von stakeholderorientierter Kommunikation bezeichnet wird (vgl. Karmasin, 2015, S. 351).

Diese Mechanismen sprechen dafür, bei der Nutzung von digitalen Instrumenten noch stärker die eigene Strategie (siehe Kap. 4) im Auge zu behalten. Schließlich nützt es wenig, aus spontanem Unmut heraus politische Entscheidungsträgerinnen oder bestimmte Kundinnengruppen zu diskreditieren; gerade dann nicht, wenn das übergeordnete langfristige Kommunikationsziel darin besteht, bei diesen Gruppen an Ansehen zu gewinnen. Erst vor dem Hintergrund der strategischen Ziele der Kommunikation, wie z. B. einer Steigerung der Bekanntheit oder einer Steigerung des Ansehens, können die Maßnahmen hinsichtlich ihrer Brauchbarkeit bewertet und priorisiert werden (vgl. Merten, 2013, S. 28). Um von der Strategie zur Umsetzung zu kommen, ist es erforderlich, die Instrumente auf ihre Brauchbarkeit für die entwickelte Strategie hin zu analysieren.

Im Folgenden werden die Maßnahmen zur Umsetzung im Anschluss an die Konzeptionslehre von Klaus Schmidbauer und Oliver Jorzik in zwei Hauptblöcken vorgestellt: der gestalterischen Umsetzung sowie der instrumentellen Umsetzung (vgl. Schmidbauer & Jorzik, 2017, S. 290). In Abschn. 5.1 geht es um die Planung von Themen, um die Produktion von Content sowie um die Kreativplanung. Ziel ist hier, die strategischen Botschaften sinnlich erfahrbar zu machen. In Abschn. 5.2 geht es um die instrumentelle Umsetzung, also die Maßnahmenplanung, Zeitplanung und Budgetierung.

5.1   Gestalterische Umsetzung

Die gestalterische Umsetzung basiert auf zwei Schritten: der Themenplanung (Contententwicklung) und der Kreativplanung. Die Relevanz von Contententwicklung (deutsch: Inhalte, Themen) durch neue unternehmens- und brancheneigene Kanäle ist erst in den vergangenen Jahren gestiegen.[1] Content wird als „neue Währung der Unternehmenskommunikation" (vgl. Mast, 2016, S. 229) bezeichnet. Themen und Inhalte fungieren gewissermaßen als Schnittstellen zwischen Positionierung und Botschaften aus der Strategie auf der einen Seite sowie der operativen Umsetzung in den Kanälen auf der anderen Seite.

Beispiel: John Deere und Dr. Oetker als Pioniere des Content-Managements aus dem Agrar- und Lebensmittelbereich

Beim Blick in die Praxis zeigt sich, dass einige Firmen sehr früh mit dem Content-Management begonnen haben. Als erstes Unternehmen der Nutzung von Content überhaupt gilt dabei John Deere. Bereits 1895 veröffentlichte das Landmaschinenunternehmen das Kundenmagazin *The Furrow*. In dieser Publikation ging es nicht darum, direkt die Produkte von John Deere zu vermarkten. Stattdessen informierte das Unternehmen darin über neue Technologien in der Landtechnik. Es erklärte den Landwirtinnen, wie sie diese Technologien auf ihren eigenen Betrieben für den Unternehmenserfolg einsetzen konnten. John Deere steigerte durch diese Kommunikation vielleicht nicht direkt den Produktabsatz, konnte sich aber als Unternehmen mit Sachkenntnis bei diesen Themen gegenüber den Kundinnen positionieren. Der damit verbundene Aufbau an zugeschriebener Kompetenz und Vertrauen half John Deere dabei,

---

[1] Es ist dabei vielleicht kein Zufall, dass die Kategorie der gestalterischen Umsetzung als übergeordnete Einzelkategorie erst in dem vergleichsweise jüngeren Ansatz der Konzeptionslehre von Schmidbauer und Jorzik auftaucht. In den etwas früheren Ansätzen von Klaus Merten und Jürg Leipziger war die Kategorie als eigenständiger Bereich noch nicht zu finden. Auch im Lehrbuch Unternehmenskommunikation von Claudia Mast findet sich ein eigenes Kapitel über Content-Management zum ersten Mal in der hier zitierten 6. Auflage von 2016, wohingegen die 5. Auflage von 2013 noch darauf verzichtet.

langfristig und auch international seine Produktabsätze zu steigern (vgl. Pulizzi, 2012).

Ein zweites Unternehmen, das immer wieder als Pionier im Content-Management genannt wird, ist ebenfalls in der Ernährungswirtschaft, genau genommen in der Lebensmittelproduktion tätig: die Firma Dr. Oetker. Ihr Gründer, der Apotheker August Oetker, begann im Jahr 1891, Backpulver-Tütchen für redaktionellen Content zu nutzen, indem Backrezepte darauf gedruckt wurden. 20 Jahre später erweiterte er dieses Konzept, indem er das erste Dr. Oetker Schulkochbuch herausbrachte, das zugleich das erste Kochbuch mit moderner Rezeptgliederung (vgl. Frühbrodt, 2016, S. 42–43) sowie Aufführung der benötigten Zutaten darstellte (vgl. Krug, 1985, S. 44). ◀

Schmidbauer und Jorzik (2017, S. 292) bezeichnen Themen als die Energieträger der Kommunikation. Ihrer Einschätzung zufolge ist das Finden spannender Themen sogar noch wichtiger als der Einsatz spannender Maßnahmen.

Die ausführliche Behandlung des Themas Content in den jüngeren Konzeptionslehren trägt auch dem Umstand Rechnung, dass dieser nicht einfach so da ist. Ein großer Teil von Themen und Inhalten muss gestaltet und kreiert werden, bevor er für eine professionelle Kommunikation verwendbar ist. In verschiedenen Lehrbüchern finden sich dazu unterschiedliche Empfehlungen mit unterschiedlichem Umfang und Unterschieden in der Tiefenschärfe. Im Folgenden werden verschiedene Aspekte daraus zu einem dreischrittigen Vorgehen zusammengeführt, das aus folgenden Elementen besteht:

1. Recherche und Auswahl von möglichem Content
2. Priorisierung und Differenzierung von Content
3. Inhaltliche Gestaltung von Content

5.1.1 Recherche von möglichem Content

Im ersten Schritt geht es darum, geeigneten Content zu recherchieren und auszuwählen: Die Landwirtschaft verfügt potenziell über ein breites Angebot an Themenfeldern, vom Pflanzenbau, der Tierhaltung, der Landtechnik bis hin zur Bioenergie: Daraus gilt es nun die relevanten Themen zu finden. Bei der Suche sollten vor allem drei Perspektiven berücksichtigt werden:

- **Die (interne) Ressourcenperspektive:** Welche potenziell interessanten Themen finden sich in meinem Betrieb? Wozu kann ich glaubwürdig kommunizieren, welche Themen passen zu mir als Absenderin?
- **Die externe Perspektive:** Welche Themen und Aspekte, an die ich mit meinen Themen anknüpfen kann, werden gerade bereits von meinen Dialoggruppen diskutiert? Welche Themen und Inhalte kann ich verwenden, die derzeit (noch) nicht

extern diskutiert werden, bei den identifizierten Dialoggruppen aber auf Interesse stoßen könnten?

- **Die strategische Perspektive:** Über welche Themen sollte ich gemäß meiner strategischen Positionierung kommunizieren, um mein kommunikatives Ziel zu erreichen?

Die Reihenfolge, in der diese Perspektiven betrachtet und bearbeitet werden, ist dabei nicht zwingend vorgegeben. Aus pragmatischen Gründen erscheint es allerdings naheliegend, bei der internen Perspektive zu beginnen und nach Themen zu suchen.

Interne Ressourcenperspektive

Oftmals hat eine Betriebsleiterin oder eine Kommunikationsverantwortliche bereits verschiedene Themen im Kopf, die sich für die Produktion von Content anbieten. Wurde zuvor die Ist-Situation analysiert – z. B. über eine vereinfachte SWOT- oder aber eine Themenanalyse – (siehe Abschn. 3.2.1), dann dürfte an dieser Stelle bereits Material für eigene Inhalte vorliegen. Diese Themen könnten nun wiederum nützlich sein; jedoch nicht mehr, um die Lage des Unternehmens/der Branche zu analysieren, sondern um daraus kommunizierbare Inhalte zu schaffen. Im Beispiel der Milchtankstelle würde das heißen: Themenfelder wie Familienbetrieb, Regionalität oder auch Frische und Geschmack des Produktes könnten Ansatzpunkte für die externe Kommunikation sein. Diese Aspekte fanden sich schließlich auf der Stärkenseite der Analyse.

Jede Mitarbeiterin kann im Betrieb dazu beitragen, interessante Themen zu finden. Diese Themen können sich beispielsweise auf das Produktangebot beziehen: So gibt es im Regiomaten – einem Warenautomaten für regionale Lebensmittel – des Fallbeispiels Milchtankstelle vielleicht zwei neue saisonale Produkte mit innovativen Geschmacksrichtungen zu kaufen. Woher kommen die Produkte? Wie werden sie hergestellt? Wer sind die Menschen dahinter? Was zeichnet die Produkte oder auch die Menschen vielleicht im Besonderen aus? Antworten auf diese Fragen könnten Gegenstand der Kommunikation sein.

Es können zudem Inhalte entwickelt werden, die sich um die Menschen auf dem Betrieb drehen. Die Hofnachfolgerin hat einen Lehrgang gemacht, um eine bestimmte Kompetenz zu erwerben: Warum hat sie das gemacht? Was hat sie gelernt? Welche (außerfachlichen) Erfahrungen hat sie vielleicht darüber hinaus gesammelt? Oder auch Themen, in denen es um gemeinsame Aktivitäten mit anderen Personen geht: Der Hof hat gemeinsam mit einem Naturschutzverband Nistkästen für Mauersegler installiert: Wie ist es zu der Kooperation gekommen? Was waren die Schwierigkeiten? Wurden die Kästen von den Mauerseglern angenommen? Wie geht es weiter, vielleicht auch mit der Kooperation mit den Naturschützern?

Um diese Themen zu recherchieren, sollten möglichst verschiedene Personen mithelfen; insbesondere in Kontexten, in denen es um größere, überbetriebliche Kommunikationsaufgaben geht wie in den Fallbeispielen Kartoffelvermarktung und Imagekampagne. Dort können das Aufspüren und die Aufbereitung möglicher neuer

Themen für die Kommunikation auch intern nicht mehr von einer Person bewältigt werden.

Externe Perspektive

In der externen Perspektive werden mögliche Themen entwickelt bzw. daraufhin geprüft, ob sie die Lebensrealität der Dialoggruppen treffen. Für Claudia Mast (2016, S. 232) heißt das, die entsprechenden inhaltlichen[2] Touchpoints zu identifizieren. Wo die geeigneten Touchpoints liegen, lässt sich auf unterschiedlichen Wegen herausfinden:

- **Anknüpfung an bereits kommunizierte Inhalte:** So kann es lohnenswert sein, sich von außen inspirieren zu lassen. Das bedeutet konkret: an bestehende Inhalte anzuknüpfen, diese zu adaptieren und neu zusammenzusetzen – und so auch auf kreative Lösungen zu kommen (vgl. Grunert, 2019, S. 221–222). Hilfreich dafür ist, fortwährend die Themen und Diskussionen in den überregionalen, lokalen, aber auch relevanten Fachmedien zu verfolgen und zu überlegen, wie sich vielleicht ein Bezug zum eigenen Betrieb herstellen lässt. Auch hier kann die Themenanalyse und das Issues Monitoring aus dem Analysebereich ein hilfreicher Ideenpool sein. Bei den aufgegriffenen Themen muss es nicht primär um landwirtschaftliche Inhalte gehen. Die Aufgabe besteht gerade darin, mit einer landwirtschaftlichen und/oder betriebsspezifischen Brille branchenexterne Inhalte und Diskussionen in der öffentlichen Kommunikation zu betrachten und ggf. mit eigenem Inhalt daran anzuschließen, z. B. an:[3]
  - **Politische Themen:** Wenn gerade in der Lokal- oder Regionalpolitik darüber diskutiert wird, dass man das Radfahren fördern will, könnte ein Thema für das Fallbeispiel Milchtankstelle darin liegen zu kommunizieren, wie gut sich der Betrieb mit dem Fahrrad erreichen lässt. Die Einrichtung einer E-Bike-Ladestation würde dem noch zusätzlichen Schub geben.
  - **Wirtschaftliche Themen:** Gerade sind die jüngsten Zahlen zur wirtschaftlichen Entwicklung der Region erschienen. Dies könnte ein Anlass für das Fallbeispiel Kartoffelvermarktung sein, den Beitrag an Wertschöpfung durch den Kartoffelanbau noch einmal hervorzuheben.
  - **Wissenschaftliche Themen:** Eine Studie stellt heraus, was regional vertriebene Lebensmittel zum Klimaschutz beitragen. Dies kann im Fallbeispiel Hühnermobil genutzt werden, um zu unterstreichen, dass Direktvermarktung hier ein Teil der Lösung ist.

---

[2] Der Begriff *inhaltlich* ist hier bewusst eingefügt, da der Begriff auch im späteren Verlauf noch für Berührungspunkte auf der Maßnahmenebene verwendet wird. Die Literatur ist diesbezüglich nicht eindeutig, deshalb wird zwischen inhaltlichen und instrumentellen Touchpoints unterschieden, die in der Praxis natürlich zusammenwirken.

[3] Eine ähnliche Strukturierung findet sich auch bei Schmidbauer und Jorzik (2017, S. 301).

– **Soziale Themen:** Gerade wird darüber berichtet, dass Kinder sich zu wenig sportlich betätigen. Dies wäre ein schöner Aufhänger für das Fallbeispiel Pferdepension, um über spezielle Angebote für Kinder zu informieren.

– **Kulturelle Themen:** Wenn darüber gesprochen wird, dass klassische Konzerte oder auch religiöse Veranstaltungen neue Impulse brauchen, um auch jüngere Menschen anzuziehen, könnte auf Formate wie *Streichquartett in der Scheune* oder *Gottesdienst auf dem Futtertisch* eingegangen werden.

• **Thematisierung neuer Inhalte:** Eine weitere Möglichkeit besteht darin, eigene Themen zu setzen, die so noch nicht in der öffentlichen Diskussion sind. Dieses Vorgehen erweist sich i. d. R. als besonders herausfordernd. Denn es gilt dann zu antizipieren, welche Inhalte draußen tatsächlich auf Interesse stoßen.

Dazu können verschiedene Erfahrungswerte dienen, die in der Medien-, aber auch der Marketingforschung zu Kriterienkatalogen verdichtet wurden. In der Medienforschung sind hier die Erkenntnisse aus der Nachrichtenwerttheorie zu nennen. Demzufolge finden Nachrichten dann Verbreitung, wenn sie viele der folgenden Kriterien erfüllen:
Interesse wird geweckt,

• wenn sich Überraschendes findet,
• wenn ein lokaler Bezug hergestellt wird,
• wenn ein Konflikt zum Thema gemacht wird,
• wenn es um Normverstöße geht,
• bei Veränderung von Zahlen,
• bei Normverstößen (vgl. Luhmann, 1996, S. 58–65)

Im Marketing sind die Empfehlungen stärker auf die emotionale Reaktion der Rezipientin ausgerichtet. Eine Liste mit 31 Arten von Inhalten, nach denen sich die Menschen sehnen, hat der Marketingexperte Aughtmon zusammengefasst. Ein solches Kriterienraster ist naturgemäß eher allgemein gehalten. Aber es kann Anregungen liefern, wie der Inhalt aufbereitet werden sollte, damit er interessant ist – ein Punkt, der im Folgenden beim Thema Storytelling noch einmal Beachtung erfährt. Ideen für branchenspezifische Inhalte können zudem der Lektüre von Sekundäranalysen wie Meinungsumfragen entstammen, in denen beispielsweise die Erwartungen der Bevölkerung zur Landwirtschaft erhoben wird.[4] Für größere Unternehmen und Verbände kann es sich sogar anbieten, selbst eine kleine Befragung dazu durchzuführen, welche Themen die Menschen besonders interessieren.

---

[4]Ein Beispiel dafür ist die Imagestudie zur Landwirtschaft, die von der IMA und Kantar Emnid alle fünf Jahre erhoben wird (vgl. Kantar Emnid 2017, S. 15). Hier zeigt sich, dass Qualität, aber auch die Tierhaltung wichtige inhaltliche Touchpoint-Themen sind, mit denen sich der Verbraucher abholen lässt.

Checkliste für attraktive Inhalte (vgl. Aughtmon, 2016)
Relevanter Content …

1. erinnert uns daran, dass das Leben kurz ist.
2. erinnert uns daran, dass Träume wahr werden.
3. gibt uns Zuversicht, an größere Dinge zu glauben.
4. erinnert uns daran, dass wir bedeutsam sind.
5. erinnert uns an die oft vergessenen/verdrängten *Basics*.
6. hat unerwartete Wendungen.
7. erzählt uns eine Geschichte.
8. nimmt uns mit auf eine Reise.
9. inspiriert uns zur Handlung.
10. bringt uns zum Lachen oder zum Lächeln.
11. bringt uns zum Weinen (Tränen der Freude oder Traurigkeit).
12. verrät Geheimnisse.
13. überrascht uns.
14. ermutigt uns, niemals aufzugeben.
15. erinnert uns daran, dass wir einzigartig sind, und ermutigt uns, in diesem Sinne zu leben.
16. erinnert uns daran, dass da mehr ist.
17. bestätigt unsere Annahmen.
18. fordert unsere Annahmen heraus.
19. lehrt uns etwas, während er uns unterhält.
20. erinnert uns daran, dass David Goliath besiegt hat.
21. gibt uns einen neuen Blick auf gewöhnliche Dinge.

Strategische Perspektive

In der strategischen Perspektive werden schließlich die interne und externe Perspektive mit den Implikationen aus der Strategie zusammengebracht. Es kommt – um die Anforderungen von Claudia Mast aufzugreifen – dabei auf drei Aspekte an:

- **Anschlusskommunikation:** Animiert oder inspiriert der Content die Adressaten, darüber zu sprechen und die Inhalte mit jemandem zu teilen?
- **Nutzen für die Stakeholder:** Fühlen sich die Adressaten informiert? Löst der Content beabsichtigte Emotionen wie Freude, Überraschung oder Mitgefühl aus?
- **Situationen:** Inwiefern passen die Unternehmensveröffentlichungen in den Kontext? Passt das Gesagte zur jeweiligen Situation?

Die Betrachtung von Content unter strategischen Gesichtspunkten findet schließlich in seiner Priorisierung und Differenzierung ihre Fortsetzung.

5.1.2   Priorisierung und Differenzierung von Content

Nachdem mögliche Themen identifiziert sind, steht die Priorisierung an. Denn möglicherweise ist ein Thema in einer bestimmten Hinsicht drängender als andere und benötigt besondere Aufmerksamkeit. Weitere kommen vielleicht erst einmal gar nicht infrage.

Themen zu priorisieren, bedeutet, zu entscheiden, bis zu welchem Grad sie inhaltlich für die eigene Kommunikation geeignet sind. Entscheidungskriterien können Erkenntnisse aus der Analyse des Kommunikationsproblems sein (siehe Abschn. 3.2.1), ebenso wie Vorarbeiten zur strategischen Positionierung (siehe Abschn. 4.3). Für die Kommunikation der Milchtankstelle hieße das möglicherweise konkret: Obwohl der Betrieb auch in der Schweinemast tätig ist, die einen beträchtlichen Ergebnisbeitrag liefert, wäre dies unter Berücksichtigung der selbstgewählten kommunikativen Ausrichtung des Betriebs auf die Milchtankstelle weniger relevant. Zwar ließen sich dort potenziell auch Themen generieren. Vielleicht gäbe es sogar Interesse dafür in der Öffentlichkeit. Da sich in diesem Fall aus guten Gründen für die Botschaft *„Die frische Milch schmeckt mir lecker und ist 24 h erhältlich"* entschieden wurde, sollte der Content in diesem Fall aus dieser Perspektive heraus gedacht werden. Themen zur Schweinemast wären damit von untergeordneter Priorität.

Ob und wie relevant ein bestimmter Inhalt in einer Contentstrategie ist, lässt sich dabei nicht immer pauschal bewerten. Denn verschiedene Gruppen in der Öffentlichkeit haben nicht selten ein unterschiedliches Maß an Interesse an einem Thema. Neben der sachlichen Differenzierung von Themen in Form der gerade beschriebenen Priorisierung ist deshalb auch eine soziale (zielgruppenspezifische) Differenzierung der Inhalte wichtig. An einem Beispiel aus dem Weinbau lässt sich dieses Vorgehen zeigen: So kommt eine empirische Studie zu dem Ergebnis, dass die Produzentinnen von Spitzenweinen in Bordeaux ihren Content wie folgt zielgruppenspezifisch in drei Themenbereiche einteilen:

- **Ein erstes Kommunikationsangebot richtet sich an die allgemeine Öffentlichkeit.** Es umfasst alle Themen, die zu einem übergeordneten Bild des Betriebs beitragen: Dazu gehören die Unternehmens- und Familiengeschichte, Geografie, Geologie des Ortes.
- **Ein zweites ist für die Käuferinnen gedacht und umfasst emotionale Themen rund um das Produkt.** Hier geht es um Weinbeschreibungen, die bei den Kundinnen Mechanismen der Identifikation aktivieren und zum Träumen einladen.
- **Das dritte Kommunikationsangebot ist gezielt auf Expertinnen, Meinungsführerinnen und Weinjournalistinnen zugeschnitten.** In diesem stehen technische Aspekte und rationale Kriterien wie das Weinbergmanagement, technische Investitionen oder auch logistische Abläufe im Vordergrund (vgl. Mora & Livat, 2013, S. 8–9).

Im landwirtschaftlichen Kontext im Allgemeinen ist eine solch differenzierte Ausspielung von Themen in verschiedenen Zielgruppen noch ausbaufähig. Einer
explorativen empirischen Studie zufolge zeichnen sich kommerzielle Webseiten
der Agrarwirtschaft im Unterschied zu anderen Branchen bisher dadurch aus, dass
sie nur in untergeordneter Weise über eine Produktmarke oder auch Produktspezi-
fikationen informieren und sich stattdessen auf die Darstellung der Landwirtin sowie die
Produktionsprozesse konzentrieren (vgl. Yueh & Zheng, 2019, S. 9).[5]

Anders sieht es bei einer dritten Differenzierungsform, der Einteilung der Themen
nach zeitlichen Aspekten, aus. Auch wenn es dazu noch an wissenschaftlicher Literatur
mangelt: Ein nicht kleiner Teil der Agrar-, aber auch Ernährungskommunikation
organisiert seine Themen in einer zeitlichen Chronologie, allem voran der Jahreszeit
entsprechend. Berichte über den Spargel dürften im November weniger kommuniziert
werden als im Mai. Stories zum Grünkohl würden wohl im Sommer eher deplatziert
wirken – es sei denn, es findet sich ein interessanter Dreh, wonach Grünkohl – wenn
schon nicht im Anbau, dann wenigstens im Verzehr – auch ein Sommerthema sein
kann. Diese jahreszeitliche Ausspielung der Themen erfolgt quasi intuitiv, auch aufgrund der engen Verbundenheit der Landwirtschaft mit den Jahreszeiten. Unternehmen
aus Branchen wie dem IT-Bereich, die nicht in einem natürlich gegebenen Rahmen
operieren, müssen sich bewusst für solche saisonale Themensetzungen entscheiden.

5.1.3   Inhaltliche Gestaltung von Content

Sind Themen priorisiert und hinsichtlich der Zielgruppen sowie eines möglichen
Veröffentlichungszeitraums differenziert, geht es nun darum, ein Thema für die
Kommunikation aufzubereiten. Auch hier zeigen Schmidbauer und Jorzik (2017,
S. 310) verschiedene inhaltliche Techniken auf, mit denen sich Content unterschiedlich
akzentuieren lässt:

- **Fokussierung eines Themas:** Ein bestimmter Aspekt wird hervorgehoben. Fallbeispiel Kartoffelvermarktung: *„Die Kartoffel – Superfood auch für Sportler".*
- **Aktualisierung eines Themas:** Ein Thema, das schon seit einiger Zeit vorhanden ist,
  hat sich weiterentwickelt. Fallbeispiel Hühnermobil: *„Vier Jahre Direktvermarktung
  auf dem Hof; Mobillaufstall – wir blicken zurück".*
- **Extrapolierung eines Themas:** Die Ergebnisse/Folgen eines Themas werden
  beleuchtet. Fallbeispiel Pferdepension: *„Neue Unterrichtsformate auf Reiterhof –
  Schülerinnen berichten von ihren Erfahrungen".*

---

[5] Ein Grund mag darin liegen, dass die direkte (End-)Kundenansprache nicht erforderlich zu sein
scheint. Dafür könnte aber zumindest zwischen allgemeiner Öffentlichkeit und Experten unterschieden werden.

- **Lokalisierung eines Themas:** Ein überregionales Thema wird von der Kommunikation in einem regionalen Kontext genutzt. Fallbeispiel Kartoffelvermarktung: *„Die Kartoffel aus unser Region – auch ein Genuss in der Ferne".*
- **Illustrierung eines Themas:** Ein Thema wird über Bildformate veranschaulicht. Fallbeispiel Imagekampagne: *„Vom Acker bis auf den Teller. Unser Videoclip folgt unserer Kartoffel auf ihrem (kurzen) Weg."*
- **Kombinieren von Themen:** Zwei Themen können verbunden werden und erzielen dadurch einen höheren Neuigkeitswert. Fallbeispiel Hühnermobil: *„Hoffest am kommenden Dienstag – unsere Familie stellt auch zwei neue hausgemachte Streichwurstkreationen vor".*
- **Kontrapunktierung eines Themas:** Ein Thema widerspricht üblichen Vorstellungen. Fallbeispiel Pferdepension: *„Von wegen Pferdemädchen. Unser Sportangebot macht auch den Jungs Lust auf Reiten".*
- **Personalisierung eines Themas:** Ein Thema wird anhand von handelnden Personen dargestellt. Fallbeispiel Imagekampagne: *„Gesichter der Landwirtschaft. Zu Gast auf dem Betrieb von Landwirtin Meyer".*
- **Interpretation eines Themas:** Bestehende Inhalte werden neu aufbereitet. Fallbeispiel Milchtankstelle: *„Lumumba, white Russian & Co. – was sich mit unserer leckeren Milch aus der Milchtankstelle alles machen lässt".*

Für einige Themen bietet es sich sogar an, Inhalte zu einer Geschichte auszubauen. Die Darstellungsform der Geschichte hat mit der Verfügbarkeit von digitalen Kanälen eine Renaissance erfahren.[6] Storytelling ist dabei nicht allein ein Instrument der strategisch-systematischen Kommunikation. Es findet, wie sich exemplarisch an einer Studie zu Geschichten über landwirtschaftliche Betriebe in Argentinien nachvollziehen lässt, in jeder Organisation jenseits formaler Strukturen statt. Dabei geht es den Geschichtenerzählerinnen und -zuhörerinnen darum, sich ihre eigene Wirklichkeit zu erschließen (vgl. Peirano-Vejo & Stablein, 2009, S. 444). Trotz der Vielfalt an Inhalten und Einsatzformen findet sich ein gemeinsamer Nenner von Geschichten in folgender Definition: *„Eine Geschichte ist die narrative Zusammenfassung sozialer Prozesse unter einem übergeordneten Bedeutungszusammenhang"* (Geißlinger, 2017, S. 8). Der hier angesprochene

---

[6]Dabei gelten Geschichten sogar als die ursprünglichste Form der Aufbereitung von Inhalten. Die erzählerische Organisation von Informationen existiert seit den frühesten Ursprüngen menschlichen Daseins. Geschichtenerzählen ist eng mit der gesellschaftlichen Evolution seit ihren Anfängen verknüpft. So besteht sogar die Theorie, dass sich Sprache aus zunächst über Symbole kommunizierten Geschichten heraus entwickelt habe und nicht umgekehrt (vgl. Abbott 2000). Die Relevanz von narrativen Elementen wie eben Geschichten ist inzwischen in ganz verschiedenen Disziplinen bekannt und erprobt, von der systemischen Jugend- und Familientherapie (vgl. White 2010) über die Organisationsforschung und -beratung bis hin zur Analyse makroökonomischer Prozesse. So interessiert sich auch die Volkswirtschaftslehre für Geschichten, ihre Verbreitung und den Einfluss auf ökonomische Prozesse (vgl. Shiller 2017).

Bedeutungszusammenhang mag in unterschiedlichen gesellschaftlichen Kontexten sehr verschieden sein. In der Kommunikation von Unternehmen bezieht er sich typischerweise auf drei Aspekte:

- die übergeordnete Unternehmensgeschichte,
- Botschaften aus der Kommunikationsstrategie sowie
- konkrete mögliche Inhalte.

In der Geschichte werden diese Inhalte dann in einen erzählerischen Rahmen gebracht. Diesem Rahmen liegt dabei ein Denkansatz zugrunde, der sich deutlich von dem der argumentativen Denkstrukturen unterscheidet, wie die Gegenüberstellung aus einem Lehrwerk zu Storytelling in der Öffentlichkeitsarbeit zeigt (siehe Tab. 5.1).

Für die Überzeugungskraft von erzählerisch aufbereiteten Inhalten werden in der kommunikationswissenschaftlichen Forschung verschiedene Ursachen verantwortlich gemacht. Es existieren eigene Theorien und Forschungsansätze dazu, woraus im Folgenden drei Aspekte vorgestellt werden (Sukalla, 2019, S. 32 f.):

- In erzählerisch aufbereiteten Inhalten werden Argumente i. d. R. nur impliziert transportiert.[7] Diese vermeintliche Schwäche kann sich tatsächlich als Stärke erweisen. So erschwert dieses Vorgehen das Hervorbringen von Gegenargumenten (vgl. Sukalla, 2019, S. 30). Wenn in einem Faktenblatt behauptet wird, dass durch den Bürgerwindpark mit 0,0002 % der Stromproduktion in Deutschland die Energiewende federführend vorangetrieben wird, so lässt sich angesichts der Größenordnung die Relevanz hinterfragen. Anders sieht es aus, wenn in einer Geschichte erwähnt wird, dass die Initiatorinnen stolz darauf sind, mit ihrem Projekt Teil der Energiewende zu sein. Über Zahlen und ihre Aussagekraft lässt sich streiten, über ein Gefühl hingegen nicht.
- Die Überzeugungskraft gewinnen Geschichten auch aus dem Umstand, dass sie die Vorstellung der Rezipientinnen anregen und emotionale Nähe herstellen, wodurch sich die Rezipientinnen besser an die Geschichten erinnern und sie kognitiv besser verarbeiten können. Verantwortlich dafür ist, dass sie anschaulich und konkret sind. Wer schon einmal aus eigener Initiative etwas gestartet hat, kann vielleicht nachvollziehen, wie sich die Initiatorinnen fühlen, die von ihrer Sache überzeugt sind.
- Ein dritter Aspekt steckt im Identifikationspotenzial von Geschichten. Dahinter verbirgt sich die Idee, dass sich die Leserin oder Hörerin so auf die Geschichte einlässt, dass sie sie quasi von innen heraus erlebt und dadurch als überzeugend wahrnimmt. Dies ist somit letztlich noch einmal die Intensivierung der Wirkung, die bereits im zweiten Punkt angesprochen wurde.

---

[7] Daher auch die Redensart: „Und die Moral von der Geschichte …", in der das Implizite am Ende dann zuweilen noch einmal explizit gemacht wird.

Tab. 5.1 Gegenüberstellung von argumentativem um narrativem Denken. (In Anlehnung an Herbst, 2014, S. 70; Geißlinger, 2017, S. 9)

Argumentatives Denken	Narratives Denken
… geht aus von Daten und Theorien und tendiert daher zur Abstraktion (Induktion) oder leitet bestimmte Einzelheiten von einem allgemeinen Gesetz ab (Deduktion)	… geht aus von (tatsächlichen oder möglichen) Ereignissen und tendiert daher zur Konkretisierung, spannt Analogien und symbolhafte Deutungen
… repräsentativ erhobene oder selektiv zusammengestellte Daten, konzentriert sich auf Einzelheiten und Teilaspekte und stellt Zusammenhänge zwischen Fakten und anderen Fakten her	… betrachtet einen Einzelfall und stellt dabei Zusammenhänge zwischen Fakten, Emotionen, Rahmenbedingungen, Einstellungen, Handlungsweisen etc. her
… schafft Tatsachen	… eröffnet Möglichkeiten
Fallbeispiel Bürgerwindpark	
Fokussierung auf: • lokale CO_2-Einsparungen als Beitrag zum Klimaschutz • mögliche Wertschöpfung vor Ort durch Steuereinnahmen • Unabhängigkeit von Konzernen	Erzählungen darüber: • wie in einer Gemeinde eine Gruppe von Bürgerinnen mit Engagement und Eigeninitiative ihren Beitrag zur Energiewende leisten will • welche ökonomischen und regulatorischen Herausforderungen sie dabei zu bewältigen haben • welche Erfolge und Rückschläge sie dabei erleben • wie es in Zukunft weitergehen soll
Fallbeispiel Imagekampagne	
Fokussierung: • Zahlen zum Erhalt von Wirtschaftskraft im ländlichen Raum • Arbeitsplätze • Ernährungssicherung durch heimische landwirtschaftliche Erzeugnisse • Rückgang der Nährstoffausbringung und des Antibiotikaeinsatzes	Erzählungen über: • einzelne Landwirtinnen, • die bei der Feuerwehr aktiv sind und Veranstaltungen für die Dorfgemeinschaft mit ausrichten, • die Nachbarschaftshilfe leisten und • die also letztlich ein Rückgrat des dörflichen Lebens sind

Damit Geschichten diese Überzeugungskraft entwickeln, sind nicht nur interessante Inhalte wichtig. Auch die Struktur einer Geschichte spielt eine Rolle. Es geht darum, so etwas wie einen Plot zu kreieren. Dabei sind nach Herbst (2014, S. 129) drei Elemente zentral:

- **Die Bühne, auf der die Geschichte spielt:** Das kann im Fallbeispiel Bürgerwindpark die Gemeinde sein, im Fallbeispiel Imagekampagne können dazu verschiedene Betriebe dienen, auf denen Einzelgeschichten platziert sind. Aber auch der *Mikrokosmos* Stall oder auch ein Ort des Kundinnenkontakts, wie beispielsweise im Hofladen des Fallbeispiels Hühnermobil, bieten sich an.

- **Handelnde Personen:** Das können die Initiatorinnen des Windkraftprojekts des Fallbeispiels Bürgerwindpark sein, aber auch alle Stakeholder, ebenso, wie in anderen Fällen die Betriebsleiterin, die gesamte Bauernfamilie oder auch weitere externe Personen.
- **Handlungen:** Auf dieser Ebene gilt es, zu entscheiden, wie die Geschichte verläuft, welche Entwicklungsstränge zum Einsatz kommen sollen, wo die Geschichte anfängt und wo sie endet.

Dieser dritte Punkt ist besonders anspruchsvoll. So zeichnen sich gute Stories dadurch aus, dass darin ein Spannungsfeld aufgemacht wird (vgl. Bachmair, 2017, S. 85), dass also nicht nur positive Aspekte aneinandergereiht berichtet werden, sondern sich Wendungen, Konflikte, Alternativen und Lösungsansätze finden. Mit Blick auf die Handlung sind fünf Grundtypen zu unterscheiden (vgl. Mathews & Wacker, 2008, S. 66–82)

- **Heldengeschichte:** Die Heldin ist der Hauptcharakter einer Geschichte und muss häufig auf eine wichtige Mission. Sie muss weitreichende Entscheidungen treffen. Wenn die Heldin erfolgreich ist, dann bringt sie ihrer Community großes Glück.
- **Hintergrundgeschichte:** Wie der Name sagt, liefern diese Geschichten wichtige Informationen zur Herkunft der Heldin und zu ihren Beweggründen. Unternehmen können z. B. Hintergrundgeschichten zu ihren Produkten und Dienstleistungen erzählen und interessante Einblicke hinter die Kulissen schaffen.
- **Transformationsgeschichte:** Dabei durchläuft die Heldin eine Wandlung und löst darüber einen Konflikt. Für Unternehmen, die auf ihrem Gebiet einen Wandel vollzogen haben, beispielsweise die Branche gewechselt oder innovative Neuerungen entwickelt haben, ist dieses Thema besonders geeignet.
- **Krise und Vergebung:** Bei diesem Thema sehen sich Unternehmen an einem Scheidepunkt. Sie sind mit einer Krise konfrontiert und müssen diese meistern und aus der Asche wieder auferstehen. Bei Erfolg versteckt sich hier eine emotionale Geschichte, die den Kundinnen die Transparenz eines Unternehmens verdeutlicht.
- **Die Qual der Wahl:** Das letzte Thema beinhaltet eine Entscheidung. Dies bedeutet aber auch, in das Ungewisse zu blicken und nicht zu wissen, was passiert, wenn die Wahl getroffen ist. Für Unternehmen heißt das, das Story-Potenzial zu nutzen, wenn sie zu scheitern drohen. Wagnis ist hier das Schlüsselwort.

Mit einer solchen Auswahl und inhaltlich-dramaturgischen Aufbereitung von Themen ist bereits ein wichtiger Schritt für die tatsächlichen Aktivitäten getan.

5.1.4 Kreativplanung

Ebenso wichtig ist die multimediale Aufbereitung von Maßnahmen – also das Finden der richtigen Worte, Bilder und weiterer Reize. Sie bilden den ästhetischen Rahmen, um Themen in Form von Stories oder anderen Formaten zu transportieren. Dabei ist gleichgültig, ob dieser Schritt der Themenplanung folgt (vgl. Schmidbauer & Jorzik, 2017, S. 290) oder parallel stattfindet (vgl. Mast, 2016, S. 246). Entscheidender dagegen ist: Kreativität ist kein Wert an sich. Denn bei der Konzeption von Kommunikation geht es nicht um freie Kunst. Sie ist Handwerk, bestenfalls *„Lohnkunst"*, bei der die Wirkung der Aktivität und nicht der kreative Schaffensprozess im Zentrum ist.[8] *„Eine zweckfreie Kreativität ist eher kontraproduktiv"* (Leipziger, 2009, S. 140). Es geht, worauf auch Leipziger hinweist, nicht darum, um jeden Preis lustig oder ausgefallen zu sein. Wichtig ist allein, möglichst effizient und effektiv ein Kommunikationsziel zu erreichen (vgl. Leipziger, 2009, S. 141). Die Kreation muss dabei nicht unbedingt bei null ansetzen, in vielen Fällen sollte sie es nicht einmal. Wenn neben dem übergeordneten Ziel und den bestehenden Botschaften bereits ein Corporate Design existiert (siehe Abschn. 4.3), das ebenfalls bestimmte Leitplanken zur Verfügung stellt, ist dies weder sinnvoll noch erforderlich. Anders sieht es hingegen aus, wenn das Corporate Design selbst zur Disposition steht und im Rahmen der Konzeption angepasst werden soll.

Beispiel: Erlebniswelten aus der Ernährungswirtschaft

Ein Beispiel für die Schaffung einer *Erlebniswelt* ist die Biermarke Beck's, die darauf ausgelegt ist, *maritime Frische* auszustrahlen (vgl. Diehl & Terlutter, 2009, S. 608). In den 1990er Jahren hat die Marke dafür verschiedene Elemente geschaffen, die dieser Erlebniswelt entsprechen sollten, allem voran das grüne Segelschiff und auch der Popsong *Sail away* des Sängers Joe Cocker. Ziel war es dabei, das Gefühl von *Freiheit, Abenteuer und Frische* mit dem *herbfrischen Produktcharakter von Beck's* zu verbinden und dies in allen Kommunikationsmaßnahmen zum Ausdruck zu bringen (vgl. Andresen & Meermann, 1998, S. 50).

Ein anderes Beispiel ist die Schokoladenmarke *Milka*. Bei Milka steht die alpine Erlebniswelt im Zentrum, versinnbildlicht durch die lila Kuh, die es zu einer hohen Markenbekanntheit gebracht hat (vgl. Diehl & Terlutter, 2009, S. 608). ◀

In der Unternehmenskommunikation wird von der kreativen Leitidee gesprochen, das Marketing denkt diesen Schritt mit dem Begriff der *Erlebniswelten* stärker von den Rezipientinnen her (Diehl & Terlutter, 2009). *Die kreative Leitidee* ist dabei das, was die Zielgruppen unmittelbar mit dem Kommunikationsobjekt verbinden (vgl. Schmidbauer & Jorzik, 2017, S. 327) – und wodurch ein angenehmes Gefühl sowie ein positives Erlebnis ausgelöst werden (vgl. Diehl & Terlutter, 2009, S. 594).

Der Reiz für diesen Auslöser kann auf unterschiedlichen Ebenen liegen. Es gibt dabei immer zu bedenken, was über die fünf Sinne des Menschen potenziell ausgelöst werden kann (vgl. Vaih-Baur, 2015, S. 466) – und zwar mit Blick auf die Chancen im

---

[8]Diese Unterscheidung findet sich bereits in der Philosophie des deutschen Idealismus (vgl. Kant 1974, S. 238).

Fall beabsichtigter Wirkungen, aber auch hinsichtlich unerwünschter Wirkungen durch unbedachte Kommunikation.[9]

- **Haptische Reize:** Diese Reize werden über den Tastsinn ausgelöst, sie hängen eng mit visuellen Reizen zusammen (siehe weiter unten in dieser Aufzählung). Der haptische Reiz lässt sich noch einmal in den Hautsinn (passiv Reize empfangend) und den Bewegungssinn (aktives Berühren) unterscheiden (vgl. Nickel, 2009, S. 798).[10] Haptik ist dabei für verschiedene Sektoren unterschiedlich relevant. Für die Textilbranche kann das Fühlen des Stoffes im stationären Handel ein zentraler Bestandteil der Erlebniswelt sein (vgl. Nickel, 2009, S. 795), für die Mineralölwirtschaft dürfte dieser Sinneskanal dagegen eine unbedeutende Rolle spielen, da das Produkt haptisch besser nicht direkt *erlebt* werden sollte. Auch in der Landwirtschaft ist Haptik sicher nicht der relevanteste Kanal – aber er kommt doch an einigen Stellen zum Einsatz. Ganz besonders zeigt sich dies bei Formaten wie dem Lernort Bauernhof, wo *„Schüler und Schülerinnen mit allen Sinnen lernen: Es kann gerochen, gehört, gefühlt und ausprobiert werden. Ein neuer Dialog zwischen Landwirtschaft und Bevölkerung entsteht, der für alle Teilnehmerinnen neue Erfahrungen mit sich bringt.“* (o. A., o. J.) In solchen Lernformaten stehen kognitive sowie wissens- und erfahrungsvermittelnde Elemente im Zentrum. Auch ein Tag des offenen Hofes bietet Gelegenheiten für haptische Erfahrungen mit der Landwirtschaft. Slogans wie *„Landwirtschaft zum Anfassen“* (vgl. Hessischer Bauernverband, 2018) verdeutlichen, dass diese Komponente von Reizen als Wissensvermittlung, aber auch als Erlebnisfaktor eine Besonderheit von Vor-Ort-Veranstaltungen ausmacht.
- **Olfaktorische Reize:** Dabei handelt es sich um Reize, die über den Geruchssinn empfangen werden. Eine gezielte Raumbeduftung von Kaufhäusern oder Messeständen ist bereits in einigen Branchen etabliert. Auch am Produkt oder in der Werbekommunikation (Beduftung einer Anzeigenseite im Magazin) werden gezielt Mittel gesucht, um olfaktorische Reize im Sinne der kommunikativen Botschaften zu aktivieren (vgl. Rempel & Esch, 2009, S. 777). Die Stimmigkeit der Reize ist ein schmaler Grat. An der Milchtankstelle darf es wohl schon mal nach Kuhstall riechen – ein ständiger Geruch von Klärschlamm oder Verbrennungsgerüche aus Industrieanlagen aber würden bei Besuchern einer Milchtankstelle wohl kein stimmiges Einkaufserlebnis hervorrufen.

---

[9]Zwar ist es streng genommen auch aus Sicht der Sozialwissenschaften nicht möglich, die Wirkungen auf geplante Kommunikation zu antizipieren. In der Praxis existieren gleichwohl Erfahrungswerte über mögliche Wirkungen – und doch kann es natürlich immer anders kommen.

[10]Auch wenn die Forschung im Kontext der virtuellen Technologien bereits Lösungen entwickelt hat und weiterentwickelt, um haptische Reize auch digital – und damit auch über große Distanzen – zu vermitteln (vgl. Runde und Jöckel 2018). Für das emotionale Erlebnis bleibt der unmittelbare, unvermittelte Kontakt zentral.

- **Gustatorische Reize:** In der Agrar- und Lebensmittelwirtschaft ist zudem der Aspekt der gustatorischen Wahrnehmung wichtig, also die Reize, die durch den Verzehr von Lebensmitteln auf der Zunge und im Gaumen ausgelöst werden. In vielen Branchenbereichen sind gustatorische Aspekte gar kein zusätzliches Gestaltungsmerkmal, sondern fallen mit den Primäreigenschaften des Produkts zusammen. Wenn der besondere Geschmack der Milch aus der Milchtankstelle eine Produkteigenschaft ist, so handelt es sich dabei eben um kein extra Gestaltungsmerkmal der Kommunikation, sondern um ein Produktmerkmal. Anders aber sieht es aus, wenn auf einem Hoffest rustikales Bauernbrot gereicht wird, das sonst vielleicht gar nicht im Produktangebot ist, nun aber auch auf der gustatorischen Ebene eine bestimmte Gesamtpositionierung unterstreicht.

Olfaktorische sowie gustatorische Gestaltungselemente senden starke Reize bei Veranstaltungen und präsenzbasierten Formen der Kommunikation wie im Rahmen eines stationären Einkaufs. In der medienvermittelten Kommunikation kommen sie jedoch in direkter Form fast nicht zum Tragen. Stattdessen sind folgende Reizkanäle zumeist wirkungsvoller und damit wird ihre bewusste Gestaltung relevanter:

- **Visuelle Reize:** Die Leistungsfähigkeit dieser Form von Reizen ist aus der Werbung bekannt. Dort bedient man sich bereits seit jeher der bildlichen Kommunikation (vgl. Esch & Michel, 2009, S. 715). Auf dieser Ebene werden Informationen schnell verarbeitet. Es entstehen Emotionen im Sinne der eigenen Positionierung, aber möglicherweise auch im gegenteiligen Sinne. Insbesondere in der Tierhaltung existieren Erfahrungen damit, welche ungewollten Wirkungen Bilder aus Ställen produzieren – die bei gleichem Filmmaterial gleichwohl sehr unterschiedlich sein können (vgl. Fabry & Kussin, 2020, S. 44). Es zeigt sich, dass gerade bei der visuellen Kommunikation über Tierhaltung ein schmaler Grat besteht; zwischen einer Ästhetik, die nicht ansprechend bis abstoßend wirkt, und einer, die als geschönt und manipuliert wahrgenommen wird (vgl. Fabry & Kussin, 2020, S. 46). Ebenso relevant ist die Konsistenz zwischen expliziten Botschaften und visuellen Reizen – hier liegt eine ähnliche Konstellation wie im Falle der olfaktorischen Reize vor. Wenn Frische, Regionalität und Familienbetrieb elementare Bestandteile der kommunikativen Positionierung der Milchtankstelle sind, sollten diese vielleicht nicht gerade in einem industriell anmutenden Wellblechcontainer angeboten werden.
- **Akustische Reize:** Auch die Bedeutung akustischer Reize ist aus der Wirkungsforschung des Markenmanagements gut bekannt (vgl. Esch et al., 2009, S. 757). Dies können einerseits Unternehmensjingles sein – die Unternehmen *Schneekoppe* oder auch *Bärenmarke* sind in der Ernährungswirtschaft prominente Beispiele. Ebenso wichtig ist Musik als Gestaltungselement, das bestimmte akustische Reize auslösen kann. Akustische Reize können positive Effekte haben – zugleich ist auch hier zu bedenken, welche Folgen der unbedachte Einsatz bzw. die ungefilterte Übernahme von akustischen Reizen hat. In der Landwirtschaft können Tiergeräusche in Ställen

bei landwirtschaftsferneren Verbraucherinnen andere Assoziationen auslösen als bei tiermedizinisch informierten Personen (vgl. Wildkraut et al., 2015, S. 52).

- **Verbale Reize:** Diese erscheinen neben einfachen Lauten in Form von gesprochenen Äußerungen sowie der geschriebenen Sprache (vgl. Behrens & Neumaier, 2009, S. 737). Anders als haptische, olfaktorische, akustische und visuelle Reize treten die verbalen dem Stakeholder nicht unvermittelt gegenüber. Sie sind vielmehr über Sprache codiert. Wörter und Sätze verweisen auf etwas anderes. Das Wort L A N D W I R T I N steht als Reihenfolge von Buchstaben nicht für sich, sondern verweist auf eine Person mit einem bestimmten beruflichen Hintergrund.[11]
  Wichtig ist auch, dass Worte im Kopf etwas beim Adressaten auslösen. Soll dies im Sinne der strategischen Positionierung sein, gilt es entsprechende Worte zu finden – z. B. für einen Slogan, aber auch das *Wording,* das in entsprechenden Medien zum Einsatz kommt. Sollen im Fallbeispiel Hühnermobil junge Familien angesprochen werden, gilt es eine persönliche, freundliche Sprache für Flyer oder andere Kommunikationsinstrumente zu finden – demgegenüber dürfte eine Informations-broschüre für den Bürgerwindpark faktenreicher, informativer und ein stückweit sach-licher formuliert sein.
  Über Laute, Bilder und Worte können auch der Tast-, Geruchs- und Geschmackssinn indirekt aktiviert werden. Besonders in der Werbung werden haptische Reize über Bildkreationen gesendet – was voraussetzt, dass die *haptischen Codes* in der Gesell-schaft bekannt sind (vgl. Nickel, 2009, S. 804). Wenn Frühkartoffeln dann beispiels-weise als *„zarte Knollen"* (vgl. Garten Schlüter, o. J.) beschrieben werden, deren Haut sich bei leichtem Reiben löst, werden damit beispielsweise haptische, aber auch gustatorische Reize indirekt aktiviert.

- **Übergeordnete Aspekte der Kreation:** Nicht alles lässt sich der Idee der Kreation unterordnen. Aber dort, wo Entscheidungsspielraum besteht, empfiehlt es sich, diese Dimension einzubeziehen. Wenn im Kontext eines auch ökologisch motivierten Projekts wie im Fallbeispiele Bürgerwindpark die Anschaffung eines Dienstwagens anstünde, sollte neben dem Preis vielleicht zudem die Umweltverträglichkeit des Wagens berücksichtigt werden – auch solche Aspekte gilt es im Sinne einer Stimmig-keit zu bedenken.

Methoden der Kreativplanung

Die Fragen, welche Codes passend sind, lässt sich nicht wissenschaftlich klären. Es könnten dazu zwar empirische Untersuchungen in Workshops mit Probanden durch-geführt werden. In der Praxis aber wäre dies viel zu aufwendig. Stattdessen empfiehlt

---

[11] Die Wissenschaft der Semiotik bezeichnet diese Unterscheidung als die zwischen Symbol und Objekt, dem Bezeichnenden und dem Bezeichneten (vgl. Peirce 2000, S. 113–114). Das Wort „Landwirtin" wäre in diesem Fall das Bezeichnende, die Berufsangehörige aus Fleisch und Blut dann das Signifikat.

Tab. 5.2 Zusammenspiel von Strategie und Maßnahmen

Strategischer Block	Strategie				
	Unternehmenskommunikation (Corporate Communications)				Unternehmens-erscheinungs-bild (Corporate Design
	Botschaft 1		Botschaft 2		
Maßnahmenblock					Kreative Leit-idee (z. B. ein Bild, eine Person, Slogan, bestimmte Farb- und Formsprache
	Themenfeld 1		Themenfeld 2		
	Thema 1	Thema 2	Thema 1	Thema 2	Grafische, textliche Gestaltung, Abstimmung der weiteren Reize
		Themenauf-bereitung1 (z. B. Story)	Themenauf-bereitung 2 (z. B. Grafik)		
		Umsetzung Kommunikationsmaßnahme			

es sich, für die Erarbeitung von Codes auf die Kreativität der Gruppe zu setzen. Dies kann in einem Workshop geschehen, in dem gemeinsam mit Mitarbeiterinnen oder Familienmitgliedern durch Kreativtechniken entsprechende gestalterische Maßnahmen entwickelt werden (vgl. Schmidbauer & Jorzik, 2017, S. 333–340). In der Literatur finden sich verschiedene Faktoren, die generell als kreativitätsfördernd und kreativitäts-hemmend bezeichnet werden. So steigern Eigenschaften wie geistige Beweglichkeit, Fachwissen, Lebenserfahrung sowie körperliche und geistige Fitness die Kreativität ebenso wie Mut, Sicherheit, Freiraum und Selbstvertrauen. Als kreativitätshemmend gelten dagegen Angst, Denkverbote, Perfektionismus oder auch Schlafmangel (vgl. Lies, 2015, S. 494–495). Die Techniken zur Steigerung von Kreativität sind ebenfalls viel-fältig.[12] Zu den Bekanntesten zählen sicherlich die Ansätze des Brainstormings oder Mindmappings (Schmidbauer & Jorzik, 2017, S. 338). Gemein ist diesen Methoden, dass sie neue Lösungen für bekannte Probleme oder sogar ganz neue Ideen hervorzu-bringen versprechen (vgl. Boos, 2007, S. 7). Dabei geht es, wie in Tab. 5.2 veranschau-licht, immer auch darum, jede Idee vor dem Hintergrund der strategischen Ausrichtung auf ihre Brauchbarkeit hin zu prüfen.

---

[12] Gerade aus diesem Grund wird an dieser Stelle auf eine explizite Vorstellung der Techniken ver-zichtet. Einen wertvollen, praxisorientierten Überblick dazu liefert Evelyn Boos (2007).

5.2   Instrumentelle Umsetzung

Die bisherigen Arbeitsschritte der Konzeption (Analyse, Strategie, gestalterische Umsetzung) dienten vor allem dazu, die (erst später sichtbare) Kommunikation vorzubereiten. Mit der instrumentellen Umsetzung beginnt nun die Entwicklung der konkreten Maßnahmen. In dieser Phase zeigt sich auch, ob die bisherigen strategischen und gestalterischen Überlegungen praxistauglich sind.

Die Möglichkeiten der konkreten Umsetzung strategischer und gestalterischer Überlegungen sind heute vielfältiger als früher. Dies liegt, wie in der Einleitung dieses Kapitels angesprochen, vor allem an der Vielfalt der Kanäle. Aus dieser Vielfalt ergibt sich zum einen die Herausforderung, für die eigenen Kommunikationsaufgaben die richtigen Instrumente in den entsprechenden Kanälen über adäquate Medienzugänge zu finden und diese dann auch zu beherrschen. Zum anderen muss eine übergreifende Ordnung der Maßnahmen geschaffen werden (vgl. Leipziger, 2009, S. 141–142) – ein Punkt, der heute noch herausfordernder ist, da im Zuge der Digitalisierung die meisten Kanäle miteinander verknüpft sind. Einer Rezipientin kann dadurch noch viel eher auffallen, dass Dinge inhaltlich oder ästhetisch nicht aus einem Guss sind, wenn z. B. auf der Internetseite vielleicht ein anderes Logo als im Instagramkanal zu sehen ist. Die Aktivitäten können also nicht getrennt voneinander betrachtet werden. Im Kommunikationsmanagement wird dies mit dem Begriff der integrierten Kommunikation (vgl. Mast, 2016, S. 38) bzw. des crossmedialen[13] Medieneinsatzes beschrieben, von Olaf Hoffjann wie folgt zusammengefasst: *„Ziel ist es, alle Mitteilungen der Unternehmenskommunikation in den unterschiedlichen Medienformaten einer oder mehrerer Mediengattungen so vernetzt zu kommunizieren, dass sie wiedererkennbar und konsistent sind und damit die kognitiven, affektiven und konativen Ziele möglichst wirtschaftlich erreicht werden.“* (Hoffjann, 2018, S. 43–62).

Eine integrative Planung ist Voraussetzung dafür – es geht also, wie Schmidbauer und Jorzik es in einer Metapher beschreiben, bei der Maßnahmenplanung nicht um Individualverkehr, sondern um ein *„integriertes Verkehrssystem“* (vgl. Schmidbauer & Jorzik, 2017, S. 341) (vgl. Abb. 5.1).

Eine wichtige Richtschnur dafür bilden die Informationen aus der strategischen Ausarbeitung sowie der gestalterischen Umsetzung. Sie liefern die Voraussetzungen für Konsistenz mit Blick auf formale Aspekte und Inhalte, aber typischerweise auch die Zielsetzung jeder Maßnahme.

Die formalen Grundlagen sind bereits durch Corporate Design (siehe Abschn. 4.3) und Kreativplanung (siehe Abschn. 5.1.4) geschaffen, um die einzelnen Maßnahmen integriert zu denken. Das beginnt bei ganz grundsätzlichen Aspekten wie der

---

[13] Der Begriff „Crossmedial" ist dabei – obwohl es gar nicht so klingt – allein im deutschsprachigen Raum verbreitet. Im englischsprachigen Raum wird dagegen bevorzugt von Medienconvergence (Medienkonvergenz) gesprochen.

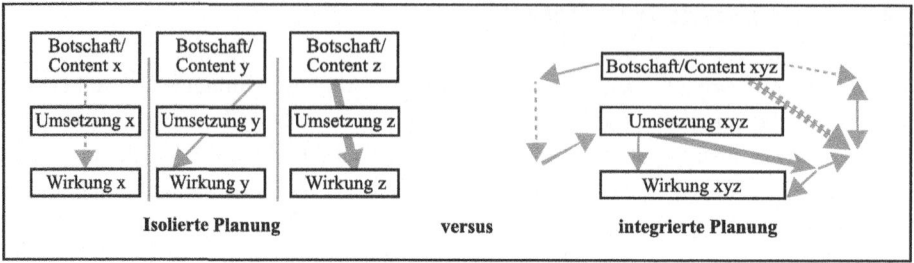

Abb. 5.1 Integrierte Planung eines Kommunikationsprozesses

Farbgebung. Wenn die Milchtankstelle sich beispielsweise auf die Farben Braun, Blau und Weiß mit einer bestimmten Definition aus dem Farbkatalog verständigt hat, sollten diese Farben den Ausgangspunkt für die Farbgebung konkreter Maßnahmen bilden. Das Gleiche gilt für den Schrifttypus. Auch hier können Festlegungen im Corporate Design dafür sorgen, dass der Wiedererkennungswert über Kanäle hinweg erhalten bleibt.

In inhaltlicher Hinsicht wurden mit der übergeordneten Positionierung aus der Strategie sowie den Inhalten der Themenplanung Weichenstellungen vorgenommen, die eine Konsistenz auf der konkreten Maßnahmenebene ermöglichen. Und schließlich ist auch in der Strategie definiert, welche kommunikativen Wirkungen mit welchem Ziel bei den Zielgruppen erreicht werden sollen.

Die damit hergestellte Konsistenz zwischen den Maßnahmen ist ein wichtiger Punkt. Dies allein reicht aber noch nicht aus. Ebenso gilt es, zunächst die adäquaten Maßnahmen auszuwählen und aufeinander abzustimmen. So könnten die Betreiberinnen der Milchtankstelle Verschiedenes tun, um über ihr saisonales Angebot neuer Regionalprodukte zu kommunizieren. Sie könnten z. B. Werbeanzeigen schalten, alternativ könnten sie ausführlich auf ihrer Internetseite informieren oder drittens die lokale Presse in Kenntnis setzen – oder sie könnten mehrere Maßnahmen gleichzeitig umsetzen. Um zu wissen, was vor dem Hintergrund einer konkreten Organisationsaufgabe sinnvoll ist, lohnt ein Blick auf *die Verkehrsregeln,* also die Voraussetzungen, was wann wie in den einzelnen Kanälen kommuniziert werden kann. Konkret geht es dabei um Zugänge zu den Medienkanälen und die Leistungsfähigkeit der Kanäle hinsichtlich ihrer Nutzungslogiken.

5.2.1 Typen von Medienzugängen

Um an öffentlicher Kommunikation teilzuhaben, ist ein Zugang zu entsprechenden Kommunikationskanälen erforderlich. In der Literatur werden hier zumeist drei Typen von Medienzugängen – Earned Media, Paid Media, Owned Media– unterschieden (vgl.

Hoffjann, 2018, S. 47), in der Praxis findet sich mit Shared Media auch ein vierter Typus (vgl. Timson, 2018), der hier mit aufgenommen wird.

- **Earned Media:** Von Earned Media wird gesprochen, wenn der Medienzugang über Dritte erfolgt, vor allem klassischerweise über Journalistinnen, aber eben auch Bloggerinnen und andere Multiplikatorinnen, die zumeist Teil der Mittlerzielgruppe sind (siehe Abschn. 4.2.3). Die große Stärke dieses Medienzugangs ist seine Glaubwürdigkeit (vgl. Hoffjann, 2014, S. 674). Ein redaktioneller Beitrag in einer Tageszeitung über die besonderen Anbaubedingungen der regionalen Kartoffel genießt eine andere Glaubwürdigkeit, als wenn die Vermarktungsgesellschaft in eigenem Namen darüber kommuniziert. Das Gleiche würde auch im Fallbeispiel des Bürgerwindparks gelten, wenn in diesem Zusammenhang die Relevanz der Anlagen für die regionale Entwicklung oder der Beitrag für die Energiewende vor Ort angesprochen wird – durch eine Journalistin als Absenderin und damit eine unabhängige Instanz. Ein weiterer Aspekt ist der Kostenfaktor. Anders als bei einigen der noch folgenden Medienzugangsformen ist dieser Zugang vergleichsweise kostengünstig. Es entstehen allein Kosten für die Aufbereitung des Materials und die Beziehungsarbeit mit der Journalistin oder Bloggerin vor Veröffentlichung (vgl. Hoffjann, 2014, S. 674).
Ein Nachteil von Earned Media besteht in der mangelnden Verlässlichkeit des Zugangs. In einer politischen Ordnung mit freien Medien entscheiden Journalistinnen auf Basis eigener Überlegungen, welche Beiträge sie berichtenswert finden und welche für sie keinen Nachrichtenwert aufweisen – sie fungieren als Gatekeeper (vgl. White, 1950). Ebenso lassen sich auch Art und Tonalität der Berichterstattung nicht steuern. Wenn eine Journalistin über den Windpark schreibt, bedeutet dies noch lange nicht, dass sie mit ihrem Beitrag auch Botschaften im Sinne der Projektentwicklerin sendet. Diese Erfahrungen zeigen sich auch in anderen Bereichen der Branche. Eine abwägende oder sogar sehr kritische Berichterstattung ist z. B. bei Tierwohlthemen nicht ungewöhnlich (vgl. Ermann, 2017, S. 22). Earned Media beschränkt sich dabei nicht allein auf den professionellen Journalismus. Darunter fallen auch Videos, die Dritte über die Landwirtschaft drehen – z. B. kurze YouTube-Clips über die Reitstunde an der Pferdepension oder Baumaßnahmen am Bürgerwindpark. Letztlich können sogar die heimlich gedrehten Videos von Tierrechtsgruppen in landwirtschaftlichen Ställen als *Earned-Media*-erzeugte Öffentlichkeit bezeichnet werden – auch wenn die Landwirtin von dem Beitrag weder wusste noch ihn wollte.
Maßnahmen für die Nutzung des Earned-Media-Zugangs können verschiedene sein – eine der wichtigsten Maßnahmen ist die Erstellung einer Medienmitteilung.[14] Bei einer solchen Medienmitteilung handelt es sich um einen Text, der nach

---

[14] Eine ausführliche Beschreibung aller Maßnahmen mitsamt einer praktischen Einführung würde den Rahmen dieses Buches sprengen, aber auch über seine Zielsetzung hinausgehen. Ausführliche Beschreibungen dazu finden sich in verschiedenen Praktikerbüchern.

journalistischen Regeln erstellt wird, um über aktuelle Themen aus dem Unternehmen bzw. dem Verband oder der Branche zu informieren. Zentral für diese Textform sind das Aktualitätsprinzip, das Verständlichkeitsprinzip und das Wahrheitsprinzip (vgl. Kiefer & Lies, 2015, S. 33) – darin unterscheiden sich Medienmitteilungen grundsätzlich von werblichen Texten, in denen Übertreibungen, eine artifizielle Sprache und viele andere Aspekte charakteristisch sind.

- **Paid Media:** Paid Media sind alle Zugänge zur öffentlichen Kommunikation, die sich gegen Bezahlung nutzen lassen. Maßnahmen sind daher die Schaltung klassischer Anzeigenwerbung in Tageszeitungen, Spots in Radio und Fernsehen, aber auch neue Formen wie Bannerwerbung auf redaktionellen Seiten im Internet oder Zahlungen für vordere Platzierungen eigener Beiträge in Suchmaschinen. Paid-Media-Zugänge zeichnen sich durch eine gute Planbarkeit und Gestaltungsfreiheiten bei Themen- und Kreativplanung sowie der instrumentellen Umsetzung aus. Wann eine Anzeige erscheint und welche Rezipientinnen erreicht werden, lässt sich im Vorfeld steuern. Während bei Earned Media die Inhalte bei der Multiplikatorin auf Resonanz stoßen müssen und sie diese im eigenen Sinne verarbeitet, erlaubt die Nutzung von Paid Media nahezu alle Freiheiten im gesetzlichen Rahmen. Das heißt umgekehrt, dass auch Nichtmeldungen, also Beiträge ohne großen Nachrichtenwert, über Paid Media ihren Weg in die Öffentlichkeit finden – ebenso wie die Wiederholung von Informationen. Der Hinweis zu einem Hoffest wird im redaktionellen Teil einer Zeitung i. d. R. nur einmal erscheinen. Mit einer Werbeanzeige ließe sich jedoch täglich immer wieder auf ein selbiges Ereignis und die Aufforderung zur Teilnahme aufmerksam machen.

  Der Nachteil von Paid Media liegt darin, dass ihre Kommunikationsabsicht und ihre Parteilichkeit durchschaut werden können – zumindest rational. Der Soziologe Niklas Luhmann formuliert das wie folgt: *„Die Werbung sucht zu manipulieren, sie arbeitet unaufrichtig und setzt voraus, daß das vorausgesetzt wird.“* (Luhmann, 1996, S. 85). Dieser Effekt scheint sich faktisch unterschiedlich auf verschiedene Zielgruppen auszuwirken. So zeigen Ergebnisse aus der Werbewirkungsforschung, dass Personen mit einer stärker ausgeprägten Zukunftsorientierung der Werbung gegenüber eher positiv eingestellt sind, vergangenheitsorientierte Menschen dagegen eher negativ auf entsprechende Beiträge reagieren (vgl. Meffert et al., 2019, S. 656). Insgesamt weist dieser Medienzugang potenziell ein geringeres Maß an Glaubwürdigkeit auf als Beiträge über Earned Media. Eine zweiter Nachteil sind die Kosten. Da für jeden Beitrag gezahlt werden muss, ist der Kostenaufwand i. d. R. höher als bei Earned Media.

- **Owned Media:** Unter den Begriff Owned Media werden alle Zugänge gefasst, über die ein Unternehmen oder eine andere Organisation selbst verfügt. Mit den Online-medien hat dieser Medienzugang an Relevanz gewonnen. Für jede Landwirtin ist es heute möglich, eine eigene Homepage zu betreiben und auf diese Weise Zugang zur Öffentlichkeit herzustellen. Betriebe wie die des Fallbeispiels Milchtankstelle oder auch des Fallbeispiels Hühnermobil können dort über Öffnungszeiten sowie über den Hof und seine Bewohnerinnen informieren. Alle hier vorgestellten Fallbeispiele verfügen über eigene Internetauftritte. Auch der eigene YouTube-Videokanal ermöglicht die Veröffentlichung von selbstproduzierten Videos. *Owned Media* ist dabei kein Zugang, der ausschließlich über digitale Medien funktioniert. Auch gedruckte Kundenzeitschriften oder Flyer zählen beispielsweise dazu. Die Distribution ist jedoch deutlich eingeschränkter als bei digitalen Formaten.

Der größte Vorteil eigener Medien besteht in der Gestaltungsfreiheit bei Inhalten und Kreation. Dies gilt in der Theorie zwar auch für Paid Media – in der Praxis aber werden die Menge und der Umfang der Beiträge durch Ressourcen, also Anzeigengröße oder Beitragslänge und damit verbundene monetäre Aufwendungen, begrenzt. Auf eigenen Kanälen kann die Menge an Informationen fast beliebig gesteigert werden, sofern entsprechende Inhalte und Ressourcen für die mediale Umsetzung zur Verfügung stehen – besonders in digitalen Medien. Die Projektmanagerinnen des Bürgerwindparks können beispielsweise ausführliche technische Hintergründe zum geplanten Projekt einstellen. Bürgerinnen mit Interesse an diesen fachlichen Details können dies bei technischer Kompetenz abrufen, aber auch kritische Bürgerinnen können diese bei Bedarf einsehen.

Ein Nachteil von Owned-Media-Zugängen ist ihre potenziell geringere Reichweite, die vor allem für digitale Owned-Media-Beiträge oftmals charakteristisch ist. Der Grund für diese Schwäche ist in der Verbreitungslogik zu sehen. Insbesondere bei Websites handelt es sich um Kommunikationsangebote, deren Inhalte von Nutzerinnen aktiv gesucht und besucht werden müssen. Im Falle einer Tages- oder Fachzeitung sieht das typischerweise anders aus. Mit dieser kauft die Rezipientin ein Bündel an Beiträgen und wird beim Durchblättern auf Beiträge aufmerksam, die sie gar nicht aktiv gesucht hätte. Im Kommunikationsmanagement werden diese Medien als *Push-Medien* bezeichnet. Sie zählen neben dem Dialog und *Pull-Medien* zu den drei Hauptwegen, über die sich Beiträge verbreiten (vgl. Mast, 2016, S. 175). Internetseiten funktionieren hingegen mittels des Kommunikationswegs von Pull-Medien. Das heißt: Die Rezipientin sucht aktiv nach Inhalten – ein Vorgang, der vor allem über Internetsuchmaschinen möglich wurde und der damit ein charakteristisches Merkmal digitalisierter Öffentlichkeiten darstellt (vgl. Lischka & Stöcker, 2017, S. 61).

- **Shared Media:** Eine vierte Form, die den Medienzugang von Themen ermöglicht, wird als *Shared Media* bezeichnet. Shared Media schaffen Zugang und Reichweite über die Weiterleitung und das Teilen von Inhalten in sozialen Netzwerken durch Dritte. In der Produkt- und Markenkommunikation wird dieser Ansatz unter dem Begriff des viralen Marketings diskutiert. Dahinter steckt also die Hoffnung, dass das Teilen eines Beitrags gewissermaßen ansteckend wirkt und sich dieser gewissermaßen wie ein Virus verbreitet (vgl. Meffert et al., 2019, S. 738–739). Über Shared Media wird das neue Regionalangebot der Milchtankstelle dadurch bei Rezipientinnen wahrgenommen, dass Dritte eine Pressemeldung (Earned Media) dazu teilen, dass sie die Werbeanzeige (Paid Media) teilen oder aber den eigenen Post und Blogeintrag (Owned Media) liken, teilen oder positiv kommentieren. Wie auch im Kontext der Earned Media ist die Steuerungsmöglichkeit bei diesem Zugang begrenzt. Zwar existiert eine große Anzahl an Praxisratgebern, in denen sich nachlesen lässt, wie sich Posts mit vielen Likes, Weiterleitungen und Kommentierungen erstellen lassen und wann für die Veröffentlichung geeignete Zeitpunkte sind (vgl. Shreves, 2015). Eine Garantie, wie im Fall der Werbung, gibt es aber nicht, dass das auch tatsächlich so geschieht.

5.2.2   Nutzungslogiken von Medienzugängen

Integriertes Kommunizieren bedeutet auch, einzelne Maßnahmen so miteinander zu kombinieren, dass sich ihre jeweiligen Stärken und Schwächen hinsichtlich der Medienzugänge ergänzen. Dabei geht es vor allem darum, die potenziell geringe Reichweite vieler digitaler Owned-Media-Beiträge zu kompensieren. Gingen viele Anwenderinnen aus dem Marketing zeitweise davon aus, dass gute Inhalte quasi von allein ihren Weg zur Leserin finden würden, so hat sich – auch aufgrund der Konkurrenz des Medienangebots – diese Hoffnung nicht erfüllt (vgl. Janke, 2017). Eine Antwort auf diese enttäuschten Erwartungen sind nun Kommunikationsinstrumente wie ein Online-Newsletter, die quasi in einem bestimmten Zeitrhythmus auf neue Angebote hinweisen und damit als Push-Nachrichten auf Informationsangebote eines Pull-Mediums hinweisen – ein Ansatz, der auch in der Agrarkommunikation Verwendung findet und genutzt wird.[15] Auf diese Weise lassen sich regelmäßig Rezipientinnen adressieren – allerdings auch nur ein fester Kreis von Personen, die bereits zuvor einen Newsletter abonniert haben. Eine alternative Möglichkeit, mit der sich diese Beschränkung des Empfängerkreises umgehen lässt, liegt in der Verknüpfung von Owned-Media- mit Paid-Media-Maßnahmen – z. B. die Schaltung von Online-Werbung, die Links zur eigenen Website enthält. Die Grenze zwischen Owned Media und Paid Media wird damit fließend. Denn auch, wenn die Rezipientin letztlich den Link aktivieren muss, wird sie dazu doch durch visuelle, verbale und akustische Reize animiert (Tab. 5.3).

5.2.3   Hybride Medienzugänge

Die Kombinationen von Medienzugängen ist damit zu einem Stück Normalität erfolgreicher Kommunikation geworden. Daneben zeigt sich, dass gewissermaßen zwischen den bisherigen Zugängen neue, hybride Formen an Relevanz gewinnen. Dabei handelt es sich um Medienformate, in denen bewusst mit der Kaschierung der Unterscheidungen gearbeitet wird oder zumindest nach Wegen gesucht wird, das Trennende zu reduzieren.

---

[15] Eine informative Studie zum Nutzerverhalten bei Newslettern aus dem Agribusiness und dem digitalen Fachjournalismus hat Saskia Wietmann (2020) durchgeführt.

Tab. 5.3 Charakteristika unterschiedlicher Medienzugänge

Zugang	Vorherrschende Nutzungslogik	Idealtypische Vor- und Nachteile	Art von Inhalten	Maßnahmen (Auswahl)
Earned Media	Push	Hohe Glaubwürdigkeit (+) Geringe Kosten (+) Hohe Reichweite (+) Begrenzte Einflussnahme auf Realisation und Tonalität (-)	Hoher Newswert, vor allem ausgelöst durch Aktualität Gerichtet an breite Zielgruppen	Medienmitteilung, Pressekonferenz
Paid Media	Push	Vollständige Kontrolle über Realisation und Tonalität (+) Viele Möglichkeiten (+) Hohe Kosten (-) Geringere Glaubwürdigkeit (-)	Hoher Aufmerksamkeits- und Erinnerungswert, ausgelöst durch die Nutzung auffälliger kreativer Elemente in Bild und Ton	Werbeanzeige, Radiospot und Fernsehspot
Owned Media	Pull und Push	Möglichkeiten, viel Content unterzubringen (+) Vollständige Kontrolle (+) Geringe Kosten (+) Zum Teil geringe Reichweite (-)	Hoher Informationswert, großes Maß an Detailtiefe Geringe Tagesaktualität	Internetseite, Blog (Pull) Newsletter (Push)
Shared Media	Push	Hohe Glaubwürdigkeit (+) Geringe Kosten (+) Potenziell hohe Reichweite (+) Geringe Einflussnahme auf Realisation und Tonalität (-)	Hoher Aufmerksamkeits- und Sympathiewert	Likes, Shares, Kommentare

Handlungsleitend dafür ist die Idee, die Glaubwürdigkeit der Earned Media mit der Planbarkeit von Paid Media zu kombinieren. Dies ist vor allem in digitalen Medien der Fall – mit *Native Advertising, Influencer Relations* und *Blogger Relations* werden im folgenden drei Ansätze vorgestellt, mit denen derartige Strategien umgesetzt werden:

Native Advertising

Ein viel genutzter Ansatz zur Überwindung dieser Grenzen ist der des Native Advertisings,[16] *„defined as the practice by which a marketer borrows from the credibility of a content publisher by presenting paid content with a format and location that matches the publisher's original content"* (Wojdynski & Gola, 2016, S. 1403).

Native Advertising erweist sich dabei nicht allein für kommunizierende Unternehmen als attraktiv. Das Gleiche gilt auch für Medienunternehmen, die im Kontext des Medienwandels nach neuen Erlösquellen suchen.[17] Native Advertising bedient sich der Imitation eines Earned-Media-Formats im Paid-Media-Kontext sowie der Platzierung innerhalb von journalistischen Inhalten, um die Stärken beider Zugänge, die Glaubwürdigkeit der Inhalte mit der Planbarkeit und Gestaltbarkeit ihrer Ausspielung zu kombinieren. Zugleich erscheint Native Advertising sinnvoll vor dem Hintergrund von Ergebnissen aus der Werbewirkungsforschung, wonach Werbung als weniger störend empfunden wird, je weniger sie die Mediennutzung unterbricht (vgl. Meffert et al., 2019, S. 656). Auch diese Anforderung dürfte Native Advertising durch seine inhaltliche, aber auch ästhetische Einbettung erfüllen.

Diese Entwicklung ruft zugleich auch Kritik hervor. Denn klassischerweise sollte aus medienethischer Perspektive für die Rezipientin klar erkennbar sein, über welchen Medienzugang Beiträge in die öffentliche Kommunikation gelangen; entweder über die journalistische Auswahl, Prüfung und Aufbereitung durch eine unabhängige Redaktion, über die Publikation auf einem eigenen Kanal unter eigenem Namen oder über die Zahlung für einen Anzeigen- oder Sendeplatz. Vor allem in den Qualitätsmedien bestand und besteht immer noch zu weiten Teilen dieser Anspruch, jegliche Form möglicher Irreführung zu vermeiden – ein Gebot, das im deutschen Pressekodex festgeschrieben ist (vgl. Presserat, o. J., S. 6).

---

[16] Zwar ist dieser Ansatz, mit formalen Gestaltungsmerkmalen aus dem journalistischen Bereich Anzeigen aufzuwerten, nicht neu, auch in der analogen Welt gab es das Format der Advertorials, in dem Anzeigen wie ein journalistischer Bericht aufgemacht wurden und die Rezipientin nur durch genaues Hinsehen – z. B. die Markierung der Anzeige am Rand – den Unterschied registrieren konnte. Aber erst mit der Digitalisierung wird die Grenze zwischen journalistischen Inhalten und bezahlten Anzeigen wirksam aufgeweicht (vgl. Wojdynski und Gola 2016, S. 1404).

[17] Selbst renommierte Zeitungshäuser wie die New York Times haben diesen Ansatz als ein Geschäftsmodell für sich erkannt. Sie nutzen ihre Reputation und Kompetenz als journalistisches Qualitätsmedium, um über neue Formate journalistisch aufbereitete, bezahlte Werbeinhalte zu produzieren – erstellt im sogenannten T-Brand-Studio. Ein Angebot, das auch von der Landwirtschaft, konkret einer Interessengruppe für die Milchindustrie (MilkPep), genutzt wurde (vgl. Levin et al., 2017).

Influencer Relations

Ähnliche Wirkungsweisen wie beim Native Advertising zeigen sich bei einer weiteren hybriden Form des Medienzugangs, den Influencer Relations. Über diesen Zugang wird nicht die Reputation und Reichweite eines journalistischen Mediums genutzt, sondern die einer Person. Folgende Definition bringt die Leistungsfähigkeit von Influencerinnen für die Kommunikation auf den Punkt: *„Influencer sind Personen, die aufgrund ihres digitalen Netzwerks, ihrer Persönlichkeitsstärke, einer bestimmten Themenkompetenz und kommunikativen Aktivität eine zugesprochene Glaubwürdigkeit für bestimmte Themen besitzen und diese einer breiten Personengruppe über digitale Kanäle zugänglich machen können"* (Schach, 2018, S. 31).

Diese Definition verdeutlicht, dass Influencerinnen ihre Glaubwürdigkeit nicht zwingend über ihre Profession, beispielsweise als Journalistin, erhalten. Stattdessen ist es die Absenderin selbst als Mensch, der diese Glaubwürdigkeit bezogen auf ein Thema zugerechnet wird. Die Wirkung von Influencerinnen ist prinzipiell nichts Neues. Vor der Verfügbarkeit digitaler Kommunikationsmedien waren es die klassischen Autoritäten, Prominente und andere Meinungsführerinnen, die über die Massenmedien kommunizierten bzw. über die berichtet wurde.

Die digitalen Medien stellen nun die Infrastruktur dafür bereit, die die Abhängigkeit der Influencerinnen von den etablierten Massenmedien löst. Potenziell kann daher jede Person eine Influencerin werden, da die Produktion von Medieninhalten auch für jeden potenziell möglich ist (vgl. Schach und Lommatzsch 2018, S. V). Wie sich dem Zitat von Schach (2018) entnehmen lässt, leben Influencerinnen von ihrer Glaubwürdigkeit innerhalb einer Personengruppe. Solange die Tätigkeit des Kommunizierens ausschließlich einer intrinsischen Motivation folgt, können sie für sich in Anspruch nehmen, wahrhaftig[18] zu kommunizieren, also alles so zu meinen, wie es gesagt wird. Einer Landwirtin, die aus eigener Überzeugung und eigenem Antrieb über die Wirksamkeit bestimmter Wirkstoffe im Pflanzenschutz schreibt, wird man keine weitergehenden Motive unterstellen. Gleiches dürfte für Kommunikatoren wie den Landtechnik-Influencer Konrad Bröcker gelten, der Werbeanfragen nach eigenen Angaben konsequent ablehnt (vgl. Batel, 2021). Anders aber kann es sich verhalten, wenn weitere extrinsische Formen der Motivation vermutet werden dürften: z. B. dann, wenn die Kommunikation auch als Haupt- oder zumindest Nebenerwerbsquelle dient – ein Umstand, der keine Ausnahme darstellt. So gaben beispielsweise in einer nicht-repräsentativen Umfrage unter sogenannten Micro-Influencerinnen, also Influencerinnen mit geringer Reichweite, zwei Drittel der Befragten an, dass sie sich mit ihren Kommunikationsaktivitäten etwas dazuverdienen (vgl. Jahnke, 2018, S. 10). Dies funktioniert vor allem dann, wenn

---

[18] Der Begriff der Wahrhaftigkeit im Sinne von subjektiver Aufrichtigkeit entstammt in der hier verwendeten Form der Gesellschaftstheorie von Jürgen Habermas. Er unterscheidet das Kriterium der Wahrhaftigkeit von dem der sachlichen Wahrheit (objektive Welt) und der moralischen Richtigkeit (soziale Welt) (vgl. Habermas 1995, S. 439).

bezahlte Inhalte publiziert werden, hinter denen ökonomische Interessen Dritter stehen. Influencerinnen mit dieser Ausrichtung versuchen dies durch zwei Ansätze zu lösen:

- Sie werben nur für Produkte und Dienstleistungen, hinter denen sie stehen. Es besteht also mehr als eine ökonomische Beziehung zwischen Influencerin und beworbenem Produkt oder beworbener Dienstleistung.
- Der Anteil an aus Eigenmotivation geschriebenen Beiträgen (organischen Beiträgen) bleibt deutlich über dem Anteil gesponserter Inhalte. Auf diese Weise lässt sich ein *Überwerben* des Kanals vermeiden, was ansonsten dazu führt, dass er nicht mehr wahrgenommen wird (vgl. Hellenkemper, 2018, S. 214). Tatsächlich zeigt sich, dass Influencerinnen dabei bestimmten Mustern folgen und sich zu Themenbereichen inhaltlich positionieren, was nicht einmal immer explizit geschehen muss.[19]

Auch zu landwirtschaftlichen Themen ist eine Vielzahl an Personen und Institutionen unterwegs, die sich aus verschiedenen Gründen in der Öffentlichkeit äußert – die bereits beschriebenen Spannungsfelder zwischen ökonomischen Erwartungen und Schutz der eigenen Reputation zeigen sich auch hier. *„Ich lehne aber auch vieles ab"* berichtet beispielsweise die Influencerin Julia Nissen, die als *Deichdeern* viele Anfragen für Werbung bekommt (vgl. Sticht, 2020).

Blogger Relations
Ein spezifischerer Ansatz der Influencerinnen-Kommunikation hat sich mit dem Format des Blogs herausgebildet. Nun ist zwar nicht jede Influencerin eine Bloggerin, aber jede Bloggerin kann auch eine Influencerin sein – so lässt sich das Verhältnis zwischen den beiden Kommunikationsformen beschreiben. Bloggerinnen zeichnen sich dadurch aus, dass sie sich mit dem Blog eines bestimmten Kommunikationsformats bedienen. Dabei können Blogs definiert werden als *„regelmäßig aktualisierte Webseiten mit bestimmten Inhalten – zumeist Textbeiträge in beliebiger Länge und oftmals in Kombination mit Bildern oder anderen multimedialen Inhalten"* (Schmidt, 2006, S. 13). Eine weitere Spielart davon sind wiederum Microblogging-Dienste wie Twitter, über sogenannte Tweets, das sind 280-Zeichen-Nachrichten, in einem Netzwerk sichtbar werden (vgl. Meffert et al., 2019, S. 733).

Blogs sind zunächst einmal nicht an einem spezifischen Medienzugang orientiert. Die Betreiberinnen der Pferdepension können einen eigenen Blog auf ihrer Homepage betreiben und darin über den Reitbetrieb, die Pferde und weitere Aktivitäten schreiben. Auf diese Weise nutzt der Betrieb damit den Owned-Media-Zugang. Dies ist zunächst die naheliegende Konstellation.

---

[19]Viktoria Große Gödinghaus (2019, S. 63) hat in einer qualitativen Inhaltsanalyse von Food Blogs drei grundsätzliche Typen von Bloggerinnen mit Blick auf Fleisch identifiziert: den verantwortungsbewussten Typus, der Gourmet-Typus sowie den unbekümmerten Typus.

Zugleich zeigen sich in der Praxis Kooperationen zwischen verschiedenen Akteurinnen, aus denen sich noch raffiniertere Formen der Verknüpfung ergeben. Wenn die Kartoffelvermarktung in ihrem Produktblog einen bestimmten Kartoffelroder positioniert oder vorstellt, ergibt sich ein Medienzugang – allerdings für das Unternehmen von Kartoffelrodern. Geschieht diese Thematisierung aus Eigenmotivation der Blogbetreiberin, lässt sich das als *organischer Content* und damit als über Earned Media realisierte Kommunikation bezeichnen. Geht der Veröffentlichung aber die Initiierung eines Sponsorings voraus, sodass der Beitrag von dem Maschinenhersteller initiiert oder zumindest finanziert und so mit ihm abgestimmt ist, müsste dieser Blog als Paid-Media-Zugang begriffen werden. Die Ausrichtung und Zielsetzung eines sogenannten *„Corporate Blog"* (Zerfaß, 2005, S. 3) kann sehr unterschiedliche Zielsetzungen und Ausprägungen beinhalten. Ansgar Zerfaß unterscheidet dabei zwischen acht verschiedenen Formaten, u. a. zwischen Service-, Campaigning-, Product- oder Crisis-Blogs (vgl. Zerfaß, 2005, S. 4). So könnte sich die Vermarktungsgesellschaft im Fallbeispiel Kartoffelvermarktung beispielsweise im Schwerpunkt auf Service-Blogs konzentrieren – das hieße, Rezeptblogs mit Kartoffelgerichten zu veröffentlichen. Oder sie legt den Schwerpunkt auf Produktblogs: In diesem Fall stünden Anbau, Ernte oder auch Eigenschaften der Kartoffel im Vordergrund.

In der Landwirtschaft werden Blogs auch von einigen selbstständigen Landwirtinnen als Owned-Media-Zugang genutzt. Die von der Deutschen Landwirtschaftsgesellschaft (DLG) bereitgestellte Plattform *Die Agrarblogger* führt 40 Agrarbloggerinnen auf (vgl. DLG, o. J.). In der Regel sind diese im Hauptberuf eben nicht Kommunikatorinnen, sondern Landwirtinnen. Viele von ihnen bloggen vollständig unentgeltlich für den Berufsstand, berichten über Aktivitäten auf ihrem Hof oder äußern sich zu agrarpolitischen Entwicklungen sowie öffentlichen Themen der Landwirtschaft. Auch die Betriebe der Milchtankstelle, des Hühnermobils sowie der Pferdepension sind mit Blogs aktiv und nutzen diesen Kanal, um hier aktuelle Inhalte zu publizieren – die dann idealerweise über Shared Media auf den sozialen Plattformen Verbreitung finden.

Dass sich Blogs und Influencerinnen im Allgemeinen mit inhaltlicher Ausrichtung auf Agrar- und Ernährungsthemen in der Öffentlichkeit einer hohen Resonanz erfreuen, zeigen Umfragen. So wurde in einer Befragung von 2018 *Food* als der Bereich genannt, bei dem der größte Anteil der Befragten, nämlich 34 %, Influencerinnen zu Rate ziehen, vor *Reisen* mit 32 % und *Fashion* mit 29 % (vgl. statista, 2018). Auch hier deuten Studien darauf hin, dass Ehrlichkeit und nur ein bestimmtes Maß an gesponserten Beiträgen für die Leserinnen von entscheidender Bedeutung sind (vgl. Rotert, 2018, S. 57).

5.2.4 Medienreichhaltigkeit

In den vorangegangenen Abschnitten wurde deutlich, dass beim Einsatz der richtigen Maßnahmen verschiedene Faktoren zu berücksichtigen sind: unter anderem finanzielle Mittel, Glaubwürdigkeit, Steuerungsmöglichkeit und Verbreitungslogik. Ebenso ist zu

bedenken, was die Medienkanäle leisten müssen – und welche Kommunikationsaufgaben daher mit welchen Maßnahmen über welche Kanäle am besten bewältigt werden
können. Geht es um eine Produktinformation aus dem Regiomaten oder für den Hofladen, ums Hühnermobil oder um die Konfliktentschärfung mit kritischen Anwohnern
des Bürgerparks oder den Stallneubau? Welche Maßnahme jeweils infrage kommt, ist
neben den bereits genannten Kriterien auch eine Frage der erforderlichen Reichhaltigkeit eines Mediums.[20] Reiche Medien zeichnen sich dadurch aus, dass sie sofortiges
Feedback ermöglichen und verschiedene Reize ansprechen. Sie nutzen die menschliche
Sprache (im Gegensatz zu technischen Codes) und setzen außerdem die soziale Präsenz
der Kommunikationspartnerinnen voraus. Für *arme* Medien gilt hingegen das Gegenteil (vgl. Mast, 2016, S. 168): Sie verengen die Nachricht auf eine oder wenige Medien,
i. d. R. als *Einbahnstraßenkommunikation* ohne Rückkanal. Ihr großer Vorteil gegenüber
reichhaltigeren Medien liegt, wie Abb. 5.2 zeigt, i. d. R. im geringen Ressourcenbedarf.
So können hier mit einer Kommunikationsaktivität oder vergleichsweise wenig Aufwand
viele Empfänger erreicht werden.

Geht es beispielsweise erst einmal *nur* darum, wahrgenommen und bekannt zu
werden, so sind nachrichtenärmere Maßnahmen die Mittel der Wahl – z. B. bei einer
Information zu einem wenig erklärungsbedürftigen Produkt. Eine ausführliche Eins-zu-
eins-Kommunikation wäre für solche Aktivitäten aus Ressourcensicht unangemessen.
Ganz anders aber stellt sich die Aufgabe dar, wenn es um komplexe, mit starken
Emotionen behaftete, kritische Themen geht – beispielsweise in den Kontexten des Stallbaus und Bürgerwindparks. In diesen Fällen erweist sich üblicherweise die persönliche
Kommunikation, ob auf einer Versammlung oder sogar in Eins-zu-eins-Gesprächen, als
leistungsfähiger. So können Emotionen, aber auch Argumente der Stakeholderinnen aufgenommen werden. Die Betroffenen haben auch das Gefühl, gehört und ein stückweit
beteiligt zu werden (siehe Kap. 7).

Ein weiteres Zeichen für Reichhaltigkeit ist dabei auch die Möglichkeit, über verschiedene Reize zu kommunizieren – ein Punkt, der bereits in der Kreativplanung
angesprochen wurde (siehe Abschn. 5.1.4). Die Vor- und Nachteile sind insbesondere in
der Agrarkommunikation bekannt. So kann über den Besuch eines Betriebs die Wahrnehmung der Tierhaltung über Sinneskanäle vertiefter ge- und erklärt werden, als dies
über Texte und Bildmaterial möglich ist.[21] Zugleich erscheint die Aussicht, dann in
Deutschland 80 Mio. potenzielle Rezipientinnen regelmäßig auf den Betrieben zu
begrüßen, alles andere als bewältigbar und realistisch. Hier ist der intelligente Einsatz
ärmerer Medien alternativlos.

---

[20] Claudia Mast hat diesen Ansatz aus der Organisationstheorie entlehnt (vgl. Daft und Lengel
1986) und für das Kommunikationsmanagement fruchtbar gemacht. Kennzeichnend für diesen
Ansatz ist die Unterscheidung zwischen *armen* und *reichen* Medien (vgl. Mast 2016, S. 168).

[21] Eindrucksvoll zeigt sich das anhand von Projekten wie dem *Lernort Bauernhof*, in dessen
Rahmen Schülerinnen im Rahmen von Besuchen auf Betrieben unmittelbar Landwirtschaft erleben
können (vgl. Bundesanstalt für Landwirtschaft und Ernährung o. J.b).

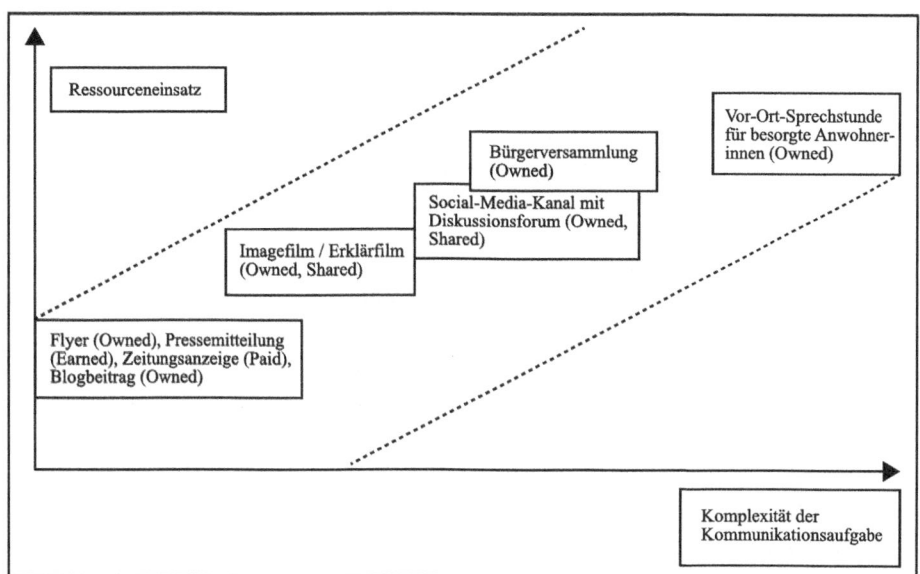

Abb. 5.2 Effizienter Einsatz möglicher Kommunikationsmaßnahmen bei den Fallbeispielen Stallbau und Bürgerwindpark. (In loser Anlehnung an Mast, 2016, S. 168)

Abb. 5.2 verdeutlicht, dass Maßnahmen ihre individuellen Stärken und Schwächen haben. Einer erfolgreichen (Agrar-)Kommunikation geht es darum, die Maßnahmen sinnvoll miteinander zu kombinieren, um die gesetzten Kommunikationsziele zu erreichen. Weder die Milchtankstelle noch das Hühnermobil, der Stallbau noch die anderen Fallbeispiele werden sich auf eine Maßnahme konzentrieren, um Inhalte zu transportieren.

5.2.5 Strukturierung der Maßnahmen

Das skizzierte Bild des integrierten Verkehrssystems hat gezeigt: Damit professionelle Kommunikation ihre Wirkung entfalten kann, sollten die Einzelmaßnahmen aufeinander abgestimmt sein und in einer bestimmten Ordnung zueinander stehen. Dies gilt für die Inhalte der Kommunikation. Es gilt aber auch für die verschiedenen Instrumente. Verschiedene Herangehensweisen stehen zur Verfügung, um möglichen Einzelmaßnahmen eine ordnende Struktur zu geben.[22]

---

[22] Schmidbauer und Jorzik (2017, S. 348–352) bieten zehn verschiedene Möglichkeiten an, die Maßnahmen zu strukturieren, davon werden drei, die für die Fallbeispiele am relevantesten sind, hier vorgestellt.

- **Strukturierung nach Portfolio/Angebot:** Das kann konkret bedeuten, mit bestimmten Maßnahmen gezielt über bestimmte Produkte zu kommunizieren und andere Maßnahmen bei anderen Produkten einzusetzen. Im Fallbeispiel Hühnermobil könnte sich eine Strukturierung entlang des Produktangebots anbieten. Während das Standardangebot – wie Eier aus klassischer Bodenhaltung, aber auch die Weihnachtsgans – für die ältere und etablierte Bestandskundschaft dann vielleicht über klassische Maßnahmen wie Flyer oder eine Anzeige im lokalen Anzeigenblatt kommuniziert wird, konzentriert sich die Kommunikation für die jüngere Zielgruppe stärker auf Homepage und Social-Media-Kanäle und kommuniziert darüber zum Hühnermobil und das Angebot an Bio-Käsen von befreundeten Hofkäsereien.
- **Strukturierung entlang der Zielgruppen:** Eine Möglichkeit dieser Strukturierung wäre, dass bestimmte Zielgruppen mit jeweils unterschiedlichen Kommunikationszielen über verschiedene Maßnahmen adressiert werden. Ein Beispiel, bei dem sich ein solcher Ansatz anbietet, ist die Imagekampagne für den Berufsstand. Für diesen ist eine Strukturierung entlang der beiden Kernzielgruppen Verbraucherinnen und Landwirtinnen relevant – dies einfach deshalb, weil die Ziele mit Blick auf diese Gruppen ganz andere sind. Im Falle der Verbraucherinnen geht es um die Verbesserung des Images der Landwirtschaft. Die Landwirtinnen sollen hingegen erst einmal davon überzeugt werden, die Kampagne zu unterstützen (siehe Abschn. 4.2) Während Verbraucherinnen dann über Maßnahmen wie Onlineaktivitäten auf der eigenen Website, Radiospots, Filme über die Landwirtschaft angesprochen werden, geschieht dies für die Landwirtinnen auf einer separaten Website, in Fachmedien, auf Ortsverbandssitzungen und Winterversammlungen oder auch in privaten Anschreiben und Gesprächen von Multiplikatorinnen innerhalb des Berufsstands. Beide Maßnahmenbündel verfolgen unterschiedliche Teilziele, ausgerichtet auf unterschiedliche Zielgruppen. Gleichzeitig ist hier Konsistenz zwischen den einzelnen Maßnahmen wichtig. Denn auch Landwirtinnen hören Radio und können die Verbraucherwebsite erreichen.
- **Strukturierung nach zeitlichem Einsatz:** Im Rahmen einer solchen Strukturierung werden die einzelnen Maßnahmen nicht entsprechenden Produkten oder Zielgruppen zugeordnet, sondern in einem Zeitraum angeordnet. Plausibel erscheint dies bei Kommunikationsaufgaben wie den Fallbeispielen Stallbau und Bürgerwindpark. Jeder Projektschritt – von den ersten Überlegungen bis zur Inbetriebnahme – erfordert spezifische Kommunikationsaufgaben (siehe Kap. 9).
  Auch wenn die Primärstrukturierung eine andere ist, kommen auch die anderen Strukturierungsansätze nicht daran vorbei, einen Zeit-Maßnahmen-Plan zu erstellen. Es geht eben darum festzulegen, was wann gemacht wird – auch, wenn im Sinne eines iterativen Vorgehens Anpassungen immer erforderlich sein können. Im Sinne einer integrierten, vernetzten Kommunikation stehen diese Maßnahmen nicht losgelöst nebeneinander, sondern ergeben im Zusammenspiel so etwas wie eine Dramaturgie der Kommunikation (Tab. 5.4).

Tab. 5.4 Oft gewählter dramaturgischer Verlauf einer Kampagne. (In Anlehnung an von Matt, 2016, S. 434)

Phasen	Agendasetting/ Sensibilisierung	Verbreitung/ Aktivierung	Emotionalisierung/ Interaktion	Vertiefung	Kauf
Ziele	Interesse und Neugierde wecken	Ganze Zielgruppe mit der Idee erreichen	Sympathie schaffen und Dialog aufnehmen	Informationen vermitteln und direkten Kontakt herstellen	
Medienzugang	Earned Media/ Shared Media	Paid, Owned und Earned Media	Owned Media	Owned Media	
Instrumente	Pressearbeit und Event	Werbung, PR und Social Media	Kampagnen, Microsite, Event, Social Media	Corporate Website	Online-Shop, Geschäftsstelle

Die Vorteile und Effekte einer solch vernetzten Dramaturgie zeigen sich in zweierlei Hinsicht: Zum einen geht es um eine inhaltliche und technische Verknüpfung von Maßnahmen aufseiten des Unternehmens, um effizient zu kommunizieren und mit den verfügbaren Ressourcen eine maximale Wirkung zu entfalten (Effizienz). Wenn die lokale Tageszeitung bereits ausführlich über den Tag des offenen Hofes berichtet hat, braucht darüber nicht unbedingt noch einmal in einer geschalteten Anzeige informiert zu werden – es sei denn, es gilt bewusst den Wiederholungseffekt zu erzeugen. Andersherum werden Ressourcen auch dann nicht optimal genutzt, wenn das Hühnermobil eine Shopfunktion auf seiner Website einrichtet, ohne dass diese über Push-Medien wie Earned und Paid aktiv bekannt gemacht wird.

Diese Gefahr mangelnder Effizienz aufgrund einer kommunikativen *Leerstelle* leitet zum zweiten Vernetzungsprozess über, der für den Erfolg noch entscheidender sein dürfte: Für die Wirkung (Effektivität) der Maßnahmen ist entscheidend, dass es auch zu einer Vernetzung/Verknüpfung bei den Rezipientinnen im Kopf kommt. Sie müssen quasi *mitgenommen* werden. Im Marketing ist das Denken in einer zeitlichen Strukturierung der Maßnahmen unter dem Begriff der *Customer Journey* verbreitet (vgl. Lemon & Verhoef, 2016, S. 74–78). Das heißt: Die Kundin soll, bildlich gesprochen, eine Reise machen – und auch, wenn sie diese Reise freiwillig unternimmt, sollten das *Reiseprogramm* und vor allem das Ziel vom Unternehmen sorgfältig vorbereitet und abgestimmt sein. Für die einzelnen Programmpunkte bietet sich wiederum der Begriff der Touchpoints an – also die Punkte, an denen die Rezipientin mit den kommunikativen Maßnahmen in Berührung kommt: beim Stehen an der Bushaltestelle

(City-Light-Poster), beim Aufschlagen der Zeitung (Abdruck einer Pressemitteilung im redaktionellen Teil) oder beim Wischen auf dem Smartphone (geteilter Post im sozialen Netzwerk).

Dabei muss immer beachtet werden: Nicht nur die geplante Kommunikation, sondern auch die ungeplanten, nicht damit in Verbindung stehenden Handlungen können Kommunikationseffekte haben und müssen entsprechend mitgedacht werden (vgl. Leipziger, 2009, 147 ff.). *„Kommunikationsaktivität ist alles, was sich öffentlich interpretieren lässt"* (Leipziger, 2009, S. 148). Das bedeutet dann, dass auch dies in der Wahrnehmung der Rezipientin mit den geplanten Kommunikationsaktivitäten vernetzt wird – und dann vielleicht auch Widersprüche und Dissonanzen auftreten, die die geplante Wirkung der Kommunikation konterkarieren. So wird das Bekenntnis der federführenden Personen des Bürgerwindparks zum Klimaschutz nur begrenzt wahrgenommen, wenn als Dienstwagen, anders als in Abschn. 5.1.4 vorgeschlagen, SUVs mit einem offensichtlich hohen Verbrauch genutzt werden. Idealerweise wird die Rezipientin von einem zum nächsten Touchpoint geleitet bzw. ergreift selbst die Initiative dazu.

5.2.6 Budgetierung

Die Umsetzungsplanung endet schließlich mit der konkreten Entscheidung, wann wo welche Maßnahme umgesetzt wird.[23] Spätestens damit kommt die Frage nach den Kosten auf, die anfallen können. Schmidbauer und Jorzik (2017, S. 457) plädieren sogar dafür, dass diese Frage bewusst erst am Ende gestellt wird, sodass gute Ideen und Ansätze nicht direkt in der Planungsphase mit Verweis auf mangelnde Finanzierbarkeit zurückgewiesen werden. Auch schlagen sie vor, innerhalb der Konzeption die Kosten erst einmal grob zu kalkulieren. Damit plädieren sie für einen heuristischen Ansatz, dem zufolge die Kosten zum Teil grob überschlagen werden – im Unterschied zu analytischen Ansätzen der Budgetierung, bei deren Anwendung das Budget auf Basis aufwendiger Modellierungen ermittelt wird (vgl. Guhl & Steffenhagen, 2016, S. 382). Zunächst zu klären sind vor allem die folgenden Aspekte:

- **Die Höhe des Budgets, das für Kommunikation ausgegeben werden kann bzw. ausgegeben werden soll:** Um die dahinterliegende Frage nicht vollkommen aus dem Bauch heraus zu beantworten, kann es sinnvoll sein, sich an einer Referenzgröße zu orientieren: Diese kann sich auf verschiedene Aspekte beziehen. In der produktbezogenen Kommunikation besteht die Möglichkeit, die *Festbetrag-pro-Stück-Methode* anzuwenden, also beispielsweise x Euro pro produziertem Liter Milch oder

---

[23] Auch wenn einige Aspekte in der Praxis vielleicht noch einmal flexibel angepasst werden, wo erforderlich und möglich, siehe iteratives Vorgehen in Abschn. 2.1.2.

hergestelltem Ei für Kommunikation auszugeben. Eine andere wäre die *Prozent-vom-Umsatz-Methode*, die beispielsweise auch für die Reiterpension möglich wäre, oder eine Wettbewerbsparitätsmethode, wonach man sich – sofern sich das Budget in etwa ermitteln lässt – an den Wettbewerbern orientiert (vgl. Guhl & Steffenhagen, 2016, S. 384). Diese einfaktoriellen Verfahren haben den Vorteil, dass sie recht simpel sind, zugleich wird ihnen jedoch vorgeworfen, dass sie weder effektiv noch effizient sind. Vielleicht ist für die Vermarktung der Regionalkartoffel pro Menge x ein anderer Kommunikationsaufwand erforderlich als für die gleiche Menge an Milch oder Eiern: z. B., weil in der Kommunikation andere Schwerpunkte bei der Nutzung von Medienzugängen gewählt werden müssen. Vielleicht ist die Wettbewerberin bereits ganz anders kommunikativ positioniert und hat damit einen ungleich geringeren Kommunikationsaufwand – solche Unterschiede lassen sich mit einfaktoriellen Ansätzen nicht gut berücksichtigen. Daher empfiehlt es sich, neben der Ermittlung eines solchen Pauschalbudgets detaillierter zu kalkulieren und folgenden Aspekt zu klären:

- **Die Verteilung der verschiedenen Budgetpositionen entlang der unterschiedlichen Einzelmaßnahmen:** Bereits bei der Vorstellung der einzelnen Konzeptionstypen (siehe Kap. 2) wurde ersichtlich, dass sich einzelne Konzeptionen hinsichtlich des zeitlichen Aufwands deutlich unterscheiden, von einer bis 15 Wochen. Und auch die Schwerpunktsetzung der Aufgaben in den drei Phasen von der Analyse über Strategie bis zu den Maßnahmen ist unterschiedlich. All dies kann bereits die Kosten erheblich beeinflussen.

Das spricht dafür, bereits zu diesem Zeitpunkt sogenannte zweckbezogene Teiletats festzulegen, also zu definieren, für welche Maßnahmen in etwa welche Mittel zur Verfügung gestellt werden (vgl. Guhl & Steffenhagen, 2016, S. 386), eben auch, um selbst ein Gefühl dafür zu entwickeln, an welcher Stelle welche Mittel notwendig sind. Bei der Ermittlung der Budgets kann dabei aufteilend, aber auch zusammensetzend vorgegangen werden. Beim aufteilenden Verfahren wird in der hier dargestellten Chronologie vorgegangen. Ein Gesamtbudget wird ermittelt und dann werden Teiletats festgelegt. Ebenso aber ist es möglich, dass zunächst Teiletats definiert werden, die dann summiert werden (vgl. Guhl & Steffenhagen, 2016, S. 383). Bei der Vorstellung der Medienzugänge (siehe Abschn. 5.2.1) wurde ersichtlich, dass sich die dahinterstehenden Einzelmaßnahmen vom Kostenaufwand unterscheiden. Das Verfassen einer Pressemitteilung kostet vielleicht Zeit, erfordert aber ansonsten keine zusätzlichen Mittel.[24] Die Anzeigenschaltung und der

---

[24] In diesem Fall wird davon ausgegangen, dass die Medienarbeit nicht fremd vergeben wird, sondern im Betrieb vorgenommen wird. Andernfalls fallen Fremdleistungen für das Texten und den Versand an die Redaktionen an.

bezahlte Facebookpost erfordern dagegen finanzielle Mittel.[25] Auf der eigenen Homepage können zwar Inhalte kostenfrei eingestellt werden – die Programmierung der Website aber kann sehr unterschiedliche Kosten bedeuten.[26]

Mit Blick auf die Budgetverteilung auf die verschiedenen Maßnahmenbündel zeigt sich in ganz Deutschland die folgende Verteilung: Mit 28,9 % fällt der größte Anteil auf klassische Werbung, gefolgt von Live-Kommunikation mit 23,8 %. Erst dann folgt Online-Kommunikation mit 20 %, mit weitem Abstand von Earned Media, die mit 9,6 landet (vgl. Meffert et al., 2019, S. 651). Diese Zahlen dürften sich jedoch nicht auf jeden Einzelbetrieb übertragen lassen – eben, weil hier die großen Budgets für Fernsehen und überregionale Anzeigenwerbung mit enthalten sind, die i. d. R. nur von großen internationalen Unternehmen genutzt werden. Welche Spannweite in der Budgetierung von Kommunikation vorherrscht, zeigt sich mit Blick auf die Kommunikation von Bauprojekten im Allgemeinen. Hier ergab eine Umfrage, dass nur jeder zehnte Projektleiter Budgetmittel für Kommunikation zur Verfügung hat (vgl. Nagel & Wild, 2014, S. 11). Ebenso wichtig kann dabei auch die übergeordnete Frage sein, für welche Ziele und welche Zielgruppen die Mittel eingesetzt werden sollen – sofern es jeweils mehrere gibt (vgl. Guhl & Steffenhagen, 2016, S. 386–387). So muss der Landwirtschaftsverband im Rahmen des Fallbeispiels Imagekampagne kalkulieren, wie das Budgets aufgeteilt werden soll, zwischen der Gewinnung der Unterstützung (Kommunikationsziel I) der Landwirtinnen (Zielgruppe I) sowie der Verbesserung der Images (Kommunikationsziel II) bei den Verbraucherinnen (Zielgruppe II). Der Betrieb des Fallbeispiels Hühnermobil hat zu klären, welche Ausgaben zur Gewinnung neuer junger Kundinnengruppen möglich sind und welchen Aufwand er für die Etablierten weiterhin monetär betreiben will.

Im Folgenden wird daher ein Budget-Maßnahmen-Plan vorgestellt, der eine Impression möglicher Größenordnungen von Kosten verdeutlicht, ein weiterer findet sich in Abschn. 8.8.3 (Tab. 5.5).

---

[25] Und auch innerhalb der Einzelmaßnahmen sind keine pauschalen Aussagen möglich. So reichten Kosten für Werbung beim Radiosender NDR 2 von 15,20 € pro Sekunde an den Samstagen im Juni zwischen 6 und 7 Uhr bis 143,84 € pro Sekunde an Donnerstagen und Freitagen zwischen 7 und 8 Uhr im April (vgl. NDR media 2020).

[26] Praxisempfehlungen im Internet geben hier eine Kostenspanne von 400 € bis 10.000 € an, je nach Komplexität und Umfang der Seite (vgl. Das Unternehmerhandbuch o. J.).

Tab. 5.5 Fiktive Kostenkalkulation für Maßnahmen im Fallbeispiel Hühnermobil

Maßnahmen/Zeit	Woche 1	Woche 2	Woche 3	Woche 4	Woche 5	Kosten einzelner Maßnahmen
Klassische Werbung		Anzeige in lokalem Anzeigeblatt (Auflage 10.000: 109,62 €); Werbebanner auf eigenen Flächen, von der Straße sichtbar (Druck und Befestigung: 350 €)	Anzeige in lokalem Anzeigeblatt (Auflage 10.000: 109,62 €)			569,24 €
Online-Kommunikation/ Social Media (Seiten bereits vorhanden, dafür also keine zusätzlichen Kosten)		Veröffentlichung Imagefilm (Unterstützung durch semiprofessionellen Videoproduzenten 1500 €)		Gewinnspielaktion, Kosten für einen Präsentkorb (50 €)		1550 €
PR-Öffentlichkeitsarbeit	Pressegespräch mit Lokalreporter (Eigenleistung, ohne externe Kosten)				Versand Pressemitteilung Bericht über Veranstaltung (Eigenleistung, ohne Kosten)	0 €

(Fortsetzung)

Tab. 5.5 (Fortsetzung)

Maßnahmen/Zeit	Woche 1	Woche 2	Woche 3	Woche 4	Woche 5	Kosten einzelner Maßnahmen
Direktmarketing				Flyer, Produktion & Verteilung an Haushalte (5000 Stück: 600 €)		600 €
Event					Hoffest inkl. Rahmenprogramm (2500 €)	2500 €
Kosten im Zeitverlauf	**0 €**	**1959,62 €**	**109,62 €**	**650 €**	**2500 €**	**5219,24 €**

Literatur

Abbott, H. P. (2000). The evolutionary origins of the storied mind: Modeling the prehistory of narrative consciousness and its discontent. *Narrative, 8*(3), 247–256.

Andresen, T., & Meermann, A. (1998). Fallstudie Beck's-Markenführung: Die Musik macht den Umsatz. absatzwirtschaft, 14.09.1998, S. 50 ff.

Aughtmon, S. (2016). 31 Types of content we crave. Content Marketing Institute. https://content-marketinginstitute.com/2016/06/content-crave-infographic/. Zugegriffen: 14. Jan. 2021.

Bachmair, S. H. (2017). StoryWork – Mit narrativer Arbeit Führungsund Organisationskultur transformieren. In J. Chlopczyk (Hrsg.), *Beyond Storytelling: Narrative Ansätze und die Arbeit mit Geschichten in Organisationen* (S. 81–108). Springer Gabler.

Batel, D. (2021). Mit Online-Lexikon fing alles an. Wie ein Landtechnik-Influencer aus Lienen zu 70.000 Followern kam. *Neue Osnabrücker Zeitung online*, 03.04.2021. https://www.noz.de/lokales/glandorf/artikel/2271306/wie-frederic-broecker-aus-lienen-zu-70-000-followern-kam. Zugegriffen: 21. Mai 2021.

Behrens, G., & Neumaier, M. (2009). Verbale Reize in der Kommunikation. In M. Bruhn, F.-R. Esch, & T. Langner (Hrsg.), *Handbuch Kommunikation. Grundlagen – Innovative Ansätze – Praktische Umsetzungen* (S. 737–753). Gabler.

Berger, M. B. (2017). Landwirte sind empört über neue "Bauernregeln". In: *Hannoversche Allgemeine Online*, 06.02.2017. https://www.haz.de/Nachrichten/Politik/Deutschland-Welt/Landwirte-sind-empoert-ueber-neue-Bauernregeln-fuer-naturvertraegliche-Landwirtschaft. Zugegriffen: 12. Jan. 2021.

Boos, E. (2007). *Das große Buch der Kreativitätstechniken*. Circon.

Bucher, H.-J., Gloning, T., & Lehnen, K. (Hrsg.). (2010). *Neue Medien – neue Formate. Ausdifferenzierung und Konvergenz in der Medienkommunikation*. Campus.

Bundesanstalt für Landwirtschaft und Ernährung. (o. J.). Lernort Bauernhof: Landwirtschaft macht Schule. https://www.praxis-agrar.de/betrieb/verbraucherdialog/lernort-bauernhof-landwirtschaft-macht-schule/. Zugegriffen: 6. Mai 2021.

Colo, C. (2013). Implementierung von Wachstumsstrategien in Zeiten des Medienwandels. Strategische Anforderungen an Medienunternehmen und Handlungsoptionen für Organisation und Führung. In M. Schneider (Hrsg.), *Management von Medienunternehmen. Digitale Innovationen – Crossmediale Strategien* (S. 185–224). Springer Gabler.

Daft, R. L., & Lengel, R. H. (1986). Organizational Information Requirements. Media Richness and Structural Design. *Management Science, 32*(5), 554–571. https://www.jstor.org/stable/pdf/2631846.pdf?casa_token=zPmrgxAPoGwAAAAA:UxaPO5-8hvhHbbdIFgED_6oWhcJOjelS8DVzStCK4Jyb6upxOiuBz5Jp_FCGyRHQJQnJ9HzE7x4-x4wVbi57uNcfauBRB7qM9ApEAgr_axdeCzD_0Yk. Zugegriffen: 22. Mai 2020.

Das Unternehmerhandbuch. (o. J.). https://das-unternehmerhandbuch.de/website-erstellen-kosten/#:~:text=WERBUNG-,Preisspanne%20f%C3%BCr%20professionelle%20Webpr%C3%A4senzen,400%20Euro%20und%2010.000%20€.. Zugegriffen: 18. Jan. 2021.

Deutscher Bauernverband. (2020). Situationsbericht 2020/21. Trends und Fakten zur Landwirtschaft. https://www.bauernverband.de/situationsbericht/1-landwirtschaft-und-gesamtwirtschaft-1. Zugegriffen: 10. Jan. 2021.

Diehl, S., & Terlutter, R. (2009). Aufbau von Erlebniswelten durch Kommunikation. In M. Bruhn, F.-R. Esch, & T. Langner (Hrsg.), *Handbuch Kommunikation. Grundlagen – Innovative Ansätze – Praktische Umsetzungen* (S. 591–611). Gabler.

DLG. (o. J.). Agrar-Blogs. https://agrarblogger.de/agrar-blogs/. Zugegriffen: 26. Mai 2020.

Engel, B., Mai, L., & Müller, T. (2018). Massenkommunikation Trends 2018: Intermediale Nutzungsportfolios. *Media Perspektiven* (7–8), 330–347. https://www.ard-werbung.de/fileadmin/user_upload/media-perspektiven/pdf/2018/070818_Engel_Mai_Mueller.pdf. Zugegriffen: 19. Febr. 2020.

Ermann, M. (2017). *Stakeholderorientiertes Kommunikationsmanagement in der Agrar- und Ernährungswirtschaft.* Dissertation. Georg-August-Universität, Göttingen. Fakultät für Agrarwissenschaften.

Esch, F.-R., Roth, S., & Strödter, K. (2009). Wirkungen akustischer Reize in der Markenkommunikation. In M. Bruhn, F.-R. Esch, & T. Langner (Hrsg.), *Handbuch Kommunikation. Grundlagen – Innovative Ansätze – Praktische Umsetzungen* (S. 755–773). Gabler.

Esch, F.-R., & Michel, M. (2009). Visuelle Reize in der Kommunikation. In M. Bruhn, F.-R. Esch, & T. Langner (Hrsg.), *Handbuch Kommunikation. Grundlagen – Innovative Ansätze – Praktische Umsetzungen* (S. 713–734). Gabler.

Fabry, T., & Kussin, M. (2020). *Vermittlung und Wirkung von Tierwohlmaßnahmen in der modernen Schweinehaltung über Bewegbildformate. Abschlussbericht. Forschungsprojekt, gefördert durch den QS-Wissenschaftsfonds.* Hochschule Osnabrück.

Forum Moderne Landwirtschaft. (o. J.). Newsletter. https://www.moderne-landwirtschaft.de/newsletter/. Zugegriffen: 10. Jan. 2021.

Frühbrodt, L. (2016). Content Marketing. Wie "Unternehmensjournalisten" die öffentliche Meinung beeinflussen. Eine Studie der Otto Brenner Stiftung. https://www.otto-brenner-stiftung.de/fileadmin/user_data/stiftung/02_Wissenschaftsportal/03_Publikationen/AH86_Contentmarketing_Fruehbrodt_2016_06_09.pdf. Zugegriffen: 10. Juni 2020.

Garten Schlüter. (o. J.). Frühkartoffeln – die zarten Knollen. https://www.garten-schlueter.de/ratgeber/kartoffeln/fruehkartoffeln/. Zugegriffen: 18. Jan. 2021.

Geißlinger, H. (2017). Soweit Geschichten tragen. In J. Chlopczyk (Hrsg.), *Beyond Storytelling: Narrative Ansätze und die Arbeit mit Geschichten in Organisationen* (S. 5–10). Springer Gabler.

Große-Gödinghaus, V. (2019). *Potential der Food Blogger Szene für das Vermitteln von Botschaften über die Schweinehaltung .Eine Analyse der Darstellungsweise von Lebensmitteln und Fleisch auf Food Blogs.* Unveröffentlicht. Osnabrück.

Grunert, G. (2019). *Methodisches Content Marketing. Erfolgreich durch systematisches Vorgehen, integriertes Arbeiten und klare ROI-Orientierung.* Springer Gabler.

Guhl, D., & Steffenhagen, H. (2016). Kommunikationsbudgetierung: Heuristische Ansätze. In M. Bruhn, F.-R. Esch, & T. Langner (Hrsg.), *Handbuch Strategische Kommunikation. Grundlagen – Innovative Ansätze – Praktische Umsetzungen* (2. Aufl., S. 377–400). Springer Gabler.

Habermas, J. (1995). *Theorie des kommunikativen Handelns. Ba 1. Handlungsrationalität und gesellschaftliche Rationalisierung.* Suhrkamp.

Hellenkemper, M. (2018). The Perfect Fit: Wie jedes Unternehmen passgenaue und hochwertige Influencer identifiziert. In A. Schach & C. Christoph (Hrsg.), *Handbuch Sprache in den Public Relations. Theoretische Ansätze – Handlungsfelder – Textsorten* (S. 201–224). Springer VS.

Herbst, D. G. (2014). *Storytelling.* UVK.

Hessischer Bauernverband. (2018). Tag des offenen Hofes – Landwirtschaft zum Anfassen für Groß und Klein. https://www.hessischerbauernverband.de/tag-offenen-hofes. Zugegriffen: 22. Apr. 2020.

Hoffjann, O. (2014). Presse- und Medienarbeit in der Unternehmenskommunikation. In A. Zerfaß & M. Piwinger (Hrsg.), *Handbuch Unternehmenskommunikation: Strategie, Management, Wertschöpfung* (S. 672–690). Springer Gabler.

Hoffjann, O. (2018). Crossmedialität in der Unternehmenskommunikation – Chancen, Barrieren und Lösungen. In K. Otto & A. Köhler (Hrsg.), *Crossmedialität im Journalismus und in der Unternehmenskommunikation* (S. 43–62). Springer.

Jahnke, M. (2018). Ist Influencer Marketing wirklich neu? In M. Jahnke (Hrsg.), *Influencer Marketing. Für Unternehmen und Influencer: Strategien, Plattformen, Instrumente, rechtlicher Rahmen. Mit vielen Beispielen* (S. 1–13). Springer Gabler.

Janke, K. (2017). Von Push zu Pull zu Push. *digital marketing. Das Magazin zur DMEXCO 2017*, S. 42–44. https://www.horizont.net/media/media/22/dmexco-Magazin-218886.pdf. Zugegriffen: 11. Mai 2020.

Kant, I. (1974). *Kritik der Urteilskraft*. Suhrkamp.

Kantar Emnid. (2017). *Das Image der deutschen Landwirtschaft. Ergebnisbericht*. Kantar Emnid.

Karmasin, M. (2015). PR im Stakeholder-Ansatz. In R. Fröhlich, P. Szyszka, & G. Bentele (Hrsg.), *Handbuch der Public Relations. Wissenschaftliche Grundlagen und berufliches Handeln. Mit Lexikon*. 3. ü Aufl. (S. 341–356). Springer VS.

Kiefer, M., & Lies, J. (2015). Media relations. In J. Lies (Hrsg.), *Praxis des PR-Managements. Strategien – Instrumente – Anwendung* (S. 30–37). Springer Gabler.

Kolb, G. (2010). Vertrauen wächst im direkten Dialog. Zur Renaissance der Direktkommunikation im Zeitalter des Internets. In M. Kayser, J. Böhm, & A. Spiller (Hrsg.), *Die Ernährungswirtschaft in der Öffentlichkeit. Social Media als neue Herausforderung der PR* (S. 55–72). Cuvillier.

Krug, W. (1985). Der Einfluss von Koch- und Diätanleitungen auf das Ernährungsverhalten. *Bibliotheca Nutritio et Dieta, 36*, 44–54.

Landwirtschaftsverlag. (o. J.). Portrait. https://www.lv.de/unternehmen/portraet/. Zugegriffen: 19. Febr. 2020.

Leipziger, J. W. (2009). *Konzepte entwickeln. Handfeste Anleitungen für bessere Kommunikation; mit vielen praktischen Beispielen*. Frankfurter Allgemeine Buch. http://www.wiso-net.de/document/FAZB,AFAZ__9783899814071221. Zugegriffen:

Lemon, K. N., & Verhoef, P. C. (2016). Understanding customer experience throughout the customer journey. *Journal of Marketing* 80 (AMA/MSI Special Issue), 69–96.

Levin, S., King-Balentine, K., & Yaches, J. (2017). Milk Matters, "Meet America's Dairy Farmers". Presented by MilkPEP. Hrsg. von T Brand Studio. https://www.youtube.com/watch?v=TU1JG00Gorc. Zugegriffen: 11. Mai 2020.

Lies, J. (2015). Kreativitätstechniken und PR-Management. In J. Lies (Hrsg.), *Praxis des PR-Managements. Strategien – Instrumente – Anwendung* (S. 493–501). Springer Gabler.

Lischka, K., & Stöcker, C. (2017). Digitale Öffentlichkeit. Wie algorithmische Prozesse den gesellschaftlichen Diskurs beeinflussen. Arbeitspapier. Bertelsmann Stiftung. Gütersloh. https://www.bertelsmann-stiftung.de/fileadmin/files/BSt/Publikationen/GrauePublikationen/Digitale_Oeffentlichkeit_final.pdf. Zugegriffen: 19. Febr. 2020.

Luhmann, N. (1996). *Die Realität der Massenmedien* (2. Aufl.). VS Verlag.

Mast, C. (2016). *Unternehmenskommunikation. Ein Leitfaden* (6. Aufl.). UVK.

Mathews, R., & Wacker, W. (2008). *What's your story? Storytelling to move markets, audiences, people and brands*. Pearson Education.

Meffert, H., Burmann, C., Kirchgeorg, M., & Eisenbeiß, M. (2019). *Marketing. Grundlagen marktorientierter Unternehmensführung: Konzepte – Instrumente – Praxisbeispiele* (13. Aufl.). Springer Gabler.

Merten, K. (2013). Konzeption von Kommunikation. *Theorie und Praxis des strategischen Kommunikationsmanagements. Springer*. https://doi.org/10.1007/978-3-658-01467-4

Mora, P., & Livat, F. (2013). Does storytelling add value to fine Bordeaux wines? *Wine Economics and Policy, 2*, 3–10.

Nagel, K., & Wild, H. (2014). Projektkommunikation – Defizite, Herausforderungen und Lösungsansätze. *ProjektMagazin* (03), https://www.projektmagazin.de/artikel/projektkommunikation-defizite-herausforderungen-und-loesungsansaetze_1087006. Zugegriffen: 8. Sept. 2021.

NDR media. (2020). NDR 2: Preisliste 2020. https://www.ndrmedia.de/wp-content/uploads/2019/09/
    NDR-Media-Preisliste-2020.pdf. Zugegriffen: 6. Juli 2020.
Nickel, O. (2009). Haptische Reize in der Kommunikation. In M. Bruhn, F.-R. Esch, & T.
    Langner (Hrsg.), *Handbuch Kommunikation. Grundlagen – Innovative Ansätze – Praktische
    Umsetzungen* (S. 795–818). Gabler.
o. A. (o. J.b). Lernort Bauernhof. Die Landwirtschaft in Westfalen-Lippe hautnah erleben. https://
    www.bauernhof.net/lernort-bauernhof/. Zugegrifen: 22. Apr. 2020.
Peirano-Vejo, M. E., & Stablein, R. E. (2009). Constituting change and stability: Sense-making
    stories in a farming organization. *Organization, 16*(3), 443–462. Zugegriffen: 20. Febr. 2020.
Peirce, C. S. (2000). *Semiotische Schriften*. Suhrkamp.
Pleil, T. (2015). Online-PR. Vom kommunikativen Dienstleister zum Katalysator für ein neues
    Kommunikationsmanagement. In R. Fröhlich, P. Szyszka, & G. Bentele (Hrsg.), *Handbuch
    der Public Relations. Wissenschaftliche Grundlagen und berufliches Handeln Mit Lexikon* (S.
    1017–1038). Springer VS.
Pörksen, B. (2018). *Die große Gereiztheit. Wege aus der kollektiven Erregung*. Hanser.
Presserat (o. J.). Publizistische Grundsätze (Pressekodex). Richtlinien für die publizistische Arbeit
    nach den Empfehlungen des Deutschen Presserats. https://www.presserat.de/files/presserat/
    dokumente/download/Pressekodex2017light_web.pdf. Zugegriffen: 13. Mai 2020.
Pulizzi, J. (2012). The rise of storytelling as the new marketing. *Publishing Research Quarterly,
    28*, 116–123.
Reckwitz, A. (2017). *Die Gesellschaft der Singularitäten Zum Strukturwandel der Moderne* (3.
    Aufl.). Suhrkamp.
Rempel, J. E., & Esch, F.-R. (2009). Olfaktorische Reize in der Kommunikation. In M. Bruhn, F.-R.
    Esch, & T. Langner (Hrsg.), *Handbuch Kommunikation. Grundlagen – Innovative Ansätze –
    Praktische Umsetzungen* (S. 775–791). Gabler.
Rotert, L. (2018). *Zwischen Authentizität und Kommerzialisierung. Eine Analyse der Nutzer-
    erwartungen an professionelle Food-Blogs. Bericht zum Forschungs- und Entwicklungsprojekt.*
    Unveröffentlicht. Osnabrück: Hochschule Osnabrück.
Runde, C., & Jöckel, F. (2018). Haptische Technologien. VDC-Whitepaper. Hrsg. von Competence
    centre for virtual reality and cooperative engineering w. V. – Virtual dimension center (VDC).
    Fellback. https://www.vdc-fellbach.de/fileadmin/user_upload/2018_Whitepaper-Haptic_Techno-
    logies_v06.pdf. Zugegriffen: 22. June 2020.
Schach, A. (2018). Botschafter, Blogger, Influencer: Eine definitorische Einordnung aus der
    Perspektive der Public Relations. In A. Schach & T. Lommatzsch (Hrsg.), *Influencer Relations
    Marketing und PR mit digitalen Meinungsführern* (S. 27–47). Springer Gabler.
Schach, A., & Lommatzsch, T. (Hrsg.). (2018). *Influencer relations. Marketing und PR mit
    digitalen Meinungsführern*. Springer Gabler.
Schmidbauer, K., & Jorzik, O. (2017). *Wirksame Kommunikation – mit Konzept. Ein Handbuch für
    Praxis und Studium*. Talpa.
Schmidt, J. (2006). *Weblogs: Eine kommunikationssoziologische Studie*. UVK.
Shiller, R. J. (2017). Narrative economics. *The American economic review, 107*(4), 967–1004.
Shreves, R. (2015). *Social media optimization for dummies*. Wiley.
statista. (2018). Bei diesen Themen sind Influencer gefragt. Unter Mitarbeit von Frauke Suhr.
    https://de.statista.com/infografik/16438/themen-bei-denen-die-deutschen-influencer-als-
    ratgeber-nutzen/. Zugegriffen: 11. Mai 2020.
statista. (2020). Anzahl der Internetnutzer in Deutschland in den Jahren 1997 bis 2019. https://
    de.statista.com/statistik/daten/studie/36146/umfrage/anzahl-der-internetnutzer-in-deutschland-
    seit-1997/. Zugegriffen: 2. Juli 2020.

Sticht, C. (2020). Deichdeern und Bauernbengel – Influencer in der Landwirtschaft. Absatz-wirtschaft. https://www.absatzwirtschaft.de/deichdeern-und-bauernbengel-influencer-in-der-landwirtschaft-169909/. Zugegriffen: 26. Mai 2020.

Sukalla, F. (2019). *Narrative Persuasion.* Nomos.

Timson, E. (2018). Understanding paid, owned, earned and shared media. https://www.businesswest.co.uk/blog/understanding-paid-owned-earned-and-shared-media. Zugegriffen: 18. Jan. 2021.

Vaih-Baur, C. (2015). Multisensuelle Markenführung. In J. Lies (Hrsg.), *Praxis des PR-Managements. Strategien – Instrumente – Anwendung* (S. 462–467). Springer Gabler.

Vogel, A. (2018). Publikumspresse 2018: Diversifikation bei weiterhin rückläufigen Heftzahlen. *Media Perspektiven, 6,* 288–311.

von Matt, D. (2016). Dramaturgie von Crossmedia-Kampagnen als Treiber der viralen Ver-breitung. *Schmalenbachs Zeitschrift für betriebswirtschaftliche Forschung, 68,* 423–446.

White, D. (1950). The „Gate Keeper". A case study in the selection of news. *Journalism Quarterly, 27,* 383–390.

White, M. (2010). *Landkarten der narrativen Therapie.* Carl-Auer-Systeme-Verlag.

Wietmann, S. (2020). *Kundennewsletter im Agribusiness als Konkurrenzprodukte für den digitalen Fachjournalismus? Eine Analyse von Rezipientenerwartungen und -verhalten.* Masterarbeit. Osnabrück: Hochschule Osnabrück. F

Wildkraut, C., Plesch, G., Härlen, I., Simons, J., Hartmann, M., Ziron, M., & Mergenthaler, M. (2015). *Multimethodische Bewertung von Schweinehaltungsverfahren durch Verbraucher anhand von Videos aus realen Schweineställen. Schriftenreihe des Lehr- und Forschungs-schwerpunktes USL, Nr. 179.* Landwirtschaftliche Fakultät der Universität Bonn.

Wojdynski, B. W., & Gola, G. J. (2016). Native advertising and the future of mass communication. *American Behavioral Scientist, 60*(12), 1403–1407. https://journals.sagepub.com/doi/pdf/https://doi.org/10.1177/0002764216660134. Zugegriffen: 22. Mai 2020.

Yueh, H.-P., & Zheng, Y.-L. (2019). Effectiveness of storytelling in agricultural marketing: Scale development and model evaluation. *Frontiers in Psychology, 10,* 1–12. https://www.frontiersin.org/articles/https://doi.org/10.3389/fpsyg.2019.00452/full. Zugegriffen: 20. Febr. 2020.

Zerfaß, A. (2005). Corporate Blogs: Einsatzmöglichkeiten und Herausforderungen. http://docplayer.org/6776333-Corporate-blogs-einsatzmoeglichkeiten-und-herausforderungen.html. Zugegriffen: 4. Juni 2020.

Evaluation

Die Evaluation stellt nach Analyse, Strategieentwicklung, Maßnahmenplanung und -umsetzung den abschließenden Schritt einer systematisch angelegten Kommunikation dar (vgl. Merten, 2013, S. 217–244; Schmidbauer & Jorzik, 2017, S. 434–454). Sie dient dazu, das zuvor Geschehene zu bewerten und Schlussfolgerungen daraus zu ziehen; um künftig vielleicht anders zu kommunizieren, dafür strategische Ziele für die Kommunikation neu zu setzen, andere Themen aufzubereiten oder auch die Abläufe der Umsetzung zu modifizieren. Die Evaluation bildet so den Abschluss und zugleich den Ausgangspunkt für künftige Kommunikationsschritte. Sie kann am Ende eines gesamten Projektes oder eines kalendarisch festlegten Zeitraums erfolgen. Ebenso ist ein Modus fortlaufender Bewertungsprozesse denkbar, um Strategie und Maßnahmen ggf. immer wieder wechselseitig neu zu justieren (siehe Abb. 2.3). Einige Evaluationsschritte können dabei demnach erfolgen, bevor die Maßnahmen umgesetzt werden, wie die der Konsistenzprüfung des Konzepts (vgl. Leipziger, 2009, S. 162–163). Die Wirkung kann selbstredend erst im Anschluss bewertet werden. Die systematische Evaluation ist dabei nur eine von verschiedenen Formen, mit denen Unternehmens- und Branchenkommunikation heute bewertet wird. Denn auch externe Akteurinnen urteilen über die Kommunikation von Branchen und Unternehmen.

Initiierung und öffentliche Bewertung durch Dritte
Kommunikation und Kommunikationsarbeit sowie ihre Beurteilung können selbst zum Thema öffentlicher Kommunikation werden. Das gilt insbesondere im Rahmen besonderer Aufgabengebiete wie der Nachhaltigkeits- (siehe auch Kap. 8) und der Krisenkommunikation (siehe auch Kap. 11). Medien und andere Multiplikatoren bis hin zu Verbraucherinnen urteilen über Kommunikation aus der Branche oder von Unternehmen: Die Centrale Marketing-Gesellschaft der deutschen Agrarwirtschaft mbH (CMA) machte wiederholt die Erfahrung, dass ihre Werbeaktivitäten zum Gegenstand

© Springer Fachmedien Wiesbaden GmbH, ein Teil von Springer Nature 2022 137
M. Kussin und J. Berstermann, *Agrarkommunikation*,
https://doi.org/10.1007/978-3-658-36341-3_6

öffentlicher Bewertungen in der Medienberichterstattung wurden (vgl. Amann, 2009; Gersmann & Grimberg, 2005; Riering, 2006). Ebenso fand sich die Kommunikationsarbeit des Deutschen Bauernverbands als Thema in einem Fachmedium für Öffentlichkeitsarbeit wieder (vgl. Preppner, 2016, S. 12–13). Und auch Berichte über die Protestkommunikation der Bewegung *Land schafft Verbindung* in Form von Treckerkorsos (vgl. Liebrich, 2019) oder der Verwendung umstrittener Symbole wie dem der Landvolkbewegung bei Demonstrationen (vgl. Geiler, 2021) sind Beispiele dafür, wie kommunikative Aktivitäten zum Gegenstand von Wertungen und Bewertungen werden. Wie diese Beispiele zeigen, sind es mal fachlich-handwerkliche, dann aber auch normativ-moralische Kategorien, die der Beurteilung zugrunde liegen. Prominente Beispiele für den zweiten Punkt stellen Beiträge wie die der Nichtregierungsorganisation Foodwatch dar. Foodwatch bewertet öffentlich, ob Lebensmittelfirmen mit ihrer Kommunikation Verbraucherinnen täuschen. Vor allem die Nutzungsweise hybrider Medienzugänge (siehe Abschn. 5.2.3) von einigen Lebensmittelunternehmen für ihre Produktkommunikation wird von Foodwatch als in unangemessener Weise manipulativ thematisiert und problematisiert (vgl. Foodwatch, 2021a). Derartige Urteile von professionell arbeitenden Organisationen wie Foodwatch machen nur einen Teil der Bewertungskommunikation im öffentlichen Raum aus. Zugleich nutzen auch Privatpersonen die sozialen Netzwerke, um ihre Meinungen und Erfahrungen mit Produkten und Leistungen, aber eben auch der Kommunikation von Unternehmen und Branchenakteurinnen kundzutun (siehe auch Abschn. 11.4.5).

Beispiel für externe Bewertungsprozesse: Der goldene Windbeutel von Foodwatch

Ein besonders sichtbares, weil wiederkehrendes Element zur kritischen Bewertung von Kommunikationsaktivitäten im Ernährungsbereich ist der von Foodwatch initiierte *Goldene Windbeutel*. Diesen Preis verleiht die Organisation den Produkten, denen von teilnehmenden Verbraucherinnen in einem Voting die „*dreisteste Werbelüge*" (Foodwatch, 2021b) zugeschrieben wird.

Im Jahr 2020 fiel die Wahl auf den Grünländer Käse von Hochland. Nach Angaben von Foodwatch votierten 28.443 Verbraucherinnen für Hochland. Gemäß der Organisation betreibt Hochland aus Sicht der Verbraucherinnen Täuschung, da es mit *Milch von Freilaufkühen*, einer *grünen Seele* sowie einer wie eine Wiese gestalteten Verpackung werbe, obwohl die *Freilaufkühe* tatsächlich im Stall stünden. Und auch die Reaktion auf diese Preisverleihung wurde wiederum zum Thema der Kommunikation durch Foodwatch (vgl. Foodwatch, 2021b). ◄

Bewertungsprozesse dieser Art können schließlich wiederum Kommunikation vonseiten des thematisierten Unternehmens erforderlich machen – vor allem dann, wenn sie moralisierenden oder skandalisierenden Charakter haben und sich daraus sogenannte *Shitstorms* entwickeln können (siehe Krisenkommunikation, siehe Abschn. 11.2).

Initiierung durch das Unternehmen und öffentliche Bewertung durch Dritte

Auch finden sich Beispiele dafür, dass die öffentliche Bewertung von Kommunikation durch das Unternehmen selbst forciert wird – dies mit dem Ziel, darüber positive Aufmerksamkeit zu bekommen. Gelegenheiten dafür bieten Preisauslobungen, mit denen Kommunikationsaktivitäten nicht kritisch reflektiert oder skandalisiert, sondern im Positiven ausgezeichnet werden. Der *Digital Future Award* des Deutschen Landwirtschaftsverlags (vgl. Deutscher Landwirtschaftsverlag, 2020) und auch der Agrar-Online-Preis für die beste Betriebshomepage des Landwirtschaftsverlags in Münster (vgl. Deter, 2016) sind Beispiele für derartige belobigende Bewertungsprozesse.

Sowohl die Fremd- als auch die Selbstinitiierung der öffentlichen Bewertung von Unternehmens- oder Branchenkommunikation können Effekte auf die Reputation haben. Zugleich können Unternehmen und Branchen derartig öffentlich gewordene Bewertungen wiederum nutzen, um aus den positiven, aber auch den negativen Rückmeldungen zu lernen und die Kommunikation anzupassen. Eine solche systematische Bewertung von Bewertungen ist dann bereits eine Form von Evaluation im Sinne eines professionellen Kommunikationsmanagements.

Initiierung durch das Unternehmen, nichtöffentliche Bewertung durch das Unternehmen

Für eine Evaluation im Konzeptionsprozess gilt, dass ihr primärer Empfänger nicht die Öffentlichkeit, sondern das bewertete Unternehmen selbst ist. Sie dient dem Unternehmen dazu, die Effekte der Kommunikation vor dem Hintergrund der gesetzten Ziele zu reflektieren und bei Nichterfüllung daraus zu lernen – im Sinne einer Anpassung der Ziele oder aber der Maßnahmen.

Für eine systematische Evaluation spricht dabei, dass intuitive wie auch wohlüberlegte individuelle Einschätzungen über den Erfolg der eigenen Kommunikation allein nicht immer aussagekräftig sind – dies nicht zuletzt deshalb, weil individuelle Wahrnehmungen und darauf basierende, vermeintlich rationale Urteile über eigene Handlungen und Entscheidungen von psychischen Prozessen der Informationsverarbeitung beeinflusst werden, die unbewusst ablaufen und nicht selten mehrdeutig sind. Zu diesem Ergebnis kommen Arbeiten zur verhaltenswissenschaftlichen Entscheidungstheorie (vgl. March, 1994, S. 68).

Ist ein Unternehmen mit seinem Handeln insgesamt offensichtlich erfolgreich, werden aller Voraussicht nach die eigenen unterstützenden Maßnahmen wie die der Kommunikation positiver beurteilt – auch hierfür liefert die verhaltenswissenschaftliche Entscheidungstheorie einen plausiblen Erklärungsrahmen (vgl. March, 1994, S. 28–35). Ein fertiggestellter Schweinestall lässt wenig Neigung zur Erörterung der Frage aufkommen, ob der Projekterfolg wegen oder trotz der kommunikativen Maßnahmen erzielt wurde. Und auch eine gut ausgelastete Pferdepension lässt eine Thematisierung der Frage eher vernachlässigenswert erscheinen, was denn der Beitrag der Kommunikation daran war. Das Interesse an Evaluation dürfte hingegen steigen, wenn kein offensichtlicher Erfolg festgestellt werden kann, wofür es zwei Gründe geben kann.

1. **Der Erfolg ist nicht da:** die Genehmigung für den Stallbau wird nicht erteilt bzw. die Pferdeboxen bleiben leer: In einem solchen Fall steigt die gefühlte Notwendigkeit, die Gründe für den Misserfolg systematisch aufzuarbeiten.

2. **Der Erfolg ist nicht unmittelbar zu erkennen:** Vergleichbares gilt für die Beurteilung von Kommunikationsleistungen, deren Wirkungen selbst nicht sichtbar oder anders sinnlich erfahrbar sind: z. B. ein gesteigertes Image in dem Fallbeispiel Imagekampagne oder ein höherer Markenwert im Fallbeispiel Kartoffelvermarktung. Die Größen hinter den hier formulierten Zielen sind abstrakt, es fällt schwer, überhaupt intuitiv eine Meinung dazu zu haben.

In beiden Konstellationen – der des mangelnden Erfolgs und der einer mangelnden sinnlichen Erfahrung von Erfolg – kann außerdem hinzukommen, dass Meinungen und Sichtweisen unter den Beteiligten auseinandergehen. So beurteilt die Geschäftsführerin den Erfolg der Kommunikation vielleicht sehr kritisch, die Kommunikationsverantwortliche hingegen ist damit sehr zufrieden. Wenn sich auf Basis des Austauschs darüber keine gemeinsame Sichtweise finden lässt, plausibilisiert dies den Einsatz empirischer Methoden der (angewandten) sozialwissenschaftlichen Forschung für die Bewertung von Kommunikation. Ihr Einsatz schafft die Voraussetzung dafür, dass die Wirksamkeit von Kommunikation jenseits subjektiver Sichtweisen auf Basis von Daten und Fakten betrachtet wird, die wie auch in anderen Arbeitsfeldern des Controllings Antworten auf Zielerreichung geben (vgl. Zerfaß & Volk, 2019, S. 188). Mithilfe der Verwendung von Daten und Fakten kann es so gelingen, zu intersubjektiv nachprüfbaren Bewertungen und Schlussfolgerungen zu kommen (vgl. Wippersberg, 2012, S. 215).

Initiierung durch das Unternehmen und nichtöffentliche Bewertung durch Dritte
Nicht immer muss es sinnvoll sein, für solche methodischen Aufgaben eigene Ressourcen im Unternehmen oder Verband aufzubauen bzw. bereitzuhalten. Wie auch in anderen Aufgabenbereichen des Kommunikationsmanagements haben sich für die Erhebung und Auswertung von Daten spezialisierte Dienstleister ausgebildet.[1] Ursprünglich vor allem auf die Betrachtung analoger Massenmedien ausgerichtet, bieten diese heute die Beobachtung und Auswertung des Kommunikationsgeschehens in analogen und digitalen Medienformaten an, um dies und die Wirkungen für Unternehmen zu evaluieren (vgl. Harden, 2014, S. 1056). Vor allem in den Onlinekanälen haben Evaluationsmöglichkeiten vom *Webtracking* (vgl. Zerres et al., 2017, S. 177) bis hin zum *Social Listenings* die Möglichkeiten von Evaluationen enorm ausgeweitet.

---

[1] Dass es sich bei der Medienbeobachtung um eine Subbranche mit eigenem Geschäftsmodell und eigenem Selbstverständnis handelt, zeigt sich nicht zuletzt an dem Vorhandensein eines eigenen international ausgerichteten Berufsverbands, der 1953 gegründeten Federation Internationale Des Bureaux D'extrais De Presse (FIBEP, o. J.)

6.1 Methodologische Herausforderungen der Evaluation

Mit der gestiegenen Anzahl der Evaluationsansätze und der Vielzahl an Daten, die aus digitalen Spuren von Nutzerinnen gewonnen werden können, erhöhen sich auch die Möglichkeiten für eine höhere Qualität in der Evaluation. Voraussetzung dafür ist, dass aus diesen Daten die richtigen Schlüsse gezogen werden, wofür folgende Maßgaben relevant sind:

1. **Die richtigen Daten auswerten:** Mit dem Anwachsen der Daten geht die Notwendigkeit einher, die geeigneten Daten auszuwählen, die für die eigene Fragestellung relevant sind. Im Sinne eines effizienten Vorgehens gilt es hier den Fokus zu halten, auch wenn die Vielzahl der auf der eigenen Webseite gesammelten Nutzerdaten über Verweildauer und Absprungraten (Abschn. 6.2.3) womöglich faszinieren und in bestimmten Hinsichten interessante Erkenntnisse liefern. Nicht immer sind sie unbedingt hilfreich, um eine bestimmte Frage zum Erfolg der eigenen Kommunikationsprozesse zu beantworten. Wenn beispielsweise das primäre Kommunikationsziel darin liegt, Akzeptanz bei institutionalisierten Stakeholdergruppen zu erreichen, dürfte die Auswertung von Nutzerdaten der eigenen Homepage nur wenig dazu beitragen, den eigentlichen Erfolg zu bewerten.
2. **Die Daten richtig auswerten:** Eine zweite Herausforderung liegt in einer angemessenen Auswertung und Einordnung der Ergebnisse. Die hohe Leistungsfähigkeit einer methodischen, datengestützten Evaluation besteht – wie bereits geschildert – darin, intersubjektiv überprüfbare Ergebnisse zu produzieren. Allerdings werden Daten und Informationen erst dann zu erkenntnisförderndem Wissen, wenn sie richtig interpretiert und die Grenzen ihrer Aussagekraft reflektiert werden. So könnte eine Studie zu dem Ergebnis kommen, dass sich das Image der Landwirtschaft im Kampagnenzeitraum des Fallbeispiels Imagekampagne deutlich verbessert hat. Von dieser Entwicklung auf den Erfolg der Kampagne zu schließen, könnte aber auch bedeuten, eine *„Scheinrelation"* (Opp, 2010, S. 11) herzustellen. Schließlich haben zeitgleich womöglich andere Entwicklungen stattgefunden, die diese Imageverbesserungen bewirkt haben. Schmidbauer und Jorzik (2017, S. 435) äußern sich entsprechend skeptisch zu den digitalen Möglichkeiten der Evaluation durch Kennzahlen, da ihrer Einschätzung nach oft vage bleibt, was die Zahlen konkret bedeuten. Und selbst bei besonders elaborierten und zielgenauen Methoden, die auch mögliche weitere Einflussfaktoren als Variable mit im Blick haben, bleibt für die praktischen Implikationen immer ein Stück Restunsicherheit, bis zu welchem Grad den Zahlen getraut werden kann. Auch deshalb plädiert Lothar Rolke (2016) dafür, im Kommunikationsmanagement i. d. R. *nur* eine *„korridorale Kausalität"* anzunehmen und keine eindeutigen Wirkungsbeziehungen, wie sie in technischen Kontexten selbstverständlich sind. Die erste Maßgabe verdeutlicht die Herausforderung, geeignete von ungeeigneten Daten zu unterscheiden und auf Erstere zu fokussieren.

Die zweite macht darauf aufmerksam, dass die Fokussierung auf eine Zahl oder eine Evaluationsmethode zu wenig sein könnte, um daraus belastbare Interpretationen und Schlussfolgerungen für den Kommunikationserfolg abzuleiten.

6.2   Ansatzpunkte und Ebenen der Evaluation

Dementsprechend wird in der Konzeptionslehre dazu geraten, nicht auf einzelne Werte zu setzen, sondern stets verschiedene Ebenen im Blick zu haben (vgl. Schmidbauer & Jorzik, 2017, S. 438–439). Eine strukturierte Darstellung der Wirkungsstufen und Messgrößen stellt das sogenannte *Wirkstufenmodell der Kommunikation* dar. Dieses Modell wurde vom Facharbeitskreis Wertschöpfung durch Kommunikation der Deutschen Public Relations Gesellschaft (DPRG) gemeinsam mit dem Internationalen Controller Verein (ICV) erarbeitet. Es bietet Orientierung, um für entsprechende Fragestellungen zum Erfolg der Kommunikation den geeigneten methodischen Zugang zu finden (siehe Abb. 6.1).

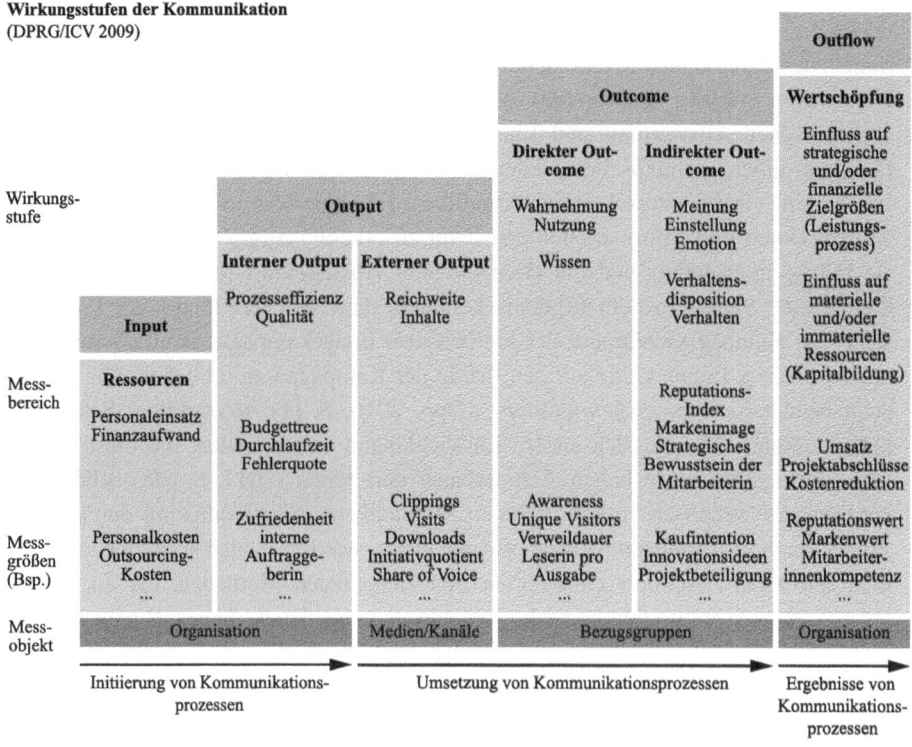

Abb. 6.1 Kommunikationsmodell der DPRG und des ICV. (Internationaler Controller Verein, 2010, S. 35)

6.2.1 Outflow

In der Dimension des Outflows geht es um die *„Messung der Wertschöpfung"* (vgl. Merten, 2013, S. 243), einer Wertschöpfung, die sich in materiellen und immateriellen Größen ausdrücken kann; z. B. in gestiegenen Umsätzen oder gesunkenen Kosten bzw. einem veränderten Marken- oder Reputationswert:

- In den Fallbeispielen Bürgerwindpark und Pferdehof geht es um eine Steigerung der betriebswirtschaftlichen Wertschöpfung. In den Fallbeispielen Schweinestall und Bürgerwindpark steht der erfolgreiche Projektabschluss im Zentrum. Es sind also materielle und damit nicht-kommunikative Größen, an denen der Erfolg dieser Vorhaben zu bemessen ist.
- Im Fallbeispiel Kartoffelvermarktung oder auch Imagekampagne wird dagegen das Ziel verfolgt, die immateriellen Ressourcen zu erhöhen, was konkret im Reputations- bzw. im Marktwert zum Ausdruck kommt. Auch diese beiden Größen der Wertschöpfung sind der Ebene des Outflows zugeordnet.

Wenngleich auf einer Wirkungsstufe angesiedelt, kann sich die Erfassung dieser Größen aber unterscheiden:

- Im Kontext von materiell zu bestimmenden Messgrößen lässt sich der Outflow vermeintlich einfach ermitteln. Schließlich liegen Daten zu Umsatz oder Kostenreduktion i. d. R. vor.
- Die Ermittlung immaterieller Größen erweist sich dagegen als aufwendiger und weniger eindeutig. Zwar existieren dafür ebenfalls mehr oder weniger valide Bewertungsansätze (vgl. Binder, 2019). Aber ihre Erhebung kann einen erheblichen Zusatzaufwand bedeuten. Dies ist darauf zurückzuführen, dass die Werte i. d. R. nicht als ökonomische Steuerungsgrößen durch das Rechnungswesen von Unternehmen erhoben werden.
- Auf Ebene des Outflows lässt sich am zielgenauesten eine Antwort darauf finden, ob das in der Analyse mit Kommunikation zu lösende Problem tatsächlich auch gelöst wurde (vgl. Rolke et al., 2020, S. 7) – das spricht insbesondere für die Betrachtung dieser Ebene. Es lassen sich also i. d. R. die *richtigen* Daten ermitteln. Gleichwohl ist die Interpretation von Ergebnissen auf der Outflow-Ebene mit großen Unsicherheiten behaftet – vor allem deshalb, weil die Effekte kommunikativer Aktivitäten anhand von nicht-kommunikativen Ergebnissen (z. B. Umsatz) evaluiert und damit die bereits angesprochenen *Scheinrelationen* auftauchen können. Der Kommunikationswissenschaftler Michael Bürker erläutert auf Basis eines systemtheoretischen Arguments, warum ein Rückschluss von kommunikativen Aktivitäten auf nicht-kommunikative Ergebnisse grundsätzlich schwierig ist: *„Mit Kommunikation kann man nur Kommunikation bewirken – und nur mit Kommunikation kann man Kommunikation*

bewirken. Aus dieser selbstreferentiellen Geschlossenheit aller Kommunikationssysteme folgt, dass Kausalität – und Erfolgskontrolle für kommunikative Wertschöpfungs-beiträge unterstellt Kausalität – sich nur im System, aber nicht über dessen Grenzen hinweg belegen lässt. Dasselbe gilt für monetäre Bewertungen nichtmonetärer Größen. Dies würde einen Medienwechsel von Sprache auf Geld oder Macht bzw. Wahrheit voraussetzen, der in funktional differenzierten Gesellschaften mit operativ geschlossenen Teilsystemen nicht ohne massive Irritationen funktioniert" (Bürker, 2013, S. 222). Dieses theoretisch fundierte Argument verdeutlicht für die Praxis: So vermeintlich eindeutig die erhobenen Daten Aufschluss über die Wertschöpfung geben, so wenig eindeutig lässt sich der Beitrag der Kommunikation daraus ableiten. Die größte methodische Herausforderung dürfte daher in der Klärung der bereits angesprochenen Frage liegen, ob das Problem tatsächlich durch Kommunikation gelöst wurde und somit ein Kausalzusammenhang zwischen Kommunikation und Wert-schöpfung vorliegt. Um diese Unsicherheit zumindest im Sinne einer *korridoralen Kausalität* einzugrenzen, empfiehlt sich die Einbeziehung von Bewertungsansätzen auf den vorgelagerten Ebenen.

6.2.2   Indirekter Outcome

Auch auf Ebene des indirekten Outcomes geht es um die Messung von Effekten, die durch Kommunikation erzielt werden sollten; dies allerdings nicht auf Ebene der Organisation, sondern bei den Zielgruppen. Es geht um Wirkungen auf Verhaltens-weisen im beabsichtigten Sinne: z. B. um mehr getätigte Käufe von Rohmilch im Winter oder wiederkehrende Käuferinnen im Fallbeispiel Hühnermobil (konativ). Evaluiert werden zudem Wirkungen auf Meinungen, Einstellungen und Emotionen (affektiv) von Zielgruppen, z. B. eine positivere Einstellung gegenüber der Landwirtschaft (Fall-beispiel Imagekampagne) oder der Windkraft (Fallbeispiel Bürgerwindpark). Beide Zielarten, die konative und die affektive, sind im Kommunikationsmodell in Abb. 6.1 auf der gleichen Wirkebene angesiedelt. Mit Blick auf die Erhebungsmethoden zeigen sich dementsprechend einerseits auch Gemeinsamkeiten. In beiden Fällen können die bereits in Kap. 3 vorgestellten Verfahren der Befragungen und Beobachtungen ein-gesetzt werden, um verändertes Handeln, aber auch veränderte Einstellungen zu registrieren (siehe dazu auch Abschn. 3.2.2). So könnten im Falle der Milchtankstelle vor den Kommunikationsmaßnahmen und auch danach Kundinnen, aber auch potenzielle Kundinnen befragt werden, ob und warum sie die Milch gekauft haben, Anwohnerinnen der Bürgerwindparks können vor und nach Stakeholderdialogen zu ihrer Einstellung zur Windenergie befragt werden. Anderseits können zur Ermittlung der Messgrößen mit Blick auf die beiden Effektarten auch unterschiedliche alternative Ansätze genutzt werden:

- Ein Teil konativer Messgrößen lässt sich i. d. R. aus den ökonomischen Betriebsdaten herauslesen, ebenso wie der der materiellen Wertschöpfung. Wenn im Fallbeispiel Milchtankstelle gemessen werden soll, ob die Kundinnen in einem bestimmten Zeitraum mehr Milch gezapft haben, lässt sich dies anhand der verkauften Mengen ablesen. Bei Projekten wie denen im Kontext des Fallbeispiels Bürgerwindpark können Wirkungen auf das Verhalten auch daran gemessen werden, ob Bürgerinnen ihren Widerstand gegenüber einem Projekt aufgegeben haben, also auf Einwendungen gegen das Projekt gegenüber der Genehmigungsbehörde und die Initiierung öffentlichkeitswirksamer Proteste verzichtet haben. Gleichwohl gibt es Fälle, in denen dies nicht möglich ist. So lässt sich im Fallbeispiel Hühnermobil an den Verkaufszahlen nicht unbedingt ableiten, ob neue Zielgruppen wie junge Familien als Kundinnen gebunden wurden oder ob weiterhin die bestehenden Kundinnengruppen den wirtschaftlichen Erfolg sicherten.
- Auf der affektiven Ebene lassen sich Wirkungen anhand der Veränderungen von Reputations- und Markenwert ablesen. Darüber hinaus wird heute gerade im Kontext der sozialen Netzwerke daran gearbeitet, Nutzerkommentare zu evaluieren und auf dieser Basis Einstellungsänderungen durch Kommunikation nachzuvollziehen. Über sogenannte Sentiment-Analysen ist dies z. T. sogar bereits automatisiert möglich (vgl. Zerres & Litterst, 2017, S. 195–197). Bei Fallbeispielen wie dem Bürgerwindpark und dem Schweinestall sind affektive Wirkungen in Präsenz möglich, z. B. über die Bewertung von Reaktionen bei Informationsveranstaltungen zu dem Projekt.

6.2.3 Direkter Outcome

Bei der Messung des direkten Outcomes geht es ebenfalls um bewirkte Veränderungen durch Kommunikation auf Ebene der Rezipientinnen der Kommunikation, z. B. bei den potenziellen und faktischen Kundinnen der Milchtankstelle oder den Anwohnerinnen des Schweinestalls. Gegenstand der Evaluation sind dabei nicht die bewirkten Veränderungen auf der Ebene von Einstellungen oder des Verhaltens, sondern der Wandel von Wahrnehmungen und vorhandenem Wissen (kognitiv). Die Bewertung des direkten Outcomes erweist sich dabei unter zwei Gesichtspunkten als geeignetes Vorgehen:

1. Wenn es um die Evaluation kognitiv orientierter Kommunikationsziele geht. Es kann also, unter Bezugnahme auf quantitative Maßstäbe, darum gehen zu evaluieren, wie viele Rezipientinnen über bestimmte Aktivitäten erreicht wurden.
2. Wenn es darum geht zu klären, warum affektive oder konative Ziele nicht erreicht wurden bzw. nicht erreicht werden konnten. Schließlich kann hier überprüft werden, ob überhaupt genug Wahrnehmung erzeugt wurde, um Veränderungen von Einstellungen und Verhalten zu ermöglichen.

Tab. 6.1 Möglichkeiten zur Evaluation von direktem Outcome

		Verbreitungs- und Nutzungsform	
		Digital	Analog
Medienzugänge	Owned	Kennzahlen können selbst erhoben werden, z. B. Klickraten, Verweildauern etc.	Erhebung bei Präsenzformaten möglich, bei analogen Print-kanälen deutlich aufwendiger und eher auf Erfahrungswerten denn echten Daten basierend
	Paid	Zahlen/Werte werden vom Anbieter erhoben, diesem aber zur Verfügung gestellt	Anbieter stellt über Media-daten Informationen bereit, wie viele Menschen Beiträge in den jeweiligen Medien wahr-nehmen. Dies sind allerdings keine *echten* Werte
	Earned	Zahlen/Werte liegen dem Mittler vor, werden aber i. d. R. nicht weitergeleitet	Diese Werte lassen sich zumindest bei den Massen-medien aus den Mediadaten ableiten, die für Paid Media zur Verfügung gestellt werden
	Shared	Kennzahlen werden z. T. von den Betreibern der sozialen Netz-werke zur Verfügung gestellt	Kaum zu erfassen

Wie in Tab. 6.1 ersichtlich, unterscheiden sich die Möglichkeiten zur Ermittlung dieser Werte in zweierlei Hinsicht: Mit Blick auf den Medienzugang, der für die zu evaluierende Kommunikationsleitung gewählt wurde (siehe zu den unterschiedlichen Medienzugängen Kap. 5) und mit Blick darauf, ob es sich um digitale oder analoge Medien handelt.

Owned Media
Die Kategorie der Owned Media bezeichnet die Medienzugänge über eigene Kanäle (siehe auch Abschn. 5.2.1).

- **Digital:** Die Möglichkeiten zur Erhebung geeigneter Daten haben sich im Zuge der Digitalisierung erheblich erweitert. Für die Auswertung der eigenen Media-Kanäle stellen die einschlägigen IT-Anbieter entsprechende Tools zur Verfügung, über die sich Kennzahlen wie die Anzahl der Besucherinnen, wiederkehrende Besucherinnen, Verweildauer und weitere Werte standardisiert erheben lassen. Gleiches gilt für ver-schiedene Social-Media-Plattformen, die ebenfalls ihren Nutzerinnen Zugriffsraten und andere Daten zur Verfügung stellen (vgl. Zerres und Litterst 2017, S. 194–195).
- **Analog:** Anders als in digitalen Kanälen hinterlassen Wahrnehmungen über analoge Medien keine vergleichbaren Spuren – das macht die Evaluation i. d. R. aufwendiger und kann zudem methodische Probleme hervorrufen. Für Präsenzveranstaltungen

gestaltet sich die Erhebung vergleichsweise einfach. Wenn bei einem Hoftag des Hühnermobils x Personen über den Tag vor Ort waren, stellt dies auch die Zahl der Personen dar, die die Angebote vor Ort wahrgenommen haben. Das Gleiche gilt für Versammlungen mit Anwohnerinnen der Fallbeispiele Stallbau und Bürgerwindpark. Schwieriger aber wird bereits die Wahrnehmung bei Printprodukten wie verteilten Flyern oder beispielsweise der Aufstellung von Strohpylonen, also Rundballen, die mit einer bedruckten Plane umspannt werden, auf Wiesen, Äckern und Höfen – um damit im Rahmen des Fallbeispiels Imagekampagne für die Landwirtschaft zu werben. In beiden Fällen lassen sich, wenn überhaupt, Schätz- und Erfahrungswerte heranziehen, um einen Eindruck von der Wirkung zu erhalten – z. B. durchschnittliches Verkehrsaufkommen auf Straßen und statistische Werte zur durchschnittlichen Wahrnehmung je verteiltem Flyer.

Paid Media

In der Kategorie der Paid Media werden alle Medienzugänge gefasst, die über monetäre Zahlungen genutzt werden können, z. B. Werbeanzeigen (siehe auch Abschn. 5.2.1).

- **Digital:** Hier ist mit Blick auf die Evaluation der Wahrnehmung von Kommunikationsangeboten Vergleichbares wie im Feld der Owned Media möglich. Insbesondere im Kontext des Marketingcontrollings haben sich hier Möglichkeiten entwickelt, um Werbung zielgruppengerecht auszusteuern und dabei nicht nur Reichweiten zu evaluieren, sondern sogar aktiv gewünschte Reichweiten zu erzielen (vgl. Zerres & Litterst, 2017, S. 198–203).
- **Analog:** Im Bereich der analogen Medien sind die Herausforderungen ebenfalls mit denen im Feld der Owned Media vergleichbar. Der Unterschied liegt hier jedoch darin, dass die Anbieter von Werbefläche und -zeiten selbst Reichweiten ihrer Medien und Besucherfrequenzen erheben – um so den Wert ihrer Dienstleistungen zu dokumentieren und entsprechende Preismodelle zu rechtfertigen. Zudem lassen sich über Paid Media auch Massenmedien wie Presse, Funk und Fernsehen nutzen, für die ebenfalls statistisch belastbare Informationen vorliegen (vgl. NDR media, 2020).

Earned Media

Earned Media bezeichnet Medienzugänge über Dritte, z. B. redaktionelle Teile von Massenmedien (siehe Abschn. 5.2.1).

- **Digital:** Für die Kommunikation über Earned Media gilt für den digitalen Bereich prinzipiell das Gleiche wie für Owned und Paid Media. Hier können zwar digitale Daten generiert werden – diese stehen jedoch zunächst allein den Mittlern, also beispielsweise Redaktionen, zur Verfügung. Es dürfte daher schwierig sein, über diesen Medienzugang beitragsscharf Werte darüber zu bekommen, von wie vielen Personen ein von einer Redaktion verarbeiteter Inhalt tatsächlich wahrgenommen wurde. Ein alternativer Ansatz könnte hier darin bestehen, über allgemeinere statistische Reichweiten von Medien auf die Zahl der Wahrnehmung zu schließen.

- **Analog:** Für diesen Bereich gilt prinzipiell Vergleichbares wie im digitalen Bereich. Auch hier lassen sich keine *echten* Werte über Wahrnehmungen erheben. Stattdessen handelt es sich um statistische Werte, die beispielsweise auch für analoge Beiträge über Paid Media einsehbar sind.

Die Evaluation von Beiträgen über Earned Media ist zudem vor eine weitere Herausforderung gestellt. Schließlich besteht über diesen Medienzugang keine Kontrolle, wie über das Unternehmen oder die Branche berichtet wird. Aus diesem Umstand leitet sich die Notwendigkeit ab, beim Blick auf die Beiträge auch eine qualitative Bewertung der Berichterstattung im Rahmen einer Medienresonanzanalyse vorzunehmen, wie sie in Abschn. 6.2.4 auf Ebene des externen Outputs vorgestellt wird.

Shared Media

In der Kategorie der Shared Media wird der Medienzugang dadurch realisiert, dass Dritte die eigenen Beiträge teilen (siehe Abschn. 5.2.1).

- **Digital:** Für die Weiterleitung von organisch (earned) und bezahlt (paid) platzierten Inhalten werden zu den Interaktionen in den sozialen Netzwerken Kennzahlen zur Verfügung gestellt. Diese erlauben eine Evaluierung, welche Reichweiten die eigenen Inhalte über Weiterleitungen Dritter erzielen konnten.
- **Analog:** In der analogen Welt ist dieser Medienzugang schwer zu messen. Denn das Teilen im analogen Raum verläuft oft über mündliche Interaktion (Word of Mouth), die keine Datenspuren hinterlässt und daher schwierig zu evaluieren ist (vgl. East et al., 2008, S. 216).

Nachteilig für alle Werte auf Basis digitaler Datenspuren ist, dass diese nur eine abgeleitete und keine wirkliche Aussagekraft bzgl. ihrer Wirkung auf Zielgruppen besitzen. So kann von langen Verweildauern und auch hohen Auflagen nicht darauf geschlossen werden, dass die wahrgenommenen Inhalte tatsächlich nachhaltig bewusst sind – und dass sie tatsächlich einen Informationswert besaßen – auch weil nicht mitbedacht werden kann, welche Inhalte bereits zuvor bewusst waren. Wenn in der Imagekampagne über tierwohlgerechte Haltungsverfahren in der modernen Landwirtschaft informiert wird, lässt sich für die Initiatorinnen nicht erkennen, wie viele der Klicks von Tierhalterinnen kommen, denen die vorgestellten Aspekte vielleicht schon zuvor bekannt waren – sodass sich auf Wahrnehmungs- und Wissensebene kein Effekt eingestellt hat. Auch deshalb können die Ergebnisse derartiger Zählverfahren nicht in gleicher Weise interpretiert werden wie bei Vorher-Nachher Befragungen

6.2.4   Externer Output

Auf dieser Stufe verlieren die bereits angesprochenen methodischen Probleme an Relevanz. Denn die Messung des externen Outputs setzt auf der Kanalebene an. Es geht somit nicht um das, was bei der Zielgruppe angekommen ist, sondern um das, was in den Medien veröffentlicht wurde. Dementsprechend ist der Erkenntniswert bescheidener: Es wird nicht evaluiert, ob strategische Ziele erreicht wurden, sondern allein, welche Inhalte in den Kanälen welche Reichweiten erhalten haben (vgl. Rolke et al., 2020, S. 7). Dies ist in den verschiedenen Medienzugängen sehr unterschiedlich, sodass es auch hier sinnvoll ist, Möglichkeiten und Aussagekraft von Verfahren mit Blick auf die Medienzugänge sowie die Verbreitungs- und Nutzungsform zu unterscheiden:

Bei **Owned Media** wird evaluiert, welche Reichweite welche Inhalte über eigene Medienzugänge erhalten haben.

Digital: Im digitalen Bereich kann dies, wie auch auf der Outcome-Ebene, über Kennzahlen geschehen, z. B. einzelne Visits oder die Zahl der Downloads bestimmter Inhalte, die die Reichweite nach Veröffentlichung anzeigen.

Analog: Auf dieser Ebene ist die Evaluation der Ergebnisse über eigene Medienzugänge im analogen Bereich vergleichsweise einfacher als auf Outcome-Ebene. Die Reichweite wird bei Flyern schlicht danach ermittelt, wie viele ausgeteilt wurden – oder in einem anderen Fall wird die Zahl der Pylonen herangezogen, die auf den Feldern zur Imagewerbung aufgestellt wurden.

Bei **Paid Media:** Für diesen Medienzugang ist eine eigenständige Evaluation im Anschluss an die Umsetzung nicht erforderlich. Schließlich lässt sich bereits über die Beauftragung von Werbung steuern, wo, wann und in welchen Kontexten die bezahlten Inhalte ausgespielt werden. In dieser Hinsicht besteht kein substantieller Unterschied zwischen analogen und digitalen Verbreitungsformen. Auch im analogen Bereich geben beispielsweise Zeitungen in ihren Mediadaten an, welche Auflage von ihnen gedruckt wird. Die zu erzielenden Reichweiten können somit bereits im Vorfeld geplant und dann über Zahlungen für einen Anzeigenplatz bzw. ein Zeitfenster in Funk oder Fernsehen realisiert werden.

Bei **Earned Media** ist der Automatismus zwischen Veröffentlichung und Outcome so nicht gegeben. Verantwortlich dafür ist der Umstand, dass Earned-Media-Kommunikationsangebote sich zunächst an Mittler wenden, die als Gatekeeper darüber entscheiden, ob und in welcher Weise sie die Kommunikationsangebote veröffentlichen – und dann für Reichweite bei den Empfängerzielgruppen sorgen. Dementsprechend ist hier eine Medienresonanzanalyse erforderlich, die in Relation setzt, welche Resonanz ein Kommunikationsangebot an die Mittlerzielgruppe durch das Unternehmen der Branche kommunikativ ausgelöst hat, mit anderen Wort: Es gilt zu analysieren, wie oft z. B. eine Pressemitteilung tatsächlich zu weiten Teilen in einer Zeitung veröffentlich wurde und wie oft sie im Papierkorb der Journalistin gelandet ist. Dieser Umstand gilt sowohl für digitale als auch für analoge Verbreitungsformen. Entscheidend ist in dieser Hinsicht zudem, die Resonanz in quantitativer und qualitativer Hinsicht zu bewerten.

Quantitativ: Quantitativ wird die Resonanz daran bemessen, welche Reichweite die Kommunikationsangebote in den Medien erzielt haben – wie oft sie beispielsweise in Zeitungsartikeln aufgegriffen wurden. Sowohl für digitale als auch für analoge Medien wird dies über sogenannte *Clippings,* also eine Zusammenstellung und Zählung der Beiträge, evaluiert (vgl. Merten, 2013, S. 222). Gerade für überregionale, größere Kommunikationsaufgaben, z. B. im Rahmen des Fallbeispiels Imagekampagne oder auch der Kartoffelvermarktung, kann eine solche quantitative Evaluierung hilfreich sein, um sich einen guten Überblick über das Medienecho zu verschaffen.

Qualitativ: Für die qualitative Form der Analyse genügt nicht ein bloßes Zählen der Beiträge. Darüber hinaus geht es hier darum, die Medienberichte in verschiedenen Hinsichten zu untersuchen, z. B. auf eine positive oder eine negative Resonanz. Eine Auswahl möglicher Kennzahlen für eine qualitative Einordnung der Medienresonanz haben Juliana Raupp und Jens Vogelsang in einem Lehrbuch zusammengestellt (vgl. Raupp & Vogelgesang, 2009, S. 107–108):

- *Affinitätswerte:* Geben die inhaltliche Nähe eines Mediums zu einer zuvor definierten Position an.
- *Akzeptanzquotienten:* Beziehen sich auf das Verhältnis positiver, neutraler oder negativer Medienbeiträge zu einem Thema.
- *Durchdringungsindexe:* Geben an, wie häufig ein Thema, ein Name, ein Akteur oder ein Produkt in den Medien genannt wird.
- *Initiativquotienten:* Geben das Verhältnis von selbst- versus fremdgesteuerter Berichterstattung an.
- *Text-Bild-Quotienten:* Geben das Verhältnis von Texten mit Illustrationen zu Texten ohne Illustrationen an.

Auch hier zeigen sich Parallelen zur Themenanalyse, die als Teil der Methoden in der Analysephase vorgestellt wurde (siehe Abschn. 3.2.1). Gleichgültig jedoch, wie ausgefeilt die Methoden der Analyse auf der Output-Ebene sind: Mit ihnen können nur die Effekte in den Kanälen, nicht aber die tatsächlichen Wirkungen bei den Zielgruppen gemessen werden. Es können Annahmen getroffen werden, welchen Einfluss die Verfügbarkeit von Kommunikationsangeboten in den Kanälen auf die entsprechenden Zielgruppen und dann auch auf die Wertschöpfung ausgeübt hat. Und bei ausbleibendem Erfolg können Erklärungen dafür gesucht werden, warum auf Outcome- und Outflow-Ebene die Ziele gar nicht erreicht werden konnten.

6.2.5   Interner Output

Ein weiteres Stück entfernt von der Evaluation der eigentlichen Zielerreichung ist die Bewertung von Ergebnissen auf Ebene des internen Outputs. Auf dieser Ebene geht es um das, was Klaus Merten als Ablaufcontrolling bezeichnet (vgl. Merten, 2013, S. 213). In den Blick genommen werden Aspekte, die gar nicht im originären Kommunikations-prozess verortet werden können, sondern im Organisationsprozess der Kommunikation: Zum Beispiel, wie hoch die Druckqualität des Flyers im Fallbeispiel Milchtankstelle war, bis zu welchem Grad die Angebote für junge Familien beim Hoftag des *Mobilstalls* ausreichend sichtbar waren, ob die Merchandising-Produkte rechtzeitig im Webshop der Imagekampagne zur Verfügung standen, bis hin zu der Frage, ob Kaffee und Kuchen bei der Bürgerversammlung vom Bürgerwindpark in ausreichender Menge ausgegeben wurden.

Auf übergeordneter Ebene können die in Abb. 6.1 aufgeführten Kennzahlen als Indikatoren für die Leistungen des internen Outputs betrachtet werden. All das sind Aspekte, von denen nicht direkt auf den Erfolg oder Misserfolg von Kommunikationsmaßnahmen geschlossen werden kann. Gleichwohl sprechen unter anderem vier Gründe dafür, auch auf dieser Ebene zu evaluieren:

1. Eine genaue Betrachtung kann ein Teil der Erklärung sein und den *Korridor* von Annahmen über die Wirkung der Kommunikation weiter eingrenzen.
2. Eine Evaluation der Abläufe eröffnet die Möglichkeit, aus Fehlern zu lernen und Aktivitäten besser umzusetzen. Schließlich besitzt das Unternehmen/die Branche auf dieser Ebene die größten Einflussmöglichkeiten für Anpassungen. Der Blick auf den internen Output ist zudem wichtig, um die Effizienz der Aktivitäten zu steigern.
3. Sie ermöglicht es, die Qualität der Konzeption bereits vor Umsetzung der Maßnahmen zu evaluieren – ein Punkt, den Leipziger, wie bereits erwähnt, in seiner Konzeptionslehre herausstellt, auch um die Kommunikation effizient zu halten.
4. Für die Bewertung der Effizienz von Kommunikation kann es ohnehin hilfreich sein, die interne Outputdimension im Blick zu halten.

6.2.6   Input

Für eine Bewertung der Effizienz ist schließlich die Betrachtung der Inputdimension wichtig. Für die Effektivität macht es zwar keinen Unterschied, ob die Bekanntheit der Milchtankstelle durch aufwendige und teure Werbeanzeigen im lokalen Anzeigen-blatt, Postwurfsendungen im Umkreis oder bezahlte Posts in den sozialen Netzwerken gesteigert wurde oder ob dies auf Basis von ein paar Aktionen befreundeter Firmen in der Region gelang, die gewissermaßen als Mittlerzielgruppen ohne großen finanziellen und organisatorischen Aufwand Reichweite schaffen konnten. Das Gleiche gilt für die Beurteilung der Frage, ob der Erfolg im Fallbeispiel Stallbauprojekt mit gut bezahlten

Kommunikationsberaterinnen zu erreichen war oder ob der Nachbarschaftsdialog mit eigenen Kompetenzen und *Bordmitteln* realisiert wurde.

Sehr wohl einen Unterschied aber macht dies für die Effizienz – also die Relation von Mitteleinsatz und Ergebnis. Der Blick auf den Input ist somit Voraussetzung, um die Effizienz von Maßnahmen zu bewerten und damit einen Kosten-Nutzen-Vergleich anzustellen. Gerade für die Beurteilung des Nutzens ist dann die Einbeziehung weiterer Ebenen unverzichtbar.

6.3 Evaluation der Effekte von Kommunikation auf die Organisation oder Branche

Die Betrachtung dieser Größen bleibt am Ende ein Stück weit unvollständig. Das liegt zum einen an dem bereits aufgeworfenen Punkt, dass eine eindeutig lineare Verknüpfung von Ursache und Wirkung, von Stimulus und Response nur begrenzt methodisch rekonstruiert werden kann. Es liegt zum anderen auch daran, dass dieser Ansatz den Blick sehr fokussiert auf die Effekte der Kommunikation auf die Wertschöpfung, auf die Wirkungen bei den Adressatinnen sowie die Professionalität der Kommunikationsabteilung lenkt. Was im Dunkeln bleibt, ist die Antwort auf die Frage, wie sich die Organisation oder das Unternehmen selbst durch die Kommunikation verändert hat, welche Effekte sich daraus für die Organisation ergeben. Denn auch an dieser Stelle können Maßnahmen verschiedene Effekte haben. Entstehen kann ein anderes Bild von den Verbraucherinnen, von den Nachbarinnen oder den Umweltschützerinnen – auch als ein Ergebnis von Kommunikation: *„Selbstveränderungen von Unternehmen und Organisationen als Reaktion auf die Kommunikation ihrer Ziel- und Anspruchsgruppen. Dabei ist es gerade die Selbstveränderung im Rahmen von kontinuierlichen Verbesserungsprozessen (KVP) und Change-Management, die in Unternehmen und Organisationen an Bedeutung gewonnen hat."* (Bürker, 2013, S. 60).

Literatur

Amann, S. (2009). Klage gegen Agrarverband. Bauer Heilinger bekämpft das System. *Spiegel Online*, 03.02.2009. https://www.spiegel.de/wirtschaft/klage-gegen-agrarverband-bauer-heitlinger-bekaempft-das-system-a-604980.html. Zugegriffen: 22. Juli 2020.

Binder, C. U. (2019). Finanzieller Markenwert. In F.-R. Esch (Hrsg.), *Handbuch Markenführung* (S. 1595–1603). Springer Gabler.

Bürker, M. (2013). *„Die unsichtbaren Dritten". Ein neues Modell zur Evaluation und Steuerung von Public Relations im strategischen Kommunikationsmanagement.* Springer Gabler.

Deter, A. (2016). Endspurt beim agrar online-Preis für Ihre Betriebs-Homepage! Landwirtschaftsverlag. https://www.topagrar.com/management-und-politik/news/endspurt-beim-agrar-online-preis-fuer-ihre-betriebs-homepage-9583207.html. Zugegriffen: 23. Juli 2020.

Deutscher Landwirtschaftsverlag. (2020). agrar heute digital future awards. https://www.ahdfa.de/. Zugegriffen: 23. Juli 2020.

East, R., Hammond, K., & Lomax, W. (2008). Measuring the impact of positive and negative word of mouth on brand purchase probability. *International Journal of Research in Marketing, 25,* 215–224.

FIBEP. (o. J.). About us. https://www.fibep.info/about. Zugegriffen: 17. März 2021.

Foodwatch. (2021a). McDonald's, Haribo & Co.: Stoppt das Junkfluencer-Marketing! https://www.foodwatch.org/de/mitmachen/mcdonalds-haribo-co-stoppt-das-junkfluencer-marketing/. Zugegriffen: 2. März 2021.

Foodwatch. (2021b). „Grünländer Käse" von Hochland erhält den Goldenen Windbeutel 2020. https://www.foodwatch.org/de/aktuelle-nachrichten/2021/aus-fuer-werbeluege-auf-gruenlaender-kaese/. Zugegriffen: 11. Dez. 2021.

Geiler, J. (2021). Antisemitische Symbole bei Bauern-Protest in Berlin. Was es mit der „Landvolk"-Bewegung auf sich hat. *Der Tagesspiegel Online,* 28.01.2021. https://www.tagesspiegel.de/berlin/antisemitische-symbole-bei-bauern-protest-in-berlin-was-es-mit-der-landvolk-bewegung-auf-sich-hat/26859902.html. Zugegriffen: 29. März 2021.

Gersmann, H., & Grimberg, S. (2005). Und ewig lockt das Fleisch. „Kleine Schweinerei gefällig?" Die Werber der CMA fallen vor allem durch eines auf: Geschmacklosigkeit. Die Bauern müssen das bezahlen. *Die Tageszeitung,* 21.01.2005, S. 4–5. https://taz.de/!650700/. Zugegriffen: 22. Juli 2020.

Harden, L. (2014). Dienstleistungen für die Unternehmenskommunikation: Analyse, Distribution, Organisation, Evaluation. In A. Zerfaß & M. Piwinger (Hrsg.), *Handbuch Unternehmenskommunikation. Strategie, Management, Wertschöpfung* (2. Aufl., S. 1043–1061). Springer Gabler.

Internationaler Controller Verein. (2010). Grundmodell für Kommunikations-Controlling. http://www.communicationcontrolling.de/fileadmin/communicationcontrolling/sonst_files/statement_kommunikationscontrolling_icv.pdf. Zugegriffen: 9. Dez. 2020.

Leipziger, J. W. (2009). *Konzepte entwickeln. Handfeste Anleitungen für bessere Kommunikation; mit vielen praktischen Beispielen.* Frankfurter Allgemeine Buch. http://www.wiso-net.de/document/FAZB,AFAZ__9783899814071221. Zugegriffen:

Liebrich, S. (2019). Die Bauern stellen die falschen Forderungen. *Süddeutsche Zeitung Online,* 26.11.2019. https://www.sueddeutsche.de/wirtschaft/bauern-demo-berlin-kommentar-1.4698331. Zugegriffen: 28. März 2021.

March, J. G. (1994). *A primer on decision making. How decisions happen.* Free Press.

Merten, K. (2013). Konzeption von Kommunikation. *Theorie und Praxis des strategischen Kommunikationsmanagements. Springer.* https://doi.org/10.1007/978-3-658-01467-4

NDR media. (2020). Mediadaten & Programmformate. NDR 2, N-JOY und NDR Landesprogramme. https://www.ndrmedia.de/wp-content/uploads/2020/10/Mediadaten-und-Programmformate-NDR-H%C3%B6rfunk.pdf. Zugegriffen: 8. Apr. 2021.

Opp, K.-D. (2010). Kausalität als Gegenstand der Sozialwissenschaften und der multivariaten Statistik. In C. Wolf & H. Best (Hrsg.), *Handbuch der sozialwissenschaftlichen Datenanalyse* (S. 9–38). VS.

Preppner, K. (2016). Die Anti-Romantiker. *PR-Magazin, 02,* 8–13.

Raupp, J., & Vogelgesang, J. (2009). *Medienresonanzanalyse. Eine Einführung in Theorie und Praxis.* VS.

Riering, B. (2006). Agrar-Marketingfirma verliert Hälfte ihres Budgets. *Die Welt,* 09.10.2006. https://www.welt.de/102484095. Zugegriffen: 22. Juli 2020.

Rolke, L. (2016). Kommunikations-Controlling: Strategiegeleitete Steuerung mittels Wirkungsmanagement. In F.-R. Esch, T. Langner, & M. Bruhn (Hrsg.), *Kommunikations-Controlling:*

Strategiegeleitete Steuerung mittels Wirkungsmanagement (S, 27–51). Springer Gabler. https://doi.org/10.1007/978-3-658-05260-7_2-2.

Rolke, L., Buhmann, A., & Zerfaß, A. (2020). Evaluation und Controlling der Unternehmenskommunikation. In A. Zerfaß, M. Piwinger, & U. Röttger (Hrsg.), *Handbuch Unternehmenskommunikation* (S. 1–21). Springer Gabler.

Schmidbauer, K., & Jorzik, O. (2017). *Wirksame Kommunikation – M.it Konzept. Ein Handbuch für Praxis und Studium*. Talpa.

Wippersberg, J. (2012). *Ziele, Evaluation und Qualität in der Auftragskommunikation. Grundlagen für Public Relations, Werbung und Public Affairs*. UVK.

Zerfaß, A., & Volk, S. C. (2019). *Toolbox Kommunikationsmanagement. Denkwerkzeuge und Methoden für die Steuerung der Unternehmenskommunikation*. Springer Gabler.

Zerres, C., & Litterst, F. (2017). Social media-controlling. In C. Zerres (Hrsg.), *Handbuch Marketing-Controlling. Grundlagen – Methoden – Umsetzung* (4. Aufl., S. 191–206). Springer Gabler.

Zerres, C., Tscheulin, D. K., & Israel, K. (2017). Online-marketing-controlling. In C. Zerres (Hrsg.), *Handbuch Marketing-Controlling. Grundlagen – Methoden – Umsetzung* (4. Aufl., S. 173–190). Springer Gabler.

Risikokommunikation 7

„Der Umgang mit Risiken gehört seit jeher zum Beruf des Landwirts dazu wie Feld, Stall oder Scheune" (Frentrup et al., 2011, S. 6) – heißt es in einem Leitfaden zum Risiko-management in der Landwirtschaft. Gemeint sind damit zunächst Schwankungen der Witterungsverhältnisse, Tier- oder Pflanzenkrankheiten oder der Ausfall von Arbeits-kräften. Risiken und daraus folgende Aufgaben des Risikomanagements im Kontext von Kommunikation sind dagegen vergleichsweise neue Phänomene, die vor allem gesellschaftlichen Entwicklungen geschuldet sind. Ob Einsatz von Pflanzenschutz-mitteln, Verwendung von Antibiotika in der Tiermedizin oder Nutzung der grünen Gentechnik – viele Bürgerinnen verbinden diese und weitere Themen zunächst nicht unbedingt mit einer fortschrittlichen Landwirtschaft, sondern vermehrt auch mit gesund-heitlichen und ökologischen Fragen. Vergleichbare Assoziationen stellen sich bei ihnen auch beim Denken über Nahrungsmittel ein. Risikoforscherinnen haben herausgefunden, dass in Europa viele Menschen Themen rund um Lebensmittel und Ernährung nicht nur mit Vielfalt und Genuss verbinden, sondern vor allem auch mit möglichen Risiken (vgl. Böl, 2012). Diese individuellen Bewusstseinsprozesse spiegeln sich auch in der öffentlichen Kommunikation wider. Fragen zur Lebensmittelsicherheit, z. B. mit Blick auf Pflanzenmittelrückstände oder neuartige Lebensmittel (Novel Foods), sind Teil dieser Diskussion (vgl. Bundesministerium für Ernährung und Landwirtschaft, o. J.). Und oft stehen sich Vertreter aus der Branche sowie Meinungsbildner aus Medien, Politik und Gesellschaft dabei unversöhnlich gegenüber. Die eine Seite sieht in den gegenwärtigen Produktionssystemen begrüßenswerte Errungenschaften für eine sichere, preiswerte und nachhaltige Versorgung mit Lebensmitteln. Die andere Seite zeigt sich alarmiert ob möglicher Gefahren für Verbraucher und Umwelt. Oft werden diese Diskussionen von starken Emotionen begleitet, die eine sachliche Auseinandersetzung um spezifische Vor- und Nachteile einzelner Produkte und Produktionsweisen schwer möglich machen.

© Springer Fachmedien Wiesbaden GmbH, ein Teil von Springer Nature 2022
M. Kussin und J. Berstermann, *Agrarkommunikation*,
https://doi.org/10.1007/978-3-658-36341-3_7

Ein gestiegenes Risikobewusstsein und eine breite öffentliche Risikodiskussion sind dabei nicht nur ein Thema für die Agrarwirtschaft. Auch andere Branchen müssen mit den Folgen einer gesamtgesellschaftlichen Entwicklung umgehen. In der Soziologie wurde bereits vor über 30 Jahren eine Zeitdiagnose gestellt, nach der der Umgang mit und die Verteilung von Risiken eine zentrale Gerechtigkeitsfrage in der Gesellschaft darstellt, vergleichbar mit der nach der Verteilung von ökonomischem Kapital (vgl. Beck, 1987). Eng verbunden damit ist eine veränderte Einstellung gegenüber Technik und Technologie. Die empirische Meinungsforschung konstatiert in der Bevölkerung der Bundesrepublik zwischen den 1960er und 1980er Jahren einen erheblichen Vertrauensverlust in Technik (vgl. Noelle-Neumann & Hansen, 1991, S. 91). Die vielerorts vorherrschende Euphorie über den Nutzen des technischen Fortschritts in den 1950ern und 1960ern war in der öffentlichen Debatte der Folgejahre in ihr Gegenteil umgeschlagen. Nun rückten, wie bereits in Abschn. 1.2.4 geschildert, vor allem die unbeabsichtigten und unwillkommenen Nebenfolgen des Fortschritts wie die Umweltbelastung durch Produktionsprozesse ins Zentrum, oftmals lautstark öffentlich artikuliert von einer größer werdenden Umweltbewegung (vgl. Radkau, 2011, S. 134–137).[1]

Auch in der Land- und Ernährungswirtschaft lässt sich diese Entwicklung geschichtlich nachvollziehen. In Deutschland dominierte bis weit in die 1950er Jahre hinein die Frage nach der Versorgungssicherheit die Risikodiskussion – auch als Ergebnis eines Traumas aus der Hungerzeit des Zweiten Weltkrieges. An diese kollektive Risikobetrachtung schloss die Forderung an, dass Deutschland sich jederzeit selbst versorgen können müsse (vgl. Radkau, 2017, S. 64). Die 1950er Jahre werden heute entsprechend als (agrar-)technikfreundliche Zeit eingeordnet, was sich nicht zuletzt in Schriften zur Zukunft von Landwirtschaft und Ernährung widerspiegelt (vgl. Grossarth, 2018, S. 173). Mit der gefühlten Überwindung des Mangels und dem Eintreten einer Marktsättigung verblasste dann auch die Erinnerung an das Risiko einer Unterversorgung mit Nahrungsmitteln. Der Agrarökonom Reimar von Alvensleben spricht in diesem Zusammenhang von einem *Schlaraffenlandeffekt* – die unhinterfragbare ständige Verfügbarkeit von Lebensmitteln führte dazu, dass anstelle der Gefahr von Mangelversorgung andere Gefahren durch Lebensmittel wahrgenommen wurden, und zu einer steigenden Modernisierungskritik führten (vgl. Alvensleben, 1998, S. 33). Als markante Zäsur, die das Thema auf die öffentliche Agenda brachte, benennt der Historiker Joachim Radkau das Jahr 1978. In diesem Jahr nahm das Nachrichtenmagazin *Der Spiegel* mit dem in Abb. 7.1 gezeigten Titel *Vergiften uns die Bauern? Chemie in der Landwirtschaft* diesen Themenkomplex in den Blick (vgl. Radkau, 2011, S. 251).

---

[1] Zugleich zeigt sich eine widersprüchliche, sich selbst steigernde Dynamik: Das Bedürfnis nach einer Vermeidung dieser Risiken gerät in Konflikt mit dem Wunsch nach sozialer Beschleunigung in Form von Innovationen und damit effektiveren und effizienteren Verfahren. Und hinter dieser Dynamik steckt das Ziel einer Steigerung des Wohlstands – verbunden mit der Hoffnung, sich wiederum mit Geld gegen (zumindest individuelle) Risiken absichern zu können (vgl. Rosa, 2005, S. 286).

Abb. 7.1 Spiegel-Cover vom 30. Oktober 1978

Die Agrar- und Ernährungswirtschaft stand spätestens seit diesem Zeitpunkt aus zwei Gründen im besonderen Fokus:

- Der erste ist der bereits angesprochene gesundheitliche Aspekt. Die Branche stellt Produkte her, die alle Menschen unmittelbar und mittelbar ihrem eigenen Stoffwechsel zuführen und die direkt gesundheitliche Effekte mit sich bringen können – im Positiven wie im Negativen. In Verbraucherbefragungen der vergangenen Jahre nahmen Lebensmittelthemen immer wieder die oberen Plätze ein, wenn es um gesundheitliche Risiken ging (vgl. Bundesinstitut für Risikobewertung, 2020, S. 9). Dabei reicht die Skepsis gegenüber Lebensmitteln bis in die 1980er Jahre zurück (siehe Abschn. 1.2.4). Den Wahrnehmungen und Bewertungen folgen politische Forderungen: In einer repräsentativen Umfrage äußern 48 % der Befragten die Auffassung, dass der Staat mehr direkte Verbote und Beschränkungen auferlegen sollte, um Risiken zu begrenzen. 41 % sind der Meinung, dass er zumindest öffentlich

Informationen bereitstellen soll. Nur 10 % glauben, bei der Risikoeinschätzung auf die staatliche Unterstützung verzichten zu können (vgl. Bundesinstitut für Risikobewertung, 2020, S. 11).

- Der zweite Grund für die Exponiertheit der Agrar- und Ernährungswirtschaft betrifft Fragen ökologischer Risiken – ein Themenkomplex, der auch unter dem Gesichtspunkt der nachhaltigen Entwicklung diskutiert wird (siehe Kap. 8). Der Flächenbedarf, der mit vielen ihrer Arbeitsfelder verbunden ist, bringt die Branche in eine besondere Rolle, die sie von anderen Sektoren wie der klassischen Industrieproduktion unterscheidet. So erklärt sich, warum der Branche ein hoher Einfluss auf Natur und Umwelt und auf sogenannte Ökosystemleistungen wie Frischwasserbereitstellung oder Luftreinhaltung zugerechnet wird und damit auf die Lebensqualität der Bürgerinnen. Dies ist vor allem in Ländern wie Deutschland der Fall, wo in vielen Regionen Landwirtschaft in dichter besiedelten Räumen betrieben wird. Aufgrund dieser räumlichen Nähe werden auch Themen wie die mögliche Abdrift von Pflanzenschutzmitteln zum Gegenstand der Risikodiskussion in den Medien (vgl. MDR, 2019).

Die Bedeutung der Land- und Ernährungswirtschaft bei Risikothemen spiegelt sich auch in den Agenden politiknaher Forschungsinstitutionen wider. Bei vier von fünf Themen, die beim UN-Umweltprogramm die größte Besorgnis hervorrufen, wird die Landwirtschaft als Verursacherin und zugleich auch als Betroffene geführt: der grünen Gentechnik, der Konnektivität von Ökosystemen, des Nährstoffkreislaufs und des Aspekts der Klimaanpassung (vgl. United Nations Environment Programme, 2019). Und auch die institutionelle Ausrichtung der wissenschaftlichen Politikberatung verrät die Exponiertheit der Land- und Ernährungswirtschaft bei Risikofragen. So zählt die wissenschaftliche Risikobewertung von Lebens- und Futtermitteln sowie von Stoffen und Produkten als Grundlage für den gesundheitlichen Verbraucherschutz zu den Arbeitsschwerpunkten des Bundesinstituts für Risikobewertung (vgl. o. A., o. J.).

Mit der Digitalisierung der Landwirtschaft entwickelt sich ein weiteres, neues Themenfeld, das Gegenstand künftiger gesellschaftlicher Risikodiskussion zu werden verspricht. Zum Einsatz von Drohnen im Pflanzenbau oder Robotern im Stall sind bereits kritische Positionierungen mit Blick auf mögliche Risiken zu vernehmen (vgl. Clapp & Ruder, 2020, S. 50).[2]

---

[2]Bereits vor der Jahrtausendwende finden sich sozialwissenschaftliche Ansätze, die Precision Farming als ein Instrument betrachten, um Landwirtinnen stärker in die Abhängigkeit großer Agrarkonzerne zu treiben und den Einsatz chemischer Mittel in der Landwirtschaft weiter zu legitimieren (vgl. Wolf und Wood 1997).

Dieser besondere Fokus auf die Agrar-und Ernährungswirtschaft in der öffentlichen Wahrnehmung führt ihrerseits zu realen Risiken für die Branche und ihre Unternehmen:

1. Es können politische Risiken erwachsen, wenn Politik aufgrund von gesellschaftlichen Forderungen die gesetzlichen Rahmenbedingungen verändert und Auflagen erlässt.
2. Ebenso denkbar sind direkte Risiken für das Geschäft – dass Produkte weniger nachgefragt werden, was Mengen- bzw. Preiseffekte mit sich bringen kann.
3. Und auch die Reputation von Agrarunternehmen kann leiden. Zwar hat dies keine unmittelbaren Effekte auf wirtschaftliche Zahlen. Aber es kann wichtige Fragen beeinflussen – beispielsweise, als wie attraktiv die Branche von Berufseinsteigerinnen oder Investorinnen eingeschätzt wird.

Diese Risiken kommen zu den ohnehin bestehenden Risikoarten noch hinzu, wie z. B. Ertragsrisiken oder Marktrisiken. All dies spricht dafür, dass Unternehmen sowie auch weitere Institutionen der Agrarwirtschaft ein Eigeninteresse daran haben dürften, dass ihre Prozesse und Produkte weniger mit Risiken verbunden werden, sondern stärker mit dem Nutzen für die Bürgerinnen oder auch die Gesamtgesellschaft. Um dies zu erreichen, lässt sich über Veränderungen nachdenken, die im Kerngeschäft stattfinden: eine Reduzierung von umweltschädlichen Emissionen, ausgefeiltere seuchenhygienische Konzepte, geringere Mengen von Rückständen in Lebensmitteln oder auch andere, ökologisch verträglichere Anbaustrategien. Zugleich kann ein Ansatzpunkt darin bestehen, mit professioneller Kommunikation Einfluss auf die Risikodiskussion zu nehmen – vor allem dann, wenn nicht (nur) fachliche Verbesserungsmöglichkeiten erkennbar werden, sondern auch Wahrnehmungsdefizite und Vertrauensprobleme vorliegen.

Für diese Aktivitäten sind, wie in Abschn. 7.3 gezeigt wird, die Beiträge einzelner Landwirtinnen bzw. Einzelunternehmerinnen aus dem Agribusiness unverzichtbar – und dass, obwohl sich Kosten und Nutzen der Handlungen nicht immer unmittelbar übereinanderlegen lassen. Denn die *Investition* des Einzelnen in Risikokommunikation zeigt sich auf der Wirkungsebene als (kleiner) Beitrag für die Gesamtbranche. Jedoch sind auch positive Effekte für den Einzelbetrieb durch Risikokommunikation zu erwarten – gerade dann, wenn die Kommunikation dialogisch verläuft. So kann der einzelne Betrieb im Austausch mit Stakeholdern selbst etwas über die Sichtweisen der Gesellschaft lernen, neue Impulse mitnehmen und die in Abschn. 1.1 genannte Resonanzfähigkeit stärken, aber auch Anerkennung und Wertschätzung in guten Gesprächen entstehen lassen – ein Punkt, der in Kap. 8 und 9 vertieft wird.

7.1   Das objektivistische Risikoverständnis der Ingenieure und Kaufleute

An eine erfolgreiche Kommunikation wird oft die Anforderung gestellt, besser über Risiken aufzuklären – die Bürgerinnen also über Fakten zu informieren, sodass am Ende eine sachliche Risikoeinschätzung möglich wird (vgl. Peters, 1994, S. 333–334). Dahinter steht ein bestimmtes Risikoverständnis, wie es in professionellen technischen, aber auch betriebswirtschaftlichen Zusammenhängen anzutreffen ist. Es besagt, dass sich Risiken mithilfe der Parameter *Eintrittswahrscheinlichkeit* und *Schadenshöhe* messen und damit rational abwägen lassen. Folgende Formel liegt dem technischen Risikoverständnis zugrunde:

$$Risiko = Wahrscheinlichkeit\ des\ Schadensereignisses * Ausmaß\ des\ Schadens \quad (7.1)$$

Das betriebswirtschaftliche Risikomanagement ermittelt aus diesem Risikoverständnis heraus methodische Ansätze, um ermittelte Risiken auf eine Zielgröße zu bringen. Im Allgemeinen handelt es sich dabei um monetäre Größen, die den Gesamtrisikoumfang für ein Unternehmen, z. B. das Risikomaß für die Risikoposition eines Portfolios (Value-at-Risk) oder den Eigenkapitalbedarf (Risk-adjusted Capital), angeben (vgl. Gleißner, 2011, S. 12–13).

Hinter dieser Herangehensweise an Risiken stehen verschiedene wissenschaftliche Risikokonzepte. Diese haben miteinander gemeinsam, dass sie den Problemfokus allein auf die Frage nach der Eintrittswahrscheinlichkeit legen. Mögliche Unsicherheiten, insbesondere mit Blick auf die Folgen, werden dagegen nicht betrachtet. So ist die Wahl einer bestimmten Entscheidung am Ende vom individuellen Risikoappetit der Entscheiderin abhängig (vgl. Aven & Renn, 2009, S. 1–4). Von diesem Risikoverständnis ausgehend können Erwartungen an eine erfolgreiche Kommunikation von Risiken wie folgt formuliert und wie in Abb. 7.2 illustriert werden:

1. Expertinnen kommt zunächst die Aufgabe zu, entsprechende Risiken zu identifizieren, zu messen und die Konsequenzen aufzuzeigen.
2. Im Anschluss ist es Aufgabe der Medien, mit den Erkenntnissen der Fachleute die Öffentlichkeit objektiv zu informieren – auch, um so Legitimation für Entscheidungen unter Risiko zu schaffen.

Abb. 7.2 Idealtypischer Ablauf der Risikokommunikation nach einem objektivistischen Risikoverständnis. (In Anlehnung an Peters, 1994, S. 332–334)

3. Handelt es sich um Risiken, die von einem technisch-industriellen Prozess für die Allgemeinheit ausgehen und externe Effekte hervorrufen können, kommt der Politik die
   Aufgabe zu, auf Basis wissenschaftlicher Erkenntnisse ein akzeptables Maß an Risiko
   zu definieren und entsprechende Grenzwerte in Gesetzen und Verordnungen festzu-
   schreiben (vgl. Reinhardt 2010).

7.2 Das konstruktivistische Risikoverständnis der Kommunikatorinnen

In der Praxis zeigt sich: Eine ausschließlich technisch und fachlich ausgerichtete Risikokommunikation führt typischerweise nicht zu der gewünschten Wirkung von mehr
Verständnis oder einer höheren Akzeptanz von Technologien – denn tatsächlich fallen
Expertinnen- und Laieneinschätzung weiterhin oft auseinander. Risikoforscherinnen
führen dies darauf zurück, dass das bereits aufgeführte Risikoverständnis zu eng
gefasst ist. Es übersieht einen Punkt, der inzwischen selbst von mathematisch ausgerichteten Wissenschaftlerinnen in Rechnung gestellt wird: Nämlich, dass es neben
dem technischen Verständnis von Risiken auch einen nicht-technischen Blick auf Risiken
gibt (vgl. Micic, 2016, S. 1263). Risikoeinschätzungen kommen demzufolge nicht auf
Basis einer übergeordneten wissenschaftlich-technischen Rationalität zustande. Stattdessen sind sie das Ergebnis spezifischer kultureller, sozialer und psychischer Strukturen,
in denen Risikoinformationen verarbeitet (vgl. Kasperson et al., 1988, S. 178) und
„Risikowirklichkeiten" (Peters, 1991, S. 30) erzeugt werden. Erklären lässt sich dies
aus Perspektive sogenannter konstruktivistischer Ansätze damit, dass Risiken nicht
unabhängig von den Akteurinnen existieren, die Risiken einschätzen (vgl. Aven & Renn,
2009, S. 8).

Die in Abb. 7.3 dargestellten Ergebnisse des Verbrauchermonitorings des Bundesinstituts für Risikobewertung (BFR) verdeutlichen eindrücklich, in welcher Weise
die technische Risikoermittlung und die geäußerten Risikoeinschätzungen von Verbraucherinnen deutlich divergieren. Ein Auseinanderfallen von professioneller Risikoeinschätzung und der Bewertung von Laien ist eher der Normalfall. Dabei gibt eine Studie
zu Risikowahrnehmung in Milchviehbetrieben Anlass zu der Annahme, dass dieser
Effekt auch bei Landwirtinnen festzustellen ist (vgl. Wocken et al., 2009, S. 163–165).

Der nicht-technische Blick auf Risiken ist dabei nicht einfach eine Restkategorie, in
welcher Risikoeinstellungen vollkommen beliebig zustande kommen. Auch ihm liegen
spezifische psychische und soziale Strukturen zugrunde. Entsprechende Arbeiten aus
Psychologie und Soziologie liefern Erklärungen dafür, wie diese nicht-technischen
Risikowahrnehmungen und -diskussionen entstehen und auf welchen Mechanismen sie
beruhen.

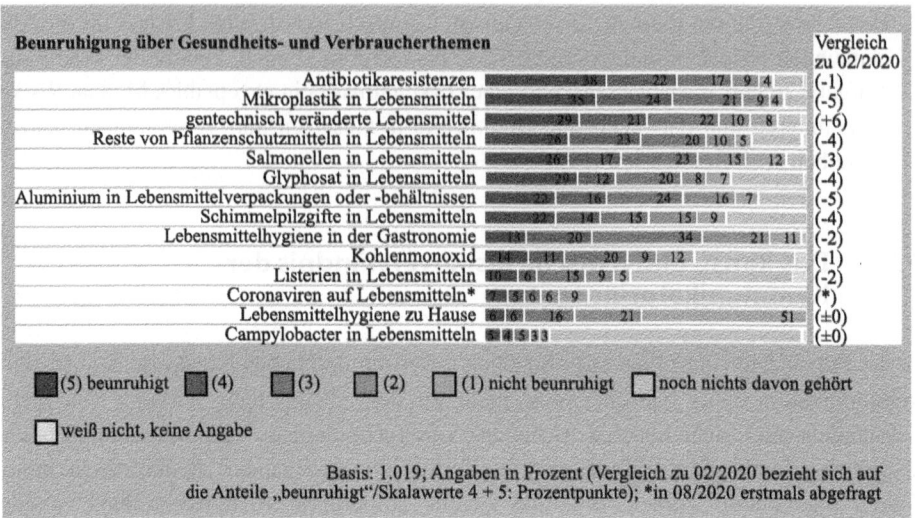

Abb. 7.3 Beunruhigung über Gesundheits- und Verbraucherthemen. (Bundesinstitut für Risikobewertung, 2020, S. 9)

Risikowahrnehmungen – psychologische Erklärungen

Die empirische psychologische Forschung zeigt, dass Menschen bei Risikoeinschätzungen mehr auf ihr Gefühl als auf den Verstand hören. Sie konsultieren, so formuliert es Paul Slovic (2010, S. 25), ihren *Affektpool,* um Risiken mit Blick auf Kosten und Nutzen abzuwägen. Ursächlich dafür ist, dass Laien nur selten überhaupt in der Lage sind, eine anspruchsvolle wissenschaftliche Risiko-Nutzen-Analyse durchzuführen, da das vorausgesetzte fachliche und methodische Wissen nicht vorhanden ist (vgl. Peters, 1991, S. 38). Die Folgen dieser affektiv beeinflussten Risikowahrnehmungen gegenüber einer statistisch-technischen Herangehensweise lassen sich anhand verschiedener Faktoren sichtbar machen.

- **Natürlichkeit:** Der erste Faktor kann unter den Begriff *Natürlichkeit* gefasst werden: Im Kontext der Ernährungsbranche kommen Studien zu dem Ergebnis, dass Konsumentinnen zwischen technologischen und naturgegebenen Risiken unterscheiden. Industriell hergestellte Lebensmittel werden tendenziell mit höheren Risiken assoziiert, da sie als unnatürlich wahrgenommen werden (Kaptan et al., 2018, S. 1008). Im Rahmen einer psychometrischen Studie zum Einsatz von Biotechnologie in der Lebensmittelproduktion zeigt sich, dass Verbraucherinnen deutlich höhere Schäden durch derartige Verfahren befürchten als Expertinnen, die wiederum den Nutzen der Technologie höher bewerteten (vgl. Savadori et al., 2010, S. 257).
- **Kontrollierbarkeit:** Die Skepsis gegenüber verarbeiteten Lebensmitteln und auch dem Einsatz von Technologien in der Primärproduktion kann auch mit dem nächsten

Faktor erklärt werden: dem der (wahrgenommenen) *Kontrollierbarkeit:* Bei der Einschätzung eines Risikos wird von einer Verbraucherin mit berücksichtigt, ob sie sich
in der Rolle der Entscheiderin sieht, indem sie aktiv Risiken eingeht, oder in der
Rolle der Betroffenen, in der sie Gefahren ausgesetzt ist – ob sie also den Eindruck
hat, das Eintreten unwillkommener Ereignisse in der Zukunft kalkulieren, beeinflussen und vielleicht sogar verhindern zu können, oder ob sie sich einer Zukunfts-
entwicklung ausgeliefert sieht. Diese Unterscheidung zwischen Entscheiderin und
Betroffener stammt aus der Risikosoziologie (vgl. Luhmann, 1991, S. 111 ff.).
Empirisch plausibel wird diese beispielsweise mit Blick auf Ergebnisse, wie Risiken
eingeschätzt werden. Während das Risiko von Schäden aus Fremdverschulden, wie
beispielsweise Krebserkrankungen ausgelöst durch Faktoren wie Lebensmittel-
zusatzstoffe oder auch Umweltverschmutzungen, überschätzt wird (Leitzmann, 2011,
S. 49), wird das Risiko von Schäden aus eigenem Verschulden wie Krankheiten durch
ständiges Sitzen gemeinhin unterschätzt (vgl. Saltin, 1992).

- **Verfügbares wissenschaftliches Wissen:** Mangelnde Kontrolle steht auch im
Zusammenhang mit dem nächsten Punkt, dem des *verfügbaren wissenschaftlichen
Wissens:* Anders als bei Expertinnen beschäftigen sich Laien nicht allein mit den Zahlen,
Daten und Fakten der vorliegenden Risikoanalyse. Wie im Rahmen der bereits erwähnten
biotechnologischen Studie ermittelt werden konnte, schwingt noch viel stärker die Frage
mit, wie viel die Wissenschaftlerinnen mit bisherigen Methoden überhaupt über ein
Produkt oder Verfahren wissen können (vgl. Savadori et al., 2010, S. 258). Hier zeigen
sich Berührungspunkte zum Vertrauen in Personen und ihre Kompetenzen, auf die bereits
an anderer Stelle hingewiesen wurde (vgl. Peters, 1991, S. 42).

- **Vertrautheit:** Die Kriterien der Neuigkeit und der Bekanntheit stehen in engem
Zusammenhang mit einem weiteren Faktor, dem der *Vertrautheit* mit der Risiko-
situation. Auch diese hat Einfluss auf das gefühlte Risiko (vgl. Aven & Renn, 2009,
S. 9). Über die Risiken einer ungesunden Ernährung wird in der öffentlichen Diskussion breit und ausführlich informiert, dennoch belaufen sich die Kosten für
ernährungsbedingte Krankheiten in Deutschland auf 75 Mrd. Euro jährlich (vgl.
Mummer, 2017, S. 2) – die Vertrautheit mit internalisierten Ernährungsgewohnheiten
scheint dazu zu führen, dass Warnungen aus der Wissenschaft über diese Risiken bei
den Verbraucherinnen nur begrenzt Wirkung erzielen.

- **Katastrophenpotenzial und Schwere der Konsequenzen:** Ein nächster Punkt
betrifft die Aspekte *Katastrophenpotenzial* und *Schwere* der Konsequenzen. So
kommt es eher zur Überschätzung von Risiken, wenn viele Menschen zugleich
betroffen sind, als wenn dies über einen längeren Zeitraum geschieht. Gleiches gilt
für die Schwere der Konsequenzen. Franz-Xaver Kaufmann hat dieses Phänomen am
Begriff der Katastrophenschwelle festgemacht. Die Katastrophenschwelle bezeichnet
eine Grenze, bei deren Überschreitung ein sich realisierendes Risiko unter keinen
Umständen akzeptiert wird, egal, wie hoch die Eintrittswahrscheinlichkeit ist. Diese
Schwelle sinkt proportional zur wahrgenommenen Höhe des Umfangs möglicher
Entscheidungsfolgen (vgl. Kaufmann, 1992, S. 86). Und auch die Unmittelbarkeit

von Gesundheits- und Umweltrisiken ist ein Faktor. Verbraucher messen Risiken mit geringer Wahrscheinlichkeit, aber direkten Folgen wie schlimmen Industrieunfällen und Strahlung eine hohe Relevanz bei, wohingegen Expertinnen vor allem Risiken mit globalen Konsequenzen wie Klimawandel, Biodiversitätsverlust und Folgen des Bevölkerungswachstums im Auge haben (Slimak & Dietz, 2006, S. 1698).

- **Akzeptabilität:** Und schließlich geht es bei der Wahrnehmung von Risiko nicht nur um die wahrgenommene Schwere eines Risikos, sondern um die jeweils individuelle *Akzeptabilität* eines Risikos (vgl. Aven & Renn, 2009, S. 6). Auch deshalb spielt die moralische Bewertung von Risiken eine Rolle. Risiken, die im Kontext von Gewinnerwartungen einzelner Personengruppen entstehen, werden als bedrohlicher wahrgenommen als andere Risiken.

Die Zusammenführung in Tab. 7.1 zeigt auch: Individuelle Einschätzungen können nicht allein in Richtung einer Risikoüberschätzung (aus Perspektiven einer technisch-wissenschaftlichen Sichtweise) ausschlagen. Ebenso finden sich Themen, bei denen eine Unterschätzung von Risiken stattfindet – woraus ebenfalls Aufgaben der Risikokommunikation resultieren, dann aber unter umgekehrten Vorzeichen.

Risikosozialisierung – Kulturwissenschaftliche und soziologische Erklärungsansätze
Risikowahrnehmungen sind Teil von Bewusstseinsprozessen, die in jedem Einzelindividuum ablaufen. Sie beruhen z. T. auf anthropologischen Prädispositionen, die jedem Menschen innewohnen, ebenso wie auf individuellen Erfahrungen und neuronalen Lernprozessen, die Spuren im Gedächtnis hinterlassen, um für Risikoentscheidungen aktiviert zu werden (vgl. Roth, 2003, S. 558). Über diese individuellen Voraussetzungen hinaus stellen kollektive kulturelle Prägungen wichtige Variablen zur Erklärung von Risikobetrachtungen dar – gerade mit Blick auf Themen, bei denen gar keine eigenen Erfahrungen zu Konsequenzen aus riskanten Entscheidungen vorliegen. Die sogenannte kulturalistische Sozialtheorie kann zeigen, in welcher Weise Risikoeinschätzungen durch die Zugehörigkeit zu einer bestimmten gesellschaftlichen Gruppe erzeugt werden (vgl. Japp, 2000). Eine wichtige Rolle spielen dabei gemeinsam geteilte Normen und Grundüberzeugungen. Derartige implizite Übereinkünfte in den Wahrnehmungen finden sich innerhalb von Verbrauchergruppen, die beispielsweise einem bestimmten Milieu angehören (siehe auch Abschn. 4.2), in dem neue Risikoformen entstehen können, losgelöst von wissenschaftlichen Wissensbeständen. So betrachten Vegetarierinnen und Veganerinnen z. T. den Fleischkonsum als Risiko – nicht primär unter ernährungsphysiologischen Gesichtspunkten, sondern unter moralischen. Fleisch oder Tierprodukte gelten dann in diesen kulturellen Kontexten als moralisch kontaminiert (vgl. Ferreira, 2006, S. 859). Und selbst Einschätzungen in Expertinnenkreisen fußen oftmals auf Annahmen,

Tab. 7.1 Faktoren der Risikowahrnehmung und Effekte. (Unter anderem Peters, 1991, S. 30–36; Luhmann, 1991, S. 112–113; Kahan et al., 2010, S. 188–189)

Faktor (Wahr-nehmung)	Steigert wahr-genommenes Risiko im Vergleich zur statistischen Risikoein-schätzung	Beispiel	Reduziert wahr-genommenes Risiko im Vergleich zur statistischen Risikoein-schätzung	Beispiel
Natürlichkeit	Technologisch/menschen-gemacht	Verarbeitete Lebensmittel	Risiken auf Basis natürlicher Vor-gänge	*Natürliche* Fraßgifte in Wild-kräutern
Kontrollierbarkeit	Unkontrollierbar	Antibiotikaein-satz in der Nutz-tierhaltung	Kontrollierbar	Relevanz des eigenen Ernährungsver-haltens für das Risiko einer Krebserkrankung
Verfügbares wissenschaft-liches Wissen	Risiken in der Wissenschaft unbekannt	Nanopartikel in Lebensmitteln	Risiken sind in der Wissenschaft bekannt	
Vertrautheit	Neue Risiken	Genschere – Crispr Cas	Vertraute Risiken	Unsachgerechte Lagerung und Verarbeitung von Lebensmitteln
Katastrophen-potenzial	Viele Menschen zur gleichen Zeit betroffen	Pandemien, ausgelöst durch Viren aus der Nutztierhaltung	Menschen sind über einen längeren Zeitraum betroffen	Gesundheit-liche Folgen für Menschen durch Bewegungs-mangel in der Pandemie
Schwere der Konsequenzen	Schwerwiegende Konsequenzen (unabhängig von der Eintrittswahr-scheinlichkeit)	Erkrankung an der Creutzfeldt-Jakob-Krankheit (nvCJK), aus-gelöst durch BSE	Konsequenzen nicht schwer-wiegend	
Unmittelbarkeit der Konsequenzen	Konsequenzen folgen unmittel-bar		Konsequenzen sind verzögert	
Betroffenheit	Verwund-bare Personen (Kinder, Alte, Schwangere)	Babynahrung	Nicht verwund-bare Personen	Alkoholkonsum unter jungen Erwachsenen
Verteilung	Ungleich		Gleich	

(Fortsetzung)

Tab. 7.1 (Fortsetzung)

Faktor (Wahr-nehmung)	Steigert wahr-genommenes Risiko im Vergleich zur statistischen Risikoein-schätzung	Beispiel	Reduziert wahr-genommenes Risiko im Vergleich zur statistischen Risikoein-schätzung	Beispiel
Ethische, moralische Bedenken	Risiko ist moralisch falsch	Nachweis von Pflanzenschutz-mittelrückständen an agrarfernen Standorten	Keine ethischen Bedenken	Ansiedlung des Wolfes in Deutschland

die nicht selten wiederum auf Prägungen aus dem Wissenschaftsmilieu beruhen – und nicht auf freischwebender wissenschaftlicher Objektivität (vgl. Slimak & Dietz, 2006, S. 1698).[3]

Eine weitergehende Einfluss- und Bezugsgröße für eine bestimmte Risikokultur stellt der nationalstaatliche Kontext dar. In diesem Rahmen können bestimmte historische Entwicklungspfade lange nachwirken. So findet sich in Deutschland eine besonders ausgeprägte Präferenz für das *Natürliche* gegenüber dem *Künstlichen* – ein Phänomen, dessen Ursprünge nicht zuletzt bis zur Philosophie des deutschen Idealismus im 18. und 19. Jahrhundert zurückgehen (vgl. Möller, 2011, S. 14–15). Auch anhand von konkreten Risikothemen der Ernährungswirtschaft wird die Relevanz nationalstaatlicher Unterschiede erkennbar. Anhand der BSE-Krise lässt sich zeigen, wie sich in England und Kontinentaleuropa unterschiedliche – kulturell geprägte – Interpretationen von Risiko manifestierten. Während in Großbritannien ein in der Kultur verankerter *pragmatischer* Umgang mit der Krankheit und dem Risiko für den Menschen stattfand, war die Reaktion in Deutschland getragen von einer idealistisch motivierten hohen Risiko-aversion (vgl. Japp, 2002, S. 159). Damit ging in Deutschland eine stark metaphorisch aufgeladene, mediale Betrachtung einher, die hinter den Ereignissen moralisch ver-werfliche Motive wie Habgier von Entscheidern sahen und die Ursache von BSE einem fehlerhaften *System* zuwiesen (vgl. Grossarth, 2018, S. 394 f.) – mit massiven Folgen für die Branche (siehe Abschn. 1.2.4).

Derartige Warnungen vor Systemrisiken in diesen und anderen kontrovers dis-kutierten Themenfeldern können nicht zuletzt auch als Resonanz auf eine komplexer gewordene Welt begriffen werden (vgl. Urry, 2003). Sie sind – über nationalstaat-liche Grenzen hinaus – mitverantwortlich für das Auseinanderfallen von technischen

---

[3] Karl Ludwig Fleck hat diesen Prozess für die Wissenschaften insgesamt am Beispiel der medizinischen Forschung herausgearbeitet (vgl. Fleck 1935).

und nicht-technischen Risikobetrachtungen. Konkretes Kennzeichen dieser (welt-) gesellschaftlichen Komplexität ist dabei, dass unser gegenwärtiges Zusammenleben und -wirtschaften wie nie zuvor auf sachlicher und räumlicher Arbeitsteilung basiert. Jeder Einzelnen ist nur noch ein kleiner Teil der Zusammenhänge bewusst und begreiflich, die ihr eigenes Leben und das Ausgesetztsein von Risiken mitprägen. Der Durchschnitts-konsumentin fehlt es an Möglichkeiten, die moralische und ökologische Unbedenk-lichkeit der Fütterungsstrategie jedes Nutztiers nachvollziehen zu können, von dem später Teile auf ihrem Teller landen. Ebenso wird sie nicht die Unbedenklichkeit von Insektiziden nachvollziehen, die beim Anbau der verwendeten Gewürze eingesetzt wurden. Gleiches gilt für die Leistungsfähigkeit der Kühlkette. Und selbst bei der Frage, ob denn nun tatsächlich Rind oder nicht doch Pferd in der Lasagne steckt, mangelt es an Gewissheit.

Ein Mechanismus, der an die Stelle von Wissen und Erfahrung rückt, ist der des Ver-trauens – zum einen ganz konkret in die technischen und ökonomischen Infrastrukturen (vgl. Giddens, 1990, S. 28), zum anderen aber auch in jede wirtschaftliche sowie weitere gesellschaftliche Transaktion,[4] die über den Horizont der persönlichen Erfahrung und Wahrnehmung hinausgeht (vgl. Luhmann, 2000, S. 27). Die Ressource Vertrauen in Geschehnisse jenseits der eigenen Nahwelt und persönlich bekannten Personen ist letzt-lich Voraussetzung dafür, um Lebensmittel außerhalb des eigenen Gartens oder des Hof-ladens in der Nachbarschaft zu konsumieren.

Erforderlich wird so etwas wie reflexives Vertrauen – das Vertrauen in das eigene Ver-trauen und damit ein reflektiertes Sicheinlassen auf Fiktionen. Man vertraut darauf, dass die Politik über Handelsabkommen die Lebensmittelversorgung mit Produkten aus dem Ausland ermöglicht, obwohl man weiß, dass dies im Fall der Fälle gar nicht erzwungen werden kann. Es wird darauf vertraut, dass über wissenschaftlichen Fortschritt Lösungen für die Übernutzung von Böden und anderen natürlichen Ressourcen gefunden werden – obwohl man weiß, dass dies alles kein Selbstläufer ist und aus technischem Fortschritt wiederum Folgerisiken wachsen können. Die Basis dieses Vertrauens ist nicht Wahrheit über einen Gegenstand und ein System, sondern die (bisherige) Erfahrung, *„daß die Komplexitätsreduktion gelingt, daß die Übernahme des darin beschlossenen Risikos sich im sozialen Leben bewährt hat und dadurch zum Motiv wird, das sich weiter bewährt"* (Luhmann, 2000, S. 90–91).

Mit der bereits beschriebenen Formulierung von Systemkritik wird dieses Vertrauen jedoch immer wieder problematisiert und infrage gestellt. Insbesondere bezüglich der Agrar- und Lebensmittelwirtschaft werden Prozesse entlang der Wertschöpfungs-kette hinterfragt und Risiken möglicher unerwünschter Nebenfolgen angesprochen. Als Katalysatoren dieser Kommunikation dienen nicht zuletzt die sogenannten sozialen

---

[4]Ohne Frage hat hier auch das Rechtssystem die Funktion, solche Erwartungen zu stabilisieren. Aber auch dann muss man darauf vertrauen, dass das Recht durchgesetzt wird und sich nach Sanktionierungen etwas verändert.

Bewegungen, also z. B. Initiativen wie *Fridays for Future* oder auch die „*Wir haben es satt*"-Kundgebungen zur Internationalen Grünen Woche. Charakteristisch für die Kommunikation dieser Initiativen ist, dass sie an den Grundlagen reflexiven Vertrauens rüttelt – auch, indem sie sich i. d. R. auf die Thematisierung von Risiken konzentriert, die als *katastrophisch* charakterisiert werden können und die über lange Zeiträume eine hohe Schadenseinwirkung erwarten lassen (vgl. Japp, 1996, S. 188). Damit wird es diesen Bewegungen möglich, ihre Positionen in Überschriften wie *Zerstörung des Klimas, Vergiftung der Böden, Verseuchung des Wassers* durch die moderne Landwirtschaft und andere Wirtschaftsakteurinnen zu kanalisieren. Solche Zuspitzungen dienen, wie Klaus Japp zeigt, zunächst einmal der Konsolidierung interner Differenzen in diesen Bewegungen. Es ist diese Form von geteilter Angstkommunikation, die die Zugehörigkeit zu einer Bewegung stabilisiert (vgl. Japp, 1996, S. 186–187). Zugespitzt lautet die Konsequenz: „*Wer daran zweifelt, gehört nicht dazu*" (Japp, 1996, S. 186). Diese Katastrophenkommunikation produziert aber zugleich Effekte, die nach außen sichtbar werden – vor allem auch in der Berichterstattung der Massenmedien.

Die Rolle der Massenmedien im Kontext der Risikowahrnehmung

Für die Beobachterinnen der gegenwärtigen Risikodiskussionen ist die Rolle der Medien auch deshalb immer wieder ein zentraler problematischer Faktor. Insbesondere aus der Agrarbranche heraus mangelt es nicht an Kritik an der medialen Berichterstattung – auch mit Blick auf Risikothemen (vgl. Deter, 2015). Ein kritischer Blick auf Presse, Funk und Fernsehen findet sich ebenso in Teilen sozialwissenschaftlicher Forschung wieder. Formuliert wird der Vorwurf, dass Medien die Wirklichkeit steuern, es also zu einer Manipulation der öffentlichen Meinung kommt:[5] Hinter dieser Kritik steckt die Einschätzung, dass Massenmedien die (Risiko-)Wirklichkeit verzerren, also Bürgerinnen nicht sachlich informieren. Implizit wird damit auch die Hoffnung verbunden, dass mit einer anderen medialen Berichterstattung über Risiken aus der Landwirtschaft auch eine andere gesellschaftliche Wahrnehmung möglich wäre; insbesondere bei Wissenschaftlerinnen und Expertinnen, die die Überlegenheit ihres Wissens für sich in Anspruch nehmen und Journalistinnen als ihre „*Sekretärin* zur *Erziehung der Öffentlichkeit*" betrachten (vgl. Peters, 1994, S. 345). Auf Basis moderner Medientheorie mit konstruktivistischem Verständnis sind Zweifel angebracht, dass ein solches Unterfangen erfolgreich sein kann. So, wie Menschen auf Basis eigener Wahrnehmungen und Emotionen zu Risikoeinschätzungen kommen und einzelne Gruppen und Staatengemeinschaften aufgrund gemeinsam geteilter Kulturmuster ein bestimmtes Risikoverständnis entwickeln, so fertigen auch Medien ein eigenes Bild der Realität an (vgl. Luhmann, 1996, S. 138–157). Und dieses Bild ist grundsätzlich weder objektiv noch subjektiv,

---

[5] Diese Frage ist bereits Gegenstand zahlreicher sozialwissenschaftlicher Diskurse gewesen, nicht zuletzt in den Arbeiten zum Strukturwandel der Öffentlichkeit von Jürgen Habermas (1990, S. 284–285), aber auch in Pierre Bourdieus Arbeit zum Fernsehen (vgl. Bourdieu 1998, S. 62–63).

sondern stets selektiv. Geschuldet ist dieses selektive Bild verschiedenen Aspekten: Erstens findet Selektivität auf der Inputebene statt: Die (Risiko-)Wirklichkeit der Medien entsteht nur zu einem kleinen Teil auf Basis der Tatsachenberichte von Augenzeuginnen. Viel relevanter sind dagegen Primärquellen wie Aussagen, Meinungen und Positionen von Wissenschaftlerinnen, Politikerinnen, Umweltschützerinnen, Branchenvertreterinnen und weiteren Akteurinnen (vgl. Peters, 1994, S. 335).

Die Abbildung dieser Aussagen, Meinungen und Positionen sowie dazwischen-liegenden Differenzen findet sich zweitens dann in der Berichterstattung über Risiken selbst wieder. Denn die Medien erteilen nicht nur den ausgewiesenen Expertinnen, z. B. vom Bundesinstitut für Risikobewertung, das Wort. In Beiträgen zu möglichen Rückstandsmengen von Glyphosat in Lebensmitteln beziehen auch sogenannte Gegen-expertinnen mit anderen Positionen Stellung, Politikerinnen erheben Forderungen und Verbraucherinnen bringen ihre Besorgnis über Glyphosat und die Folgen für ihre Kinder zum Ausdruck. Zwei Orientierungspunkte scheinen dabei besonders zu wirken. Zum einen der der Kontroverse: Anders als in der Wissenschaft, wo verschiedene Positionen evidenzbasiert hervorgebracht werden müssen, finden sie sich in den Medien als bloße Meinungen nebeneinander (vgl. Luhmann, 1996, S. 69–71) – und es ist dann vor allem die Kontroverse über Risiken, die für die Medien berichtenswert erscheint (vgl. Peters, 1994, S. 335). Zum zweiten der Orientierungspunkt der Moral: Kontroversen und Dissens werden in den Medien typischerweise mit Bezug auf moralische Wertungen beleuchtet. Es geht dann darum, welche Landwirtschaft wir uns wünschen und mit welchen Risiken wir leben wollen. In den Worten Niklas Luhmanns: *„Die Realität wird in einer Weise beschrieben, und dies durchaus im Modus recherchierter Wahrheit, die als ausgleichsbedürftig empfunden wird. Der kontinuierlichen Reproduktion des ‚ist‘ wird entgegengesetzt, wie es ‚eigentlich sein sollte‘"* (Luhmann, 1996, S. 144).

Ein dritter Grund für das selektive Bild über Risiken in den Medien und die Fokussierung auf Kontroverse und Moralisierung ist schließlich dem Interesse der Rezipientinnen geschuldet. Medien berichten – das kann die Nachrichtenwerttheorie zeigen – über das, was das Publikum interessiert (siehe Abschn. 5.2.1) und womit sich auch im Kontext des Medienwandels als Medienunternehmen Geld verdienen lässt.[6]

Rezipientinnenerwartungen sind damit eine wichtige Einflussgröße, um Bericht-erstattung über Risiken zu erklären. Und diese Rezipientinnenerwartungen hängen wiederum eng damit zusammen, wie komplexe Medieninhalte von der Rezipientin kognitiv verarbeitet werden können und welche Motivation überhaupt dafür besteht. So haben die Sozialpsychologen Petty und Cacioppo (1986) auf Basis von Experimenten Forschungsergebnisse vorgelegt, wonach grundsätzlich von zwei Wegen auszugehen ist,

---

[6] Die Orientierung an Rezipienteninteressen erklärt auch, dass in Berichten über Glyphosat und Neonikotinoide mit Metaphern wie denen des *Ackergifts* oder *Bienengifts* die Diskussion zugespitzt wird. Dahinter verbirgt sich das Ziel, überhaupt wahrgenommen zu werden und Gehör zu finden (vgl. Grossarth 2018, S. 447).

auf welchen anspruchsvolle Medieninhalte rezipiert werden können: einem zentralen, der *Central Route,* und einem peripheren, der *Peripheral Route.*

Der Prozess, den die beiden *Central Route* nennen, zeichnet sich dadurch aus, dass Argumente mit hoher Sorgfalt nachvollzogen werden und dass Rezipientinnen bei Risikothemen die komplexe fachwissenschaftliche Diskussion über technische Wirkungszusammenhänge vollständig gedanklich verarbeiten (vgl. Marquart & Naderer, 2016, S. 233). Die bisherigen Ausführungen zur Risikoperzeption sprechen aber dafür, dass dies eher die Ausnahme darstellt. Stattdessen ist davon auszugehen, dass Medieninhalte zu komplexen Risikofragen auf eine Weise verarbeitet werden, die Petty und Cacioppo als *Peripheral Route* bezeichnen. Auf der *Peripheral Route* fokussieren sich die Rezipientinnen weniger auf sachliche Hinweise, sondern orientieren sich eher an externen Hinweisen: welche positiven oder negativen Gefühle ein Beitrag auslöst, wie oft ein Argument von wem gebracht wird, wie viele Personen diese Argumente teilen, und schließlich; als wie glaubwürdig eine Person dabei angesehen wird (vgl. Peters, 1991, S. 39). Auch Medien stellen sich entsprechend auf diese kognitiv und motivational geprägten Rezipientengewohnheiten ein und rücken in der Berichterstattung Medieninhalte ins Zentrum, die auf die *Peripheral Route* einzahlen.

Einen weiteren Zusammenhang zwischen Publikumsinteresse und Medienberichterstattung hat von Alvensleben mit Blick auf das Thema Nahrungsmittel zu einem Teufelskreis der selektiven Wahrnehmung verdichtet (Alvensleben, 1998, S. 36). Entsprechend diesem Prozess zeigt sich, wie sich – nach Initiierung durch die politisch-ökologische Bewegung – die selektiven Beurteilungs- und Darstellungsprozesse zwischen Medien und Verbraucherinnen wechselseitig verstärken.

Wenn Verbraucher schlecht über Lebensmittel denken und reden, wird diese Wahrnehmung von Medien aufgegriffen. Aufbereitet werden dann entsprechende Formen der Berichterstattung, die vielleicht nicht falsch, aber dafür selektiv sind. Und es werden verstärkt externe Hinweise kommuniziert, die auf der *Peripheral Route* rezipiert werden können. Welche Effekte dieser Teufelskreis nun wiederum auf die individuellen Präferenzen der Verbraucherinnen hat, ist damit noch nicht gesagt. Allerdings spricht einiges dafür, dass derartige Selbstverstärkungseffekte durch Selektion auch auf die psychologische Ebene zurückwirken. Einmal entstandenes Misstrauen hat dann ebenfalls die Tendenz, sich selbst zu bestätigen und zu verstärken (vgl. Luhmann, 2000, S. 98).

Die Ergebnisse aus der Risikoforschung zeigen damit: Die Kommunikation über Risiken aus Branchensicht hat mit vielen Hürden zu kämpfen – auf psychologischer, aber auch auf gesellschaftlicher Ebene. Eine Einebnung sämtlicher Unterschiede von Risikobetrachtung, Risikopräferenz und Risikoakzeptanz zwischen Expertinnen und Laien, Entscheiderinnen und Betroffenen, Landwirtinnen und Nicht-Landwirtinnen und Stadt- und Landbevölkerung durch Kommunikation ist nicht möglich. Und doch spricht viel dafür, das Thema Risikokommunikation trotz dieser schwierigen Ausgangslage auch in der Praxis aktiv anzugehen (vgl. Kurtzo et al., 2016, S. 26–27).

7.3 Risikokommunikation in der Praxis

Die Einleitung verdeutlichte: Fragen der Risikokommunikation besitzen im Kontext der Agrar- und Ernährungsbranche eine besondere Relevanz. Die Theoriebetrachtungen zeigten, wie auf der Basis von psychischen und kulturellen Eigendynamiken und Eigenlogiken Prozesse der Risikowahrnehmung und gesellschaftlichen Risiko-konstruktion ablaufen. Deutlich wurde dabei, welche Probleme daraus für die Branche und ihre Unternehmen entstehen können – vor allem mit Blick auf die Problem-klassen Ansehen und Vertrauen (siehe Abschn. 3.1.1, Unterpunkt „Klassifizierung von Kommunikationsproblemen"), an deren Lösung Kommunikation typischerweise ihren Anteil hat. Auch dies spricht für einen konzeptionellen Umgang mit Risiko-aspekten in der praktischen Kommunikation von Agrarthemen – sowohl für konkrete Kommunikationsanlässe als auch für Kommunikation aus dem Tagesgeschäft heraus:

- Ein konkreter Anlass könnte dabei eine Baumaßnahme auf dem Betrieb sein, für die es neben finanziellen und technischen Risiken auch kommunikativ gelagerte Risiken zu beachten gibt. Die Kommunikation ist dann Teil des allgemeinen (Projekt-)Risiko-managements. In anderen Fällen spricht mehr dafür, Risikomanagement als Teil-menge des Kommunikationsmanagements zu betrachten. So steht beispielsweise für die Milchtankstelle ein Absatzproblem in den Wintermonaten im Fokus. Zugleich gilt es jedoch zu bedenken, dass der unmittelbare Verzehr von Rohmilch mit Risiken ver-bunden sein kann und dass dies in der Gesamtkommunikation bedacht werden muss.
- Zum anderen – und das dürfte der häufigere Fall sein – stellt das Management von Kommunikationsrisiken eine anlasslose, kontinuierlich laufende Aufgabe der Beobachtung und Bearbeitung möglicher Kommunikationsrisiken dar, als Teil eines fortlaufenden Risikomanagements – eine Aufgabe, vor der auch andere produzierende Branchen stehen. Es geht darum, eine *kollektive Achtsamkeit* (vgl. Gebauer, 2017, S. 12) des Betriebs gegenüber Risikosignalen auf der kommunikativen Ebene heraus-zubilden. Und es geht auch darum, abseits von Krisen oder anderen Anlässen über das fortlaufende Risikomanagement zu informieren (vgl. Ferreira, 2006, S. 852).

Risikokommunikation kann also – darauf weist Abb. 7.4 hin – sowohl aus der Perspektive der Kommunikation als auch der des Risikomanagements operationalisiert werden. Der Konzeptionsprozess des Kommunikationsmanagements bietet für beide Ausprägungen einen brauchbaren Orientierungsrahmen, der nun im Folgenden mit risikospezifischen Schwerpunktsetzungen konkretisiert wird.

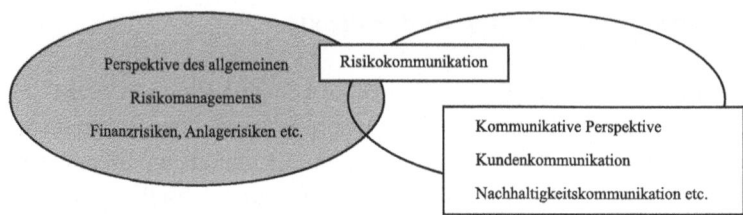

Abb. 7.4 Risikokommunikation zwischen allgemeinem Risikomanagement und allgemeinem Kommunikationsmanagement

7.3.1 Analyse

Das Problem

In Kap. 2 wurde gezeigt: Die Konzeption von Kommunikation beginnt immer mit dem Blick auf ein mögliches Problem bzw. eine Chance. Im Kontext von Risikothemen ist diese Aufgabe dabei der Schwierigkeit ausgesetzt, dass die Effekte des Problems so typischerweise noch nicht offensichtlich sind. Hier besteht ein Unterschied zu anderen Problemtypen, z. B. zu Absatzproblemen. Derartige Probleme schlagen sich zumeist in der ökonomischen Bilanz nieder. Ähnlich sieht es bei technischen Problemen aus. Diese werden vielleicht über Produktmängel und gesunkene Effektivität zeitnah sichtbar. Risikowahrnehmungen materialisieren sich aber möglicherweise erst in der Zukunft. Für die Kommunikation geht es daher auch darum, nicht nur die bestehenden Probleme zu analysieren, sondern auch potenzielle zu antizipieren. Die in Kap. 8 beschriebene Lebenszyklusanalyse zeigt, welche Phasen relevante Themen dabei durchmachen können (siehe Abb. 8.2).

Wie auch bei anderen Risiken können *schwache Signale* die entscheidenden Informationen liefern (vgl. Gebauer, 2017, S. 203). Es geht darum, relevante Risikowahrnehmungen und Gesprächsbedarfe zu Risiken zu erkennen und auf ihre direkte und indirekte Relevanz für Unternehmen und/oder die ganze Branche hin zu analysieren. Dabei steckt oftmals der Teufel im Detail. Eine besondere Sensibilität eines großen Teils der Öffentlichkeit für Fragen der Tierhaltung ist auch ohne eine systematische Analyse kaum zu übersehen. Unter welchen Voraussetzungen dies jedoch zu konkreten kommunikativen Problemen für einzelne Betriebe oder Branchenbereiche führen kann, für die eine frühzeitige Risikokommunikation einen Lösungsbeitrag leistet, bedarf einer detaillierteren Problemanalyse (Tab. 7.2).

Tab. 7.2 Phasen der Risikokommunikation

Zeitraum	Frühe Phase der Risiko-diskussion	Mittlere Phase	Spätphase
Beteiligte Akteurinnen	Expertinnen, Praktikerinnen etc.	Expertinnen, Praktikerinnen etc., NGOs, Fachpresse, Fachpolitiker	NGOs, Medien, allgemeine Politik, Öffentlichkeit
Vorhandenes Wissen	Gering	Mittel	Hoch
Diskussionsmodus	Stark kognitiv orientiert, hohe Unsicherheit, Anpassungs- und Abstimmungspotenziale der Meinungen	Zunehmend affektiv orientiert, Verfestigung von Positionen und Rollen im Risikodiskurs	Verhärtet und zugespitzt, moralisierend, Forderung nach Entscheidungen
Öffentliche Wahrnehmung	Gering	Mittel	Hoch

Die Problemdefinition im Kontext von Risikokommunikation ist daher nicht nur deshalb schwierig, weil Effekte von Risikowahrnehmungen und -diskussionen im Kerngeschäft häufig erst zeitlich verzögert eintreten, sondern auch, weil in der Sozialdimension höhere Unsicherheiten als beispielsweise in der Problemdefinition der klassischen Produktkommunikation bestehen. Wird bei wahrgenommenen Risiken durch den Einsatz von Pflanzenschutzmittteln der Herstellerin, der Anwenderin, der zuständigen Behörde oder gleich mehreren Akteurinnen Verantwortung zugeschrieben? Und für wen wird dies perspektivisch zu einem Problem? Dies lässt sich gerade in einer frühen Phase nur sehr schwierig erkennen.

Ist-Analyse
Wie ausführlich in Abschn. 3.2 dargestellt, umfasst eine Ist-Analyse die Betrachtung der internen Situation sowie der externen Sichtweise auf Themen: Für den Blick nach innen empfiehlt es sich, die eigenen Betriebsabläufe in den Fokus zu nehmen. Das Management von Kommunikationsrisiken kann dabei Hand in Hand gehen mit dem allgemeinen Risikomanagementprozess landwirtschaftlicher Betriebe, der intern relevante Aspekte wie beispielsweise Produktionsrisiken oder Anlagerisiken steuert (vgl. Frentrup et al., 2011, S. 8). Je nach Betriebsform kann dann auch an Systeme zur Risikoanalyse aus der fachlichen Praxis angeschlossen werden – z. B. in der Schweinehaltung auf Betriebsebene zu denen zum Kupierverzicht (vgl. Bundesministerium für Ernährung und Landwirtschaft August, 2018) oder beispielsweise überbetrieblich auf regionale Ergebnisse zum Umweltrisiko der Pflanzenschutzmittelverwendung mittels Synops-Methode[7].

---

[7] https://www.nap-pflanzenschutz.de/indikatorenforschung/erfassung-der-realen-pflanzenschutz-mittelanwendungen/risikoanalyse-synops/

Betrieblich-fachliche Analysen sind damit ein wichtiger Ausgangspunkt, um auch potenzielle Kommunikationsrisiken zu identifizieren und zu bewerten. Die Erkenntnisse aus psychologischen und kultursoziologischen Arbeiten zeigen zugleich: Für die Identifikation kommunikativer Risiken ist es erforderlich, über den Blick auf die technische Ebene hinauszugehen und ebenso die Perspektive der nicht-technischen Risikobetrachtung einzunehmen, verbunden mit Fragen wie den folgenden:

- Gibt es Arbeitsabläufe oder andere Prozesse, die mit Risiken verbunden sind bzw. die aus Sicht der Verbraucherinnen damit assoziiert werden könnten?
- Wie könnten Bilder aus meinem Stall (miss-)interpretiert werden, wenn sie sich morgen in den sozialen Netzwerken wiederfänden?

Dabei kann es sich anbieten, nicht nur auf den eigenen Betrieb zu schauen, sondern für die gesamte Wertschöpfungskette Fragen wie die folgenden zu betrachten:

- Hat meine Lieferantin ihre Prozesse im Griff?
- Welche gesellschaftlichen Erwartungen bestehen möglicherweise? Wie ist die Kundinnenperspektive?
- Was könnte negativ auf meinen Betrieb zurückfallen, wenn bei Lieferantin oder Kundin (kritische) Dinge aufgedeckt werden – die vielleicht rechtlich unbedenklich, aber moralisch zweifelhaft sind?

Fragen wie diese sollten idealerweise auch regelmäßig Gegenstand einer anlasslosen, routinemäßigen Risikobetrachtung sein. In der anlassbezogenen Betrachtung könnten dann noch weitere Fragen wie die folgenden dazukommen:

- Wie laufen Diskussionen zu Bauvorhaben meines Betriebs ab und wie entwickelt sich das Meinungsbild? Und wer könnte hier Stimmung machen und ein Interesse daran haben, dass Ängste entstehen? Wer ist möglicherweise durch das Bauvorhaben betroffen?
- Wie wird der Einsatz von neuen Technologien wie Precision Farming, z. B. Drohnen auf dem Feld, wahrgenommen? Was könnte dies bei Bürgern auslösen?
- Welche Erwartungen habe ich bei Veränderungsprozessen geweckt? Welche Versprechungen habe ich gemacht? Wo habe ich noch nicht klar kommuniziert bzw. wo sind meine Botschaften noch nicht klar angekommen? Konnte ich mit den eingesetzten Instrumenten und Medien alle relevanten Anspruchsgruppen erreichen?

Gerade für die Identifikation dieser Risikoquellen kann das Format des Brainstormings im Konzeptionsprozess eine große Hilfe sein, um kontinuierlich (Stallbilder) oder anlassbezogen (Bauvorhaben) ein Gefühl für die Situation zu bekommen.

Hinzu kommt: Kommunikationsrisiken können sich auch losgelöst von fachlichen Themen in Betrieben, Lieferkette und Branche bilden bzw. ganz woanders ihren Ausgangspunkt nehmen und erst im Anschluss damit in Beziehung gesetzt werden – eine

Besonderheit kommunikativer Risikoformen.[8] Der zweite Aufmerksamkeitsschwerpunkt gilt daher Ereignissen und dem Kommunikationsgeschehen in der Unternehmensumwelt. Durch sie kann es zur Manifestation weiterer Risikowahrnehmungen und -positionen kommen, selbst wenn kein technisch-fachlicher Zusammenhang erkennbar ist. Schließlich bilden sich Ängste und Widerstände nicht in erster Linie auf Basis von *Fakten,* sondern durch individuelle und kollektive Gefühlslagen sowie Erwartungsenttäuschungen. Diese erhalten Resonanz durch Wortmeldungen von Gegenexpertinnen und Aktivitäten sozialer Bewegungen, die sich aufschaukeln und irgendwann – plötzlich oder aber kontinuierlich – auch über mediale Kanäle ihre volle Wirksamkeit entfalten. Sichtbar wird dies über die Negation und Stigmatisierung (vgl. Kasperson et al., 2001) von Prozessen und Produkten. Die sozialen Netzwerke sind dabei nicht nur Resonanzverstärker. Sie können auch als Instrument dienen, um solche Risikodynamiken frühzeitig zu erkennen. In den Netzwerken wird sichtbar, wie Menschen über Risiken durch die Ernährungswirtschaft sprechen. Und es wird damit auch sichtbar, wie und womit sie auf diese Weise weitere Adressatinnen erreichen (vgl. Rutsaert, et al., 2013, S. 87). Mithilfe einer Themenanalyse (siehe Abschn. 3.2.1, Unterpunkt „Themenanalyse") oder einer Imageanalyse (siehe Abschn. 3.2.1) lassen sich Beobachtungen systematisieren. Um zu schauen, wie sich auf der Ebene relevanter Akteurinnen z. B. Anwohnerinnen, Journalistinnen und Politikerinnen zu Risikofragen positionieren, kann außerdem eine Stakeholderanalyse sinnvoll sein (siehe Abschn. 9.4.1) – auch, um Frühindikatoren möglicher Krisen zu ermitteln.

Neben der bloßen Identifikation von Themen folgt dann die Bewertung der Risiken, auch mit Blick auf mögliche Krisenpotenziale. Coombs (2015, S. 54) schlägt dafür sogenannte Threat-Assessment-Analysen vor. Danach geht es um die Wahrscheinlichkeit, dass ein Thema mit Risiken verbunden wird und sich dann tatsächlich zu einem Schaden für Menschen, Infrastruktur oder die Reputation entwickelt. Die Wahrscheinlichkeit kann dann auf einer Skala von eins bis zehn bewertet werden, ebenso wie die geschätzte Höhe der Auswirkungen auf das Unternehmen und die Unternehmensumwelt. Schließlich schlägt Coombs (2015, S. 58) vor, alle drei Werte miteinander zu multiplizieren, um so die Themen mit dem höchsten Risikopotenzial zu identifizieren. Eine solche quantitative Bewertung mag in größeren Unternehmen hilfreich sein, wo derartige Ergebnisse dann in einer Risikomatrix abgetragen werden können. Ob ein solches Vorgehen auch für kleinere Betriebe angemessen und effizient ist, gilt es im Einzelfall zu entscheiden.

Problemlösung

In der Problemlösung geht es – wie auch bei anderen Kommunikationsaufgaben – darum, die gewonnenen Informationen zu strukturieren und dabei vor allem hinsichtlich der drei folgenden Fragekomplexe auszuwerten:

---

[8]Ein Beispiel dafür ist die kommunikative Verknüpfung der Coronapandemie mit der Nutztierhaltung (vgl. Schmidinger 2020).

1. **Sachlich:** Geht es um kommunikative Risiken bzw. kann Kommunikation bei der Problembearbeitung helfen – oder liegt der Lösungsansatz primär woanders? Davon hängt ab, ob Kommunikation im Zentrum steht oder ein anderer Fokus – z. B. auf technische oder bauliche Aktivitäten – sinnvoller ist. Jürg Leipziger macht dabei auf einen weiteren nicht-kommunikativen Problemkontext aufmerksam, der gerade im Fälle von Risikowahrnehmungen nicht ausgeschlossen werden kann: den der psychologischen Probleme. *„Psychologische Probleme wie tief verwurzelte Ängste, krankhafte Abneigungen oder nicht beherrschbare Aggressionen werden zwar zum Teil in der Kommunikation ausgelebt. Für ihre Behandlung sind aber Ärzte und Therapeuten zuständig. Der Kommunikationsstratege darf sich nicht anmaßen, in solchen Fällen beratend tätig zu sein."* (Leipziger, 2009, S. 53). Damit weist Leipziger auf den schwierigen Abwägungsprozess im Einzelfall hin. Abzuwägen gilt es beispielsweise, ob sich Vertrauen für bestimmte Technologien mithilfe von Kommunikation gewinnen lässt – oder ob pathologische Ursachen vorliegen, deren Bearbeitung nicht Gegenstand einer Unternehmenskommunikation sein kann.
2. **Zeitlich:** Geht es um kurzfristige Maßnahmen mit einem kurzfristigen Zielhorizont, z. B. die Reduktion von Kommunikationsrisiken bei einem Stallbauprojekt, oder sollen langfristig wirkende Wahrnehmungs- und Einstellungsänderungen gegenüber der landwirtschaftlichen Praxis angestrebt werden, z. B. durch regelmäßige Aufklärung von Schulkindern über eine moderne und künftig stärker digitalisierte Landwirtschaft zur frühzeitigen Schaffung von Akzeptabilität[9] gegenüber landwirtschaftlicher Technik und Technologie?
3. **Sozial:** Kann die einzelne Landwirtin oder die Branchenvertreterin mit ihrer Kommunikation dazu beitragen, dass die Risikowahrnehmung und -diskussion sich gegenüber dem eigenen Geschäft bzw. der Branche im gewünschten Sinne verändert? Diese Frage hängt auch an der Betriebsform. Ein Betrieb mit Tierhaltung ist zu Themen wie Antibiotikaeinsatz in der Nutztierhaltung in einer anderen Sprecherposition als ein reiner Ackerbaubetrieb.

Ergebnisse aus diesem Arbeitsschritt sollten dann Antwort darauf geben, ob und welche grundsätzliche Ausrichtung von Risikokommunikation angemessen ist für die zu bewältigende Aufgabe.

7.3.2 Strategie

In der Praxis werden nur die wenigsten Unternehmen eine eigenständige Kommunikationsstrategie entwickeln, die nur auf Risikothemen abzielt, bzw. eine Strategie zum

---

[9]Auf diesen Unterschied weist die Deutsche Akademie der Technikwissenschaften (acatech) in einem Positionspapier zur Akzeptanz von Technik und Infrastrukturen hin (vgl. Möller 2011, S. 17).

Risikomanagement konzipieren, die allein Kommunikationsfragen behandelt. Die strategische Ausrichtung bei der Kommunikation von Risiken wird typischerweise einen Beitrag zu übergeordneten Fragestellungen in der Kommunikation oder zum Risikomanagement darstellen. Und doch erscheint es vor dem Hintergrund der besonderen Herausforderung bei Risikothemen sinnvoll, diesen Beitrag zunächst einmal auch eigenständig zu betrachten. Für die Auswahl einer geeigneten Strategie und damit der entsprechenden Ziele, Zielgruppen sowie Positionierung geben Problemanalyse und -lösung einen ersten Orientierungsrahmen vor. Dort zeigt sich die Spannweite möglicher Probleme in diesem Kontext als individueller Nutzen für den eigenen Betrieb und/oder als übergeordneter Beitrag für die Branche.

Zielarten

Die Risikoforscher Renn und Levine (1991, S. 177–178) haben auf Basis verschiedener Literaturquellen mögliche Zielarten von Risikokommunikation identifiziert. Auch für die praktische Risikokommunikation von (Agrar-)Unternehmen dürften einige dieser Zielarten relevant sein, sodass im Folgenden eine Auswahl entlang der Strukturierung aus Abschn. 4.1 vorgestellt wird:

1. **Sozial orientierte Ziele:** Die Erreichung von sozial orientierten Zielen ist im Kontext von Risikokommunikation nicht selten die Grundlage für die Verfolgung weiterer Ziele. Auch deshalb wird diese Zielart – anders als in Abschn. 4.1 – nun zuerst vorgestellt.

   Dabei geht es konkret um die Realisierung von Partizipation – um in Risikokontroversen zur Versöhnung beizutragen: Ziele mit dieser Ausrichtung können eine wichtige Bedingung darstellen, um Betroffene gefühlt, aber auch faktisch stärker zu Entscheiderinnen zu machen.[10] Die Einbeziehung von Bürgerinnen und Vertreterinnen der Zivilgesellschaft dürfte in Zukunft in der strategischen Ausrichtung noch wichtiger werden; vor allem dann, wenn in einer stärker technologiebasierten Landwirtschaft der Faktor der Natürlichkeit in der Gesellschaft gefühlt abnimmt. Durch die stärkere Einbeziehung kann auf einen weiteren psychologischen Faktor der Risikoeinschätzungen positiv hingewirkt werden: den des Gefühls mangelnder Kontrolle von Risiken. Wenn es gelingt, das tatsächliche oder wahrgenommene Hierarchiegefälle zu reduzieren, sei es über Face-to-Face-Kontakte oder aber in medial vermittelten Diskussionen wie Social Media, kann damit Vertrauen geschaffen und Grundlagen für weitere Ziele können gelegt werden. Die Relevanz partizipativer Elemente wird zwar in vielen Definitionen betont – in der Praxis erfährt die

---

[10] Zur Relevanz von Partizipation siehe auch Kap. 9. Projektkommunikation in der Agrarbranche. Die Bedeutung partizipativer Prozesse in der Risikokommunikation wurde auch mit Blick auf die Agrarforschung erkannt, die gegenwärtig noch stark top-down-getrieben unterwegs ist und den Austausch mit relevanten Stakeholdern eher meidet (vgl. Rose und Chilvers 2018, S. 4).

beschriebene Dialogorientierung jedoch vergleichsweise geringe Beachtung – hier wird oftmals weiter der Ansatz verfolgt, Stakeholder aufzuklären und vermeintlich falsches Wissen zu korrigieren (vgl. Árvai, 2014, S. 1246).

2. **Kognitiv orientierte Ziele der Risikokommunikation:** Das Ziel von Aufklärung in Risikokontexten ist nicht unproblematisch – das zeigte Abschn. 7.1: Hierarchisch angelegte Überredungskommunikation allein ist nur begrenzt geeignet, um kognitive Kommunikationsziele zu erfüllen. Allerdings lässt sich daraus nicht der Umkehrschluss ziehen, dass die Bereitstellung von Informationen grundsätzlich ohne positiven Effekt bleibt oder sogar kontraproduktiv ist: Die Bereitstellung von Informationen im Sinne einer größtmöglichen Transparenz kann sehr wohl ein Kommunikationsziel sein, vor allem im Zusammenspiel mit anderen Zielen.[11] Als erste Zielart nennen Renn und Levine dabei die folgende:

a) **Aufklärung – Risikoverständnis bei den Zielgruppen verbessern:** Für diese Zielart sprechen zwei Gründe: Erstens kann sie dazu beitragen, dass sich beim Faktor *Vertrautheit* der Risikowahrnehmung eine Veränderung einstellt. Zweitens kann Transparenz dazu beitragen zu verhindern, dass *alternative Fakten* von anderer Seite vorbehaltlos übernommen werden und damit Heuristiken und Daumenregeln an die Stelle von Fachinformationen treten. Der Konsumentin soll auf diese Weise zumindest die Möglichkeit gegeben werden, *informierte Entscheidungen* zu treffen, in denen Risiken und Nutzen gegeneinander abgewogen sind (Kaptan et al., 2018, S. 1008 f.). Die Erreichung eines kognitiven Ziels dieser Art dürften vor allem unter zwei Voraussetzungen realistisch erscheinen. Zum einen dann, wenn die Kommunikation früh dran ist und sich noch keine verfestigten Einstellungen gebildet haben. Gegenwärtig ist die Entwicklung von Digital-Farming-Technologien dafür ein gutes Beispiel. Die Ergebnisse einer repräsentativen Studie zur Akzeptanz damit verbundener Technologien in Deutschland zeigen, dass die Bürgerinnen hier noch unentschieden sind und sie aufgrund mangelnden Wissens und mangelnder Erfahrung auch noch keine Positionierung für sich vorgenommen haben (vgl. Pfeiffer et al., 2020). Unter solchen Voraussetzungen kann eine kognitiv ausgerichtete Risikokommunikation wirksam sein. Zum zweiten dann, wenn Transparenz mit Partizipation im Sinne der sozial orientierten Kommunikationsziele kombiniert wird.

Eine weitere von Renn und Levine identifizierte Zielart, die primär kognitive Qualitäten aufweist, ist die folgende:

b) **Erfüllung des Rechts auf Wissen:** Potenziellen Opfern von Schäden durch eingetretene Risiken Informationen über Gefahren zugänglich machen. Diese Kategorie ist spezifischer und anders als a) auf sehr konkrete Risikofolgen ausgerichtet.

---

[11] Zwar kann es auch Konstellationen/Themen geben, bei denen rein kognitive Kommunikationsziele dominieren. Aber gerade in oftmals emotional behafteten Risikothematiken zu Ökologie- und Gesundheitsfragen dürfte dies eher die Ausnahme darstellen.

Damit kann sie schon als Teil einer präventiven Krisenkommunikation betrachtet werden. Mit dem Recht auf Wissen kommt zudem eine Kategorie ins Spiel, die stärker auf die gesetzlichen Pflichten von Unternehmen und Branchen hinweist und deren Nichtnachkommen juristische Ansprüche von Kundinnen oder anderen Stakeholdern nach sich ziehen kann – man denke an Warnhinweise zum Einsatz von Pflanzenschutzmitteln mit Blick auf Gesundheitsgefährdung bei falscher Anwendung.

3. **Affektiv orientierte Ziele der Risikokommunikation:** Risikofragen – auch das illustrierte Abschn. 7.2 – werden von Verbraucherinnen nicht nur kognitiv, sondern auch in hohem Maße affektiv verarbeitet. Es geht z. B. um die Schaffung oder Sicherung von Ansehen und Akzeptanz des kommunizierenden Unternehmens/der Branche und damit verbundener Prozesse und Produkte. Renn und Levine (1991) konkretisieren die damit verbundenen Zielarten wie folgt:

   a) **Veränderung der Einstellung** – Risikoentscheidungen legitimieren, Akzeptanz für bestimmte Risikoquellen verbessern, Risikoentscheidungen angreifen oder die Gefahr durch spezifische Risikoquellen zurückweisen.
   Die Veränderung von Einstellungen ist deutlich anspruchsvoller als bloße Wissensvermittlung, müssen doch ggf. sogar Misstrauensschwellen gegenüber einer modernen Landwirtschaft und den dazugehörigen Unternehmen abgebaut werden. Dieses Ziel dürfte vor allem dann realistischer werden, wenn Konsumentinnen (bei Produkten) oder Anwohnerinnen (z. B. bei Projekten) gefühlt den Betroffenenstatus verlassen haben, sich selbst also als autonom in ihrer Entscheidung bzw. wenigstens als mitspracheberechtigt empfinden.

   b) **Legitimierung** – Vertrauen in Kompetenz und Fairness des Risikomanagementprozesses erhöhen)
   Die Verfolgung dieses Ziel erscheint vor allem dann sinnvoll, wenn es um besonders komplexe Risikozusammenhänge geht, bei denen eine Risikoakzeptanz aufgrund kognitiver Verstehensprozesse bei Laien kaum zu erwarten ist. Es geht somit weniger um die Schaffung von Akzeptanz gegenüber einem bestimmten Risiko, sondern vielmehr um die Stärkung von Systemvertrauen. Das Gewinnen dieses Vertrauens und der Abbau von Unsicherheit verlaufen dabei über Prozesse und Personen, mit und von denen die Risiken gesteuert werden.

4. **Konativ orientierte Ziele der Risikokommunikation:** Hinter dieser Zielart finden sich Ziele wieder, deren Ziel die Verhaltensänderungen im Umgang mit Risikoaspekten ist. Als aktive Ziele sehen Renn und Levine (1991) in diesem Zusammenhang ausschließlich solche an, die die Sensibilität für mögliche Risiken erhöhen, nicht aber reduzieren.

   a) **Risikoreduzierung – Schutz der Öffentlichkeit durch Informationen erhöhen.**
   Auch Themen aus der Landwirtschaft bergen Risikopotenziale, für die in der Bevölkerung aus fachlicher Sicht ein reflektierteres Risikoverhalten angebracht ist. Für diese Themen ist charakteristisch, dass sie nicht so stark in der öffentlichen Diskussion stehen und vor allem nicht in vergleichbarer Weise medial moralisiert

werden – man denke z. B. an Warnhinweise während der Maisernte vor großen
Maschinen auf der Straße.[12]

b) **Unterstützung für die Kommunikationspolitik organisieren.** Gerade mit Blick
auf bestimmte Mittlerzielgruppen (siehe Abschn. 4.2) kann es sinnvoll sein, nicht
nur deren Einstellungen in eine bestimmte Richtung zu ändern, sondern sie auch
davon zu überzeugen, dass sie dies in der öffentlichen Diskussion zu Ausdruck
bringen.

Zielgruppen

Auch im Risikokontext lassen sich Zielgruppen strukturieren. Die Bestimmung der Zielgruppen erfolgt entlang der beiden aufgeführten Prozessschritte (siehe Abschn. 4.2)
„feine Auswahl" (1) sowie „Strukturierung" (2).

1. Hinsichtlich der feinen Auswahl der Zielgruppen erweist es sich bei Risikothemen
   als entscheidend, in welcher Ausgangslage und welchem Reifegrad sich ein Thema
   befindet. Idealerweise beginnt die Risikokommunikation in einer frühen Phase von
   Vorhaben wie Produktentwicklungen oder Bauprojekten wie beim Fallbeispiel Stallbau oder Bürgerwindpark. In dieser Phase liegt zunächst der größte Informations-
   und Diskussionsbedarf bei *Innovators* und *Early Adaptors*. Auf diese gilt es dann die
   Kommunikation auszurichten. Bei Themen mit Risikopotenzial kommt die Besonderheit hinzu, dass in dieser Phase neben positiv interessierten auch kritisch eingestellte
   Akteurinnen aktiv werden, die frühzeitig in ihren Communities über ein Thema
   informieren – quasi als *Early Rejectors*. Die allgemeine Öffentlichkeit gewinnt
   dagegen erst später Interesse, wenn das Thema größere Relevanz bekommt und sicht-
   barer wird (siehe Abb. 8.2) – typischerweise dabei beeinflusst von Early Adaptors und
   Early Rejectors.
2. Die Strukturierung verläuft, wie bereits dargestellt, entlang der drei grundsätzlichen
   Zielgruppentypen: den Absenderzielgruppen, Mittlern und Empfängerzielgruppen.
   - **Absenderzielgruppen:** Absenderzielgruppen müssen i. d. R. nicht mehr über
     Sachverhalte wie technische Zusammenhänge informiert werden. Es sind ja
     gerade die Landwirtinnen bzw. die Mitarbeiterinnen eines Betriebs und weitere
     Branchenangehörige, die einen engen fachlichen Bezug zu dem Thema auf-
     weisen. In diesem Zusammenhang geht es vielmehr darum, diese Gruppen für
     den nicht-technischen Blick auf Risiken zu sensibilisieren. Dahinter steht das
     Ziel, dass geäußerte Angst und Kritik von Angehörigen der anderen Zielgruppen
     nicht als irrational und Zeichen fehlenden Sachverstands abgetan werden. Gerade
     mit Blick auf die sozial orientierten Ziele sowie Ziele der Legitimierung durch

---

[12] Beispiel ist die Kampagne #agrarFairkehr des Bundesverbands Lohnunternehmen und des
Deutschen Bauernverbands (vgl. Bundesverband Lohnunternehmen e. V. 16.09.2020).

Vertrauensbildung in Verfahren kommt den Absenderzielgruppen eine wichtige Rolle zu. Sie können einen Beitrag leisten, wenn sie wertschätzend mit ernst gemeinten Sorgen und Fragen aus der Bevölkerung umgehen. Ihre Kommunikation kann aber auch destruktive Effekte mit sich bringen, z. B. Vertrauen zerstören. Forenbeiträge von Landwirtinnen, in denen sich über die Inkompetenz der Verbraucherinnen und Journalistinnen amüsiert wird, sind dabei ebenso wenig hilfreich wie Äußerungen einer Vorständin eines großen Agrarunternehmens, die kritischen Verbrauchergruppen die Kompetenz bei landwirtschaftlichen Themen abspricht. Ein nichtempathischer Umgang von dieser Seite kann Reputationsrisiken mit sich bringen. Misstrauen entsteht dann nicht allein gegenüber der landwirtschaftlichen Praxis, sondern auch gegenüber den Personen, denen die Verantwortung dafür zugerechnet wird, also nicht nur über die Central Route sondern auch die Peripheral Route (siehe Abschn. 7.2).

– **Mittlerzielgruppen:** Mittlerzielgruppen (siehe Abschn. 4.2) kommt vor allem dann eine hohe Relevanz zu, wenn die Glaubwürdigkeit der Absenderzielgruppe bei einem bestimmten Thema gering ist und sich nicht mehr verändern lässt. So kann die Situation entstehen, dass Landwirtinnen und Vertreterinnen des Agribusiness unterstellt wird, aus Eigeninteresse nicht objektiv zu sein und damit auch über Risiken nicht ausgewogen zu informieren. Die besondere Relevanz der Mittler im Risikokontext lässt sich unter anderem auf die drei folgenden Gründe zurückführen:

1. Gerade in komplexen Zusammenhängen wie bei Risikofragen, in denen die fachlichen Zusammenhänge selbst nicht nachvollzogen werden können (Central Route) orientieren sich Bürgerinnen an Personen und ihren Aussagen (Peripheral Route). Daher gewinnen die Aussagen von Multiplikatoren wie wissenschaftlichen Stellen, zivilgesellschaftlichen Organisationen und weiteren Institutionen an besonderer Bedeutung.

2. Ein zweiter Grund liegt in der Weise, wie Medien über Risiken berichten, nämlich in der besonderen Fokussierung auf kontroverse Kommunikationsprozesse zwischen Absender-, Mittler- und Empfängerzielgruppen zu Risikofragen. Ein wichtiger Schlüssel kann darin liegen, Mittlerzielgruppen frühzeitig anzusprechen und in einen konstruktiven wertschätzenden Austausch zu kommen – wohl wissend, dass damit nicht sämtliche kritischen Potenziale ausgeräumt werden können.

3. Eng damit zusammen hängt schließlich der Aspekt der Verantwortlichkeit. Wenn davon auszugehen ist, dass Verantwortlichkeiten für Risiken aus Sicht der Laien nicht, wie im naturwissenschaftlichen Sinne feststehen, sondern zugerechnet werden, so spricht viel dafür, dass diese Zurechnung in der Kommunikation geschieht und dass Beteiligte der Mittlerzielgruppe dabei eine zentrale Rolle spielen. Ihre Beiträge entscheiden mit, ob Ereignisse überhaupt

als gefährlich eingeordnet werden und ob dann ggf. die Landwirtschaft als Verursacherin für diese Gefahren verantwortlich gemacht wird.

– **Empfängerzielgruppen:** Bei den Empfängerzielgruppen handelt es sich um die Gruppen, die Risiken im ungünstigsten Fall als Gefahren wahrnehmen, denen sie ausgeliefert sind und deren Folgen nicht absehbar sind. Auf sie richten sich die bereits angesprochenen Ziele wie Einbeziehung, ein verbesserter Informationsstand bis hin zu affektiven und konativen Zielen. Bei Risikofragen im Kontext von Agrarthemen geht es i. d. R. um eine breitere Personengruppe. Bei überregionalen Fragestellungen wie der Frage nach dem Einsatz von Glyphosat kann das die allgemeine Bevölkerung betreffen – bei Themen mit einem kleineren Wirkungsradius kann sich die Betroffenheit auf die Bevölkerung einer bestimmten Region beschränken. Nicht immer können Empfängerzielgruppen partizipativ eingebunden werden, auch aufgrund von logistischen und ressourcenspezifischen Gründen. Umso wichtiger ist es dann, dass diese sich z. B. durch die Einbeziehung von Mittlerzielgruppen repräsentiert fühlen.

Positionierung und strategischer Weg

Eben, weil Risikofragen stark durch emotionale Faktoren beeinflusst sind und Vertrauen eine kritische Ressource darstellt, ist die Entwicklung einer glaubwürdigen Positionierung relevant (siehe Abschn. 4.3). Diese Glaubwürdigkeit hängt daher damit zusammen, wie belastbar und resilient eine Positionierung aufgebaut ist. Sie muss durchgehalten werden können, wenn die Risikodebatte an Schärfe gewinnt – und sie sollte fachlich so abgesichert sein, dass Richtungsänderungen aufgrund neuer Fakten, wenn möglich, vermieden werden können. Alles andere würde die Glaubwürdigkeit erheblich beschädigen und weitere Folgerisiken mit sich bringen. Vor diesem Hintergrund werden in der Risikosoziologie vor allem zwei Positionierungspole als besonders riskant eingeordnet: der der *Sicherheit* sowie der der *Moral:*

- Die Positionierung am Pol *Sicherheit* erscheint naheliegend – vor allem, wenn in der Öffentlichkeit kritische Stimmen hörbar werden. Das Hervorheben der unbedingten Sicherheit eines Produktes oder eines Verfahrens birgt jedoch weitere Risiken, die sich in zwei Hinsichten zeigen: Erstens werden damit Erwartungen erzeugt, die vielleicht gar nicht erfüllt werden können – gerade, wenn neue Erkenntnisse auftauchen und damit die fachliche Bewertung eines Produktes angepasst werden muss. Schließlich spiegelt selbst jedes wissenschaftliche Forschungsergebnis immer nur den gegenwärtigen und damit einen vorläufigen Stand wider, der vielleicht in der Zukunft falsifiziert werden muss. Das gilt für die Fragen der gesundheitlichen Folgen von Glyphosat ebenso wie für die zu jeder neuen Saatgutzüchtung.[13] Mit

---

[13] Das spricht nicht zwingend gegen den Einsatz dieser Technologie, aber dagegen, stoisch auf ihre zweifelsfreie Sicherheit zu verweisen.

der Enttäuschung von Sicherheitserwartungen müssen dann nicht nur die kognitiv orientierten Kommunikationsziele modifiziert werden. Ebenso ruft eine solche Veränderung Wirkungen auf der affektiven Ebene hervor und kann zu einem neuen Erwartungsmodus führen, der auf Misstrauen setzt (vgl. Luhmann, 2000, S. 92 ff.). Ein weiterer Einwand gegenüber einer Positionierung über Botschaften der Sicherheit berührt die Ebene der sozialen Ziele und der Partizipation. Wer auf Sicherheit insistiert, erschwert eine offene Diskussion über Risiken und immunisiert sich gegenüber anderen Positionen, macht sich im Extremfall sogar der Täuschung verdächtig (vgl. Luhmann & Horster, 2008, S. 358). Glaubwürdiger dürfte dagegen eine Positionierung sein, die weniger Sicherheitserwartungen bei der Konsumentin wecken bzw. verstärken will, sondern stärker Richtung tragbare Unsicherheit arbeitet (vgl. Luhmann, 2000, S. 104). Konkret könnte das heißen: *„Wir können nicht zu 100 % und für alle Zeiten sagen, dass nicht neue Erkenntnisse zu einer Technologie auftauchen, die eine neue Risikobewertung erforderlich machen. Aber nach jetzigen Stand und unter Abwägung von Kosten und Nutzen halten wir das Risiko für vertretbar.“*

- Gleiches gilt für die moralische Positionierung: Auch für diesen Positionierungspol lassen die theoretischen Überlegungen aus der Risikosoziologie den Schluss zu, dass eine Darstellung der eigenen Sichtweise als moralisch richtig riskant ist – weil sie andere Sichtweisen damit von vornherein ausschließt und verständigungsorientierte Bemühungen unmöglich macht (vgl. Luhmann & Horster, 2008, S. 358).

Für Positionierungsfragen in Risikokontexten ist des Weiteren charakteristisch, dass sie i. d. R. nicht unter Wettbewerbsgesichtspunkten behandelt werden. Bei der Vermarktung der eigenen Milch konkurrieren zwei Betriebe möglicherweise miteinander – gerade, wenn sie in der Direktvermarktung tätig sind. Bei der Frage aber, ob Milch grundsätzlich ein gesundes Lebensmittel ist, oder ob ihr Verzehr mit gesundheitlichen Risiken verbunden ist, kommunizieren beide Betriebe idealerweise aus einer gemeinsamen Position heraus, um die Akzeptanz des Produktes an sich zu stärken und Vertrauen zu schaffen. Erfolgreiche Risikokommunikation bemisst sich daher nicht an zugespitzten Positionierungen auf Kosten der Mitbewerber – es geht eher darum, wettbewerbsübergreifend einen gemeinsamen strategischen Weg in der Risikokommunikation zu beschreiten.

Einen möglichen Rahmen dafür könnten die *Prinzipien guter Risikokommunikation* der Food and Agriculture Organization of the United Nations (FAO) und der World Health Organization (WHO) darstellen. Beide Institutionen definieren

- Offenheit,
- Responsivität,
- Transparenz und
- Aktualität (vgl. FAO und WHO, 2016, S. 24)

als zentrale Prinzipien dieser Aufgabe. Eine grundsätzliche Ausrichtung der Strategie an den Prinzipien der Offenheit und Responsivität ist aus ihrer Sicht wichtig, um zu zeigen, dass Erwartungen aus der Gesellschaft bei Unternehmen aus der Branche Gehör finden, dass diese also den Dialog suchen und auf Argumente und Positionen eingehen – ein Punkt, der unter dem Aspekt sozial orientierter Ziele bereits hervorgehoben wurde. Die Ausrichtung und Verkörperung dieser Prinzipien hilft dabei, Vertrauen zu stärken (vgl. FAO und WHO, 2016, S. 22). Gleiches gilt für die Prinzipien der Transparenz und Aktualität. Transparenz im Sinne von umfassender Information wurde bereits im Kontext der kognitiven Ziele angesprochen. Das Prinzip der Aktualität geht ein stückweit darüber hinaus. FAO und WHO plädieren hier sogar dafür, auch vorläufige Wissensstände so früh wie möglich zu kommunizieren, auch wenn eine endgültige Bewertung noch nicht vorliegt.

Auch an dieser Stelle zeigt sich ein Punkt, der bereits zuvor deutlich wurde: Die Bewertung der Kommunikationspolitik und das Vertrauen in die Entscheiderin haben höhere Relevanz als die fachliche Risikofrage selbst. Und auch bei den Personen – darauf machen FAO und WHO aufmerksam – geht es eben nicht nur um die Ausstrahlung von Expertise, um als vertrauensvoll in Risikofragen angesehen zu werden (vgl. FAO und WHO 2016, S. 22). Entscheidend ist der Eindruck, dass diese Personen Informationen zur Stärkung des Gemeinwohls kommunizieren, und nicht in erster Linie Brancheninteressen verteidigen (vgl. Frewer et al., 1996, S. 484).

7.3.3 Maßnahmen und Instrumente

Die höhere Anzahl an Medienkanälen und -formaten im Allgemeinen eröffnet auch Gestaltungsspielräume für die Risikokommunikation im Besonderen. Über eigene Internetseiten, Social-Media-Kanäle und weitere Plattformen können Unternehmerinnen, Branchenvertreterinnen und andere Expertinnen unvermittelt mit Empfängerzielgruppen kommunizieren und ausführliche Hintergrundinformationen bereitstellen. Zudem ergeben sich auch technische digitale Möglichkeiten für die Einbindung von Zielgruppen zur Stärkung sozial orientierter Ziele.

- **Gestalterische Umsetzung:** Content is King – das gilt auch und gerade in der Risikokommunikation. Von einer umfassenden und adäquaten Aufbereitung relevanter Informationen hängt in vielen Fällen ab, als wie glaubwürdig die Risikokommunikation durch Mittler- und Empfängerzielgruppen bewertet wird. Eine konzeptionelle Planung kann dabei helfen, die Inhalte der Kommunikation so zu wählen und aufzubereiten, dass sie mit der Strategie korrespondieren. Anders als in der Vermarktungskommunikation ist in der Risikokommunikation nicht das Kreieren von

Themen gefragt. Kreative Prozesse der Anknüpfung, Adaption und Rekombination von Themen, die typischerweise ein erfolgreiches Contentmanagement ausmachen (siehe Abschn. 5.1), spielen in Risikokontexten eine untergeordnete Rolle. Und anders als in anderen Bereichen genügt es i. d. R. nicht, sich auf die wichtigsten Themen zu beschränken – oder auf die mit dem voraussichtlich höchsten Nachrichtenwert. Stattdessen geht es darum, im Sinne einer umfassenden Transparenz alle Risikofragen aufzuwerfen.[14]

- In Abschn. 7.2 wurde gezeigt, dass nicht nur technische Sachverhalte und Zusammenhänge für die Meinungsbildung bei Risikothemen von Interesse und Relevanz sind. Es geht beispielsweise nicht nur darum zu zeigen, über welche Verfahren (Inaktivierung von Pathogenen über thermische Behandlung oder geeignete Lagerung) das seuchen- und phytohygienische Risikopotenzial durch die Ausbringung von organischem Dünger und organischen Reststoffen für Pflanzen, Wasser und Böden, aber auch Gesundheitsrisiken für Mensch und Tier reduziert werden. Ebenso wird es neben der Darstellung der Risiken wichtig, den Kontext darzustellen, um Rezipientinnen auf ihrer *Peripheral Route* zu begleiten. Dabei könnte thematisiert werden:
  - wer die Risikobewertung vorgenommen hat und welche Qualifikation die handelnden Akteurinnen dafür mitbringen und was sie vielleicht motiviert, an diesem Thema zu arbeiten,
  - wie dies geschehen ist, mit welchen Verfahren Risiken identifiziert und bewertet werden, wo die Grenzen der Verfahren liegen und in welcher Hinsicht sie künftig verbessert werden könnten (vgl. Peters, 1991, S. 59),
  - wer diese Bewertung ebenfalls stützt und die Schlussfolgerungen teilt,
  - welche Maßnahmen in Zukunft vorgesehen sind, um Risiken weiter zu reduzieren.
- **Storytelling in der Risikokommunikation:** Die narrative Aufbereitung von Themen hat sich in vielen Bereichen der Kommunikation bewährt. Auch in der Agrarkommunikation stellt sie einen vielversprechenden Ansatz dar, um bestimmte Botschaften zu transportieren (siehe auch Abschn. 5.1.3). Mit der Wirksamkeit von Narrativen in Risikokontexten hat sich auch die empirische Forschung beschäftigt. Studien zeigten dabei: Risiken sind anders präsent, wenn sie den elementaren Bestandteil einer zuvor kommunizierten Geschichte darstellten (vgl. Cho & Friley, 2015, S. 185). Auch mit Blick auf die Verbreitung von Themen und Botschaften der Risikokommunikation können narrative Vermittlungsformen einen Unterschied

---

[14] Zweifellos bedeutet dies nicht, dass jeder Betrieb über alle möglichen Risikofragen von sich aus informieren muss. Aber der Gerichtsprozess um angeblich irreführende Werbung für Glyphosat, an deren Ende sich die Bayer AG auf einen Vergleich, verbunden mit der Zahlung von fast 40 Mio. US-$ einigte (vgl. Handelsblatt 2020), zeigt das Risikopotenzial bei der Auswahl der *richtigen* Kommunikationsinhalte.

bedeuten. Sie ermöglichen es, dass Inhalte leichter geteilt werden, dass also die Botschaften über Shared Media eine bessere Verbreitung finden. Hier wird gemutmaßt, dass derartig geteilte Narrative tatsächlich eine besonders hohe Glaubwürdigkeit besitzen und sich so Teilöffentlichkeiten mit gemeinsamen Sichtweisen herausbilden (vgl. Cho & Friley, 2015, S. 183). Die Frage, ob Narrative tatsächlich eine adäquatere Risikoeinschätzung ermöglichen (im Sinne einer Veränderung der oben genannte psychologischen Aspekte), lässt sich allerdings mit Blick auf unterschiedliche Studien nicht eindeutig beantworten (vgl. Cho & Friley, 2015, S. 181–182).

- **Kreativplanung:** In der Kreativplanung (siehe Abschn. 5.1.4) der Risikokommunikation ist zunächst ein Punkt entscheidend: Auch die ästhetische Umsetzung sollte so weit wie möglich zur Verständlichkeit beitragen. Gerade aufgrund der hohen Unsicherheit der Rezipientinnen, aber auch der Komplexität von Zusammenhängen, kommt es bei der grafischen, aber auch textlichen Gestaltung darauf an, dass Informationsangebote nachvollziehbar und vertrauenswürdig sind. Ungenaue Informationen, die als tendenziöse oder als verzerrte Aussagen interpretiert werden können, sind unbedingt zu vermeiden – sie führen zu Vertrauensverlusten gegenüber dem Absender (vgl. Frewer et al., 1996, S. 484).

Zudem zeigt die Risikoforschung, dass auch das Vorwissen, die Kompetenz und das Zahlverständnis des Rezipienten beachtet werden müssen, wenn die Kommunikation verstanden werden soll. Die Darstellung von Zahlen und Daten allein ist insbesondere bei Personen mit einem geringeren Zahlenverständnis wenig erfolgversprechend. Untersuchungen mit Blick auf diese Zielgruppe haben gezeigt, dass Zahlen immer in Kombination mit narrativen Elementen kommuniziert werden sollten, über die eine Bedeutungszuschreibung realisiert wird. Aus der Kognitionsforschung ist bekannt, dass Risiken besser verstanden werden, wenn sie über Häufigkeiten und nicht über Wahrscheinlichkeiten kommuniziert werden (Tab. 7.3). Hintergrund ist, dass Wahrscheinlichkeiten und Prozentangaben abstrakt wirken, weil es gerechnete Größen sind, die so in der Natur nicht vorkommen (vgl. Reimer et al., 2015, S. 168 f.).

Tab. 7.3 Darstellung von Zahlen in der Risikokommunikation

Darstellungsweise	Beispiel	Referenzen an die natürliche Lebenswelt
Kommunikation in Wahrscheinlichkeiten	Die Wahrscheinlichkeit, dass ein Tier betroffen ist, liegt bei 0,06 %	0,06 Tiere gibt es in der Wirklichkeit nicht
Kommunikation in Häufigkeiten		

A Betroffen sind	Allgemeinbevölkerung				
B Wahrscheinlichkeit einer gesundheitlichen Beeinträchtigung bei Verzehr von Rohmilch	Praktisch ausgeschlossen	Unwahrscheinlich	**Möglich**	Wahrscheinlich	Gesichert
C Schwere der gesundheitlichen Beeinträchtigung bei Verzehr von Rohmilch	Keine Beeinträchtigung	Leichte Beeinträchtigung (reversibel/ irreversibel)	**Mittelschwere Beeinträchtigung (reversibel)**	Schwere Beeinträchtigung (reversibel/ irreversibel)	
D Aussagekraft der vorliegenden Daten	**Hoch: Die wichtigsten Daten liegen vor und sind widerspruchsfrei**	Mittel: Einige wichtige Daten fehlen oder sind widersprüchlich	Gering: Zahlreiche wichtige Daten fehlen oder sind widersprüchlich		
E Kontrollierbarkeit durch Verbraucherinnen	Kontrolle nicht notwendig	**Kontrollierbar durch Vorsichtsmaßnahmen**	Kontrollierbar durch Verzicht	Nicht kontrollierbar	

Dunkelgrau hinterlegte Felder kennzeichnen die Eigenschaften des in dieser Stellungnahme bewerteten Risikos (nähere Angaben dazu im Text der Stellungnahme Nr. 008/2016 des BfR vom 13. April 2016).

Abb. 7.5 Risikokommunikation des BFR

Auch Visualisierungen sowohl für Personen mit als auch ohne Zahlenverständnis können hilfreich sein, um bewusstere Entscheidungen zu ermöglichen (vgl. Brust-Renck et al., 2015, S. 140 f.) – Abb. 7.5 liefert dafür ein Beispiel. Eben, weil Risikoeinschätzungen nicht nur von rational bewusst gesteuerten Gedankengängen geleitet werden, sondern auch stark unbewusste, affektive Prozess ablaufen, wurde in der Forschung die Erfahrung gemacht, dass die monologische Kommunikation von Zahlen, Fakten und Argumenten durch Bilder, Metaphern und die bereits angesprochenen Erzählungen (vgl. Slovic & Slovic, 2010, S. 79–83) begleitet werden sollten.

Zahlenspiel: Glyphosat im Bier

Ein eindrucksvolles Beispiel dafür, wie Zahlen eindrücklich genutzt werden können, um Verbraucherinnen eine Einschätzung zum Risiko zu geben, ist die Kommunikation des Bundesinstituts für Risikobewertung mit Blick auf das Thema Glyphosatmengen in Bier. Nachdem eine Studie erschienen war, wonach auch in Bier Glyphosat nachgewiesen und darüber auch medial verschiedentlich berichtet wurde, hat das BFR eine Einschätzung zu Gehalten von Glyphosat in Bier herausgegeben. Darin stellt das BFR fest, dass jede Verbraucherin täglich 1000 L Bier trinken müsste, um eine gesundheitsgefährdende Menge – zumindest mit Blick auf die Wirkung von Glyphosat – zu erreichen (vgl. Bundesinstitut für Risikobewertung, 2018). ◄

Die Visualisierung von Risikobotschaften ist dann besonders üblich, wenn vor Risiken gewarnt werden soll, beispielsweise im Kontext von Nichtraucherkampagnen und weiteren Initiativen, um Verhaltensänderungen zu erwirken (vgl. King, 2015, S. 198). Der Einsatz von Bildern zur Steigerung der Akzeptanz gegenüber Technik und Technologien ist dagegen sowohl in Forschung als auch Praxis kein Thema – wohl auch deshalb, weil damit das Risiko verbunden ist, dass ihren Urhebern die Verharmlosung von Gefahren und Propaganda vorgeworfen wird. Vor diesem Hintergrund gilt es auch in der allgemeinen Bildsprache immer wieder zu prüfen, ob mit Bildern nicht ungewollt auch

Risikoeinschätzungen nahegelegt werden, die als problematisch betrachtet und öffentlich kritisch thematisiert werden könnten.

So sollte z. B. der landwirtschaftliche Verband im Rahmen seiner Imagekampagne darauf achten, dass Imagebilder nicht als Versuch betrachtet werden, als relevant erachtete Risiken zu verschleiern.

Beispiel: Monsanto – Verknüpfung von kommunikativen und rechtlichen Risiken

Derartige Visualisierungen bringen dann nicht allein kommunikative Risiken mit sich, sondern können sich auch in rechtlichen Risiken materialisieren. Hierfür liefern das frühere Unternehmen Monsanto und das von diesem Unternehmen hergestellte Pflanzenschutzmittel Roundup, das den Wirkstoff Glyphosat enthält, ein eindrückliches Beispiel. So wurde Bayer als Rechtsnachfolgerin von Monsanto zur Leistung von Schadensersatz gegenüber einem an Krebs erkrankten Ehepaar verurteilt, da die Jury des Gerichts zu dem Schluss kam, dass die Nutzung von Roundup die Krankheit hervorgerufen habe (vgl. Jahberg, 2019). Das Ehepaar machte auf einer Pressekonferenz zum Verfahren deutlich, dass sie Roundup aufgrund der Werbung immer für sicher gehalten hätten (vgl. Reimann & dpa, 2019). Während des Prozesses spielte die Verteidigung ein Werbevideo von Monsanto ein, das einen Mann in kurzen Hosen und einem kurzärmligen Hemd bei der Vernichtung von Unkraut zeigte. In wissenschaftlichen Studien hätte Monsanto laut Anklage hingegen empfohlen, bei der Ausbringung des Mittels Stiefel und weitere Schutzkleidung zu tragen (vgl. Frankfurter Allgemeine Zeitung Online, 2019). ◄

Instrumentelle Umsetzung der Risikokommunikation

Bei der Auswahl der geeigneten Kanäle steht auch die Kommunikation zu Risikothemen vor der Frage, welche Medienzugänge und Kanäle geeignet sind, um Kommunikationsziele zu erreichen.

- **Paid Media:** Der Einsatz von Paid Media bedarf in diesen Kontexten besonderer Umsicht – eben, weil bebilderte Werbekommunikation wie bereits erläutert immer dem Verdacht der Manipulation ausgesetzt ist und somit sogar ungewollt negative Effekte hervorrufen kann. Das gilt auch für die hybriden Zugänge wie Influencer Relations, die eine Kombination von Paid Media mit anderen Zugangsformen vorsehen. Zwar spricht manches dafür, dass persuasive Botschaften zu ernährungsbezogenen Risiken über Paid Media bei der Konsumentin einen Effekt haben könnten (vgl. Ferreira, 2006, S. 857) – sie schaffen aber Probleme bei den Mittlerzielgruppen wie vielleicht Journalistinnen oder NGOs, die dieses Vorgehen als manipulativ und moralisch verurteilungswert diskreditieren.
- **Earned Media:** Anders verhält es sich dagegen mit Earned Media. Vor allem etablierten Quellen des Qualitätsjournalismus wird immer noch eine hohe Glaubwürdigkeit bei Risikothemen im Agrar- und Ernährungsbereich zugeschrieben. Damit bleibt die klassische Medienarbeit eine wichtige Aufgabe. Earned Media lässt sich aber auch erreichen, indem andere Dritte als Expertinnen in der öffentlichen

Diskussion hörbar werden, die keinem unmittelbaren Interessenverdacht ausgesetzt sind. Ein Naturschutzverband, der die Achtsamkeit eines Betriebs bei Risikothemen hervorhebt, könnte die Glaubwürdigkeit in einem weiteren Sinne stärken.

Jenseits der fachlichen Diskussion zeigt sich, dass in den sozialen Netzwerken im Kontext von Ernährungsrisiken der Kommunikation von Freundinnen, Bekannten und Familie das meiste Vertrauen geschenkt wird. Dahinter steckt das Phänomen, das sich im Marketing bereits unter dem Aspekt der E-Word-of-Mouth-Kommunikation, also der Mund-zu-Mund-Propaganda, zu Nutze gemacht wird. In Risikokontexten scheint es dagegen weniger realistisch, landwirtschaftsferne Bürgerinnen zur Förderung von Technikakzeptanz zu gewinnen. Im Gegenteil scheint mit der Überzeugungskraft der Fakten und Argumente auf Basis von persönlicher Nähe eine weitere Schwierigkeit für professionelle Risikokommunikation verbunden zu sein. Denn es sind gerade diese Beiträge, die sich z. T. weit von den Angeboten der fachlichen Wissenschaftskommunikation entfernen (vgl. Rutsaert, et al., 2013, S. 87–88). Da sich diese WoM-Kommunikation nur sehr begrenzt durch fachliche Impulse aus Branche oder Wissenschaft beeinflussen lässt ist auch ein weiterer Medienzugang wichtig.

- **Owned Media:** Owned Media bieten die Möglichkeit, die eigenen Inhalte transparent darzustellen und damit Rezipientinnen zu informieren – z. B. auf der eigenen Internetseite, oder auch in einer Broschüre. Das betrifft Themen der *Central Route,* aber auch der *Peripheral Route* (siehe Abschn. 7.2). Besonders für Owned Media gilt, dass die Beiträge den bereits genannten Prinzipien des strategischen Wegs sowie Qualitätsstandards der gestalterischen Umsetzung entsprechen sollten, um dann weder als verzerrt noch als manipulativ wahrgenommen zu werden. Die Ergebnisse einer etwas älteren empirischen Studie sprechen sogar dafür, dass eine solche Kommunikation direkt aus der Branche dann als besonders glaubwürdig wahrgenommen wird (Frewer et al., 1996, S. 483) und dass in anderen Fällen Reputationsrisiken entstehen (siehe Kap. 6, Unterpunkt „Initiierung und öffentliche Bewertung durch Dritte").

Neben kognitiv orientierten Kommunikationszielen lassen sich über Owned Media auch sozial orientierte Kommunikationsziele erreichen: Die Einbindung der Stakeholder wird typischerweise über eigene Instrumente erreicht. Denkbar sind dabei interaktive Formate vor Ort oder auch der Dialog in Social-Media-Kanälen.

Insbesondere bei anlassbezogener Kommunikation, die mögliche Risiken durch ein Bauprojekt oder eine andere neue Anlage/Technologie zum Thema hat, dürfte der Vor-Ort-Dialog ein geeignetes Format darstellen, vor allem aus folgenden Gründen: In Abschn. 5.2.4 wurde beschrieben, dass Medienreichhaltigkeit eine relevante Frage ist – und dass insbesondere bei kritischen und konfliktbeladeneren Themen, wo die Unsicherheit groß ist, reichhaltigere Medien von Relevanz sind. Auch dies spricht dafür, Instrumenten mit Potenzial zur Einbindung Bedeutung beizumessen. Dabei kann es sowohl um die Einbindung von Mittlerzielgruppen als auch Absenderzielgruppen gehen. In der Literatur wird die Stakeholdereinbindung bei Risikothemen differenziert betrachtet. Denn während sie mit Blick auf kommunikative Aspekte Chancen eröffnet, kann sie im Kerngeschäft auch neue Fragen aufwerfen. Deshalb sollte dieser Schritt wohlüberlegt sein (Tab. 7.4).

Tab. 7.4 Vor und Nachteile der Stakeholdereinbindung. (In Anlehnung an Lundgren & McMakin, 2013, S. 59)

	Einbindung der Öffentlichkeit	Keine Einbindung
Vorteile	Stabilere Risikoentscheidung, da Öffentlichkeit einbezogen wurde Einhaltung von Zeitplänen und Budgets weniger durch Klagen gefährdet Kann Glaubwürdigkeit der Organisation verbessern Liefert der Organisation ein breiteres Organisationsnetz	Kein Veränderungsdruck für die Organisation im Kerngeschäft Kein Kontrollverlust
Nachteile	Risikomanager sind dagegen, weil sie Kontrollverlust fürchten Fehlendes Commitment der Organisation kann zu Glaubwürdigkeitsverlust führen Erfordert mehr Zeit am Anfang des Prozessen	Auseinandersetzung zu Risikoanalyse und -entscheidungen auf gerichtlicher Ebene Verlust an Glaubwürdigkeit für die Organisation Verlust an möglichen kritischen Informationen, um Risiken zu verstehen

Partizipative Elemente der Kommunikation können auch über soziale Medien erfolgen, gerade weil eine große Stärke von Social Media in ihren Interaktionspotenzialen gesehen wird – auch mit Blick auf Kommunikation zu Risiken im Lebensmittelkontext (vgl. Rutsaert, et al., 2013, S. 89).

Zur Wirkung der Leistungsfähigkeit eigener Beiträge in den sozialen Netzwerken zeichnete sich dabei zumindest von ein paar Jahren ein ambivalentes Bild: Einer Studie aus Belgien zur Glaubwürdigkeit von Informationen über Pflanzenschutzmittel in den sozialen Netzwerken zufolge sehen die Rezipientinnen in der Geschwindigkeit der Kanäle einen zentralen Vorteil, um sich über mögliche Risiken zu informieren. Andererseits messen sie ihnen keine hohe Glaubwürdigkeit bei Risikothemen zu – und zwar selbst dann nicht, wenn sie diese Medien ausgiebig nutzen (vgl. Rutsaert, et al., 2013, S. 390).

Die Offenheit gegenüber potenziell und tatsächlich Betroffenen sowie auch der breiten Stakeholdergruppe sind wichtige Elemente – zugleich jedoch bleiben der Dialog und Kontakt mit Expertinnen, Kontrollorganen und Mitentscheiderinnen unverzichtbarer Bestandteil eines präventiven Risikomanagements – auch, um auf der Faktenebene Risikoursachen zu ermitteln (vgl. Hribal, 1999, S. 163). Eine zentrale Voraussetzung für eine erfolgreiche Stakeholdereinbindung ist die Unterstützung dieses Ansatzes durch die gesamte Organisation. In einem landwirtschaftlichen Betrieb mit Betriebsleiterinnen und wenigen Beschäftigten stellt dies kaum ein Problem dar, da Geschäftsführung, Risikomanagement und Kommunikation in zwei oder wenigen Händen liegen, die tagtäglich zusammenarbeiten. In größeren Unternehmen mit größerer Aufgabentrennung liegt jedoch die Herausforderung darin, die Unterstützung von Risikomanagement und Geschäftsführung für den partizipativen Ansatz zu finden (vgl. Lundgren & McMakin, 2013, S. 228).

7.3.4 Evaluation

Die Evaluation im Sinne einer systematischen Messung und Bewertung der Wirkungen von Kommunikation auf Zielgruppen und Wertschöpfung der Organisation (siehe auch Kap. 6) ist im Kontext der Risikokommunikation in besonderem Maße vor die Schwierigkeiten der Zurechnung gestellt, die generell die Bewertung von Kommunikation erschweren. Insbesondere im Kontext der anlasslosen Risikokommunikation, die als Beitrag für die Reputation und das Vertrauen in die Gesamtbranche zu verstehen ist, ist eine solche Ursache-Wirkungs-Betrachtung kaum möglich. Die mangelnde Qualität und Wirkung von Risikokommunikation wird zumeist erst sichtbar, wenn Krisen eintreten, die durch mangelndes Vertrauen relevanter Stakeholder ausgelöst werden. Dann zeigen sich Versäumnisse von Risikokommunikation – und im idealen Fall Ansatzpunkte für Verbesserungen.

Literatur

Árvai, J. (2014). The end of risk communication as we know it. *Journal of Risk Research, 17*(10), 1245–1249.

Aven, T., & Renn, O. (2009). On risk defined as an event where the outcome is uncertain. *Journal of Risk Research, 12*(1), 1–11.

Beck, U. (1987). *Risikogesellschaft. Auf dem Weg in eine andere Moderne.* Suhrkamp.

Böl, G.-F. (2012). Risk communication in times of crisis. Acting in times of crisis and crisis prevention. Bundesinstitut für Risikobewertung. Berlin, 13.09.2012.

Bourdieu, P. (1998). *Über das Fernsehen.* Suhrkamp.

Brust-Renck, P. G., Reyna, V., Corbin, J. C., Royer, C. E., & Weldon, R. B. (2015). The role of numeracy in risk communication. In H. Cho, T. Reimer, & K. A. McComas (Hrsg.), *The Sage handbook of risk communication* (S. 134–145). Sage, noch einfügen.

Bundesinstitut für Risikobewertung. (2018). Einschätzung zu Gehalten von Glyphosat in Bier. Aktualisierte Mitteilung Nr. 012/2018 des BfR vom 24.05.2018. https://mobil.bfr.bund.de/cm/343/einschaetzung-zu-gehalten-von-glyphosat-in-bier.pdf. Zugegriffen: 7. Okt. 2021

Bundesinstitut für Risikobewertung. (2020). BFR-Verbrauchermonitor. https://www.bfr.bund.de/cm/350/bfr-verbrauchermonitor-08-2020.pdf. Zugegriffen: 20. Apr. 2021.

Bundesministerium für Ernährung und Landwirtschaft. (o. J.). Neuartige Lebensmittel – Novel Food. https://www.bmel.de/DE/themen/verbraucherschutz/lebensmittelsicherheit/spezielle-lebensmittel/novel-food.html. Zugegriffen: 20. Apr. 2021.

Bundesministerium für Ernährung und Landwirtschaft (August 2018). Aktionsplan zur Verbesserun der Kontrollen zur Verhütung von Schwanzbeißen und zur Reduzierung des Schwanzkupierens bei Schweinen. https://www.ringelschwanz.info/services/files/aktionsplan-kupierverzicht/Aktionsplan%20Kupierverzicht%20DE%20%28August%202018%29.pdf. Zugegriffen: 21. Apr. 2021.

Bundesverband Lohnunternehmen e. V. (16.09.2020). Verkehrssicherheitskampagne #agrarFAIRkehr – Dritter Film warnt vor Unfallgefahren in der Maisernte. https://www.bauernverband.de/fileadmin/user_upload/dbv/pressemitteilungen/2020/KW_30_bis_KW_52/KW_38/BLU_PM3_Verkehrs-sicherheitskampagne.pdf. Zugegriffen: 21. Apr. 2021.

Cho, H., & Friley, L. B. (2015). Narrative communication of risk. Toward balancing accuracy and acceptance. In H. Cho, T. Reimer, & K. A. McComas (Hrsg.), *The Sage handbook of risk communication* (S. 180–192). Sage.

Clapp, J., & Ruder, S.-L. (2020). Precision technologies for agriculture: Digital farming, gene-edited crops, and the politics of sustainabiliy. *Global Environmental Politics, 20*(3), 49–69.

Coombs, W. T. (2015). *Ongoing crisis communication. Planning, managing, and responding* (4. Aufl.). Sage.

Deter, A. (2015). Skandalträchtige Darstellung in den Medien echtes Problem. Hrsg. von top agrar https://www.topagrar.com/management-und-politik/news/skandaltraechtige-darstellung-in-den-medien-echtes-problem-9409355.html. Zugegriffen: 14. Sept. 2020.

FAO und WHO. (2016). *Risk communikation applied to food safety handbook.* Rome.

Ferreira, C. (2006). Food information environments: Risk communication and advertising imagery. *Journal of Risk Resarch, 9*(8), 851–868.

Fleck, L. (1935). *Entstehung und Entwicklung einer wissenschaftlichen Tatsache. Einführung in die Lehre vom Denkstil und Denkkollektiv.* Schwabe.

Frankfurter Allgemeine Zeitung Online. (2019). Glyphosat-Prozess: Krebskrankes Ehepaar fordert eine Milliarde Dollar von Bayer. 09.05.2019. https://www.faz.net/aktuell/wirtschaft/unternehmen/krebskrankes-ehepaar-fordert-eine-milliarde-dollar-von-bayer-16178390.html. Zugegriffen: 16. Mai 2021.

Frentrup, M., Heyer, M., & Theuvsen, L. (2011). Risikomanagement in der Landwirtschaft. Leitfaden für Landwirte: So behalten Sie die Risiken im Griff. Hrsg. von Edmund Rehwinke-Stiftung der Rentenbank. https://www.rentenbank.de/dokumente/Nachdruck_LeitfadenRisikomanagement_23112011_final.pdf. Zugegriffen: 23. Sept. 2020.

Frewer, L. J., Howard, C., Hedderley, D., & Shepherd, R. (1996). What determines trust in information about food-related risks? Underlying psychological Constructs. *Risk Analysis, 16*(4), 473–486.

Gebauer, A. (2017). *Kollektive Achtsamkeit organisieren. Strategien und Werkzeuge für eine proaktive Risikokultur.* Schäffer-Poeschel.

Giddens, A. (1990). *The consequences of modernity.* Stanford University Press.

Gleißner, W. (2011). *Grundlagen des Risikomanagements im Unternehmen. Controlling, Unternehmensstrategie und wertorientiertes Management* (2. Aufl.). Vahlen.

Grossarth, J. (2018). *Die Vergiftung der Erde. Metaphern und Symbole agrarpolitischer Diskurse seit Beginn der Industrialisierung.* Campus.

Habermas, J. (1990). *Strukturwandel der Öffentlichkeit. Untersuchungen zu einer Kategorie der bürgerlichen Gesellschaft.* Suhrkamp.

Handelsblatt. (2020). Bayer zahlt im Prozess um Glyphosat-Werbung fast 40 Millionen Dollar. https://www.handelsblatt.com/unternehmen/industrie/vergleich-bayer-zahlt-im-prozess-um-glyphosat-werbung-fast-40-millionen-dollar/25698578.html?ticket=ST-288052-pxk9QT9k3eR6e5NdJi2r-ap4. Zugegriffen: 21. Apr 2021.

Hribal, L. (1999). *Public Relations-Kultur und Risikokommunikation. Organisationskommunikation als Schadensbegrenzung. Dissertation.* UVK.

Jahberg, H. (2019). *Milliardenstrafe für Glyphosat. Was wird aus Bayer?* Tagesspiegel Online. 14.05.2019. https://www.tagesspiegel.de/wirtschaft/milliardenstrafe-fuer-glyphosat-was-wird-aus-bayer/24340608.html. Zugegriffen: 16. Mai 2021.

Japp, K. P. (1996). *Soziologische Risikotheorie. Funktionale Differenzierung, Politisierung und Reflexion.* Juventa.

Japp, K. P. (2000). *Risiko.* transcript.

Japp, K. P. (2002). Struktureffekte transnationaler Risikokommunikation: Das Beispiel des BSE-Konflikts. In C. Engel (Hrsg.), *Wissen – Nichtwissen – unsicheres Wissen* (S. 149–180). Nomos-Verl.-Ges.

Kahan, D. M., Slovic, P., Braman, D., & Gastil, J. (2010). Fear of democracy: A cultural evaluation of sunstein on risk. In P. Slovic (Hrsg.), *The feeling of risk. New perspectives on risk perception* (S. 183–213). Earthscan.

Kaptan, G., Fischer, A. R. H., & Frewer, L. (2018). Extrapolating understanding of food risk perceptions to emerging food safety cases. *Journal of Risk Resarch, 21*(08), 996–1018.

Kasperson, R., Jhaveri, N., & Kasperson, J. X. (2001). Stigma and the social amplification of risk: Toward a framework of analysis. In J. Flynn (Hrsg.), *Risk, media, and stigma. Understanding public challenges to modern science and technology* (S. 9–27). Earthscan Publ.

Kasperson, R., Renn, O., Slovic, P., Brown, H. S., Emel, J., Goble, R., et al. (1988). The social amplification of risk: A conceptual framework. *Risk Analysis, 8*(2), 177–186.

Kaufmann, F.-X. (1992). Risiko – Verantwortung – Verantwortlichkeit. In A. J. Bucher, & G. Eifler (Hrsg.), *Wissenschaft und Ethik* (S. 77–108). SS 1991/WS 1991/1992. Studium Generale der Johannes-Gutenberg-Univ.

King, A. J. (2015). Visual messaging and risk communication. In H. Cho, T. Reimer, & K. A. McComas (Hrsg.), *The sage handbook of risk communication* (S. 193–205). Sage.

Kurtzo, F., Hansen, M. J., Rucker, K. J., & Edgar, L. D. (2016). Agricultural communications: Perspectives from the experts. *Journal of applied communications, 100*(1), 17–28.

Leipziger, J. W. (2009). *Konzepte entwickeln. Handfeste Anleitungen für bessere Kommunikation; mit vielen praktischen Beispielen.* Frankfurter Allgemeine Buch. http://www.wiso-net.de/document/FAZB,AFAZ__9783899814071221. Zugegriffen:

Leitzmann, C. (2011). Dimension Gesundheit: der Zusammenhang von Ernährung und Krebs. In I. Hoffmann, K. Schneider, & C. Leitzmann (Hrsg.), *Ernährungsökologie. Komplexen Herausforderungen integrativ begegnen* (S. 48–53). Oekom.

Luhmann, N. (1991). *Soziologie des Risikos.* de Gruyter.

Luhmann, N. (1996). *Die Realität der Massenmedien* (2. Aufl.). VS.

Luhmann, N. (2000). *Vertrauen. Ein Mechanismus der Reduktion sozialer Komplexität* (4. Aufl.). Lucius & Lucius.

Luhmann, N., & Horster, D. (Hrsg.). (2008). *Die Moral der Gesellschaft.* Suhrkamp.

Lundgren, R. E., & McMakin, A. H. (2013). *Risk communication. A handbook for communicating environmental, safety, and health risks* (5. Aufl.). IEEE Press.

Marquart, F., & Naderer, B. (2016). Communication and persuasion: Central and peripheral routes to attitude change von Richard E. Petty & John T. Cacioppo (1986). In M. Potthoff (Hrsg.), *Schlüsselwerke der Medienwirkungsforschung* (S. 231–242). Springer VS.

MDR. (2019). Pestizide: Schädlich für Anwohner? https://www.mdr.de/nachrichten/politik/inland/bauern-pestizide-gefahr-gesundheit-abdrift-100.html. Zugegriffen: 25. Sept. 2020.

Micic, T. (2016). Risk reality vs. risk perception. *Journal of Risk Resarch, 19*(10), 1261–1274.

Möller, A. (2011). *Akzeptanz von Technik und Infrastrukturen. Anmerkungen zu einem aktuellen gesellschaftlichen Problem.* Springer.

Mummer, L. (2017). Kommunikation über Ernährung, Essstörungen und Adipositas. In C. Rossmann, & Matthias R. Hastall (Hrsg.), *Handbuch Gesundheitskommunikation. Kommunikationswissenschaftliche Perspektiven* (S. 1–12). https://link.springer.com/content/pdf/10.1007%2F978-3-658-10948-6_45-1.pdf. Zugegriffen: 3. Sept. 2020.

Noelle-Neumann, E., & Hansen, J. (1991). Technikakzeptanz in drei Jahrzehnten – In der Bevölkerung und in den Medien. Ein Beitrag zur Medienwirkungsforschung. In J. Krüger (Hrsg.), *Risikokommunikation. Technikakzeptanz, Medien und Kommunikationsrisiken* (S. 91–108). Ed. Sigma.

o. A. (o. J.). Gesetzlicher Auftrag. Bundesinstitut für Risikobewertung. https://www.bfr.bund.de/de/gesetzlicher_auftrag-7465.html. Zugegriffen: 4. Aug. 2020.

Peters, H. P. (1991). Durch Risikokommunikation zur Technikakzeptanz? Die Konstruktion von Risiko „wirklichkeiten" durch Experten, Gegenexperten und Öffentlichkeit. In J. Krüger (Hrsg.), *Risikokommunikation. Technikakzeptanz, Medien und Kommunikationsrisiken* (S. 11–66). Ed Sigma.

Peters, H. P. (1994). Risikokommunikation in den Medien. In K. Merten, S. J. Schmidt, & S. Weischenberg (Hrsg.), *Die Wirklichkeit der Medien. Eine Einführung in die Kommunikationswissenschaft* (S. 329–351). Westdt.

Petty, R. E., & Cacioppo, J. T. (1986). The elaboration likelihood model of persuasion. *Communication and Persuasion. Springer.* https://doi.org/10.1007/978-1-4612-4964-1_1

Pfeiffer, J., Gabriel, A., & Gandorfer, M. (2020). Understanding the public attitudinal acceptance of digital farming technologies: A nationwide survey in Germany. *Agriculture and Human Values.* https://doi.org/10.1007/s10460-020-10145-2

Radkau, J. (2011). *Die Ära der Ökologie. Eine Weltgeschichte.* Beck.

Radkau, J. (2017). *Geschichte der Zukunft. Prognosen, Visionen, Irrungen in Deutschland von 1945 bis heute.* Hanser.

Reimann, E., & dpa. (2019). US-Rentnerpaar bringt Bayer in Bedrängnis. Augsburger Allgemeine. 14.05.2019 https://www.augsburger-allgemeine.de/wirtschaft/US-Rentnerpaar-bringt-Bayer-in-Bedraengnis-id54313691.html. Zugegriffen: 16. Mai 2021.

Reimer, T., Jones, C., & Skubisz, C. (2015). Numeric communication of risk. In H. Cho, T. Reimer, & K. A. McComas (Hrsg.), *The Sage handbook of risk communication* (S. 166–179). Sage.

Reinhardt, C. (2010). Regulierungswissen und Regulierungskonzepte. *Berichte zur Wissenschaftsgeschichte, 33,* 351–364. https://onlinelibrary.wiley.com/doi/epdf/https://doi.org/10.1002/bewi.201001486. Zugegriffen: 10. Mai 2021.

Renn, O., & Levine, D. (1991). Credibility and trust in risk communication. In R. E. Kasperson (Hrsg.), *Communicating risks to the public. International perspectives* (S. 175–218). Kluwer Academic Publ.

Rosa, H. (2005). *Beschleunigung. Die Veränderung der Zeitstrukturen in der Moderne.* Suhrkamp.

Rose, D. C., & Chilvers, J. (2018). Agriculture 4.0: Broadening responsible innovation in an era of smart farming. *Frontiers in Sustainable Food Systems, 2,* 1–7. https://doi.org/10.3389/fsufs.2018.00087.

Roth, G. (2003). *Fühlen, Denken, Handeln. Wie das Gehirn unser Verhalten steuert.* Suhrkamp.

Rutsaert, P., Pieniak, Z., Regan, Á., McConnon, Á., & Verbeke, W. (2013). Consumer interest in receiving information through social media about the risks of pesticiede residues. *Food Control, 34,* 386–392.

Rutsaert, P., Regan, Á., Pieniak, Z., McConnon, Á., Moss, A., Wall, P., & Verbeke, W. (2013). The use of social media in food risk and benefit communication. *Trends in Food & Technology, 30,* 84–91.

Rutsaert, P., Pieniak, Z., Regan, Á., McConnon, Á., Kuttschreuter, M., Lores, M., et al. (2014). Social media as a useful tool in food risk and benefit communication? A strategic orientation approach. *Food Policy, 46,* 84–93.

Saltin, B. (1992). Sedentary lifestyle: An underestimated health risk. *Journal of International Medicine, 232*(6), 467–469.

Savadori, L., Savio, S., Nicotra, E., Rumiati, R., Finucane, M. L., & Slovic, P. (2010). Expert and public perception of risk from biotechnology. In P. Slovic (Hrsg.), *The feeling of risk. New perspectives on risk perception* (S. 245–260). Earthscan.

Schmidinger, K. (2020). Wie Tierkonsum zur nächsten Pandemie führt. Hrsg. von Albert Schweitzer Stiftung für unsere Mitwelt. https://albert-schweitzer-stiftung.de/aktuell/tierkonsum-pandemie. Zugegriffen: 20. Apr. 2021.

Slimak, M. W., & Dietz, T. (2006). Personal Values, Beliefs and Ecological Risk Perception. *Risk Analysis, 26*(6), 1689–1705.

Slovic, P. (Hrsg.). (2010). *The feeling of risk. New perspectives on risk perception.* Earthscan. h.

Slovic, S., & Slovic, P. (2010). Numbers and nerves: Toward an affective apprehension of environmental risk. In P. Slovic (Hrsg.), *The feeling of risk. New perspectives on risk perception* (S. 79–83). Earthscan.

United Nations Environment Programme. (2019). Frontiers 2018/19. Emerging Issues of Environmental Concern. Nairobi. https://wedocs.unep.org/bitstream/handle/20.500.11822/27538/Frontiers1819.pdf?sequence=1&isAllowed=y. Zugegriffen: 6. März 2018.

Urry, J. (2003). *Global complexity.* Polity.

von Alvensleben, R. (1998). Risikowahrnehmung des Verbrauchers: Woraus resultiert die Verunsicherung? Der Bund für Lebensmittelrecht und Lebensmittelkunde e. V. (BLL Schriftenreihe, 127). https://www.uni-kiel.de/agrarmarketing/Lehrstuhl/risik.pdf. Zugegriffen: 4. Aug. 2020.

Wocken, C., Schaper, C., Lassen, B., Spiler, A., & Theuvsen, L. (2009). Risikowahrnehmung in Milchviehbetrieben: Eine empirische Studie zur vergleichenden Bewertung von Politik- Markt- und Produktionsrisiken. In Gesellschaft für Wirtschafts- und Sozialwissenschaften des Landbaues e. V. (Hrsg.), *Risiken in der Agrar- und Ernährungswirtschaft und ihre Bewältigung* (S. 155–167). 48. Jahrestagung, 24. bis 26. September 2008. Landwirtschaftsverlag.

Wolf, S. A., & Wood, S. D. (1997). Precision farming: environmental legitimation, commodification of information, and industrial coordination. *Rural Sociology, 62*(2), 180–206.

Nachhaltigkeitskommunikation

Regenerative Landwirtschaft, Biomasse für die Energieerzeugung und Tierwohl in der Nutztierhaltung: Dies sind nur einige Herausforderungen, mit denen sich Unternehmen im Kontext der *Nachhaltigkeitskommunikation* konfrontiert sehen. In Kap. 7 wurde hierzu bereits aufgezeigt, wie sich seit Ende der 1960er Jahre eine kritischere ökologisch sowie auch sozial motivierte Einstellung gegenüber modernen Produktionsprozessen herausgebildet hat. Die thematischen Ausprägungen dabei sind durchaus vielfältig und reichen von menschenwürdigen Arbeitsbedingungen über Möglichkeiten der Korruptionsbekämpfung bis hin zu Ansätzen des Umweltschutzes. Mit der zunehmenden Verbreitung von digitalen Technologien wurde allerdings noch ein weiterer Veränderungsprozess eingeleitet, durch den Unternehmen und ihre Interaktionen vermehrt in den gesellschaftlichen Betrachtungsfokus geraten sind. Durch das Internet können sämtliche Organisationen sowie auch Privatpersonen ohne größere Zeitverzögerungen über Unternehmen und deren etwaige Fehltritte berichten. Dies hat im Wesentlichen dazu beigetragen, dass der *öffentliche und politische Druck auf Unternehmen* deutlich erhöht wurde (vgl. Leitschuh-Fecht, 2005, S. 599 f.; Schaft & Brosig, 2020, S. 19 f.).

Nicht zuletzt sind aus diesen Entwicklungen aber auch ein wachsendes Verbraucherinteresse für den Erhalt und die Allokation nichtwiederherstellbarer Ressourcen sowie ein generelles Bewusstsein für die *Wachstums- und Belastungsgrenzen* der natürlichen Umweltsysteme entstanden (vgl. Heinrichs & Michelsen, 2014, S. 6 ff.; Brink & Tiberius, 2005, S. 311; Leitschuh-Fecht, 2005, S. 599 f.; Schaft & Brosig, 2020, S. 2). Für Unternehmen heißt das konkret, dass die eigene Nachhaltigkeitsleistung künftig auch mit der Zukunftsfähigkeit einer Organisation verknüpft wird, da der ungehemmte Verbrauch natürlicher Ressourcen dazu führen kann, dass Verbraucherinnen sich bewusst von einzelnen Unternehmen oder sogar ganzen Branchen distanzieren (vgl. Facit Research GmbH & Co. KG, 2014, S. 15–18; Leitschuh-Fecht, 2005, S. 599 f.; Brosig & Schaft, 2020, S. 36–38). Deutlich wird dies z. B. durch die zahlreichen Boykottauf-

M. Kussin und J. Berstermann, *Agrarkommunikation*,
https://doi.org/10.1007/978-3-658-36341-3_8

rufe gegenüber Lebensmittel- und Agrarunternehmen, die zumeist durch Umwelt- oder Sozialskandale in ein gesellschaftliches Brennglas geraten. Als treibende Themen zeigen sich hier häufig die Privatisierung von Wasservorräten oder die Abholzung von Regenwäldern zur Gewinnung von Palmöl und für den Anbau von Sojapflanzen. Zuletzt haben aber auch die erschreckenden Bilder aus Mastanlagen und die Arbeitsbedingungen in der Fleischindustrie immer wieder für Kritik gesorgt, was u. a. zu einer Politisierung gesellschaftlicher Anliegen geführt hat.

Übertragen auf die Marktentwicklungen der kommenden Jahre ist somit durchaus anzunehmen, dass die klassischen Orientierungsparameter, wie z. B. Qualität und Tradition, an Wettbewerbsrelevanz verlieren werden, wohingegen die nachhaltige und zukunftsfähige Entwicklung an Bedeutung gewinnt (vgl. Facit Research GmbH & Co. KG, 2014, S. 15–18). Um diesen Umbruch jedoch auch in Unternehmen fruchtbringend konstituieren zu können, bedarf es eines Dialogs auf Augenhöhe, indem Unternehmen und ihre Stakeholder als gleichwertige Kommunikationspartner auftreten und ihre Interessen und Ansprüche adressieren können (vgl. Köster, 2010, S. 138 ff.). Diese Grundannahme lässt sich u. a. auch in Anlehnung an die neue Institutionenökonomie beleuchten. Hier wird das Ungleichgewicht von Informationen als wesentlich für das *Ausmaß der Transaktionskosten* beschrieben (vgl. Bea & Haas, 2009, S. 411–416) – je weniger Vertrauen eine Nutztierhalterin zu ihrer Futtermittellieferantin hat, umso mehr Ressourcen werden aller Voraussicht nach in die Überprüfung der gelieferten Waren investiert. Umgekehrt wird durch eine Steigerung des gegenseitigen Vertrauens die Wahrscheinlichkeit erhöht, dass die Futtermittel auch ohne eine umfassende Eingangskontrolle in der Tierfütterung eingesetzt werden. In Bezug auf die Nachhaltigkeitsentwicklung innerhalb der Agrarbranche ist somit davon auszugehen, dass die Transparenz von Seiten der Landwirtschaft bzw. der partizipative Austausch mit den Stakeholdern ausschlaggebend dafür ist, wie hoch der Bedarf an Governance-Strukturen künftig sein wird. Wenn die Branche sich selbstverpflichtend für eine nachhaltige Entwicklung ausspricht und dies transparent und zielgruppenspezifisch kommuniziert, werden a priori auch weniger Regulierungen erforderlich sein, um das fehlende Vertrauen in die Branche und ihre Akteurinnen zu kompensieren. (vgl. Schubert & Pieper, 2018, S. 5 f.; Heinrich, 2013, S. 1–10; Hagedorn, 2003, S. 66–72.).

8.1 Grundlagen und Entwicklung der Nachhaltigkeitskommunikation

Der Nachhaltigkeitsbegriff entstammt einem Branchenkontext, der vielfältige Bezüge zur Landwirtschaft aufweist: der Forstwirtschaft. Im frühen 18. Jahrhundert veröffentlichte der sächsische Oberhauptmann Hans Carl von Carlowitz seine Abhandlung *Sylvicultura Oeconomica,* in der er auf die Wachstumsgrenzen des heimischen Waldes aufmerksam machte. Der Grundgedanke dabei lag auf einer Verknüpfung von ökonomischen und ökologischen Aspekten: Es sollte nicht mehr Holz geschlagen werden,

als in gleich großer Menge und innerhalb eines festgelegten Zeitraums auch wieder
aufgeforstet werden kann. Somit wurde an dieser Stelle bereits auf die begrenzte
Regenerationsfähigkeit des Ökosystems aufmerksam gemacht mit der unbedingten
Forderung, ausschließlich von den Zinsen des natürlichen Kapitals zu leben (vgl.
Heinrichs & Michelsen, 2014, S. 4 ff.; Pufé, 2017, S. 37 ff.).

Die mit der Land- und Ernährungswirtschaft assoziierten Wirtschaftsfelder waren
auch im Folgenden die Bereiche, in denen sich das Gefühl für die Relevanz, aber auch
die Anwendung des Nachhaltigkeitsprinzips schärften. So wurde der Nachhaltigkeits-
gedanke im Verlauf des 18. Jahrhunderts auf die Fischereiwirtschaft übertragen. Hier
sollte der Fischfang reglementiert und dadurch sollten die Bestände langfristig geschützt
werden, weshalb eine Obergrenze bzw. ein *Maximum Sustainable Yield* festgelegt wurde.
Mit dem Einzug der Industriellen Revolution und der finanzorientierten Planung der
Unternehmensführung in der Nachkriegszeit wurde die ökonomische Effizienz jedoch
wieder in den Fokus wirtschaftlicher Entwicklungsprozesse gerückt und der Faktor
Natur weitestgehend unberücksichtigt gelassen (vgl. Heinrichs & Michelsen, 2014,
S. 4 ff.; Bea & Haas, 2009, S. 6–15). Erst mit der modernen Ökologiebewegung Anfang
der 1970er Jahre erfolgte die Rückbesinnung auf einen ethisch motivierten Naturschutz-
gedanken. Ein wesentlicher Treiber dafür war die Vielzahl einschlägiger Publikationen.
Während z. B. Carson in ihrem Buch *The silent spring* die katastrophalen Auswirkungen
des Pestizideinsatzes auf das Leben von Mensch, Tier und Natur beschreibt, geraten
im Bericht *The limits of growth* vor allem die Konsummuster der westlichen Welt und
somit nicht zuletzt auch der massive Verbrauch natürlicher Ressourcen in die Kritik
(vgl. Christmann, 1997, S. 58–63). Weiter verstärkt wurde das Ausmaß der Umwelt-
krise durch die zahlreichen Naturkatastrophen in den 1980er Jahren und die daraus
abgeleitete Verantwortungszuschreibung von Unternehmen für ihr ökologisches Handeln.
In der betrieblichen Praxis wurde dies vor allem durch die freiwillige, allerdings auch
reaktive Veröffentlichung sogenannter *Sozialbilanzen* und Umweltberichte deutlich,
in denen Unternehmen über ihre sozialen und karitativen Leistungen sowie auch den
Umgang mit umweltrelevanten Problemstellungen berichten. Dabei lag der Schwerpunkt
vor allem auf multinationalen Großunternehmen, insbesondere der Chemieindustrie,
die infolge ihrer ökonomischen Machtstellung und ihrer ökologischen Verantwortung
zunehmend in die gesellschaftliche Kritik geraten sind. Erst Anfang der 1990er Jahre
wurde die freiwillige Offenlegung von nicht-finanziellen Informationen nur noch teilweise dazu eingesetzt, um dem gesellschaftlichen Druck entgegenzuwirken und Entscheidungsprozesse rückwirkend zu legitimieren. Vielmehr wurde die Berichterstattung
als Präventionsmaßnahme herangezogen, durch die das Image und die Reputation von
Unternehmen verbessert und die Wettbewerbsfähigkeit erhöht werden sollten (vgl.
Severin, 2005, S. 67; Schaft & Brosig, 2020, S. 32 ff.; Fifka, 2014, S. 3 f.).

Zu Beginn des 21. Jahrhunderts wurden dann erstmals die ökonomischen, ökologischen und sozialen Leistungsaspekte eines Unternehmens mit der organisatorischen
Berichterstattung verknüpft und in der Form eines Nachhaltigkeitsberichtes veröffentlicht. Die Bezeichnungen dabei sind vielfältig und reichen vom Human Resources

and Sustainability Report über den Corporate Social Responsibility Report bis hin zum *klassischen Nachhaltigkeitsbericht*. Trotz der unterschiedlichen Betitelungen hat sich in der Praxis gezeigt, dass die inhaltlichen Strukturen der Berichte weitestgehend deckungsgleich sind und zumeist an multidimensionalen Leitlinien ausgerichtet werden, wie z. B. den G4-Guidelines der Global Reporting Initiative. Diese umfassen eine Vielzahl allgemeingültiger Indikatoren, durch die eine Vergleichbarkeit der Berichts-inhalte gefördert und die Aussagekraft der veröffentlichten Daten und Informationen gesteigert werden kann (vgl. Brink & Tiberius, 2005, S. 316 f.; Fifka, 2014, S. 3 f.). Laut der KPMG-Studie *The road ahead – The KPMG Survey of Corporate Responsibility Reporting 2017* berichten mehr als 60 % der weltweit 100 größten Unternehmen über ihre Nachhaltigkeitsaktivitäten. Im Bereich Food & Beverages sind es sogar 73 % der untersuchten Unternehmen, womit sich die Agrar- und Lebensmittelwirtschaft im unteren Mittelfeld des Branchenvergleichs bewegt (vgl. Blasco & King, 2017, S. 20).

Die Nachfrage nach einer transparenten Kommunikation in Bezug auf die Nach-haltigkeitsleistung von Unternehmen ist jedoch nicht ausschließlich auf gesellschaftliche Erwartungsmuster zurückzuführen. Besonders deutlich wird dies durch die *politisch-rechtliche Nachhaltigkeitsdebatte* der vergangenen Jahrzehnte und ihre zahlreichen Konferenzen, Abkommen und Deklarationen. So wurde bereits 1982 im Rahmen des Brundtland-Berichtes auf die Zunahme globaler Umweltprobleme aufmerksam gemacht, die insbesondere auf die wirtschaftlichen Wachstumsraten und die nichtnachhaltigen Konsum- und Lebensweisen der Industriestaaten zurückzuführen sind. Auch wurde in diesem Zusammenhang hervorgehoben, dass durch die steigende Armut in den Ent-wicklungsländern ebenfalls zur Zerstörung der natürlichen Umwelt beigetragen wird, was u. a. durch die unsachgemäße Entsorgung von Abfällen, die Verschmutzung von Trinkwasserbeständen und die Bewirtschaftung ungeeigneter Ackerflächen verdeutlicht werden kann (vgl. Heinrichs & Michelsen, 2014, S. 12 ff.; Daecke, 1995, S. 87 ff.; Pufé, 2017, S. 42 ff.).

Im Abschlussbericht *The Future We Want* der UN-Konferenz für Nachhaltige Ent-wicklung im Jahr 2012 wurde dann insbesondere die Agrar- und Lebensmittelwirtschaft in den Fokus der nachhaltigen Entwicklung gerückt mit der unbedingten Forderung, den Anbau von Rohwaren und die Produktion von qualitativ hochwertigen Nahrungsmitteln weitestgehend umwelt- und sozialverträglich zu gestalten. Somit stand die Konferenz vor allem im Zeichen der *Green Economy,* womit u. a. auch die Entwicklung von nach-haltigen Agrarsystemen, das Angebot von transnationalen Bildungsprogrammen sowie auch eine weitestgehend transparente Rückverfolgbarkeit und Berichterstattung in den politischen Diskurs aufgenommen wurden (vgl. Heinrichs & Michelsen, 2014, S. 21). Da für eine nachhaltige Wirtschaftsweise jedoch auch präzise Zielvorgaben erforderlich sind, wurde der Beschluss gefasst, bis zur Generalversammlung der Vereinten Nationen im Jahr 2014 universell anwendbare Zielvereinbarungen zu entwickeln, die sogenannten *Sustainable Development Goals (SDGs)*. Diese galt es mit den Millennium-Ent-wicklungszielen der Vereinten Nationen zu verknüpfen und in die *Agenda 2030 für nach-*

haltige Entwicklung zu integrieren (vgl. Pufé, 2017, S. 55 f.; Heinrichs & Michelsen, 2014, S. 21).

Vonseiten der Bundesrepublik Deutschland wurde bereits im Jahr 2002 die erste nationale Nachhaltigkeitsstrategie vorgestellt, womit Deutschland eine Vorreiterrolle in der internationalen Nachhaltigkeitsdebatte einnimmt. Im Jahr 2012 erfolgte dann anlässlich des Vorbereitungsprozesses zur Agenda 2030 eine grundlegende Überarbeitung der ursprünglichen Strategie, die dann im Jahr 2016 final veröffentlicht wurde (vgl. Die Bundesregierung, 2016, S. 3–26). Sowohl in der Nachhaltigkeitsstrategie von 2016 als auch in der aktualisierten Fassung von 2018 wird auf den nationalen Beitrag zur Erreichung der SDGs umfassend eingegangen. Insbesondere werden hier auch die jeweiligen Beiträge der Ressorts hervorgehoben, wobei das Bundesministerium für Ernährung und Landwirtschaft (BMEL) u. a. auf Schwerpunkte im Bereich *Nachhaltige Landwirtschaft und Tierwohl* setzt (vgl. Die Bundesregierung, 2016, S. 11, 32, 179 f., 2018, S. 10 f., 26, 32, 38, 56).

8.2 Nachhaltigkeitskommunikation als stakeholderorientierter Ansatz

Idealvorstellungen der Verbraucherinnen, Gesetzesforderungen von Tierrechtsorganisationen, agrarpolitische Formalisierungsvorschläge und verstörende Videosequenzen aus Haltungsanlagen: Die Tierwohldebatte der vergangenen Jahre hat immer wieder gezeigt, dass die Akteurinnen der Agrarbranche mit *vielfältigen Ansprüchen* konfrontiert werden, die es in betrieblichen Entscheidungsprozessen auszutarieren gilt. Besonders deutlich wird dies in der Nachhaltigkeitskommunikation. Während im Rahmen der Markenkommunikation zumeist zwischen Kundinnen und Nicht-Kundinnen unterschieden wird, liegt dem Nachhaltigkeitsgedanken die klassische Dreiteilung aus Ökonomie, Ökologie und Sozialem zugrunde. Dies hat insbesondere zur Folge, dass die verschiedenen Stakeholdererwartungen zumeist in *Zielkonflikten* zueinander stehen und nicht selten unter medialem oder politischem Druck an Akteurinnen, Unternehmen oder ganze Branchen herangetragen werden. Damit kann die Nachhaltigkeit in Unternehmen durchaus als eine Art gesellschaftlicher *Such- und Lernprozess* verstanden werden, in dem es vor allem darum geht, die Ansprüche der Stakeholder zu identifizieren, zu priorisieren und angemessen in der Unternehmensentwicklung zu berücksichtigen. Andernfalls besteht das Risiko, dass Unternehmen auf der Negativliste ihrer Anspruchsgruppen vermerkt werden, wodurch die Kooperationsfähigkeit nicht nur geschmälert, sondern auch vollständig blockiert werden kann (vgl. Leitschuh-Fecht, 2005, S. 599 f.; Brosig & Schaft, 2020, S. 37 f.). In Bezug auf die Schweinemast könnten die Ansprüche der nachgelagerten Schlachtbetriebe z. B. darin liegen, dass die Aufzucht der Tiere durch bestimmte Haltungsbedingungen charakterisiert ist. Diese gilt es durch die Landwirtinnen zu erfassen und in die bestehenden Strukturen und Prozesse des Betriebs zu integrieren. Andernfalls besteht das Risiko, dass die Schlachtbetriebe die Tiere nicht

kaufen, womit die finanziellen Rückflüsse der Landwirtinnen reduziert oder gar eingestellt werden. Wie auch bereits in Kap. 7 angeführt, sollten Unternehmen sich somit
bereits proaktiv Gedanken darüber machen, in welcher Form sich ihr Handeln auf die
Unternehmensumwelten auswirken kann, anstatt im Nachhinein Schadensbegrenzung zu
betreiben.

Bei den Ansprüchen der Stakeholder gilt es allerdings auch zu berücksichtigen, dass
das Interesse und der Einfluss nicht immer parallel zueinander verlaufen, womit z. B. die
Möglichkeit besteht, dass einzelne Anspruchsgruppen zwar ein hohes Einflusspotenzial
in Bezug auf ein Unternehmen oder eine Unternehmensaktivität aufweisen, ihr Interesse
daran aber relativ gering ausfällt. Deutlich wird dies z. B. bei einer näheren Betrachtung
von *landwirtschaftlichen Stallbauprojekten und deren Genehmigungsverfahren.*
Während sich das Interesse der zuständigen Behörden und Ämter darauf beschränkt,
dass die gesetzlichen Vorgaben eingehalten werden, kann ihr Einfluss dennoch erheblich sein – niedriges bzw. partielles Interesse und hohes Einflusspotenzial. Spiller und
Gerlach (2006) führen in ihrer empirischen Untersuchung Anwohnerkonflikte zu landwirtschaftlichen Stallbauten diesbezüglich ein Fallbeispiel an, in dem sich das gegen-
läufige Verhalten im Rahmen eines Genehmigungsprozesses verändert. Hier konnten bei
einem Stallbauprojekt mit vereinfachtem Verfahren und ohne Öffentlichkeitsbeteiligung
viele Gerüchte zum Bauvorhaben unter den Dorfbewohnerinnen gestreut werden, da
keine rechtzeitige Aufklärung von Seiten der Landwirtin erfolgte. Der Druck durch
die daraus resultierenden Bürgerproteste wurde sogar zuletzt so groß, dass der Landkreis die Baugenehmigung ablehnte. Als Grund dafür wurde die mögliche Gefährdung
eines nahegelegenen Waldstückes angeführt, bei dem es sich laut Forstwirtschaft jedoch
lediglich um eine wildgewachsene Baumgruppe handelt – hohes Interesse, hohes Einflusspotenzial (vgl. Gerlach & Spiller, 2006, S. 14 ff.). Ein gegenläufiges Verhalten von
Unternehmen hat somit nicht in jedem Fall auch eine Negativwirkung vonseiten der
Stakeholder zur Folge, sondern ist vor allem von den Stakeholderinteressen und der
Kommunikation zwischen den Unternehmen und ihren Anspruchsgruppen abhängig (vgl.
Suchman, 1995, S. 574; Augustine, 2017, S. 27). Daraus wird deutlich, welchen Stellen-
wert die Kommunikation im Zusammenhang mit der unternehmerischen Nachhaltigkeit
besitzt. Denn die gesellschaftliche Bewertung und somit auch das Interesse in Bezug auf
ein Thema hängen vor allem davon ab, wie darüber kommuniziert wird und in welcher
Form die Gesellschaft ihre Umwelt konstituiert (vgl. Luhmann, 1990, S. 63; Kluwick &
Zemanek, 2019, S. 51 f.; Michelsen, 2005, S. 25).

8.3 Stakeholderdialog als Grundlage der Nachhaltigkeitskommunikation

Die systematische Berücksichtigung von gesellschaftlichen Ansprüchen bei der Planung
und Umsetzung von Unternehmenstätigkeiten ist eine wesentliche Prämisse dafür, dass
im Unternehmen ein funktionierendes und vor allem auch wahrnehmbares *Nachhaltig-*

keitsfundament aufgebaut und verankert werden kann. Dieses dient als Grundgerüst für eine nachhaltige Unternehmensausrichtung auf sämtlichen Unternehmensebenen und ist somit erforderlich, um den Nachhaltigkeitsgedanken auf Dauer in die Unternehmenskultur zu überführen (vgl. Walker, 2013, S. 65 f.). Karmasin beschreibt diesen Prozess auch als *Integration der Organisation in die Gesellschaft bzw. die Rückkehr der Gesellschaft in die Organisation.* Dabei wird insbesondere hervorgehoben, dass es bei der Stakeholderkommunikation i. d. R. nicht darum geht, zwischen internen und externen Ansprüchen zu differenzieren, wie es zumeist in der klassischen Public-Relations-Arbeit der Fall ist. Vielmehr sollte eine Unterscheidung zwischen legitimen und nicht-legitimen Ansprüchen erfolgen. Inwiefern Ansprüche jedoch als legitim erachtet werden, hängt dabei zumeist vom verfügbaren Sozialkapital ab, also dem Vertrauen der Stakeholder in das jeweilige Unternehmen. Dieses wird vor allem durch eine offene und proaktive Kommunikation zwischen Unternehmen und ihren Stakeholdern beeinflusst, jedoch auch durch einen logischen Bezug zwischen den (Nachhaltigkeits-)Aktivitäten und dem Kerngeschäft. Eine fehlende Kongruenz zwischen den veröffentlichten Informationen und dem Geschäftsmodell erhöht somit die Gefahr, dass die Glaubwürdigkeit eines Unternehmens abgeschwächt wird, wenn nicht sogar vollständig verloren geht (vgl. Karmasin, 2015, S. 343–350). Deutlich wird dies z. B. durch die jährliche Wahl des *Goldenen Windbeutels.* Hier werden die Verbraucher auf die Differenz zwischen den kommunizierten und den tatsächlichen Eigenschaften eines Produktes aufmerksam gemacht, wobei die Gewinnerin des Negativpreises durch ein Online-Voting ermittelt wird (vgl. foodwatch Deutschland, 2020).

Um in Unternehmen sowohl die verschiedenen Stakeholderansprüche zu berücksichtigen als auch die Nachhaltigkeit im Kerngeschäft zu verankern, bietet sich das folgende Vorgehen zur Entwicklung eines CSR-Fundamentes (Corporate Social Responsibility) an. Dieses wird in *4 Ebenen* untergliedert, die in Abb. 8.1 in pyramidaler Form dargestellt werden. Je höher sich ein Unternehmen innerhalb dieser Pyramide positionieren kann, desto umfassender und beständiger sind die Integration von

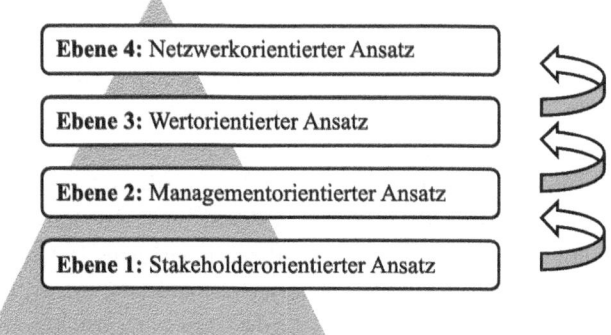

Abb. 8.1 CSR-Fundament. (In loser Anlehnung an Walker, 2013, S. 65 ff.)

Nachhaltigkeit in das Kerngeschäft und die Kooperation mit den jeweiligen Anspruchsgruppen (vgl. Walker, 2013, S. 65 f.).

- **Ebene 1:** Im *stakeholderorientierten Ansatz* sind die jeweiligen Anspruchsgruppen
  eines Unternehmens zu identifizieren und hinsichtlich ihrer Relevanz für die derzeitige und künftige Unternehmensausrichtung zu bewerten. Der methodische
  Bezugsrahmen ist dabei vielfältig und reicht von der *Interessen-Einfluss-Matrix* bis
  hin zum *Stakeholder-Mapping* (siehe Abschn. 8.8). Eine nähere Erläuterung hierzu
  erfolgt in Kap. 9. Im Anschluss an den Bewertungsprozess sollten Unternehmen sich
  dann auf einen offenen und wertschätzenden Dialog mit den Anspruchsgruppen ein-
  lassen, wobei die Form des Dialogs von einer einmaligen Einbindung bis hin zu einer
  langfristigen Kooperation reichen kann und situationsspezifisch abzuwägen ist (vgl.
  Walker, 2013, S. 65 ff.; Michelsen, 2005, S. 23–26; Schaltegger, 2014, S. 23–26).
- **Ebene 2:** Im *managementorientierten Ansatz* sind die Nachhaltigkeitsaktivitäten eines
  Unternehmens sowie auch das Vorgehen zum Stakeholderdialog mit den bestehenden
  Managementsystemen eines Unternehmens zu verknüpfen und wenn möglich sogar
  in ein übergeordnetes und integratives Nachhaltigkeitsmanagementsystem zu über-
  führen (vgl. Hentze & Thies, 2014, S. 6 f.; Kurz & Wild, 2015, S. 234; Walker, 2013,
  S. 66). Dieser Ansatz wird u. a. auch im *Leitfaden DIN ISO 26000* angeführt. Hier
  heißt es, dass *„die verschiedenen Aspekte gesellschaftlicher Verantwortung mit Hilfe
  bereits vorhandener Systeme, Strukturen, Prozesse und bewährter Methoden oder
  Instrumente"* (Bundesministerium für Arbeit und Soziales, 2011, S. 25) zu berücksichtigen und *„unter eben diesem inhaltlichen Dach zu bündeln"* (Bundesministerium
  für Arbeit und Soziales, 2011, S. 26) sind. Des Weiteren wird die Abstimmung von
  Nachhaltigkeitsaspekten und Managementprozessen aber auch als verpflichtender
  Grundsatz bzw. Kriterium in den gängigen Rahmenwerken zur Nachhaltigkeits-
  berichterstattung angegeben, wie z. B. in den G4-Leitlinien der Global Reporting
  Initiative sowie auch im Deutschen Nachhaltigkeitskodex (vgl. Global Reporting
  Initiative, 2013a, S. 45; Früh et al., 2014; Rat für Nachhaltige Entwicklung, 2019,
  S. 18 ff., 36–50).
- **Ebene 3:** Mit dem *wertorientierten Ansatz* soll ein Kontext geschaffen werden, in
  dem die bestehenden Grundannahmen, Werte und Normen sowie auch die Umgangs-
  formen und Rituale im Unternehmen angesprochen und unter Berücksichtigung der
  Nachhaltigkeit verändert werden können. Dabei ist es wichtig, dass die gewünschte
  Ausrichtung des Unternehmens nicht nur durch die Geschäftsführung vorgelebt und
  in Form von übergeordneten Zielen auf der normativen Unternehmensebene verankert wird (vgl. Walker, 2013, S. 66), sondern auch das Entscheidungsverhalten
  und die Handlungsweisen sämtlicher Mitarbeiterinnen eines Unternehmens gefördert
  werden, z. B. durch *angemessene Anreizsysteme* und eine *offene Fehlerkultur.* Des
  Weiteren ist aber auch darauf zu achten, dass ein *gemeinsames Grundverständnis*
  zum Wandlungsbedarf geschaffen wird, in dessen Rahmen die Mitarbeiterinnen die
  Möglichkeit erhalten, einen Beitrag zur gesellschaftlichen Verantwortung des Unter-

nehmens zu leisten und ein Selbstverständnis für Veränderungsprozesse zu entwickeln (vgl. Krüger & Bach, 2014, S. 300; Walker, 2013, S. 66).

- **Ebene 4:** Im *netzwerkorientierten Ansatz* sollen die bestehenden Kräfte sämtlicher Akteurinnen eines Unternehmens und seiner Umwelten zu einem *intelligenten Netzwerk* zusammengeführt werden. Dazu ist es erforderlich, dass das Unternehmen seine Anspruchsgruppen kennt, die Fülle an nachhaltigkeitsbezogenen Themen akzeptiert und sich den möglichen Risiken eines Dialogs mit Kritikerinnen stellt. Durch ein Zusammenspiel sämtlicher Anspruchsgruppen und die Öffnung gegenüber möglichen Problemfeldern können Unternehmen ihre künftigen Herausforderungen nicht nur leichter identifizieren, sondern diesbezüglich auch eine höhere Lösungskompetenz entwickeln. Dies ist vor allem darauf zurückzuführen, dass die Wirklichkeit eines Unternehmens nicht mehr nur durch Einzelpersonen bestimmt wird. Die Vernetzung von Akteurinnen ermöglicht es, *Wissen frei zugänglich* zu machen und *umfangreiche Informationsflüsse* aufzubauen, wodurch auch die Komplexität möglicher Lösungsansätze erhöht werden kann. Allerdings wird den jeweiligen Akteurinnen auf dieser Ebene auch ein hohes Maß an Vertrauen abverlangt, da wertvolles Individualwissen in einem Netzwerk offen geteilt werden soll. Umso wichtiger ist es an dieser Stelle, dass das ausgestaltete Wertegerüst der vorgelagerten Ebene aufrechterhalten bzw. der Situation entsprechend angepasst wird, um einen angemessenen Rahmen für den Kommunikationsprozess zu schaffen (vgl. Kruse, 2015, S. 87–91; 147 ff.; Walker, 2013, S. 66; Leitschuh-Fecht, 2005, S. 599–603).

In einem nächsten Schritt sind die Ebenen dann um mögliche Maßnahmen zur nachhaltigen Entwicklung zu ergänzen. Dazu wird das weitere Vorgehen in ein 4-Generationen-Modell übertragen, wobei sich die einzelnen Generationen gegenseitig bedingen und einem stufenförmigen Entwicklungsprozess unterliegen (vgl. Walker, 2013, S. 67).

- **Generation 1:** In der ersten Generation des Stufenmodells werden häufig unkoordinierte Nachhaltigkeitsprojekte oder auch *isolierte Maßnahmen* zur nachhaltigen Entwicklung initiiert und umgesetzt. Diese unterliegen zumeist keiner strategischen Ausrichtung und sind das Ergebnis von u. a. Förderprogrammen, Ritualen und Geschäftsbeziehungen. Ein Beispiel hierfür wäre die Unterstützung des lokalen Sportvereins durch neue Trikots oder auch das einmalige Angebot von kostenlosem Saatgut für Blühwiesen an Mitarbeiterinnen und Stammkundinnen. Ein potenzielles Risiko dieser ersten Generation liegt vor allem in der Erwartungshaltung der Anspruchsgruppen. Wird das Interesse in Bezug auf die Nachhaltigkeit eines Unternehmens erst einmal geweckt, kann die bereits bestehende Nachhaltigkeitsleistung z. B. auch mit anderen Organisationen oder einschlägigen Rahmenwerken zur Berichterstattung verglichen werden. Somit besteht durchaus die Möglichkeit, dass eine Beanstandung von nachhaltigen Projekten und Maßnahmen hervorgerufen wird, obwohl diesen zumeist ein philanthropischer und kein wettbewerbsfördernder Gedanke zugrunde liegt (vgl. Walker, 2013, S. 67 f.).

- **Generation 2:** In der zweiten Generation des Stufenmodells geht es vor allem darum, den Nachhaltigkeitsgedanken in eine Unternehmensstrategie zu übersetzen. Dies erfordert zumeist einen hohen personellen, zeitlichen, aber auch finanziellen Aufwand, da neben der strategischen Ausrichtung auch die Strukturen und Systeme eines Unternehmens zu hinterfragen und ggf. anzupassen sind. Des Weiteren kann es an dieser Stelle auch von Vorteil sein, einen professionellen Veränderungsprozess im Unternehmen anzustoßen, in dem nicht nur der Wandlungsbedarf transparent kommuniziert wird, sondern auch die Wandlungsbereitschaft und die Wandlungs- fähigkeit der Mitarbeiter gefördert werden. Dabei ist es wichtig, dass alle relevanten Anspruchsgruppen in die wesentlichen Entscheidungsprozesse eingebunden, zumindest aber zeitnah über diese informiert werden. Andernfalls besteht das Risiko, dass vonseiten der Stakeholder Gegenmaßnahmen initiiert werden, durch die der Übergang in die *3. Generation* erschwert oder sogar verhindert wird (vgl. Krüger & Bach, 2014, S. 35; Walker, 2013, S. 68 f.).

- **Generation 3:** Im Rahmen der 3. Generation beschränkt sich die nachhaltige Aus- richtung eines Unternehmens nicht mehr nur auf den eigenen Betrieb, sondern umfasst auch die jeweilige Umwelt. Hierzu zählen der technologische, der politische, der soziokulturelle, der ökologische und der gesamtwirtschaftliche Bereich (vgl. Bea & Haas, 2009, S. 97; Beal et al., 2017, S. 26; Berg et al., 2014, S. 48 f.; Dreuw et al., 2014, S. 42 f., 59; Walker, 2013, S. 68 ff.; Schaltegger, 2011, S. 5). Dabei ist es wichtig, dass Unternehmen sich ihrer eigenen Auswirkungsgrenzen und Abhängigkeiten bewusst sind und auch weiteren gesellschaftlichen Themenfeldern aufgeschlossen gegenüberstehen. Häufig bilden sich aus dieser offenen unter- nehmerischen Grundhaltung auch strategische Kooperationen mit anderen Unter- nehmen, Wirtschaftssystemen und Anspruchsgruppen, durch die dann gemeinsam auf spezifische Problemstellung aufmerksam gemacht und nach Lösungswegen gesucht werden kann (vgl. Walker, 2013, S. 68 f.). So könnte die Betriebsleiterin des *Schweinestalls* z. B. mit einer Tierrechtsorganisation eine Kooperation bilden, in der Themen des Tierschutzes vorangetrieben werden.

- **Generation 4:** Bei der 4. Generation des Stufenmodells handelt es sich um einen längerfristigen Entwicklungsprozess, dessen erfolgreiche Umsetzung durchaus mehrere Jahre in Anspruch nehmen kann. Dabei wird die nachhaltige Ausrichtung eines Unternehmens zu einem Bestandteil der jeweiligen Unternehmenskultur, womit die 4. Generation auch einen *integrativ-holistischen Ansatz* darstellt. Die Einbindung von Anspruchsgruppen in die strategischen und operativen Entscheidungsprozesse wird nicht länger infrage gestellt und die Mitarbeiterinnen reflektieren ihr Handeln in Bezug auf eine zukunftsfähige und verantwortungsvolle Unternehmensausrichtung. Die nachhaltige Entwicklung und deren zugehörige Kommunikation sind somit in alle Ebenen, Strukturen und Systemen eines Unternehmens zu integrieren und werden zu einem wesentlichen Bestandteil der Unternehmenskultur. In diesem Entwicklungsstadium verzichten einige Unternehmen auch gezielt auf die Veröffentlichung eines freiwilligen Nachhaltigkeitsberichtes, da die Tragweite und Vernetzung der Nachhaltigkeitsleistung nur unvollständig abgebildet werden können (vgl. Walker, 2013, S. 69 f.).

Im Rahmen dieses Prozesses gilt es unbedingt zu beachten, dass es zwar durchaus lobenswert ist, wenn ein Unternehmen die nächste Stufe im Generationenmodell erreicht hat, ein stufenübergreifender Rückschritt innerhalb des Modells jedoch einen enormen Reputationsverlust zur Folge haben kann (vgl. Walker, 2013, S. 67).

8.4 Themenorientierte Perspektive der Nachhaltigkeitskommunikation

Aus dem bereits zu Beginn dieses Kapitels angeführten gesellschaftlichen sowie auch politisch-rechtlichen Diskursprozess wird deutlich, dass die Impulse zur Förderung der nachhaltigen Entwicklung vor allem aus Umweltproblemen und deren zumeist anthropogenen Ursachen hervorgehen. Die Nachhaltigkeitskommunikation findet ihren Ursprung dabei in einer stetigen Fortschreibung der *Umweltkommunikation* zur Förderung einer dauerhaft umweltgerechten Wirtschafts- und Lebensweise. In Bezug auf die Lösung von Umweltproblemen hat sich allerdings gezeigt, dass es zumeist nicht ausreichend ist, nur die ökologische Perspektive in den Betrachtungsraum zu überführen. Vielmehr bedarf es auch einer Integration der ökonomischen und soziokulturellen Perspektive unter Einbindung sämtlicher Nationen, Sektoren und Akteurinnen sowie auch deren vielfältigen Ansprüchen und Erwartungen. Der Soziologie, der Umweltpsychologie und der Risikoforschung zufolge sind hierbei vor allem die kulturellen Wahrnehmungs- und Handlungsmuster sowie auch deren Resonanzpunkte hervorzuheben, da die Problem- bzw. Themenwahrnehmung durch den jeweiligen kulturellen Kontext geprägt wird. Die Auffassung zum Tierwohl in der industriellen Nutztierhaltung folgt somit nicht nur einer politisch-rechtlichen Vorgabe, sondern ist vielmehr auch Bestandteil eines kulturellen sowie z. T. auch individuellen *Wertesystems*. So kann der Begriff Tierwohl ganz unterschiedlich ausgelegt werden, wobei u. a. soziodemografische, psychografische, aber auch kulturelle Aspekte eine wesentliche Rolle spielen können. Dadurch wird deutlich, dass der Zivilgesellschaft ein erheblicher Einfluss auf die nachhaltige Entwicklung zuzusprechen ist und erfolgreiche Lösungsstrategien das Ergebnis eines partizipativen und nicht staatlich isolierten Austauschprozesses darstellen. Dies bedeutet jedoch nicht, dass auf Absprachen und Selbstverpflichtungen von und zwischen einzelnen Akteurinnen oder Branchen gänzlich verzichtet werden sollte. Vielmehr können Vereinbarungen ohne staatliche Eingriffe ebenfalls ein wichtiges Instrument der Nachhaltigkeitskommunikation darstellen, was u. a. anhand des *Lebenszyklus gesellschaftlicher Ansprüche* hervorgehoben werden kann (vgl. Michelsen, 2005, S. 25–36; Mast & Fiedler, 2005, S. 57 ff.).

Bei einer Betrachtung des Lebenszyklus (Abb. 8.2) wird sichtbar, dass mit dem voranschreitenden Zeitverlauf eines Anspruches auch die Anzahl an interessierten Parteien zunimmt, insbesondere das Interesse der Massenmedien und Politik. Für Unternehmen kann daraus abgeleitet werden, dass der *Formalisierungsgrad* (Standardisierungen, u. a. gesetzlich vorgeschrieben) im Zeitverlauf ansteigt und somit auch die Möglichkeit der eigenen Einflussnahme in Bezug auf die Erfüllung des jeweiligen Anspruchs. Es kann somit durchaus von Vorteil sein, bereits frühzeitig auf die gesellschaftlichen Ansprüche zu reagieren, was nicht zuletzt auch durch freiwillige Verpflichtungen oder Branchenabsprachen erfolgen kann (vgl. Meffert, 1994, S. 191–194) – z. B. ist eine freiwillige Reduktion des Einsatzes von Pflanzenschutzmitteln mit kritischer Einschätzung durch die Gesellschaft möglicherweise wegweisend, um eine dies betreffende Gesetzesverabschiedung zu verhindern. Des Weiteren kann durch eine proaktive Einführung eines zertifizierbaren Tierwohlstandards vonseiten der Landwirtschaft möglicherweise vermieden werden, dass diesbezüglich eine verpflichtende Berichterstattung eingeführt wird.

Um auf die z. T. vielfältigen Ansprüche angemessen reagieren zu können ist es erforderlich, dass zunächst einmal das jeweilige Problemfeld bzw. die Ansprüche selbst herausgearbeitet werden. Hier kann es u. a. sinnvoll sein, die großen politischen und auch gesellschaftlichen Linien zur nachhaltigen Entwicklung zu verfolgen, um diese dann im jeweiligen Unternehmenskontext zu konkretisieren. Auch besteht die Möglichkeit, dass auf Indikatoren zurückgegriffen wird, die einen Rückschluss auf die wesentlichen Entwicklungen einer Branche erlauben (vgl. Bea & Haas, 2009, S. 111 ff.; Meffert, 1994, S. 191–194). Dies können z. B. gesellschaftliche Entwicklungen sein,

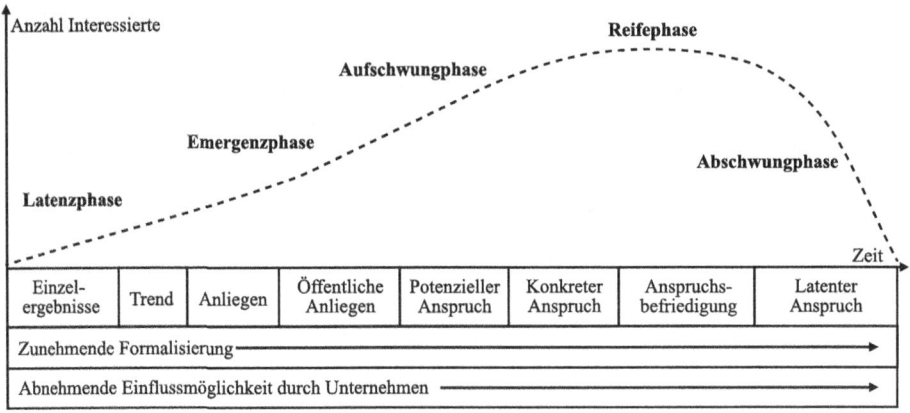

Abb. 8.2 Lebenszyklusmodell gesellschaftlicher Ansprüche. (In Anlehnung an Meffert et al., 2008, S. 70)

wie die Altersstruktur oder das Pro-Kopf-Einkommen eines bestimmten geografischen Bereichs, oder aber auch politisch-rechtliche sowie ökologische Entwicklungen, wie bspw. höhere Hygieneauflagen und die Verknappung von Böden (vgl. Bea & Haas, 2009, S. 111 ff.). Allerdings ist an dieser Stelle auch anzumerken, dass die Identifikation des Problems bzw. der Ansprüche einen wesentlichen Bestandteil der Kommunikationskonzeption darstellt und somit auch in Kap. 3 näher erläutert wird.

Aus Sicht der Soziologie kann darüber hinaus eine *Ausdifferenzierung und Anpassung von Lebensstilen* vorgenommen werden. Durch das verhaltenswissenschaftliche Konstrukt Lebensstil wird dabei deutlich, dass Personen(-gruppen) anhand unterschiedlicher Merkmale voneinander abgegrenzt werden können, wie z. B. der ökonomischen Lage, des Ernährungsstils oder auch weiterer Lebensgewohnheiten und Konsummuster. In Bezug auf die nachhaltige Entwicklung würde das bedeuten, dass diese nicht nach einem generalisierten Kommunikationskonzept in die Gesellschaft zu tragen ist, sondern vielmehr im Einklang mit den individuellen Lebensstilen. Bei einem Betreiber für *Windkraftanlagen* wäre somit voraussichtlich eine andere Nachhaltigkeitsbotschaft anschlussfähig als bei einem *Direktvermarkter für Kartoffeln*. Aber auch innerhalb dieser einzelnen Branchen können wiederum unterschiedliche Botschaften erforderlich sein, um eine Veränderung der jeweiligen Einstellungen und Verhaltensweisen zu ermöglichen (vgl. Freter & Naskrent, 2008, S. 68 f.; Michelsen, 2005, S. 32–35).

Eine Berücksichtigung der Lebensstile im Rahmen der Nachhaltigkeitskommunikation ist jedoch i. d. R. nicht ausreichend, um eine umfassende Beteiligung der verschiedenen Akteurinnen an der nachhaltigen Entwicklung zu erwirken. Vielmehr ist es aus Sicht der Umweltpsychologie auch erforderlich, das *Wissen mit einem Gebrauchswert zu verknüpfen*, um bei den jeweiligen Anspruchsgruppen die Handlungsfähigkeit zu erhöhen. Das bedeutet, dass die themenbezogenen Sachinformationen um Orientierungswissen zu erweitern sind, wie z. B. Zusammenhänge, Prozesse oder Verhältnisse. Somit sind im Rahmen der Nachhaltigkeitskommunikation nicht nur die Sachinformationen zu kommunizieren, sondern es ist auch der jeweilige Kontext zu bestimmen, in dem der Wissenserwerb erfolgen soll (vgl. Michelsen, 2005, S. 33–36). Im Fallbeispiel des Bürgerwindparks sind somit nicht nur Kennzahlen zur Energieeffizienz zu kommunizieren. Vielmehr sind diese z. B. auch in Bezug zu großen Umweltproblemen wie dem Klimawandel zu setzen. Hierzu kann es durchaus von Vorteil sein, auf die Erzählmethode des Storytellings zurückzugreifen. Dabei besteht die Möglichkeit, dass Emotionen geweckt werden, Sinnhaftigkeit vermittelt und das Wissen in einen handlungsorientierten Kontext überführt wird (vgl. Sammer, 2015, S. 5–11). Eine umfassende Erläuterung dieser Methode wird in Kap. 5 vorgenommen.

Neben der soziologischen sowie auch der umweltpsychologischen Perspektive kann die Nachhaltigkeitskommunikation allerdings auch mit der Risikoforschung verknüpft werden. Dies ist vor allem auf die Eigenkomplexität zurückzuführen, die der nachhaltigen Entwicklung aufgrund der vielfältigen Ansprüche zugrunde liegt, sowie auch dem unbedingten Vorhaben, diese Ansprüche wahrzunehmen, kritisch zu reflektieren und final aufeinander abzustimmen. Dabei bedarf es zumeist eines umfassenden Bewusstseins für aktuelle und künftige Entwicklungen sowie einer hohen *Toleranz in Bezug auf mögliche Ambiguitäten.* Darüber hinaus sind aber auch viele Nachhaltigkeitsthemen von Natur aus mit einem gewissen Risiko behaftet. Dies wird z. B. beim Einsatz von Pflanzenschutz- und Düngemitteln, dem CO_2-Ausstoß in der Nutztierhaltung oder auch dem Anbau von Monokulturen deutlich. Die Risikoforschung bietet hier Möglichkeiten, um in den Austausch mit den jeweiligen Anspruchsgruppen zu gehen. Dabei ist herauszufinden, wie die individuelle Risikowahrnehmung der Anspruchsgruppen ausfällt, welche Grenzwerte festzulegen sind und anhand welcher Indikatoren das jeweilige Thema kommuniziert werden sollte. Wie bereits im Zusammenhang mit der soziologischen Perspektive verdeutlicht, können die Bedürfnisse der einzelnen Anspruchsgruppen stark variieren. Dies gilt es auch in der Risikokommunikation zu berücksichtigen. Hier wird u. a. durch die unterschiedlichen Nationen, Kulturkreise, Gesellschaftsschichten, sozialen Milieus und nicht zuletzt auch individuellen Lebensstile konstatiert, welche Aktivitäten eines Unternehmens als Risiken oder sogar Gefahren wahrgenommen werden und welche Form der Unternehmenskommunikation dabei als glaubwürdig erachtet wird. Umso deutlicher werden an dieser Stelle auch die Relevanz eines gelungenen Stakeholderdialogs und die bereits angeführte Kritik an der Einwegkommunikation (vgl. Michelsen, 2005, S. 25 f., 33 ff.).

Als mögliches Instrument zu Identifikation wichtiger Nachhaltigkeitsthemen hat sich in der Praxis die *Wesentlichkeits- bzw. Materialitätsanalyse* bewährt. Auch hier sind zunächst einmal sämtliche Themen zu identifizieren, die von Seiten der Stakeholdergruppen direkt oder indirekt an das Unternehmen herangetragen werden. In einem zweiten Schritt sind die ermittelten Themen dann dahingehend zu bewerten, wie wahrscheinlich ihr Eintreten ist und wie groß in einem solchen Fall das jeweilige Ausmaß für die Stakeholdergruppen und das Unternehmen wäre. Somit ist es an dieser Stelle auch möglich, bereits erste Rückschlüsse auf die Relevanz der einzelnen Themen zu ziehen und bei Bedarf die weniger relevanten Themen aus dem Folgeprozess zu eliminieren. In einem letzten Schritt sind die übrigen Themen dann in eine zweidimensionale Materialitätsmatrix zu übertragen, in der sie nach ihrem ökonomischen, ökologischen und sozialen Einfluss sowie auch dem Einfluss auf die Wahrnehmung und Entscheidungen der Stakeholder eingestuft werden. Ab welcher Position innerhalb der Matrix die Themen dann aber auch tatsächlich als wesentlich zu bewerten sind, ist dabei individuell vom Unternehmen zu entscheiden. In Abb. 8.3 ist eine Materialitätsmatrix exemplarisch am Fallbeispiel der Schweinezuchtanlage aufgeführt.

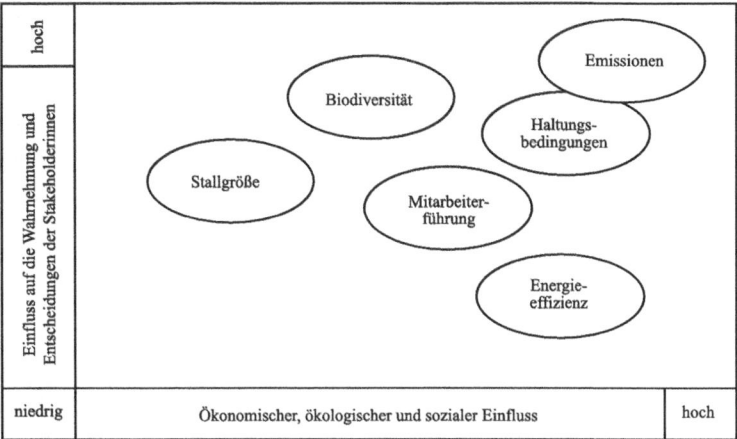

Abb. 8.3 Materialitätsmatrix für das Fallbeispiel der Schweinezuchtanlage

8.5 Funktionen und Aufgaben der Nachhaltigkeitskommunikation

Wie bereits in Abschn. 8.3 angeführt, liegt eine wesentliche Funktion der Nachhaltigkeitskommunikation darin, mit den Anspruchsgruppen eines Unternehmens in den
Austausch zu gehen. Dabei sind die Interessen und Erwartungen der Stakeholder mit
der bestehenden Nachhaltigkeitsleistung eines Unternehmens abzustimmen, um eine
unerwünschte Kommunikationswirkung zu vermeiden (vgl. Schaefer, 2012, S. 255–260).
Im strategischen Management wird dabei von einem *strategischen Fit* gesprochen, also
der Möglichkeit, die Erfolgspotenziale und -fähigkeiten eines Unternehmens mit den
Bedürfnissen der internen und externen Unternehmensumwelt in Einklang zu bringen.
Je nach Bedarf kann es hierbei auch erforderlich sein, dass im Unternehmen eine
Reorganisation vorgenommen wird, die entweder eine Veränderung der Binnenstruktur
zur Folge hat oder aber auch eine Beeinflussung der Umsysteme (vgl. Bea & Haas, 2009,
S. 16–23).

In Bezug auf die Aufgaben der Nachhaltigkeitskommunikation ist es erforderlich,
dass die Anspruchsgruppen für die Nachhaltigkeitsleistung im jeweiligen Unternehmen
sensibilisiert werden (vgl. Schaefer, 2012, S. 258 f.). Dazu sind u. a. die ökonomischen,
ökologischen und sozialen Auswirkungen des Unternehmens zu verbalisieren und um
die jeweiligen *Wirkungszusammenhänge und Zielkonflikte* zu ergänzen. Eine wesentliche
Herausforderung der Kommunikationsdisziplin liegt dabei in der inhaltlichen Komplexität und Eigendynamik der nachhaltigen Entwicklung. Während die Erfassung der
Nachhaltigkeitsleistung zumeist durch ein Team aus Expertinnen vorgenommen wird,
verfügen die jeweiligen Rezipientinnen der Nachhaltigkeitskommunikation häufig nur
über ein sehr rudimentäres Vorwissen im jeweiligen Fachbereich. Dies wird insbesondere

bei der Ermittlung von Nachhaltigkeitsindikatoren deutlich, die i. d. R. aus naturwissenschaftlichen sowie auch technischen Sachverhalten hergeleitet werden. Aus diesem
Grund sind die jeweiligen Daten und Informationen im Rahmen des Kommunikationsprozesses auch insoweit aufzubereiten, dass diese für sämtliche Anspruchsgruppen verständlich sind, dabei jedoch nur wenig von ihrem Informationsgehalt einbüßen (vgl.
Severin, 2005, S. 64 f., 72; Leitschuh-Fecht, 2005, S. 599 ff.; Schaefer, 2012, S. 259).
Die Nachhaltigkeitskommunikation in Unternehmen stellt somit einen Verständigungs-
prozess dar, durch den zielgruppenspezifisch über die Nachhaltigkeitsleistung berichtet
werden soll. Damit wird der Nachhaltigkeitsbegriff auch in einen spezifischen Kontext
gestellt, womit das Risiko einer inflationären Verwendung reduziert wird (vgl. Severin,
2005, S. 65 ff., 70 f., 73 f.; Schaefer, 2012, S. 259).

In Bezug auf die Einbindungsformen von Stakeholdern kann in Anlehnung an die
Kommunikationsarenen in modernen Gesellschaften eine Untergliederung in

1. die unternehmensbezogene,
2. die kooperationsbezogene,
3. die marktbezogene und
4. die gesellschaftsbezogene Nachhaltigkeitskommunikation

vorgenommen werden. Dabei stellen diese Untergliederungsformen auch die Reichweite
dar, bis zu der die Nachhaltigkeitskommunikation erfolgt – angefangen bei den internen
Stakeholdergruppen bis hin zu den unterschiedlichen Formen der externen Stakeholdergruppen (vgl. Schaefer, 2012, S. 259 f.; Zerfaß, 2010, S. 192–208).

- Die wesentliche Aufgabe in der *unternehmensbezogenen Nachhaltigkeitskommunikation* liegt darin, die Austauschprozesse zur nachhaltigen Entwicklung
  zwischen den internen und auch familiären Anspruchsgruppen eines Unternehmens
  zielführend auszugestalten. Dadurch soll dazu beigetragen werden, dass die Nachhaltigkeit auch in das Grundverständnis sowie das Werte- und Normensystem der
  Mitarbeiterinnen übertragen wird. Damit kann nicht nur die Legitimation nachhaltig-
  keitsbezogener Entscheidungen erleichtert werden, sondern auch die Identifikation
  der Mitarbeiterinnen mit der jeweiligen Unternehmensausrichtung (vgl. Schaefer,
  2012, S. 259; Fifka, 2014, S. 12).
- Die *kooperationsbezogene Nachhaltigkeitskommunikation* bezieht sich auf den Austausch mit den Anspruchsgruppen der externen Unternehmensumwelten, wobei
  der Fokus auf der nachhaltigen Entwicklung eines Unternehmens liegt. Hierbei ist
  es wichtig, dass insbesondere die Grenzen des wirtschaftlichen Handelns herausgearbeitet werden (vgl. Schaefer, 2012, S. 259; Global Reporting Initiative, 2013b,
  S. 31–42). Dabei sind nach Möglichkeit auch die sogenannten *Social Connections*
  zu ermitteln, auf die in Kap. 10 näher eingegangen wird. Hierbei wird den Unternehmen eine Teilverantwortung in Bezug auf ein spezifisches Produkt oder eine
  bestimmte Dienstleistung zugeschrieben, obwohl keine *haftungsbezogene Kausali-*

tät besteht (vgl. Schrempf, 2014, S. 301–305). Des Weiteren kann es im Rahmen der kooperationsbezogenen Nachhaltigkeitskommunikation aber auch von Vorteil sein, die nachhaltige Entwicklung zusätzlich in die Unternehmenspolitik zu übertragen. Dort erfolgen zumeist eine Auseinandersetzung mit den Ansprüchen und Wertvorstellungen sämtlicher Stakeholder sowie auch die permanente Ausgestaltung einer tragfähigen Beziehung zu diesen Gruppen (vgl. Welge et al., 2017, S. 191; Ulrich & Fluri, 1995, S. 77).

- In der *marktbezogenen Nachhaltigkeitskommunikation* werden vor allem Lieferantinnen, Kundinnen, potenzielle Arbeitnehmerinnen, Konkurrentinnen und Wettbewerberinnen sowie auch mögliche Kapitalgeberinnen in den Kommunikationsprozess integriert. Dabei geht es insbesondere darum, die unternehmerische *Nachhaltigkeit als Erfolgsfaktor* herauszuarbeiten, um dadurch einen strategischen Wettbewerbsvorteil zu erwirken (vgl. Schaefer, 2012, S. 260). Wie bereits zu Beginn dieses Kapitels angeführt, ist die nachhaltige Entwicklung eng mit der Glaubwürdigkeit und Zukunftsfähigkeit eines Unternehmens verknüpft, womit anhand der Nachhaltigkeit in Unternehmen durchaus ein Wettbewerbsvorteil generiert werden kann (vgl. Facit Research GmbH & Co. KG, 2014, S. 15–18). Auch hat sich gezeigt, dass die gesellschaftliche Verantwortung eines Unternehmens besonders in Zeiten des *War for Talent* nicht zu unterschätzen ist. Hier kann die Identifikation mit dem jeweiligen Unternehmen durch eine nachhaltige Ausrichtung gefördert werden, womit nicht zuletzt auch die intrinsische Motivation der bereits bestehenden Mitarbeiterinnen positiv beeinflusst wird. Somit stellt neben der monetären Vergütung auch der Umgang mit Umwelt- und Sozialbelangen ein wesentliches Kriterium dar, anhand dessen sich potenzielle sowie auch gegenwärtige Arbeitnehmerinnen für die Aufnahme einer Tätigkeit im Unternehmen entscheiden (vgl. Fifka, 2014, S. 12).
- Die *gesellschaftsbezogene Nachhaltigkeitskommunikation* ist vor allem auf die Anspruchsgruppen ausgerichtet, die vom Unternehmen bisher noch nicht benannt oder sogar unbekannt waren (vgl. Schaefer, 2012, S. 260). Dies können z. B. NGOs, die politisch-administrative und kommunale Öffentlichkeit oder aber auch einzelne Anwohnerinnen sein. Besonders deutlich wird die Ausrichtung bei der Planung eines neuen Schweinemaststalls in direkter Nähe zu einer Wohnsiedlung. Hier kann es durchaus erforderlich sein, dass neben der zuständigen Baubehörde auch die Anwohnerinnen im Planungsprozess berücksichtigt werden, um mögliche Widerstände und Blockaden zu vermeiden. Ähnlich verhält es sich im Fallbeispiel des Bürgerwindparks. Hier ist der Austausch mit den Anwohnerinnen und verschiedenen Tierschutzorganisationen bereits im Rahmen der Planungsphase erforderlich. Andernfalls besteht das Risiko, dass Einwände in das Planfeststellungsverfahren eingebracht werden, durch die ein Bau des Windparks verzögert oder gar verhindert wird (vgl. Schaefer, 2012, S. 60 f.).

Die wesentliche *Funktion der Nachhaltigkeitskommunikation* unter der Berücksichtigung der *vier* angeführten Einbindungsformen ist somit auch hier der Erhalt einer *Licence to*

Operate, also der Kooperationsfähigkeit bzw. Existenzberechtigung eines Unternehmens am Markt. Dabei liegt die wesentliche Aufgabe darin, mit den Anspruchsgruppen in den Dialog zu treten. Dadurch sollen zum einen die z. T. vielfältigen Stakeholder-ansprüche in die Unternehmen getragen und dort in die bestehenden Strukturen und Systeme eingebunden oder integriert werden. Zum anderen können Unternehmen aber auch transparent und zielgruppenzentriert über ihre Nachhaltigkeitsleistung berichten. Im Anschluss an die Auswahl der jeweiligen Einbindungsform ist dann schließlich ein geeignetes *Instrument bzw. ein Instrumentenmix* zu wählen, durch den die Nachhaltig-keitsleistung an die Anspruchsgruppen kommuniziert werden soll (vgl. Schaefer, 2012, S. 258–261; Heinrich, 2015, S. 778 f.; Schaft & Brosig, 2020, S. 5 f.).

8.6   Instrumente und Kriterien der Nachhaltigkeitskommunikation

Die Nachhaltigkeitskommunikation in Unternehmen kann durch eine Vielzahl unterschiedlicher Kommunikationsinstrumente unterstützt werden, wobei eine Differenzierung zumeist anhand der *Umsetzungsart und -dauer* sowie auch des jeweiligen *Kommunikationskanals* vorgenommen wird. Das relativ breite Feld an Instrumenten kann dabei vor allem auf die wachsenden Anforderungen der Stakeholdergruppen zurück-geführt werden, die nicht zuletzt aus den gesellschaftlich-kulturellen Dynamiken sowie auch den politischen Abstimmungs- und Entscheidungsprozessen zur nachhaltigen Ent-wicklung emergieren (vgl. Heinrich, 2015, S. 778 f.; Fifka, 2014, S. 3 f.). Besonders deutlich wird dies durch die einzelnen Entwicklungsstufen der *organisationalen Bericht-erstattung,* angefangen bei den Sozialbilanzen und Umweltberichten der 1980er und 1990er Jahre bis hin zur ganzheitlichen und z. T. auch gesetzlich vorgeschriebenen Nach-haltigkeitsberichterstattung seit der Jahrtausendwende (vgl. Fifka, 2014, S. 3 f.).

Bei der gezielten Auswahl eines Kommunikationsinstrumentes ist zunächst einmal zu überprüfen, ob Kommunikation überhaupt dazu geeignet ist, ein zuvor definiertes (Nachhaltigkeits-)ziel zu erreichen bzw. ein skizziertes Problem zu lösen (vgl. Merten, 2013, S. 14). Dieser Ansatz wird in Kap. 2 u. a. als kommunikativer Switch angeführt und dort umfassend erläutert. In einem weiteren Schritt der Instrumentenwahl ist dann zu hinterfragen, ob ggf. auch mehrere Kommunikationsinstrumente eingesetzt werden sollten, um dadurch möglicherweise einen Synergieeffekt zu erwirken. Dabei ist jedoch grundsätzlich darauf zu achten, dass die Kommunikationsinstrumente einen dialog-orientierten Rahmen bieten und an den Präferenzen der jeweiligen Anspruchsgruppen eines Unternehmens ausgerichtet werden (vgl. Heinrich, 2015, S. 767). So kann es bspw. zielführend sein, dass die Nachhaltigkeitsleistung im Fallbeispiel der Milchtankstelle sowohl über *Social-Media-Kanäle* als auch in einer *PR-Anzeige* der regionalen Zeitung kommuniziert wird, um dadurch bestehende und potenzielle Kundinnengruppen aus unterschiedlichen Altersklassen zu erreichen. Des Weiteren sollte aber auch insgesamt darauf geachtet werden, dass die Kommunikationsinhalte regelmäßig auf ihre Aktualität überprüft werden (vgl. Heinrich, 2015, S. 767 f.). Dies wird auch in den G4-Leitlinien der Global Reporting Initiative hervorgehoben, wobei die Aktualität der veröffentlichten Informationen als Grundsatz einer sachgerechten Darstellung eines Nachhaltigkeitsberichtes angeführt wird. Demnach sollten Informationen regelmäßig auf den neuesten Stand gebracht werden, damit diese von den jeweiligen Anspruchsgruppen rechtzeitig in die Entscheidungsfindung eingebunden werden können (vgl. Global Reporting Initiative, 2013a, S. 18).

Abschließend ist bei der Auswahl von Kommunikationsinstrumenten noch festzulegen, ob die Stakeholder auch bereits vor der Veröffentlichung der Nachhaltigkeitsinformationen in den Kommunikationsprozess einzubinden sind. Dadurch besteht die Möglichkeit, dass gemeinsam herausgearbeitet werden kann, welche Informationen in welcher Form und in welchen zeitlichen Abständen künftig veröffentlicht werden sollen. Andererseits besteht aber auch die Möglichkeit, die Anspruchsgruppen ohne eine vorherige Konsultation oder Kooperation vom jeweiligen Unternehmen mit Informationen zu versorgen und eine sogenannte *Outside-only-Perspektive* einzunehmen. Dies kann jedoch dazu führen, dass das Fachwissen der Anspruchsgruppen nicht ausreichend ist, um die veröffentlichten Informationen vollumfänglich zu verstehen, oder aber, dass diese von den Anspruchsgruppen nicht als wesentlich oder authentisch erachtet werden und einen *Green-Washing-Vorwurf* zur Folge haben (vgl. Schaltegger, 2014, S. 21–27; Künkel et al., 2016, S. 19; Heinrich, 2015, S. 767; Global Reporting Initiative, 2013a, S. 3, 7, 17 f.).

Laut der Untersuchung *Soziale Verantwortung kommt von innen*, die im Jahr 2013 durch die Grayling Austria GmbH veröffentlichten wurde, liegt die in Abb. 8.4 dargestellte Verteilung in Bezug auf die Nutzung unterschiedlicher Kanäle zur Nachhaltigkeitskommunikation in Unternehmen vor (vgl. Heinrich, 2015, S. 769).

Die Untersuchung *Das Ranking der Nachhaltigkeitsberichte 2015 – Ergebnisse, Trends und Branchenauswertungen* des Instituts für ökologische Zukunftsforschung e. V., in der 72 eigenständige Berichterstatter der 150 größten deutschen Unternehmen

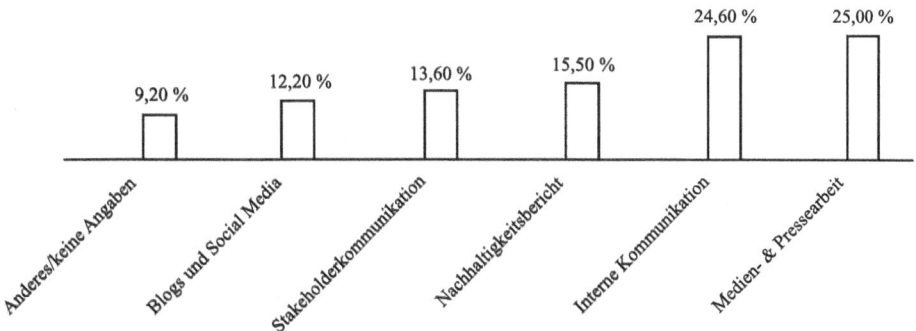

Abb. 8.4 Nutzung unterschiedlicher Kanäle zur Nachhaltigkeitskommunikation in Unternehmen. (In Anlehnung an Heinrich, 2015, S. 769)

und 165 KMU-Berichterstatter hinsichtlich ihrer Nachhaltigkeitsberichterstattung bewertet wurden, hat allerdings ergeben, dass nur 20 % der untersuchten Unternehmen aus der Nahrungsmittelindustrie überhaupt mit einem Bericht in das Ranking aufgenommen werden konnten. Weitere 40 % der Unternehmen berichten entweder über die Konzernmutter oder veröffentlichen die jeweils relevanten Informationen in Broschüren, dem Internet oder dem Geschäftsbericht. Die übrigen 40 % der untersuchten Unternehmen stellen entweder nur geringfügige Informationen zur eigenen Nachhaltigkeitsleistung zur Verfügung oder verzichten sogar vollständig auf eine Berichterstattung (vgl. Dietsche et al., 2017, S. 7, 73 ff.). Eine ähnliche Verteilung geht auch aus der Untersuchung *Nachhaltigkeitskommunikation in der Ernährungswirtschaft* hervor, die im Jahr 2016 durch Rottwilm und Theuvsen publiziert wurde. Darin wurden insgesamt 115 kleine und mittelständische sowie auch Großunternehmen aus verschiedenen Teilbranchen der Nahrungsmittelwirtschaft in Bezug auf ihre Nachhaltigkeitsberichterstattung analysiert. Von den untersuchten Unternehmen veröffentlichen knapp 20 % einen Nachhaltigkeitsbericht, wohingegen ca. 65 % der Unternehmen auf der eigenen Internetseite über ihre Nachhaltigkeitsaktivitäten informieren. Dabei wurde allerdings deutlich, dass die prozentuale Verteilung zur Nachhaltigkeitskommunikation in Bezug auf die verschiedenen Teilbranchen unterschiedlich ausfällt. Während die fleischverarbeitende Industrie, die Back- und Süßwarenindustrie sowie auch die Obst- und Gemüseverarbeitung mit einem Anteil von mindestens 60 % über ihre Nachhaltigkeitsaktivitäten berichten, sind es in der Futtermittelbranche nur noch knapp ein Drittel der untersuchten Unternehmen. Eine mögliche Ursache für diese Verteilung liegt in der Entfernung zwischen der jeweiligen Branche und den Endverbrauchern sowie auch der öffentlichen Wahrnehmung von Unternehmen (vgl. Rottwilm & Theuvsen, 2016, S. 119–129).

Als mögliche Instrumente zur Nachhaltigkeitskommunikation in Unternehmen besteht eine nicht unerhebliche Schnittmenge zu den Instrumenten der *klassischen Public-Relations-Arbeit* (vgl. Heinrich, 2015, S. 769 ff.; Schaefer, 2012, S. 261). Da jedoch bereits in Kap. 5 auf viele dieser Instrumente umfassend eingegangen wird, soll der Fokus im weiteren Verlauf dieses Kapitels auf die Nachhaltigkeitsberichterstattung gelegt werden. Dabei gilt es jedoch grundsätzlich zu berücksichtigen, dass es für Unternehmen durchaus von Vorteil sein kann, nicht direkt einen umfangreichen Nachhaltigkeitsbericht zu erstellen, wenn sie zum ersten Mal über ihre Nachhaltigkeitsleistung berichten möchten. Vielmehr besteht auch die Möglichkeit, die Nachhaltigkeitsaktivitäten zunächst in die Presse- und Medienarbeit zu integrieren. Dadurch können die *finanziellen, personellen* sowie auch *technologischen Herausforderungen* reduziert werden, die mit der Erstellung und Kommunikation eines Nachhaltigkeitsberichtes häufig einhergehen (vgl. Heinrich, 2015, S. 769 f.; Fifka, 2014, S. 8).

Im Rahmen der Presse- und Öffentlichkeitsarbeit können dann z. B. Fachartikel oder Interviews veröffentlicht und eine partnerschaftliche Beziehungen zu Journalisten oder Influencern aufgebaut werden, wobei es wichtig ist, dass der Austausch weitestgehend persönlich erfolgt und auf einer vertrauensvollen Grundlage basiert. Die geteilten

Informationen sollten somit unbedingt der Wahrheit entsprechen, um als Unternehmen nicht an *Glaubwürdigkeit* zu verlieren und das Risiko eines Green-Washing-Vorwurfs zu vermeiden. Des Weiteren sollte bei der Presse- und Medienarbeit auch darauf geachtet werden, dass die zu veröffentlichenden Informationen in ein spezifisches Themenfeld eingebettet werden, um die Stringenz im Kommunikationsfluss aufrechtzuerhalten. Hier wäre es möglich, die Informationen an einer übergeordneten Unternehmensagenda wie z. B. der Unternehmensstrategie auszurichten oder aber auf externe Umweltentwicklungen zu reagieren. Es kann somit durchaus förderlich sein, die Unternehmensumwelt auf schwache Signale zu untersuchen, um dadurch die potenziellen Ansprüche der Stakeholder frühzeitig zu identifizieren (vgl. Heinrich, 2015, S. 770 f.).

Mittlerweile setzen Unternehmen auch verschiedenste Kommunikationsinstrumente auf der eigenen Homepage ein, durch die das Präsenzerlebnis der möglichen Anspruchsgruppen intensiviert werden soll. Dabei ist die klassische Textkommunikation zwar noch häufig die dominante Darstellungsform von Informationen, allerdings werden auch Bewegtbilder sowie immersive Kommunikationsformate in den Onlineauftritt eingebunden (vgl. Bottler, 2011, 246 ff.; Schüpferling, 2011, S. 424 ff.). Mögliche Ansätze liegen hier in der *Augmented und Virtual Reality Technology,* die z. T. auch bereits in der Agrarbranche Anwendung findet. In einer Kooperation zwischen der Initiative Tierwohl und dem information.medien.agrar e. V. wurden z. B. die ersten virtuellen Rundgänge durch *Tierhaltungsanlagen* angeboten, womit die Möglichkeit einer Stallbesichtigung künftig auch in digitalisierter Form erfolgen kann (vgl. Deter, 2017).

8.7   Berichterstattung in der Nachhaltigkeitskommunikation

In der Nachhaltigkeitskommunikation bestehen zumeist ein Grunddilemma hinsichtlich der Erfolgszuteilung und ein Vergleichbarkeitsdefizit in Bezug auf die Aussagekraft von Informationen. Ersteres wird bei einer näheren Betrachtung der möglichen Anspruchsgruppen und ihrer jeweiligen Interessen deutlich (vgl. Brink & Tiberius, 2005, S. 316 f.; Fifka, 2014, S. 2, 7 ff.). Laut der Studie *Voice of the workforce in Europe,* in der mehr als 15.000 Arbeitnehmerinnen im Europäischen Raum zu dem Thema Mitarbeiterzufriedenheit befragt wurden, hängt die Motivation der Arbeitnehmerinnen u. a. maßgeblich von der Arbeitsplatzsicherheit, den Weiterbildungsmöglichkeiten sowie auch der Förderung von flexiblen Arbeitszeitmodellen ab (vgl. Coppola et al., 2018, S. 11 f.). Wird der Unternehmenserfolg jedoch auf die Umwelt- oder gar Wertschöpfungsperspektive verlagert, dann ändert sich auch die Resonanz, die in Verbindung mit sozial-gesellschaftlichen Themen erzeugt wird (vgl. Brink & Tiberius, 2005, S. 316 f.; Luhmann, 1990, S. 63). Eine Tierrechtsorganisation stellt somit aller Voraussicht nach andere Ansprüche an den Erfolg eines Unternehmens als die bereits angeführten Aspekte zur Mitarbeiterzufriedenheit. Ähnlich verhält es sich auch im Fallbeispiel der *Schweinezuchtanlage.* Hier weichen die Interessen der direkten Nachbarschaft vermutlich von denen der Lokalpolitik und auch der jeweils zuständigen Behörden ab. Im Rahmen der Nachhaltigkeitskommunikation ist es somit unbedingt erforderlich, dass nicht nur die vielfältigen Ansprüche ermittelt und in angemessener Form in die bestehenden Kommunikationsprozesse integriert werden, sondern auch die unterschiedlichen Nachhaltigkeitsperspektiven (vgl. Schaefer, 2012, S. 255–260; Heinrich, 2015, S. 778 f.).

Eine weitere Herausforderung in Bezug auf die Nachhaltigkeitskommunikation zeigt sich in der Vergleichbarkeit der Nachhaltigkeitsleitung von Unternehmen. Dies kann nicht nur auf den jeweiligen Umfang einer Berichterstattung zurückgeführt werden, sondern vor allem auch auf die Detailtiefe und Häufigkeit der Kommunikation. Durch den Einsatz von *multidimensionalen Berichterstattungsleitlinien* werden diesbezüglich Orientierungspunkte geboten. Diese umfassen zumeist allgemeingültige Indikatoren, anhand derer eine Offenlegung standardisierter Leistungskriterien ermöglicht wird (Brink & Tiberius, 2005, S. 316 f.; Fifka, 2014, 2, 7 ff.). Das Angebot an Leitlinien zur Nachhaltigkeitsberichterstattung ist dabei vielfältig, wobei die *G4-Leitlinien der Global Reporting Initiative* weltweit am häufigsten eingesetzt werden. Aus der Studie *Currents of Change – The KMPG Survey of Corporate Responsibility Reporting 2015* geht z. B. hervor, dass mehr als 60 % der untersuchten Unternehmen ihre Nachhaltigkeitsberichterstattung in Anlehnung an die G4-Leitlinien erstellen. In Bezug auf die Berichtsform eines *Stand-Alone Reports*[1] sind es sogar 72 % der untersuchten Unternehmen (vgl. King et al., 2015, S. 30, 42). Für kleinere und mittelständische Betriebe oder aber auch Unternehmen, die sich in den Anfängen der Berichterstattung befinden, kann allerdings auch der *Deutsche Nachhaltigkeitskontext* eine sinnvolle Alternative zu den G4-Leitlinien darstellen. Dieser wurde im Jahr 2010 durch den Rat für nachhaltige Entwicklung sowie auch weitere Akteurinnen aus Politik, Wirtschaft und Gesellschaft in einem Dialogprozess entwickelt und bietet umfangreiche Hilfestellungen im Zuge der Berichterstattung (vgl. Rat für Nachhaltige Entwicklung, 2020, S. 6–9, 2019, S. 4–13).

Neben der Auswahl und Beantwortung von standardisierten Leistungsindikatoren wird im Rahmen von Nachhaltigkeitsleitlinien aber zumeist auch die Einbindung von Anspruchsgruppen zur Festlegung der wesentlichen Berichtsinhalte gefordert. Dies hat u. a. den Vorteil, dass in Unternehmen Lernprozesse initiiert, innovative Handlungs- und Lösungsansätze erarbeitet werden und die Glaubwürdigkeit der jeweils veröffentlichten Informationen gesteigert werden kann. Dabei gilt es jedoch grundsätzlich darauf zu achten, dass auch *kritische Themen* in der Außenkommunikation zu berücksichtigen

---

[1] Bei einem Stand Alone Report handelt es sich um einen alleinstehenden Nachhaltigkeitsbericht, der z. B. als Print- oder Onlineexemplar veröffentlicht wird. Im Gegensatz dazu wird bei einem Integrated Reporting die Nachhaltigkeitsleistung in ein bereits bestehendes Medium aufgenommen, wobei häufig der jährliche Geschäftsbericht genutzt wird (vgl. Fifka 2014, S. 1, 8 f.). Allerdings besteht hier auch die Möglichkeit, die nachhaltige Entwicklung eines Unternehmens in die bestehenden Managementsysteme aufzunehmen, wie z. B. das Umweltmanagementsystem Eco Management and Audit Scheme (EMAS) oder das Qualitätsmanagementsystem DIN EN ISO 9001 (vgl. Dreuw et al., 2014, S. 38 f.).

sind und nicht nur Unternehmensbereiche sowie auch Fotos und Slogans, durch die ausschließlich positive Eigenschaften in den Vordergrund gerückt werden. Andernfalls kann diese Form der Kommunikation dazu beitragen, dass die Nachhaltigkeitsberichterstattung nicht mehr die vollumfängliche Wahrheit widerspiegelt bzw. durch die Rezipientinnen nicht mehr als solche wahrgenommen wird. Für Unternehmen kann dadurch das Risiko eines Green-Washing-Vorwurfs deutlich erhöht werden, weshalb von einer isolierten und PR-getriebenen Berichterstattung abzusehen ist (Künkel et al., 2016, S. 5 f.; Schaltegger, 2014, S. 22–27; Fifka, 2014, S. 11 ff.).

Bei der eigentlichen Korrespondenz mit den Anspruchsgruppen ist außerdem zu bedenken, dass diese sehr zeit- und kostenintensiv sein kann, insbesondere dann, wenn dialogorientierte Prozesse zum Einsatz kommen, wie z. B. *Experteninterviews, Fokusgruppendiskussionen* oder *Delphi-Befragungen.* Laut der Studie *Stakeholder-Dialoge für unternehmerische Nachhaltigkeit* aus dem Jahre 2017 ist außerdem hervorzuheben, dass sämtliche Stakeholderdialoge unbedingt regelgeleitet erfolgen sollten. Andernfalls kann aufgrund der unzureichenden Transparenz eine Informationsasymmetrie zwischen den beteiligten Parteien entstehen, die u. a. zur Folge haben kann, dass das jeweilige Reporting als oberflächlich wahrgenommen wird (vgl. Rhein, 2017, S. 23, 29 f.). Aufgrund dieses z. T. erhöhten Ressourcenaufwands und der zumeist nur schwer quantifizierbaren Nutzeneffekte eines Nachhaltigkeitsreportings bestehen diesbezüglich vor allem für kleine und mittelständische Unternehmen erschwerte Bedingungen. Diese gilt es im Vorfeld einer Berichterstattung unbedingt mit dem jeweiligen Nutzen abzuwägen, um eine Legitimation der monetären und auch personellen Aufwendungen nicht zu verwirken (vgl. Fifka, 2014, S. 8–11).

Mit einer zunehmenden Anzahl an Unternehmen, die über ihre Nachhaltigkeitsleistung berichten, stellt sich jedoch auch die Frage, ob die veröffentlichten Informationen tatsächlich auch der Wahrheit entsprechen. Für Unternehmen kann es dabei von Vorteil sein, die im Nachhaltigkeitsbericht kommunizierte Leistung durch eine *unabhängige Prüfstelle verifizieren* zu lassen. Dies ermöglicht es, das Risiko eines Reputationsverlustes zu reduzieren und die Glaubwürdigkeit der Berichtsinhalte zu erhöhen. Dennoch gilt es dabei auch immer zu bedenken, dass vonseiten der Anspruchsgruppen ebenfalls eine Bewertung der Berichterstattung erfolgen kann, auch wenn diese keine direkte Zertifizierung zum Ergebnis hat (vgl. Fifka, 2014, S. 6).

8.8 Nachhaltigkeitskommunikation in der Praxis

Die nachhaltige Entwicklung in Unternehmen hat sich zu einem wesentlichen Erfolgsfaktor herausgebildet (vgl. Schaltegger et al., 2013, S. 30 ff.). Dies geht aus unzähligen Studien hervor sowie auch aus dem Anstieg und der Qualität von Nachhaltigkeitsberichten, die durch Unternehmen der internen und externen Öffentlichkeit zur Verfügung gestellt werden. Zudem sehen sich insbesondere große und mittelständische Unternehmen vermehrt mit rechtlichen Vorgaben und politischen Empfehlungen zu Themen der Nachhaltigkeit konfrontiert, wie z. B. dem *CSR-Richtlinien-Umsetzungsgesetz* und dem *Nationalen Aktionsplan Wirtschaft und Menschenrechte*. Da einige Unternehmen aber bereits vor der rechtlichen Verankerung der CSR-Berichtspflicht über die eigene Nachhaltigkeitsleistung proaktiv berichtet haben, ist von einem deutlichen Gefälle hinsichtlich der Systematik und Professionalität bei der Berichterstattung auszugehen, was nicht zuletzt auch durch die bereits im Text angeführten Nachhaltigkeitsgenerationen verdeutlicht werden kann (vgl. Scholl & Waidelich, 2018, S. 43). Für Unternehmen ist es somit künftig erforderlich, sich mit dem Thema der nachhaltigen Entwicklung in Unternehmen und auch entlang der jeweiligen Wertschöpfungsketten zu beschäftigen, wobei dies sowohl aus politisch-rechtlicher als auch kulturell-gesellschaftlicher Perspektive erfolgen sollte. Dabei gilt es grundsätzlich darauf zu achten, dass die Nachhaltigkeitskommunikation nicht isoliert aus der PR-Abteilung erfolgt, da dies das Risiko einer reinen Nachhaltigkeitsrhetorik bzw. eines Green-Washing-Vorwurfs zur Folge haben kann. Vielmehr ist die Nachhaltigkeit auf sämtlichen Unternehmensebenen zu verankern, in Abstimmung mit den jeweiligen Anspruchsgruppen weiter zu entwickeln und zielgruppenspezifisch zu kommunizieren (Schaltegger, 2014, S. 21 f.; Schaft & Brosig, 2020, S. 5 f.; Fifka, 2014, S. 27).

8.8.1 Analyse

Die Unternehmensumwelten haben sich in den vergangenen Jahren in einer nie dagewesenen Geschwindigkeit grundlegend verändert. Die Ursachen dafür sind vielfältig und reichen von der Marktliberalisierung und einem steigenden Internalisierungsgrad bis hin zum technologischen Fortschritt und zu veränderten Konsum- und Verhaltensmustern (vgl. Bea & Haas, 2009, S. 1–5). Dabei sind es besonders die Nachhaltigkeitsthemen, hinter denen sich *komplexe Themenstellungen* verbergen, wie z. B. der ökologische Fußabdruck importierter Roh- und Fertigwaren, stark belastete Böden infolge der Nutztierhaltung oder auch die immer wiederkehrenden Vorwürfe zur Kinderarbeit auf Kakaoplantagen in Westafrika. Für den Unternehmenserfolg ist es in diesem Zusammenhang wesentlich, die jeweiligen Probleme rechtzeitig zu identifizieren, im Kerngeschäft zu verankern und in die bestehenden Kommunikationsprozesse zu übertragen. Aufgrund der unterschiedlichen Nachhaltigkeitsdimensionen – ökonomisch, ökologisch und sozial – ist dabei aber vor allem auch zu berücksichtigen, dass die jeweiligen Problemstellungen außerordentliche Tragweiten entwickeln können und häufig durch *Konflikte oder Antinomien* gekennzeichnet sind (vgl. Mast & Fiedler, 2005, S. 567–570).

Wie bereits in Kap. 3 erläutert, ist auch in der Nachhaltigkeitskommunikation zuerst einmal herauszuarbeiten, inwieweit der jeweiligen Situation ein *kommunikativer Switch* zugrunde liegt bzw. ob Kommunikation überhaupt ein geeignetes Mittel dazu ist, um einem Problem zur nachhaltigen Entwicklung in Unternehmen angemessen zu begegnen. Hierbei ist u. a. aufzuzeigen, mit welchem Ziel die Nachhaltigkeitskommunikation betrieben werden soll. Ähnlich wie in Kap. 11 angeführt, kann das Kommunikationsziel einerseits darin liegen, das bestehende Image eines Unternehmens zu erhalten oder zu erhöhen bzw. die Licence to Operate nicht zu verlieren. Andererseits können aber auch Vorgaben vonseiten der *Gesetzgebung* die Kommunikation der Nachhaltigkeitsleistung in Unternehmen voraussetzen. Dabei ist allerdings zu berücksichtigen, dass die Grenzen nicht immer trennscharf verlaufen. Die gesetzlich vorgeschriebene Berichterstattung kann z. B. auch zur Unternehmensreputation beitragen und durch die freiwillige Nachhaltigkeitskommunikation kann die Erfüllung gesetzlicher Vorgaben i. d. R. erleichtert werden.

Im Folgenden soll näher auf das Fallbeispiel der Schweinezuchtanlage eingegangen werden, wobei hier eine Untergliederung zwischen den gesetzlichen Vorgaben und den übergesetzlichen Aspekten zum Erhalt der gesellschaftlichen Licence to Operate vorgenommen wird. Insgesamt ist dabei herauszuarbeiten, welche Anspruchsgruppen vom Bau der neuen Zuchtanlage in welcher Form betroffen sind und warum diese Erweiterung hinsichtlich der nachhaltigen Entwicklung überhaupt ein Problem darstellen könnte.

Vor der eigentlichen Vergrößerung des Schweinestalls ist zunächst einmal zu überprüfen, welche rechtlichen Bestimmungen durch das Unternehmen zu erfüllen sind und welche dieser Bestimmungen Kommunikationspflichten enthalten, die wiederum Nachhaltigkeitsthemen berühren. Aufgrund der Größe der Zuchtanlage ist hierbei u. a. das *Planfeststellungsverfahren* zu berücksichtigen, welches in den §§ 72 bis 78 des Verwaltungsverfahrensgesetzes (VwVfG) geregelt ist. In diesem Zusammenhang sind u. a. auch der Immissionsschutz (Bundesimmissionsschutzgesetz (BImSchG)) und die Umweltverträglichkeit (Umweltverträglichkeitsprüfung (UVPG)) zu beachten (vgl. Bundesministerium der Justiz und für Verbraucherschutz, 2020, S. 10, 19, 2010, S. 1–7, 2017, S. 1–4).

In einem ersten Schritt des Planfeststellungsverfahrens ist vonseiten der Vorhabensträgerin ein Antrag auf Durchführung des Verfahrens bei der jeweiligen Planfeststellungsbehörde zu stellen. Dieser umfasst eine Beschreibung des jeweiligen Vorhabens und der damit verbundenen Eingriffe in die Natur und Landschaft. Wie bereits angeführt, sind in diesem Zusammenhang auch der *Immissionsschutz*, die *Umweltverträglichkeit* und die *baurechtlichen Voraussetzungen* zu berücksichtigen. Im Rahmen des *Bundesimmissionsschutzgesetzes* sind z. B. Anlagen zur Aufzucht und zum Halten von Schweinen zumeist genehmigungsbedürftig, da diese u. a. schädliche Umwelteinwirkungen hervorrufen oder auch auf andere Weise eine Beeinträchtigung oder Belästigung der Allgemeinheit oder Nachbarschaft auslösen können. Dabei kann es zudem erforderlich sein, noch weitere Vorschriften zu beachten, wie z. B. das Wasserrecht, das Naturschutzrecht oder die technische Anleitung zur Reinhaltung der Luft. Darüber hinaus ist aber auch die Umweltverträglichkeitsprüfung ein Teil des immissionsrechtlichen Genehmigungsverfahrens. Sie umfasst u. a. eine Überprüfung der ökologischen Empfindlichkeit des jeweiligen Gebietes, welches durch das Bauvorhaben voraussichtlich beeinträchtigt wird, sowie auch eine Übersicht der künftigen Ressourcennutzung (vgl. Bundesministerium der Justiz und für Verbraucherschutz, 2020, S. 10, 19, 2010, S. 1–7, 2017, S. 1–4; Wissenschaftliche Dienste des Deutschen Bundestags, 2016).

Der eigentliche Antrag wird nach seiner Erstellung in den Anhörungsbehörden der jeweils betroffenen Gemeinden zur Einsichtnahme ausgelegt, ggf. sogar in den jeweiligen Lokalzeitungen veröffentlicht. Dadurch haben die Betroffenen des jeweiligen Vorhabens sowie auch Naturschutzverbände und Träger öffentlicher Belange, wie z. B. die Wasser- und Naturschutzbehörde, die Möglichkeit, Einwendungen sowie Stellungnahmen zum geplanten Vorhaben innerhalb einer Auslegungsfrist von einem Monat bei der Planfeststellungsbehörde einzureichen. Diese werden im Anschluss daran an die Vorhabensträgerin weitergeleitet, damit diese auf die jeweiligen Ansprüche reagieren kann. Abschließend soll im Rahmen des Erörterungstermins gemeinsam eine Lösung gefunden werden, die sowohl unter Berücksichtigung der rechtlichen Grundlagen als auch für alle Beteiligten zufriedenstellend ist. Mit dem finalen Planfeststellungsbeschluss wird das Vorhaben dann unter Abwägung aller vorgetragenen Sachverhalte und Interessen entweder genehmigt oder abgelehnt. Gegen den Planfeststellungsbeschluss kann innerhalb von einem Monat beim Bundesverwaltungsgericht Klage erhoben werden (vgl. Bundesministerium der Justiz und für Verbraucherschutz, 2003, S. 72–78).

Anhand dieser weitestgehend fragmentierten Darstellung des Planfeststellungsverfahrens wird bereits deutlich, dass eine umfassende Übersicht sozialer und ökologischer Belange erforderlich ist, um das Genehmigungsverfahren erfolgreich durchlaufen zu können. Damit kann schon während der Planung des Schweinestalls ein erster Einblick dazu gewonnen werden, wie einzelne Bereiche der Nachhaltigkeitsleistung voraussichtlich ausgeprägt sein werden. Des Weiteren sind aber auch mögliche Stakeholdergruppen und deren Ansprüche zum geplanten Vorhaben zu identifizieren und in der Entscheidungsfindung des Genehmigungsverfahrens zu berücksichtigen, womit ggf. auch die ökonomische Perspektive vermehrt in den Planungsprozess der Zuchtanlage mit aufgenommen wird. Vonseiten der Gesetzgebung ist eine umfassende Nachhaltigkeitskommunikation somit bereits vor dem eigentlichen Bau der Stallanalage erforderlich. Diese kann jedoch als Grundlage für den weiteren Kommunikationsprozess herangezogen werden.

Neben den rechtlichen Vorgaben gilt es allerdings auch herauszuarbeiten, inwieweit die Errichtung der neuen Zuchtanalage die Reputation des bestehenden Betriebes gefährden kann und ob sogar ein Entzug der Licence to Operate möglich ist. Hierzu sind zunächst einmal sämtliche Stakeholdergruppen zu identifizieren, die aller Voraussicht nach einen Anspruch an die Betriebserweiterung stellen. Dies können z. B. Nachbarinnen, Kundinnen, Wettbewerberinnen oder auch andere Organisationen sein, die z. B. ihr Anliegen im Rahmen des Planfeststellungsverfahrens nicht geäußert haben oder aber durch die Initiatorin bzw. Projektleiterin persönlich angesprochen werden möchten. Hierbei ist es zumeist förderlich, einige der Anspruchsgruppen bereits vor der Eröffnung des Planfeststellungsverfahrens über das Bauvorhaben zu informieren und deren Ansprüche proaktiv im Planungsprozess zu berücksichtigen. Dabei können auch Anhaltspunkte dazu gesammelt werden, in welcher *Form und Frequentierung* die Anspruchsgruppen künftig über Neuerungen zu informieren sind und welche Informationen überhaupt zur Verfügung gestellt werden sollten. Für die unmittelbare

Nachbarschaft zur Zuchtanlage kann ein wesentliches Anliegen z. B. darin bestehen, einen Einblick in die Lüftungs- und Entsorgungstechnik zu erhalten, damit sie sich ein Bild zur künftigen Lärm- und Geruchsentwicklung machen kann. Für Tierrechtsorganisationen hingegen stehen möglicherweise die Haltungsbedingungen im Fokus des Bauvorhabens und für die bestehenden Mitarbeiterinnen sind z. B. die Arbeitsmodalitäten hervorzuheben. Abschließend sollte auf dieser Basis ein Übersichtableau erstellt werden, in dem sowohl die Anspruchsgruppen als auch deren Erwartungen aufgeführt sind. Dieses kann dann in den Strategie- und Instrumententeil des Kommunikationskonzeptes übernommen und dort erweitert werden. Ein strukturierter Ablauf zur Stakeholderidentifikation und -bewertung wird im Teil der Projektkommunikation vorgenommen, wobei dieser vollumfänglich auf die Nachhaltigkeitskommunikation übertragen werden kann.

Zudem besteht aber die Möglichkeit, dass sich der Zuchtbetrieb bereits im Vorfeld mit weiteren Vorgaben, Standards sowie auch Leitlinien auseinandersetzt, die im Falle einer faktischen Erweiterung der Zuchtanlage ggf. künftig zu berücksichtigen sind. Das Angebot dabei ist vielfältig und reicht vom *CSR-Richtlinien-Umsetzungsgesetz* und der Implementierung von *Umwelt- und Energiemanagementsystemen* bis hin zur Einführung eines freiwilligen Gütesiegels. Der Zuchtbetrieb ist somit nicht in jedem Fall gesetzlich dazu verpflichtet, diesbezüglich Kommunikation zu betreiben. Dennoch kann durch die Einführung zusätzlicher Informationsträger die Akzeptanz zur Stallerweiterung möglicherweise deutlich erhöht werden.

Nachdem nun die gesetzlichen und freiwilligen Vorgaben sowie auch die Ansprüche möglicher Stakeholdergruppen herausgearbeitet wurden, ist die Unternehmensumwelt auf weitere Entwicklungen zu untersuchen, durch die eine Stallerweiterung möglicherweise beeinflusst werden kann. Hierzu können z. B. die bestehenden Mitarbeiterinnen hinsichtlich ihrer Erfahrungswerte befragt, Forschungseinrichtungen mit Projektarbeiten betraut und das Unternehmensumfeld auf der Grundlage von Frühindikatoren analysiert werden. Wie bereits in Kap. 3 angeführt, besteht auch die Möglichkeit, dass eine SWOT-Analyse durchgeführt wird, die um die bereits ermittelten Daten und Informationen anzureichern ist. Im Fallbeispiel des Schweinemaststalls kann die SWOT-Matrix exemplarisch wie in Abb. 8.5 gezeigt ausformuliert werden.

Des Weiteren sind im Rahmen der Analyse noch die möglichen *Kommunikationsprobleme* zu ermitteln. Diese liegen hier vor allem in der *Akzeptanz* des Vorhabens und der daran anknüpfenden Betriebsführung. Dabei ist jedoch grundsätzlich darauf zu achten, dass das Gesamtausmaß der Akzeptanz nicht nur isoliert aus einer einzelnen Perspektive evaluiert wird, sondern in Anlehnung an die bereits ermittelten Anspruchsgruppen. Vonseiten der jeweiligen Behörden ist die Akzeptanz z. B. mit der Einhaltung der geltenden Gesetze und Vorschriften erfüllt. Bei den unmittelbaren Nachbarinnen hingegen sind möglicherweise der Geruch und Geräuschpegel für die Akzeptanz der neuen Zuchtanlage entscheidend und für die Mitarbeiterinnen wiederum die Arbeitsplatzsicherheit. Daraus wird deutlich, dass die jeweilige Akzeptanz der einzelnen Stakeholdergruppen aus unterschiedlichen Ansprüchen hervorgehen kann, weshalb an dieser Stelle

Stärken	Schwächen
– gutes Verhältnis zur unmittelbaren Nachbarschaft – umfassendes Erfahrungswissen aufgrund einer bereits bestehenden Aufzuchtanlage – transparente Kommunikation in Bezug auf die Betriebsführung	– keine weiteren Ausweichmöglichkeiten für den Bau eines neuen Zuchtstalls – direktes Angrenzen an ein Wohngebiet – Rivalitäten innerhalb der regionalen Branchenstruktur werden möglicherweise verstärkt

Chancen	Risiken
– kompetenter Kooperationspartner für die Entwicklung eines individuellen Abluftsystems bereits bekannt – computergesteuertes Fütterungsmanagement für eine tiergerechte Aufzucht – Abluft- und Entsorgungssystem übertreffen die gesetzlichen und branchenspezifischen Anforderungen – Aufbereitung der anfallenden Immissionen in Biogasanlagen	– Einsatz von Kastenhaltung steht sowohl in der politischen als auch gesellschaftlichen Kritik – aufgrund der unmittelbaren Ortsanbindung können Gegenbewegungen auch in persönliche Anfeindungen übergehen – in Berichten über konventionelle Tierhaltungsanlagen werden oft Missstände aufgedeckt

Abb. 8.5 SWOT-Matrix zum Fallbeispiel des Schweinestalls

auch herausgearbeitet werden sollte, inwieweit Kommunikation überhaupt dabei unterstützen kann, die Akzeptanz der einzelnen Anspruchsgruppen zu erhöhen (vgl. Merten, 2013, S. 21 f.; Schmidbauer & Jorzik, 2017, S. 178 f.). Für die Nachbarinnen wären ggf. Informationsveranstaltungen und eine Hofbegehung zielführend, bei denen sie ihre Bedenken äußern und sich von der Lärm- und Geruchsentwicklung ein eigenes Bild machen können. Bei den Mitarbeiterinnen erscheint ein frühzeitiger und vor allem auch transparenter Austausch zu den künftigen Arbeitsmodalitäten als erfolgversprechend. Dieser kann zudem auch erforderlich sein, um ein gemeinsames Grundverständnis von der Notwendigkeit des Stallbaus zu schaffen und dadurch das Sicherheitsbedürfnis der Mitarbeiterinnen zu berücksichtigen.

Ein weiteres Kommunikationsproblem liegt hier möglicherweise im Ansehen des Zuchtbetriebes bzw. auch der übergeordneten Fleischindustrie. Wie bereits in Kap. 1 dieses Buches angeführt, genießt die konventionelle Nutztierhaltung ein z. T. nur geringes Ansehen innerhalb der Gesellschaft. Dies ist nicht zuletzt auf die zahlreichen Stallaufnahmen zurückzuführen, die in den vergangenen Jahren durch die Massenmedien veröffentlicht wurden, sowie auch die wiederkehrende Kritik an den Arbeitsbedingungen in Zerlegebetrieben. Ein daran anknüpfendes Kommunikationsproblem könnte somit auch darin liegen, wie die Nutztierhaltung grundsätzlich wahrgenommen wird und welche Möglichkeiten bestehen, um das *Vertrauen innerhalb der Gesellschaft* zurückzugewinnen. Für den bestehenden Betrieb gilt es somit nicht nur, die faktische Erweiterung der Zuchtanalage in Bezug auf mögliche Kommunikationsprobleme näher zu untersuchen, sondern vielmehr auch die generellen Probleme einer gesamten Branche.

8.8.2 Strategie

Im Rahmen der Strategiephase ist der künftige *Kommunikationskurs* festzulegen, der in Bezug auf die Nachhaltigkeitskommunikation des Schweinestalls anzuwenden ist. Dabei wird mit der Ausarbeitung der *Umfeldkoordinaten* – 1. Ziele und 2. Zielgruppen – begonnen, da diese grundlegend dafür sind, dass eine Erweiterung der Zuchtanlage erfolgreich umgesetzt werden kann. Dies wird u. a. durch die Umsetzung des Planfeststellungsverfahrens und die Berücksichtigung der zuständigen Behörden deutlich, die bereits im Rahmen der Analyse (siehe Abschn. 8.8.1) umfassend angeführt wurden. In einem zweiten Schritt werden dann die Binnenkoordinaten – 3. Position, 4. Botschaft und 5. strategischer Weg – in die Strategie einbezogen und mit den bereits erfassten Umfeldkoordinaten verknüpft.

1. Kommunikationsziele
Bei den Kommunikationszielen sind zunächst einmal die *Zielfunktionen* des Kommunikationskonzeptes zu bestimmen. Im Fallbeispiel des Schweinezuchtstalls handelt es sich dabei vor allem um die *Richtungs-* und *Motivationsfunktion* der Kommunikation.

- Die *Richtungsfunktion* der Kommunikationsziele wäre an dieser Stelle die Ansprache der bestehenden Mitarbeiterinnen und der unmittelbaren Nachbarschaft, um deren Zustimmung zum Bau der neuen Zuchtanlage zu erhalten. Hierbei kann auch deren Teilnahme an möglichen Informationsveranstaltungen oder die Einbindung in persönliche Informationsgespräche ein geeignetes Mittel sein. Des Weiteren ist an dieser Stelle aber auch das Planfeststellungsverfahren hervorzuheben, wo ebenfalls unterschiedliche Akteurinnen anzusprechen sind und die ökonomische Perspektive der Anlagenerweiterung in den Fokus gerückt wird.
- Bei der *Motivationsfunktion* der Kommunikationsziele geht es insbesondere darum, sowohl die eigenen Mitarbeiterinnen für die Erweiterung des Zuchtstalls zu begeistern als auch die direkte Nachbarschaft. Dabei liegt die Motivationsfunktion vor allem darin, deutlich zu machen, welche Vorteile durch die neue Lüftungs- und Entsorgungstechnik entstehen und dass die Haltungsbedingungen in der Zuchtanlage einen Vorbildcharakter aufweisen. Damit gilt es an dieser Stelle die sozial- sowie auch umweltbezogenen Vorteile der Zuchtanlage herauszustellen und mit den Interessen der jeweiligen Anspruchsgruppen zu verknüpfen.

In Bezug auf die Zielarten sind vor allem die *konativ orientierten Ziele* hervorzuheben und damit die Wahrnehmungs- und Einstellungsaspekte der direkt betroffenen Personengruppen. Da die verschiedenen Akteurinnen, die in Abschn. 8.8.1 bereits herausgestellt wurden, z. T. nur über ein begrenztes Wissen zur Schweinezucht verfügen, sollte der Kenntnisstand dieser Zielgruppen nach Möglichkeit erhöht werden. Hierzu können unterschiedliche Informationsimpulse angeboten werden, wie z. B. Informationsabende, persönliche Gespräche oder auch regelmäßige Stallbegehungen und Hof-Events. Insbesondere durch Veranstaltungen können unterschiedliche *Sinne* angesprochen werden, wie z. B. das Hören der gesprochenen Informationen, das Anfassen der Nutztiere und das Riechen der Immissionen durch die Filteranlagen, womit die Informationen besonders gut im Gedächtnis verankert werden können.

Des Weiteren sind aber auch *affektiv orientierte Ziele* einzubringen, da nicht nur das Wissen in Bezug auf die Schweinehaltung erhöht werden soll, sondern auch ein gedanklicher Bezugsrahmen zu konstituieren ist. Somit sollte bereits frühzeitig mit der Kommunikation zur neuen Zuchtanlage begonnen werden. Dabei sind die Vorteile für die jeweiligen Personengruppen sowie auch deren Ängste und Befürchtungen herauszustellen, damit das Interesse und die Akzeptanz der jeweiligen Anspruchsgruppen für die Zuchtanlage gesteigert werden kann. Hierbei stehen vor allem die Nachbarinnen und Mitarbeiterinnen im Fokus, da diese ihre Einstellungen, Haltungen und Interessen nach Möglichkeit nicht nur selber vertreten, sondern auch weiter in die Region tragen und dort als Multiplikatoren wirken sollen.

Neben der Zielfunktion und der Zielart sollte an dieser Stelle auch festgelegt werden, ob es sich bei den zu formulierenden Zielen um *primäre* oder *sekundäre* sowie *kurz-* oder *langfristige Ziele* handelt (vgl. Schmidbauer & Jorzik, 2017, S. 192–195). Bei dem Bau der Zuchtanlage kann in Bezug auf die Priorisierung z. B. dahingehend unterschieden werden, ob die Zielerreichung wesentlich dafür ist, dass eine Erweiterung der Stallanlage umgesetzt werden kann oder ob diese lediglich einen Zusatznutzen liefert. In Bezug auf die Fristigkeit kann eine Untergliederung in die Initialisierungs- bzw. Umsetzungsphase sowie auch den Zeitraum nach der Stallerrichtung vorgenommen werden. Der erste Zeitraum würde dabei eine Dauer von etwa ein bis zwei Jahren in Anspruch nehmen und wäre folglich kurzfristig bzw. operativ bis taktisch ausgerichtet. Für den zweiten Zeitraum sind etwa sieben bis zehn Jahre anzusetzen, womit dieser den langfristigen bzw. strategischen Zielen zuzuordnen ist. In Anlehnung an die zuletzt angeführten Kriterien können u. a. die folgenden Ziele für die Erweiterung der Stallanlage angeführt werden:

- **Ziel 1 (kurzfristiges Ziel mit hoher Priorität):** Die Akzeptanz der Nachbarschaft für die Erweiterung der Schweinezuchtanlage ist von 65 % auf 80 % zu steigern und zwar bereits vor dem eigentlichen Umsetzungs- bzw. Bauprozess. Hierzu muss es gelingen, die Nachbarinnen in persönlichen Gesprächen oder Informationsveranstaltungen über die künftige Situation umfassend aufzuklären.
- **Ziel 2 (kurzfristiges Ziel mit mittlerer/geringer Priorität):** Mithilfe einer offenen Kommunikation möchten wir mindestens 80 % unserer Mitarbeiterinnen von dem Bau der neuen Zuchtanlage überzeugen. Dazu müssen wir Möglichkeiten schaffen, in denen ein regelmäßiger und vor allem auch partizipativer Austausch gefördert wird.
- **Ziel 3 (langfristiges Ziel mit hoher Priorität):** Durch die Errichtung der neuen Zuchtanlage wollen wir innerhalb der nächsten acht Jahre eine Vorbildfunktion in der konventionellen Nutztierhaltung einnehmen. Dies setzt voraus, dass der bisherige

Branchenstandard nicht infolge politischer Entscheidungen oder gesellschaftlichen Drucks bereits im Vorfeld einem Prozessmusterwechsel unterliegt.

- **Ziel 4 (langfristiges Ziel mit mittlerer/geringer Priorität):** Mit der Errichtung der neuen Schweinezuchtanlage und der Entwicklung eines innovativen Filtersystems möchten wir unsere Treibhausgasemissionen um 25 % senken. Dies soll zur Folge haben, dass weder die direkte Nachbarschaft noch die übrigen ortsansässigen Bewohnerinnen einer Geruchsbelästigung durch den Aufzuchtbetrieb ausgesetzt sind.

2. Zielgruppen

Nachdem in einem ersten Schritt bereits die Kommunikationsziele zum Fallbeispiel des Schweinemaststalls ausgearbeitet wurden, geht es nun darum, auf dieser Basis auch die jeweiligen Zielgruppen zu identifizieren und im Anschluss daran näher zu beschreiben. Die Form der Ansprache ist dabei allerdings noch zu vernachlässigen und wird erst im Rahmen der daran anschließenden Binnenkoordinaten in den Konzeptionsprozess aufgenommen. Bei der Ermittlung der Zielgruppen sind zuerst einmal sämtliche Akteurinnen zusammenzutragen, die im Rahmen der künftigen Kommunikation angesprochen werden sollen und aller Voraussicht nach auch einen Einfluss auf die Errichtung der neuen Zuchtanlage haben. Hierzu kann u. a. auf die bereits zusammengetragenen Ergebnisse aus der Analyse (siehe Abschn. 8.8.1) zurückgegriffen werden, wobei die jeweiligen Zielgruppen noch durch Abgrenzungskriterien zu spezifizieren sind. Die Zielgruppen im Fallbeispiel der Schweinezuchtanalage können dabei wie folgt strukturiert und um weiteres Zusatzmaterial angereichert werden:

- **Unmittelbare Nachbarinnen:** Die unmittelbare Nachbarschaft hat ein großes Interesse an einer weitestgehend lärm- und geruchsneutralen Umgebung, unabhängig von der Jahreszeit, der Menge an Niederschlag und der Sonneneinstrahlung. Des Weiteren befürchten die Nachbarinnen aber auch einen möglichen Wertverlust ihrer Immobilien aufgrund der direkten Angrenzung an die neue Zuchtanlage und des stärkeren Durchfahrverkehrs infolge einer Zunahme der Logistikprozesse.
- **Ortsansässige Bewohnerinnen:** Die Bewohnerinnen des Ortes, in dem die neue Stallanlage errichtet werden soll, haben ebenfalls ein großes Interesse an einer weitestgehend lärm- und geruchsneutralen Umgebung. Des Weiteren ist es ihnen aber auch wichtig, dass das Image des Ortes durch die Stallanlage und den Lieferverkehr nicht negativ beeinträchtigt wird und die Qualität des Landschaftsraums erhalten bleibt.
- **Mitarbeiterinnen:** Die Mitarbeiterinnen des bestehenden Betriebes fürchten eine Veränderung der bisherigen Arbeitsmodalitäten und eine mögliche Konkurrenzsituation aufgrund der Einstellung weiterer Mitarbeiterinnen. Allerdings verbinden sie auch eine gewisse Arbeitsplatzsicherheit mit der Betriebserweiterung und die Chance auf attraktivere Arbeitszeit- und Vergütungsmodelle.
- **Natur- und Tierschutzverbände:** Das Interesse der Verbände liegt vor allem im Erhalt der Biodiversität und dem Tierschutz. Hier sind vor allem die Entsorgung

von Abfällen und weiteren Emissionen sowie auch die Haltungsbedingungen im Betrachtungsfokus der Zielgruppe, wobei das Interesse je nach Verband stark variieren kann.

- **Träger öffentlicher Belange:** Bei den Trägern öffentlicher Belange liegt die Präferenz insbesondere darin, dass die geltenden Gesetze und Vorschriften im Rahmen der Stallerweiterung eingehalten werden. Des Weiteren sind hier aber auch das regionale Wasserwerk und die einschlägigen Entsorgungsfirmen als Träger zu nennen, da diese aufgrund von erhöhten Immissionswerten möglicherweise von einer veränderten Wasserqualität betroffen sind oder aber künftig eine größere Menge an Abfällen aufnehmen müssen.
- **Schweinemästerinnen bzw. Kundinnen:** Die Kundinnen des Zuchtbetriebes nehmen unterschiedliche Positionen in Bezug auf die Stallerweiterung ein. Auf der einen Seite erhoffen sie sich, dass ein Teil der möglichen Kostendegression an sie weitergegeben wird oder sie sich aufgrund von neuen Qualitätsstandards ebenfalls am Markt differenzieren können. Auf der anderen Seite besteht aber auch das Risiko, dass infolge der steigenden Angebotsmenge einige Anbieter vom Markt verdrängt werden, was wiederum einen Anstieg der Anbietermacht und somit auch eine Erhöhung des Schweinepreises zur Folge haben kann.
- **Wettbewerberinnen:** Die unmittelbaren Wettbewerberinnen und Konkurrentinnen fürchten, dass sie ebenfalls in den Fokus der Öffentlichkeit geraten und unfreiwillig in den Kommunikationsprozess einsteigen müssen. Dabei besteht die Möglichkeit, dass die neue Zuchtanlage sowohl die gesetzlichen als auch die Branchenstandards deutlich übersteigt und damit neue Maßstäbe innerhalb der Fleischindustrie setzt. Des Weiteren befürchten die Wettbewerberinnen aber auch eine Verlagerung der Branchenstruktur aufgrund einer künftigen Kostendegression, womit ggf. einige Anbieter in die Verlustzone gedrängt werden.

Bei sämtlichen der zuvor angeführten Zielgruppen besteht die Möglichkeit, diese durch die verfügbaren Kommunikationskanäle und -instrumente zu erreichen, wie z. B. im Rahmen von *Einzelgesprächen, Informationsveranstaltungen* oder auch *Hof-Events*. Des Weiteren sind die Zielgruppen aber auch hinsichtlich ihrer Mitglieder und Interessen weitestgehend stabil und weisen eine angemessene Größe und Relevanz auf, um diese in den künftigen Kommunikationsprozess einzubeziehen. Dennoch ist an dieser Stelle eine Priorisierung der Zielgruppen vorzunehmen, um den begrenzten Ressourceneinsatz mit dem jeweiligen Kommunikationsaufwand abzustimmen. Dazu ist es erforderlich, die Zielgruppen dahingehend zu untergliedern, wie stark deren Einfluss auf den Erfolg der Stallerweiterung ausgeprägt ist. Hierzu kann im Fallbeispiel der Zuchtanlage die folgende Unterteilung vorgenommen werden:

- **Primäre Zielgruppen:** Ohne die Zustimmung der primären Zielgruppen wäre eine Erweiterung der Schweinezuchtanlage nicht möglich oder hätte für den Betrieb ggf. einen deutlichen Reputationsverlust zur Folge. Im Fallbeispiel der Schweinezuchtanlage gehören hierzu die unmittelbare Nachbarschaft, die ortsansässigen Bewohnerinnen, die Träger öffentlicher Belange und die Natur- und Tierschutzverbände.

- **Sekundäre Zielgruppen:** Zu den sekundären Zielgruppen gehören die Mitarbeiterinnen des bestehenden Zuchtbetriebes. Diese sind für die Erweiterung der neuen Zuchtanlage zwar nicht ausschlaggebend, können bei Unmut aber auch als Opponenten wirken und eine Koalition der Unwilligen bilden. Dies kann dann ebenfalls das Risiko eines Reputationsverlustes erhöhen sowie auch Widerstände und Blockaden initiieren.

- **Tertiäre Zielgruppen:** Die tertiären Zielgruppen umfassen die Kundinnen und die Wettbewerberinnen. Infolge der künftigen Betriebsgröße und der neuen Haltungs- und Umweltstandards wird sich die Branchenstruktur aller Voraussicht nach verändern. Dies kann für beide Zielgruppen sowohl Vor- als auch Nachteile mit sich bringen, wobei hier i. d. R. ein gemeinsamer Austausch ausreichen sollte, um eine zufriedenstellende Lösung zu erwirken.

Bei der eigentlichen Ansprache der Zielgruppen ist außerdem zu berücksichtigen, inwieweit bereits eine tragfähige Beziehung zu den jeweiligen Zielgruppen aufgebaut werden konnte. Diese ist für den Kommunikationserfolg maßgeblich und kann darüber hinaus den benötigten Ressourceneinsatz deutlich beeinflussen. Des Weiteren sollte an dieser Stelle auch verdeutlicht werden, dass es unbedingt erforderlich ist, die verschiedenen Anspruchsgruppen in die Nachhaltigkeitskommunikation einzubeziehen, um als Unternehmen die *Licence to Operate* zu erhalten. Anders als bei der *Produktkommunikation,* in der hauptsächlich zwischen Konsumentinnen und Nichtkonsumentinnen unterschieden wird, gibt es in der Nachhaltigkeitskommunikation z. T. gegensätzliche Anforderungen und Interessen, die es aufeinander abzustimmen gilt. Dies könnte auf der einen Seite die Investition in eine neue Absaug- und Filtertechnik sein – ökologischer Anspruch vonseiten einer Naturschutzorganisation – und auf der anderen Seite ein Gewinnzuwachs von bspw. 10 % für das folgende Geschäftsjahr – ökonomischer Anspruch von Seiten der Geschäftsführung. Ebenfalls besteht die Möglichkeit, dass z. B. die Modernisierung einer Stallanlage – *sozialer/ökologischer Anspruch* – den Budgetrahmen des jeweiligen Betriebes übersteigt – *ökonomischer Anspruch.* Bei der Bewertung solcher Anspruchskonflikte ist allerdings zu bedenken, dass sich diese ggf. auch über die Zeit auflösen können. Durch die Modernisierung der Stallanlage kann z. B. die Energieeffizienz des Betriebes verbessert werden und durch den Einbau einer neuen Abgas- und Filtertechnik fallen ggf. weniger Umweltabgaben an. Die daraus resultierenden Finanzrückflüsse können dann abschließend dazu eingesetzt werden, um den Kapitaldienst der Investition zu decken und damit die Konkurrenzsituation (vollständig) zu überwinden.

In Abb. 8.6 werden die Beziehungen zu den jeweiligen Zielgruppen des Fallbeispiels der Schweinezuchtanlage grafisch abgebildet und um die jeweilige Beziehungsdichte bzw. Priorisierung ergänzt.

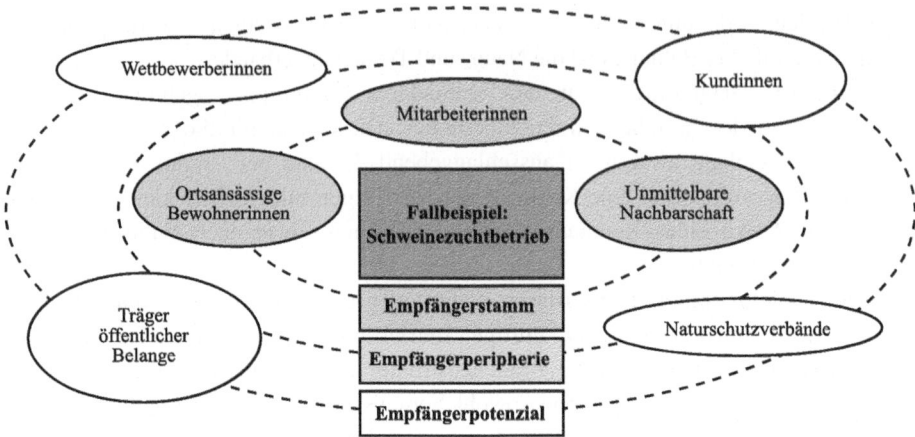

Abb. 8.6 Übersicht der Beziehungsdichte zu den Zielgruppen im Fallbeispiel der Schweinezuchtanlage

In einem letzten Schritt sind die bereits angeführten Zielgruppen noch um weitere
Informationen zu ergänzen und abschließend zu charakterisieren. Dies kann im Fallbeispiel der Zuchtanlage z. B. durch Einzelgespräche oder auch Gruppendiskussionen
erfolgen, wobei die Ergebnisse in einem Informationsspeicher zusammenzutragen sind.
Für die finale Charakterisierung wird in diesem Fall das Zielgruppenprofil angewendet
(siehe Abb. 8.7). Dieses ist gesondert für jede der einzelnen Zielgruppen zu erstellen
und kann in ökonomische, sozioökonomische, psychografische und verhaltensbezogene

Zielgruppenprofil zur unmittelbaren Nachbarschaft	
Demografische Merkmale	*Soziodemografische Merkmale*
– 0 bis 75 Jahre – überwiegend junge Familien und ältere Ehepaare – lokale Herkunft – verheiratet	– wohnen in Eigentumsimmobilie – verfügbares Nettovermögen >3.000 € – durchschnittlicher Bildungsgrad – durchschnittlich 4 bis 8 Personen je Haushalt – Facharbeiter- und Bürotätigkeiten, insbesondere auch in der Agrarwirtschaft
Psychografische Merkmale	*Verhaltensbezogene Merkmale*
– hohes Natur- und Umweltbewusstsein – gute landwirtschaftliche Kenntnisse – verbringen gerne Zeit mit der Familie und Freunden – haben eine enge Verbundenheit zum Ort (Heimat) und der Nachbarschaft	– bringen der Nachbarschaft ein hohes Maß an Vertrauen entgegen – wünschen sich einen direkten Austausch zwischen den ortsansässigen Bewohnern – gehen im Rahmen von Entscheidungen bezüglich der Nachbarschaft auch Kompromisse ein

Abb. 8.7 Zielgruppenportfolio zur Gruppe der direkten Nachbarschaft

Merkmale untergliedert werden. Infolge des einheitlichen Vorgehens wird jedoch ausschließlich ein Zielgruppenprofil zur direkten Nachbarschaft erstellt. Auf die Ausarbeitung weiterer Profile wird an dieser Stelle verzichtet.

Nachdem nun die Zielgruppen bzw. Empfänger des künftigen Kommunikationskurses umfassend beschrieben wurden, gilt es als letzten Punkt noch festzulegen, wer künftig die Rolle der Absenderin einnehmen wird und somit auch die Verantwortung für die Zielerreichung übernimmt. Da es sich im Fallbeispiel des Schweinezuchtbetriebs um ein reines Familienunternehmen handelt, stehen an dieser Stelle auch die einzelnen Familienmitglieder in der Verantwortung der Zielerreichung. Dabei sollte jedoch in jedem Fall überprüft werden, ob hierbei noch themen- oder bereichsbezogene Schwerpunkte zu bestimmen sind.

Im weiteren Fortgang der Strategiebestimmung sind nun auch die Binnenkoordinaten zu berücksichtigen. Wie bereits in Kap. 4 angeführt, umfassen diese die *3. Positionierung*, die *4. Botschaft* sowie auch den *5. strategischen Weg* der Kommunikationsplanung und sind mit den bereits ausgearbeiteten Umfeldkoordinaten abzustimmen.

3. Positionierung in der strategischen Kommunikationsplanung

Im Rahmen der Positionierung ist zuerst einmal festzulegen, wie die Erweiterung der Zuchtanlage durch die jeweiligen Zielgruppen wahrgenommen werden soll bzw. in welcher geistigen Kategorie diese zu archivieren ist. Dabei ist grundsätzlich zu berücksichtigen, ob es im jeweiligen Betrieb einen übergeordneten Orientierungsrahmen gibt, an dem die Positionierung grundsätzlich ausgerichtet werden soll (vgl. Schmidbauer & Jorzik, 2017, S. 236 f.). Im Fallbeispiel des Zuchtbetriebes besteht z. B. ein *Corporate Behaviour* in der Form einer transparenten Kommunikation zu sämtlichen Anspruchsgruppen sowie eine Nutzung von artgerechten Stallanlagen. Des Weiteren liegt aber auch ein olfaktorisches *Corporate Design* vor, welches sich auf die geringe Geruchsentwicklung der Zuchtanlagen bezieht. Diese Ausrichtungen gilt es im weiteren Vorgehen nicht nur explizit umzusetzen und offen zu kommunizieren, sondern auch mit der künftigen Positionierung der Kommunikationsplanung zu verknüpfen.

Im Anschluss daran sind ein oder ggf. auch mehrere Alleinstellungsmerkmale zu bestimmen, die dann als Grundlage für die eigentliche Entwicklung der Positionierung herangezogen werden können (vgl. Schmidbauer & Jorzik, 2017, S. 247 ff.). Im Fallbeispiel der Stallerweiterung könnten diese wie folgt lauten: „Ein tierisch gutes Zuhause – Wir legen den Grundstein für die Tierhaltung der Zukunft", oder auch: „Landwirtschaft erleben – der einzige regionale Betrieb mit offenen Toren und geruchsfreier Aufzucht". Bei beiden Varianten können sowohl faktische als auch psychologische Merkmale herausgestellt werden. In der ersten Variante liegt die faktische Alleinstellung in den verbesserten und vor allem auch zukunftsweisenden Haltungsbedingungen, wobei durch die Begriffe Zuhause und Zukunft auch eine emotionale Verbundenheit erzeugt werden soll. Bei der zweiten Variante hingegen werden die offenen Tore und die geruchsfreie Aufzucht als die echten Fakten angeführt. Hier soll durch das Erleben der Landwirtschaft und das Angebot einer offenen Kommunikation zu jedem Zeitpunkt eine gefühlte Alleinstellung in den Köpfen der Zielgruppen erzeugt werden.

In einem nächsten Schritt können die Alleinstellungsmerkmale dann dazu herangezogen werden, um die Positionierung der strategischen Kommunikationsplanung zu entwickeln. Da in Kap. 4 bereits die grafische Darstellung mittels einer *Positioning Matrix* angeführt wurde, soll an dieser Stelle eine textliche Beschreibung in der Form einer *Positionierungsaussage* vorgenommen werden. Hierzu werden die Ergebnisse aus der bereits durchgeführten SWOT-Analyse herangezogen, wobei der Fokus auf den dabei ermittelten Stärken- und Chancen liegt. Zwei mögliche Positionierungsalternativen zur Stallerweiterung des Schweinezuchtbetriebes können dabei wie folgt ausformuliert werden.

- **Positionierung 1:** *Mit unserer langjährigen Erfahrung und den innovativen Lösungsansätzen zur Haltung und Emissionsreduzierung in der Schweineaufzucht nehmen wir eine Vorbildfunktion innerhalb der Fleischbranche ein. Von diesem Vorsprung profitieren nicht nur unsere Kundinnen, sondern vor allem auch die Tiere und der Landschaftsraum.*
- **Positionierung 2:** *Wir verstehen uns als Wegbereiterinnen einer artgerechten und naturbezogenen Tierzucht. Dazu stehen wir in engem Austausch mit Mensch, Tier und Umwelt, um unser Handeln nicht nur transparent, sondern auch zukunftsfähig zu gestalten.*

4. Kommunikationsbotschaft

Nachdem nun bereits die Positionierung entwickelt wurde, ist im Folgenden die Kommunikationsbotschaft bzw. die *Corporate Message* zu formulieren. Hierzu wird auf die ermittelten Zielgruppen und die Ergebnisse aus der Positionierung zurückgegriffen sowie auch erneut auf die wesentlichen Stärken und Schwächen aus der SWOT-Matrix der Analyse (siehe Abschn. 8.8.1).

Im Rahmen des Schweinezuchtstalls wurden sowohl die Entsorgungstechnik und Haltungsbedingungen als auch die transparente Kommunikation als wichtige Stärken und Chancen herausgestellt, weshalb diese auch in der Kommunikationsbotschaft zu berücksichtigen sind. Infolge der unterschiedlichen inhaltlichen Ansprachen ist der strukturelle Aufbau dabei in Dach- und Teilbotschaften vorzunehmen, wobei in diesem Fall eine Dachbotschaft und drei Teilbotschaften ausformuliert werden. In der Dachbotschaft ist vor allem die nachhaltige und auch zukunftsorientierte Ausrichtung des Betriebes hervorzuheben. Diese gilt es dann in den Teilbotschaften weiter zu konkretisieren. Dabei ist jedoch grundsätzlich darauf zu achten, das insgesamt nicht mehr als *sieben Botschaften* eingesetzt werden sollten, damit die finale Kommunikationsbotschaft nicht an Übersichtlichkeit verliert (vgl. Schmidbauer & Jorzik, 2017, S. 261 f.).

Die Erweiterung des Schweinemaststalls kann wie folgt in eine Kommunikationsbotschaft übertragen werden, wobei versucht werden sollte, den Ansprüchen der bereits ermittelten Zielgruppen sowie auch dem gewünschten Image des Betriebs gerecht zu werden. Hier besteht zudem die Möglichkeit, die Kommunikationsbotschaften um Fotos oder Illustrationen zu ergänzen. Dadurch können bei den Zielgruppen wesentlich mehr Emotionen erzeugt werden, als dies bei der reinen Textvariante der Fall ist. Ebenso können die Inhalte der Botschaft aber auch leichter und länger im Gedächtnis verankert sowie erneut reaktiviert werden (vgl. Schmidbauer & Jorzik, 2017, S. 273).

Kommunikationsbotschaft zur Erweiterung der Schweinezuchtanlage:

Die Tierzucht von morgen bereits heute erleben. Dazu setzen wir auf eine innovative, offene und stetige Entwicklung, bei der wir uns an drei Zielvorhaben orientieren:

- *Wir setzen alles daran, nicht nur die Bedürfnisse der Tiere zu erfüllen, sondern auch den Umweltschutz pausenlos voranzutreiben.*
- *Mit unserer langjährigen Erfahrung aus bereits mehreren Generationen möchten wir die Branchenstandards nicht nur erfüllen, sondern revolutionieren.*
- *Wir bieten einen ehrlichen und offenen Austausch zu allen Facetten unseres Zuchtbetriebes. Dazu erwarten wir euch mit offenen Toren zu einem Dialog auf Augenhöhe.*

5. Strategischer Weg der Kommunikationsplanung

Im letzten Schritt ist der strategische Weg herauszuarbeiten. Dieser soll einen ersten Orientierungsrahmen für die nachfolgende Maßnahmen- und Instrumentenplanung bieten, wobei auf die tatsächliche Entwicklung von Maßnahmen an dieser Stelle noch zu verzichten ist. Als Grundlage für den strategischen Weg können ebenfalls die Ergebnisse der SWOT-Analyse und der Zielgruppenbestimmung herangezogen werden. Hierbei gilt es jedoch zu überprüfen, ob sich die Ergebnisse im Laufe der Bearbeitungszeit verändert haben. Ist dies der Fall, sollte eine Aktualisierung der Ergebnisse vorgenommen werden, bevor eine finale Integration in den Prozess erfolgt (vgl. Schmidbauer & Jorzik, 2017).

Wie bereits in Kap. 4 erläutert, sind nun die *Stärken* und *Chancen* als Hebel zu nutzen, um dadurch die möglichen *Risiken* zu reduzieren und die bestehenden *Schwächen* abzubauen. Als Hebel können im Fallbeispiel der Zuchtanlage die folgenden Stärken und Chancen genutzt werden:

Stärken aus der SWOT-Matrix
- Langfristiges und gutes Verhältnis zur unmittelbaren Nachbarschaft
- Umfassendes Erfahrungswissen aufgrund einer bereits bestehenden Aufzuchtanlage
- Transparente Kommunikation in Bezug auf die Betriebsführung

Chancen aus der SWOT-Matrix
- Kompetenter Kooperationspartner für die Entwicklung eines individuellen Abluftsystems
- Computergesteuertes Fütterungsmanagement für eine tiergerechte Aufzucht
- Abluft-/Entsorgungssystem übertreffen die gesetzlichen und branchenspezifischen Anforderungen
- Aufbereitung der anfallenden Immissionen in Biogasanlagen

Im Folgenden sind nun die ermittelten Stärken und Chancen mit den potenziellen Risiken und den bestehenden Schwächen zu verknüpfen, um dadurch das positive Image des Betriebs zu verbessern und die Erbauung der neuen Zuchtanlage zu fördern.

- **Kombination 1:** Das langfristige und vertrauensvolle Verhältnis zur unmittelbaren Nachbarschaft sowie auch der hohe Standard der Abluft- und Entsorgungstechnik können dazu genutzt werden, um z. B. durch persönliche Gespräche und auch Stallbegehungen von der neuen Zuchtanlage zu überzeugen. Außerdem kann dadurch auch auf die fehlenden Ausweichmöglichkeiten für die Stallerbauung eingezahlt und in Bezug auf mögliche Anfeindungen innerhalb der Gemeinde Prävention betrieben werden.
- **Kombination 2:** Die transparente Betriebsführung und das umfassende Erfahrungswissen in Bezug auf die Schweinezucht können dazu eingesetzt werden, um gezielte Dialoge mit Anspruchsgruppen und Interessenverbänden zu führen und den eigenen Standpunkt zur konventionellen Tierzucht und den Missständen innerhalb der Branche zu verdeutlichen.
- **Kombination 3:** Mittels der transparenten Betriebsführung und der fortschrittlichen Technisierung im Abluft- und Entsorgungsmanagement kann dazu beigetragen werden, dass der Schweinezuchtbetrieb eine Vorbildfunktion innerhalb der Branche einnehmen kann. Dadurch besteht für den Betrieb die Möglichkeit, dass neben der neuen Zuchtanlage ggf. auch weitere Entwicklungen in der Branche initiiert werden.

Im Anschluss an die Ausarbeitung der verschiedenen Hebelwirkungen sind die künftigen *Strategiearten* festzulegen, die als Grundlage für die Entwicklung der Maßnahmen und Instrumente dienen sollen. Hierbei werden infolge des starken Zielgruppenbezugs vor allem zielgruppenorientierte sowie auch botschaftsorientierte Strategien ausgewählt. Wie bereits angeführt, ist dabei jedoch grundsätzlich darauf zu achten, dass an dieser Stelle vorerst nur die strategische Stoßrichtung festgelegt wird. Die Ausarbeitung der einzelnen Maßnahmen und Instrumente erfolgt erst im nachfolgenden Teil der Konzeption.

Im Rahmen der Schweinezuchtanlage kann zum einen die *Multiplikatorenstrategie* (zielgruppenorientierte Strategie) eingesetzt werden. Hierbei sollen einzelnen Personen sowie auch Personengruppen gezielt in den Kommunikationsprozess eingebunden werden. Diese sollten nach Möglichkeit eine hohe Neutralität und Glaubwürdigkeit aufweisen (vgl. Schmidbauer & Jorzik, 2017, S. 282 f.), um auch weitere Personen von dem Bau der neuen Zuchtanlage überzeugen zu können. In diesem Fall ist z. B. die unmittelbare Nachbarschaft anzusprechen, damit diese ihre (positive) Meinung zur Stallerweiterung in die Region tragen kann. Aber auch einzelne Personen aus Interessenverbänden und Tierschutzorganisationen können infolge einer frühzeitigen Einbindung wesentlich zum Erfolg des Stallerbaus beitragen.

Eine weitere einzusetzende Strategieart ist die *Vorher-Nachher-Strategie*. Dabei ist in einem ersten Schritt herauszuarbeiten, wo die derzeitigen Probleme liegen, sowohl in Bezug auf den Standort und die dort vorherrschenden Bedingungen als auch auf die

Branche insgesamt. In einem zweiten Schritt ist dann die Situation darzustellen, die voraussichtlich im Anschluss an den Stallbau bestehen wird. Durch die dabei hervorgehobenen Unterschiede sollen die Zielgruppen von der Erweiterung der bestehenden Zuchtanlage überzeugt werden (vgl. Schmidbauer & Jorzik, 2017, S. 281 ff.).

Abschließend sind die Ergebnisse der Strategieentwicklung in einem Übersichtstableau abzubilden, wodurch der bisherige Prozess dahingehend überprüft werden kann, ob dieser inhaltlich stringent ausgearbeitet und die einzelnen Koordinaten miteinander verknüpft wurden (vgl. Schmidbauer & Jorzik, 2017, S. 284 f.).

Übersichtstableau zur Strategiephase der Stallerweiterung
- **Kurzfristige Ziele**
  - **Ziel 1 (kurzfristiges Ziel mit hoher Priorität):** Die Akzeptanz der Nachbarschaft für die Erweiterung der Schweinezuchtanlage ist bereits vor dem eigentlichen Bauprozess von 65 % auf 100 % zu steigern, soweit es gelingt, diese in persönlichen Gesprächen oder Informationsveranstaltungen über die künftige Situation umfassend aufzuklären.
  - **Ziel 2 (kurzfristiges Ziel mit mittlerer/geringer Priorität):** Mithilfe einer offenen Kommunikation und der Einbindung in Entscheidungsprozesse möchten wir mindestens 80 % unserer Mitarbeiterinnen von der Erbauung der neuen Zuchtanlage überzeugen. Dazu müssen wir Möglichkeiten schaffen, in denen ein regelmäßiger und vor allem auch partizipativer Austausch gefördert wird.
- **Langfristige Ziele**
  - **Ziel 3 (langfristiges Ziel mit hoher Priorität):** Durch die Errichtung der neuen Zuchtanlage wollen wir innerhalb der nächsten acht Jahre eine Vorbildfunktion hinsichtlich der Tierhaltung in der konventionellen Nutztierhaltung einnehmen. Dies setzt voraus, dass der bisherige Branchenstandard nicht infolge politischer Entscheidungen oder gesellschaftlichen Drucks bereits im Vorfeld einem Prozessmusterwechsel unterliegt.
  - **Ziel 4 (langfristiges Ziel mit mittlerer/geringer Priorität):** Mit der Errichtung der neuen Schweinemastanlage und der Entwicklung eines innovativen Filtersystems möchten wir unsere Treibhausgasemissionen um 25 % senken. Dies soll zur Folge haben, dass weder die direkte Nachbarschaft noch die übrigen ortsansässigen Bewohnerinnen eine Geruchsbelästigung durch den Aufzuchtbetrieb empfinden.
- **Zielgruppen**
  - **Primäre Zielgruppen**
    Unmittelbare Nachbarschaft
    Ortansässige Bewohnerinnen
    Trägerinnen öffentlicher Belange
    Naturschutzverbände

- **Sekundäre Zielgruppen**
  Mitarbeiterinnen
- **Tertiäre Zielgruppen**
  Kundinnen
  Wettbewerberinnen
- **Positionierung**
  - **Positionierung 1:** Mit unserer langjährigen Erfahrung und den innovativen Lösungsansätzen zur Haltung und Immissionsreduzierung in der Schweineaufzucht nehmen wir eine Vorbildfunktion innerhalb der Fleischbranche ein. Von diesem Vorsprung profitieren nicht nur unsere Kundinnen, sondern vor allem auch die Tiere und der Landschaftsraum.
  - **Positionierung 2:** Wir verstehen uns als Wegbereiterinnen einer artgerechten und naturbezogenen Tierzucht. Dazu stehen wir in engem Austausch mit Mensch, Tier und Umwelt, um unser Handeln nicht nur transparent, sondern auch zukunftsfähig zu gestalten.
- **Dachbotschaft**
  Die Tierzucht von morgen bereits heute erleben. Dazu setzen wir auf eine innovative, offene und stetige Entwicklung, bei der wir uns an drei substanziellen Zielvorhaben orientieren.
- **Teilbotschaften**
  - **Teilbotschaft 1:** Wir setzen alles daran, nicht nur die Bedürfnisse der Tiere zu erfüllen, sondern auch den Umweltschutz beständig voranzutreiben.
  - **Teilbotschaft 2:** Mit unserer langjährigen Erfahrung aus bereits mehreren Generationen möchten wir die Branchenstandards nicht nur erfüllen, sondern diese revolutionieren.
  - **Teilbotschaft 3:** Wir bieten einen ehrlichen und offenen Austausch zu allen Aspekten unseres Zuchtbetriebes. Dazu erwarten wir euch mit offenen Toren zu einem Dialog auf Augenhöhe.
- **Strategischer Weg**
  Multiplikatorenstrategie, Vorher-Nachher-Strategie, Differenzierungsstrategie

8.8.3 Maßnahmen und Instrumente

Im Anschluss sind die Ergebnisse aus der Analyse- und Strategiephase in Maßnahmen und Instrumente zu überführen, durch die im Fallbeispiel der Zuchtanlage eine erfolgreiche und vor allem auch wirkungsvolle Nachhaltigkeitskommunikation ermöglicht wird. Wie bereits in Kap. 5 angeführt, ist es dabei besonders wichtig, dass die taktische Planung mit den übergeordneten Zielen rückgekoppelt wird, um das Risiko einer möglichen Affekthandlung zu reduzieren. Beim Schweinestall könnte dies z. B. ein flüchtiges

Versprechen an die unmittelbare Nachbarschaft sein, durch die deren Ansprüche zwar kurzfristig erfüllt werden können, eine finale Umsetzung jedoch faktisch nur in Teilen möglich ist. Zur Ermittlung von entsprechenden Maßnahmen und Instrumenten wird, wie bereits in Kap. 5 dieses Buches angeführt, eine Untergliederung in die Schwerpunkte *gestalterische* und *instrumentelle Umsetzung* vorgenommen, wobei die gestalterische Umsetzung zusätzlich noch in die *Themenplanung* und die *Kreativplanung* unterteilt werden kann.

Im Rahmen der Themenplanung ist zuerst einmal herauszustellen, auf welche spezifischen Themen bei der Festlegung der Maßnahmen überhaupt eingegangen werden soll. Dazu ist in einem ersten Schritt zu analysieren, welche potenziellen Themen sich bereits im Zuchtbetrieb finden lassen, die nicht nur glaubwürdig nach außen kommuniziert werden können, sondern auch bei den ermittelten Zielgruppen auf Interesse stoßen. Diese Themen sind dann mit den Ergebnissen aus der strategischen Positionierung abzustimmen, um einen möglichst stringenten Kommunikationsprozess zu erwirken.

Zur Ermittlung der potenziellen Themen, die sich bereits im Unternehmen befinden, können z. B. die Meinungen und Erfahrungen der Mitarbeiterinnen herangezogen werden sowie auch die Ergebnisse aus der bereits ausgearbeiteten SWOT-Matrix (siehe Abschn. 8.8.1). Zwei wesentliche Stärken, die dabei für die Kommunikation der Zuchtanlage genutzt werden können, sind

1. das geruchsneutrale Abluftsystem sowie
2. die artgerechte Tierhaltung.

Wie schon im Rahmen der Konzeption (Kap. 5) angeführt, gilt es für diese Themen dann nach möglichen *Touchpoints* zu suchen, also nach einer themenspezifischen Verknüpfung mit der Lebensrealität der Dialoggruppen. Ist diese Verknüpfung nicht stark genug ausgeprägt, werden die identifizierten Themen aller Voraussicht nach auf wenig Resonanz stoßen, womit der Kommunikationsprozess an Wirksamkeit verliert. Hinsichtlich der Schweinezuchtanlage kann hier vor allem ein politischer, ein wissenschaftlicher sowie auch ein sozialer Bezug gesetzt werden. Bei der geruchsneutralen Filteranlage handelt es sich z. B. um eine innovative Entwicklung, die im Rahmen einer Zusammenarbeit zwischen dem Inhaber des Zuchtbetriebs und einem Hersteller für Filtertechnik entstanden ist. Diese fungiert zum einen als wissenschaftlicher Touchpoint, da es sich bei der Filteranlage um eine technische Innovation handelt, die ggf. auch auf weitere Unternehmen und Branchen übertragen werden kann. Die Filtertechnik kann allerdings ebenfalls als sozialer Touchpoint angeführt werden, da die Geruchsneutralität der neuen Zuchtanlage eine wesentliche Forderung der unmittelbaren Nachbarschaft sowie auch der ortsansässigen Bewohnerinnen darstellt. Die artgerechte Tierhaltung kann auch als politischer und sozialer bzw. gesellschaftlicher Touchpoint angeführt werden. In den vergangenen Jahren wurden die politischen Debatten zur konventionellen Tierhaltung immer wieder durch Begriffe wie Tierwohl und Tierethik geprägt und auch in der Gesellschaft ist die Agrarbranche durch die zahlreichen (illegalen) Stallaufnahmen zunehmend in die Kritik geraten.

Bei der *inhaltlichen Ausgestaltung* der ermittelten Themen gibt es unterschiedliche Möglichkeiten, um diese kommunikativ aufzubereiten. Im Fallbeispiel der Schweine-zuchtanlage kann z. B. eine *Illustrierung* oder *Kontrapunktierung* eingesetzt werden. In Bezug auf die Illustrierung ist bspw. ein Kurzfilm über die bestehende Zuchtanlage und die künftige Filtertechnik zu veröffentlichen. Dabei dienen der Zuchtbetrieb und die neue Stallanlage als Bühne und die Betriebsleiterin und Mitarbeiterinnen als handelnde Akteurinnen. Zudem können aber auch kurze Statements aus der direkten Nachbarschaft in die Illustration mit aufgenommen werden, wodurch auf die bereits in Abschn. 8.8.2 angeführte Multiplikatorenstrategie eingezahlt wird. Inhaltlich könnte es außerdem interessant sein, die Hintergrundgeschichte des Betriebes und die Beweggründe zur Stallerweiterung unter der Berücksichtigung innovativer Ansätze in den Fokus der Illustrierung zu rücken. Die Formulierung könnte dabei wie folgt lauten: *„Schweinezucht im Einklang mit Mensch und Natur – Einblicke in die Schweinezucht von morgen"*. Als Kontrapunkte können u. a. die zahlreichen Bewegtbilder aus illegalen Stallaufnahmen sowie auch die (übliche) Geruchsentwicklung von Schweinezucht- und -mastbetrieben eingesetzt werden. Durch die artgerechten Haltungsbedingungen und die neue Filter-technik werden hier Gegenpunkte zu diesen Themen gesetzt: *„Landluft wird Landlust"* oder auch: *„Schweine im Glück – Schauen Sie selbst"*.

Wie bereits in Kap. 5 angeführt, sollte bei den herausgearbeiteten Themenschwer-punkten insgesamt darauf geachtet werden, dass sowohl Ansätze des *argumentativen als auch des narrativen Denkens* berücksichtigt werden. Dies zeigt sich in beiden Beispielen in Abb. 8.8 gleichermaßen:

Nachdem nun die Themenfindung vollständig abgeschlossen ist, soll es in der *Kreativplanung* vor allem darum gehen, die bereits ermittelten Zielgruppen mit dem Kommunikationsobjekt zu verbinden bzw. durch *Wort, Bild* sowie auch weitere *Reize* eine Verknüpfung zu schaffen. Wie bereits in diesem Kapitel angeführt, kann die Wirkung bzw. der auslösende Reiz besonders gut über die menschlichen Sinne aus-gelöst werden. Im Rahmen einer Stallbegehung können die Tiere z. B. berührt, gehört und der Geruch innerhalb und außerhalb der Stallanlage kann wahrgenommen werden. Dies ermöglicht es den Zielgruppen, das Geschehen tatsächlich zu erleben und eine emotionale Bindung zum jeweiligen Kommunikationsobjekt aufzubauen. Ähnlich ver-hält es sich auch bei dem Einsatz von Bewegtbildern. Wie schon in Kap. 5 dargestellt, ist hier allerdings darauf zu achten, dass vor allem die Bereiche hervorgehoben werden, um die es in den Schwerpunktthemen tatsächlich geht, und dass diese möglichst authentisch und ungeschönt wirken. Andernfalls kann es sein, dass sich die Zielgruppen mit der Geschichte nicht identifizieren können und somit weder emotional noch kognitiv an die herausgearbeiteten Inhalte andocken. Zur Unterstützung ist dabei nach Möglichkeit auf die zuvor angeführte Illustrierung zurückzugreifen, da dort bereits die jeweiligen Schwerpunktthemen berücksichtigt und in das Konzept zur Produktion eines Kurzfilmes integriert wurden.

Argumentatives Denken (artgerechte Haltung)	Narratives Denken (artgerechte Haltung)
Fokussierung auf: – Vermeidung von staatlichen Auflagen bzw. proaktives Handeln anstatt nur Reagieren – Vermeidung von Stalleinbrüchen – Verringerung des Diskussionspotenzials bei Tierrechtsorganisationen – Vermeidung von Skandalen, Klagen und dem Überschreiten von ethischen Grenzen – Rückgang des Antibiotikaeinsatzes	*Erzählungen, wie:* – eine einzelne Landwirtin versucht, neue Standards innerhalb der Branche zu setzen – welche Herausforderungen ihr von Seiten politischer und gesellschaftlicher Akteurinnen begegnen – wie sie Wertvorstellungen und Normen im Kerngeschäft verankert und dadurch auf das gesamte Betriebsgeschehen einwirkt
Argumentatives Denken (Filtertechnik)	**Narratives Denken (Filtertechnik)**
Fokussierung auf: – Reduzierung der Geruchsentwicklung – Vermeidung von staatlichen Auflagen – Schaffung von Wettbewerbsvorteilen – Erhöhung des Branchenstandards – Reduktion des CO_2-Ausstoßes	*Erzählungen, wie:* – eine Landwirtin, die eine innovative Filtertechnik entwickelt, die den Geruch ihrer Zuchtanlage minimieren soll – welchen Herausforderungen und Erfolgen sie dabei begegnet – welche Reaktionen von den unmittelbaren Nachbarinnen und ortsässigen Bewohnerinnen erfolgen

Abb. 8.8 Ansätze des argumentativen und narrativen Denkens im Fallbeispiel der Schweinezuchtanlage

Des Weiteren können aber auch die Ergebnisse aus der *Kontrapunktierung* und die dabei ermittelten Slogans durch entsprechende Grafiken angereichert oder ebenfalls um Hofbegehungen ergänzt werden. In Bezug auf die Filteranlage wären z. B. deren Besichtigung und ein direkter Geruchstest möglich, wodurch ein Großteil der menschlichen Sinne angesprochen wird und als auslösender Reiz zum Tragen kommt. Hinsichtlich der Haltungsbedingungen kann ggf. ein Fenster mit einem Besucherpodest in die bereits bestehende Stallanlage integriert werden, damit sich potenzielle Interessentinnen jederzeit einen Einblick in die Zuchtanlage und das Glück der Tiere verschaffen können. Aber auch durch ein Virtual-Reality-Angebot oder eine 360-Grad-Kamera innerhalb der Zuchtanlage kann die Verknüpfungsdichte von Kommunikationsobjekt und Zielgruppe aller Voraussicht nach deutlich erhöht werden.

Nachdem nun die Themen- und Kreativplanung vollständig abgeschlossen sind, soll es im Folgenden darum gehen, die *instrumentelle Umsetzung* zu planen und dabei konkrete Maßnahmen für die Kommunikation der künftigen Schweinezuchtanlage zu entwickeln. Infolge der fast ausschließlich regionalen Verortung der bereits ermittelten Zielgruppen geht es hierbei weniger darum, eine hohe Reichweite in der Kommunikation zu erwirken, als vielmehr um eine möglichst umfassende Glaubwürdigkeit und hohe

Authentizität. Dies ist vor allem auch deshalb wichtig, da die Freigabe des Bauvorhabens einem Planfeststellungsverfahren unterliegt und auch die privaten Beziehungen im direkten Umfeld zur Zuchtanlage nicht negativ beeinträchtigt werden sollen.

Als mögliche Medienzugänge bieten sich im Fallbeispiel der Zuchtanlage vor allem *Earned-Media-* und *Owned-Media-Zugänge* an. In Bezug auf den Earned-Media-Zugang besteht z. B. die Möglichkeit, dass Journalistinnen gezielt auf den derzeitigen Betrieb eingeladen, ihnen Interviews angeboten und auch die Zuchtanlage und das innovative Lüftungssystem im Detail vorgestellt werden. Dabei ist darauf zu achten, dass ein möglichst hoher Nachrichtenwert entsteht, damit die Pressemitteilung auch tatsächlich abgedruckt wird. Da es sich bei dem Stallbauprojekt außerdem um einen längerfristigen Zeitraum handelt, können ggf. auch mehrere Pressemitteilungen veröffentlicht werden, wodurch wiederum auch die Glaubwürdigkeit in Bezug auf die veröffentlichten Informationen gesteigert werden kann. Des Weiteren können Journalistinnen aber auch zu Hofevents und -begehungen eingeladen werden. Hier besteht ggf. die Möglichkeit, dass O-Töne aus der unmittelbaren Nachbarschaft mit aufgegriffen werden und in die Pressemitteilungen einfließen.

In Bezug auf den Owned-Media-Zugang bietet sich neben der eigenen Homepage sowie einem Facebook- und Instagram-Account auch ein eigener Blog an, in dem regelmäßig über den Planungsstand und die Herausforderungen des neuen Zuchtstalls informiert und kommuniziert wird. Hierbei besteht die Möglichkeit, dass Influencerinnen in den Kommunikationsprozess integriert werden, wodurch die Reichweite und die Glaubwürdigkeit der Kommunikation ggf. gesteigert werden. Ebenfalls kann in diesem Zusammenhang ein zusätzlicher Newsletter an die interessierten Zielgruppen verschickt werden, womit das bestehende Pull-Angebot um ein Push-Medium erweitert wird.

Neben der reinen Onlinepräsenz können im Rahmen des Owned-Media-Zugangs auch persönliche Gespräche und Hofbegehungen angeboten werden. Dabei wird u. a. direkt auf die Sorgen, Ängste und Hoffnungen der jeweiligen Zielgruppen eingegangen, wodurch jedoch i. d. R. ein nicht zu unterschätzender Ressourcenaufwand und Koordinationsbedarf entstehen kann. Dies ist insbesondere darauf zurückzuführen, dass der kommunikative Austausch häufig über die Eins-zu-Eins-Kommunikation erfolgt und die Ansprüche der Zielgruppen nicht in jedem Fall deckungsgleich sind. Wie bereits mehrfach in diesem Kapitel angeführt, kann aber auch ein Kurzfilm zum Stallbauprojekt oder sogar ein Videotagebuch produziert werden. Hierbei kann über das Bauvorhaben umfassend informiert und bereits ein erster Einblick in die bestehende Aufzuchtanlage ermöglicht werden.

Der Kommunikationsverlauf und der Einsatz unterschiedlicher Instrumente können für das Fallbeispiel der Zuchtanlage wie in Abb. 8.9 gezeigt untergliedert werden, wobei der dargestellten Strukturierung ein zeitlicher Einsatz zugrunde liegt.

Phasen	Sensibilisierung (vor Planfeststellung)	Aktivierung (während Planfeststellung)	Interaktion (Bauphase)	Vertiefung (Postbauphase)
Ziele	– Interesse erzeugen – Informationen zur Verfügung stellen – Transparenz erhöhen – Sympathie schaffen – Sorgen und Hoffnungen ermitteln – Ängste reduzieren	– sämtliche Zielgruppen durch Kommunikation erreichen – näheren Kontakt zu Anspruchsgruppen aufbauen – ggf. Multiplikatoren identifizieren – Sympathie verstärken	– Dialog verstärken – Transparenz erhöhen – intensiver Kontakt zu sämtlichen Anspruchsgruppen	– Glaubwürdigkeit erhalten/verstärken – Kontakt aufrechterhalten – umfassende Transparenz ermöglichen
Medienzugang	Owned Media	– Owned Media – Earned Media – Shared Media	– Owned Media – Earned Media – Shared Media	– Owned Media – Earned Media – Shared Media
Instrumente	– persönliche Gespräche – Hofbegehung/-events – Ortsversammlung	– persönliche Gespräche – Hofbegehung/-events – Pressemitteilungen – Informationen auf eigener Homepage/Social-Media-Kanälen – eigener Blog und Newsletter – ggf. Blogger/Influencer einbinden	– persönliche Gespräche – Hofbegehung/-events (u. a. Richtfest) – Imagefilm/Filmreihe – Pressemitteilungen – Informationen auf eigener Homepage/Social-Media-Kanälen – eigener Blog und Newsletter – ggf. Blogger/Influencer einbinden	– persönliche Gespräche – Hofbegehung/-events – Imagefilm/Filmreihe – Pressemitteilungen – Informationen auf eigener Homepage und Social-Media-Kanälen – eigener Blog und Newsletter
Touchpoints	– Direktkontakte – bestehende Stallanlage – Versammlungsort	– Direktkontakte – bestehende Stallanlage – Printmedien – Social Media – Planfeststellung	– Direktkontakte – bestehende und neue Stallanlage – Printmedien – Social Media	– Direktkontakte – bestehende und neue Stallanlage – Printmedien – Social Media
Budget	Verköstigung, Informationsmaterialien u. Ä. für kleinere Hofbegehungen, -events und Versammlungen: insgesamt ca. 8.000 €; exklusive der aufzuwendenden Arbeitszeit			
	Aufbereitung von Informationsmaterialien, ggf. durch Expertinnen wie z. B. Architektinnen, Umweltbeauftragte etc.: 2.000 €	– Aufbau/Pflege der Social-Media-Aktivitäten: 1.000 € – ggf. auch Newsletter im Printformat für die unmittelbaren und ortsansässigen Bewohnerinnen: 500 €	– Aufbau/Pflege der Social-Media-Aktivitäten und Imagevideo: 2.500 € und Eigenarbeit – Kosten für Vergütung Influencerinnen: 2.000 €	Aufbau/Pflege der Social-Media-Aktivitäten und Imagevideo: 2.500 € und Eigenarbeit
Summe	10.000 €	1.500 €	4.500 €	2.500 €

Abb. 8.9 Strukturierungsvorschlag zum Kommunikationsverlauf im Fallbeispiel der Schweinezuchtanlage

8.8.4 Evaluation

Abschließend gilt es die Kommunikationswirkung der einzelnen Konzeptionsschritte systematisch zu evaluieren. Dabei ist in Bezug auf den Schweinestall davon auszugehen, dass die Initiierung und Umsetzung des Evaluationsprozesses sowohl vonseiten des Mastbetriebes erfolgen kann als auch durch externe Organisationen, Forschungseinrichtungen oder Einzelakteurinnen, wie z. B. Verbraucherinnen oder die unmittelbare Nachbarschaft. Dies ist insbesondere darauf zurückzuführen, dass die konventionelle Tierhaltung bereits seit vielen Jahren fortwährend in der öffentlichen Kritik steht und somit nicht nur in den Massenmedien einen bedeutenden Stellenwert besitzt, sondern auch im Rahmen der gemeinsamen Agrarpolitik. Verdeutlicht werden kann dies durch die umfassende Berichterstattung zu den Herausforderungen und Problemfeldern der Landwirtschaft, wobei in der Vergangenheit vor allem das sogenannte *Kupieren von Schwänzen* und die *betäubungslose Kastration von Ferkeln* für Schlagzeilen gesorgt haben. Aber auch der überdurchschnittliche Wasserverbrauch in der Massentierhaltung sowie der Ausstoß von Treibhausgasen und der vermehrte Antibiotikaeinsatz sind wesentliche Bestandteile der übergeordneten politischen Linien, wie z. B. der Umwelt- und Klimaschutzbemühungen der Bundesregierung und der Europäischen Union. Summa summarum besteht somit durchaus die Möglichkeit, dass die Kommunikation zur Erweiterung des Schweinemastbetriebes z. B. durch Tierschutzorganisationen aufgegriffen und gezielt mit den zuvor angeführten Themenfeldern in Verbindung gebracht wird. Denn trotz der zahlreichen Entwicklungsvorhaben seitens des Schweinemastbetriebes ist grundsätzlich zu resümieren, dass dieser auch weiterhin als konventioneller Betrieb bestehen bleibt und infolge seiner Größe einen nicht unerheblichen Beitrag in den jeweiligen Problembereichen leistet.

Bei einer Initiierung durch den Mastbetrieb und der Bewertung durch öffentliche Dritte hingegen könnte die Geschäftsführerin des Betriebes allerdings auch für ihr außerordentliches Engagement zur Förderung von innovativen Lösungen in der Nutztierhaltung ausgezeichnet werden. Hierbei besteht die Möglichkeit, dass durch Verbände oder Fachverlage ein *Preis verliehen* wird, anhand dessen die Entwicklung des neuartigen und praxistauglichen Lüftungssystems eine externe Würdigung erfährt. Darüber hinaus könnte die Geschäftsführerin des Mastbetriebs aber auch zu Fachtagungen oder anderweitigen Branchenveranstaltungen eingeladen werden, um die jeweiligen Veränderungen des Schweinestalls unter der Anmoderation eines *Best-Practice-Beispiels* einem breiten Publikum an Branchenvertreterinnen und weiteren Interessierten vorzustellen.

Weiterhin sollte aber auch eine Initiierung und Bewertung durch das Unternehmen selbst erfolgen, um im Detail überprüfen zu können, welche weiteren Wirkungen durch die Kommunikation ausgelöst wurden und ob das Kommunikationsproblem tatsächlich bewältigt und die Kommunikationsziele erfolgreich umgesetzt werden konnten. Als wesentliche Kommunikationsprobleme wurden in Abschn. 8.8.1 vor allem die

Akzeptanz der unterschiedlichen Anspruchsgruppen für das Stallbauvorhaben sowie auch das *künftige Ansehen des Betriebes* identifiziert. Dabei handelt es sich zunächst einmal um immaterielle Größen des Outflows, die in Bezug auf die einzelnen Anspruchsgruppen z. T. auch in materielle Größen überführt werden können. Deutlich wird dies z. B. durch eine Veränderung der Umsatzzahlen, formelle Beschwerden von Seiten der Nachbarinnen oder auch die Genehmigungsdichte in Bezug auf das Planfeststellungsverfahren zur Stallerweiterung. Darüber hinaus kann aber auch eine qualitative Befragung der Mitarbeiterinnen und der unmittelbaren Nachbarschaft durchgeführt werden, um vor allem auch konkrete Rückschlüsse auf die jeweiligen Kommunikationsprobleme und zur Erreichung der Kommunikationsziele ziehen zu können.

In Bezug auf die Veränderungen auf der *kognitiv, affektiv und konativ orientierten Ebene* sind durchaus unterschiedliche Formen der Evaluation heranzuziehen. Hierbei können u. a. die Likes und Follower-Zahlen aus den sozialen Netzwerken angeführt werden sowie auch die *Video-Statistik* zu den Illustrationen, wie z. B. der Wiedergabeort, die genutzten Plattformen sowie auch die Zuschauerbindung. Außerdem können die Teilnehmerinnen der Informationsveranstaltungen und Hofbegehungen um ein erstes Feedback zum neuen Maststall gebeten werden. Dieses ist dann z. B. um die Ergebnisse aus den vorgelagerten Befragungen anzureichern, um insbesondere einen tieferen Einblick in das Wissen und die Wahrnehmung der einzelnen Zielgruppen zu erhalten. Nicht zuletzt besteht an dieser Stelle aber auch die Möglichkeit, dass in regelmäßigen Abständen die Berichterstattung und Kommentarverläufe analysiert werden, um daraus wiederum weitere Informationen zur Akzeptanz und Reputation der Stallanlage gewinnen zu können sowie auch zur allgemeinen Wirkung des Betriebes auf den Sektor der Nutztierhaltung.

Hinsichtlich der *Kanal-* bzw. *Instrumentenebene* kann u. a. herausgestellt werden, wie häufig die Social-Media-Kanäle und die Imagefilme insgesamt aufgerufen wurden. Dabei gilt es insbesondere hervorzuheben, wie umfassend die Reichweite der Illustrationen ausfällt, also aus welchen Regionen wie viele Personen auf das Videomaterial zugegriffen haben. Darüber hinaus lässt sich allerdings auch auszählen, wie viele der informationsgebundenen Flyer zur neuen Stallanlage insgesamt verteilt werden konnten, wobei hier auch noch einmal dahingehend zu unterscheiden ist, welche Anzahl davon persönlich übergeben und wie viele der Flyer z. B. auch in Kombination mit der Kreiszeitung automatisch zugestellt wurden. Abschließend sollte in Bezug auf den Output auch noch einmal gezielt aus der internen Perspektive des Fallbeispiels reflektiert werden, ob die Inhalte und die Qualität der Illustrationen dem eigentlichen Zweck der Kommunikation dienlich waren und für die Zielgruppen entsprechend aufbereitet wurden. Außerdem ist dahingehend auch zu hinterfragen, ob die Organisation und das inhaltliche Angebot auf den Informationsveranstaltungen und den Hofbegehungen grundsätzlich ausreichend waren, um die herausgestellten Kommunikationsprobleme zu lösen bzw. die jeweiligen – ziele zu erreichen.

Der *personelle, zeitliche* und *monetäre Input* zur Umsetzung der jeweiligen Kommunikationsmaßnahmen fällt für einen mittelständischen Landwirtschaftsbetrieb etwas umfangreicher aus. Dies ist insbesondere darauf zurückzuführen, dass in einigen Bereichen zuerst einmal Grundlagenarbeit zu leisten ist, wie z. B. das Einrichten der Social-Media-Zugänge, das Drehen eines Imagefilms sowie die allgemeine Bekanntmachung des Betriebs durch Informationsveranstaltungen, Hofbegehungen und Flyer. Aus der *Kosten-Nutzen-Perspektive* gilt es dabei allerdings zu berücksichtigen, dass durch eine solche Investition auch auf künftige Projekte eingezahlt werden kann und der wirtschaftliche Mehrwert einer positiven Reputation bzw. die Licence to Operate zumeist über einen längeren Zeitraum erhalten bleibt.

Literatur

Augustine, S. (2017). *Die Generation Y und Integrated Reporting. Dissertation.* Springer.

Bea, F. X., & Haas, J. (2009). *Strategisches Management* (5. Aufl.). Lucius & Lucius.

Beal, E., Hansell, L., & Unnikrishnan, W. Y. (Hrsg.). (2017). *Total societal impact. A new lans for strategy.* The Boston Consulting Group.

Berg, E., Kliebisch, M., Klink, J., Lendle, M., & Richert, S. (Hrsg.). (2014). *Nachhaltigkeitsstudie ERNÄHRUNG. NRW. Nachhaltigkeit in der Lebensmittelwirtschaft – Motivation, Hemmnisse und Kommunikation. Nachhaltigkeit erfolgreich umsetzen.* Institut für Nachhaltiges Management.

Blasco, J. L., & King, A. (2017). *The road ahead. The KPMG survey of corporate responsibility reporting 2017.* KPMG.

Bottler, D. (2011). Virtuelle Erlebniswelten als Instrument der Markenkommunikation. In E. Theobald (Hrsg.), *Brand Evolution. Moderne Markenführung im digitalen Zeitalter* (S. 235–250). Gabler.

Brink, A., & Tiberius, V. (Hrsg.). (2005). *Ethisches Management. Grundlagen eines wert(e) orientierten Führungskräfte-Kodex.* Haupt.

Brosig, S., & Schaft, F. (2020). Corporate Social Responsibility. *B&B Agrar, 4,* 36–38.

Bundesministerium der Justiz und für Verbraucherschutz. (2003). Verwaltungsverfahrensgesetz. VwVfG.

Bundesministerium der Justiz und für Verbraucherschutz. (2010). Gesetz über die Umweltverträglichkeitsprüfung. UVPG.

Bundesministerium der Justiz und für Verbraucherschutz. (2017). Vierte Verordnung zur Durchführung des Bundes-Immissionsschutzgesetzes (Verordnung über genehmigungsbedürftige Anlagen – 4. BImSchV).

Bundesministerium der Justiz und für Verbraucherschutz. (2020). Gesetz zum Schutz vor schädlichen Umwelteinwirkungen durch Luftverunreinigungen, Geräusche, Erschütterungen und ähnliche Vorgänge. BImSchG.

Bundesministerium für Arbeit und Soziales. (2011). *DIN ISO 26000. Leitfaden zur gesellschaftlichen Verantwortung von Organisationen.* Bundesministerium für Arbeit und Soziales.

Bundesregierung, D. (2016). *Deutsche Nachhaltigkeitsstrategie. Neuauflage 2016.* Die Bundesregierung.

Bundesregierung, D. (2018). *Deutsche Nachhaltigkeitsstrategie. Aktualisierung 2018.* Die Bundesregierung.

Christmann, G. B. (1997). *Ökologische Moral. Zur kommunikativen Konstruktion und Rekonstruktion umweltschützerischer Moralvorstellungen.* Deutscher Universitätsverlag.

Coppola, M., Hatfielt, S., Coombes, R., & Nuerk, C. (2018). *Voice of the workforce in Europe. Understanding the expectations of the labour force to keep abreast of demographic and technological change.* Deloitte University EMEA CVBA.

Daecke, S. M. (Hrsg.). (1995). *Ökonomie contra Ökologie? Wirtschaftsethische Beiträge zu Umweltfragen.* Metzler.

Deter, A. (2017). EinSichten in die Tierhaltung kooperiert mit der Initiative Tierwohl: topagrar online. https://www.topagrar.com/management-und-politik/news/einsichten-in-die-tierhaltung-kooperiert-mit-der-initiative-tierwohl-9561157.html. Zugegriffen: 4. Juni 2020.

Dietsche, C., Hoffmann, E., Westermann, U., & Scholl, G. (2017). *Ranking der Nachhaltigkeitsberichte 2015. Ergebnisse, Trends und Branchenauswertungen.* Institution für ökologische Wirtschaftsförderung und future e. V.

Dreuw, K., Engelmann, T., & Merten, T. (2014). Der Nachhaltigkeitsbericht als Instrument der Organisationsentwicklung in KMU. Die Verzahnung von Nachhaltigkeitsbericht und Nachhaltigkeitsmanagement. In M. S. Fifka (Hrsg.), *CSR und Reporting. Nachhaltigkeits- und CSR-Berichterstattung verstehen und erfolgreich umsetzen* (S. 35–60). Springer Gabler.

Facit Research GmbH & Co. KG. (2014). *Sustainability Image Score – 4. Welle – Das Nachhaltigkeitszeugnis deutscher Unternehmen aus Konsumentensicht – der Sustainability Image Score (SIS).* Facit.

Fifka, M. S. (Hrsg.). (2014). *CSR und Reporting. Nachhaltigkeits- und CSR-Berichterstattung verstehen und erfolgreich umsetzen.* Springer Gabler.

foodwatch Deutschland. (2020). über uns. https://www.foodwatch.org/de/ueber-uns/. Zugegriffen: 1. Okt. 2020.

Freter, H., & Naskrent, J. (2008). *Markt- und Kundensegmentierung. Kundenorientierte Markterfassung und -bearbeitung* (2. Aufl.). Kohlhammer.

Früh, W., Frey, F., & Blümler, J. (Hrsg.). (2014). *Narration und Storytelling. Theorie und empirische Befunde.* Halem.

Global Reporting Initiative. (2013a). *G4 Leitlinien zur Nachhaltigkeitsberichterstattung.* Berichterstattungsgrundsätze und Standardangaben.

Global Reporting Initiative. (2013b). *G4 Leitlinien zur Nachhaltigkeitsberichterstattung.* Umsetzungsanleitung.

Hagedorn, K. (2003). Institutionen der Nachhaltigkeit – Eine Theorie der Umweltkoordination. In S. Dabbert, W. Grosskopf, F. Heidhues, & J. Zeddies (Hrsg.), *Perspektiven in der Landnutzung. Regionen, Landschaften, Betriebe; Entscheidungsträger und Instrumente. 43. Jahrestagung der Gesellschaft für Wirtschafts- und Sozialwissenschaften des Landbaues (GEWISOLA) 2003 in Hohenheim* (S. 65–74). Landwirtschaftsverl.

Heinrich, P. (Hrsg.). (2013). *CSR und Kommunikation. Unternehmerische Verantwortung überzeugend vermitteln.* Springer Gabler.

Heinrich, P. (2015). Instrumente der CSR-Kommunikation. Unternehmerische Verantwortung überzeugend vermitteln. In A. Schneider & R. Schmidpeter (Hrsg.), *Corporate Social Responsibility. Verantwortungsvolle Unternehmensführung in Theorie und Praxis* (2. Aufl., S. 767–791). Springer Gabler.

Heinrichs, H., & Michelsen, G. (2014). *Nachhaltigkeitswissenschaften.* Springer Spektrum.

Hentze, J., & Thies, B. (2014). *Stakeholder-Management und Nachhaltigkeits-Reporting.* Springer Gabler.

Karmasin, M. (2015). PR im Stakeholder-Ansatz. In R. Fröhlich, P. Szyszka, & G. Bentele (Hrsg.), *Handbuch der Public Relations. Wissenschaftliche Grundlagen und berufliches Handeln. Mit Lexikon* (3. ü Aufl., S. 341–356). Springer VS.

King, A., Bartels, W., McKenzle, M., & Austin, E. (2015). *Currents of change. The KPMG Survey of corporate responsibility reporting.* Haymarket Network Ltd.

Kluwick, U., & Zemanek, E. (Hrsg.). (2019). *Nachhaltigkeit interdisziplinär. Konzepte, Diskurse, Praktiken: Ein Kompendium.* Böhlau.

Köster, G. (2010). *Kurskorrekturen. Ethik und Werte im Unternehmen.* Bertelsmann.

Krüger, W., & Bach, N. (Hrsg.). (2014). *Excellence in Change. Wege zur strategischen Erneuerung* (5. Aufl.). Gabler.

Kruse, P. (2015). *next practice – Erfolgreiches Management von Instabilität. Veränderung durch Vernetzung* (8. Aufl.). GABAL.

Künkel, P., Gerlach, S., & Frieg, V. (2016). *Stakeholder-Dialoge erfolgreich gestalten. Kernkompetenzen für erfolgreiche Konsultations- und Kooperationsprozesse.* Springer Gabler.

Kurz, R., & Wild, W. (2015). Nachhaltigkeit und Unternehmen. *uwf, 23*(4), 323–328. https://doi.org/10.1007/s00550-015-0379-y

Leitschuh-Fecht, H. (2005). Stakeholder-Dialog als Instrument unternehmerischer Nachhaltigkeitskommunikation. In G. Michelsen & J. Godemann (Hrsg.), *Handbuch Nachhaltigkeitskommunikation. Grundlagen und Praxis* (2. Aufl., S. 599–607). Oekom.

Luhmann, N. (1990). *Ökologische Kommunikation Kann die moderne Gesellschaft sich auf ökologische Gefährdungen einstellen?* (3. Aufl.). Westdt.

Mast, C., & Fiedler, K. (2005). Nachhaltige Unternehmenskommunikation. In G. Michelsen & J. Godemann (Hrsg.), *Handbuch Nachhaltigkeitskommunikation. Grundlagen und Praxis* (2. Aufl., S. 565–576). Oekom.

Meffert, H. (1994). *Marketing-Management. Analyse – Strategie – Implementierung.* Gabler.

Meffert, H., Burmann, C., & Kirchgeorg, M. (2008). *Marketing. Grundlagen marktorientierter Unternehmensführung; Konzepte, Instrumente, Praxisbeispiele* (10. Aufl.). Gabler.

Merten, K. (2013). Konzeption von Kommunikation. *Theorie und Praxis des strategischen Kommunikationsmanagements Springer.* https://doi.org/10.1007/978-3-658-01467-4

Michelsen, G. (2005). Nachhaltigkeitskommunikation: Verständnis – Entwicklung – Perspektiven. In G. Michelsen & J. Godemann (Hrsg.), *Handbuch Nachhaltigkeitskommunikation. Grundlagen und Praxis* (2. Aufl., S. 25–41). Oekom.

Pufé, I. (2017). *Nachhaltigkeit* (3. Aufl.). UVK.

Rat für Nachhaltige Entwicklung. (2019). *Leitfaden zum Deutschen Nachhaltigkeitskodex. Orientierungshilfe für Einsteiger.* Büro Deutscher Nachhaltigkeitskodex.

Rat für Nachhaltige Entwicklung. (2020). *Der Deutsche Nachhaltigkeitskodex. Maßstab für nachhaltiges Wirtschaften.* Büro Deutscher Nachhaltigkeitskodex.

Rhein, S. (2017). *Stakeholder-Dialoge für unternehmerische Nachhaltigkeit. Eine qualitativ-empirische Studie zum Diskursverhalten von Unternehmen.* Springer Fachmedien Wiesbaden.

Rottwilm, I., & Theuvsen, L. (2016). Nachhaltigkeitskommunikation in der Ernährungswirtschaft. In C. Willers (Hrsg.), *CSR und Lebensmittelwirtschaft. Nachhaltiges Wirtschaften entlang der Food Value Chain* (S. 119–137). Springer Gabler.

Sammer, P. (2015). *Storytelling.* O'Reilly.

Schaefer, S. (2012). Nachhaltigkeitskommunikation aus der Perspektive des Controllings. In H. Corsten & S. Roth (Hrsg.), *Nachhaltigkeit. Unternehmerisches Handeln in globaler Verantwortung* (S. 255–273). Gabler.

Schaft, F., & Brosig, S. (2020). Corporate Social Responsibility in der deutschen Landwirtschaft – Verbreitung, Ausgestaltung, Motive. *Berichte über Landwirtschaft, 98*(1),. https://doi.org/10.12767/buel.v98i1.277.

Schaltegger, S. (2011). Nachhaltigkeitsmanagement – Mit Methode. *CSR-Newsletter* 2.

Schaltegger, S. (2014). Nachhaltigkeitsberichterstattung zwischen Nachhaltigkeitsberichterstattung zwischen Transparenzanspruch und Management der Nachhaltigkeitsleistung. In M. S. Fifka (Hrsg.), *CSR und Reporting. Nachhaltigkeits- und CSR-Berichterstattung verstehen und erfolgreich umsetzen* (S. 21–23). Springer Gabler.

Schaltegger, S., Hörisch, J., Windolph, S., & Harms, D. (Hrsg.). (2013). *Corporate Sustainability Barometer 2012. Praxisstand und Fortschritt des Nachhaltigkeitsmanagements in den größten Unternehmen Deutschland.* Center for Sustainablility Management e. V.

Schmidbauer, K., & Jorzik, O. (2017). *Wirksame Kommunikation – mit Konzept. Ein Handbuch für Praxis und Studium.* Talpa.

Scholl, G., & Waidelich, P. (2018). *Nachhaltigkeitsberichterstattung in Zeiten der Berichtspflicht. Ergebnisse einer Befragung von Großunternehmen, KMU und sonstigen berichtspflichtigen Unternehmen im Rahmen des Rankings der Nachhaltigkeitsberichte 2018.*

Schrempf, J. (2014). A social connection approach to corporate responsibility. *Business & Society, 53*(2), 300–332. https://doi.org/10.1177/0007650312449577

Schubert, D., & Pieper, E. (2018). *Nachhaltigkeitskommunikation in der Versicherungswirtschaft. Spielregeln, Erfolgsfaktoren, Trends.* Springer Gabler.

Schüpferling, J. (2011). eBranding und mobiles Internet. In E. Theobald (Hrsg.), *Brand Evolution. Moderne Markenführung im digitalen Zeitalter* (S. 411–429). Gabler.

Severin, A. (2005). Nachhaltigkeit als Herausforderung für das Kommunikationsmanagement in Unternehmen. In G. Michelsen & J. Godemann (Hrsg.), *Handbuch Nachhaltigkeitskommunikation. Grundlagen und Praxis* (2. Aufl., S. 64–75). Oekom.

Spiller, A., & Gerlach, S. (2006). *Anwohnerkonflikte bei landwirtschaftlichen Stallbauten: Hintergründe und Einflussfaktoren.* Institut für Agrarökonomie Georg-August-Universität Göttingen.

Suchman, M. C. (1995). Managing legitimacy: Strategic and institutional approaches. *The Academy of Management Review, 20*(3), 571. https://doi.org/10.2307/258788.

Ulrich, P., & Fluri, E. (1995). *Management. Eine konzentrierte Einführung* (7. Aufl.). Haupt.

Walker, T. (2013). Der Stakeholderansatz als Fundament der CSR-Kommunikation. In P. Heinrich (Hrsg.), *CSR und Kommunikation. Unternehmerische Verantwortung überzeugend vermitteln* (S. 65–74). Springer Gabler.

Welge, M. K., Al-Laham, A., & Eulerich, M. (2017). *Strategisches Management. Grundlagen – Prozess – Implementierung* (7. Aufl.). Springer Gabler.

Wissenschaftliche Dienste des Deutschen Bundestags. (2016). Immissionsschutzrechtliche Genehmigung von Tierhaltungsanlagen – Bewertung nach der TA-Luft und dem Bundesnaturschutzgesetz (WD 7-3000 -133/16).

Zerfaß, A. (2010). *Unternehmensführung und Öffentlichkeitsarbeit. Grundlegung einer Theorie der Unternehmenskommunikation und Public Relations* (3. Aufl.). VS.

Projektkommunikation

9

Das projektförmige Arbeiten hat in den vergangenen Jahren zunehmend an Relevanz gewonnen und bereits Einzug in die Arbeits- und Geschäftsprozesse vieler Unternehmen gehalten. Deutlich wird dies vor allem in Branchen, die in äußerst *dynamischen und komplexen Umwelten* agieren wie z. B. die Automobilindustrie oder die Energiewirtschaft (vgl. Freitag, 2011, S. 11 f.). Aber auch die Agrarbranche ist vermehrt von tiefgreifenden Veränderungen betroffen, was nicht zuletzt auf die große Frage der Welternährung und den Erhalt natürlicher Ressourcen zurückzuführen ist. Jedoch können landwirtschaftliche Betriebe schon längst nicht mehr nur autonom und somit weitgehend losgelöst von ihrer Umwelt auf Veränderungsimpulse reagieren, ohne dass sich im gleichen Atemzug erste Ansätze eines Widerstandes formieren. Dies zeigt sich z. B. im Rahmen von größeren *Bau- und Infrastrukturprojekten,* wobei das volle Ausmaß ihrer thematischen Brisanz vor allem bei der Errichtung neuer Stallanlagen und dem Ausbau erneuerbarer Energien deutlich wird. Eine wesentliche Triebfeder dieser gesellschaftlichen Abwehrreaktionen ist zumeist der empfundene Anspruch vonseiten einzelner Akteurinnen, das jeweilige Veränderungsvorhaben aktiv mitzugestalten, insbesondere dann, wenn das eigene Lebensumfeld davon betroffen ist oder ein erheblicher Eingriff in die natürliche Umwelt erfolgt. Genauer gesagt sind Proteste somit als Symptome einer fehlenden Partizipation und Legitimation zu verstehen, deren Ursprünge in stark emotionalisierten und als weitestgehend unsicher wahrgenommenen Transformationsprozessen zu verorten sind (vgl. Marg et al., 2013, S. 9–20, 48–53, 94–102).

Anders als noch zu Beginn des 21. Jahrhunderts haben viele Bürgerinnen aber auch ein ausgeprägtes Bewusstsein dafür entwickelt, dass sie im Regelfall über ausreichend Ressourcen und Fähigkeiten verfügen, um damit Bauvorhaben und auch anderweitige Infrastrukturprojekte zu blockieren oder sogar vollständig zu verhindern (vgl. Marg et al., 2013, S. 9 f.). Verdeutlicht werden kann dies durch die zahlreichen und vor allem auch *gut organisierten Protestbewegungen in der Landwirtschaft* wie z. B.

M. Kussin und J. Berstermann, *Agrarkommunikation,*
https://doi.org/10.1007/978-3-658-36341-3_9

im oberbayerischen Isen, in Mellrichstadt oder auch in Langenzell. Hier gingen die Bürgerinnen mit den jeweiligen Landwirtinnen in die öffentliche Diskussion, sammelten Unterschriften in Kindergärten und im Einzelhandel und setzten auf Sichtagitationen gegen die Errichtung von Stallanlagen in der unmittelbaren Nachbarschaft (siehe Abb. 9.1). Infolge dieses Großaufgebotes an gesellschaftlicher Kritik und den damit einhergehenden *Auswirkungen auf das künftige Zusammenleben* innerhalb der eigenen Dorfgemeinschaft sahen einige der Landwirtinnen sogar von der Errichtung ihrer geplanten Stallanlage ab und das, obwohl eine Baugenehmigung aus rechtlicher Sicht durchaus hätte erteilt werden können (vgl. Aichele, 2020; Stock, 2017; Werthenbach, 2021).

Ähnliche Beispiele zeigen sich aber auch im Bereich der erneuerbaren Energien, insbesondere der sogenannten *Onshore-Windparks.* So gründeten z. B. einige Bewohnerinnen aus Schleiden-Ettelscheid eine Bürgerinitiative mit dem Slogan *Gegenwind,* um damit auf die nächtlichen Schallimmissionen des angrenzenden Bürgerwindparks aufmerksam zu machen. Dabei wurden vor allem die möglichen Gesundheitsrisiken hervorgehoben, die infolge der Tonhaltigkeit einzelner Windkraftanlagen entstehen können, sowie auch der Wertverlust von Grundstücken und Eigentumsimmobilien (Everling, 2014, 2016a,b). Weiterhin schließen sich aber auch in der Region Odenwald immer wieder Anwohnerinnen zu Protestbewegungen zusammen, um einen fortwährenden Betrieb der nahegelegenen Windkrafträder zu verhindern. Dabei sind die Widerstände ebenfalls weitestgehend emotionalisiert, wobei durch Aussagen wie: *„Um CO$_2$ zu minimieren, kann man doch keine Wälder abschlachten"* (Frankfurter Allgemeine Zeitung GmbH, 2018) und *„Es ist die Verschwendung der Natur [...]"* (Frankfurter Allgemeine Zeitung GmbH, 2018), auch nochmal der Umweltschutz deutlich hervorgehoben wird (Frankfurter Allgemeine Zeitung GmbH, 2018). Zusammengefasst lässt infolge dieser ersten, aber sicherlich z. T. auch fragmentierten Einblicke in die Vielfalt und Intensität landwirtschaftsbezogener Protestbewegungen aufzeigen, dass es zumeist nicht mehr ausreichend ist, wenn Projekte nur auf der Grundlage technischer und kaufmännischer Entscheidungskriterien bewertet und durchgeführt werden. Vielmehr bedarf es auch einer umfassenden Berücksichtigung der kommunikativen Ebene,

Abb. 9.1 Sichtagitationen in der Form von Plakaten in den Gemeinden Mellrichstadt und Langenzell sowie im Odenwald. (Foto links: Boxberger, J., in (Stock, 2017); Foto Mitte: Müller Alexander (Foto Alex), in (Werthenbach, 2021); Foto rechts: dpa Picture-Alliance GmbH, in (Frankfurter Allgemeine Zeitung GmbH, 2018))

um negative Protestpotenziale frühzeitig erfassen und abfedern zu können (vgl. Brettschneider & Müller, 2019, S. 80 f.).

Neben dem professionellen Umgang mit unterschiedlichen Formen von Widerständen wird es in der Landwirtschaft aber auch immer wichtiger, bei auftretenden Veränderungen bereits *proaktiv* nach Lösungsmöglichkeiten zu suchen bzw. den Wandel
selbst zu initiieren. Dies zeigt sich z. B. im Bereich der *Präzisionsfermentation,* durch
die u. a. Proteine, Fette und Vitamine ohne den Einsatz tierischer Erzeugnisse hergestellt
werden können. So wurde in der Studie *Rethinking Food and Agriculture 2020–2030*
hervorgehoben, dass die Präzisionsfermentation die Landwirtschaft künftig nicht nur
im Bereich der Kosteneffizienz deutlich übertreffen wird, sondern auch in der Her-
stellungsgeschwindigkeit und ihrer Funktionsvielfalt (vgl. Tubb & Seba, 2019, S. 18 f.).
Unternehmen sollten ihre Geschäftsmodelle somit möglichst selbst durch innovative
Ansätze disruptieren, bevor diese aufgrund von technologischen Entwicklungen und den
daraus resultierenden Marktveränderungen obsolet werden. Um dies jedoch zielführend
umsetzen zu können, sind zumeist ein *interdisziplinäres Netzwerk* aus Fachexpertinnen
und die Einbindung der jeweiligen Anspruchsgruppen in die Entwicklung von Geschäftsmodellen, Prozessen sowie Produkt- und Serviceleistungen erforderlich (vgl. Laloux,
2017, S. 59 ff.; Kruse, 2015, S. 13–32, 36 f., 80–91, 147 ff.). Bei der Errichtung eines
Bürgerwindparks oder eines Schweinestalls werden neben einer nicht unerheblichen
Investitionssumme z. B. auch eine ganze Reihe an unterschiedlichen Qualifikationen
vorausgesetzt, um die Umsetzung nicht nur zielführend ausgestalten zu können, sondern
nach Möglichkeit auch erfolgreich durchzuführen (vgl. Lau & Dechange, 2013, S. 81).

Im Rahmen der Projektarbeit wird hierzu eine Gestaltungsoption geboten, indem
verschiedene Fachdisziplinen miteinander verknüpft und systematisch an die jeweilige
Situation angepasst werden. Dabei können die Projektteilnehmerinnen aus unterschiedlichen Perspektiven auf das Projekt und dessen Umwelt schauen und eine weitestgehend
erkundende Haltung einnehmen. Nicht zuletzt werden Veränderungsimpulse dadurch
frühzeitig wahrgenommen und können umgehend in den bestehenden Projektkontext
integriert werden (vgl. Laloux, 2017, S. 59 ff.; Kruse, 2015, S. 80–91, 147 ff.). Bei der
eigentlichen Umsetzung von Projekten gilt es allerdings zu beachten, dass ein zumeist
wesentlicher Teil der relevanten Tätigkeiten aus Kommunikationsaufgaben besteht.
Neben harten Faktoren, wie z. B. dem Berichtswesen, der Projektdokumentation und der
systematischen Einbindung von Stakeholdergruppen in den Projektablauf – *Legitimation
von Entscheidungen* –, zählen auch unterstützende Faktoren, wie z. B. das Konflikt-
management, die Führung von Teams und die Motivation der Projektteilnehmerinnen –
Förderung von Vernetzung –, zu den wesentlichen Aufgaben der Projektkommunikation.
Insgesamt ist dabei aber zu berücksichtigen, dass durch Kommunikation nicht in jedem
Fall die Legitimation von Entscheidungen erhöht und die Vernetzung gefördert wird.
Kommunikation besitzt einen durchaus ambivalenten Charakter und kann somit auch
dazu beitragen, dass Missmut und Konflikte überhaupt erst initiiert werden. Dies zeigt
sich vor allem dann, wenn Abstimmungsfehler auftreten oder einzelne Personengruppen
erst gar nicht in den Kommunikationsprozess einbezogen werden, obwohl diese über ein

berechtigtes Projektinteresse verfügen (vgl. Brettschneider & Müller, 2019, S. 80; Freitag, 2011, S. 23). Somit ist die Projektkommunikation keinesfalls ein Selbstläufer, der im Projektverlauf situativ entsteht und sporadisch angepasst werden sollte. Vielmehr gilt es die Kommunikation rechtzeitig und vor allem auch bewusst zu planen, über alle Projektphasen hinweg zu implementieren und abschließend zu evaluieren. Nur so kann sich die gewünschte Kommunikationswirkung auch vollständig und weitestgehend störungsfrei entfalten (vgl. Nagel & Wild, 2014, S. 2; Brettschneider & Müller, 2019, S. 80).

Um im weiteren Verlauf dieses Kapitels aber auch einen tieferen Einblick in die *verschiedenen Strukturierungsansätze der Projektkommunikation* zu ermöglichen, werden diese im Anschluss noch einmal näher beschrieben und weitestgehend aufeinander abgestimmt. Dabei sind in erster Linie die einzelnen Dimensionen der Projektkommunikation anzuführen, die i. d. R. dazu eingesetzt werden, um die Kommunikation zum jeweiligen Projekt in eine übergeordnete Struktur zu überführen. Diese ist dann unter Einsatz der weiteren Strukturierungsansätze so um Daten und Informationen anzureichern, dass ein detaillierter und in sich stringenter Kommunikationsplan erstellt und mit dem eigentlichen Projektplan verwoben werden kann. Weiterhin sollte die Projektkommunikation aber auch immer in Anlehnung an die einzelnen Phasen des Projektmanagements ausgestaltet werden, wobei zumeist eine Untergliederung in die Start-, Umsetzungs- und Abschlussphase vorgenommen wird. Dies ist insbesondere deshalb wichtig, damit die zuvor angeführten Dimensionen auf den eigentlichen Projektablauf heruntergebrochen und noch einmal gezielt um Daten und Informationen angereichert werden können. Insgesamt gilt es aber in beiden der zuvor angeführten Strukturierungsansätze grundsätzlich darauf zu achten, dass die Kommunikationsinhalte sorgfältig aufeinander abgestimmt und fortwährend miteinander rückgekoppelt werden. Hierzu ist insbesondere auf die einzelnen Arbeitsschritte der klassischen Konzeptionslehre zurückzugreifen, wobei diese im Praxisteil detailliert ausgearbeitet und auf das Fallbeispiel des Bürgerwindparks bezogen werden. Dementsprechend durchzieht das dort entwickelte Konzeptionsangebot auch die übrigen Strukturierungsangebote und kann bei Bedarf in einen übergeordneten Projektplan überführt werden.

9.1   Projektkommunikation als integrativer Ansatz

Die Projektkommunikation setzt sich aus unterschiedlichen Dimensionen zusammen, wobei im Folgenden eine Untergliederung in

1. Projekte als soziale Systeme,
2. mediale Infrastruktur,
3. Dynamik,
4. Themen und Anlässe,
5. Folgen und
6. Gestaltung des Projektes

vorgenommen wird. Dabei gilt es zu beachten, dass im Folgenden nur jeweils ein Betrachtungsfokus gesetzt werden soll, um die einzelnen Dimensionen näher beschreiben zu können. Bei der Projektkommunikation als Gesamtkonstrukt handelt es sich allerdings um einen integrativen Ansatz, in dem sich die verschiedenen Dimensionen gegenseitig bedingen (vgl. Freitag, 2014, S. 212, 220). Die Kommunikation in Projekten ist somit ähnlich aufgebaut wie ein komplexes Problem. Wenn einzelne Dimensionen nur als Satellitensysteme betrachtet werden, erfolgt eine sinnzerstörende Reduzierung der jeweils vorhandenen Wechselwirkungen. Damit ist gemeint, dass die einzelnen Dimensionen ihre Funktion u. a. aus der *Gesamtheit des Systems* erhalten und die Existenz des Gesamtsystems infolge des *Zusammenspiels seiner Dimensionen* besteht (vgl. Steinkellner, 2006, S. 85 f., 91; Freitag, 2014, S. 220; Mühlbradt, 1996, S. 55).

Die Ergebnisse aus den verschiedenen Dimensionen sowie auch ihre Wechselwirkungen können abschließend in einen *Kommunikationsplan* übertragen werden. Dieser ist Bestandteil des eigentlichen Projektplans und umfasst insbesondere die zu kommunizierenden Informationen, den Grund und die Häufigkeit für die Kommunikation sowie auch das Medium und die verantwortlichen Personen. Daraus wird für alle Projektbeteiligten sichtbar, wer alles am Projekt beteiligt ist und welche Informationen zu welcher Zeit an wen zu kommunizieren sind. Dabei sollte jedoch auch generell darauf geachtet werden, dass nach Möglichkeit eine jeweils stakeholdergerechte Ansprache vorgenommen wird (vgl. Bohinc, 2014, S. 33 f.).

Projekte als soziale Systeme

Projekte können durchaus als eine Art soziales System verstanden werden, da sie sich aus unterschiedlichen Akteurinnen und ihren z. T. divergierenden Rollen, Aufgaben und Ansprüchen formieren. Diesbezüglich lässt sich eine grobe Strukturierung zwischen *Auftraggeberin, Projektleiterin, Teammitgliedern* (projektinterne Kommunikation) sowie auch den weiteren Stakeholdergruppen (projektexterne Kommunikation) vornehmen, die an einem Projekt beteiligt sind (vgl. Freitag, 2014, S. 212 f., 292 f.). Im Fallbeispiel des Bürgerwindparks besetzt die Auftraggeberin z. B. auch die Rolle der Projekt- und Teamleitung, die Arbeitnehmerinnen und die direkte Nachbarschaft fungieren als Teammitglieder und die übrigen Anspruchsgruppen setzen sich aus den ortsansässigen Bewohnerinnen, Tier- und Naturschutzverbänden sowie verschiedenen Fördereinrichtungen und Behörden zusammen.

Im Rahmen der eigentlichen Projektkonzeption, -umsetzung und ggf. auch –revision erfüllen die bereits genannten Akteurinnen und Personengruppen dann zumeist ganz unterschiedliche Funktionen. Während die Projektleitung vor allem die Führungs- und Managementaufgaben übernimmt und das Projekt strukturiert, sind die Teammitglieder für die inhaltlichen Aufgaben der Projektarbeit verantwortlich. Bei der Auftraggeberin hingegen hängt die Vielfalt der Aufgaben vor allem vom Führungsverständnis ab. Somit können diese von der Auftragsklärung und einer finalen Projektabnahme bis hin zu einer aktiven Einbindung in sämtliche Arbeitsschritte reichen (vgl. Freitag, 2014, S. 212 f., 292 f.).

Die verschiedenen externen Stakeholdergruppen eines Projektes sind im Gegensatz zu den internen Teilnehmerinnen erst einmal zu identifizieren und dann im weiteren Verlauf näher zu beschreiben. Hierzu bietet sich i. d. R. eine *Stakeholderanalyse* an, da die Anspruchsgruppen dort nicht nur erfasst, sondern auch hinsichtlich ihrer Relevanz bewertet werden können. Des Weiteren besteht in diesem Zusammenhang die Möglichkeit, dass auch zusätzliche Informationen gesammelt werden, durch die eine zielgruppenspezifische Ansprache und Projekteinbindung ermöglicht wird (vgl. Freitag, 2014, S. 212 f.). Bei der unmittelbaren Nachbarschaft des Bürgerwindparks könnten diesbezüglich z. B. die folgenden Hilfsfragen angeführt werden:

- Wie ist die grundsätzliche Einstellung zu erneuerbaren Energien?
- Welche Informationen werden benötigt, um eine positive/negative Entscheidung zu erwirken?
- Handelt es sich bei der Erbauung der Windparks um einen unmittelbaren Stressfaktor?

Neben der Möglichkeit einer direkten Kommunikation zwischen der Auftraggeberin bzw. der Projektleitung und den jeweiligen Stakeholdergruppen ist allerdings zu berücksichtigen, dass Kommunikation auch indirekt bzw. über andere Kanäle erfolgen kann. Hier können z. B. die sozialen Verbindungen zwischen einzelnen Anspruchsgruppen zum Tragen kommen (vgl. Post et al., 2002, S. 22 f.; Simtion, 2016, S. 54; Freitag, 2014, S. 212 f.). Im Fallbeispiel des Bürgerwindparks steht die Bürgermeisterin ggf. in Kontakt mit einem Natur- oder Tierschutzverband. Dies kann dann dazu führen, dass das Bauprojekt an zusätzlicher Unterstützung gewinnt, da sich die Stakeholdergruppen gegenseitig positiv beeinflussen. Im Umkehrschluss besteht allerdings auch die Möglichkeit, dass die Umsetzung des Projektes gefährdet oder sogar vollständig verhindert wird, da sich die negative Einstellung der Umweltverbände gegenüber dem Projekt z. B. auch auf die Meinung der Bürgermeisterin überträgt.

Mediale Infrastruktur
Die Kommunikation in Projekten kann durch eine gemeinsame Kodierung erleichtert werden, da hier eine schnelle und vor allem auch allgemeingültige Interpretation der Kommunikationsinhalte ermöglicht wird. Deutlich wird dies z. B. in der Form eines geteilten *Zeichenvorrates*[1], *Symbolen* sowie auch *Text- und Dateiformaten* (vgl. Freitag, 2014, S. 213 f.; Brettschneider & Müller, 2019, S. 84). Ein fachlicher Austausch zwischen mehreren Landwirtinnen zu einem Stallbauprojekt weist aller Voraussicht nach eine andere Kodierung auf als ein Gespräch zwischen Ingenieurinnen zur Errichtung eines Bürgerwindparks. Für ein interdisziplinäres oder sogar transdisziplinäres Projektteam bedeutet dies vor allem, dass eine gemeinsame Kodierung geschaffen werden

---

[1] Unter einem geteilten Zeichenvorrat wird u. a. das Sprechen der gleichen Sprache verstanden.

sollte, um einen möglichst störungsfreien und auch zielführenden Kommunikationsfluss zu erreichen (vgl. Freitag, 2014, S. 213 f., 293; Bohinc, 2014, S. 151–155).

Weiterhin ist im Rahmen der Projektinfrastruktur auch das Medienangebot zu bestimmen, über das die Kommunikation grundsätzlich erfolgen soll, wie z. B. Projektpläne, Präsentationen oder Besprechungen. Hier besteht die Möglichkeit, dass auch Medieninstitutionen in die Infrastruktur mit aufgenommen werden, da diese zumeist als mittelbare Beteiligte eines Projektes auftreten (vgl. Freitag, 2014, S. 214). Im Fallbeispiel des Schweinestalls kann es z. B. förderlich sein, dass bereits frühzeitig über das Stallbauprojekt berichtet wird, um ein gemeinsames Grundverständnis zu schaffen und etwaigen Kritikerinnen bereits vorzugreifen. Außerdem können Journalisten auch als *Gatekeeper* genutzt werden, womit durch die Berichterstattung möglicherweise ein Vertrauensvorsprung gegenüber den Stakeholdergruppen erwirkt werden kann (vgl. Zerfaß & Piwinger, 2014, S. 123; Mast, 2016, S. 356 f., 385 ff.).

Dynamik
Bei der Dynamik im Rahmen der Projektkommunikation kann zwischen zwei unterschiedlichen Perspektiven differenziert werden. Zum einen ist zu hinterfragen, ob sich die Kommunikation aus dem Projektverlauf heraus entwickelt hat und eigendynamisch auf das Projekt zurückwirkt. Zum anderen wird die Kommunikation für die einzelnen Projektphasen geplant bzw. aktiv an diesen ausgerichtet. Das bedeutet, dass die Kommunikationsaufgaben und -routinen im Verlauf eines Projektes konzeptionell aufgebaut, angepasst und wieder aufgelöst werden, wobei sich diese entweder auf nur einzelne Projektphasen beschränken oder aber phasenübergreifend zur Anwendung kommen (vgl. Freitag, 2014, S. 214 f., 296).

In Bezug auf den Bürgerwindpark sind die jeweiligen Kommunikationsaufgaben und -routinen zuerst einmal festzulegen und auf die Start-, Umsetzungs- und Abschlussphase des Projektes zu übertragen. Eine wesentliche Aufgabe könnte hier z. B. darin liegen, die Stakeholdergruppen durch regelmäßige Online-Meetings auf den neuesten Informationsstand zu bringen, um dadurch ein gemeinsames Grundverständnis herzustellen und die Projektakzeptanz zu steigern. Wie bereits angeführt, gilt es dabei jedoch zu berücksichtigen, dass die Kommunikation auf den Projektverlauf zurückwirken kann, was ggf. zu einer Veränderung der geplanten Kommunikationsaufgaben und -routinen führt. Im Fallbeispiel des Bürgerwindparks kann sich z. B. herausstellen, dass Online-Meetings nicht ausreichend sind, um alle Stakeholdergruppen einheitlich zu informieren, da deren Medienkompetenz unterschiedlich stark ausgeprägt ist. Dies sorgt ggf. wiederum dafür, dass die Akzeptanz gegenüber dem Projekt zurückgeht und ein weiteres Kommunikationsinstrument bzw. Medium eingesetzt werden sollte (vgl. Freitag, 2014, S. 214 f., 294 f.).

Themen und Anlässe
Bei den Themen und Anlässen der Projektkommunikation handelt es sich um die kommunikativen Inhalte, die entweder im Projekt aufgegriffen und behandelt werden oder aber über die sich die Akteurinnen eines Projektes untereinander austauschen.

Ähnlich wie in einer Fokusgruppendiskussion können auch hier Rückschlüsse auf die Relevanz eines bestimmten Themas gezogen werden (vgl. Freitag, 2014, S. 215, 295; Schulz et al., 2012, S. 10 ff.). Sollte beim Bürgerwindpark z. B. die unmittelbare Nachbarschaft ein wesentliches Interesse an Themen der Windenergie haben, würde sich dies anhand von Fragen und Anregungen zeigen, die in den Kommunikationsprozess eingebracht werden. Besonders deutlich wird dies aber auch durch die zu Beginn des Kapitels angeführten Bau- und Infrastrukturprojekte im Bereich des Stallbaus und der erneuerbaren Energien. Dort zeigt sich die Relevanz der jeweiligen Themen in der Form von Bürgerprotesten, die für die Initiatorinnen i. d. R. mit einem nicht zu unterschätzenden Reputationsverlust einhergehen.

Darüber hinaus ist hier aber auch eine generelle Untergliederung in die Arbeitsbereiche 1) Projektauftrag, 2) Projektsteuerung und 3) Projektkultur vorzunehmen. Diese werden allesamt dafür benötigt, um mit den jeweiligen Themen eines Projektes und ihrer Relevanz angemessen umgehen zu können.

1. **Projektauftrag:** Im Rahmen des Projektauftrages sind zunächst einmal die Ziele und Herausforderungen zu definieren, die entweder im Projektverlauf erreicht werden sollen oder aber durch die eine Projektierung überhaupt erst erforderlich wird. Des Weiteren können in diesem Zusammenhang auch bereits mögliche Lösungsalternativen und Formen der Umsetzung, Dokumentation und Revision festgelegt werden, wobei die jeweilige Ausarbeitung aus einer *internen und externen Perspektive* erfolgen kann. Während bei der *internen Perspektive* vor allem die Meinungsfindung und der Aufbau von Know-how im Fokus stehen, dient die *externe Perspektive* in erster Linie dazu, eine fachliche Einbindung der Anspruchsgruppen vorzunehmen (vgl. Freitag, 2014, S. 215 f.).

2. **Projektsteuerung:** Bei der Projektsteuerung hingegen liegen die Themen und Anlässe in den formalen Strukturen, Systemen und Prozessen eines Projektes und somit auch in den Planungs-, Steuerungs- und Kontrollaufgaben. Dabei geht es im Wesentlichen darum, die Liefer- und Leistungsbeziehungen mit den internen und externen Projektumwelten abzustimmen. Je nachdem, wie viel Transparenz von den jeweiligen Stakeholder(-gruppe)n erwartet wird, kann es an dieser Stelle durchaus förderlich sein, auf unterschiedliche Vertragsmodelle, Gutachten oder Reportingmöglichkeiten zurückzugreifen, um die Informationsasymmetrie zu den Stakeholdergruppen zu reduzieren (vgl. Freitag, 2014, S. 216). Im Fallbeispiel der Schweinezuchtanlage könnte die Landwirtin sich z. B. vertraglich dazu bereiterklären, den künftigen Emissionsausstoß technisch zu erfassen, zu dokumentieren und gegenüber den Stakeholdergruppen offen zu kommunizieren. Außerdem besteht die Möglichkeit, dass im Fallbeispiel des Bürgerwindparks ein Gutachten veröffentlicht wird, in dem das geophysikalische Windpotenzial der jeweiligen Region vermerkt ist.

3. **Projektkultur:** Abschließend wird im Zuge der Projektkultur noch auf die informellen Strukturen eines Projektes eingegangen, also die jeweilige Form der

Zusammenarbeit. Dabei durchlaufen die Projektmitglieder i. d. R. einen gruppen-dynamischen Prozess,[2] der nach Möglichkeit durch die Projekt- bzw. Teamleitung zu unterstützen ist. In diesem Zusammenhang ist es wichtig, dass die einzelnen Projekt-mitglieder ihre jeweilige Rolle im Team finden und sich dieser auch bewusst sind. Andernfalls besteht das Risiko, dass die Leistungsfähigkeit und Kooperationsbereit-schaft gehemmt werden und die Zielerreichung eingeschränkt wird (vgl. Freitag, 2014, S. 216, 296).

Folgen

Als Folge von Kommunikation sind Veränderungen anzuführen, die entweder durch die Kommunikation initiiert oder aber durch diese begleitet werden. Dabei wird i. d. R. zwischen erwarteten und nicht erwarteten Veränderungen unterschieden. Wenn Kommunikation zu einer erwarteten Veränderung beiträgt, dann wird auch der Übergang zum jeweils nächsten Projektschritt erleichtert. Bei einer *nicht erwarteten Veränderung* hingegen ist die bisherige Projektkommunikation an die neuen Umstände anzupassen (vgl. Freitag, 2014, S. 217). Wie bereits in Kap. 2 angeführt, wird hier noch einmal deutlich, wie wichtig es ist, dass im Rahmen eines Projektes Kommunikationsziele fest-gelegt werden. Denn ohne *erwartete Veränderungen* bleibt auch die Kommunikation weitestgehend ungerichtet. Im Fallbeispiel des Bürgerwindparks könnte ein wesent-liches Kommunikationsziel z. B. darin liegen, dass alle relevanten Anspruchsgruppen die Errichtung der Windkrafträder befürworten. Sollte dieses Ziel vollständig erreicht werden, kann in einem nächsten Schritt mit dem eigentlichen Bauvorhaben begonnen werden. Andernfalls ist an dieser Stelle womöglich eine Anschlusskommunikation erforderlich, um auch die übrigen Stakeholdergruppen vom Bürgerwindpark zu über-zeugen.

In Bezug auf die Fristigkeit einer Folge kann zwischen unmittelbaren, mittelfristigen und langfristigen Folgen unterschieden werden. *Unmittelbare Folgen* sind dabei direkt wahrnehmbar und äußern sich z. B. durch Bestätigung, Ablehnung oder auch Rückfragen vonseiten der Anspruchsgruppen. Hierbei gilt es zu beachten, dass die unmittelbaren Folgen zwar ohne größere Zeitverzögerung wahrgenommen werden können, allerdings besteht die Möglichkeit, dass auch die mittelfristigen und langfristigen Ziele dadurch beeinflusst werden (vgl. Freitag, 2014, S. 217 f., 296). Wenn sich die Nachbarinnen im

---

[2] Der klassische Gruppenbildungsprozess setzt sich aus den vier Phasen *Forming, Storming, Norming* und *Performing* zusammen. In der ersten Phase (Forming) geht es vor allem darum, sich kennenzulernen und erste Informationen und Erwartungen auszutauschen. In der zweiten Phase (Storming) kommen sich die Teammitglieder näher, schließen sich zu Kleingruppen zusammen und tragen bereits erste Konflikte aus. Nachdem die wesentlichsten Konflikte gelöst wurden, werden in der dritten Phase (Norming) Verhaltensregeln festgelegt, um die Zusammenarbeit im Team zu verbessern. In der vierten Phase (Performing) ist das Team dann am leistungsstärksten. Das Team kann aus den Einzelleistungen der Teammitglieder in vollem Umfang schöpfen, diese verknüpfen und sein Ziel möglichst effektiv erreichen (vgl. Burghardt 2008, S. 495 ff.).

Fallbeispiel des Schweinestalls z. B. offen gegen eine Erweiterung der Zuchtanlage aussprechen, können ggf. auch Komplikationen im Rahmen des Planfeststellungsverfahrens
auftreten.

Mittelbare Folgen hingegen entstehen über einen längeren Zeitraum, der durchaus
mehrere Wochen bis Monate in Anspruch nehmen kann. Es handelt sich hierbei zumeist
um das Ergebnis ganzer Kommunikationsprozesse, in denen sich Meinungen, Einstellungen oder auch Interessen zu einem Thema neu konstituieren können. In Bezug
auf die außerökonomischen Kommunikationsziele aus Kap. 4 können an dieser Stelle
insbesondere die affektiven und konativen Ziele unterstützt werden, da die jeweilige
Kommunikationsbotschaft i. d. R. wiederholt an die Rezipienten herangetragen wird
(vgl. Freitag, 2014, S. 218, 296). Für das Fallbeispiel des Bürgerwindparks kann das
z. B. bedeuten, dass die Stakeholdergruppen aufgrund von regelmäßigen Informationsveranstaltungen und Feedbackschleifen ein größeres Verständnis für die Relevanz von
erneuerbaren Energien entwickeln, infolgedessen sie auch dem Bauvorhaben des Windparks leichter zustimmen.

Langfristige Folgen entstehen zumeist über mehrere Jahre hinweg und manifestieren
sich in gesellschaftlichem Wissen, Werten und Normen sowie auch langfristigen
Beziehungen und Netzwerken. Häufig werden diese in der Form von Sprache, Verhaltensweisen und Kompetenzen in das jeweilige Projekt eingebracht, dort modifiziert
und nach Projektende ggf. beibehalten (vgl. Freitag, 2014, S. 218, 296). Im Fallbeispiel
des Bürgerwindparks könnte eine langfristige Folge z. B. darin liegen, dass die Projektakteurinnen ihr Wissen über die Windkraft erhöht und eine positive Einstellung gegenüber erneuerbaren Energien entwickelt haben. Dies hat dann möglicherweise zur Folge,
dass die ortsansässigen Bewohnerinnen auch nach der Errichtung des Bürgerwindparks
in Projekte investieren, in denen Techniken zur Gewinnung von erneuerbaren Energien
gefördert werden.

Gestaltung des Projektes

Im letzten Schritt dieses Ansatzes soll es nun darum gehen, nicht mehr nur die Merkmale
und Erscheinungsformen von Kommunikation hervorzuheben, sondern vor allem auch
die Kommunikation selbst auszugestalten. Hierzu sind der Kommunikationsprozess
und die jeweiligen -bedingungen an die entsprechende Situation anzupassen, damit
diese einen Beitrag zur Erreichung der Kommunikationsziele leisten können. Im Zuge
dessen wechselt die Kommunikation von einer beschreibenden Ebene hin zu einer
gestaltenden Ebene bzw. von einem Handlungsgeschehen hin zu einem Management
von Kommunikation. Diesem kann dabei der klassische Managementregelkreis
zugrunde gelegt werden, wobei hier eine Untergliederung in die Stufen Orientierung,
Planung, Umsetzung und Kontrolle vorgenommen wird (siehe Abb. 9.2). Dabei gilt es
zu beachten, dass ein wesentliches Ziel des Regelkreises darin liegt, möglichst frühzeitig
auf Veränderungen zu reagieren. Es besteht somit durchaus die Möglichkeit, dass im
Rahmen eines Prozesses immer wieder Iterationsschleifen eingeleitet werden, um eine

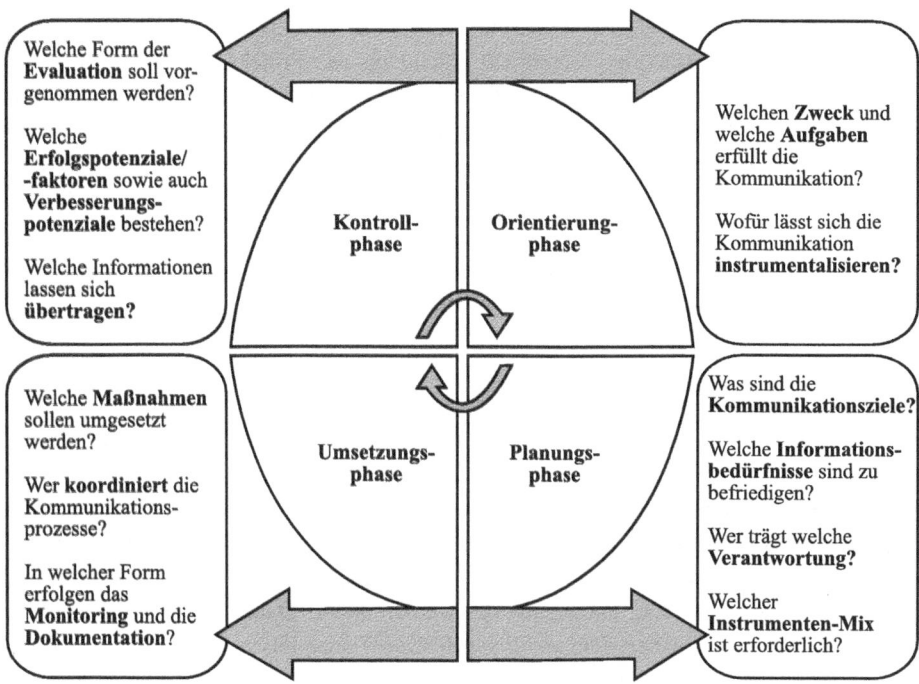

Abb. 9.2 Regelkreis zum Kommunikationsmanagement

rechtzeige Plankorrektur vornehmen zu können und die geplanten Ziele zu erreichen (vgl. Bohinc, 2014, S. 29 f.; Freitag, 2014, S. 219; Burghardt, 2008, S. 20 f.).

Im Fallbeispiel des Bürgerwindparks ist hinsichtlich der *Orientierungsphase* zunächst einmal festzulegen, für welche Zwecke überhaupt Kommunikation im Projektverlauf eingesetzt werden soll. Dies kann z. B. ein gemeinsames Grundverständnis sowie auch die Steigerung von Transparenz und Akzeptanz im Projektverlauf sein. In der *Planungsphase* werden im Anschluss daran die Kommunikationsziele und Verantwortlichkeiten bestimmt sowie ein Kommunikationsplan ausgearbeitet. Dabei ist darauf zu achten, dass auch die wesentlichen Anspruchsgruppen ermittelt und die Kommunikationsinstrumente für die einzelnen Projektphasen ausgewählt werden. In der *Umsetzungsphase* wird dann in einem nächsten Schritt die Durchführung und Steuerung der geplanten Kommunikationsmaßnahmen vorgenommen sowie auch eine mögliche Anpassung dieser, falls die Zielerreichung infolge von Planabweichungen gefährdet wird. Somit ist die *Kontrollphase* bereits in Teilen mit der Umsetzungsphase verknüpft und dieser nicht vollständig nachgelagert. Abschließend kann im Rahmen der Kontrollphase dann noch eine *Evaluation* des Kommunikationsprozesses vorgenommen werden. Hierbei ist der Prozess zu reflektieren, um mögliche Erfolgs- sowie auch Verbesserungspotenziale offenzulegen und diese für weitere Projektvorhaben in einer Erfahrungsdatenbank zu sichern (vgl. Freitag, 2014, S. 219 f.; Bohinc, 2014, S. 29 f.; Burghardt, 2008, S. 20 f.). Auch können die Stakeholdergruppen im Nachgang des Projektes über die aktuellen Erfolge und Herausforderungen informiert und zu weiteren Erwartungen befragt werden. Besonders im Fallbeispiel des Bürgerwindparks kann es wichtig sein, die Stakeholdergruppen immer wieder über den aktuellen Fortschritt der Energiegewinnung oder aber auch weitere Energieprojekte zu informieren (vgl. Freitag, 2014, S. 621 f.).

9.2   Der Beitrag der Kommunikation für das Projektmanagement

Zu Beginn dieses Kapitels wurde bereits angeführt, dass Unternehmen immer öfter darauf angewiesen sind, im Rahmen von interdisziplinären Projekten mit Anspruchsgruppen zusammenzuarbeiten, um wirtschaftlich tragfähige Lösung zu entwickeln. Als wesentliches Ziel der Projektkommunikation gilt es dabei, die jeweiligen Anspruchsgruppen möglichst rechtzeitig mit den entsprechenden Projektinformationen zu versorgen, wodurch nicht nur die *Projektakzeptanz* erhöht, sondern auch Gerüchten und Bedenken vorgebeugt bzw. entgegenwirkt werden kann. Dabei gilt es insbesondere darauf zu achten, dass neben dem *richtigen Zeitpunkt* auch das *richtige Format* und der *richtige Kanal* ausgewählt werden, damit die jeweils erforderliche Kommunikationswirkung vollumfänglich erreicht werden kann (vgl. Brettschneider & Müller, 2019, S. 80–83; Bohinc, 2014, S. 27 f.; Freitag, 2014, S. 32). Wie auch in Kap. 7 und 10 sowie auch in der Einleitung dieses Kapitels näher beschrieben, kann eine zu späte oder nicht zielgruppengerechte Ansprache hingegen dafür sorgen, dass Proteste oder Blockaden initiiert und sogar ganze Projekte verhindert werden.

Insbesondere bei Großprojekten ist die Einbindung von Anspruchsgruppen jedoch mit einem nicht zu unterschätzenden Aufwand und einer hohen Komplexität verbunden, da mit der Größe eines Projektes i. d. R. auch die Anzahl der Kommunikationskanäle steigt. Dies ist vor allem darauf zurückzuführen, dass eine projektbezogene Kommunikation nicht nur zwischen den eigentlichen Projektmitgliedern und den externen Stakeholdergruppen stattfindet, sondern vor allem auch zwischen den einzelnen Stakeholdergruppen an sich (vgl. Bohinc, 2014, S. 26 f.; Post et al., 2002, S. 22 f.). Im Fallbeispiel des Schweinestalls tauschen sich die Nachbarinnen aller Voraussicht nach auch ohne die Anwesenheit des unmittelbaren Projektteams mit den ortsansässigen Bewohnerinnen aus.

Um die Komplexität der Stakeholderdialoge jedoch auf ein überschaubares Niveau zu senken, kann es durchaus förderlich sein, die generelle Informationsbasis eines Projektes proaktiv mit sämtlichen Anspruchsgruppen zu teilen. Dadurch werden die bestehenden Kommunikationskanäle miteinander verknüpft und es kann ein *gemeinsamer Verständnisrahmen* geschaffen werden. Dabei ist es jedoch wichtig, dass nur die Informationen vollumfänglich geteilt werden, die auch für alle Anspruchsgruppen relevant sind. Andernfalls werden Ressourcen aktiviert und gebunden, die in einer anderen Phase des

Projektes womöglich dringender benötigt werden (vgl. Bohinc, 2014, S. 26 ff.; Brett-schneider & Müller, 2019, S. 81 f.; Freitag, 2014, S. 26).

Welcher Ressourceneinsatz darüber hinaus im Rahmen der Projektkommunikation benötigt wird, hängt im Wesentlichen davon ab, ob die jeweilige Kommunikation eine besonders anspruchsvolle Funktion besetzt (vgl. Bohinc, 2014, S. 26 ff.; Brettschneider & Müller, 2019, S. 85 f.). Verdeutlicht werden kann dies am Fallbeispiel des Bürger-windparks. Hier ist davon auszugehen, dass im Austausch mit den verschiedenen Stake-holdergruppen nicht nur unterschiedliche Ansprüche und Emotionen aufeinandertreffen, sondern auch sehr heterogene Wissensstände. Diese reichen von einer Veränderung des Landschaftsbildes und dem Umgang mit Schallimmissionen bis hin zu wirtschaftlichen Aspekten bei der Zeichnung eines Kommanditanteils. Folglich ist davon auszugehen, dass der Anspruchsgrad der Projektkommunikation an dieser Stelle deutlich höher aus-fällt als z. B. im Fall der Milchtankstelle oder der Reitanlage. Insgesamt liegt aber auch hier das wesentliche Ziel der Projektkommunikation darin, einen zielführenden Aus-tausch zwischen den einzelnen Anspruchsgruppen zu ermöglichen, und das unter der Berücksichtigung der jeweils verfügbaren Ressourcenbasis (vgl. Bohinc, 2014, S. 26 ff.; Brettschneider & Müller, 2019, S. 82; Freitag, 2014, S. 302 f., 650–673).

Inhaltlich ist die Projektkommunikation ein wesentlicher Teil des klassischen Projekt-managements, welches sich anhand eines Lebenszyklus in die Phasen Projektdefinition, Projektplanung, Projektdurchführung und -kontrolle sowie Projektabschluss unter-gliedern lässt (vgl. Burghardt, 2008, S. 15–21; Freitag, 2014, S. 301). Für die Projekt-kommunikation bietet sich eine ganz ähnliche Struktur an, wobei hier eine grobe Unterteilung in die folgenden *drei Phasen* vorgenommen wird (vgl. Freitag, 2014, S. 300 f.):

1. Projektstart,
2. Projektumsetzung und
3. Projektabschluss.

In Bezug auf Abschn. 9.4 kann außerdem angeführt werden, dass die Situationsanalyse der Konzeption in allen drei Projektphasen erneut aufgegriffen und je nach Bedarf an die jeweiligen Veränderungsimpulse angepasst wird. Die Ergebnisse aus der Strategie- und Maßnahmenplanung hingegen durchlaufen die Projektphasen weitestgehend fließend und in enger Abstimmung zueinander, wobei hier auch ein Großteil der inhaltlichen Kommunikationsarbeit zu verorten ist.

Kommunikationsziele und -aufgaben in der Phase des Projektauftaktes
Der Projektauftakt umfasst zunächst einmal eine Definition der Projektziele sowie auch die Zusammenstellung eines geeigneten Projektteams. Darüber hinaus sind jedoch auch *erste Meilensteine und Strukturen,* ein *geeignetes Risikomanagement* sowie *Budgets* fest-zulegen, die es im weiteren Projektverlauf zu erfüllen bzw. einzuhalten gilt. Die Projekt-kommunikation ist dabei auch als Veränderungskommunikation zu verstehen, denn es

geht im Wesentlichen darum, auf Wandlungsimpulse zu reagieren und Unsicherheiten zu bewältigen. Hiermit zeigt sich im Vergleich zum Projektmanagement auch immer eine gewisse Nicht-Steuerbarkeit innerhalb des jeweiligen Planungsprozesses. Eine wesentliche Herausforderung liegt somit vor allem darin, dass mit noch relativ wenig Wissen über den künftigen Projektverlauf bereits tiefgreifende Entscheidungen zu treffen sind. Dies ist insbesondere deshalb notwendig, damit das Projektteam zunächst einmal arbeitsfähig ist und bereits erste Informationen an Investorinnen und auch weitere Stakeholdergruppen kommunizieren kann. Die Unvollkommenheit in der Planung kann aber auch dazu beitragen, dass enorme Kosten durch eine mögliche Revision auftreten oder sogar die gesamte Projektumsetzung gefährdet wird. Somit kann es an dieser Stelle durchaus förderlich sein, wenn die wesentlichen Stakeholdergruppen eines Projektes bereits in die Projektinitialisierung eingebunden werden. Dadurch lassen sich individuelle Erwartungen zu einem gemeinsamen Grundverständnis verknüpfen und eine weitestgehend valide Bedarfsanalyse durchführen (vgl. Freitag, 2014, S. 304 ff.). Im Fallbeispiel des Bürgerwindparks wäre es somit sinnvoll, bereits zu Beginn des Projektauftakts eine Informationsveranstaltung anzubieten, zu der alle wesentlichen Stakeholdergruppen eingeladen werden und in der gemeinsam an der inhaltlichen Ausgestaltung des Projektes gearbeitet wird. Dadurch besteht außerdem die Möglichkeit, dass weitere Informationen über externe Einflussfaktoren offengelegt werden, was insbesondere für die Risikokommunikation von besonderer Bedeutung ist.

Die wesentliche Aufgabe der Kommunikation in Bezug auf die Ermittlung von Projektzielen liegt darin, dass die Ziele weitestgehend *interpretationsfrei* ausformuliert werden. Dadurch sind die Ziele für sämtliche Stakeholdergruppen eindeutig definiert, bieten Orientierung und kanalisieren die projektbezogenen Kommunikationsprozesse der weiteren Projektphasen (vgl. Freitag, 2014, S. 339). In der Praxis hat sich hierzu in den meisten Fällen methodisch das *SMART-Prinzip*[3] durchgesetzt (vgl. Dillerup & Stoi, 2013, S. 125 f.; Zerfaß & Volk, 2019, S. 95 f.). Allerdings ist in einigen Projektkontexten auch zu hinterfragen, inwieweit das Festlegen quantitativer Ziele überhaupt als möglich und sinnvoll erachtet wird. So liegt der Fokus in den meisten Bau- und Infrastrukturprojekten zunächst einmal darauf, das jeweilige Vorhaben zu legitimieren und damit größere Protestbewegungen zu verhindern.

Die einheitliche Projektsprache wird folgend im Teil der medialen Infrastruktur des Projektes noch näher behandelt. Wichtig an dieser Stelle ist es jedoch anzuführen, dass nicht nur in Bezug auf die Sprache darauf zu achten ist, dass ein gemeinsamer Zeichenvorrat vorliegt. Auch sind z. B. die Vorstellungen zu einem Prozess oder die Funktionalität eines Produktes aus einem gemeinsamen Verständnis heraus zu betrachten, damit

---

[3] Das SMART-Prinzip dient der Kategorisierung von Zielen. Demnach sollten bei der Zielformulierung immer die folgenden fünf Bereiche berücksichtigt werden: *S* (spezifisch), *M* (messbar), *A* (anspruchsvoll), *R* (realistisch) und *T* (terminiert) (vgl. Dillerup und Stoi 2013, S. 125 f.; Zerfaß und Volk 2019, S. 95 f.).

Projekte effizient bearbeitet werden können und Meinungsverschiedenheiten vorgebeugt werden kann (vgl. Freitag, 2014, S. 316 ff.; Engwall & Westling, 2004, S. 1572). Im Fallbeispiel des Bürgerwindparks wäre dies z. B. die Naben- bzw. auch Gesamthöhe, die farbliche Gestaltung sowie auch die finale Positionierung der Windkraftanlagen.

In einem letzten Schritt soll noch auf die Organisation der Projektkommunikation eingegangen werden. Dabei ist es wichtig, dass in der Startphase eines Projektes die Grundregeln der Zusammenarbeit festgelegt werden bzw. die jeweiligen Kommunikationsrichtlinien, durch die eine gute Zusammenarbeit überhaupt erst ermöglicht wird. Darüber hinaus sind aber auch die Rollen zu verteilen und die Verantwortlichkeiten festzulegen. Dabei ist darauf zu achten, dass sowohl die formellen als auch die informellen Strukturen berücksichtigt werden. Während die formellen Strukturen in der Form von Aufgaben und Verantwortlichkeiten einer Person explizit zugeschrieben werden, basieren informelle Strukturen vor allem auf sozialen Bindungen (vgl. Freitag, 2014, S. 344 f.; Patzak & Rattay, 2004, S. 98). In Bezug auf den Bürgerwindpark können den Teammitgliedern z. B. bestimmte Aufgaben übertragen werden, wie u. a. eine ertragsorientierte Flächenprüfung, die windkraftbezogene Aufklärung der unmittelbaren Nachbarschaft oder aber die Vertragsgestaltung für die künftigen Pachtverhältnisse – *formelle Strukturen*. Dabei besteht allerdings auch die Möglichkeit, dass einige der Teammitglieder z. B. selbst ortsansässig sind, womit die Ansprache der unmittelbaren Nachbarschaft womöglich zielführender durchgeführt werden kann als durch eine ortsfremde Person – *informelle Strukturen*.

Kommunikationsziele und -aufgaben in der Phase der Projektumsetzung
Nachdem die übergeordneten Ziele und Meilensteine bereits im Rahmen des Projektstarts in verschiedenartige Strukturen eingebettet wurden, soll es in der Umsetzungsphase vor allem darum gehen, sämtliche Maßnahmen und Aktivitäten an diesen Strukturen auszurichten. Ein wesentlicher Fokus liegt dabei auf der Koordination und Kooperation innerhalb der Projektarbeit. Die *Koordination* kann dabei durch die klassischen Kommunikationskaskaden einer hierarchischen Führung unterstützt werden, wobei die Anweisungen zumeist bottom-up über die Entscheidungsebenen zu delegieren sind (vgl. Freitag, 2014, S. 440 ff., 448–451, 453–459, 461 f.). Diese Form der Koordination zeigt sich z. B. im Fallbeispiel des Schweinestalls. Hier werden sämtliche Entscheidungen und Anordnungen alleinig durch die Geschäftsführerin getroffen und an die übrigen Projektmitglieder weitergereicht. Darüber hinaus kann die Projektarbeit aber auch durch *selbstorganisierte Teams* erfolgen. Dies ist vor allem dann sinnvoll, wenn das Projektteam schnell und flexibel auf Veränderungen reagieren muss und infolge von verschiedenen Qualifikationen ein häufiger Wechsel der Entscheidungsträgerinnen benötigt wird (vgl. Lau & Dechange, 2013, S. 281; Freitag, 2014, S. 459, 461–464). Verdeutlicht werden kann dies am Fallbeispiel des Bürgerwindparks. Hier kann es durchaus förderlich sein, ein selbstorganisiertes Team zusammenzustellen, da sich der jeweilige Fokus des Projektes zwischenzeitlich verlagern kann. Somit geht es z. B. einerseits darum, wie in der aktuellen Situation mit politischen Entwicklungen umzugehen ist und in welcher

Form die Kommunikation mit den Bewohnerinnen ausgestaltet werden soll. Andererseits sind aber auch technische, rechtliche und ökologische Entscheidungen zu treffen, wie z. B. strömungstechnische Optimierungen, Entschädigungsansprüche sowie die Einhaltung von Abstandsregeln zu Wohngebieten und Habitaten.

Mit Blick auf die *Kooperation* innerhalb von Projekten ist vor allem darauf zu achten, dass ausreichend Vertrauen innerhalb des Projektteams aufgebaut werden kann und über den gesamten Projektzeitraum erhalten bleibt. Dazu sollte insbesondere die *Informationsasymmetrie* zwischen den Projektakteurinnen auf ein Minimum reduziert werden. Dieser Ansatz wird auch in Kap. 8 über Nachhaltigkeitskommunikation in Verbindung mit der Transaktionskostentheorie näher beschrieben. In Bezug auf die Projektkommunikation bedeutet dies im Wesentliche, dass die verschiedenen Intentionen der projektbeteiligten Akteurinnen weitestgehend offengelegt werden sollten, um die Möglichkeit eines *opportunistischen Verhaltens* einzelner Personen zu reduzieren. Dies kann z. B. durch regelmäßige Status- bzw. Fortschrittsberichte, Teammeetings sowie auch Feedbackschleifen gefördert werden. Außerdem besteht die Möglichkeit, dass auch kleinere und kurzfristige Erfolge vollumfänglich im Team geteilt werden, um die Motivation der einzelnen Akteurinnen zu verbessern. Bei externen Anspruchsgruppen, wie z. B. NGOs, Nachbarinnen oder Kundinnen, können einige der Projektinformationen jedoch häufig nur partiell geteilt werden, da diese u. a. vertraulich zu behandeln sind. Hierbei kann es durchaus förderlich sein, die fehlende Transparenz durch Verträge oder anderweitige Dokumente zu kompensieren, um das Vertrauen zwischen den Projektteilnehmerinnen zu stärken (vgl. Freitag, 2014, S. 519–524).

Neben der Koordination und Kooperation in Projekten gilt es allerdings auch immer wieder zu überprüfen, ob die gesetzten *Strukturen aus der Startphase* noch immer die gewünschte Wirkung erzielen. Dies ist vor allem deshalb wichtig, da Projekte i. d. R. weniger stabil verlaufen als in der Startphase geplant. Besonders deutlich wird dies am bereits angeführten Fallbeispiel zum Bürgerwindpark in Schleiden-Ettelscheid. Hier wurden aufgrund der umfangreichen Proteste erneut Schallimmissionsmessungen durchgeführt, in deren Folge sämtliche Generatoren der Windkraftanlagen ausgetauscht werden mussten (vgl. Everling, 2016a). In solchen Fällen gilt es zu beachten, dass die jeweiligen Veränderungspotenziale unter Abstimmung der Projektakteurinnen an die aktuellen Gegebenheiten anzupassen sind, womit auch ein neues *gemeinsames Grundverständnis* hergestellt werden sollte. Innerhalb dieser Strukturen sind vor allem die Meinungsbildung und Entscheidungsfindung der Projektteilnehmerinnen zu begleiten und methodisch zu unterstützen (vgl. Freitag, 2014, S. 440–445). Dazu sollte ein geeigneter *Medienmix* konzipiert werden, der in den entsprechenden Projektsituationen die Zielerreichung begünstigt (vgl. Picot et al., 2020, S. 55–59; Freitag, 2014, S. 482–491).

Kommunikationsziele und -aufgaben in der Phase des Projektabschlusses
Der Projektabschluss erfährt in der praktischen Anwendung zumeist nur wenig Würdigung. So kann es durchaus vorkommen, dass die Projektergebnisse erst gar nicht

in die bestehenden Strukturen und Prozesse eines Unternehmens implementiert werden, da z. B. die Verteilung von Verantwortlichkeiten unmittelbar bevorsteht, die Bereitschaft dazu aber ausbleibt. Oder aber, es wird lediglich die Umsetzung eines Projektes geplant, nicht aber die Auflösung der bestehenden Strukturen nach Ablauf der Projektdauer. Insgesamt ist es in der Abschlussphase allerdings wichtig, dass ein Projekt nicht nur auf der *inhaltlichen Ebene* beendet wird, sondern vor allem auch auf der *formalen* und *sozialen Ebene* (vgl. Patzak & Rattay, 2004, S. 385 ff.; Freitag, 2014, S. 579 ff.).

Der formale und der inhaltliche Abschluss eines Projektes sind in diesem Zusammenhang zumeist mit den geringsten Herausforderungen verbunden. Dabei wird i. d. R. der Projektabschlussbericht finalisiert und ein letztes Treffen zwischen den projektbeteiligten Akteurinnen einberufen. Außerdem kann es durchaus sinnvoll sein, den Projektbericht zusätzlich um Erfahrungswerte der einzelnen Projektbeteiligten zu ergänzen. Diese können dann in einer Art Erfahrungsdatenbank gesammelt und für künftige Projekte aufbereitet und als Unterstützung herangezogen werden (vgl. Wastian et al., 2009, S. 92–95; Freitag, 2014, S. 606–609, 613 f.).

Des Weiteren ist an dieser Stelle auch eine abschließende Bewertung der Projektkommunikation vorzunehmen. Da insbesondere in kleineren Projekten zumeist kein kontinuierliches Controlling vorgenommen wird, kann die Projektkommunikation auch durch Einzelgespräche oder gemeinsame Diskussionsrunden evaluiert werden. Dabei besteht zudem die Möglichkeit, dass neben den messbaren Zielen auch auf die Beziehungsebene gewechselt wird. Hier können dann z. B. Themenbereiche wie Motivation, Führungs- und Teamverhalten sowie Frustration und Enttäuschungen offen angesprochen werden, womit auch ein emotionaler Abschluss des Projektes erfolgen kann. In einem letzten Schritt ist es außerdem wichtig, dass die jeweiligen Projektakteurinnen noch von ihren Rollen, Aufgaben und Verantwortlichkeiten befreit werden, damit das Projekt endgültig aufgelöst werden kann und die Ergebnisse in die jeweilige Organisation implementiert werden können (vgl. Freitag, 2014, S. 601 ff., 606–612, 613 f., 618 f.).

Im Fallbeispiel des Schweinestalls sind die Projektergebnisse z. B. in den bereits bestehenden Schweinezuchtbetrieb zu integrieren, was i. d. R. grundlegende Veränderungen der vorhandenen Strukturen und Systeme mit sich bringt. Dabei ist es zumeist förderlich, dass schon bereits während der Start- und Umsetzungsphase an die Veränderungskommunikation angeknüpft wird, um die Anspruchsgruppen auf die künftige und zumeist auch veränderte Situation nach dem Projektabschluss vorzubereiten und Blockaden oder Widerstände zu vermeiden. Des Weiteren gilt es aber auch zu berücksichtigen, dass mit der Beendigung eines Projektes zumeist auch die Sozialstruktur des Projektteams aufgelöst wird. Somit kann es durchaus förderlich sein, dass neben dem letzten Teammeeting auch eine Abschlussveranstaltung organisiert wird, um die gemeinsame Projektarbeit ausreichend zu würdigen (vgl. Patzak & Rattay, 2004, S. 399; Freitag, 2014, S. 590 f., 618 f.). Im Fallbeispiel des Schweinestalls kann z. B. ein Hoffest organisiert werden, auf dem nicht nur der Dank an alle Beteiligten ausgesprochen wird, sondern diese auch einen Einblick in die neue Stallanlage erhalten.

Weiterhin sollte mit dem offiziellen Ende eines Projektes auch eine Erfolgsmeldung an die Anspruchsgruppen kommuniziert werden, wobei sich hier vor allem die Erzählmethode des *Storytellings* anbietet (siehe Abschn. 5.1.3 und Abschn. 7.3.3). Als mögliche Medien können u. a. die eigene Homepage, kurze TV-Beiträge oder ein Artikel in der Regionalzeitung genutzt werden. In Projekten wie dem Bürgerwindpark besteht außerdem die Möglichkeit, dass Erfolgsmeldungen als Motivator eingesetzt werden, um die Anspruchsgruppen auch zukünftig für weitere Investitionsprojekte zu gewinnen (vgl. Hansel & Lomnitz, 2003, S. 151; Freitag, 2014, S. 620 f.).

9.3 Instrumente und Medien der Projektkommunikation

Die Instrumente der Projektkommunikation können, wie die bereits angeführten *Aufgaben* und *Funktionen* eines Projektes, in die *Start-, Umsetzungs- und Abschlussphase* untergegliedert werden. Das Angebot dabei ist vielfältig und wurde schon in Kap. 5 umfänglich angeführt. Im Folgenden soll deshalb ausschließlich auf die Instrumente näher eingegangen werden, die in der Projektkommunikation eine übergeordnete Bedeutung haben.

Startphase

In der *Startphase* eines Projektes ist es zumeist von Vorteil, wenn möglichst *reichhaltige Kommunikationsmedien*[4] zum Einsatz kommen, wie z. B. eine Kick-off-Veranstaltung oder ein Auftaktworkshop. Durch die persönliche Face-to-Face-Kommunikation wird dabei nicht nur der Informationsverlust geringgehalten, sondern auch die Interpretierbarkeit der geteilten Daten und Informationen. Dies ist letztlich darauf zurückzuführen, dass neben der rein verbalen Kommunikation auch weitere Feedbackformen in die Informationsverarbeitung einfließen können, wie u. a. die Mimik, Gestik und die Körperhaltung (vgl. Freitag, 2014, S. 432–440; Brettschneider & Müller, 2019, S. 84; vgl. Daft & Lengel, 1983, S. 6–11; Bohinc, 2014, S. 49, 57 f.).

In Bezug auf kleinere Projekte, wie z. B. die Milchtankstelle, ist es i. d. R. ausreichend, den Projektstart in der Form einer Kick-off-Veranstaltung vorzunehmen. Hier werden den Projektteilnehmerinnen sowie auch den übrigen Stakeholdergruppen die wesentlichen Projektziele und Aufgabenbereiche vorgestellt, die es in den einzelnen Planungsphasen zu erreichen bzw. erfüllen gilt. Außerdem sollte in diesem Rahmen ein gemeinsames Grundverständnis zur Projektstruktur hergestellt werden, damit nicht nur die Verantwortungsbereiche klar abgesteckt sind, sondern auch deutlich wird, welche Informationen mit welchen Personengruppen geteilt werden dürfen (vgl. Freitag, 2014,

---

[4] Unter einer hohen *Information Richness* wird der Informationsumfang verstanden, der durch den Einsatz von Medien übertragen werden kann. Ein direkter Austausch verfügt somit über eine höhere Reichhaltigkeit als z. B. eine E-Mail (vgl. Daft und Lengel 1983, S. 6 ff.).

S. 432 f.). Dies kann insbesondere bei Projekten wie dem Bürgerwindpark von Bedeutung sein. Bevor die unmittelbaren Nachbarinnen in sämtliche Kommunikationsprozesse einbezogen werden, sind von der Auftraggeberin zunächst einmal die baurechtlichen Bestimmungen und damit der Grundstein des eigentlichen Projektes zu prüfen.

Bei größeren und vor allem auch komplexer angelegten Projekten bietet sich hingegen ein Auftaktworkshop an. Dieser sollte nach Möglichkeit bereits mit der Entwicklungsplanung eines Projektes durchgeführt werden, damit noch ausreichend Handlungsspielraum besteht, um die bisherigen Planungsschritte einer Revision zu unterziehen. Wichtig ist an dieser Stelle, dass sämtliche Anspruchsgruppen am Auftaktworkshop teilnehmen können bzw. in diesen einbezogen werden. Nur so lassen sich alle notwendigen Informationen zusammentragen, bündeln und in Bezug auf das jeweilige Projekt bewerten. Im Gegensatz zur Kick-off-Veranstaltung geht es hierbei allerdings weniger darum, bereits finale Projektentscheidungen zu treffen. Vielmehr ist hier gemeinschaftlich eine Struktur zu entwickeln, die als Grundlage für die weitere Projektbearbeitung dienen soll (vgl. Freitag, 2014, S. 433–440; Brettschneider & Müller, 2019, S. 84 f.).

In einem Auftaktworkshop zum Bürgerwindpark kann es somit von Vorteil sein, zunächst einmal nur die Projektleitung, die grundsätzliche Projektidee sowie ggf. auch grundlegende Informationen zu Themen der Windenergie vorzustellen. Die eigentliche Konzeption des Projektes – Ziel, Problemstellung, Lösungen und Maßnahmen – ist erst im Anschluss daran zu erarbeiten, und zwar unter Einbindung sämtlicher Stakeholdergruppen. Dabei ist es wichtig, dass sich eine eigene Kommunikationskultur (Sprachregelungen, Rollenverständnis, Wertesystem, Verhaltensregeln etc.) entwickeln kann, anhand derer sich die künftige Zusammenarbeit konstituiert. Vonseiten der Projektleiterin ist somit immer wieder dafür zu sorgen, dass die Teilnehmerinnen für das jeweilige Projektthema sensibilisiert werden, eine offene und nach Möglichkeit auch kreative Arbeitsatmosphäre entsteht und Ergebnisse nicht nur reflektiert, sondern durch die Teilnehmerinnen getragen werden. Einen Mehrwert liefern hier insbesondere Dialogveranstaltungen wie z. B. Bürgerversammlungen, Runde Tische oder gemeinsame Begehungen (vgl. Brettschneider & Müller, 2019, S. 84 f.; Freitag, 2014, S. 433–440).

Umsetzungsphase

In der *Umsetzungs- oder auch Ausführungsphase* soll es im Wesentlichen darum gehen, die zuvor ausgearbeitete Projektkonzeption umzusetzen, die Arbeitsfortschritte zu dokumentieren und die entstandene Gruppendynamik fortlaufend zu überprüfen. Dabei ist es wichtig, dass die Kommunikationsinstrumente in das jeweilige Projekt eingebettet und aufeinander abgestimmt werden, was laut Bruhn durch drei unterschiedliche Formen der Integration erfolgen kann:

1. inhaltliche Integration,
2. formale Integration und
3. zeitliche Integration.

Bei der *inhaltlichen Integration* ist darauf zu achten, dass sämtliche Kernaussagen und Botschaften zu einem Projekt über alle Medien hinweg kongruent untereinander sind. Das bedeutet, dass nicht nur alle eingesetzten Instrumente auf die Zielerreichung einzahlen sollen (funktionale Integration), sondern auch thematisch miteinander verknüpft werden (instrumentelle Integration). Dadurch besteht die Möglichkeit, sich gegenüber sämtlichen Personengruppen einheitlich zu positionieren und auch die Glaubwürdigkeit in Bezug auf das Projekt zu erhöhen. Für die Projektleitung liegt eine wesentliche Aufgabe somit darin, einen festen Kommunikationsrahmen zu konstituieren, in dem sich die interne und externe Projektkommunikation bewegen sollte. Andernfalls besteht das Risiko, dass ein widersprüchliches Bild an die Teilnehmerinnen und Stakeholdergruppen eines Projektes kommuniziert wird (vgl. Bruhn et al., 2014, 69 f.; Freitag, 2014, S. 490 f.; Brettschneider & Müller, 2019, S. 84 f.; Immerschitt, 2017, S. 12 f.).

Mit der *formalen Integration* sind die bereits herausgearbeiteten Kommunikationsmittel und -instrumente dann auch gestalterisch aufeinander abzustimmen. Hierzu bieten sich z. B. Markenzeichen oder Logos an, durch die ein einheitliches Erscheinungsbild erzeugt wird. Wie bereits in Kap. 4 und 5 angeführt, kann hierzu auch an das bestehende *Corporate Design* eines Unternehmens angeknüpft werden (vgl. Bruhn et al., 2014, S. 69 f.; Freitag, 2014, S. 490 f.; Brettschneider & Müller, 2019, S. 84 f.).

Bei der *zeitlichen Integration* gilt es dann letztlich noch festzulegen, in welcher zeitlichen Reihenfolge die jeweiligen Instrumente einzusetzen und Medien zu bespielen sind. Dabei ist insbesondere darauf zu achten, dass die Kommunikationsinstrumente auf der Zeitschiene ineinandergreifen, damit Medienbrüche weitestgehend verhindert und die gewünschte Kommunikationswirkung erreicht werden kann (vgl. Bruhn, 2015, S. 69; Freitag, 2014, S. 490 f.).

Bei der eigentlichen Auswahl von geeigneten Instrumenten in der Umsetzungsphase ist zunächst einmal zu hinterfragen, welcher Grad an *Information Richness* in der jeweiligen Situation eigentlich benötigt wird. Hierzu kann grundsätzlich angeführt werden, dass bei komplexen Projekten mit mehrdeutigen Inhalten auf reichhaltige Medien zurückgegriffen werden sollte, wie z. B. persönliche Meetings, Telefon- oder Videokonferenzen sowie auch Versammlungen oder Foren. Bei eindeutigen Inhalten und weniger komplexen Projekten sind wiederum Medien einzusetzen, die über eine niedrigere Reichhaltigkeit verfügen, wie bspw. E-Mails, Berichte, Pläne oder Gutachten. Insgesamt gilt es dabei zu beachten, dass uninformierte Stakeholdergruppen genauso zu vermeiden sind wie überinformierte Stakeholdergruppen. Während fehlende Informationen dazu führen können, dass eine mangelnde Transparenz beklagt und Widerstände gegenüber dem Projekt mobilisiert werden, führen zu viele Informationen unter Umständen zu erneutem Klärungsbedarf und somit auch zu weiterer Kommunikation (vgl. Freitag, 2014; Bruhn, 2015, S. 84 f.; Nagel & Wild, 2014, S. 3 ff.; Bohinc, 2014, S. 50 ff.). Im Fallbeispiel des Schweinestalls handelt es sich um ein komplexes Projekt mit diversen Anspruchsgruppen und mehrdeutigen Inhalten, weshalb hier nach Möglichkeit auf Dialogveranstaltungen zurückgegriffen werden sollte. Beim

Reitstall hingegen reicht ggf. auch eine Infobroschüre oder ein Bericht in der Regional-zeitung aus, um über das künftige Produktportfolio zu informieren.

Weiterhin sind bei der Auswahl geeigneter Kommunikationsinstrumente aber auch Anforderungen, wie Vertraulichkeit, Geschwindigkeit und Genauigkeit, zu berück-sichtigen. So bieten sich bei einem Austausch zu vertraulichen Informationen, wie z. B. Gesprächen zu Grundstücksrechten im Fallbeispiel des Bürgerwindparks, u. a. Vor-Ort-Gespräche, Telefonate oder auch Videokonferenzen an. Um hingegen möglichst schnell Informationen auszutauschen, was insbesondere in Krisenfällen von enormer Bedeutung sein kann, sind ebenfalls das Telefon, E-Mail-Verkehr oder aber auch Pressekonferenzen geeignet. Bei einer Kommunikation von möglichst detaillierten Informationen sollte hingegen auf einen formalisierten Daten- bzw. Informationsaustausch zurückgegriffen werden. Hier können z. B. Statusberichte, Gutachten oder Verträge eingesetzt werden. Dies ist z. B. im Rahmen eines Planfeststellungsverfahrens von enormer Bedeutung sowie auch bei Detailinformationen zum Bauvorhaben des Schweinestalls (vgl. Freitag, 2014, S. 482–486; Nagel & Wild, 2014, S. 3 ff.).

Neben den bereits angeführten Aspekten können allerdings auch *kulturelle und situative Faktoren* einen wesentlichen Einfluss darauf haben, ob ein Instrument im Rahmen der jeweiligen Situation dazu beitragen kann, die gewünschte Kommunikations-wirkung vollständig zu entfalten. Hierbei spielen neben dem *Vertrauen,* der *Motivation* sowie auch der *Einstellung* einzelner Akteurinnen in bzw. gegenüber einem bestimmten Kommunikationsinstrument eine entscheidende Rolle. So kann es im Fallbeispiel des Schweinestalls z. B. sein, dass einige der unmittelbaren Nachbarinnen den mündlichen Aussagen der Betriebsleitung vollends vertrauen und keine vertraglichen Vereinbarungen in Bezug auf die Emissionsentwicklungen oder die Anliefer- und Abholzeiten einfordern. Darüber hinaus besteht die Möglichkeit, dass insbesondere die älteren Generationen nicht mehr über alle Kommunikationstechnologien erreicht werden können. Somit sollte bereits im Vorfeld des Projektes überprüft werden, ob Instrumente wie Skype-Konferenzen oder auch der E-Mail-Verkehr dazu geeignet sind, um mit den jeweiligen Anspruchsgruppen in den Austausch zu gehen (vgl. Freitag, 2014, S. 489 f.).

Insgesamt kann durch die Vielfalt der zu beachtenden Aspekte durchaus verdeutlicht werden, dass der jeweilige Instrumenten-Mix im Rahmen der Umsetzungsphase sorg-fältig zusammengestellt werden sollte. Dabei geht es nicht nur darum, die gewünschte Kommunikationswirkung zu erreichen, sondern auch den Ressourceneinsatz möglichst gering zu halten. Letzteres bezieht sich vor allem auf die Bereitstellung und Nutzung eines Kommunikationsinstrumentes, da insbesondere mit größeren Präsenzver-anstaltungen ein nicht zu unterschätzender finanzieller sowie auch zeitlicher Aufwand einhergeht (vgl. Freitag, 2014, S. 488 ff.; Brettschneider & Müller, 2019, S. 84 f.).

Projektabschlussphase

In der *Projektabschlussphase* ist vor allem das formale Ende eines Projektes zu verdeut-lichen, womit i. d. R. nicht nur eine Abschlussveranstaltung bzw. ein Kick-out-Meeting einhergehen sollte, sondern auch die Anfertigung und Übergabe eines Abschlussberichtes.

Dieser umfasst dabei alle wichtigen Informationen zu den Projektergebnissen und dem Zielerreichungsgrad sowie nach Möglichkeit auch eine Empfehlung für *Folgeaktivitäten*. Hierbei sollte grundsätzlich darauf geachtet werden, dass der Bericht inhaltlich und sprachlich an den jeweiligen Zielgruppen ausgerichtet wird, womit es durchaus von Vorteil sein kann, unterschiedliche Abschlussberichte zu veröffentlichen oder aber themenspezifische Schwerpunkte zu setzen (vgl. Freitag, 2014, S. 613 f.). Für den Projektabschlussbericht im Fallbeispiel des Schweinestalls könnten z. B. die folgenden Themenschwerpunkte herausgearbeitet werden: Haltungsbedingungen und Stallkapazität, Umweltdaten und Emissionsfaktoren, soziale Nachhaltigkeit und Personalmanagement, technische Lösungen und Logistikprozesse sowie weitere Entwicklungen und ein Ausblick.

Bei besonders relevanten oder kritischen Stakeholdergruppen kann es zum Projektende förderlich sein, mit diesen noch einmal direkt in Kontakt zu treten, um sich entweder für das eingebrachte Engagement bedanken zu können, oder aber, um noch bestehende Zweifel auszuräumen. In größeren Projekten, wie z. B. dem Schweinestall oder dem Bürgerwindpark, kann es darüber hinaus eine abschließende Befragung der Stakeholdergruppen geben, durch die das jeweilige Projekt evaluiert werden kann. Hierzu bieten sich vor allem Fragebögen und persönliche Gespräche an, wobei die Ergebnisse nach Möglichkeit in einer *Erfahrungsdatenbank* zu sichern sind. Bei Projekten, die über einen umfassenden Internetauftritt verfügen, können außerdem Instrumente wie z. B. Presse-Clippings oder Google-Analytics zur Evaluation eingesetzt werden (vgl. Freitag, 2014, S. 619 f.; Brettschneider & Müller, 2019, S. 85).

9.4   Projektkommunikation in der Praxis

In Abschn. 9.1 bis Abschn. 9.3 konnte bereits verdeutlicht werden, dass Unternehmen mit einer zunehmenden Komplexität und Dynamik vonseiten der Unternehmensumwelten konfrontiert werden. Auf diese gilt es dabei nicht nur zeitnah, sondern vor allem auch angemessen zu reagieren, um einen bereits vorhandenen Wettbewerbsvorteil halten oder bei Bedarf sogar erweitern zu können. Darüber hinaus besteht allerdings auch die Möglichkeit, dass Unternehmen eine *Pionier-* bzw. *Vorreiterfunktion* einnehmen und sich in bisher noch nicht erschlossenen Märkten positionieren (vgl. Laloux, 2017, S. 59 ff.; Kruse, 2015, S. 13–32, 36 f., 80–91). Verdeutlicht werden kann dies z. B. durch vegane Burger-Patties, mit Selen angereicherte Äpfel und VR-Angebote, mit denen eine Livebild-Übertragung aus Stallanlagen ermöglicht wird. Diese innovativen Ansätze umfassen dabei gleich mehrere Alleinstellungsmerkmale. Zum einen bieten sie Antworten auf gesellschaftliche sowie auch politische Ansprüche, wie z. B. den Klimawandel und das Tierwohl. Zum anderen wurden mit ihrer Markteinführung aber auch Produkte und Dienstleistungen angeboten, die zumindest in der nationalen Agrarbranche bislang noch nicht verfügbar waren. Mit Blick auf die Komplexität und Dynamik kann an dieser Stelle außerdem angeführt werden, dass insbesondere die pflanzenbasierten Fleischersatzprodukte das Potenzial besitzen, die bestehenden Geschäftsmodelle der klassischen Fleischindustrie zu disruptieren, und das, obwohl in der Herstellung eine komplett andere Rohstoffzusammensetzung zum Einsatz kommt (vgl. Gerhardt et al., 2020, S. 4–11).

Um als Unternehmen zumindest einzelne Teilbereiche dieser vielfältigen Veränderungen schnellstmöglich erfassen und erfolgreich verarbeiten zu können, reicht es jedoch zumeist nicht mehr aus, wenn Entscheidungsprozesse nur isoliert auf einzelnen Unternehmensebenen oder innerhalb bestimmter Funktionsbereiche umgesetzt werden. Vielmehr erfordert es einen *bereichsübergreifenden Ansatz,* wie er z. B. in der Projektwirtschaft eingesetzt wird. Dadurch besteht die Möglichkeit, den situativen Bedarf an notwendigen Qualifikationen und Kompetenzen zu bündeln, womit eine Art *Team-* oder sogar *Netzwerkintelligenz*[5] entsteht. Außerdem werden insbesondere bei heterogen zusammengesetzten Projektteams die Schnittstellen zu den Unternehmensumwelten erweitert und die Lösungssuche gefördert (vgl. Kruse, 2015, S. 88–91, 147 ff.; Freitag, 2014, S. 309; Lau & Dechange, 2013, S. 281 f.). Deutlich wird dies z. B. bei einer näheren Betrachtung des Bürgerwindparks. Hier haben die Energie- und Elektroingenieurinnen ein umfassendes Wissen in Bezug auf die Energietechnik, die Landschaftsarchitektinnen und Geografinnen zur Morphologie der Natur- und Kulturlandschaft und die Natur- und Tierschutzverbände sowie die Umweltwissenschaftlerinnen zu relevanten Fragen der Biodiversität. Erst in einer Verbindung dieser Akteurinnen wird das erforderliche Spezialwissen aus den unterschiedlichen Fachbereichen so miteinander verknüpft, dass eine erfolgreiche Umsetzung des Bürgerwindparks ermöglicht wird.

In diesem Zusammenhang gilt es allerdings auch zu berücksichtigen, dass ggf. noch weitere Stakeholdergruppen in die Projektarbeit zu integrieren sind, wie z. B. die Nachbarinnen oder die Lokalpolitik. Im Fallbeispiel des Schweinestalls ist es ohnehin erforderlich, dass alle interessierten Stakeholdergruppen über den Planungsprozess informiert werden, da der Grenzwert für die Tierzahl pro Stall aus dem Planfeststellungsverfahren überschritten wird. Allerdings liegt ungeachtet der rechtlichen Vorgaben auch ein weiterer Nutzeneffekt in der Einbindung von Stakeholdergruppen. Dieser besteht insbesondere darin, dass Entscheidungen offen kommuniziert und legitimiert werden können, womit ein einheitliches Projektverständnis hergestellt und das Risiko von Widerständen und Blockaden im Projektverlauf reduziert werden kann (vgl. Künkel et al., 2016, S. 7–11).

---

[5] Die *Team- und Netzwerkintelligenz* entwickelt sich zumeist im Rahmen von konsensorientierten Gruppenprozessen, wobei i. d. R. eine heterogene Zusammenstellung hinsichtlich der jeweiligen Teilnehmerinnen vorliegt. Grundsätzlich werden Teams und ganze Netzwerke dadurch in die Lage versetzt, die auftretende Komplexität nicht nur schneller zu erfassen, sondern auch besser zu bewältigen als dies z. B. durch eine Individualintelligenz möglich ist (vgl. Kruse 2015, S. 88–91, 147 ff.).

9.4.1 Analyse

Die Praxis der Projektkommunikation wird insbesondere am Fallbeispiel des Bürgerwindparks näher erläutert, da dieser infolge der befristeten Dauer, der projektspezi-
fischen Organisation sowie auch der Einmaligkeit an Bedingungen, wie u. a. der
personellen, finanziellen und räumlichen Ressourcen, durchaus als Projekt charakterisiert
werden kann (vgl. Karer, 2007, S. 160). Bevor jedoch insbesondere in Abschn. 9.4.2 die
eigentliche Projektumsetzung herausgearbeitet wird, gilt es zunächst einmal die *Vor- und
Entwurfsplanung* sowie auch die *Genehmigungsplanung* in den Betrachtungsfokus der
Situationsanalyse zu rücken (vgl. Brettschneider und Müller 2019, S. 31).

Die Vor- und Entwurfsplanung umfasst dabei in Analogie zur Nachhaltigkeitskommunikation eine *Analyse der wesentlichen Stakeholdergruppen* (vgl. Brettschneider &
Müller, 2019, S. 31). Da in Kap. 8 bei den Ausführungen zur Nachhaltigkeitskommunikation
jedoch bereits das Planfeststellungsverfahren umfänglich vorgestellt und dafür weitestgehend
auf die Stakeholderanalyse verzichtet wird, soll diese nun im Folgenden näher erläutert
werden. Des Weiteren ist an dieser Stelle aber auch anzumerken, dass der Stakeholderbegriff
ohnehin unter der ISO-Norm 10006:2004 im Projektmanagement verankert ist und somit
durchaus dem klassischen Projektmanagement zugeordnet werden kann (vgl. Burghardt,
2008, S. 714).

Die Stakeholderanalyse in der Nachhaltigkeits- und Projektkommunikation setzt sich
zumeist aus drei unterschiedlichen Prozessschritten zusammen:

1. Identifikation,
2. Charakterisierung und
3. Bewertung.

Die Identifikation umfasst dabei zunächst einmal nur das Zusammentragen der möglichen Stakeholdergruppen, wobei auch dieser Prozessschritt grundsätzlich durch
mehrere Akteurinnen durchgeführt werden sollte. Dadurch besteht die Möglichkeit, dass
ein potenzielles Bereichsdenken vermieden und vielfältige Perspektiven in den *Identi-
fikationsprozess* eingebracht werden (vgl. Krüger & Bach, 2014, 301 f.; Künkel et al.,
2016, S. 128 ff.; Deutinger, 2017, S. 71 f.). Im Fallbeispiel des Bürgerwindparks lassen
sich u. a. die folgenden Stakeholdergruppen identifizieren: Projektleitung, Projektteam,
Eigentümerinnen, Nachbarinnen, Lieferantinnen, Lokal- und Regionalpolitik, Natur- und
Tierschutzverbände, Behörden und Ämter sowie Banken und weitere Investorinnen.

In einem weiteren Schritt sind die ermittelten Stakeholdergruppen dann in Bezug auf
das jeweilige Projekt zu *charakterisieren*. Dazu werden diese in einer *Relevanz-Matrix*
positioniert, bei der ihre Beeinflussbarkeit auf der Ordinate und ihr Einfluss auf der
Abszisse abgetragen wird (vgl. Krüger & Bach, 2014, 303 f.) (siehe Abb. 9.3).

Parallel zur Visualisierung der einzelner Stakeholdergruppen innerhalb der Relevanz-
Matrix können diese auch schriftlich um die jeweiligen Merkmale ergänzt werden, die

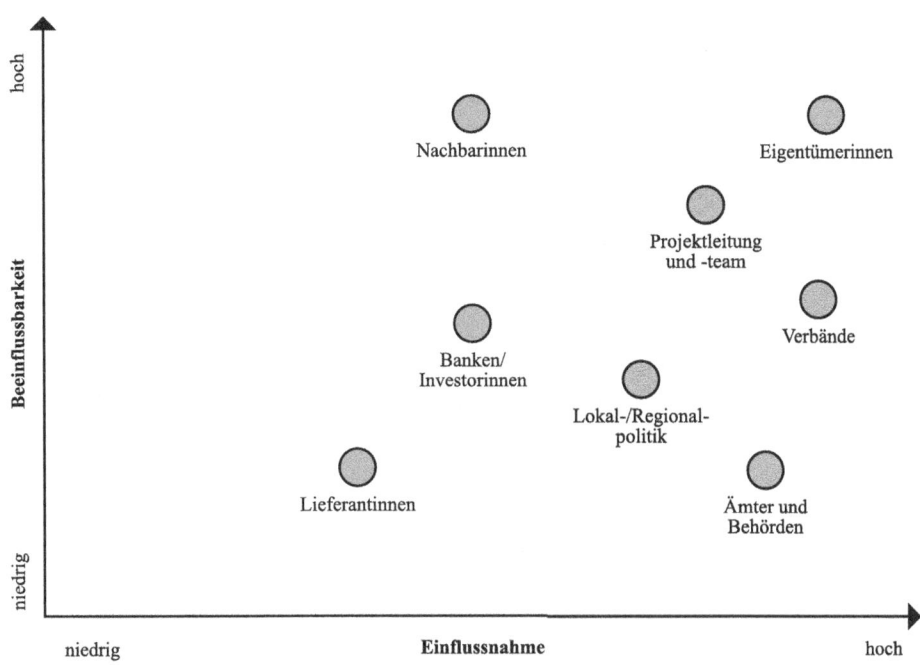

Abb. 9.3 Relevanz-Matrix für das Fallbeispiel des Bürgerwindparks

für ihre Positionierung entscheidend sind. Die Nachbarinnen können z. B. aller Voraussicht nach durch transparente Kommunikation und eine monetäre Incentivierung beeinflusst werden, wohingegen die Einflussnahme z. B. durch Bürgerproteste und Grundstücksrechte kanalisiert werden kann. Bei den Lieferantinnen hingegen liegen sowohl die Beeinflussbarkeit als auch die Einflussnahme auf einem recht niedrigen Niveau. Dies liegt vor allem darin begründet, dass infolge des bilateralen Oligopols jederzeit ein Lieferantinnen- bzw. Nachfragerinnenwechsel erfolgen kann.

Im letzten Schritt der Stakeholderanalyse sind die bisher ermittelten Ergebnisse dann noch zu *bewerten* bzw. ihre *tatsächliche Relevanz* ist abzuwägen. Dies ist insbesondere deshalb wichtig, weil in einigen Fällen nicht alle Akteurinnen einer Stakeholdergruppe umfassend in den jeweiligen Projektprozess eingebunden werden können. Wenn im Rahmen der Nachhaltigkeitskommunikation z. B. Einzelinterviews mit den ermittelten Stakeholdergruppen geführt werden sollen, dann können aufgrund des zeitlichen und auch finanziellen Aufwandes zumeist nur einige Personen aus den zuvor identifizierten Stakeholdergruppen auch tatsächlich interviewt werden. Diese verfügen dann über bestimmte und im Vorfeld *festgelegte Repräsentativitätskriterien* wie z. B. eine besondere Position im Unternehmen, spezielle Erfahrungswerte oder eine strategische Geschäftsbeziehung. Am Ende fungieren diese dann als eine Art Prototyp bzw. Stakeholdergruppenvertreterin, deren Aussagen die Ansprüche einer gesamten

Stakeholdergruppe repräsentieren (vgl. Berstermann, 2019, S. 76 ff., 317). Im Fallbeispiel des Bürgerwindparks könnte eine solche Selektion z. B. bei den Verbänden, den Lieferantinnen, der Lokal- und Regionalpolitik sowie auch den Ämtern und Behörden vorgenommen werden. Auch hier ist es i. d. R. nur wenig zielführend, wenn alle Mitglieder der jeweiligen Organisation in den Kommunikationsprozess einbezogen werden. Allerdings besteht hierbei auch die Möglichkeit, dass einzelne Personen aus übergeordneten Institutionen als beratende Instanz zu konsultieren sind, wie z. B. Verbandsvertreterinnen oder Forscherinnen, die die Relevanz und Vollständigkeit der Stakeholderg ruppenvertreterinnen noch einmal aus einer Metaebene bewerten.

Nachdem nun die wesentlichen Stakeholdergruppen sowie auch deren jeweilige Vertreterinnen ermittelt wurden, gilt es auch im Rahmen der Projektkommunikation herauszustellen, welche Probleme im Zusammenhang mit dem Bürgerwindpark gelöst werden sollen und ob Kommunikation überhaupt das geeignete Mittel dazu ist – *Kommunikativer Switch*. In diesem Zusammenhang kann durch die Projektleitung und das Projektteam ein erster Aufschlag zur Problemstellung ausformuliert werden, wobei dieser auch um weitere Informationen vonseiten der externen Stakeholdergruppenvertr eterinnen ergänzt werden kann. Dazu können bspw. Einzelgespräche geführt und erste Dialogformate angeboten werden, wie z. B. Informationsveranstaltungen, Runde Tische oder auch Experteninterviews. Im Folgenden ist exemplarisch ein Entwurf zur Problemstellung ausformuliert, wobei hier eine Lösung durch Kommunikation erreicht werden kann oder zumindest ein Beitrag geleistet wird:

Für die Errichtung des Bürgerwindparks wird eine ausreichend große Fläche im Windpotenzialgebiet benötigt, auf der die Windkrafträder bis zu ihrem Rückbau positioniert werden können. Um dies jedoch erfolgreich umsetzen zu können, bedarf es vor allem einzelner Verfügungsrechte vonseiten der unmittelbaren Nachbarschaft, damit die leistungsgebundene Infrastruktur installiert und die gewonnene Energie in das zentrale Stromnetz eingespeist werden kann.

Diese übergeordnete Problemformulierung kann, wie bereits in Kap. 2 näher beschrieben, um *verschiedene Problemtypologien* ergänzt werden, wobei sich hier vor allem die Wahrnehmung, die Akzeptanz und das Vertrauen anführen lassen. Dabei gilt es allerdings zu berücksichtigen, dass die Treiber der Typologien durchaus divergieren können. Für die unmittelbare Nachbarschaft liegen bspw. die *Schall- und Schattenentwicklung* sowie auch das veränderte Landschaftsbild im Fokus der Wahrnehmung. Um hierbei die Akzeptanz für den Bürgerwindpark steigern zu können, ist z. B. ein direkter Austausch mit Personen förderlich, die bereits neben einer bestehenden Windkraftanlage wohnen oder arbeiten. Diese können im Rahmen von Informationsveranstaltungen über ihre Erfahrungen berichten oder als Expertinnen in Diskussionsformate eingebunden werden. Für die potenziellen Eigentümerinnen trägt neben der Investitionssumme und der Laufzeit des Projektes sicherlich auch die voraussichtliche Rendite im Wesentlichen zur Finanzierungsentscheidung bei. Hier geht es vor allem darum, dass dem Projekt ein umfassendes Vertrauen entgegengebracht und dieses als lohnendes Investment anerkannt wird. Dazu können z. B. themenspezifische Informationsveranstaltungen,

Besprechungen sowie auch Einzelgespräche angeboten werden, in denen die wesentlichen Fragen der Investorinnen aufzugreifen und umfänglich zu beantworten sind. Als potenzielle Eigentümerinnen oder Investorinnen sind außerdem Landwirtinnen zu berücksichtigen, durch die die einzelnen Bereiche des Ackerlandes zur Verfügung gestellt werden, auf denen künftig die Windkraftanlagen zu installieren sind. Diese sollten z. B. darüber informiert werden, welcher Ernteverlust voraussichtlich auf sie zukommen wird, welche Wege und Flächen für die Errichtung der Anlagen sowie auch die Wartungsarbeiten erhalten oder geschaffen werden müssen und welcher finanzielle Ausgleich für die Flächennutzung aufgewendet wird. Ohne eine umfassende Aufklärung ist auch hier davon auszugehen, dass weder ausreichend Akzeptanz noch Vertrauen hergestellt werden kann, um den Bürgerwindpark ohne größere Widerstände errichten zu können. Ganz im Sinne des Projekt- und Kommunikationsmanagements können diesbezüglich z. B. auch erste Konzepte, Berichte und Gutachten veröffentlicht, Techniken und Fachtermini verständlich aufbereitet und kommuniziert sowie Verfahren näher erläutert und ggf. visualisiert werden (vgl. Brettschneider & Müller, 2019, S. 81).

Neben einem ersten Einblick in die weitestgehend gesellschaftliche Akzeptanz zum Bürgerwindpark gilt es in der Analysephase allerdings auch die rechtliche Akzeptanz und somit die Genehmigungsplanung zu berücksichtigen. Hierzu ist die Vielfalt an gesetzlichen Vorgaben herauszustellen, die es im Rahmen des Projektes in jedem Fall zu berücksichtigen gilt. Beim Bürgerwindpark zählen hierzu u. a. das Baugesetzbuch, das Raumordnungsgesetz, das Genehmigungsverfahren zum Bundes-Immissionsschutzgesetz sowie auch der gemeindliche und privatrechtliche Zugriff auf Flächen und Wege (vgl. Netzwerkagentur Erneuerbare Energien, 2020, S. 16–20). Die Gesamtheit dieser Informationen kann allerdings je nach Bedarf noch um weiteres Wissen angereichert werden. In diesem Fall könnten z. B. Interviews mit Anlagenbetreiberinnen oder Forscherinnen aus dem Energiebereich geführt werden, um bspw. künftige Entwicklungen bereits in den Planungsprozess einzubeziehen.

Wie bereits in Kap. 2 ausgiebig erläutert, kann die Situationsanalyse mit einer *SWOT-Analyse* abgeschlossen werden, wodurch eine zusätzliche und vor allem auch strukturierte Übersicht der Ergebnisse hergestellt werden kann. Für das Fallbeispiel des Bürgerwindparks kann ein Auszug aus der SWOT-Analyse wie in Abb. 9.4 dargestellt ausformuliert werden.

9.4.2 Strategie

Nachdem in der Analysephase ein umfassender Informationsspeicher zur aktuellen Situation angelegt und der kommunikative Switch herausgearbeitet wurde, gilt es nun auch den *künftigen Kommunikationskurs* festzulegen. Wie bereits in Kap. 4 näher erläutert, kann hierzu eine Untergliederung in *Umfeld-* (1. Ziele und 2. Zielgruppen) und *Binnenkoordinaten* (3. Positionierung, 4. Botschaft, 5. strategischer Weg) vorgenommen werden, wobei die Reihenfolge durchaus variieren kann. Da die Projektplanung im

Stärken	Schwächen
– langfristiges und sehr gutes Verhältnis zur unmittelbaren Nachbarschaft – landwirtschaftlicher Hintergrund – ein Teil der benötigten Flächen kann selbst zur Verfügung gestellt werden – individuelles und naturnahes Anlagendesign – Geräuschreduzierung durch spezielle Positionierung der Anlagen	– da es sich um ein Pilotprojekt handelt, gibt es bisher nur wenige eigene Erfahrungen im Energiebereich – kleines Projektteam mit weitestgehend landwirtschaftlicher Kompetenz (homogener Kompetenzbereich) – nicht ausreichend finanzielle Mittel verfügbar, um den Windpark eigenständig zu errichten
Chancen	Risiken
– der Megatrend Neo-Ökologie ist in der Gesellschaft angekommen – für eine Teilhaberschaft können attraktive Renditen gezahlt werden – die regionale Landwirtschaft kann sich lateral diversifizieren – der Klimawandel hat bereits das Feld der Massenmedien und Politik erreicht und ist somit ein Thema mit hohem gesellschaftlichen Anspruch bzw. Druck	– wegen der Nähe zu einem Naturschutzgebiet können möglicherweise Widerstände vonseiten der NGOs auftreten, ggf. werden auch schutzbedürftige Tierarten bei der Prüfung der naturschutzfachlichen Eignung entdeckt – die Verfügungsrechte für die benötigten Stand- und Installationsflächen werden von den Bürgerinnen nicht freigegeben – Wertverluste bei den nahegelegenen Immobilien aufgrund der Schall- und Schattenentwicklung

Abb. 9.4 SWOT-Analyse zum Fallbeispiel des Bürgerwindparks

Fallbeispiel des Bürgerwindparks jedoch im Wesentlichen auf den Umfeldkoordinaten aufbaut, wird in diesem Abschnitt die klassische Reihenfolge beibehalten.

1. Kommunikationsziele

In einem ersten Schritt des künftigen Kommunikationskurses werden die kommunikativen Ziele festgelegt, wobei zunächst einmal auf deren jeweilige Funktion eingegangen werden soll. Im Fallbeispiel des Bürgerwindparks handelt es sich dabei vor allem um die *Richtungs- und Motivationsfunktion.*

- Die *Richtungsfunktion* setzt laut der Problemstellung aus der Analysephase einen Bezug zu den potenziellen Eigentümerinnen und der unmittelbaren Nachbarschaft. Hier sollte versucht werden, eine Zustimmung zum *Bürgerwindpark* zu erwirken, um die Anlagen nicht nur wie geplant im Windpotenzialgebiet errichten zu können, sondern auch die notwendige Infrastruktur zu installieren. Diesbezüglich besteht die Möglichkeit, dass z. B. umfassende Informationsveranstaltungen, Diskussionsrunden und Einzelgespräche angeboten werden.
  Darüber hinaus gilt es allerdings darauf zu achten, dass mit den Verbänden und der Lokalpolitik ebenfalls ein gezielter Dialog zu führen ist, um mögliche Blockaden bereits frühzeitig ausschließen, zumindest aber reduzieren zu können.

- Bei der *Motivationsfunktion* geht es vor allem darum, sowohl die potenziellen Eigentümerinnen als auch die unmittelbare Nachbarschaft für den Bürgerwindpark zu begeistern. Die Motivationsfunktion liegt dabei vor allem darin, die jeweiligen Zielgruppen über die finanziellen und umweltbezogenen Vorteile aufzuklären, die durch den Bürgerwindpark generiert werden können. Hierzu sind neben Einzelgesprächen und größeren Informationsveranstaltungen auch Besichtigungen von bereits bestehenden Parkanlagen anzubieten. Dabei können auch Impulsvorträge der jeweiligen Eigentümerinnen oder Nachbarinnen angeboten werden, die ihre Erfahrungen teilen und dadurch die Motivation der Zielgruppen fördern.

In Bezug auf die Zielarten sind folgend die kognitiv, die affektiv und die konativ orientierten Ziele anzuführen. Bei den *kognitiv orientierten Zielen* ist zunächst einmal anzunehmen, dass sowohl die potenziellen Eigentümerinnen als auch die unmittelbare Nachbarschaft des Bürgerwindparks über ein vorerst begrenztes Wissen zur regenerativen Energiewirtschaft und Versorgungstechnik verfügen. Dieses gilt es weitestgehend zu steigern, um dadurch den Umfang der Aufmerksamkeit und Wahrnehmung zu erhöhen. Ähnlich wie bereits bei den Zielfunktionen angeführt, sind auch hierzu regelmäßige Informationsveranstaltungen, Einzelgespräche und Anlagenbegehungen anzubieten. Insbesondere die Besichtigung von bestehenden Windkraftanlagen bietet dabei den Vorteil, dass zugleich mehrere Sinne affiziert werden. Die einzelnen Personengruppen erhalten somit nicht nur eine anwendungsbezogene Begehung, sondern können auch die Schallimmissionen der Windkrafträder hören, das Landschaftsbild visuell wahrnehmen und ggf. auch die Schwingungen der Rotorblätter erfühlen. Dadurch können nicht nur die Erinnerungswerte nachhaltig erhöht, sondern auch die Motivation kann möglicherweise gesteigert werden.

Bei den *affektiv orientierten Zielen* hingegen soll auf die Einstellungen und Haltungen der jeweiligen Personengruppen eingezahlt werden. Hier reicht es somit nicht mehr aus, wenn lediglich das Wissen bzw. das Know-how in einem bestimmten Bereich erhöht wird. Vielmehr ist ein neuer Bezugsrahmen zu konstituieren, indem der Bürgerwindpark mit etwas Positivem verknüpft wird. Somit sind die Stakeholdergruppen möglichst frühzeitig in den projektbezogenen Kommunikationsprozess einzubinden, damit Ängste und Befürchtungen erfasst, offen angesprochen und entkräftet werden können. Außerdem kann auch hier eine Besichtigung von bereits existierenden Windkraftanlagen dazu beitragen, dass die möglicherweise bestehenden Vorurteile abgebaut werden und die Akzeptanz gegenüber dem Bürgerwindpark erhöht wird.

Bei den *konativ orientierten Zielen* sollen nicht nur die Einstellungen und Haltungen der jeweiligen Personengruppen beeinflusst werden, sondern insbesondere auch das Verhalten an sich. Im Fallbeispiel des Bürgerwindparks würde das z. B. bedeuten, dass die potenziellen Eigentümerinnen einen Teil ihrer Ackerflächen verpachten und im weiteren Projektverlauf eine finanzielle Beteiligung anstreben. Die unmittelbare Nachbarschaft hingegen würde die notwendigen Verfügungsrechte einräumen und möglicherweise ebenfalls ein Investment am Bürgerwindpark tätigen. Um ein konkretes Handeln in diesem Zusammenhang allerdings noch weiter zu begünstigen, können z. B. auch spezifische Einzelgespräche geführt, weitergehende Unterlagen und Gutachten zur Verfügung gestellt sowie individuelle Verträge ausgearbeitet werden.

Abschließend sind die ermittelten Kommunikationsziele in eine einheitliche Struktur zu überführen. Hierbei sollen insbesondere die zeitliche Relation sowie auch die jeweilige Zielrelevanz hervorgehoben werden. In Bezug auf die zeitliche Relation können im Fallbeispiel des Bürgerwindparks z. B. die klassischen Projektphasen verwendet werden: Auftakt-, Umsetzungs- und Abschlussphase. Dabei gilt es jedoch generell zu beachten, dass in jeder Phase eines Projektes auch unterschiedliche Fristigkeiten der Ziele festgelegt werden können. Da im Rahmen des Bürgerwindparks vor allem mit kurz- und langfristigen Zielen gearbeitet wird, liegt diese Klassifizierung auch der folgenden Strukturierung zugrunde.

- **Ziel 1 (kurzfristiges Ziel mit hoher Priorität):** Die Akzeptanz für den *Bürgerwindpark* ist bei den potenziellen Eigentümerinnen und der unmittelbaren Nachbarschaft deutlich zu steigern. Dieses Ziel sollte bereits vor, spätestens jedoch im Verlauf der Auftaktphase erreicht werden, um die Risiken eines späteren Projektabbruchs zu reduzieren. Wie bereits in den vorherigen Abschnitten dieses Kapitels angeführt, sind hierzu Informationsveranstaltungen, Besichtigungen von bestehenden Windkraftanlagen sowie auch Einzelgespräche anzubieten.
- **Ziel 2 (langfristiges Ziel mit hoher Priorität):** Innerhalb von fünf Jahren nach Projektabschluss soll die Akzeptanz für den *Bürgerwindpark* bei den potenziellen Eigentümerinnen und der unmittelbaren Nachbarschaft auf ca. 90 % erhöht werden. Dadurch besteht die Möglichkeit, dass der ursprüngliche Windpark ggf. noch um vier zusätzliche Windkraftanlagen erweitert werden kann. Dazu müssen allerdings Angebote geschaffen werden, durch die sich alle Interessierten auch nach Projektabschluss noch regelmäßig treffen und zum Bürgerwindpark austauschen können.

2. Zielgruppen

In einem weiteren Schritt des strategischen Kommunikationskurses gilt es nun die jeweiligen Zielgruppen zu ermitteln und möglichst umfassend zu beschreiben. Hierzu kann auf die Ergebnisse aus der Ist-Analyse zurückgegriffen werden, wobei die wesentlichen Stakeholdergruppen bereits identifiziert und hinsichtlich ihrer Relevanz charakterisiert und bewertet wurden. Durch eine zusätzliche Priorisierung können diese im weiteren Konzeptionsverlauf als Zielgruppen herangezogen werden, womit die Kommunikation weitestgehend individuell und ohne größere Streuverluste erfolgen kann (vgl. Schmidbauer & Jorzik, 2017, S. 105 f.). Allerdings sind im Rahmen der Strategiephase zumeist nicht alle Stakeholdergruppen auch tatsächlich als Zielgruppen zu definieren, sondern i. d. R. nur diejenigen, die eine wesentliche Bedeutung für den Projekterfolg aufweisen. Im Fallbeispiel des Bürgerwindparks sind das z. B. die potenziellen Eigentümerinnen, die unmittelbare Nachbarschaft sowie auch die verschiedenen Verbände. Bei den Ämtern und Behörden hingegen ist die Form der

Kommunikation weitestgehend durch rechtliche Vorgaben reglementiert, womit diese zwar weiterhin eine elementare Funktion in Bezug auf den Projekterfolg besetzen, allerdings kann die Beeinflussbarkeit durch Kommunikation als durchaus gering eingestuft werden. Dies bedeutet jedoch nicht, dass die übrigen Stakeholdergruppen aus sämtlichen Kommunikationsprozessen auszuklammern sind. Vielmehr werden diese nur nicht hochindividuell mit Informationen bespielt oder in sämtliche Dialogformate eingebunden. Ein zentraler Vorteil zeigt sich dabei vor allem in Bezug auf das verfügbare Kommunikationsbudget, da die persönliche Ansprache der einzelnen Zielgruppen zumeist mit einem nicht unerheblichen Bedarf an *finanziellen* sowie auch *personellen Ressourcen* einhergeht.

Im Folgenden werden die wesentlichen Zielgruppen des *Bürgerwindparks* angeführt und um weitere Informationen angereichert. Dadurch soll die zielgruppengerechte Ansprache im Rahmen der Binnenkoordinaten möglichst präzise geplant und für den daran anknüpfenden *Maßnahmenteil* der Konzeption vorbereitet werden.

- **Potenzielle Eigentümerinnen:** Die potenziellen Eigentümerinnen erwarten eine angemessene Vergütung für die Eigentumsrechte an Teilen ihrer Ackerflächen. Außerdem haben diese auch ein außerordentliches Interesse an einem Kommanditanteil zum Bürgerwindpark, womit infolge einer lateralen Diversifikation das unternehmerische Risiko reduziert werden kann.
- **Unmittelbare Nachbarinnen:** Das Interesse der unmittelbaren Nachbarinnen liegt vor allem darin, in einer weitestgehend geräuscharmen sowie auch naturnahen Umgebung zu leben. Außerdem befürchten die Nachbarinnen einen Wertverlust ihrer Grundstücke und Eigentumsimmobilien aufgrund der nahegelegenen Windparkanlage und der damit verbundenen Geräuschentwicklung und des Schattenwurfs. Darüber hinaus besteht hier aber auch die Möglichkeit, dass einige der Nachbarinnen als Nimby[6] auftreten. Somit stehen diese einem Bürgerwindpark zwar grundsätzlich offen gegenüber, allerdings sollte dieser nicht in ihrem unmittelbaren Lebensumfeld errichtet werden.
- **Verbände:** Die Natur- und Tierschutzverbände haben ein erhebliches Interesse daran, das bestehende Ökosysteme im Windpotenzialgebiet zu schützen. Dabei ist es ihnen wichtig, dass keine falschen Signale in Form von voreiligen oder diskussionsfreien Entscheidungen gesendet werden, die möglicherweise als Präzedenzfälle in weitere Antragsverfahren eingebracht werden können.

Weiterhin können die Zielgruppen aber auch in Bezug auf ihre *limbische Landkarte* näher beschrieben werden. Dabei wird davon ausgegangen, dass Menschen ihre Entscheidungen in Anlehnung an unterschiedliche Emotionssysteme treffen bzw. bei diesen auf Resonanz stoßen. Diese Emotionssysteme sind: Balance-System, Dominanz-System

---

[6] Nimby ist ein Akronym für *Not in my backyard*.

und Stimulanz-System. Grundsätzlich können zwar auch mehrere dieser Systeme parallel angespielt werden, der Fokus ist jedoch zumeist relativ klar verortet (vgl. Schmidbauer & Jorzik, 2017, S. 218 ff.).

- **Balance-System:** Die potenziellen Eigentümerinnen und die unmittelbare Nachbarschaft wünschen sich eine möglichst transparente Kommunikation in Bezug auf den Bürgerwindpark. Sie wollen sicher sein, hinsichtlich der Nutzungsrechte und der finanziellen Beteiligung eine Entscheidung treffen zu können, die sie im Nachhinein nicht bereuen werden. Bei den Tier- und Naturschutzverbänden hingegen liegt der Fokus auf einer hohen Stabilität des ökologischen Systems. Hierzu werden im Vorfeld unterschiedliche Gutachten eingefordert, um weitestgehend sicherstellen zu können, dass die Biodiversität nicht gefährdet wird.
- **Dominanz-System:** Alle drei Zielgruppen bewegen sich in gewisser Weise auch im Dominanz-System. Die potenziellen Eigentümerinnen und die unmittelbare Nachbarschaft verteidigen ihren Besitz und wollen weder, dass dieser an Wert verliert, noch dass sie infolge des Bürgerwindparks anderweitige Verluste kompensieren müssen. Die Verbände hingegen fungieren als Sprachrohr der Ökosphäre und versuchen ebenfalls so gut wie möglich ihre Interessen zu wahren und weitestgehend durchzusetzen.
- **Stimulanz-System:** Die potenziellen Eigentümerinnen und die unmittelbare Nachbarschaft freuen sich über einen finanziellen Ausgleich, der ihnen für die Nutzungsrechte an ihren Grundstücken gezahlt wird. Des Weiteren kann aber auch ein direktes Investment in den Bürgerwindpark dafür sorgen, dass diese Zielgruppen eine nicht unerhebliche Rendite erhalten.

In Bezug auf die *Priorisierung der Zielgruppen* sind keine wesentlichen Unterscheidungen vorzunehmen, da alle der zuvor angeführten Zielgruppen dazu beitragen können, dass die Umsetzung des Bürgerwindparks verhindert wird. Allenfalls ließe sich hier eine Untergliederung in *primäre und sekundäre Zielgruppen* vornehmen, da die Verbände nur im Rahmen ihrer gesetzlichen Möglichkeiten einen Einfluss auf die Errichtung des Bürgerwindparks ausüben können. Sollten somit sämtliche Analysen und Gutachten zum Vorteil des Projektteams ausfallen, werden die Einflussmöglichkeiten der Verbände deutlich eingeschränkt. Anders verhält es sich bei den potenziellen Eigentümerinnen und der unmittelbaren Nachbarschaft. Diese können i. d. R. frei darüber entscheiden, ob sie einen Teil ihres Grundstücks verpachten möchten.

Abschließend können die Zielgruppen noch in ein *Zielgruppenportfolio* übertragen werden. Dabei ist darauf zu achten, dass für *alle primären Zielgruppen ein eigenes Portfolio* angelegt wird, um im Rahmen der nachfolgenden Binnenkoordinaten eine möglichst spezifische Planung vornehmen zu können. Die jeweiligen Informationen werden dabei z. B. durch statistische Auswertungen, Experteninterviews oder aber auch persönliche Gespräche mit einzelnen Akteurinnen der jeweiligen Zielgruppe ermittelt. In Abb. 9.5 ist ein Portfolio für die unmittelbaren Nachbarinnen des Bürgerwindparks aufgeführt, wobei eine Untergliederung in *demografische, soziodemografische, psychografische* und *verhaltensbezogene Merkmale* vorgenommen wird.

Zielgruppenprofil zu den Eigentümerinnen	
Demografische Merkmale – 0 bis 80 Jahre – Mehr-Generationen-Haushalte oder junge Familien – lokale Herkunft und zugezogene Paare – verheiratet und 1 bis 3 Kinder	*Soziodemografische Merkmale* – wohnen in Eigentumsimmobilie, z. T. auch auf dem eigenen Hof – verfügbares Nettovermögen > 4.500 € – durchschnittliches bis hohes Bildungsniveau – eigener landwirtschaftlicher Betrieb oder angestellt bei einem größeren Industrieunternehmen aus der Region
Psychografische Merkmale – z. T. gute landwirtschaftliche Kenntnisse – sehr nachbarschafts- und ortsverbunden – zu einem Großteil in Selbstständigkeit tätig oder in führenden Positionen der Regionalindustrie – verbringt viel Zeit im Stall und auf dem Feld oder anderweitig in der Natur	*Verhaltensbezogene Merkmale* – weitestgehend Digital Immigrants – Nachbarschaftshilfe wird als wichtig erachtet – Geschäfte werden durch Handschlag besiegelt – zugezogenen Bewohnerinnen wird erst nach längerer Ortszugehörigkeit Vertrauen geschenkt – neue Kontakte entstehen zumeist durch die Kinder

Abb. 9.5 Zielgruppenportfolio zur unmittelbaren Nachbarschaft im Fallbeispiel des Bürgerwindparks

3. Positionierung

Im Rahmen der Positionierung ist zunächst einmal näher zu beschreiben, wie das Kommunikationsobjekt wahrgenommen werden soll bzw. welches *Bild* oder *Image in den Köpfen der Zielgruppen* zu verankern ist. Dabei gilt es zu berücksichtigen, dass das Fallbeispiel des Bürgerwindparks einen Projektcharakter aufweist und somit zunächst einmal nicht über die klassischen Führungsebenen der traditionellen Betriebswirtschaftslehre verfügt. Demzufolge ist es an dieser Stelle auch nicht möglich, auf die Gestaltungsansätze der normativen Unternehmensebene zurückzugreifen, wie z. B. die *Vision, Mission* oder ein *wertorientiertes Leitbild,* die sonst als Grundlage in die Entwicklung der Positionierung aufgenommen werden können (vgl. Schmidbauer & Jorzik, 2017, S. 238 ff., 244 f.).

Als weiteres Gestaltungsmodell kann auf die Corporate Identity zurückgegriffen werden. Wie bereits in Abschn. 4.3 angeführt, ist diese in das Corporate Design, die Corporate Communication und das Corporate Behaviour zu untergliedern. Da die Kommunikation beim Bürgerwindpark ohnehin in der Form von größeren Informationsveranstaltungen erfolgt, liegt insgesamt eine weitestgehend einheitliche Kommunikation bzw. eine *Corporate Communication* vor. Diese wird nur dann um weiterführende Informationen angereichert, wenn einzelne Akteurinnen ein tiefergehendes Interesse am Windpark äußern oder aber eine finanzielle Beteiligung in Erwägung ziehen. In Bezug auf das *Corporate Behaviour* werden z. B. Besichtigungen von bereits bestehenden Parkanlagen organisiert. Dadurch sollen die Zielgruppen im Vorfeld möglichst umfassend über die künftige Situation aufgeklärt und das gute Verhältnis zu den unmittelbaren Nachbarinnen soll auch nach der Projektumsetzung aufrechterhalten werden. Darüber hinaus verfügt der Bürgerwindpark über ein akustisches und visuelles *Corporate Design*. So werden die Windkraftanlagen in der Form positioniert, dass sich die Schallimmissionen nicht nur unterhalb des Richtwertes der Weltgesundheitsorganisation von 45 Dezibel (vgl. World Health Organization, 2018, S. 77, 79) bewegen, sondern dass auch von den unmittelbaren Nachbarinnen nicht mehr als 30 Dezibel wahrgenommen werden. Abschließend erfolgt als visuelles Corporate Design noch eine naturnahe Gestaltung der Windkrafträder. Diese wird durch eine lokale Grafikagentur vorbereitet und in einem demokratischen Entscheidungsverfahren durch die Bürgerinnen der Gemeinde ausgewählt.

Nachdem nun bereits einige *Gestaltungsmerkmale* zum Bürgerwindpark erfasst werden konnten, sind diese in einem weiteren Schritt zur Ermittlung der Alleinstellungsmerkmale heranzuziehen und um die Stärken und Chancen aus der bereits durchgeführten SWOT-Analyse anzureichern (vgl. Schmidbauer & Jorzik, 2017, S. 252 f.). Im Fallbeispiel des Bürgerwindparks gilt es dabei unbedingt zu beachten, dass die Alleinstellungsmerkmale nicht in Anlehnung an die Konkurrentinnen oder Wettbewerberinnen ausformuliert werden, wie es z. B. im Marketing häufig der Fall ist. Vielmehr sind die Merkmale möglichst nah an den jeweiligen Zielgruppen auszurichten, da diese das Projekt nicht nur akzeptieren, sondern auch diesbezügliche Entscheidungen legitimieren sollten. Andernfalls ist davon auszugehen, dass Widerstände oder Blockaden auftreten, durch die der Projekterfolg möglicherweise gefährdet wird. Die Alleinstellungsmerkmale für den Bürgerwindpark können dabei wie folgt ausformuliert und als Grundlage für die spätere Positionierung eingesetzt werden: *Die Zukunft ist grün – Gemeinsam zu einer klimaneutralen Region*, oder auch: *Landwirtschaft kann mehr – Wir sind ein entscheidender Player der Energiewende.* Beide Formulierungen bieten eine Verknüpfung aus faktischen und psychologischen Faktoren, womit nicht nur ein tatsächlich nachprüfbares Leistungsversprechen vorliegt, sondern auch eine gefühlte bzw. emotionale Alleinstellung. So besetzen die Aussagen zur klimaneutralen Region und der facettenreichen Landwirtschaft eine durchaus faktenbasierte und somit auch überprüfbare Alleinstellung. Der Gemeinschaftssinn und die Bekräftigung der landwirtschaftlichen Transformationskompetenz sind hingegen nur eingeschränkt nachweisbar. Dafür fördern diese aber die emotionale Motivation und eine rasche sowie auch beständige Verankerung des Kommunikationsobjektes in den Köpfen der Zielgruppen.

In einem letzten Schritt soll es nun darum gehen, die zuvor ermittelten Alleinstellungsmerkmale, die Stärken und Schwächen aus der SWOT-Analyse sowie auch die Beschreibungen zu den jeweiligen Zielgruppen zu verknüpfen, um daraus abschließend eine *Positionierungsaussage* zu entwickeln (vgl. Schmidbauer & Jorzik, 2017, S. 252 ff.). Im Folgenden werden hierzu zwei Vorschläge angeführt, die für den Bürgerwindpark exemplarisch ausformuliert wurden:

- **Positionierung 1:** Mit unseren innovativen Ansätzen zur Standortbestimmung der Windkraftanlagen schaffen wir nicht nur eine Möglichkeit zur regionalen Wertschöpfung, sondern reduzieren auch die Schallimmissionen auf ein Minimum. Davon profitieren die Bewohnerinnen unseres Ortes und die Umwelt, in der wir leben.
- **Positionierung 2:** Wir verstehen uns als Vorreiter im Kampf gegen den Klimawandel. Hierzu verknüpfen wir unser landwirtschaftliches Wissen mit den Bedürfnissen von Mensch und Natur, um gemeinsam eine sowohl ertragreiche als auch lebenswerte Zukunft zu schaffen.

4. Kommunikationsbotschaft

Nachdem in Punkt 3. dieses Abschnitts die Positionierung des Kommunikationsobjektes herausgearbeitet wurde, soll es im Folgenden nun darum gehen, eine einheitliche und vor allem auch *klare Kommunikationsbotschaft* bzw. eine *Corporate Message* zu formulieren. Diese ist insbesondere für den Bürgerwindpark von großer Bedeutung, da durch die Kommunikation ein Orientierungsrahmen geschaffen werden soll, anhand dessen die Glaubwürdigkeit in Bezug auf die Zielgruppen gesteigert wird. Damit die Botschaft jedoch nicht in einem luftleeren Raum entsteht und an Interpretationsspielraum gewinnt, sollte diese mit der zuvor bereits festgelegten Positionierungsaussage, den wesentlichen Stärken und Chancen aus der SWOT-Analyse sowie auch den ermittelten Zielgruppen verknüpft werden.

Im Fallbeispiel des Bürgerwindparks wird dazu eine Untergliederung in *eine Dachbotschaft* und *zwei Teilbotschaften* vorgenommen. Dabei gilt es grundsätzlich darauf zu achten, dass insbesondere die Erwartungen der wesentlichen Zielgruppen in der Kommunikationsbotschaft berücksichtigt werden, da diese eine treibende Kraft bei der Umsetzung des Projektes darstellen. Um die Botschaft außerdem noch schneller in den Köpfen der Zielgruppen verankern zu können, als dies z. B. durch eine verbale Kodierung möglich ist, wird die Kommunikationsbotschaft in Abb. 9.6 um ein Foto ergänzt. Dies hat darüber hinaus den entscheidenden Vorteil, dass Bilder und Illustrationen zumeist eng mit Emotionen verknüpft sind, wodurch die Botschaft nicht nur leichter erlernt, sondern i. d. R. auch schneller reaktiviert werden kann (vgl. Schmidbauer & Jorzik, 2017, S. 273 ff.).

Die einzelnen Teilbotschaften umfassen zum einen die *starke Gemeinschaft* und die *innovativen Techniken,* durch die auf die gute Beziehung zur Nachbarschaft und die reduzierte Geräuschentwicklung der Windkraftanlagen eingegangen werden soll. Zum anderen wird aber auch die *ertragreiche und nachhaltige Region* hervorgehoben, womit ein Bezug zur lateralen Diversifikation der Landwirtschaft und zum Klimawandel gesetzt wird. Allerdings können die Teilbotschaften auch durchaus umfassender interpretiert werden. Somit kann die starke Gemeinschaft z. B. auch die offene und transparente Kommunikation zwischen sämtlichen Stakeholdergruppen repräsentieren und die ertragreiche Region eine umfassende Beteiligung der Bürgerinnen am Windpark.

Abb. 9.6 Kommunikationsbotschaft zum Fallbeispiel des Bürgerwindparks

5. Strategischer Weg

Abschließend gilt es in der Strategiephase noch den strategischen Weg festzu-
legen, wobei grundsätzlich darüber zu entscheiden ist, in welcher Form die bisherige
Positionierung und Botschaft an die jeweiligen Zielgruppen transportiert werden sollen.
Dabei ist grundsätzlich darauf zu achten, dass an dieser Stelle noch keine konkreten
Aktivitäten entwickelt werden, sondern lediglich ein übergeordneter Handlungsrahmen.
Auf die Detail- bzw. Aktionsplanung wird dann in Abschn. 9.4.3 näher eingegangen.

Als mögliche Hilfestellung bei der Entwicklung des strategischen Wegs kann auf die
bereits zusammengestellten Ergebnisse aus der SWOT-Analyse zurückgegriffen werden.
Dabei sind die Stärken und Chancen mit den Schwächen und Risiken in der Form zu
verknüpfen, dass die Stärken und Chancen ausgeschöpft, die Schwächen abgebaut und
die Risiken begrenzt werden. Somit dienen die Stärken und Chancen als *Hebelkräfte*,
um die gewünschte Kommunikationswirkung weitestgehend entfalten zu können. Im
Folgenden werden in Anlehnung an die SWOT-Analyse des Bürgerwindparks hierzu
erste strategische Ansätze entwickelt:

- **Strategische Konsequenz 1:** Das langfristige und vor allem auch gute Verhältnis zu
  den unmittelbaren Nachbarinnen kann als Hebelkraft dazu genutzt werden, um einen
  vertrauensvollen Dialog auf Augenhöhe zu initiieren. Auf dieser Grundlage können
  die benötigten Nutzungsrechte für die jeweiligen Grundstücke dann ggf. leichter
  erwirkt und der Bürgerwindpark kann ohne größere Widerstände errichtet werden.
  Außerdem kann es diesbezüglich auch von Vorteil sein, wenn eine umfassende Aufklärung über die reduzierten Schallimmissionen und das naturnahe Design der Windkrafträder in den Dialog aufgenommen werden.

- **Strategische Konsequenz 2:** Da sich ein Teil der benötigten Bebauungsfläche des Bürgerwindparks bereits im Besitz der Projektinitiatorinnen befindet, kann diese Fläche als Sicherheit eingesetzt werden, um zusätzliches Investitionskapital zu generieren. Allerdings können die Initiatorinnen aber auch als Multiplikatorinnen auftreten und ihre eigene Investitionssumme offenlegen. Dadurch wird für die potenziellen Investorinnen sichtbar, wie hoch das monetäre Projektcommitment der Initiatorinnen tatsächlich ausfällt, womit ggf. auch deren Glaubwürdigkeit gesteigert werden kann.

- **Strategische Konsequenz 3:** Das landwirtschaftliche Hintergrundwissen und die politische Debatte zu den Folgen des Klimawandels können als Aufhänger genutzt werden, um mit den Natur- und Tierschutzverbänden eine faktenbasierte Diskussion einzuleiten. Hierbei besteht ggf. auch die Möglichkeit, dass z. B. Fachexpertinnen aus den jeweiligen Verbänden an den Informationsveranstaltungen zum Bürgerwindpark teilnehmen und dort aus beratender Funktion das bisher noch fehlende Wissen in die Gesprächsrunden einbringen.

- **Strategische Konsequenz 4:** Der Trend zur Neo-Ökologie und der voranschreitende Klimawandel können möglicherweise dazu beitragen, dass das Interesse der Nachbarinnen dahingehend geweckt wird, durch den Bürgerwindpark einen Beitrag zur ökologischen Nachhaltigkeit zu leisten. Somit ist vor allem in den Informationsveranstaltungen näher darauf einzugehen, inwieweit die regionale Nachhaltigkeit durch den Bürgerwindpark gesteigert werden kann.

In einem letzten Schritt sind nun die *konkreten Strategiearten festzulegen,* um diese als Orientierungsrahmen für den nachfolgenden Maßnahmenteil heranziehen zu können. Dabei gilt es insbesondere darauf zu achten, dass die festgelegten Strategien mit den jeweils verfügbaren Ressourcen zu erreichen sind. Andernfalls wären die Ziele ggf. zu hochgesteckt, was u. a. zu einer Demotivation des Projektteams und der übrigen Stakeholdergruppen führen kann. Des Weiteren sollte aber auch immer *rückgekoppelt* werden, ob es sich tatsächlich um eine strategische Stoßrichtung handelt, die durch Kommunikation erreichbar ist. Andernfalls ist zu überprüfen, welcher Unternehmensbereiche es möglicherweise außerdem bedarf, um die Strategie erfolgreich realisieren zu können[7].

Im Fallbeispiel des Bürgerwindparks wird die *Mehr-Phasen-Strategie* als Stoßrichtung gewählt. Dabei wird das Projekt zunächst einmal in seine Schwerpunktbereiche untergliedert: Start-, Umsetzungs- und Abschlussphase, wobei die Zielgruppen mit den jeweils erforderlichen Informationen zu versorgen sind. In der *Startphase* des

---

[7]Die Einbindung weiterer Abteilungen in die Entwicklung und Umsetzung der Kommunikationsstrategie ist vor allem in größeren Unternehmen und Konzernen unbedingt erforderlich. In kleineren Betrieben ist allerdings dennoch darauf zu achten, dass die Strategien durch Kommunikation erreicht werden können.

Projektes ist im Wesentlichen die Projektakzeptanz zu fördern, damit die Zielgruppen nicht nur die benötigten Grundstücksrechte freigeben und sich ggf. auch finanziell am Windpark beteiligen, sondern, damit diese ggf. auch als Multiplikatorinnen auftreten und mögliche Opponentinnen vom Bürgerwindpark überzeugen. In der *Umsetzungsphase* hingegen geht es dann vor allem darum, dass die Akzeptanz der Zielgruppen aufrechterhalten wird und diese ihre Entscheidung auch in der faktischen Erbauungsphase des Windparks nicht bereuen. Andernfalls können auch hier noch Widerstände initiiert werden, die im äußersten Fall zu einem Projektabbruch führen. In der *Abschlussphase* sollen die Zielgruppen dann auf die Zeit nach dem Projekt vorbereitet und ggf. auch dazu motiviert werden, sich z. B. an weiteren regionalen Projekten zu beteiligen.

9.4.3   Maßnahmen und Instrumente

In diesem Schritt soll es nun darum gehen, die Ergebnisse aus der Analyse- und Strategiephase in geeignete Kommunikationsmaßnahmen zu überführen, damit eine möglichst wirkungsvolle Kommunikation erreicht werden kann. Wie bereits in Kap. 5 angeführt, gilt es dabei zu berücksichtigen, dass Kommunikation nicht aus dem *Affekt* heraus entsteht und somit weitgehend losgelöst von einer sachlich fundierten Argumentationsbasis. Dies kann ansonsten dazu führen, dass Kommunikation zu einem Großteil emotionsgeleitet erfolgt, was wiederum zu einer unerwünschten Rückkopplung der jeweiligen Kommunikationsbotschaft führen kann. Im Fallbeispiel des Bürgerwindparks könnten dies z. B. nicht abgesicherte Zusagen in Bezug auf die Länge der Bauphase sowie auch die künftige Rendite im Fall einer finanziellen Beteiligung sein, um einen potenziellen Eigentümer kurzfristig vom Bürgerwindpark zu überzeugen. Eine nachträgliche Anpassung dieser Versprechen würde vermutlich zu Unmut bei der jeweiligen Zielgruppe führen, zumindest dann, wenn die Bauphase länger oder die Rendite geringer ausfällt als zuvor zugesichert. Um eine solche Entwicklung weitestgehend zu vermeiden, können die im Vorfeld festgelegten Maßnahmen und Instrumente als Orientierungsrahmen herangezogen werden, durch die die übergeordneten Kommunikationsziele in den Fokus gerückt werden und das Risiko einer Affekthandlung verringert wird.

Damit die verschiedenen Maßnahmen und Instrumente im Folgenden strukturiert festgelegt werden können, wird, wie bereits in Kap. 5 näher beschrieben, eine Untergliederung der Maßnahmenplanung in die *gestalterische und die instrumentelle Umsetzung* vorgenommen. Die gestalterische Umsetzung wird dabei noch zusätzlich in die Bereiche *Themen, Content* und *Kreativplanung* unterteilt.

Zur Ermittlung von *möglichen Themen* sowie auch *geeignetem Content* wird im Fallbeispiel des Bürgerwindparks zunächst einmal auf die *interne Perspektive* verwiesen, also die Themen, die sich im Rahmen des Projektes ohnehin bereits finden lassen. Hierzu kann insbesondere auf die bereits durchgeführte Positionierungsaussage oder aber auch die Ergebnisse aus der SWOT-Analyse zurückgegriffen werden. Wichtig dabei ist jedoch, dass die Auswahl der Themen nicht willkürlich erfolgt. Vielmehr ist darauf zu achten, dass die jeweiligen Themen bei den Zielgruppen auf Interesse stoßen, in Bezug auf die Absenderin authentisch sind und somit auch möglichst glaubwürdig kommuniziert werden können.

Darüber hinaus sind allerdings auch externe Perspektiven einzunehmen bzw. Touchpoints zu ermitteln, durch die an die Lebensrealität der Zielgruppen angeknüpft werden soll. Hier sind vor allem die Themen aufzugreifen, die von den Zielgruppen ohnehin bereits diskutiert werden oder aber im gesellschaftlichen sowie politischen Kontext generell auf Resonanz stoßen. Hinsichtlich des Bürgerwindparks wären das z. B.

1. die reduzierten Schallimmissionen und das naturnahe Design,
2. die Möglichkeit einer attraktiven Teilhaberschaft und einer lateralen Diversifikation sowie
3. der politische und gesellschaftliche Anspruch an eine klimaneutrale Zukunft.

Bei dieser Themenauswahl wird eine große Bandbreite an unterschiedlichen Touchpoints angeboten und somit auch eine Vielzahl an potenziellen Anknüpfungspunkten. Die reduzierten Schallimmissionen und das naturnahe Design weisen neben dem wissenschaftlichen Bezug auch eine soziale Orientierung auf. Die Teilhaberschaft und die Möglichkeit einer Diversifikation haben einen wirtschaftlichen sowie auch sozialen Bezug. Und bei der klimaneutralen Zukunft können die bisher angeführten Perspektiven noch um eine politische und kulturelle Ausrichtung ergänzt werden. Insgesamt ist jedoch davon auszugehen, dass die kommunizierten Themen ohnehin weitgehend auf das Interesse der wesentlichen Zielgruppen stoßen, da hier ein hoher regionaler Bezug vorliegt und die Zielgruppen unmittelbar vom Bürgerwindpark betroffen sind.

In Bezug auf die *inhaltliche Ausgestaltung* der ermittelten Themen bzw. des Contents bietet sich eine Kombination aus unterschiedlichen Techniken an: Lokalisierung, Illustrierung und Personalisierung eines Themas. In Bezug auf die Illustrierung könnte z. B. ein Kurzfilm produziert werden, in dem sowohl die Lokalisierung als auch die Personalisierung zu berücksichtigen sind. Als Bühne dienen dabei das Windpotenzialgebiet und die Gemeinde, in der die Errichtung des Bürgerwindparks voraussichtlich erfolgen soll. Außerdem kann auch eine bereits bestehende Parkanlage in die Illustration aufgenommen werden. Diese fungiert dann als eine Art Referenzprojekt oder auch Kooperationspartner und soll u. a. dabei unterstützen, die projektbezogenen Unsicherheiten und Ängste der Stakeholdergruppen zu reduzieren. Als handelnde Personen bzw. Akteurinnen sollten insbesondere die Projektinitiatorinnen in den Film einbezogen werden. Allerdings kann es diesbezüglich auch sinnvoll sein, dass noch weitere Stakeholdergruppen berücksichtigt werden, die dann z. B. darüber berichten, welches Gefühl sie damit verbinden, dass sie ihren Strom künftig selber produzieren werden. Hierzu bieten sich insbesondere kurze Statements aus der unmittelbaren Nachbarschaft oder auch erste Erfahrungsberichte zu der bereits bestehenden Parkanlage an. Aus inhaltlicher Sicht ist vor allem die Hintergrundgeschichte zum Bürgerwindpark in den Fokus der Illustration zu rücken, angefangen bei der weltweiten Klimaproblematik, bis hin zur Steigerung der regionalen Wertschöpfung. Außerdem besteht dabei die Möglichkeit, dass die Projektinitiatorinnen als Heldinnen der Geschichte fungieren, die über ihre Beweggründe und Vision berichten sowie den wirtschaftlichen, sozialen und ökologischen Mehrwert, den sie künftig für die Bürgerinnen der Gemeinde erzielen möchten. Zusammengefasst könnte die inhaltliche Ausgestaltung dazu wie folgt ausformuliert werden: *Nachhaltig kann jeder – doch wir sind es,* oder auch: *Wind of Change – Wir sind Gestalter der Energiewende.*

Nachdem nun die möglichen Themen ermittelt und z. T. auch inhaltlich ausgestaltet wurden, soll es in der *Kreativplanung* vor allem darum gehen, das Kommunikationsobjekt noch stärker in den Köpfen der Zielgruppen zu verankern. Hierzu sind die menschlichen Sinne der Rezipientinnen nach Möglichkeit so anzusprechen, dass sie in Verbindung mit dem Bürgerwindpark ein voraussichtlich positives Erlebnis konstituieren. Durch die Besichtigung einer bereits bestehenden Parkanlage wird die künftige Situation z. B. erlebbar gemacht. Die Zielgruppen können die Schallimmissionen akustisch wahrnehmen, das Landschaftsbild sowie auch den Schattenwurf visuell bewerten und sich mit den unmittelbaren Nachbarinnen austauschen. Weiterhin kann aber auch das bereits angeführte Filmmaterial als verbaler Reiz genutzt werden, um zu den Zielgruppen eine emotionale Verbindung aufzubauen. Dabei kann es z. B. hilfreich sein, dass einige der Stakeholder einer anderen Parkanlage über ihre bereits gewonnenen Erfahrungen berichten und im Zuge dessen auch die eigenen Ängste, Hoffnungen und Unsicherheiten aufgreifen. So können die unmittelbaren Nachbarinnen z. B. zur Wertveränderung ihrer Grundstücke sowie auch der Geräusch- und Schattenentwicklung interviewt werden und die Eigentümerinnen zum bisherigen Renditeverlauf. Darüber hinaus sind aber auch Bürgerinnen aus der eigenen Gemeinde in den Film einzubinden, womit das Identifikationspotenzial und die Lokalisierung noch einmal hervorgehoben werden. Wichtig an dieser Stelle ist jedoch, dass die Beiträge keinesfalls geschönt wirken und dadurch bei der Rezipientin eine Ablehnung hervorrufen. In Bezug auf die Rendite kann die Kommunikation z. B. ruhig faktenreich ausfallen, dafür jedoch auch nachprüfbar. Die empfundene Geräuschentwicklung sowie auch das allgemeine Wohlbefinden hingegen sollten möglichst anschaulich beschrieben werden, um die emotionale Nähe und somit auch das Identifikationspotenzial zu erhöhen.

Dann gilt es die *instrumentelle Umsetzung* auszugestalten. Dabei sind im Anschluss an die Themen- und Kreativplanung die jeweiligen Kommunikationsmaßnahmen festzulegen, die im Rahmen des Bürgerwindparks umgesetzt werden sollen. Da der Bürgerwindpark über eine weitestgehend lokale Ausrichtung verfügt, liegt die Herausforderung weniger darin, eine möglichst große Reichweite zu erzielen, als vielmehr die Glaubwürdigkeit der Rezipientinnen zu erhöhen. Dies ist auch insbesondere deshalb wichtig, da ohne eine Teilhaberschaft der potenziellen Eigentümerinnen und die Zustimmung der unmittelbaren Nachbarschaft eine Errichtung des Windparks nicht möglich wäre.

Als Medienzugänge bieten sich im Fallbeispiel des Bürgerwindparks vor allem die Dimensionen *Owned* und *Earned Media* an. In Bezug auf den Owned-Media-Zugang können z. B. eine eigene Homepage und regelmäßige Newsletter eingeführt werden, über die sowohl die grundständigen Projektinformationen als auch zusätzliches Hintergrundwissen geteilt werden. Des Weiteren besteht aber auch die Möglichkeit, dass z. B. kurze Videosequenzen über die eigene Online-Plattform veröffentlicht werden, in denen z. B. die technischen Hintergründe einer Windkraftanlage oder auch die Chancen und Risiken einer Teilhaberschaft erklärt werden. Wenn Informationen allerdings zielgruppenspezifisch kanalisiert und möglichst schnell und zuverlässig übermittelt werden sollen, sind vor allem persönliche Gespräche, E-Mails oder Instant-Messaging-Dienste als zielführende Instrumente einzusetzen. Dies ist besonders im Fallbeispiel des Bürgerwindparks von großer Bedeutung, da die Unsicherheiten und Ängste der verschiedenen Zielgruppen zu erfassen und möglichst umfassend im Kommunikationsprozess zu berücksichtigen sind.

Wie bereits in Kap. 5 angeführt, sollte allerdings auch die Dimension *Earned Media* im Rahmen des Bürgerwindparks berücksichtigt werden. Hier kann es z. B. von Vorteil sein, wenn redaktionell über den Windpark berichtet wird, wobei der *Nachrichtenwert* u. a. durch den positiven Beitrag zur Energiewende oder auch die regionale Wertschöpfung gesteigert werden kann. Des Weiteren können Journalistinnen aber auch regelmäßig zu Informationsveranstaltungen eingeladen werden, womit ggf. die Chance erhöht wird, dass die Entwicklungen und Fortschritte zum Bürgerwindpark wiederholt in der Regionalzeitung abgedruckt werden oder in einem Blog erscheinen.

9.4.4 Evaluation

Die Evaluation des zuvor entwickelten Kommunikationsprozesses stellt zunächst einmal den *letzten Schritt der Konzeption* dar, wobei es hier insbesondere zu überprüfen gilt, ob die in der Situationsanalyse festgelegten Kommunikationsprobleme de facto gelöst werden konnten und auch die jeweiligen Kommunikationsziele in Gänze erreicht wurden. Im Fallbeispiel des Bürgerwindparks sollte die Evaluation jedoch nicht nur im Rahmen des offiziellen Projektabschlusses erfolgen, sondern nach Möglichkeit auch bereits während der Umsetzungsphase. Dadurch können kommunikative Fehltritte und aufkommende Impulse zu möglichen Protestbewegungen bereits frühzeitig wahrgenommen und durch gezielte Gegenmaßnahmen korrigiert werden.

In Bezug auf die Evaluation selbst ist zunächst einmal davon auszugehen, dass eine *Initiierung und Bewertung durch öffentliche Dritte* erfolgen wird. So führen Marg et al. in ihrem Buch *Die neue Macht der Bürger* z. B. an, dass die Mehrheit der deutschen Bürgerinnen zwar die Förderung von erneuerbaren Energien befürwortet, die lokalen Einwände in diesen Bereichen allerdings deutlich zugenommen haben. Nicht zuletzt verwandeln sich insbesondere kleinere Gemeinden durch Bürgerinitiativen immer wieder zu Protestschauplätzen, wobei sich der gesellschaftliche Unmut z. B. in kritisierenden

und z. T. auch moralisierenden Sichtagitation sowie einer negativen Berichterstattung
in der Regionalzeitung andeutet (vgl. Marg et al., 2013, S. 94–98). Hervorgehoben
wurde dies auch bereits durch die zu Beginn des Kapitels angeführten Protestbeispiele
zu Stallbaubauprojekten im oberbayerischen Isen, in Mellrichstadt und in Langenzell
sowie auch zum Bürgerwindpark in Schleiden-Ettelscheid. Darüber hinaus ist aber auch
eine *Initiierung und Bewertung der Kommunikationswirkungen durch das Projektteam*
selbst erforderlich, um eine weitestgehend belastbare Evaluation zu ermöglichen. Da
im Fallbeispiel des Bürgerwindparks jedoch ganz unterschiedliche Anspruchsgruppen
zu berücksichtigen sind, die z. T. über differierende Interessen verfügen, sind auch
empirische Methoden der angewandten Sozialwissenschaften im Evaluationsprozess zu
berücksichtigen. Dadurch besteht u. a. die Möglichkeit, die Ergebnisse der Konzeption
in Form einer intersubjektiv nachprüfbaren Schlussfolgerung zusammenzutragen, womit
ein gemeinsames Grundverständnis des Kommunikationserfolgs hergestellt werden kann.

Das wesentliche Kommunikationsproblem im Fallbeispiel des Bürgerwindparks
liegt zunächst einmal darin, ausreichend Verfügungsrechte im ausgewiesenen Windpotenzialgebiet zu erhalten, um die Parkanlage und deren Infrastruktur ohne größere
Widerstände installieren und bis zum geplanten Rückbau betreiben zu können. Auf der
Ebene des Outflows handelt es sich somit um materielle und immaterielle Größen der
Wertschöpfung, wobei der *materielle Outflow* durch die bisher freigegebenen Bedarfs-
flächen und die Anzahl der faktischen Anteilseignerinnen abgebildet wird. Beim
immateriellen Outflow hingegen können z. B. die Inhalte der medialen Berichterstattung
eingesehen und dahingehend analysiert werden, welcher Reputationswert aktuell mit
dem Bürgerwindpark in Verbindung gebracht werden kann. Außerdem besteht in diesem
Zusammenhang auch die Möglichkeit, dass mit einzelnen Stakeholdergruppenvertreteri
nnen qualitative Interviews geführt werden, um noch gehaltvollere Informationen zum
Ansehen des Bürgerwindparks zu erhalten.

Hinsichtlich der *kognitiv, affektiv und konativ orientierten Ziele* gilt es im weiteren
Vorgehen der Evaluation nun auch den Outcome herauszuarbeiten. Hierbei ist allerdings
zu berücksichtigen, dass in Bezug auf den digitalen Bereich zwar Klickzahlen und
Videostatistiken ermittelt werden können, diese aber i. d. R. nur wenig Auskunft über
die eigentliche Akzeptanz des Bürgerwindparks geben. Vielmehr sind an dieser Stelle
ganz ähnliche Evaluierungsmöglichkeiten heranzuziehen wie auch bereits auf der Ebene
des Outflows. Somit kann u. a. hervorgehoben werden, in welcher Form sich die Freigabe von Grundstücken zur Erreichung des Bürgerwindparks und der zugehörigen Infrastruktur entwickelt hat und wie häufig diesbezüglich öffentliche Protestbewegungen
initiiert werden. Weiterhin sind aber auch die einzelnen Akteurinnen zum Bürgerwindpark zu befragen, wobei die Ergebnisse mit der Befragung zum Outflow zu verknüpfen
sind, um einen umfassenderen Einblick in die Einstellungen und Wahrnehmungen der
jeweiligen Anspruchsgruppen zu ermöglichen. Darüber hinaus lassen sich aber auch
die Teilnehmerinnen der Informationsveranstaltungen und der Besichtigung des bereits
errichteten Bürgerwindparks auszählen. Insgesamt können durch eine Kombination der
verschiedenen Ansätze im besten Fall sogar *Erkenntnisse zu allen vorgestellten Zielarten*

erfasst werden, da ein umfassendes Bild zum Wissen, zu den Einstellungen und zur Wahrnehmung sowie auch zu den konkreten Handlungsvorhaben der Anspruchsgruppen entsteht.

Auf der *Kanal- und Instrumentenebene* lässt sich u. a. abbilden, wie häufig das Videomaterial und auch die übrigen Informationen zum Bürgerwindpark auf der eigenen Homepage abgerufen, heruntergeladen und weitergeleitet wurden. Dennoch liegt der Fokus im Fallbeispiel des Bürgerwindparks weniger darauf, die quantitative Reichweite der einzelnen Kanäle hervorzuheben, als vielmehr auf der *qualitativen Reichweite der Instrumente*. Dies ist vor allem darauf zurückzuführen, dass ein direkter Bezug zu den Kommunikationszielen hergestellt werden soll, womit z. B. die Affinitätswerte und der Akzeptanzquotient herauszuarbeiten sind, um eine qualitative Einordnung der Medienresonanz vornehmen zu können. Weiterhin gilt es in diesem Zusammenhang aber auch in jedem Fall zu hinterfragen, ob im Rahmen der Illustrationen und Informationsveranstaltungen auch tatsächlich alle relevanten Inhalte zielgruppengerecht aufbereitet und über die richtigen Kanäle veröffentlicht wurden.

Besonders im Fallbeispiel des Bürgerwindparks sollte der *Bedarf an personellen, zeitlichen und auch monetären Ressourcen* zur Umsetzung der Kommunikationsmaßnahmen nicht unterschätzt werden. Dies liegt vor allem darin begründet, dass neben der professionellen Herstellung des Videomaterials auch der gesamte Online-Auftritt eingerichtet und gepflegt werden muss. Außerdem sind die Informationsveranstaltungen, die persönlichen Gespräche und die Besichtigung des bereits bestehenden Bürgerwindparks zu planen, durchzuführen und nachzubereiten, wodurch ebenfalls umfassende Kosten entstehen können, die insbesondere dem Kommunikationsbereich zuzuordnen sind. Mit einem Blick auf die *Kosten-Nutzen-Perspektive* sollte allerdings ebenso berücksichtigt werden, dass ohne die Umsetzung der Kommunikationsmaßnahmen voraussichtlich auch die Chance auf eine flächendeckende Akzeptanz deutlich reduziert wird und die Initiatorinnen des Bürgerwindparks vermutlich mit öffentlichen Protesten und ggf. einer vollständigen Blockade des Projektes zu rechnen hätten.

Literatur

Aichele, T. (2020). Protest gegen Schweinestall bei Isen geht weiter. Hrsg. von Merkur.de. https://www.merkur.de/lokales/erding/isen-ort86592/isen-protest-gegen-schweinestall-bei-isen-geht-weiter-13836441.html. Zugegriffen: 13. Apr. 2021.

Berstermann, J. (2019). *Stakeholderbasierte Ermittlung und Auswahl von Nachhaltigkeitsindikatoren. Fallstudie und Systemaufstellung in einem Unternehmen der Bio-Lebensmittelbranche.* Dissertation. Bremen.

Bohinc, T. (2014). *Kommunikation im Projekt. Schnell, effektiv und ergebnisorientiert informieren.* Gabal.

Brettschneider, F., & Müller, U. (2019). Kommunikation bei Bau- und Infrastrukturprojekten. *Erfolgsfaktoren aus Sicht der Vorhabensträger, 9,* 80–87.

Bruhn, M. (2015). *Kommunikationspolitik Systematischer Einsatz der Kommunikation für Unternehmen* (8. Aufl.). Vahlen. http://lib.myilibrary.com?id=728717.

Bruhn, M., Martin, S., & Schnebelen, S. (2014). *Integrierte Kommunikation in der Praxis. Entwicklungsstand in deutschsprachigen Unternehmen.* Springer Gabler.

Burghardt, M. (2008). *Projektmanagement. Leitfaden für die Planung, Überwachung und Steuerung von Projekten* (8. Aufl.). Erlangen: Publicis Corp. Publ (Siemens).

Daft, R. L., & Lengel, R. H. (1983). Organizations as information processing systems. Information richness: A new approach to managerial behavior and organization design: Department of management texas A&M University.

Daft, R. L., & Lengel, R. H. (1986). Organizational information requirements. Media richness and structural design. *Management Science, 32*(5), 554–571. https://www.jstor.org/stable/pdf/2631846.pdf?casa_token=zPmrgxAPoGwAAAAA:UxaPO5-8hvhHbbdlFgED_6oWhcJOjelS8DVzStCK4Jyb6upxOiuBz5Jp_FCGyRHQJQnJ9HzE7x4-x4wVbi57uNcfauBRB7qM9ApEAgr_axdeCzD_0Yk. Zugegriffen: 22. Mai 2020.

Deutinger, Gerhild (2017). *Kommunikation im Change. Erfolgreich kommunizieren in Veränderungsprozessen.* 2. Aufl. Berlin: Springer Gabler.

Dillerup, R., & Stoi, R. (2013). *Unternehmensführung* (4. Aufl.). Vahlen.

Engwall, M., & Westling, G. (2004). Peripety in an R&D drama: Capturing a turnaround in project dynamics. *Organization Studies, 25,* 1557–1578.

Erdt, A. (2020). Geplanter Windpark: Ettelried hat jetzt ein Protest-Windrad. Hrsg. von Augsburger Allgemeine. https://www.augsburger-allgemeine.de/augsburg-land/Geplanter-Windpark-Ettelried-hat-jetzt-ein-Protest-Windrad-id57908036.html. Zugegriffen: 14. Apr. 2021.

Everling, S. (2014). Protest gegen Bürgerwindpark „Ich kann keine Nacht mehr schlafen". Hrsg. von Kölner Stadt-Anzeiger. https://www.ksta.de/region/euskirchen-eifel/schleiden---gemuend/protest-gegen-buergerwindpark--ich-kann-keine-nacht-mehr-schlafen--369434. Zugegriffen: 13. Apr. 2021.

Everling, S. (2016a). Im Bürgerwindpark Patersweiher werden Generatoren ausgetauscht. Hrsg. von Kölner Stadtanzeiger. https://www.ksta.de/region/euskirchen-eifel/windpark-patersweiher--im-buergerwindpark-patersweiher-werden-generatoren-ausgetauscht-23455442. Zugegriffen: 14. Apr. 2021.

Everling, S. (2016b). Nach Bürgerprotest Brummgeräusche im Windpark Schleiden sollen eliminiert werden. Hrsg. von Kölnische Rundschau. https://www.rundschau-online.de/region/kreis-euskirchen/schleiden/nach-buergerprotest-brummgeraeusche-im-windpark-schleiden-sollen-eliminiert-werden-23768722?cb=1618293999366. Zugegriffen: 13. Apr. 2021.

Frankfurter Allgemeine Zeitung GmbH. (2018). Demonstranten wollen Odenwald "retten". Hrsg. von Frankfurter Allgemeine Zeitung GmbH. Zugegriffen: 14. Apr. 2021.

Freitag, M. (Hrsg.). (2011). *Projektkommunikation. Strategien für temporäre soziale Systeme.* VS.

Freitag, M. (2014). *Kommunikation im Projektmanagement. Dissertation.* Springer VS.

Gerhardt, C., Donnan, D., Warschun, M., & Ziemßen, F. (2020). *When consumers go vegan, how much meat will be left on the table for agribusiness? Meat alternatives could disrupt a multibillion-dollar global industry.* A.T. Kearney GmbH.

Hansel, J., & Lomnitz, G. (2003). *Projektleiter-Praxis. Optimale Kommunikation und Kooperation in der Projektarbeit; mit 9 Tabellen* (4. Aufl.). Springer.

Immerschitt, W. (2017). *Kommunikationsmanagement von Bauprojekten. Meinungsbildung statt Stimmungsmache in Projektkultur und Public Relations.* Springer Gabler.

Karer, A. (2007). *Optimale Prozessorganisation im IT-Management. Ein Prozessreferenzmodell für die Praxis.* Springer.

Krüger, W., & Bach, N. (Hrsg.). (2014). *Excellence in Change. Wege zur strategischen Erneuerung* (5. Aufl.). Gabler.

Kruse, P. (2015). *next practice – Erfolgreiches Management von Instabilität. Veränderung durch Vernetzung* (8. Aufl.). GABAL.

Künkel, P., Gerlach, S., & Frieg, V. (2016). *Stakeholder-Dialoge erfolgreich gestalten. Kernkompetenzen für erfolgreiche Konsultations- und Kooperationsprozesse.* Springer Gabler.

Laloux, F. (2017). *Reinventing Organizations visuell. Ein illustrierter Leitfaden sinnstiftender Formen der Zusammenarbeit.* Vahlen.

Lau, C., & Dechange, A. (2013). *Projektmanagement im Energiebereich.* Springer Gabler.

Marg, S., Geiges, L., Butzlaff, F., & Walter, F. (2013). *Die neue Macht der Bürger. Was motiviert die Protestbewegungen? BP-Gesellschaftsstudie.* Rowohlt.

Mast, C. (2016). *Unternehmenskommunikation. Ein Leitfaden* (6. Aufl.). UVK.

Mühlbradt, T. (1996). *Systemische Intervention. Ein Ansatz zum Management von Komplexität.* Zugl.: Kassel, Universität, Dissertation, 1995. GOM; Verl. der GOM.

Nagel, K., & Wild, H. (2014). Projektkommunikation – Defizite, Herausforderungen und Lösungsansätze. *ProjektMagazin* (03), XX–XX.

Netzwerkagentur Erneuerbare Energien. (2020). *Leitfaden Bürgerwindpark. Mehr Wertschöpfung für die Region.* Netzwerkagentur Erneuerbare Energien.

Patzak, G., & Rattay, G. (2004). *Projektmanagement. Leitfaden zum Management von Projekten, Projektportfolios und projektorientierten Unternehmen* (4. Aufl.). Linde.

Picot, A., Reichwald, R., & Wigand, R. T. (Hrsg.). (2020). *Die grenzenlose Unternehmung. Information, Organisation & Führung* (6. Aufl.). Springer Gabler.

Post, J. E., Preston, L. E., & Sachs, S. (2002). *Redefining the corporation. Stakeholder management and organizational wealth.* Stanford Business Books.

Schmidbauer, K., & Jorzik, O. (2017). *Wirksame Kommunikation – mit Konzept. Ein Handbuch für Praxis und Studium.* Talpa.

Schulz, M., Mack, B., & Renn, O. (2012). *Fokusgruppen in der empirischen Sozialwissenschaft. Von der Konzeption bis zur Auswertung.* Springer VS.

Simtion, A. (2016). *Strategische Stakeholder-Ansprache. Dissertation.* Springer VS.

Steinkellner, P. (2006). Systemische Führung. In O. Dengg (Hrsg.), *Coaching. Ein Instrument für Management und Führung* (S. 85–117). Landesverteidigungsakad.

Stock, S. (2017). Bürgerprotest gegen Schweinestall am Suhlesturm. Hrsg. von Main Post. https://www.mainpost.de/regional/rhoengrabfeld/buergerprotest-gegen-schweinestall-am-suhlesturm-art-9590971. Zugegriffen: 13. Apr. 2021.

Tubb, C., & Seba, T. (2019). *Rethinking food and agriculture 2020–2030. The second domestication of plants and animals, the disruption of the cow, and the collapse of industrial livestock farming.* RethinkX.

Wastian, M., Braumandl, I., & Rosenstiel, L. (2009). *Angewandte Psychologie für Projektmanager. Ein Praxisbuch für die erfolgreiche Projektleitung.* Springer.

Werthenbach, L. (2021). Protest gegen Stall für 15.000 Bio-Hühner in Langenzell. Hg. v. Rhein-Neckar-Zeitung. 2021. https://www.rnz.de/nachrichten/region_artikel,-wiesenbach-protest-gegen-stall-fuer-15000-bio-huehner-in-langenzell-_arid,655516.html. Zugegriffen: 13. Apr. 2021.

World Health Organization. (2018). *Environmental noise guidelines for the European region.* Dänemark.

Zerfaß, A., & Piwinger, M. (Hrsg.). (2014). *Handbuch Unternehmenskommunikation. Strategie, Management, Wertschöpfung* (2. Aufl.). Springer Gabler.

Zerfaß, A., & Volk, S. C. (2019). *Toolbox Kommunikationsmanagement. Denkwerkzeuge und Methoden für die Steuerung der Unternehmenskommunikation.* Springer Gabler.

Veränderungskommunikation

In diesem Kapitel wird auf den Umgang mit unternehmerischen Herausforderungen ein-gegangen, die vonseiten der Unternehmensumwelten an Organisationen herangetragen werden. Dabei handelt es sich zumeist um divergierende *Ansprüche und Interessen,* auf die es durch Unternehmen angemessen zu reagieren gilt, damit die Wettbewerbsfähigkeit am Markt dauerhaft erhalten bleibt. Eine wesentliche Hilfestellung bietet hier die Ver-änderungskommunikation. Diese beschreibt einen sozialen und häufig auch interaktiven Prozess, durch den die erfolgreiche Umsetzung organisatorischer Wandlungsvorhaben gefördert werden kann. Das oberste Ziel ist dabei die Herstellung eines einheitlichen und vor allem auch partizipativen *Orientierungsrahmens.* Durch diesen Rahmen soll es grundsätzlich ermöglicht werden, die Wandlungsbereitschaft und -akzeptanz aller beteiligten und betroffenen Akteurinnen eines Veränderungsprozesses zu steigern. Die Instrumente und Methoden können dabei jedoch variieren und sind entsprechend der jeweiligen Situation zu wählen und bei Bedarf zielführend anzupassen (vgl. Pfannen-berg, 2013, S. 12 ff.; Brehm, 2014, S. 237 ff.; Steinle et al., 2008, S. 1–6; Deutinger, 2017, S. 3, 8 f.). Im Vergleich zur Projektkommunikation gilt es an dieser Stelle außerdem anzumerken, dass durch die Veränderungskommunikation ein Strukturangebot bereitgestellt wird, in dem Projekte überhaupt erst initiiert und durchgeführt werden. Somit besetzt die Veränderungskommunikation eine zumeist übergeordnete Ebene, die an vielen Stellen auf konkrete Projektvorhaben herunterzubrechen ist.

10.1 Veränderungen als strategische Herausforderung

Organisationen werden zunehmend damit konfrontiert, dass sie sich mit den Ansprüchen ihrer Unternehmensumwelt arrangieren müssen, um am Markt langfristig und erfolgreich Wertschöpfung betreiben zu können (vgl. Suchman, 1995, S. 574; Searcy & Buslovich,

M. Kussin und J. Berstermann, *Agrarkommunikation,*
https://doi.org/10.1007/978-3-658-36341-3_10

2014, S. 151; Steinle et al., 2008, S. 1–6). Diese Entwicklung ist unter anderem auf eine Verlagerung der Produktions- und Marktorientierung bzw. des Verkäufer- und Käufermarktes zurückzuführen. Während bis in die 1950er Jahre vor allem die Entwicklung von Produktionsverfahren zur Fertigung homogener Massenprodukte gefördert wurde und das unternehmerische Hauptproblem in der Ressourcenbeschaffung und der Erweiterung von Produktionskapazitäten lag, sind die Märkte in der nachindustriellen Zeit weitestgehend gesättigt (vgl. Bea & Haas, 2009, S. 6–16; Zerres & Zerres, 2006, S. 2 f.). Dies hat insbesondere dazu geführt, dass die Unternehmensengpässe nicht mehr nur primär in den Bereichen der Beschaffung, Produktion und Finanzierung eines materiellen oder immateriellen Gutes liegen, sondern vielmehr auch in seiner erfolgreichen Vermarktung. Eine wesentliche Herausforderung für Unternehmen besteht somit darin, die *Absatzwiderstände* durch geeignete Maßnahmen zu überwinden, um die Nachfrage und somit auch die Gewinnspanne langfristig erhöhen zu können, zumindest aber zu erhalten (vgl. Bea & Haas, 2009, S. 6–16; Wöhe & Döring, 2005, S. 445–451).

Darüber hinaus sind bei einer näheren Betrachtung möglicher Wandlungsimpulse vonseiten der externen Unternehmensumwelten aber auch die rasant wachsende Veränderungsgeschwindigkeit sowie die steigende Komplexität anzuführen, mit denen Unternehmen in zunehmendem Maße konfrontiert werden. Wie auch bereits im Rahmen der Projektkommunikation hervorgehoben, liegen einige der Hauptursachen dieser Entwicklungen in der Liberalisierung des Kapital- und Güterverkehrs sowie auch dem exponentiellen Wachstumsverlauf technologischer Innovationen (vgl. Steinle et al., 2008, S. 1 f.; Bea & Haas, 2009, S. 2–5; Bock, 2020, S. 48). Infolge dieser Veränderungen hat sich allerdings auch gezeigt, dass sich die wirtschaftliche und gesellschaftliche Vernetzung zusehends intensiviert hat, was unter anderem dazu führt, dass die *Diffusionsphasen*[1] *von Produktinnovationen* wesentlich schneller durchlaufen werden als noch zu Beginn des 20. Jahrhunderts. Sichtbar wird dies bei einer näheren Betrachtung des Medienmarktes. Während es beim Telefon fast 60 Jahre dauerte, bis in den USA eine Marktdurchdringung von ca. 80 % erreicht wurde, waren es beim Computer nur noch knapp 20 Jahre. Bei der Nutzung des Smartphones haben dafür sogar knapp sieben Jahre ausgereicht. Für Unternehmen wird es in der Zukunft somit immer wichtiger, sich auf die stetig kürzer werdenden Markt- und Produktlebenszyklen einzustellen, um die eigenen Geschäftsmodelle dementsprechend anpassen oder selbst disruptieren zu können und folglich die Wettbewerbsfähigkeit zu erhalten (vgl. Brown, 2017; Felton, 2008; Our World in Data, 2019).

Auch in der Agrarbranche hat dieser Anpassungsdruck bereits Einzug gehalten und stellt sowohl kleine und mittelständische Betriebe als auch Großunternehmen vor z. T. existenzielle Herausforderungen. Deutlich wird dies z. B. durch die steigende

---

[1] Unter einer Diffusion wird in der Betriebswirtschaftslehre die Marktdurchdringung eines bestimmten Produktes oder einer Produktklasse verstanden. Eine nähere Erläuterung hierzu erfolgt in Abschn. 4.2.2 dieses Buches (vgl. Rogers 1995, S. 262–265).

Flächenkonkurrenz bei Nahrungsmittel- und Energiepflanzen, die *Preisvolatilitäten* bei Agrarprodukten und Nahrungsmitteln auf dem Weltmarkt sowie auch die wachsende gesellschaftliche Kritik an traditionellen Prozessen und Arbeitsweisen der Landwirtschaft. Aber auch die zunehmende Industrialisierung der Branche und die daraus resultierende Verdrängung von Kleinst- und Kleinbetrieben im Rahmen des *landwirtschaftlichen Strukturwandels* sorgen dafür, dass sich Höfe gegenüber ihrer Konkurrenz anderweitig differenzieren müssen als ausschließlich über Skaleneffekte und Verbundvorteile (vgl. Bundesministerium für Ernährung und Landwirtschaft, 2018, S. 7; Forstner & Tietz, 2013, S. 11–16; Meyer & Priefer, 2015; Zander et al., 2013, S. 1–7). Eine wesentliche Trendentwicklung zeigt sich hier in der Digitalisierung und der Vernetzung bestehender Produktionssysteme. In der *Landwirtschaft 4.0.* erfolgt z. B. eine Erfassung von Daten und Informationen entlang der gesamten Wertschöpfungskette durch telematisch vernetzte Maschinen, Big Data und Echtzeitmessungen. Auf dieser Grundlage können Unternehmen dann mögliche Optimierungspotenziale und Störquellen näher untersuchen und die jeweiligen Prozessschritte ganzheitlich aufeinander abstimmen (vgl. Giesler, 2018; PWC, 2016, S. 9–16; Göggerle, 2020).

Infolge dieser vielfältigen Veränderungen hat sich allerdings auch gezeigt, dass die Ansprüche und Interessen der Verbraucherinnen vermehrt in die Öffentlichkeit getragen und dort in unterschiedlicher Form zum Ausdruck gebracht werden. Dies ist nicht zuletzt auf die weitestgehend konsequente Kundinnenorientierung von Unternehmen zurückzuführen sowie auch eine z. T. wiederbelebte Protestkultur (vgl. Pfannenberg, 2013, S. 12–15; Marg et al., 2013, S. 9–15; Bea & Haas, 2009, S. 2 ff.). Besonders deutlich wird dies bei einer näheren Betrachtung der aktuellen *Tierwohl-Debatte* und ihrer soziopolitischen Bedeutung. Hier wurden die Anliegen von Bürgerinnen im Rahmen von Skandalen in den Diskussionsprozess der breiten Öffentlichkeit getragen, wodurch sich in weiten Teilen der Bevölkerung bereits eine ablehnende Haltung gegenüber industriellen Tierhaltungsformen herausgebildet hat. Diese Entwicklung hat u. a. zur Folge, dass sich nicht nur einzelne Landwirtinnen in der Verantwortung sehen, die zumeist konkretisierten Ansprüche der Bürgerinnen zu befriedigen. Vielmehr versucht auch die Gesetzgebung, eine Eskalation des Problems zu verhindern bzw. abzuschwächen, indem die Ansprüche auf eine *politische Agenda gesetzt* werden. Für Unternehmen ist es somit von grundlegender Bedeutung, auf die gesellschaftlichen Interessen und Ansprüche möglichst frühzeitig zu reagieren, um politische Regulierungen sowie auch negative Gutachten vonseiten wissenschaftlicher Beiräte weitestgehend zu vermeiden und dadurch den eigenen Gestaltungsspielraum bei der Entwicklung möglicher Lösungsvorschläge erhalten zu können (vgl. Schaft & Brosig, 2020, S. 19 f.; Gall, 2016, S. 55 f.).

Für eine umfassende Analyse dieser zumeist vielfältigen Ansprüche unterschiedlicher Akteurinnen kann die Umwelt eines Unternehmens in verschiedene Umfelder heruntergebrochen werden, wobei i. d. R. eine Untergliederung in das *interne Umfeld,* das *institutionelle Umfeld,* das *generelle Umfeld* sowie die *Ökosphäre* bzw. die natürliche Umwelt vorgenommen wird. Jedem dieser Umfelder sind verschiedene Akteurinnen,

Trendentwicklungen sowie auch potenzielle Störungsereignisse immanent, die ein Unternehmen in unterschiedlicher Form und Intensität beeinflussen können. Häufig reicht es somit nicht mehr aus, wenn nur die klassischen Produkt-Markt-Beziehungen analysiert werden, um die z. T. vielfältigen Interessen und Ansprüche der Unternehmensumwelt zu erfassen. Vielmehr bedarf es einer Betrachtung des *gesamten Sozialgefüges,* in das ein Unternehmen eingebettet ist bzw. mit dem es möglicherweise in Verbindung gebracht werden kann (vgl. Schaltegger et al., 2013, S. 7 ff.; Bea & Haas, 2009, S. 113 ff.; Deutinger, 2017, S. 8 f.). In Abb. 10.1 sind hierzu die verschiedenen Umfelder eines Schweinemastbetriebes exemplarisch visualisiert und um einige Vorschläge zu relevanten Akteurinnen und ihren jeweiligen Themenbereichen angereichert.

Die Carl Müller GmbH & Co. KG – *Rügenwalder Mühle* – hat bspw. bereits während der Entwicklungsphase ihres vegetarischen Produktportfolios einen ausgiebigen Dialog mit ihren Lieferantinnen, Mitarbeiterinnen, Kundinnen sowie auch diversen NGOs geführt. Hierbei galt es die Akzeptanz der neuen Produkte bestmöglich zu fördern und auch strategische Entscheidungen gemeinsam zu diskutieren und auszugestalten (vgl. Laudenbach & Hirsch, 2019). Diesen Grundsatz verfolgt auch der *Landmaschinenkonzern Claas* KGaA mbH, welcher sich bei der Planung und Umsetzung seiner digitalen Transformation u. a. an den Erwartungen und der Expertise seiner Anspruchsgruppen orientiert. Dabei setzt Claas ebenfalls auf eine möglichst hohe Vernetzung zwischen allen Akteurinnen, die vom Wandlungsprozess betroffen sind und bzw. oder diesen möglicherweise beeinflussen werden (vgl. Vieser, 2019).

Forscherinnen haben zudem herausgefunden, dass Organisationen auch mit Themen bzw. Problemstellungen in Zusammenhang gebracht werden können, zu denen keine

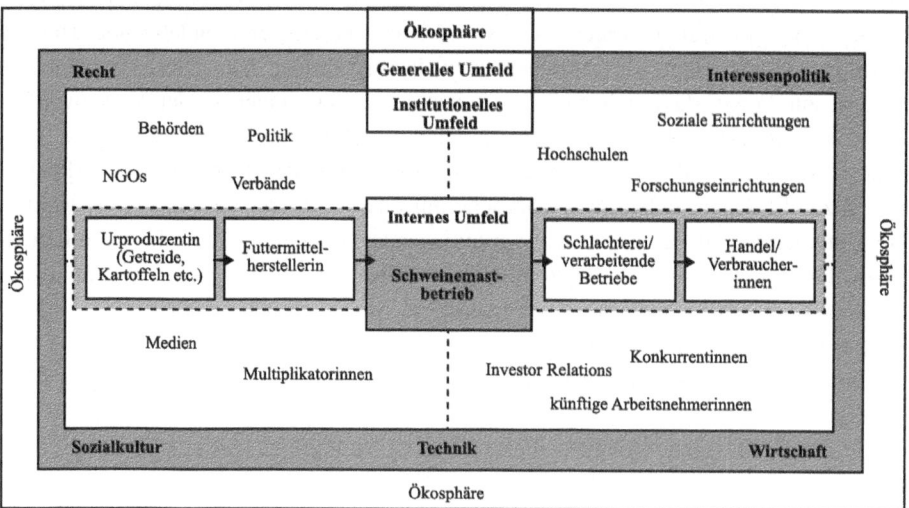

Abb. 10.1 Beispielhafte Darstellung eines Schweinemastbetriebes sowie der zugehörigen Umfelder

haftungsbezogene Kausalität besteht, dafür jedoch eine *Social Connection*. Unter einer Social Connection werden dabei alle Verbindungen subsumiert, die einer Unternehmensaktivität in Bezug auf eine bestimmte Problemstellung zugeschrieben werden können, obwohl eigentlich *kein Kausalzusammenhang* vorliegt. Die Verantwortlichkeit für die Entstehung, das Bestehen oder auch die Lösung des jeweiligen Problems wird dabei zumeist auf ein ganzes Netzwerk unterschiedlicher Akteurinnen übertragen, wobei der Grad der Verantwortung deutlich variieren kann (vgl. Schrempf, 2014, S. 303–309).

Als Beispiel für eine Social Connection ist zunächst einmal der Lebensmittelhandel als Gesamtkonstrukt anzuführen. Dieser kann z. B. mit dem Anstieg von Adipositas und den daraus resultierenden medizinischen und psychologischen Folgen bei Kindern und Jugendlichen in Verbindung gebracht werden, da durch den Verkauf von Süßwaren sowie auch weiteren ernährungsphysiologisch weniger oder nicht empfehlenswerten Lebensmitteln ein wesentlicher Beitrag zu dieser Entwicklung geleistet wird. Neben dem Lebensmittelhandel können allerdings auch weitere Akteurinnen benannt und zu einem größeren Netzwerk zusammengefasst werden, wie z. B. die Süßwarenindustrie, die Zuckerrüben- und Honigproduktion sowie auch die Konsumentinnen selbst und deren gesetzliche Vertreterinnen. Eine Differenzierung der beteiligten Akteurinnen innerhalb der Social Connection erfolgt i. d. R. durch die jeweiligen Interessengruppen, wobei diese über die Intensität der Verantwortungszuschreibung entscheiden (vgl. Schrempf, 2014, S. 303–309, 311–323).

Die Impulse für Veränderungen in Unternehmen werden allerdings nicht ausschließlich durch die Außenwelt an Organisationen herangetragen, sondern z. T. auch durch unternehmensinterne Ursachen ausgelöst. Hierzu zählen insbesondere Aspekte des sozialen bzw. kulturellen Wandels sowie auch die Folgen technologischer Entwicklungen. Aus Sicht der kulturellen Perspektive können z. B. die unterschiedlichen Einstellungen und Ansprüche der Mitarbeiterinnen und Führungskräfte angeführt werden. Dabei wird durch das *Generationenmodell* nach Klaffke (2014) verdeutlicht, dass die verschiedenen Generationen sich u. a. durch soziale, politische, aber auch kulturelle Gemeinsamkeiten unterscheiden, die sich wiederum in gesellschaftlich relevanten Handlungsmustern ausdeuten. Während für die *Generation Baby Boomer* – Geburtsjahre zwischen 1955 und 1969 – z. B. die Arbeit als solche einen hohen Stellenwert besetzt und der Arbeitsstil weitestgehend durch eine gute Strukturierung geprägt ist, liegt der Fokus der *Generation Y* – Geburtsjahre zwischen 1980 und 2000 – auf einer flexiblen und unabhängigen Arbeitsweise und der zunehmenden Forderung einer ausgewogenen Work-Life-Balance. Bei der *Generation Z* – Geburtsjahre ab 1994 – hingegen rückt die klare Trennung von Beruf und Privatleben noch stärker in den Vordergrund sowie auch das Bedürfnis nach einer weniger flexiblen und dynamischen Arbeitswelt.

Aus Sicht der technologischen Perspektive sind vor allem die Kommunikationsmöglichkeiten anzuführen, die für die einzelnen Generationen im Arbeitsleben zunächst einmal relevant waren. Während die Generation Baby Boomer noch mit Schreibmaschinen und Fernsprech-Apparaten vorliebnehmen musste, verfügt die Generation Z bereits über Smartphones und Messaging-Dienste wie WhatsApp oder Facebook und überträgt den eigenen Ernteprozess in einem Livestream. Grundsätzlich gilt es bei einer Betrachtung des Generationenmodells aber auch immer zu bedenken, dass nicht alle Merkmale einer Generation auf sämtliche Personen dieser Generationsspanne in Gänze anwendbar sind. Jedoch können generelle Muster erkannt und in den Strukturen und Systemen eines Unternehmens berücksichtigt werden. Daraus lässt sich dann u. a. ableiten, dass auch ein *organisationaler Generationenwechsel* zumeist mit unterschiedlichen Wertestrukturen und Ansprüchen an ein Unternehmen gekoppelt ist und dass es diese Vielfalt an Werten, Wünschen und Lebenseinstellungen durch einen geeigneten Ansatz der Veränderungskommunikation aufeinander abzustimmen gilt. Ebenso sollte in diesem Zusammenhang aber auch der gesamte Führungsapparat dahingehend untersucht werden, ob die Implementierung eines neuen Führungsstils mit der ursprünglichen Belegschaft fruchtbringend umgesetzt werden kann und ob dieser auch durch die ehemalige Führungskraft vollumfänglich akzeptiert wird. Andernfalls besteht die Möglichkeit, dass vereinzelt Generationenkonflikte auftreten, durch die der Veränderungsprozess negativ beeinflusst wird. In Familienbetrieben ist dies häufig darauf zurückzuführen, dass die eigene Identität eng mit dem jeweiligen Betrieb verbunden ist (vgl. Klaffke, 2014, S. 4–24, 2017, S. 209–223).

10.2 Theoretische Hintergründe der Veränderungskommunikation

Die Veränderungskommunikation als wissenschaftliche Teildisziplin verbindet die Organisationskommunikation mit dem Change-Management und somit auch die *Kommunikationswissenschaften* mit der *Organisationsentwicklung.* Der Grund dafür liegt vor allem in der Möglichkeit, die verschiedenen Arbeitsbereiche im Rahmen eines Wandlungsvorhabens synergetisch wirksam werden zu lassen. Während die Organisationskommunikation seit Mitte des 20. Jahrhunderts zunehmend damit konfrontiert wird, durch adäquate Lösungen auf die Herausforderungen aus der Praxis und somit auch die kommunikationswissenschaftlichen Entwicklungen wie z. B. die *Risiko- und Krisenkommunikation* und das *Issues-Management* zu reagieren, zeichnet sich im Change-Management hingegen ab, dass der Erfolg eines Wandlungsvorhabens maßgeblich von der Planung, Organisation und Strukturierung der jeweils begleitenden Prozesskommunikation beeinflusst wird. Daraus wird deutlich, dass sich die Organisationskommunikation selbst in einem fortwährenden Veränderungsprozess befindet und dass zur erfolgreichen Umsetzung eines Wandlungsvorhabens auch immer ein entsprechendes Kommunikationsmanagement benötigt wird. Dies bedeutet konkret, dass Kommunikation in Veränderungsprozessen gleich mehrfach thematisiert werden kann. Einerseits ist die Kommunikation selbst ein Bestandteil von Veränderungen und andererseits wird der geplante Wandel in Unternehmen und ihren jeweiligen Funktionsbereichen durch Kommunikation begleitet (vgl. Deutinger, 2017, S. 3–9; Pfannenberg, 2013, S. 12 ff.; Kruse, 2015, S. 238 f.; Keicher et al., 2012, S. 26 f.).

In Bezug auf das kommunikative Handeln in Veränderungsprozessen kann aber noch eine weitere Zweiteilung vorgenommen werden: Veränderungskommunikation muss zum einen auf der Themenebene und zum anderen in den Sozialstrukturen bzw. auf der Akteurinnenebene erfolgen. Im Sinne des Issues-Managements gilt es in der Veränderungskommunikation z. B. grundsätzlich zu berücksichtigen, dass marktorientierte Organisationen zumeist in einem offenen System agieren und die Grenzen zwischen der internen und externen Unternehmensumwelt zunehmend verschwimmen. Demzufolge sollten die Umfelder eines Unternehmens weitreichend und fortwährend auf mögliche Indikatoren und Impulse untersucht werden, deren Ausprägungen oder Entwicklungsverläufe auf einen Wandlungsbedarf hindeuten könnten. Weiterhin wurde aber auch in Abschn. 10.1 bereits angeführt, dass es für die erfolgreiche Initiierung, Umsetzung und Evaluierung eines Veränderungsprozesses ebenfalls erforderlich ist, dass das jeweilige Wandlungsvorhaben über die organisationalen Grenzen hinaus kommuniziert und nicht nur in der interdisziplinären Ausrichtung eines Unternehmens verortet wird. Dadurch kann neben einem einheitlichen Grundverständnis auch die rationale und emotionale Akzeptanz bei den jeweiligen Stakeholdergruppen erhöht werden. In der Veränderungskommunikation wird dieser Herausforderung durch eine Vernetzung unterschiedlicher *Kommunikationsfelder* entgegengewirkt, wobei der Fokus sowohl auf der internen und externen Unternehmenskommunikation liegt als auch auf der Finanz- und Marketingkommunikation. Die jeweiligen Informationen, die dabei im Rahmen der einzelnen Kommunikationsfelder identifiziert und zusammengetragen werden, sind an einer zentralen Stelle im Unternehmen zu verknüpfen und in Bezug auf das jeweilige Veränderungsvorhaben aufzubereiten und entsprechend zu koordinieren.

Mit einem Wechsel auf die Akteurinnenebene ist an dieser Stelle hervorzuheben, dass es i. d. R. durchaus fruchtbringend sein kann, eine *Wandlungskoalition*[2] zu gründen. Diese setzt sich aus Personen zusammen, die dem Veränderungsvorhaben gegenüber positiv eingestellt sind und im Unternehmen als Multiplikatorinnen auftreten. Die Aufgabe der Koalition ist es im Wesentlichen, das Problembewusstsein bei den jeweiligen Anspruchsgruppen zu steigern, um dadurch die Dringlichkeit des Veränderungsvorhabens hervorzuheben sowie auch weitere Wandlungsträgerinnen im Unternehmen zu aktivieren. Grundsätzlich gilt es in diesem Zusammenhang aber auch immer zu beachten, dass der Einfluss einer solchen Koalition nicht in jedem Fall ausreichend ist, um Veränderungsprojekte vor dem Scheitern zu bewahren. Vielmehr bedarf es auch eines Mindestmaßes an Commitment vonseiten der Unternehmensspitze, welches sowohl gut sichtbar als auch glaubhaft und erlebbar dargestellt werden sollte (vgl. Deutinger, 2017, S. 5–9; Pfannenberg, 2013, S. 12 ff.; Krüger & Bach, 2014, S. 41, 248, 254; Keicher et al,. 2012, S. 26 f.).

---

[2] Dies ist vor allem in größeren Betrieben zielführend, da dort eine entsprechende Anzahl an Mitarbeiterinnen vorhanden ist und sich die Koalition noch einmal von der Gesamtzahl der Mitarbeiterinnen unterscheidet.

10.3 Ziele und Aufgaben der Veränderungskommunikation

Die Zielsetzung der Veränderungskommunikation liegt vor allem darin, die kommunikativen Hürden in Veränderungsprozessen zu reduzieren, um einen erfolgreichen sowie auch nachhaltigen Wandel zu ermöglichen und das Vertrauen der Mitarbeiterinnen in die Organisation zu festigen. Dazu ist es erforderlich, dass die *Dialogfähigkeit* der betroffenen Anspruchsgruppen in Bezug auf das jeweilige Veränderungsvorhaben aufrechterhalten wird, um die potenziellen Unsicherheiten, Ängste und Sorgen zu verringern, die durch den Wandel möglicherweise hervorgerufen werden. Des Weiteren soll durch einen gezielten Austausch von Informationen aber auch ein *einheitliches Grundverständnis hergestellt* werden, mit dem die Notwendigkeit von Veränderungen verdeutlicht werden kann. Hierbei gilt es insbesondere auch den externen Anspruchsgruppen ausreichend Aufmerksamkeit zukommen zu lassen, da diese maßgeblich über die Licence to Operate bzw. die gesellschaftliche Akzeptanz eines Unternehmens am Markt entscheiden (vgl. Pfannenberg, 2013, S. 14 ff.). Deutinger (2017, S. 9 ff.) schlägt zum Aufbau und Erhalt eines gezielten Informationsaustausches *ein dreistufiges Prozessmodell* vor, das sich aus den Kernaufgaben Informieren, Involvieren und Beraten zusammensetzt. Laut Buchholz und Knorre (2012, S. 8 f., 39 ff.) gilt es dabei allerdings zu beachten, dass die Aufgabe der Kommunikation nicht ausschließlich in der Informationsversorgung einzelner Akteurinnen liegt, sondern zumeist auch in der Entwicklung möglichst vieler Austausch- und Vernetzungsmöglichkeiten. Dadurch können die Fähigkeiten und das individuelle Wissen der einzelnen Akteurinnen erfasst und gezielt in die Prozessplanung integriert werden, ganz im Sinne einer lernenden bzw. agilen Organisation.

- **Informieren:** Eine der wesentlichen Aufgaben bei der Umsetzung von Veränderungsvorhaben ist der zielgruppenspezifische Austausch von Informationen. Dieser dient vor allem dazu, die verschiedenen Anspruchsgruppen auf den Wandel vorzubereiten und Klarheit darüber zu schaffen, worin der *Sense of urgency* bzw. die Dringlichkeit des Veränderungsvorhabens liegt. Darüber hinaus sind die jeweiligen Anspruchsgruppen aber auch darüber zu informieren, in welcher Form ihr Tätigkeitsfeld durch den Wandel berührt wird und welche Aufgaben sie künftig übernehmen sollen (vgl. Deutinger, 2017, S. 9 f.; Kotter, 2013, S. 37 f.).
- **Involvieren:** Durch das Involvieren von Anspruchsgruppen in den Veränderungsprozess besteht die Möglichkeit, die individuellen Erwartungen der einzelnen Akteurinnen zu erfassen und auf diese angemessen zu reagieren. Damit kann nicht nur das Vertrauen in die Führungskräfte des Unternehmens gesteigert werden, sondern auch die Bereitschaft, das jeweilige Veränderungsvorhaben aktiv zu unterstützen. Außerdem sollten die Anspruchsgruppen in diesem Zusammenhang über die Prämissen und Verfahren aufgeklärt werden, unter denen eine Entscheidung getroffen und in deren Rahmen die Ergebnisse künftig generiert werden sollen, womit die wahrgenommene Gerechtigkeit im Veränderungsprozess gesteigert werden kann. Dies

führt dann i. d. R. dazu, dass die bevorstehenden Entwicklungen durch die Anspruchsgruppen leichter legitimiert werden und nicht infolge von Gegenmaßnahmen oder
Widerständen an Wirksamkeit verlieren (vgl. Deutinger, 2017, S. 10; Pfannenberg,
2013, S. 23 f.). Besonders deutlich wird dieser Teil des Prozessmodells bei einer
näheren Betrachtung des Bürgerwindparks. Hier ist die frühzeitige Einbindung der
unmittelbaren Nachbarschaft in den Planungsprozess essenziell für den Projekterfolg,
da neben einer Vergabe von Nutzungsrechten durch die Stakeholder auch Eigen- und
Fremdkapital in einer nicht unerheblichen Menge benötigt werden.

- **Beraten:** Bei der Umsetzung von Veränderungsprozessen sollten die Führungskräfte
  dazu in der Lage sein, das große Ganze im Blick zu behalten und an das bestehende
  Stimmungsbild im Unternehmen anzuknüpfen. In familiengeführten Unternehmen
  besteht häufig noch eine enge Verbindung zwischen der Führungs- und Mitarbeiter-
  ebene, womit zumeist auf ein ausgeprägtes Gespür dahingehend zurückgegriffen
  werden kann, in welcher Form die Mitarbeiterinnen voraussichtlich auf das Veränderungsvorhaben reagieren werden. Diese Situation liegt z. B. im Fallbeispiel
  des Gartenbaubetriebes vor, da die meisten Mitarbeiterinnen bereits seit vielen
  Jahren im Betrieb arbeiten und sich dieser bereits seit mehreren Generationen im
  Familienbesitz befindet. In Großunternehmen ist es zumeist sinnvoller, auf eine
  professionelle Change-Kommunikatorin zurückzugreifen, die den Veränderungsprozess konzeptionell begleitet und dabei hilft, eine tragfähige Beziehung sowie einen
  möglichst breiten Informationsfluss zwischen den Entscheidungsträgerinnen und den
  jeweiligen Anspruchsgruppen aufzubauen (vgl. Kruse, 2015, S. 184 f.; Deutinger,
  2017, S. 10 f.). Dies kann z. B. im Fallbeispiel zum Bürgerwindpark sinnvoll sein, da
  die Projektteilnehmerinnen zum Projektstart ggf. noch nicht in Gänze bekannt sind
  und auch final sicherlich sehr heterogen ausfallen.

Neben dem Erhalt der Dialogfähigkeit und der Herstellung eines einheitlichen Grund-
verständnisses werden durch die Veränderungskommunikation aber auch weitere *Werttreiber eines Wandlungsprozesses* maßgeblich beeinflusst. Pfannenberg (2013, S. 14–17)
hebt in diesem Zusammenhang vor allem die *operative Exzellenz* hervor, die durch eine
ausgeprägte Veränderungskommunikation gesteigert werden kann. Unter der operativen
Exzellenz wird in diesem Zusammenhang vor allem die kontinuierliche Verbesserung
von Geschäftsprozessen verstanden. Diese basiert nicht nur auf einem deutlich erkenn-
baren Wandlungsbedarf, sondern vor allem auch auf einer dauerhaften Wandlungsbereitschaft und -fähigkeit. Um diese jedoch durch Kommunikation positiv beeinflussen zu
können, müssen zunächst einmal die unterschiedlichen Werttreiber bzw. Wandlungstreiber
herausgearbeitet werden, wie z. B. die Wandlungsmotivation, die Zufriedenheit einzelner
Anspruchsgruppen, das Vertrauen in die bestehende Führung sowie auch die Reputation des
Unternehmens. Diese gilt es dann durch gezielte Maßnahmen insoweit zu aktivieren und
auszurichten, dass die operative Exzellenz erhöht werden kann. In Abb. 10.2 werden die
operative Exzellenz und ihre Werttreiber am Fallbeispiel des Schweinestalls exemplarisch
hervorgehoben (vgl. Pfannenberg, 2013, S. 14–17; Krüger & Bach, 2014, S. 14–23).

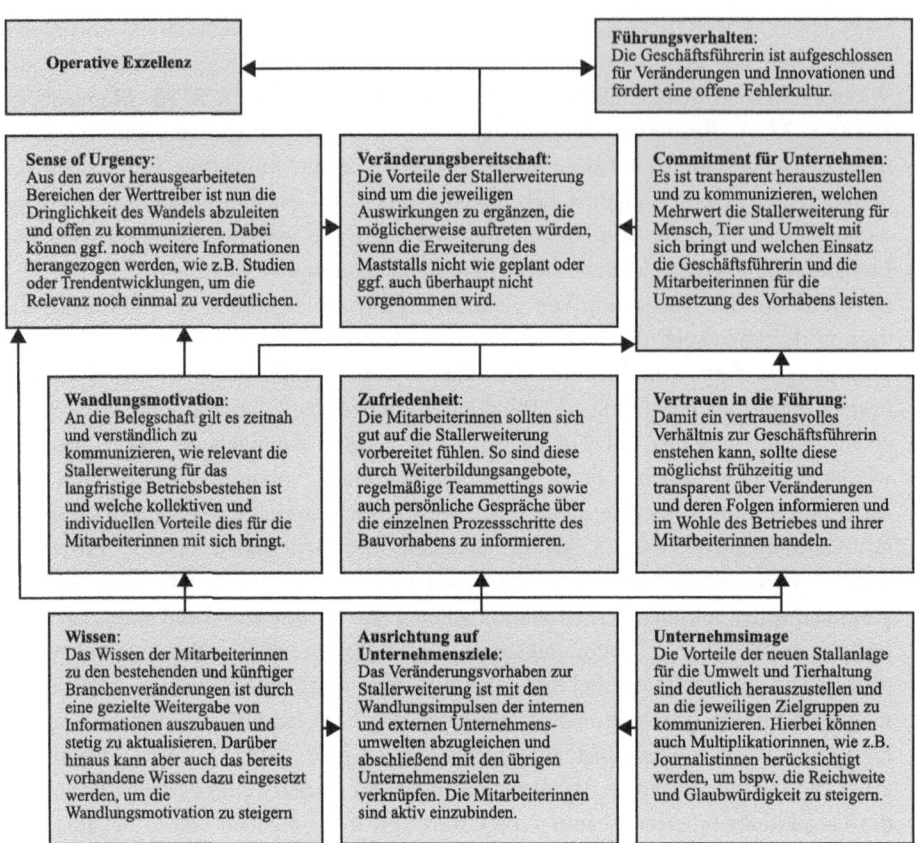

Abb. 10.2 Förderung der operativen Exzellenz am Fallbeispiel des Schweinestalls. (In Anlehnung an Pfannenberg, 2013, S. 15)

10.4   Verhaltensdimensionen des Wandels

Bei der Durchführung von Veränderungsprozessen sind i. d. R. *unterschiedliche Dimensionen* zu berücksichtigen, durch die der Erfolg eines Wandels maßgeblich beeinflusst wird. Hierbei kann eine erste Untergliederung in die rationale und emotionale Verhaltensdimension vorgenommen werden, wobei zusätzlich auch das Verhalten auf der mikropolitischen Ebene erfasst werden sollte. Dies ist vor allem deshalb wichtig, da sich auf der informellen Ebene eines Unternehmens häufig Verhaltensweisen herausbilden, die mit den formalen Organisationsstrukturen entweder nicht oder nur partiell übereinstimmen und diese z. T. sogar negativ beeinflussen (vgl. Krüger & Bach, 2014, S. 34–39). Laut der Studie *Digitale Revolution* der Capgemini Deutschland GmbH aus dem Jahr 2012, in der 152 Unternehmen unterschiedlicher Branchen zu den Anforderungen künftiger Veränderungsvorhaben befragt wurden, besitzt die emotionale

Dimension jedoch den höchsten Stellenwert bei der Umsetzung von Veränderungsprozessen (vgl. Keicher et al., 2012, S. 19–22). In welcher Ausprägung und welchem
Umfang die emotionale Ebene jedoch tatsächlich im Wandel berücksichtigt wird, hängt
im Wesentlichen von der *sozialen Intelligenz* eines Unternehmens ab. Diese setzt sich
laut Mayer und Salovey aus unterschiedlichen Formen der emotionalen Informationsverarbeitung zusammen, wie z. B. der Empathiefähigkeit gegenüber anderen Personen
sowie auch der Fähigkeit, die eigenen Handlungen auf Grundlage dieser Informationen
zielführend zu adaptieren (vgl. Mayer & Salovey, 1993, S. 433–442; Lauer, 2014,
S. 104 f.).

Rationale Verhaltensdimension

Bei der rationalen Verhaltensdimension wird der Ausgangspunkt eines Veränderungsvorhabens in der Form eines Sachproblems abgebildet, das im Verlauf des Veränderungsprozesses gelöst werden soll. Dazu werden i. d. R. unterschiedliche Wandlungsprogramme
ausformuliert, wie z. B. Restrukturierungs- oder Kostensenkungsprogramme, und in einen
zweidimensionalen Bezugsraum eingebettet. Innerhalb dieses Bezugsraums wird dann
überprüft, ob eine Anpassung der bereits bestehenden Geschäftsmodelle ausreichend
ist – operative Perspektive –, um das jeweilige Sachproblem zu lösen, oder aber, ob vollkommen neue Märkte zu entwickeln bzw. auszuschöpfen sind – strategische Perspektive.
Darüber hinaus gilt es in diesem Zusammenhang aber auch herauszuarbeiten, welche
strategische Stoßrichtung dem jeweiligen Wandlungsprogramm zugrunde gelegt werden
soll, wobei hier eine grobe Untergliederung in den *Aufbau, Umbau und Abbau* der vorhandenen Potenziale und Fähigkeiten eines Unternehmens vorgenommen werden kann
(vgl. Krüger & Bach, 2014, S. 1 f., 34; Kim & Mauborgne, 2005, S. 3–22). In Bezug auf
das Fallbeispiel des *Schweinestalls* liegen die wesentlichen Sachprobleme z. B. darin, den
derzeitigen Umsatz zu erhöhen und sich gegenüber den bestehenden und künftigen Wettbewerbern behaupten zu können. Hierzu wird das bereits bestehende Geschäftsmodell
erweitert, wobei neben einer Erhöhung der Tierzahl auch die Haltungsbedingungen verbessert und innovative Lüftungskonzepte entwickelt werden.

Emotionale Verhaltensdimension

Im Rahmen von Veränderungsprozessen ist davon auszugehen, dass diese bei den
betroffenen und beteiligten Akteurinnen verschiedenartige Emotionen hervorrufen. Die
Unterschiedlichkeit dieser Emotionen fällt umso stärker aus, desto mehr Personen miteinander in Verbindung stehen und desto ausdifferenzierter die Arbeitsteilung innerhalb
einer Organisation angelegt ist (vgl. Krüger & Bach, 2014, S. 35 ff.). Luhmann führt
in diesem Zusammenhang an, dass durch ein ausreichendes *Vertrauen* die Möglichkeit geschaffen wird, die soziale Komplexität im System zu reduzieren (vgl. Luhmann,
2014, S. 104–107). Dies würde jedoch voraussetzen, dass die Anspruchsgruppen eine
zumeist riskante Vorleistung eingehen, indem sie darauf vertrauen, dass Unternehmen
ihre Erwartungen und Ansprüche nicht nur bereits kennen, sondern diese in ihren Entscheidungsprozessen auch adäquat berücksichtigen. Die emotionale Stimmungslage

in einem Veränderungsprozess hängt demzufolge stark von den situationsspezifischen Erfahrungen ab, die durch die Anspruchsgruppen in Verbindung mit dem jeweiligen Unternehmen bereits gesammelt wurden. Der Wirtschaftswissenschaftler Peter Nieder führt in diesem Zusammenhang allerdings auch an, dass nicht jede Differenz zwischen den gestellten Erwartungen und den getroffenen Entscheidungen einen vollständigen Vertrauensverlust zur Folge hat. Vielmehr verfügen Unternehmen über einen gewissen Kreditrahmen, durch den *vertrauenskritische Verhaltensweisen* bis zu einer bestimmten Limitierung abgefangen werden (vgl. Nieder, 1997, S. 28 f.). Deutlich wird dies z. B. bei kleineren Abweichungen in der Rohwarenspezifikation oder auch im Rahmen von Rückrufaktionen mit weitestgehend unkritischen Folgen.

Die Intensität der Emotionen bei einem Veränderungsvorhaben hängt zumeist davon ab, wie tiefgreifend die einzelnen Akteurinnen vom Wandel betroffen sind und ob diese *Betroffenheit* positiv oder negativ ausgeprägt ist. Für die Mitarbeiterinnen macht es z. B. einen deutlichen Unterschied, ob in einem Mastbetrieb lediglich die Qualitätsanforderungen erhöht werden oder aber ob der gesamte Unternehmensstandort aufgrund einer Kostendegression in das europäische Umland verlagert wird. Ebenso gilt es diesbezüglich herauszustellen, wie viele Anspruchsgruppen überhaupt von dem Veränderungsvorhaben betroffen sind – einzelne Personen, ganze Abteilungen oder das vollständige Unternehmen. Je umfangreicher der Kreis der betroffenen Personen ausfällt, desto größer ist das Risiko, dass die Umsetzung eines Wandlungsvorhabens durch offen kommunizierte Widerstände oder innerliche Blockaden beeinflusst wird. Somit erscheint es durchaus sinnvoll, die möglichen Ausprägungen der unterschiedlichen Emotionen bereits vor der Initiierung des eigentlichen Wandlungsprozesses zu identifizieren, womit die Veränderungskommunikation an eine Art Emotionsmanagement gekoppelt wird (vgl. Krüger und Bach 2014, S. 35; Werther & Jacobs, 2014, S. 89 ff.; Deutinger, 2017, S. 50–55).

In der Literatur hat sich hierzu ein idealtypischer Prozess herausgebildet, dem ein standardisierter Emotionsverlauf zugrunde gelegt werden kann, der i. d. R. als Kurvenmodell dargestellt wird (siehe Abb. 10.3). Anhand dieses Modells wird zwar nicht die tatsächliche emotionale Entwicklung innerhalb eines spezifischen Veränderungsprozesses visualisiert, dafür jedoch nachvollziehbar aufgeführt, in welchem Wechselbad der Gefühle sich die Anspruchsgruppen befinden und in welcher Phase des Wandels sich das Unternehmen voraussichtlich auf welche Sorgen, Hoffnungen und Verhaltensweisen einstellen sollte. Dabei ist es zumeist weniger erforderlich, die bereits positiven Emotionen weiter zu verstärken. Vielmehr sollten die negativen Gefühle aufgedeckt und durch geeignete Kommunikationsmaßnahmen vermindert werden (vgl. Krüger & Bach, 2014, S. 35 ff.; Deutinger, 2017, S. 50). Besonders deutlich wird die emotionale Dimension im Rahmen von Nachfolgeprozessen in familiengeführten Unternehmen, da die Identität der Inhaberinnen häufig untrennbar mit dem Betrieb verwoben ist (vgl. Daimler et al., 2016, S. 227).

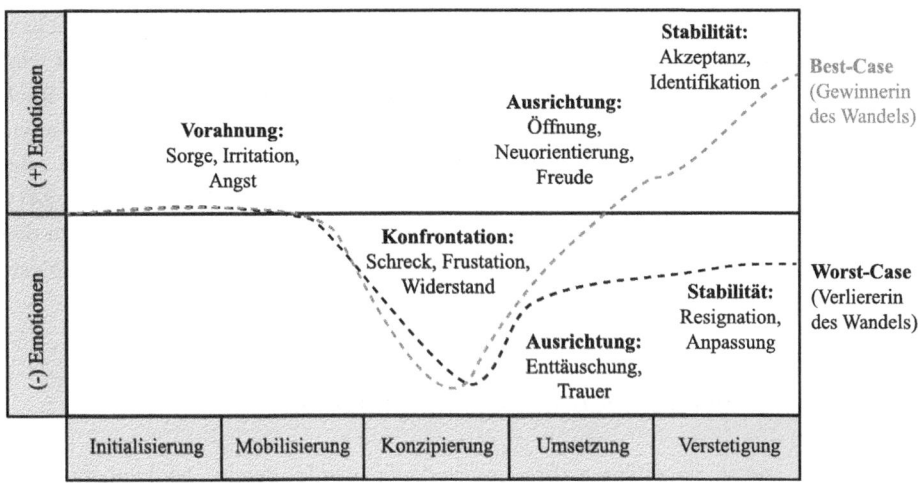

Abb. 10.3 Standardisierter Emotionsverlauf in Veränderungsprozessen. (In Anlehnung an Krüger & Bach, 2014, S. 36)

Darüber hinaus kann die Motivation in Veränderungsprozessen aber auch dadurch gestärkt werden, dass die *Anreiz-Beitrags-Konstellation* der Anspruchsgruppen herausgestellt und an die neue Situation im Unternehmen angepasst wird. Dieser Ansatz geht aus der verhaltenswissenschaftlichen Organisationstheorie hervor. Hier wird u. a. davon ausgegangen, dass Menschen nur begrenzt dazu bereit sind, sich in Organisationen zu engagieren, da sie darüber hinaus auch persönliche Ziele und Interessen verfolgen (vgl. Krüger & Bach, 2014, S. 35 ff., 133–137; March et al., 1958, S. 106, 112 ff.). Eine der wesentlichen Fragen im Rahmen von Veränderungsprozessen liegt somit auch immer darin, anhand welcher Anreize die jeweiligen Anspruchsgruppen dazu motiviert werden können, die Veränderungen im Unternehmen zu begünstigen, zumindest aber das jeweilige Vorhaben nicht vollständig zu blockieren.

Verhalten auf der mikropolitischen Ebene
Bei der Initiierung und Umsetzung von Veränderungsprozessen sollte neben der rationalen und emotionalen Dimension auch immer das Mitarbeiterinnenverhalten auf der *mikropolitischen Ebene* eines Unternehmens berücksichtigt werden. Dieses verläuft zumeist neben den formalen Strukturen einer Organisation und ist darauf ausgerichtet, die persönlichen und beruflichen Interessen und Ziele einzelner Akteurinnen auf der Basis unterschiedlicher Verhaltensweisen durchzusetzen. Dabei stimmen die individuellen Präferenzen der jeweiligen Mitarbeiterinnen allerdings nicht in jedem Fall mit der künftigen Unternehmensausrichtung oder den kulturellen Eigenschaften eines Unternehmens überein, weshalb deren Verhalten den geplanten Entwicklungsprozess durchaus destabilisieren kann. Ein wesentliches Risiko liegt diesbezüglich vor allem darin, dass

sich einzelne Akteurinnen zu einer Gruppe aus Opponentinnen[3] zusammenschließen, um den jeweiligen Interessenkonflikt in die breite Öffentlichkeit zu verlagern. Dort wird dieser dann außerhalb der geregelten Unternehmensstrukturen unter dem kritischen Blick der Gesellschaft ausgetragen, weshalb nicht auch zuletzt NGOs, Massenmedien sowie auch politische Entscheidungsträgerinnen den Lösungsdruck zusätzlich erhöhen oder sogar regulativ eingreifen (vgl. Krüger & Bach, 2014, S. 37 f.; Dyllick, 1992, S. 241). Verdeutlicht werden kann dies durch die gesellschaftliche und politische Debatte zu den zahlreichen Stalleinbrüchen der vergangenen Jahre sowie auch die öffentlichen Proteste zum Umgang mit kritischen Rohstoffen wie z. B. Palmöl oder Soja.

10.5   Phasen der Veränderungskommunikation

Anhand des zuvor angeführten Emotionsverlaufs wurde bereits verdeutlicht, dass Wandlungsvorhaben nicht in jedem Fall stabil durchlaufen werden, sondern häufig auch durch Kurvenentwicklungen oder anderweitige Ausschläge gekennzeichnet sind. Eine ganz ähnliche Erscheinungsform emotionaler Reaktionen zeigt sich in Anlehnung an das 3-Phasen-Modell nach Lewin, das in die Abschnitte *Unfreezing* (auftauen), *Moving* (verändern) und *Refreezing* (einfrieren) untergliedert wird. Dabei wird davon aus-gegangen, dass in Unternehmen unterschiedliche Kräfte wirken – widerstrebende und treibende Kräfte. Die *widerstrebenden Kräfte* versuchen dabei den Status quo einer Organisation aufrechtzuerhalten und die Initialisierung eines Veränderungsvorhabens zu vermeiden. Durch die treibenden Kräfte hingegen wird die Notwendigkeit des Wandels hervorgehoben und nach Möglichkeit auch die Wandlungsbereitschaft inner-halb einer Organisation gesteigert (vgl. Lewin, 1947, S. 5–41; Werther & Jacobs, 2014, S. 51 f.). Kruse beschreibt den Wechsel zwischen diesen Zuständen als einen *Balance-akt aus Stabilität und Instabilität*. Dabei führt er an, dass Unternehmen sich in einem Umfeld bewegen, in dem Wissen und Informationen immer schneller erfasst, geteilt und abgerufen werden können, ähnlich wie auch im Kapitel zur Projektkommunikation (Kap. 9) bereits angeführt. Um auf diese Veränderungen allerdings angemessen reagieren zu können und somit auch wettbewerbsfähig zu bleiben, sollten Unternehmen einen ständigen Wechsel aus Stabilität und Neugestaltung anstreben. Durch die Phase der Neugestaltung wird dabei versucht, die vorhandenen Teilsysteme und Strukturen eines Unternehmens zu destabilisieren, um die Anpassungsfähigkeit zu erhöhen und die bestehenden Prozessmuster aufzubrechen – Unfreezing. Diese werden dann durch neue bzw. resonanzfähige Prozessmuster ersetzt – Moving – und in der Form von Leit-bildern oder anderweitigen Organisationsstrukturen abschließend wieder in einen stabilen Orientierungsrahmen überführt – Refreezing (vgl. Kruse, 2015, S. 58–63; Krüger & Bach, 2014, S. 50 f.; Bock, 2020, S. 48). Als Beispiel für einen solchen Prozessmusterwechsel

---

[3] Gegnerinnen eines jeweiligen Veränderungsvorhabens.

kann die Entwicklung und Vermarktung von vegetarischen Fleischersatzprodukten durch das Unternehmen Rügenwalder Mühle angeführt werden. Hier wurden die Strukturen des alten, ausschließlich fleischbasierten Geschäftsmodells hinterfragt und um einen neuen strategischen Geschäftsbereich erweitert. Andere Beispiele wären Burger-Patties aus Insekten, der Direktverkauf von Milch über eine Milchtankstelle oder aber auch die Einführung eines innovativen Lüftungskonzeptes in die bestehenden Stallanlagen, wie es z. B. im *Fallbeispiel des Schweinestalls* angeführt wird.

Das vorgestellte 3-Phasen-Modell nach Lewin und der Prozessmusterwechsel nach Kruse bilden jedoch nur den Rahmen für die Umsetzung unternehmerischer Veränderungsprozesse. Diese können in Anlehnung an das *Vorgehensmodell* nach Krüger (vgl. Krüger & Bach, 2014, S. 39–51) und das *8-Stufen-Modell* nach Kotter (vgl. Kotter, 2013, S. 22–25) noch weiter verfeinert werden. In der Abb. 10.4 sind die verschiedenen Modelle miteinander verknüpft und in der Form eines Prozessablaufs visualisiert.

In der *Phase der Initialisierung* eines Veränderungsvorhabens ist zunächst einmal die Dringlichkeit des Wandels bzw. der *Sense of urgency* hervorzuheben und im Bewusstsein der Unternehmensspitze zu verankern. Dies erfolgt i. d. R. durch ein systematisches Abtasten und Bewerten der Unternehmensumwelt, das zumeist in den Aufgabenbereichen der Strategie- und Kommunikationsabteilung eines Unternehmens zu verorten ist. Dabei gilt es die möglichen Veränderungen sowie auch deren Ausmaß und Intensität umfänglich zu erfassen und mit der aktuellen Unternehmensausrichtung

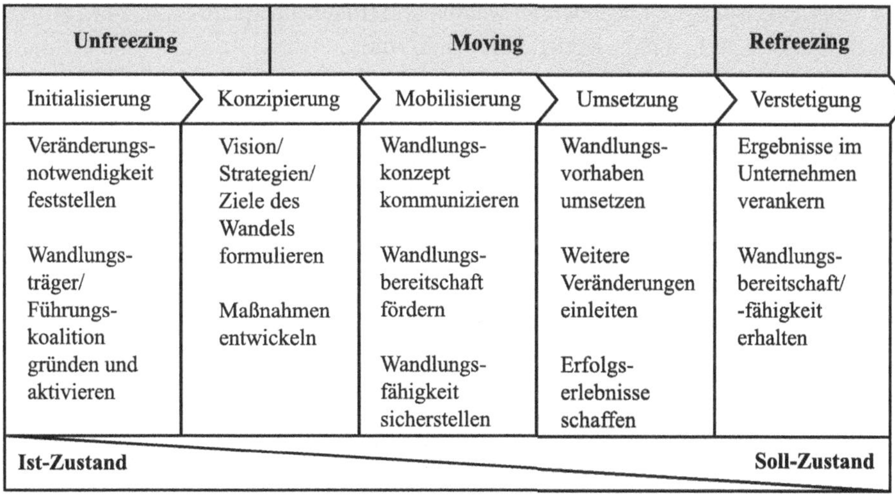

Unfreezing		Moving		Refreezing
Initialisierung	Konzipierung	Mobilisierung	Umsetzung	Verstetigung
Veränderungs-notwendigkeit feststellen	Vision/ Strategien/ Ziele des Wandels formulieren	Wandlungs-konzept kommunizieren	Wandlungs-vorhaben umsetzen	Ergebnisse im Unternehmen verankern
Wandlungs-träger/ Führungs-koalition gründen und aktivieren	Maßnahmen entwickeln	Wandlungs-bereitschaft fördern	Weitere Veränderungen einleiten	Wandlungs-bereitschaft/ -fähigkeit erhalten
		Wandlungs-fähigkeit sicherstellen	Erfolgs-erlebnisse schaffen	
Ist-Zustand				Soll-Zustand

Abb. 10.4 Phasenmodell für die Kommunikation in Wandlungsprozessen. (In Anlehnung an Krüger & Bach, 2014, S. 40)

in einen strategischen Fit[4] zu überführen. Der Kommunikationsverlauf wird dabei üblicherweise in Form eines top-down gerichteten Prozesses ausgestaltet, wobei die eigentliche Planung des Wandlungsvorhabens häufig durch den obersten Führungskreis einer Organisation vorgenommen wird. Aus diesem Grundgedanken heraus finden sich allerdings auch Implikationen für die Projekt- und Nachhaltigkeitskommunikation, nämlich die Möglichkeit, dass die Informationen zum Wandel auch bereits frühzeitig mit weiteren Anspruchsgruppen geteilt und reflektiert werden, wie bspw. den unmittelbaren Nachbarinnen im Fallbeispiel des Bürgerwindparks oder den Mitarbeiterinnen des Schweinestalls. Durch dieses Vorgehen können dann nicht nur einzelne Wandlungsträger aktiviert werden, sondern es formieren sich idealerweise ganze Wandlungskoalitionen, die im weiteren Veränderungsvorhaben als Multiplikatoren fungieren und den Veränderungsprozess mit besonderem Engagement vorantreiben. Darüber hinaus gilt es in diesem Zusammenhang aber auch bereits die jeweiligen Kommunikationsformen und Medien festzulegen, die in den darauffolgenden Prozessschritten dabei unterstützen sollen, das Wandlungsvorhaben in die Unternehmensumwelten zu tragen. Hierbei ist es von besonderer Bedeutung, den Veränderungsprozess positiv zu emotionalisieren, um die Veränderungsbereitschaft der Anspruchsträgerinnen zu erhöhen. Im Fallbeispiel des Bürgerwindparks kann z. B. auf die Risiken der Endlichkeit fossiler Energieträger hingewiesen werden sowie auch die Chance, gemeinsam einen regionalen Beitrag zur Erreichung der Klimaziele zu leisten. Des Weiteren sollte aber auch eine Möglichkeit für die vom Wandel betroffenen Personen geschaffen werden, ihre Anliegen und Fragen in einem geschützten Raum zum Ausdruck zu bringen, in dem diese sowohl zeitnah als auch zielgruppenspezifisch beantwortet werden (vgl. Pfannenberg, 2013, S. 24 f.; Krüger & Bach, 2014, S. 40 f., 248 f.; Kotter, 2013, S. 37–68).

Mit der *Konzipierung* des Veränderungsvorhabens sind zum einen die Stoßrichtung des Wandels und zum anderen auch die strategischen Ziele festzulegen, die durch eine erfolgreiche Umsetzung des Veränderungsvorhabens erreicht werden sollen. Je detaillierter die Ausformulierung der einzelnen Ziele erfolgt, desto leichter und stimmiger kann das jeweilige Maßnahmenprogramm im Anschluss daran festgelegt werden. Inhaltlich ist darauf zu achten, dass die Ziele für alle relevanten Personengruppen verständlich und realistisch ausformuliert sind, um diese dann im Nachgang leichter legitimieren zu können. Dabei gilt es in jedem Fall abzuwägen, welche Akteurinnen in die Entwicklung der Zielbündel einzubeziehen sind und bei welchen Personengruppen ein partieller Informationsausschluss zunächst einmal sinnvoller erscheint, um das Wandlungsvorhaben nicht unnötig zu gefährden. Diesbezüglich sollte im Vorfeld jedoch unbedingt überprüft werden, ob für einige der Mitarbeiterinnen ein Mitbestimmungs- oder auch Informations- und Beratungsrecht nach dem Betriebsverfassungsgesetz vorliegt. Damit wäre nicht nur die Weitergabe der vollumfänglichen

---

[4]Anpassung der Ressourcen und Fähigkeiten eines Unternehmens an die Möglichkeiten und Ansprüche der Unternehmensumwelt (vgl. Bea und Haas 2009, S. 16–23).

Informationen zum Wandel erforderlich, sondern ggf. auch eine explizite Zustimmung zum gesamten Veränderungsvorhaben. Abschließend sind die jeweiligen Zielbündel dann in ein Gesamtkonzept zu übertragen. Dort werden diese um Maßnahmen, Aktionen, die Umsetzungsdauer sowie auch die personellen, finanziellen und zeitlichen Ressourcen erweitert, die im Rahmen des Veränderungsprozesses umgesetzt bzw. benötigt werden. Des Weiteren gilt es in diesem Zusammenhang aber auch die Verantwortungsbereiche klar zu definieren, wobei die finale Version des Konzeptes immer durch die Geschäftsführung eines Unternehmens zu verabschieden und dessen Umsetzung anzustoßen ist (vgl. Krüger & Bach, 2014, S. 42 f., 251 ff.; Pfannenberg, 2013, S. 25 f.; Kotter, 2013, S. 69–86).

In der *Mobilisierungsphase* ist das zuvor verabschiedete Wandlungskonzept in sämtliche Unternehmensumfelder zu kommunizieren, wodurch bei den Anspruchsgruppen ein einheitliches Grundverständnis hergestellt werden soll. Die generelle Umsetzung erfolgt dabei durch die Unternehmensspitze, die häufig durch einzelne Mitglieder der Wandlungskoalition unterstützt wird. Dabei liegen die wesentlichen Aufgaben insbesondere darin, die Promotorinnen[5] des Wandlungsvorhabens in ihrer Position als Multiplikatorinnen zu stärken und die Opponentinnen so weit wie möglich zu neutralisieren. Hierzu können z. B. *Incentives* oder auch *Sanktionen* eingesetzt werden, wobei diese von kleineren Belohnungen bis hin zur Neubesetzung angestammter Positionen reichen. Grundsätzlich gilt es bei der Auswahl von Anreizen jedoch zu bedenken, dass der Einsatz von Druckmitteln in Entscheidungssituationen zumeist nicht zielführend ist, da diese zu einer Über- oder Unterforderung einzelner Akteurinnen beitragen können. Infolgedessen bedarf es vielmehr einer Einbindung einzelner Anspruchsgruppen in die Ausgestaltung des Veränderungsvorhabens. Dadurch erhalten diese das Gefühl, dass ihre Stimme im Entscheidungsprozess berücksichtigt wird und eine gewisse Verfahrensfairness vorliegt. Darüber hinaus besteht andernfalls auch die Gefahr, dass Blockaden oder anderweitige Widerstände auftreten, wie z. B. innere Kündigungen oder fehlende Motivation. Als mögliche Kommunikationsplattformen bieten sich in dieser Phase vor allem Betriebsversammlungen und Informationsmärkte an, wobei einzelne Schlüsselpersonen auch durch ein gezieltes Coaching zu begleiten sind (Krüger & Bach, 2014, S. 46 ff., 254; Pfannenberg, 2013, S. 26–29; Kotter, 2013, S. 87–104; Deutinger, 2017, S. 10).

Die Phase der *Umsetzung* betrifft zumeist einen Großteil der Unternehmensbelegschaft, womit der Erfolg eines Veränderungsvorhabens an dieser Stelle besonders stark beeinflusst werden kann. Die wesentliche Kommunikationsaufgabe ist es somit, den *Sense of urgency* aufrechtzuerhalten. Hierzu sind die Anspruchsgruppen nicht nur über die Chancen und *Short-Term Wins* eines Wandels regelmäßig zu informieren, sondern nach Möglichkeit auch über die Problemfelder und Risiken einer versäumten Veränderung (vgl. Krüger & Bach, 2014, S. 256 f.; Pfannenberg, 2013, S. 29–32; Kotter,

---

[5] Befürworterinnen eines Veränderungsvorhabens.

2013, S. 121–136). Besonders deutlich wird Letzteres im Bereich der Tierproduktion. Die Fleisch- und Milchindustrie gerät zunehmend in die Kritik, was nicht zuletzt auf den hohen CO_2-Ausstoß und die nicht unerhebliche Wassermenge zurückzuführen ist, die für die Herstellung von tierischen Produkten benötigt wird (vgl. Vanham et al., 2018; Grain, Institute for Agriculture and Trade Policy, 2018). Aus der Studie *Reducing food's environmental impacts through producers and consumers* aus dem Jahre 2018 geht hervor, dass sogar der geringste CO_2-Ausstoß für die Herstellung von tierischen Produkten immer noch über dem Durchschnitt von pflanzlichen Ersatzprodukten liegt (vgl. Poore und Nemecek 2018). In Verbindung mit dem wachsenden Verbraucherinnen-interesse an nachhaltigen Lebensmitteln und dem steigenden Absatz von Fleischersatz-produkten (vgl. Jacobs et al., 2020; Benning, 2021, S. 42–47) ist zwar nicht davon auszugehen, dass die Tierproduktion unmittelbar disruptiert wird. Dennoch kann eine Erweiterung des bestehenden Geschäftsmodells um pflanzliche Alternativprodukte sicher leichter legitimiert werden, wenn solch tiefgreifende Veränderungen offen in der Beleg-schaft kommuniziert werden.

Weiterhin gilt es in der Umsetzungsphase aber auch die einzelnen Prozessschritte aus dem Wandlungskonzept zu koordinieren, da i. d. R. nicht alle Arbeitsaufträge parallel bearbeitet werden können. Dazu wird das gesamte Konzept in prioritäre Auf-gaben und Folgeprojekte untergliedert, wobei zum einen die sachliche Abhängigkeit und Dringlichkeit der Aufgaben zu berücksichtigen ist und zum anderen die sukzessive Deckung des Wandlungsbedarfs. Außerdem ist darauf zu achten, dass zu Beginn der Umsetzungsphase überwiegend die Teilbereiche des Konzeptes bearbeitet werden, bei denen eine *kurzfristige Erfolgsmitteilung* möglich ist. Diese können dann über sämt-liche Kommunikationskanäle an die einzelnen Stakeholdergruppen herangetragen werden, wodurch die Schlüsselpersonen in ihrer Arbeit bestärkt und die Opponentinnen zumindest teilweise entkräftet werden (vgl. Krüger & Bach, 2014, S. 39 f., 48 f., 256 f.; Pfannenberg, 2013, S. 29–32; Kotter, 2013, S. 105–136).

In der letzten Phase des Vorgehensmodells, der *Verstetigung*, sollen die Ergebnisse des Wandlungsprozesses im Unternehmen verankert werden. Dazu sind die normative, die strategische und die operative Führungsebene an die jeweiligen Neuerungen anzu-passen, womit ggf. auch eine Veränderung der Wertvorstellungen und Verhaltensweisen einhergeht. Diese sind dann z. B. in die *Corporate Guidelines,* das Unternehmensleit-bild oder auch die bestehenden Anreizsysteme zu überführen. Um den Veränderungs-prozess aber auch formal korrekt abschließen zu können, sollten der Prozessverlauf und die daraus generierten Ergebnisse aufbereitet und allen relevanten sowie interessierten Anspruchsgruppen präsentiert werden. Dadurch werden nicht nur die Wandlungs-trägerinnen aus ihrer bisherigen Verantwortung entlassen, sondern es wird auch die erfolgreiche Umsetzung des Veränderungsprozesses zelebriert. Darüber hinaus ist es an dieser Stelle wichtig, dass die Wandlungsbereitschaft und -fähigkeit der Anspruchsgruppen aufrechterhalten wird, um auf künftige Veränderungsimpulse schnell und angemessen reagieren zu können. Hierzu sollte vor allem der Wandel zu einem akzeptierten Dauerthema werden, damit Unternehmen nicht wieder in ihre alten Gewohnheiten bzw. eine Pfadabhängigkeit verfallen (vgl. Krüger & Bach, 2014, S. 256 f.; Pfannenberg, 2013, S. 30 ff.; Kotter, 2013, S. 137–168; Kruse, 2015).

Die einzelnen Schritte der *klassischen Konzeptionslehre* nach Schmidtbauer und Jorzik (2017) sowie auch Merten (2013), die in den einzelnen Kapiteln dieses Buches einen wesentlichen Stellenwert besitzen, sind nach Möglichkeit schon im Rahmen der Initialisierungsphase auszugestalten und je nach Bedarf im weiteren Modellverlauf zu adaptieren. Somit sind sowohl die Situationsanalyse als auch die strategische Kommunikationsplanung und deren konkrete Umsetzungsschritte bereits vor der eigentlichen Durchführung des Veränderungsvorhabens vollständig auszuarbeiten. Dies ist deshalb besonders wichtig, da das Risiko einer kommunikativen Affekthandlung weitgehend reduziert und eine stringente, aber vor allem auch wirksame Kommunikation gefördert werden soll. Mit einer Anpassung des Modellverlaufs während des Umsetzungsprozesses ist allerdings auch in jedem Fall zu überprüfen, ob mit dem bestehenden Kommunikationskonzept noch die gewünschte Wirkung und Reichweite erzielt werden kann oder ob das Konzept eine Iterationsschleife durchlaufen sollte.

10.6 Prinzipien der Veränderungskommunikation

Im Rahmen der Veränderungskommunikation können die folgenden vier Prinzipien angeführt werden, durch die ein wesentlicher Beitrag zur erfolgreichen Umsetzung eines Veränderungsvorhabens geleistet werden kann: Partizipation, Transparenz, Sicherheit und Beidhändigkeit. Dies zeigt sich insbesondere bei einer näheren Betrachtung des zuvor angeführten Verhaltensmodells sowie auch der unterschiedlichen Phasen aus dem Vorgehensmodell.

- **Partizipation:** Das Prinzip der Partizipation bezieht sich insbesondere auf die Einbindung von Anspruchsgruppen in den Planungs- und Umsetzungsprozess eines Veränderungsvorhabens. Dabei können der Zeitpunkt, der Umfang und die Form der Beteiligung unterschiedlich ausfallen, was zum einen auf die individuellen Kriterien eines jeweiligen Veränderungsvorhabens zurückzuführen ist und zum anderen auf die Unterschiedlichkeit und Relevanz der Anspruchsgruppen. Verdeutlicht werden kann dies durch das Fallbeispiel des Schweinestalls. Hier ist es i. d. R. durchaus zielführend, wenn die unmittelbare Nachbarschaft bereits frühzeitig in die Ausgestaltung des Veränderungsvorhabens einbezogen wird. Dadurch kann nicht nur die *Akzeptanz* für die neue Stallanlage gesteigert werden, sondern insbesondere auch die *Tragfähigkeit* des künftigen Soll-Zustandes (vgl. Pfannenberg, 2013, S. 12–15, 17 ff., 25 f.; Krüger & Bach 2014, S. 225 ff., 238–259; Deutinger, 2017, S. 61; Keicher et al., 2012, S. 26 f.). Anders verhält es sich möglicherweise im Fallbeispiel des Bürgerwindparks. Auch hier ist eine frühzeitige Einbindung der Stakeholdergruppen grundsätzlich anzustreben. Allerdings sollten im Vorfeld zumindest die generelle Machbarkeit und Rentabilität der Parkanlage ermittelt werden, um über generelle

Rahmendaten wie z. B. die potenzielle Größe, den Schattenwurf oder auch die finanziellen Rückflüsse informieren zu können.

- **Transparenz:** Die Kommunikation im Rahmen von Veränderungsprozessen sollte weitestgehend transparent erfolgen. Dabei ist unbedingt darauf zu achten, dass die jeweiligen Ansprachen möglichst *zielgruppenspezifisch, faktenbasiert* und in einer der Situation entsprechenden *Tonalität* ausgestaltet werden. Darüber hinaus sind aber auch die Nutzungsrichtung und Ausprägung des Kommunikationsflusses dahingehend zu überprüfen, ob diese für den Wandlungsprozess tatsächlich zielführend ausgestaltet sind. Wenn die Erweiterung des Schweinestalls z. B. erst an die Presse und dann an die Nachbarinnen kommuniziert wird, kann nicht nur das Image des Hofes negativ beeinflusst werden, sondern es können auch massive Widerstände zu einer vollständigen Blockade des Projektes führen (vgl. Krüger & Bach, 2014, S. 225 ff.; Pfannenberg, 2013, S. 15, 17 ff., 25 f.).
- **Sicherheit:** Das Prinzip der Sicherheit knüpft unmittelbar an das zuvor angeführte Prinzip der Transparenz an bzw. setzt dieses in gewisser Weise voraus. Auch hier ist es erforderlich, dass die Anspruchsgruppen zeitnah über (tiefgreifende) Veränderungen informiert werden, damit das jeweilige *Sicherheits-* und z. T. auch *Autonomiebedürfnis* befriedigt werden kann. Für Führungskräfte liegt die Aufgabe dabei vor allem darin, die *Ängste, Sorgen und Hoffnungen* der Belegschaft ernst zu nehmen und die Mitarbeiterinnen dabei zu unterstützen, den Veränderungsprozess unbeschadet zu durchlaufen. An dieser Stelle kann es somit durchaus förderlich sein, möglichst frühzeitig über motivierende Absichten oder Entwicklungen zu informieren, wie z. B. die Sicherung eines Standortes oder aber auch die künftige Geruchsentwicklung im Falle eines Stallbauprojektes (vgl. Krüger & Bach, 2014, S. 225 ff.; Pfannenberg, 2013, S. 15, 17 ff., 25 f.).
- **Beidhändigkeit:** Die organisationale *Ambidextrie* bzw. *Beidhändigkeit* stellt vor allem die Führungskräfte eines Unternehmens vor besondere Herausforderungen. Auf der einen Seite – rechte Hand – ist das operative Tagesgeschäft zu berücksichtigen und dahingehend auszugestalten, dass die kurzfristigen Erfolge einer Organisation dauerhaft sichergestellt werden können. Auf der anderen Seite – linke Hand – sind die strategischen Ziele eines Unternehmens hervorzuheben, womit auch die bestehenden Strukturen und Systeme möglicherweise anzupassen sind. Insgesamt ist dieses Prinzip vor allem in der bereits angeführten Verstetigungsphase eines Veränderungsprozesses verortet. Auf der einen Seite gilt es dort geeignete Kommunikationsstrukturen für den erreichten Ist-Zustand zu implementieren und auf der anderen Seite sind Möglichkeiten der Kommunikation zu schaffen, durch die eine kontinuierliche Organisationsentwicklung begleitet bzw. unterstützt werden kann (vgl. Krüger & Bach, 2014, S. 2, 225 ff., 258 f.; Pfannenberg, 2013, S. 15, 17 ff., 25 f.; Keicher et al., 2012, S. 26).

10.7 Veränderungskommunikation in der Praxis

Nicht nur aus den zahlreichen Untersuchungen und Studien der vergangenen Jahre zum Thema Change-Management wird deutlich, dass sich die *Veränderungskommunikation für Unternehmen zu einem erheblichen Schlüsselerfolgsfaktor* herausgebildet hat. Auch die veränderten Umweltbedingungen wie z. B. drohende Naturkatastrophen, steigende Preisvolatilitäten sowie die wachsende Kritik an bestehenden Wirtschaftsweisen von insbesondere Großkonzernen deuten darauf hin, dass Unternehmen flexibler *auf Veränderungsimpulse reagieren* müssen, um ihre Wettbewerbsfähigkeit dauerhaft erhalten zu können. Da diese Entwicklungsverläufe jedoch weder branchenspezifisch noch regional zu verorten sind, durchziehen ihre Auswüchse auch die Agrarwirtschaft in all ihren Ausrichtungen und Facetten. Angefangen bei den vielfältigen und z. T. auch divergierenden Interessen vonseiten der Verbraucherinnen über den zunehmenden Kostendruck und die damit verbundene Notwendigkeit einer Digitalisierung landwirtschaftlicher Prozesse bis hin zur klassischen Hofnachfolge und den damit verbundenen Anpassungen der bestehenden Strukturen und individuellen Wertesysteme. Aber auch der Agrarstrukturwandel leistet hier einen wesentlichen Beitrag. Die Vielfalt kleinerer Höfe und der Wunsch nach einer nostalgisch-romantischen Betriebsführung weichen zunehmend den stark technisierten Hochleistungsbetrieben, womit sich auch das Verständnis von Landwirtschaft grundlegend verändert. Für kleinere Betriebe wird es in der Zukunft somit immer wichtiger, sich durch innovative Geschäftsmodelle zu diversifizieren, um ihre Existenzberechtigung am Markt erhalten zu können (vgl. Zander et al., 2013, S. 16–24; Niegsch & Stappel, 2017, S. 27–31; Bea & Haas, 2009, S. 2–9; Kruse, 2015, S. 13–32, 36 f.; Bock, 2020, S. 48; Bundesministerium für Ernährung und Landwirtschaft, 2018, S. 6–11). Möglichkeiten hierzu reichen vom Anbau eines Nischenproduktes wie Amaranth oder Quinoa über die Erzeugung von regenerativen Energien bis hin zu der Eröffnung eines Hofcafés.

10.7.1 Analyse

Zu Beginn dieses Kapitels wurde bereits angeführt, dass externe Umweltveränderungen zunächst einmal weder branchenzentriert sind noch liegen sie in der Größe oder Ausrichtung einer Organisation begründet. Vielmehr zeigt sich der Transformationsbedarf eines Unternehmens im Zuge *übergeordneter Veränderungslinien,* die in Form unterschiedlicher Ausprägungen auf einzelne Industriezweige heruntergebrochen werden. Deutlich wird dies durch einen Exkurs in die *Trendforschung.* Hier haben Wissenschaftlerinnen herausgefunden, dass Entwicklungs- und Veränderungsprozesse in ein hierarchisches System aus unterschiedlichen Trendarten übertragen werden können, womit sich langfristige und globale Veränderungsverläufe in verschiedenen Konsum- und Lebenswelten ausdeuten. Veranschaulicht werden kann dies durch eine nähere

Betrachtung einzelner *Megatrends*[6], wie z. B. der *Gesundheit* oder auch der *Neo-Öko-logie*. Während zu den meisten dieser Trendformen eine einheitliche Definition vorliegt, sind deren zugehörige Branchenerwartungen zumeist unterschiedlich gelagert, wenn auch nicht vollständig überschneidungsfrei (vgl. Zukunftsinstitut GmbH, 2021a, 2021b). So wird der Agrarbranche z. B. die Versorgung der Bevölkerung mit regionalen und ernährungsphysiologisch hochwertigen Produkten zugeschrieben, wohingegen das Augenmerk der Automobilindustrie auf der Entwicklung alternativer Antriebs-konzepte und moderner Sicherheitssysteme liegt. Darüber hinaus wurde im Rahmen der *operativen Exzellenz* aber auch bereits hervorgehoben, dass es für den zielführenden Umgang mit Veränderungsimpulsen zumeist nicht ausreichend ist, wenn Unternehmen ihren *Sense of urgency* lediglich identifizieren und sich dieses bewusst werden. Vielmehr gilt es auch die Wandlungsbereitschaft und -fähigkeit der jeweiligen Mitarbeiterinnen fortlaufend zu fördern, um die bislang bestehenden Prozessmuster zu durchbrechen und die Implementierung neuer Strukturen und Prozesse erfolgreich zu legitimieren.

Übertragen auf die weiteren Schwerpunktbereiche der *Agrarkommunikation* gilt es an dieser Stelle somit noch einmal hervorzuheben, dass das Change-Management und somit auch die Kommunikation in Veränderungsprozessen kein isoliertes Arbeitsfeld darstellen. Vielmehr durchziehen diese auch immer die übrigen Disziplinen der Kommunikations-wissenschaften, wie z. B. die Risiko- und Krisenkommunikation sowie auch die Projekt- und Nachhaltigkeitskommunikation. Dies liegt insbesondere darin begründet, dass Unternehmen im Rahmen der verschiedenen Disziplinen u. a. dabei unterstützt werden sollen, sich optimal auf einen Wandel vorzubereiten, diesen weitestgehend strukturiert zu durchlaufen und nach Möglichkeit gestärkt aus der Veränderung hervorzugehen, auch dann, wenn diese fallweise unerwartet auftreten, wie z. B. die zahlreichen Stalleinbrüche im Jahr 2018.

Im Anschluss an den übergeordneten Ursprung und die Vielfalt praxiswirksamer Ver-änderungsimpulse soll im weiteren Verlauf der Konzeption vor allem das Fallbeispiel des *Gartenbaubetriebes* näher beleuchtet werden. Dieses ist zugleich von mehreren Ver-änderungsvorhaben betroffen. Zum einen erfolgt ein Nachfolgeprozess der Geschäfts-führung innerhalb der Gründerfamilie und zum anderen wird eine Digitalisierung der gesamten Strukturen und Prozesse vorgenommen. Bevor jedoch die einzelnen Arbeits-schritte der klassischen Konzeption diesbezüglich durchlaufen werden, gilt es zunächst einmal herauszustellen, ob Kommunikation überhaupt das geeignete Mittel ist, um die Umsetzung der beiden angeführten Veränderungsvorhaben zu unterstützen. Hierzu sind einleitend die jeweiligen *Probleme offenzulegen*, auf die mit Kommunikation reagiert werden soll.

---

[6] Bei Megatrends handelt es sich um globale und hochkomplexe Veränderungsverläufe, die sich zumeist sehr langsam vollziehen und alle Gesellschaftsebenen und Wirtschaftsbereiche durch-dringen bzw. beeinflussen (vgl. Zukunftsinstitut GmbH 2021a).

Hinsichtlich des Nachfolgeprozesses liegt das wesentliche Kommunikationsproblem weder in der Wirtschaftlichkeit des Betriebes begründet noch in seiner Reputation. Vielmehr sind die Mitarbeiterinnen frühzeitig darüber zu informieren, was sich im Rahmen der Betriebsübernahme konkret verändern wird und in welcher Form sie davon betroffen sind. Dadurch kann die Belegschaft insbesondere dazu befähigt werden, ihre Ängste und Unsicherheiten zu bewältigen, wodurch die Einstellungs- und Verhaltensakzeptanz für den Führungswechsel deutlich erhöht werden kann. Ein ganz ähnliches Problem zeigt sich allerdings auch in Bezug auf die Digitalisierung der bestehenden Prozesse. Auch hier geht es im Wesentlichen darum, den größtmöglichen Zuspruch der Mitarbeiterinnen zu erhalten und somit potenzielle Widerstände und Blockaden zu vermeiden. Dabei kann es insgesamt von Vorteil sein, die Belegschaft bereits während der Initialisierungsphase in die grundlegenden Gestaltungs- und Entscheidungsvorgänge einzubeziehen, wodurch nicht nur die Tragfähigkeit des Wandels gefördert wird, sondern auch die individuell wahrgenommene Gerechtigkeit des Veränderungsvorhabens. Zusammengefasst lässt sich somit anführen, dass die primären Kommunikationsprobleme im Fallbeispiel des Gartenbaubetriebes in der *Akzeptanz* und dem *Vertrauen* liegen. Die Akzeptanz umfasst dabei vor allem den Führungswechsel und die Anpassung der bestehenden Strukturen und Prozesse, wohingegen sich das Vertrauen besonders auf die Zukunftsfähigkeit der Veränderungsvorhaben und die individuelle Förderung der Mitarbeiterinnen im Rahmen der Digitalisierung bezieht.

Nachdem nun die etwaigen Kommunikationsprobleme des Wandels herausgearbeitet wurden, sind in einem nächsten Schritt die jeweiligen Personengruppen zu bestimmen, die ebenfalls von den künftigen Veränderungen betroffen sein werden. Da ein *systematisches Vorgehen zur Stakeholderanalyse* jedoch bereits im Rahmen der Projektkommunikation umfassend vorgestellt wurde, wird an dieser Stelle auf eine erneute Darstellung verzichtet. Übertragen auf den Gartenbaubetrieb ist jedoch grundsätzlich davon auszugehen, dass neben den Mitarbeiterinnen zumindest auch die Lieferantinnen und Kundinnen als wesentliche Anspruchsgruppen in der Konzeption zu berücksichtigen sind.

- **Lieferantinnen:** Die Lieferantinnen sehen durch den Führungswechsel keine großen Veränderungen auf sich zu kommen, da sich das Unternehmen weiterhin im Familienbesitzt befindet und es sich zu einem Großteil um regionale und vor allem auch langfristige Partnerschaften handelt. In Bezug auf die Digitalisierung der bestehenden Prozesse erhoffen sich die Lieferantinnen eine Arbeitserleichterung sowie auch eine größere Transparenz bei den Bestell- und Zahlungsvorgängen. In diesem Zusammenhang befürchten sie allerdings auch, dass die Digitalisierung mit größeren Investitionen verbunden ist, da möglicherweise von beiden Seiten passgenaue Systemlösungen benötigt werden. Abschließend wird diesbezüglich aber auch insgesamt das Risiko wahrgenommen, dass durch die Digitalisierung die persönlichen Interaktionen reduziert werden, womit über einen längeren Zeitraum auch negative Auswirkungen auf die Lieferantentreue entstehen könnten.

- **Kundinnen:** Die Mehrheit der Kundinnen hat ein großes Interesse an der Digitalisierung des Gartenbaubetriebes. Besonders in Zeiten von Corona besteht dadurch die Möglichkeit, dass die Bestell- und Zahlungsvorgänge von zu Hause aus durchgeführt werden können und die Abholung weitestgehend kontaktfrei erfolgt. Aber auch die Reservierung von Produkten bei erhöhtem Nachfrageaufkommen, wie z. B. am Valentins- oder Muttertag, stellt für die Kundinnen einen deutlichen Mehrwert dar. Neben diesen Vorteilen zeichnen sich jedoch auch einige Bedenken ab. Diese liegen vor allem im Umgang mit den veränderten Prozessen und der eigenen digitalen Kompetenz begründet sowie auch der Kompatibilität der jeweiligen Zugriffsgeräte, wie bspw. Smartphones, Tablets oder dem klassischen Computer.

Neben einer Ermittlung der Kommunikationsprobleme sowie auch der potenziellen Anspruchsgruppen des Gartenbaubetriebes gilt es abschließend eine Situationsanalyse durchzuführen. Wie bereits in Kap. 3 näher erläutert, können hierzu die Informationen aus den vorherigen Arbeitsschritten erneut aufgegriffen und systematisch in eine Textmaske übertragen werden. Hierzu bietet sich insbesondere die *SWOT-Analyse* an, wobei diese um weitere Daten und Informationen aus den internen und externen Unternehmensumwelten angereichert werden kann. Im Fallbeispiel des Gartenbaubetriebes können z. B. Tiefeninterviews mit den Mitarbeiterinnen und Stammkundinnen geführt werden, um die jeweiligen Leistungs- und Begeisterungsmerkmale herauszustellen, die mit dem Führungswechsel und der Digitalisierung einhergehen. Darüber hinaus besteht allerdings auch die Möglichkeit, die Serviceangebote der direkten und indirekten Konkurrentinnen näher zu untersuchen und gemeinsam mit den eigenen Angeboten in einem *Scoring-Modell* zu visualisieren und abzugleichen. Dies ist deshalb so besonders wichtig, da hier eine entsprechende Grundlage geschaffen werden kann, um die nachgelagerte Strategiekonzeption sowie auch die Umsetzungsplanung fruchtbringend auszugestalten.

SWOT-Analyse in Anlehnung an die Veränderungsvorhaben im Gartenbaubetrieb
- **Stärken:**
  - Der Gartenbaubetrieb ist seit mehreren Generationen in Familienbesitz und fest in der Region verankert. Demzufolge konnte auch bereits eine nicht unerhebliche Stammkundschaft aufgebaut werden, die nur unter erheblichem Veränderungsdruck zur Konkurrenz abwandern würde.
  - Die Nachfolgerin ist von klein auf ein Teil des Gartenbaubetriebes, kennt die bestehenden Strukturen und Prozesse und ist mit der gelebten Unternehmenskultur vertraut. Auch besteht zwischen der künftigen Geschäftsführerin und den Mitarbeiterinnen ein weitestgehend familiäres Verhältnis.

- Vor der eigentlichen Betriebsübernahme hat die Nachfolgerin eine Ausbildung im Garten- und Landschaftsbau absolviert sowie auch ein betriebswirtschaftliches Studium. Somit konnte sie nicht nur im eigenen Familienbetrieb bereits erste Berufserfahrungen sammeln, sondern auch in weiteren praxis- und theoriebezogenen Kontexten.
- **Schwächen:**
  - Bei den Mitarbeiterinnen im Gartenbaubetrieb ist bisher nur wenig Erfahrungswissen in Bezug auf die Digitalisierung von Geschäftsprozessen vorhanden. Dies kann ggf. zu umfassenden Verzögerungen und erheblichen Zusatzkosten innerhalb der Initialisierungs- und Umsetzungsphase führen.
  - Die jeweiligen Anspruchsgruppen des Gartenbaubetriebes könnten die Digitalisierung vollständig boykottieren, womit sich das Kosten-Nutzen-Verhältnis ins Negative verlagert.
- **Chancen:**
  - Die meisten Mitarbeiterinnen des Gartenbaubetriebes weisen eine langjährige Unternehmenszugehörigkeit auf und vertrauen der Gründerfamilie in Bezug auf betriebliche Veränderungsvorhaben. Darüber hinaus wird ein Großteil der tiefgreifenden Entscheidungen aber auch mit den Mitarbeiterinnen gemeinsam getroffen, um zum einen ein erstes Feedback zu den jeweiligen Ideen einzuholen und zum anderen auch die Akzeptanz zu erhöhen.
  - Durch die Digitalisierung der Strukturen und Prozesse können sowohl die Warenhaltung als auch die Zahlungsvorgänge weitestgehend automatisiert erfolgen. Dadurch werden im Idealfall nicht nur der Arbeitsaufwand und die Kosten reduziert, sondern auch neue Geschäftsmodelle entwickelt, wie z. B. ein kontaktloser Verkauf von Floristikprodukten über verschiedene Arten des E-Commerce.
- **Risiken:**
  - Der Übergebenden des Gartenbaubetriebes fällt insbesondere die emotionale Trennung vom Betrieb schwer, da dieser mit der eigenen Identität untrennbar verbunden ist. Über einen längeren Zeitraum kann dies dazu führen, dass sich die Übergebende nicht vollständig vom Betrieb lösen kann, womit die Weisungsbefugnis für die Mitarbeiterinnen an Transparenz verliert.
  - Die Digitalisierung der Prozesse bringt zunächst ein nicht unerhebliches Fehlerpotenzial mit sich. Dies könnte dazu beitragen, dass der benötigte Floristikbedarf nur in unzureichender Menge dem Gartenbaubetrieb zur Verfügung gestellt wird, womit die jeweiligen Kundinnen nicht rechtzeitig beliefert werden können und möglicherweise zur Konkurrenz abwandern.

10.7.2 Strategie

Nachdem in der Analysephase zunächst der Faktenspiegel in Bezug auf die Veränderungsvorhaben des Gartenbaubetriebes ausgearbeitet und verdichtet wurde, soll
es im Folgenden nun darum gehen, den *künftigen Kommunikationskurs* festzulegen.
Dieser setzt sich aus *Umfeld-* (1. Ziele und 2. Zielgruppen) und *Binnenkoordinaten*
(3. Positionierung, 4. Botschaft und 5. strategischer Weg) zusammen, die es in der
strategischen Kommunikationsplanung zu entwickeln und aufeinander abzustimmen gilt.
Da die Akzeptanz der Anspruchsgruppen des Gartenbaubetriebes jedoch grundlegend
dafür ist, dass die Veränderungsvorhaben fruchtbringend umgesetzt werden können, wird
in diesem Fall mit einer Ausarbeitung der Umfeldkoordinaten begonnen. Die Binnenkoordinaten werden im Anschluss daran vollständig durchlaufen und mit den zuvor
erarbeiteten Erkenntnissen rückgekoppelt.

1. Kommunikationsziele

Im ersten Schritt der Strategiephase sind die jeweiligen Kommunikationsziele herauszustellen, die entsprechend den beiden Veränderungsvorhaben durch den Einsatz
kommunikativer Mittel erreicht werden sollen. Dabei können diese anhand verschiedener
Zielfunktionen untergliedert werden, wobei im Fallbeispiel des Gartenbaubetriebes die
Richtung, die *Motivation* und die *Koordination* im Fokus stehen.

- Bei der *Richtungsfunktion* im Gartenbaubetrieb geht es vor allem darum, die Akzeptanz
  der Mitarbeiterinnen für die jeweiligen Veränderungsvorhaben zu erhöhen. Hierzu sind
  diese möglichst frühzeitig in die Planungsprozesse zu involvieren, um zum einen die
  individuellen Voraussetzungen und Erwartungen wechselseitig kommunizieren zu können
  und zum anderen eine klare und vor allem auch transparente Ausrichtung der künftigen
  Betriebsführung zu konstituieren. Darüber hinaus kann es an dieser Stelle allerdings auch
  sinnvoll sein, dass die Lieferantinnen und Kundinnen ebenfalls von Beginn an in die Veränderungsvorhaben eingebunden werden. Hierdurch besteht die Möglichkeit, dass ein
  erstes Testing durch die vor- und nachgelagerten Akteurinnen der Wertschöpfungskette
  erfolgt, womit diesbezügliche Anpassungsvorschläge bereits in der Initialisierungsphase
  berücksichtigt werden können, spätestens jedoch in der Konzipierungsphase.
- Im Rahmen der *Motivationsfunktion* sollen die einzelnen Anspruchsgruppen für die
  Digitalisierung des Gartenbaubetriebes begeistert werden. Dabei gilt es kommunikativ
  hervorzuheben, welche ganz individuellen Vorteile sich durch die Digitalisierung
  ergeben können. Hierzu sind die ökonomischen Interessen der neuen Geschäftsführerin, die sozialen Ansprüche der Mitarbeiterinnen sowie auch die individuellen
  Kundinnen- und Lieferantinnenwünsche zunächst einmal zu identifizieren und im
  Anschluss daran miteinander zu verknüpfen. Bestärkt werden kann dieses Vorhaben
  durch gemeinsame Themenbereiche wie z. B. die künftige Arbeitsentlastung, die
  lückenlose Rückverfolgbarkeit sowie auch die neuen Serviceangebote, wobei eine zielgruppenspezifische Aufbereitung und Ansprache in jedem Fall erforderlich ist.

- Durch die *Koordinationsfunktion* kann besonders die rationale Verhaltensdimension des Wandels hervorgehoben werden. Hierbei geht es insbesondere darum, dass alle Maßnahmen und Aktivitäten des Betriebes dahingehend aufeinander abgestimmt werden, dass der Nachfolge- und der Digitalisierungsprozess erfolgreich umgesetzt werden können. Hierzu sind die Mitarbeiterinnen umfassend darüber aufzuklären, inwieweit sich ihre Arbeitsvorgänge künftig verändern werden und welchen ganz individuellen Beitrag sie durch ihre Tätigkeiten leisten können. Darüber hinaus stehen übergeordnet aber auch die bereits angeführte Richtungsfunktion der Kommunikationsziele sowie der unbedingte Wunsch danach, den Betrieb durch die beiden Veränderungsvorhaben zukunftsfähig zu entwickeln und auszugestalten.

Da die Veränderungsvorhaben des Gartenbaubetriebes den gesamten Betrieb durchziehen, gilt es an dieser Stelle hervorzuheben, dass auch die Veränderungskommunikation keine Insellösung darstellen sollte. Angefangen beim Leitbild über die strategischen Unternehmensziele bis hin zu den Maßnahmenzielen sollte überprüft werden, an welchen Stellen eine Anpassung der Kommunikation vorzunehmen ist bzw. Kommunikationsziele einzubetten sind. Besonders wesentlich ist dieses Vorgehen in Bezug auf den Nachfolgeprozess, da dieser eine vollständige Neuausrichtung des Betriebes und somit auch der Strategien, Strukturen und Prozesse mit sich bringen kann.

Anknüpfend daran sind die Kommunikationsziele hinsichtlich ihrer *Zielarten* zu untergliedern. Im Fallbeispiel des Gartenbaubetriebes werden neben den kognitiv orientierten Zielen z. B. auch affektiv und konativ orientierte Ziele gesetzt, um insbesondere die Digitalisierung möglichst erfolgversprechend durchlaufen zu können. Dies ist vor allem darauf zurückzuführen, dass der Digitalisierungsprozess auf ganz unterschiedliche Reifegrade in Bezug auf die Erfahrungswerte und Interessen der jeweiligen Anspruchsgruppen stößt. Im Rahmen der *kognitiv orientierten Ziele* soll es somit zunächst einmal darum gehen, den Anspruchsgruppen die Digitalisierung des Gartenbaubetriebes näherzubringen. Hierzu bieten sich u. a. gemeinsame Meetings, persönliche Gespräche sowie auch Schulungen an, in denen die jeweiligen Akteurinnen ihre Sorgen und Ängste frei äußern können und das künftige Softwareportfolio unter professioneller Anleitung testen. Dabei liegt der Fokus vorwiegend darauf, dass die Anspruchsgruppen die Digitalisierung über möglichst viele unterschiedliche Sinne wahrnehmen können, damit die neu gewonnenen Informationen im Gedächtnis verankert werden und der Erinnerungswert erhöht wird. Insofern sollte neben den visuellen und auditiven Reizen z. B. auch der Tastsinn zur Wahrnehmung eingesetzt werden, was u. a. durch die eigenständige Bedienung der künftigen Softwarelösungen ermöglicht wird. Für das Fallbeispiel des Gartenbaubetriebes lassen sich mit diesem Grundgedanken u. a. die folgenden Ziele ausformulieren, wobei diese weitestgehend *kurzfristig* ausgerichtet sind und eine *hohe Priorität* aufweisen:

- **Ziel 1 (Mitarbeiterinnen):** Innerhalb der kommenden drei Monate erfahren unsere Mitarbeiterinnen, warum eine Digitalisierung für die Zukunftsfähigkeit des Betriebes notwendig ist und welche spezifischen Veränderungen auf sie zukommen werden. Um dies fruchtbringend umsetzen zu können, bieten wir neben einem Kick-off-Meeting auch regelmäßige Schulungen und Diskussionsformate an, um unsere Mitarbeiterinnen möglichst häufig und gezielt mit der künftigen Situation zu konfrontieren bzw. vertraut zu machen.
- **Ziel 2 (Kundinnen):** Mithilfe der Digitalisierung unserer Geschäftsprozesse wollen wir unsere Kundinnen auch in Zeiten von Corona über Neuigkeiten, Aktionen und Angebote informieren. Hierzu ist eine Veränderung des digitalen Frontends notwendig, wodurch die Bestell- und Zahlungsvorgänge künftig auch über die eigene Homepage und App erreichbar sind. Außerdem werden unsere Kundinnen durch personalisierte Push-Nachrichten auf dem Laufenden gehalten.

Bei den *affektiv orientierten Zielen* geht es im Wesentlichen darum, einen neuen Bedeutungsrahmen in den Köpfen der Anspruchsgruppen zu konstituieren, in dem die künftigen Entscheidungen aus einem veränderten Blickwinkel heraus kontextualisiert werden können. Im Fallbeispiel des Gartenbaubetriebes liegt die große Herausforderung somit darin, die Grundhaltung der Anspruchsgruppen gegenüber der Digitalisierung dahingehend anzupassen, dass diese nicht mehr nur als komplexe und z. T. auch risikobehaftete Aufgabe verstanden wird, sondern lediglich als multilaterales Hilfsmittel. Hierbei ist jedoch grundsätzlich zu bedenken, dass die Veränderung tief verankerter Einstellungen und Haltungen zumeist nicht kurzfristig aufgebrochen und neu kalibriert werden kann. Vielmehr sind die jeweiligen Akteurinnen über einen längeren Zeitraum durch praxiserprobte Denkmuster und eigene Erfahrungen dahingehend zu überzeugen, ihre bestehenden Vorurteile abzubauen und sich gedanklich neu zu positionieren. In Bezug auf das Fallbeispiel des Gartenbaubetriebes könnten affektiv orientierte Ziele demnach wie folgt ausformuliert werden:

- **Ziel 1 (Mitarbeiterinnen):** Die Akzeptanz unserer Mitarbeiterinnen zur Digitalisierung der bestehenden und künftigen Geschäftsprozesse ist deutlich zu steigern. Hierzu sind die individuellen Vorteile der Digitalisierung offen und regelmäßig zu kommunizieren. Darüber hinaus gilt es aber auch die Sorgen und Ängste unserer Mitarbeiterinnen in Einzel- und Gruppengesprächen aufzugreifen und weitestgehend abzubauen.
- **Ziel 2 (Kundinnen):** Die Vorurteile unserer Kundinnen gegenüber der Online-Vermarktung von Gärtnereiprodukten sind im kommenden Jahr um 50 % zu reduzieren. Besonders wichtig ist dabei eine transparente Kommunikation zu den Bestell-, Zahlungs- und Liefervorgängen sowie auch einer ggf. erforderlichen Reklamation. Abgebildet werden kann der Zielerreichungsgrad durch eine sequenzielle Befragung der Bestands- und Neukundinnen. Hierbei sollte zu Beginn auf ein qualitatives Format zurückgegriffen werden, um auch die jeweiligen Beweggründe einer Einstellungsänderung erfassen zu können.

Bei den *konativ orientierten Zielen* soll abschließend hervorgehoben werden, dass sich neben der Wahrnehmung und Einstellung gegenüber der Digitalisierung auch das Verhalten der Akteurinnen verändert und gemäß dem angepassten Bezugsrahmen in konkreten Handlungen ausdeutet. Dadurch kann an dieser Stelle verdeutlicht werden, inwieweit die Kommunikationsmaßnahmen zu den vorgelagerten Zielarten eine Wirkung zeigen und dementsprechend den Bedeutungsrahmen der Anspruchsgruppen verändert haben. Vor allem in Bezug auf die Digitalisierung ist diese Art der Kommunikationsziele von besonderer Bedeutung, da die Teilerfolge des Veränderungsvorhabens nicht nur sichtbar, sondern zumeist auch messbar werden. Im Fallbeispiel des Gartenbaubetriebes könnten die konativ orientierten Ziele zur Digitalisierung wie folgt ausgestaltet werden:

- **Ziel 1 (Mitarbeiterinnen):** Bis Ende des kommenden Geschäftsjahres kann ein Großteil unserer Mitarbeiterinnen die neuen IT-Programme selbstständig und ohne professionelle Unterstützung bedienen und zieht diese sogar den analogen Prozessen vor. Hierzu sind vor allem regelmäßige Schulungen und Mitarbeitergespräche anzubieten sowie auch der Rahmen einer weitestgehend konstruktiven Fehlerkultur auszubauen.
- **Ziel 2 (Kundinnen):** Bis Ende des kommenden Geschäftsjahres sollen mindestens 25 % der eingehenden Bestellungen über die neue App des Gartenbaubetriebes aufgegeben werden. Um dieses Ziel erreichen zu können, ist die Bekanntheit des neuen Vertriebskanals durch ausreichend Offline- und Onlinekommunikation zu steigern. Dabei ist jedoch darauf zu achten, dass auch die Reputation deutlich erhöht werden sollte, womit z. B. auf Kundenbewertungen innerhalb des Online-Auftritts oder aber auch eine Berichterstattung in der Regionalzeitung zurückgegriffen werden kann.

2. Zielgruppen

In Abschn. 10.7.1 wurden bereits die beiden wesentlichen bzw. relevantesten Anspruchsgruppen für das Fallbeispiel des Gartenbaubetriebes herausgearbeitet: die Mitarbeiterinnen und die Kundinnen. Diese werden im weiteren Vorgehen der strategischen Konzeption als Zielgruppen herangezogen und näher beschrieben. Dabei ist insbesondere darauf zu achten, dass die jeweiligen Akteurinnen durch die nachgelagerten Maßnahmen und Instrumente zielgerichtet angesprochen werden können, damit die Kommunikationsbemühungen nicht an Reichweite und Wirksamkeit verlieren. Besonders im Bereich der Digitalisierung ist dieser Teil der strategischen Konzeption von wesentlicher Bedeutung, da die meisten Akteurinnen ohnehin mit einem Überangebot an Kommunikationsbotschaften konfrontiert werden. Umso wichtiger ist es somit auch, dass nur die resonanzfähigen Informationen an die entsprechenden Zielgruppen weitergegeben werden, womit die *Kommunikation auch als Präzisionswerkzeug* zu verstehen ist. Darüber hinaus gilt es allerdings auch zu berücksichtigen, dass sich die ermittelten Zielgruppen fortwährend verändern können. Diese Entwicklung deutet sich zumeist in den Einstellungen und Haltungen der einzelnen Akteurinnen aus sowie auch in ihrer kontextbezogenen Relevanz. Somit kann es im Zeitverlauf der

Veränderungsvorhaben durchaus vorkommen, dass einige der Zielgruppen weniger Beachtung erfahren oder durch eine andere Zielgruppe ersetzt werden (vgl. Schmidbauer und Jorzik 2017, S. 203–206).

Hinsichtlich einer Priorisierung der Zielgruppen bedarf es zunächst einmal keiner zusätzlichen Untergliederung. Wie bereits in Abschn. 10.7.1 verdeutlicht, haben die Mitarbeiterinnen und Kundinnen eine Schlüsselfunktion in Bezug auf die erfolgreiche Umsetzung der Veränderungsvorhaben inne. Ohne die Akzeptanz und Unterstützung dieser Akteurinnen können dementsprechend weder der Nachfolgeprozess noch die Digitalisierung ohne größere Herausforderungen oder Verluste realisiert werden, weshalb an dieser Stelle auf eine zusätzliche Unterteilung in Muss- und Kann-Zielgruppen verzichtet wird. Um dennoch eine tiefgreifende Analyse und Beschreibung der entsprechenden Zielgruppen vornehmen zu können, werden diese in einem nächsten Schritt weiter charakterisiert. Hierzu sind sämtliche Daten und Informationen zu den Zielgruppen zusammenzutragen, die im Rahmen von Gedankenprotokollen, Einzelgesprächen oder auch Umfragen und Studien erfasst werden konnten. Diese werden dann im Nachgang einer übergeordneten Struktur zugeordnet, die dazu genutzt werden kann, die konkreten Bedürfnisse und Erwartungen der Zielgruppen hervorzuheben. Im Fallbeispiel des Gartenbaubetriebes erscheint es diesbezüglich z. B. sinnvoll auf mehrere Strukturierungsangebote zurückzugreifen. Dabei werden die Mitarbeiterinnen im Rahmen eines *Zielgruppenportfolios* näher betrachtet, da über die einzelnen Akteurinnen weitaus mehr Detailinformationen vorliegen als über die Kundinnen. Das Portfolio umfasst dabei eine demografische, eine soziodemografische, eine psychografische und eine verhaltensbezogene Merkmaldimension, anhand derer die jeweiligen Daten- und Informationssammlungen systematisch zu untergliedern sind. Dabei kann es außerdem hilfreich sein, bereits im Vorfeld Einzelgespräche mit den Mitarbeiterinnen zu führen, um insbesondere im Bereich der psychografischen und auch verhaltensbezogenen Merkmaldimensionen den bestehenden Kenntnisstand zu erweitern.

- **Demografische Merkmale:** 32 bis 58 Jahre alt; weiblich und männlich; überwiegend Singles und ältere Ehepaare; lokale Herkunft
- **Soziodemografische Merkmale:** Wohnen in Eigentumsimmobilie; verfügbares Bruttoeinkommen von $\approx$ 1800 EUR pro Monat; niedriger und mittlerer Bildungsabschluss; zwei bis vier Personen je Haushalt
- **Psychografische Merkmale:** Die Mitarbeiterinnen stehen der zunehmend digitalisierten Welt weitgehend neutral gegenüber, da diese in ihrem Job bislang nur eine untergeordnete Rolle spielt. Auf künftige Veränderungen fühlen sie sich aber gut vorbereitet. In einigen Bereichen wünschen sie sich sogar eine zeitnahe Digitalisierung der Arbeitsprozesse, damit z. B. die Kundenbestellungen im Vorfeld angemeldet und gezielt in der Tagesplanung berücksichtigt werden können.
- **Verhaltensbezogene Merkmale:** Alle Mitarbeiterinnen nutzen bereits digitale Angebote, um z. B. zu kommunizieren oder einzukaufen. Auch über den Gartenbaubetrieb müssen sie hin und wieder selbstständig Bestellungen über das Internet vornehmen oder E-Mails beantworten.

Nachdem die wesentlichen Merkmale der Mitarbeiterinnen erfasst und in einem Zielgruppenportfolio strukturiert wurden, sind die Kundinnen in der Form einer *Persona* herauszuarbeiten. Bei Personae handelt es sich um deskriptive Modelle der Zielgruppe bzw. einen Zielgruppensteckbrief, der im weiteren Konzeptionsverlauf als Archetyp herangezogen wird. Dabei werden sämtliche Eigenschaften zusammengetragen, die für eine bestimmte Zielgruppe repräsentativ sind, wobei die finale Darstellung zumeist in der Form einer einzelnen Person erfolgt. Durch die Übertragung der Merkmale in eine *idealtypische Zielperson* besteht die Möglichkeit, sich leichter mit dieser zu identifizieren und somit im Nachgang die Kommunikation konkreter und somit auch zielgerichteter auszugestalten (vgl. Uebernickel et al., 2015, S. 125 f.; Schmidbauer & Jorzik, 2017, S. 233–237). Im Fallbeispiel des Gartenbaubetriebes erfolgt die Erstellung der Personae unter Berücksichtigung der Informationen und Gedankenprotokolle, die durch die Geschäftsleitung und Mitarbeiterinnen bislang erfasst und miteinander verknüpft werden konnten. Insgesamt werden die Kundinnen dabei zu den zwei in Abb. 10.5 und 10.6 dargestellten Personae zusammengefasst.

Die beiden zuvor beschriebenen Personae können noch um ein bis zwei weitere Ausarbeitungen ergänzt werden, um den Kundeninnenkreis möglichst umfassend abzubilden. Hierbei ist jedoch grundsätzlich darauf zu achten, dass die Anzahl der Personae

Name und Demografische Merkmale	Heike Lammers
<ul><li>Weiblich, 60 Jahre alt</li><li>Neben Heike und ihrem Ehemann Horst wohnen auch ihr jüngster Sohn Frederik (28) sowie ihre Eltern Elisabeth (78) und Wilfried Kramer (82) gemeinsam in einem ländlich gelegenen Mehrfamilienhaus an der deutsch-niederländischen Grenze. Heike und Horst haben noch ein weiteres Kind, René (34). Dieser ist aber bereits ausgezogen.</li><li>Heike ist gelernte Bürokauffrau und seit 35 Jahren im örtlichen Rathaus als Sachbearbeiterin im Bereich der KFZ-Zulassungsstelle tätig.</li></ul>	

Einstellung und Haltung

- Heike liebt das Leben auf dem Land und engagiert sich in vielen lokalen Vereinen und Organisationen. Sie und ihr Ehemann Horst sind seit vielen Jahren in der Dorffeuerwehr aktiv und wurden bereits mehrfach zum Schützenkönig bzw. zur Schützenkönigin gekrönt.
- In den Sommermonaten verbringt Heike ihre Freizeit gerne im eigenen Garten. Dort baut sie gemeinsam mit ihrer Mutter verschiedene Kräuter und Gemüsesorten an. Hier lautet ihr Motto: „Mein Essen soll aus der Region kommen, dann weiß ich wenigstens, was drin ist."
- An den Wochenenden sind Heike und Horst häufig auf ihren Partner-E-Bikes unterwegs, um die Umgebung zu erkunden und neue Cafés zu testen. Hier mag Heike vor allem die kleinen Bauerncafés, da diese ihr ein Gefühl von Familienzusammenhalt und Tradition vermitteln.

Kommunikationsverhalten

- Heike schätzt die vielen Vorteile, die durch die neuen Medien entstehen. Allerdings fühlt sie sich mit diesen auch häufig überfordert, da es ständig Neuerungen gibt und ihr der Austausch meistens zu anonym erscheint.
- Dennoch hat Sie sich vor Kurzem ein Facebook-Profil angelegt und freut sich darüber, dass sie dort einer Chatgruppe angehört, in der sich die jeweiligen Teilnehmerinnen zum Gemüseanbau und zur Gartenpflege austauschen können und ihre Erfahrungen teilen.
- Heike geht am liebsten in den regionalen Geschäften einkaufen. Dort kennt sie viele der Verkäuferinnen und trifft auf Freundinnen und Bekannte, mit denen sie sich austauschen kann. Darüber hinaus unterstützt sie auch gerne die regionale Wirtschaft, damit diese weiterhin erhalten bleibt. Dafür zahlt sie gerne mal einen höheren Preis.

Kaufverhalten

- Heike ist nach der Arbeit häufig müde und besorgt nur noch die wichtigsten Dinge im Bio-Markt oder fährt bei befreundeten Landwirtinnen vorbei, um z. B. Eier abzuholen. Den Wocheneinkauf verschiebt sie auf das Wochenende. Dann schlendert sie auch gerne mal über den Dorfmarkt und genießt den Einkaufsbummel.
- Heike kauft sehr ungerne über das Internet ein. Hier weiß sie vorher nie genau, wie die Qualität der Produkte ist, ob die bestellten Kleidungsstücke passen und ob die Zahlungsvorgänge sicher sind.

Abb. 10.5 Persona 1 – Zielgruppe der Kundinnen des Gartenbaubetriebes

Name und Demografische Merkmale	Christian Meyer
– Männlich, 30 Jahre alt – Christian ist verheiratet und Vater einer einjährigen Tochter namens Linda. Seine Frau Mareike (28) ist Lehrerin und arbeitet an der Grundschule im Nachbarort. Aktuell ist sie jedoch noch in Elternzeit. – Christian arbeitet als Elektroingenieur in einem Zulieferbetrieb für Landmaschinen. Dabei ist er häufig auf Geschäftsreise, um in den übrigen Werken des Unternehmens die Sicherheitsabnahme neuer Produkte zu koordinieren.	

Einstellung und Haltung
– Christian verbringt seine Freizeit gerne zu Hause, da er beruflich viel auf Reisen ist. Dennoch fährt er mit seiner Familie einmal im Jahr in den Skiurlaub. Hierbei gefällt ihm besonders gut, dass er sich wieder in die Kindheit zurückversetzt fühlt, wenn er mit seinem Snowboard aus der Jugend die Pisten hinabfahren kann. – Christian geht fest davon aus, dass es einer ständigen Selbstoptimierung bedarf, um im Job und auch privat nicht abgehängt zu werden. Neben regelmäßigen Schulungen im Unternehmen, vier Joggingeinheiten pro Woche und einer ausgewogenen Ernährung zeichnet er sämtliche Körperwerte auf, die durch seine Smartwatch erfasst werden können. – Den eigenen Haushalt möchte Christian am liebsten vollständig digitalisieren. Das Saugen und Wischen übernimmt bereits ein Roboter, die Lichtanlage und Thermostatsteuerung werden über das Smartphone eingerichtet und der Kühlschrank erstellt automatisch den Einkaufszettel. Dabei ist Christian besonders für neue Technologien zu begeistern, die noch nicht in jedem Wohnzimmer vorhanden sind und mit denen er sich noch als technologischer Vorreiter bezeichnen kann.

Kommunikationsverhalten
– Christian hält papiergebundene Medien für überflüssig. Dabei geht es ihm jedoch weniger um die Nachhaltigkeit digitaler Angebote, sondern vielmehr um die unbegrenzten Möglichkeiten und die schnelle Verfügbarkeit von Informationen. – Neben einer ganz gezielten Recherche zu bestimmten Inhalten und Produkten vergibt Christian auch gerne die Erlaubnis für Push-Nachrichten. Dadurch wird ihm die neueste und für ihn vorgefilterte Berichterstattung direkt auf seine Smartwatch übertragen, wodurch er sich immer gut informiert fühlt. – Darüber hinaus verbringt er gerne Zeit auf Business-Plattformen wie LinkedIn oder XING, auch wenn er findet, dass „XING eigentlich bereits tot ist". Hier verfolgt er Posts zu neuen Technologien in der Agrarwirtschaft und kommentiert diese mit altklugen Beiträgen.

Kaufverhalten
– Christian kauft einen Großteil seines täglichen Bedarfs über das Internet ein. Dadurch kann er die Einkäufe auch bequem abends von der Couch aus erledigen und im Vorfeld die Preise und die ausgewiesene Qualität miteinander vergleichen. Darüber hinaus verfolgt er seine bestellten Waren gerne über die Lieferverfolgung oder lässt diese im eigenen Paketkasten hinterlegen, falls gerade niemand zu Hause ist. – Der Einkauf in den Geschäften nervt ihn zunehmend, da er ohnehin viel Zeit im Büro verbringt und seine kostbare Freizeit lieber der Familie widmen möchte als den endlosen Warteschlangen in den Kaufhäusern. Den physischen Einkauf überlässt er daher lieber Mareike und kümmert sich währenddessen um Linda.

Abb. 10.6 Persona 2 – Zielgruppe der Kundinnen des Gartenbaubetriebes

insgesamt möglichst gering ausfällt. Andernfalls besteht das Risiko, dass die Binnenkoordinaten weniger zielgerichtet ausgearbeitet werden und die persönliche Nähe zu
den Zielgruppen verloren geht. Je nach Bedarf können die Personae aber auch um eine
Persona-Story bzw. eine Kurzgeschichte erweitert werden, um die jeweiligen Charaktere
weiter zu festigen. Allerdings gilt es dabei generell zu überprüfen, ob das bestehende
Bild durch die Zusatzangaben nicht vielmehr überzeichnet wird (vgl. Schmidbauer &
Jorzik, 2017, S. 235 f.).

Im nächsten Schritt der Strategiephase sollen nun die Binnenkoordinaten ausgearbeitet werden. Diese gilt es wiederholt mit den zuvor dargestellten Umfeldkoordinaten rückzukoppeln, wodurch die Möglichkeit einer Iteration besteht und die
strategische Konzeption an Konsistenz gewinnt.

3. Positionierung in der strategischen Kommunikationsplanung

Im Rahmen der Positionierung geht es insbesondere darum, die Veränderungsvorhaben
des Gartenbaubetriebes gezielt in den Köpfen der zuvor herausgestellten Zielgruppen

zu verankern. Vor allem im Kontext des Nachfolgeprozesses und der Digitalisierung liegt diesbezüglich eine besondere Herausforderung. Hierbei soll nicht nur eine einschlägige Veränderung des Produktsortiments vorgenommen werden, sondern vielmehr eine Neuausrichtung des gesamten Gartenbaubetriebes. Wird die Positionierung dabei zu einem Großteil dem Zufall überlassen, besteht die Gefahr, dass die Zielgruppen die Veränderungsimpulse intuitiv und von außen weitestgehend ungelenk innerhalb ihrer *kognitiven Landkarten verorten,* womit das vorhandene und das angestrebte Image erheblich voneinander abweichen können. Besonders schwierig wird es für Unternehmen vor allem dann, wenn diese Differenz durch eine Repositionierung widerrufen werden soll (vgl. Schmidbauer & Jorzik, 2017, S. 238 ff.). Wie bereits in Bezug auf die Zielart der affektiv orientierten Ziele hervorgehoben, ist für die Veränderung von Einstellungen, Haltungen und Vorurteilen zumeist ein längerer Zeitraum erforderlich sowie auch die Möglichkeit, sich eines Besseren belehren zu lassen. Verdeutlicht werden kann dies z. B. an den *Marktentwicklungen der Cannabinoide.* Während die Hanfpflanze im vergangenen Jahrhundert aufgrund ihrer berauschenden Wirkung weitestgehend kriminalisiert wurde, werden ihre Bestandteile heute vermehrt in der Medizin sowie auch in Gesundheits- sowie Lifestyleprodukten eingesetzt. Für diesen Imagewandel war jedoch nicht nur eine Zeitspanne von mehreren Dekaden erforderlich, sondern auch seriöse Forschung und politische Aufklärungsarbeit und Entscheidungsprozesse, durch die der bestehende Realitätsfilter der Anspruchsgruppen immer wieder irritiert werden konnte (vgl. Sides & Nakott, 2015).

Um jedoch eine gezielte Verankerung der Veränderungsvorhaben in den Köpfen der Zielgruppen zu ermöglichen und sich somit auch deutlich vom Wettbewerb abzugrenzen, bedarf es in der Praxis zunächst einmal der Ausarbeitung von Alleinstellungsmerkmalen. Diese sollten nach Möglichkeit über *psychologische und auch faktische Merkmale* verfügen, um mit der jeweiligen Positionierung das gewünschte Image hervorrufen zu können. Im Fallbeispiel des Gartenbaubetriebes könnten die Alleinstellungsmerkmale z. B. wie folgt lauten: „Rosige Aussichten – Blumen auf Knopfdruck", oder aber „Qualität? Können wir! Und das schon seit Generationen". Hier liegen die psychologischen Merkmale in der rosigen Zukunft und dem Vertrauen in das lange Bestehen und die damit verbundene Ikonografie des Betriebes. Als faktische Merkmale hingegen fungieren die Bestellmöglichkeit auf Knopfdruck sowie auch die Qualität, wobei diese ebenfalls die psychologische Ebene tangiert.

Abschließend ist die eigentliche Positionierung auszuarbeiten. Hierzu werden im Folgenden zwei Positionierungsaussagen formuliert – eine für die Unternehmensnachfolge und eine für den Digitalisierungsprozess. Dazu werden neben den zuvor herausgestellten Alleinstellungsmerkmalen auch die Stärken und Chancen aus der SWOT-Matrix der Situationsanalyse berücksichtigt. Grundsätzlich gilt es dabei jedoch zu beachten, dass die Positionierung zwar auch betriebsintern eine Wirkung erzeugt, die Zielgruppe der Kundinnen jedoch wesentlich stärker angesprochen wird. Somit besteht durchaus die Möglichkeit, dass die Mitarbeiterinnen in die Formulierungsarbeit aktiv eingebunden werden, wodurch die Identifikation mit der jeweiligen Positionierung ggf. noch einmal gesteigert werden kann.

- **Positionierung 1:** Sturmerprobt und erdverwachsen: Wir setzen seit Generationen auf familiäre Betriebsstrukturen und eine offene Kultur. Unsere Kundinnen profitieren von einem hochmotivierten Team, das auf über 200 Jahre Gartenbauerfahrung zurückblicken kann.
- **Positionierung 2:** Wir verstehen uns als digitaler Vorreiter und revolutionieren den Gartenbau. Hierzu setzen wir auf innovative, sichere und intuitiv bedienbare Lösungen, durch die unsere Kundinnen nicht nur Zeit, sondern auch Geld sparen.

4. Botschaft

Nachdem nun die Positionierung des Gartenbaubetriebes ausgearbeitet wurde, ist in einem nächsten Schritt die Botschaft bzw. die *Corporate Message* zu formulieren. Diese sollte inhaltlich konsistent sein sowie von allen Mitgliedern des Gartenbaubetriebes kognitiv erschlossen und getragen werden. Dadurch besteht die Möglichkeit, dass die Botschaft ohne größere Umwege in den Köpfen der Zielgruppen verankert wird, womit sie nicht nur an Wirksamkeit gewinnt, sondern vor allem auch an qualitativer Reichweite (vgl. Schmidbauer & Jorzik, 2017, S. 259 f.). In Bezug auf den Nachfolgeprozess und die Digitalisierung besetzt die Kommunikationsbotschaft aber noch eine weitere wesentliche Funktion, da es an dieser Stelle auch die bereits angeführten Prinzipien der Veränderungskommunikation zu berücksichtigen gilt. Diesbezüglich ist die Botschaft vor allem frühzeitig und transparent zu kommunizieren, damit ein Beitrag zur Tragfähigkeit und Akzeptanz der jeweiligen Veränderungsvorhaben geleistet werden kann.

Bei der Ausformulierung der Kommunikationsbotschaft sind zunächst einmal die Positionierungsaussagen heranzuziehen, wobei diese vor allem als Orientierungsrahmen dienen. Für die inhaltliche Ausgestaltung wird darüber hinaus auch auf die Ergebnisse aus der Situationsanalyse zurückgegriffen, insbesondere auf die Stärken und Chancen aus der SWOT-Matrix (vgl. Schmidbauer & Jorzik, 2017, S. 259 f.). Im Fallbeispiel des Gartenbaubetriebes lassen sich hierzu das *langjährige und generationsübergreifende Betriebsbestehen,* das *Erfahrungswissen der Geschäftsführung und Mitarbeiterinnen,* die *partizipative Unternehmenskultur* sowie auch die *wesentlichen Vorteile einer Digitalisierung der Geschäftsprozesse* anführen. Da im Rahmen des Gartenbaubetriebes jedoch mehrere Veränderungsvorhaben zugleich angestrebt werden, die sich allerdings inhaltlich und in Bezug auf den zeitlichen Umsetzungsrahmen vielfach überschneiden, sind beide Vorhaben in der Kommunikationsbotschaft zu berücksichtigen. Hierbei ist allerdings darauf zu achten, dass die Ansprachen klar strukturiert und in zielgruppengerechter Tonalität erfolgen, weshalb die eigentliche Kommunikationsbotschaft in *eine Dachbotschaft* und *vier Teilbotschaften* untergliedert wird. Dadurch können die Veränderungsvorhaben nicht nur in ihrer Verbindung zueinander näher beschrieben werden, sondern auch zielgerichteter in Bezug auf die jeweiligen Zielgruppen. Demzufolge liegt eine besondere Herausforderung im Fallbeispiel des Gartenbaubetriebes darin, dass nicht nur die zielgruppenspezifischen Ausrichtungen innerhalb der Kommunikationsbotschaft zu berücksichtigen sind, sondern vor allem auch die thematischen Kontexte der Veränderungsvorhaben.

Kommunikationsbotschaft zu den Veränderungsvorhaben im Gartenbaubetrieb:
Wir sind immer für Sie da, und das schon seit Generationen. Hierzu setzt unser hochmotiviertes und vielfältiges Team auf die folgenden Grundsätze:

- *Wir verstehen uns als Familie und arbeiten auf Augenhöhe in einem wertschätzenden Umfeld,*
- *mit unserer langjährigen und generationsübergreifenden Erfahrung wollen wir die bestehende Qualität nicht nur verbessern, sondern ganz neue Maßstäbe setzen,*
- *hierzu beschreiten wir gänzlich neue Wege für eine digitale Zukunft im regionalen Gartenbau,*
- *dabei profitieren unsere Kundinnen von innovativen, kostengünstigen und sicheren Lösungen.*

Überzeugt euch selbst und werdet Teil unserer digitalen Garten-Community.

5. Strategischer Weg

Beim strategischen Weg gilt es grundsätzlich herauszuarbeiten, in welcher Form die nachfolgende Umsetzungsplanung auszugestalten ist, damit die zuvor ermittelten Kommunikationsziele und Zielgruppen möglichst verlustfrei erreicht werden können. Dabei ist erneut auf die Ergebnisse aus der SWOT-Matrix zurückzugreifen, wobei die Stärken und Chancen als Hebelkräfte einzusetzen sind, um die potenziellen Schwächen und Risiken zu reduzieren. Auch wenn in diesem Zusammenhang bereits erste Bezüge zur operativen Ebene gesetzt werden können, erfolgt die Ausarbeitung der konkreten Maßnahmen und Instrumente erst im eigentlichen Umsetzungsteil der Konzeption (vgl. Schmidbauer & Jorzik, 2017, S. 277 ff.). Im Fallbeispiel des Gartenbaubetriebes können z. B. die folgenden Kombinationen in Bezug auf die beiden Veränderungsvorhaben vorgenommen werden:

- **Kombination 1:** Die vielfältigen Vorteile der Digitalisierung können zielgruppenspezifisch aufgearbeitet werden, um diese möglichst verständlich darzustellen. Dabei sollten die Mitarbeiterinnen bereits ab der Initialisierungsphase in die Veränderungsvorhaben einbezogen werden, damit sie einen umfassenden Überblick über die künftigen Maßnahmen und Instrumente erhalten und diese aktiv mit ausgestalten können. Insgesamt besteht diesbezüglich aber auch die Möglichkeit, dass das familiäre Verhältnis zu den Mitarbeiterinnen dazu genutzt wird, um diese im Rahmen von regelmäßigen Gesprächen und Weiterbildungsangeboten von der Digitalisierung zu überzeugen.
- **Kombination 2:** Der Nachfolgeprozess wird dadurch erleichtert, dass dieser innerhalb der eigenen Familie erfolgt und die Übergabe bereits seit mehreren Jahren

beschlossen ist. Darüber hinaus kann in diesem Zusammenhang aber auch noch einmal die umfassende Ausbildung der Nachfolgerin gezielt an die Mitarbeiterinnen und Kundinnen kommuniziert werden. Dadurch wird deutlich, dass die Geschäftsführung nicht nur an jemanden übergeben wird, der ein umfassendes Wissen im Bereich des Gartenbaus vorweisen kann, sondern auch einen akademischen Abschluss in der Unternehmensführung.

- **Kombination 3:** Die meisten Mitarbeiterinnen des Gartenbaubetriebes sind bereits seit vielen Jahren für den Betrieb tätig und werden ohnehin in der Form partizipativer Ansätze in die tiefgreifenden Entwicklungsprozesse des Gartenbaubetriebes einbezogen. Dadurch können die jeweiligen Veränderungsvorhaben nah an den Einstellungen und Überzeugungen der Mitarbeiterinnen geplant und umgesetzt werden, womit das Risiko eines vollständigen Boykotts deutlich reduziert wird.
- **Kombination 4:** Der Gartenbaubetrieb ist seit mehreren Generationen in Familienbesitz und fest in der Region verankert, weshalb auch bereits eine feste Stammkundschaft aufgebaut werden konnte. Das damit einhergehende Vertrauen in den Gartenbaubetrieb und seine Mitarbeiterinnen kann dazu genutzt werden, das Abwandern von Kundinnen aufgrund des Nachfolgeprozesses und der Digitalisierung zu reduzieren. Hierzu sind z. B. persönliche Gespräche zu führen und Informationsvideos anzubieten, in denen auf die wesentlichen Vorteile der Veränderungsvorhaben hingewiesen wird sowie auch auf die möglichen Risiken deren Unterlassung.

Nachdem nun eine erste Auswahl an unterschiedlichen Kombinationen festgelegt wurde, gilt es den strategischen Hebel gezielt dort anzusetzen, wo durch Kommunikation die größtmögliche Wirkung erzielt werden kann. Hierzu sind die strategischen Stoßrichtungen festzulegen, innerhalb derer die verschiedenen Maßnahmen und Instrumente aus der Umsetzungsplanung ausgewählt, miteinander verknüpft und kontextbezogen rückgekoppelt werden. Im Fallbeispiel des Gartenbaubetriebes kann es diesbezüglich z. B. sinnvoll sein, die Vorher-Nachher-Strategie sowie auch eine Online-Offline-Strategie einzusetzen. Bei der *Vorher-Nachher-Strategie* sind die jeweiligen Fortschritte, die durch den Nachfolge- und Digitalisierungsprozess angestrebt werden, den Umständen der aktuellen Situation gegenüberzustellen. Dadurch können insbesondere auch die Zielgruppen angesprochen werden, die eine strukturierte Übersicht von inhaltlich rationalen Argumenten benötigen, um ihre Einstellungen und Verhaltensweisen aus eigener Motivation heraus zu verändern und nicht intuitiv in eine Abwehrhaltung zu verfallen. Bei der *Online-Offline-Strategie* hingegen liegt der Fokus darauf, die analoge und digitale Welt stärker miteinander zu verknüpfen. Dadurch besteht die Möglichkeit, dass sich die Kundinnen schneller und vor allem auch intensiver mit der digitalen Entwicklung des Gartenbaubetriebes auseinandersetzen bzw. sich mit dieser identifizieren können. So kann in der Umsetzungsplanung z. B. erarbeitet werden, dass die Kundinnen bei ihrem Offline-Einkauf im Gartenbaubetrieb eine Online-Erinnerung über die Gartenbau-App erhalten, sobald ihre Einkäufe von den Mitarbeiterinnen zusammengestellt und verpackt wurden. In der Zwischenzeit können sich die Kundinnen dann auf dem Verkaufsgelände umsehen oder fachkundig beraten lassen. Darüber hinaus könnte der Online-Auftritt aber auch dazu genutzt werden, um die Kundinnen durch den analogen Gartenbaubetrieb zu navigieren. So kann über die Suchfunktion der App z. B. eine Wegbeschreibung zum gesuchten Artikel innerhalb des Gartenbaubetriebes erfragt werden.

Abschließend ist die Gesamtheit der in der Strategiephase herausgearbeiteten Informationen dann noch in ein Übersichtstableau zu übertragen. Dadurch kann nachvollziehbar dargestellt werden, dass die Inhalte der Koordinaten stringent ausgerichtet sind und ihre Kommunikationswirkung gegenseitig verstärken. Im Fallbeispiel des Gartenbaubetriebes kann diese Ausarbeitung wie folgt vorgenommen werden:

Übersichtstableau zum Fallbeispiel des Gartenbaubetriebes
- **Kognitiv orientierte Ziele**
  - **Ziel 1 (Mitarbeiterinnen):** Innerhalb der kommenden drei Monate erfahren unsere Mitarbeiterinnen, warum eine Digitalisierung für die Zukunftsfähigkeit des Betriebes notwendig ist und welche spezifischen Veränderungen auf sie zukommen werden. Um dies fruchtbringend umsetzen zu können, bieten wir neben einem Kick-off-Meeting regelmäßige Schulungen und Diskussionsformate an, um unsere Mitarbeiterinnen möglichst häufig und gezielt mit der künftigen Situation zu konfrontieren bzw. vertraut zu machen.
  - **Ziel 2 (Kundinnen):** Mithilfe der Digitalisierung unserer Geschäftsprozesse wollen wir unsere Kundinnen auch in Zeiten von Corona über Neuigkeiten, Aktionen und Angebote informieren. Hierzu ist eine Veränderung des digitalen Frontends notwendig, wodurch die Bestell- und Zahlungsvorgänge künftig auch über die eigene Homepage und App erreichbar sind. Außerdem werden unsere Kundinnen durch personalisierte Push-Nachrichten auf dem Laufenden gehalten.
- **Affektiv orientierte Ziele**
  - **Ziel 1 (Mitarbeiterinnen):** Die Akzeptanz unserer Mitarbeiterinnen bezüglich der Digitalisierung der bestehenden und künftigen Geschäftsprozesse ist deutlich zu steigern. Hierzu sind die individuellen Vorteile der Digitalisierung offen und regelmäßig zu kommunizieren. Darüber hinaus gilt es aber auch die Sorgen und Ängste unserer Mitarbeiterinnen in Einzel- und Gruppengesprächen aufzugreifen und weitestgehend abzubauen.
  - **Ziel 2 (Kundinnen):** Die Vorurteile unserer Kundinnen gegenüber der Online-Vermarktung von Gärtnereiprodukten sind im kommenden Jahr um 50 % zu reduzieren. Besonders wichtig ist dabei eine transparente Kommunikation zu den Bestell-, Zahlungs- und Liefervorgängen sowie auch einer ggf. erforderlichen Reklamation. Abgebildet werden kann der Zielerreichungsgrad durch eine sequenzielle Befragung der Bestands- und Neukundinnen. Hierbei sollte zu Beginn auf ein qualitatives Format zurückgegriffen werden, um auch die jeweiligen Beweggründe einer Einstellungsänderung erfassen zu können.

- **Konativ orientierte Ziele**
  - **Ziel 1 (Mitarbeiterinnen):** Bis Ende des kommenden Geschäftsjahres kann ein Großteil unserer Mitarbeiterinnen die neuen IT-Programme selbstständig und ohne professionelle Unterstützung bedienen und zieht diese sogar den analogen Prozessen vor. Hierzu sind vor allem regelmäßige Schulungen und Mitarbeitergespräche anzubieten sowie auch der Rahmen einer weitestgehend konstruktiven Fehlerkultur auszubauen.
  - **Ziel 2 (Kundinnen):** Bis Ende des kommenden Geschäftsjahres sollen mindestens 25 % der eingehenden Bestellungen über die neue App des Gartenbaubetriebes aufgegeben werden. Um dieses Ziel erreichen zu können, ist die Bekanntheit des neuen Vertriebskanals durch ausreichend Offline- und Onlinekommunikation zu steigern. Dabei ist jedoch darauf zu achten, dass auch die Reputation deutlich erhöht werden sollte, womit z. B. auf Kundenbewertungen innerhalb des Online-Auftritts oder aber auch eine Berichterstattung in der Regionalzeitung zurückgegriffen werden kann.
- **Primäre Zielgruppen**
  Mitarbeiterinnen und Kundinnen
- **Positionierung**
  - **Positionierung 1:** Sturmerprobt und erdverwachsen: Wir setzen seit Generationen auf familiäre Betriebsstrukturen und eine offene Kultur. Unsere Kundinnen profitieren von einem hochmotivierten Team, das auf über 200 Jahre Gartenbauerfahrung zurückblicken kann.
  - **Positionierung 2:** Wir verstehen uns als digitaler Vorreiter und revolutionieren den Gartenbau. Hierzu setzen wir auf innovative, sichere und intuitiv bedienbare Lösungen, durch die unsere Kundinnen nicht nur Zeit, sondern auch Geld sparen.
- **Botschaft**
  Wir sind immer für Sie da, und das schon seit Generationen. Hierzu setzt unser hochmotiviertes und vielfältiges Team auf die folgenden Grundsätze:
  - Wir verstehen uns als Familie und arbeiten auf Augenhöhe in einem wertschätzenden Umfeld.
  - Mit unserer langjährigen und generationsübergreifenden Erfahrung wollen wir die bestehende Qualität nicht nur verbessern, sondern auch ganz neue Maßstäbe setzen.
  - Hierzu beschreiten wir gänzlich neue Wege für eine digitale Zukunft im regionalen Gartenbau.
  - Dabei profitieren unsere Kundinnen von innovativen, kostengünstigen und sicheren Lösungen. Überzeugt euch selbst und werdet Teil unserer digitalen Garten-Community.
- **Strategischer Weg**
  Vorher-Nachher-Strategie, Online-Offline-Strategie

10.7.3 Maßnahmen und Instrumente

Im nächsten Teil der Konzeptionsplanung soll es vor allem darum gehen, die strategische Stoßrichtung in Maßnahmen und Instrumente zu überführen, um die Kommunikation nicht nur stärker zu kanalisieren, sondern auch deren Wirksamkeit zu verbessern. Dabei gilt es die Umsetzungsplanung regelmäßig mit dem Übersichtstableau aus der Strategiephase (Abschn. 10.7.2) rückzukoppeln, womit nicht nur überprüft werden kann, ob Strategie und Taktik zielführend ineinandergreifen, sondern auch, ob die Kommunikation in dieser Form tatsächlich umgesetzt werden kann. Weiterhin soll durch die ständigen Iterationsschleifen aber auch dazu beigetragen werden, dass kurzfristige Entscheidungen keinem Affekt unterliegen. Im Fallbeispiel des Gartenbaubetriebes könnten im Verkaufsgespräch mit einer Stammkundin z. B. Lieferzeiten angeboten werden, die im übergeordneten Kommunikationskonzept nicht vorgesehen sind, oder schlimmer noch, die in keiner Weise realisiert werden können. Damit wäre das Versprechen auf der Tonspur zunächst einmal eine Botschaft, die durch die Kundin zwar grundsätzlich eingefordert werden kann, durch den Betrieb jedoch nicht erfüllt wird. Derartige Abweichungen zwischen Botschaft und Faktenspiegel tragen nicht selten dazu bei, das ein Misstrauen gegenüber dem jeweiligen Unternehmen entsteht, was letztendlich zu einem dauerhaften Reputationsverlust führen kann (vgl. Schmidbauer & Jorzik, 2017, S. 265 f.).

Wie bereits in Kap. 5 näher beschrieben, wird für eine strukturierte Umsetzung der Maßnahmen eine Untergliederung in die *gestalterische* und die *instrumentelle Umsetzung* vorgenommen. Hierbei ist die gestalterische Umsetzung noch zusätzlich in die Themenplanung und die Kreativplanung zu unterteilen. Bei der *Themenentwicklung* handelt es sich um einen der relevantesten Arbeitsschritte innerhalb der Maßnahmenplanung. Hierbei gilt es die jeweiligen Touchpoints herauszuarbeiten bzw. die Themenfelder, mit denen sich die ermittelten Zielgruppen des Gartenbaubetriebes inhaltlich identifizieren können. Dabei kann es durchaus sinnvoll sein, erneut auf die Ergebnisse aus der Situationsanalyse zurückzugreifen, wobei auch anderweitige Formate in die Themenentwicklung einfließen können, wie z. B. Fachartikel, Studien oder Kundenbefragungen. Insgesamt sollte dabei jedoch darauf geachtet werden, dass es an dieser Stelle weniger darum geht, eine bestehende Situation tiefergehend zu analysieren, als vielmehr um eine resonanzfähige Kommunikation in Anlehnung an die zuvor entwickelten Strategiestränge.

Im Rahmen der *internen Perspektive* des Gartenbaubetriebes können z. B. Themen wie die *generationsübergreifende Betriebsentwicklung,* die *Eignung der künftigen Geschäftsführung für den Nachfolgeprozess* sowie auch das *umfassende Erfahrungswissen der Mitarbeiterinnen* hervorgehoben werden, wobei diese Themenfelder vor allem über einen sozial und einen wirtschaftlich orientierten Touchpoint verfügen. In Bezug auf das langjährige Bestehen des Gartenbaubetriebes kann es dabei durchaus fruchtbringend sein, wenn die Zielgruppen kommunikativ auf eine Reise mitgenommen werden. Hierzu ist die Betriebshistorie z. B. in eine *illustrierte Story* zu übertragen, wodurch der Bezug zur Lebensrealität und somit auch zur empfundenen Emotionalität der Zielgruppen noch einmal deutlich gesteigert werden kann. Beim Nachfolgeprozess verbleibt die Geschäftsführung in der Gründerfamilie, womit auch die Sozialstrukturen der bestehenden Betriebsführung keiner tiefgreifenden Veränderung unterliegen. Darüber hinaus konnte die neue Geschäftsführerin aber bereits verschiedene Ausbildungsstationen erfolgreich durchlaufen, bevor sie den Nachfolgeprozess angetreten ist. Demzufolge ist davon auszugehen, dass sowohl das Branchenwissen als auch die Kenntnisse zur allgemeinen Betriebsführung in einem Umfang vorliegen, in dem die Wirtschaftlichkeit des Betriebes nicht nur erhalten werden kann, sondern ggf. auch noch weiter gesteigert wird. Durch das Erfahrungswissen der Mitarbeiterinnen kann darüber hinaus auch offen kommuniziert werden, welche Menschen dem Gartenbaubetrieb angehören. Dabei wird ebenfalls ein Bezug zu den sozialen und wirtschaftlichen Touchpoints gesetzt. Zum einen wird der Betrieb als Arbeitgeberin in den Betrachtungsfokus der jeweiligen Zielgruppen gerückt und zum anderen auch die umfangreiche Kompetenz, die durch die unterschiedlichen Mitarbeiterinnen im Gartenbaubetrieb gebündelt wird. Hierbei kann es ebenfalls sinnvoll sein, die Mitarbeiterinnen im Rahmen einer Kurzillustration vorzustellen und hinsichtlich ihrer Stärkenprofile gezielt zu positionieren. Insgesamt gilt es in Bezug auf die drei angeführten Themenfelder aber zu berücksichtigen, dass diese auch durch die *externe Perspektive* vorangetrieben oder gar gefordert werden, womit durchaus eine weitere Zuordnung erfolgen kann.

Im Rahmen der externen Perspektive ist vor allem die Schließung des Einzelhandels in Zeiten der Corona-Pandemie anzuführen. Dabei liegt die wesentliche Problematik insbesondere darin, dass der Gartenbaubetrieb seine Produkte in einer Lockdown-Situation nur begrenzt absetzen kann und die potenziellen Kundinnen dementsprechend nur begrenzt Produkte erwerben. Durch die Digitalisierung der Geschäftsprozesse wird diesbezüglich eine erste Abhilfe geschaffen, da die jeweiligen Produkte und z. T. auch Serviceleistungen kontaktlos bestellt, bezahlt und abgeholt bzw. abgerufen werden können. Des Weiteren lassen sich aber auch die Bestellvorgänge von *Farm to fork* oder vielmehr von *Farm to the living room* in die bestehenden IT-Systeme einpflegen, womit nicht nur eine weitgehend *lückenlose Rückverfolgbarkeit* an die ermittelten Zielgruppen kommuniziert werden kann, sondern auch der CO_2-Fußabdruck einzelner Produkte. Demzufolge können die Touchpoints des Themenfeldes gleich mehrfach verortet werden. Neben den politischen Berührungspunkten, wie z. B. den Klimazielen der Bundesregierung, werden ebenso kulturelle und soziale Bezüge gesetzt. Diese deuten sich u. a. in zukunftsfähigen bzw. nachhaltigen Produktlebenszyklen aus, die sich in den vergangenen Jahren zu einem zentralen Erfolgsfaktor für Unternehmen entwickelt haben.

Nachdem nun die einzelnen Themenfelder bzw. Touchpoints herausgearbeitet und näher beschrieben wurden, sind diese für die künftige Kommunikation fachgerecht aufzubereiten. Im Fallbeispiel des Gartenbaubetriebes kann hierzu eine *Illustration* in der Form mehrerer Kurzfilme erstellt werden. Der Betrieb dient dabei als Hauptbühne und die Betriebsleiterin sowie auch die Mitarbeiterinnen als handelnde Akteurinnen. Inhaltlich könnte die künftige Betriebsleiterin dabei über ihren bisherigen Werdegang berichten und darüber aufklären, warum genau sie prädestiniert dafür ist, die Leitung des Gartenbaubetriebes zu übernehmen. Weiterhin besteht aber auch die Möglichkeit, dass die bisherige Geschäftsführerin ebenfalls zu Wort kommt und über die Hintergrundgeschichte des Betriebes und die Notwendigkeit der bevorstehenden Transformationsprozesse berichtet. Damit erfolgt die Betriebsübergabe nicht nur in gesprochener und geschriebener Form, sondern wird auch um Bewegtbilder ergänzt, womit die Personalisierung der Themenfelder weiter verstärkt werden kann. Abgesehen davon können aber auch die Mitarbeiterinnen des Gartenbaubetriebes in ihren jeweiligen Arbeitsbereichen abgefilmt und um ein Statement zur aktuellen und künftigen Situation erweitert werden, wobei ein direkter Bezug zur Vorher-Nachher-Strategie vorgenommen wird. Die übergeordnete Formulierung könnte dabei wie folgt lauten: *„Wir veredeln den Gartenbau, und das schon seit Generationen"*.

Der Digitalisierungsprozess im Gartenbaubetrieb kann hingegen extrapoliert werden. Hierbei sind die bereits erfolgten Entwicklungsschritte fortlaufend zu erfassen und offenzulegen, bis die Digitalisierung vollständig abgeschlossen ist. Diesbezüglich kann es zielführend sein, erneut auf eine Illustration zurückzugreifen und z. B. Videobotschaften der Geschäftsführung und der Mitarbeiterinnen auf der eigenen Homepage und über verschiedene Social-Media-Kanäle zu veröffentlichen. Die Bewegtbilder sind dabei um O-Töne vonseiten der Kundinnen zu ergänzen, bei denen davon auszugehen ist, dass diese zumindest in Teilen als Multiplikatorinnen fungieren und die Glaubwürdigkeit der Kommunikation noch einmal steigern. Inhaltlich besteht außerdem die Möglichkeit, dass in den jeweiligen Kurzbotschaften auf die neuen Serviceangebote, die verbesserte Rückverfolgbarkeit und den CO_2-Fußabdruck eingegangen wird. Diese Themen sind dann nachgelagert um Werbeaktionen zu ergänzen oder mit den Betriebszielen zur Nachhaltigkeitskommunikation zu verknüpfen. Insgesamt kann der übergeordnete Content dabei jedoch wie folgt ausformuliert werden: *„Wir übernehmen Verantwortung – Hierzu setzen wir auf einen transparenten und innovativen Gartenbau"*.

Wie bereits in Kap. 5 näher erläutert, gilt es bei der Ausgestaltung der Themenschwerpunkte darauf zu achten, dass sowohl Ansätze des argumentativen Denkens als auch des narrativen Denkens berücksichtigt werden. In Abb. 10.7 wird dies anhand des Gartenbaubetriebes noch einmal verdeutlicht.

Im nächsten Schritt der gestalterischen Umsetzung geht es um die *Kreativplanung*. Hier ist ein ästhetischer Rahmen zu schaffen, in dem die zuvor herausgearbeiteten Themen möglichst verlustfrei über das jeweilige Format transportiert werden können. Dabei sind die Zielgruppen mit dem Kommunikationsobjekt aus der Analysephase (Abschn. 10.7.1) zu verbinden, wofür zumeist ein auslösender Reiz benötigt wird. Dieser Initialreiz kann am besten über die menschlichen Sinne aktiviert werden, wobei sich im Fallbeispiel des Gartenbaubetriebes eine besondere Herausforderung zeigt. Sowohl der Nachfolgeprozess als auch die Digitalisierung stellen *immaterielle Themenbereiche* dar, die im Gegensatz zum Schweinestall weder gustatorisch noch haptisch oder olfaktorisch erfasst werden können. Besonders interessant erscheinen somit die visuellen und verbalen Reize, womit die Kreativplanung direkt an die Illustrationen

Argumentatives Denken (Nachfolgeprozess)	Narratives Denken (Nachfolgeprozess)
Fokussierung auf: – Vermeidung einer vorschnellen und weitestgehend unüberlegten Betriebsübergabe – Verhinderung von Widerständen oder Blockaden von Seiten der Mitarbeiterinnen – Übergabe des Betriebes an eine gut ausgebildete Nachfolgerin mit Branchenerfahrung – betriebliche Veränderungen, die zukunftsfähig sind und somit den aktuellen Umsatz nicht nur erhalten, sondern sogar erhöhen	*Erzählungen, wie:* – ein Gartenbaubetrieb, der eine jahrzehntelange Tradition fortführen möchte und die Nachfolge an die nächste Generation übergibt – ein junges Familienmitglied, das in die große, weite Welt hinauszieht, um sich dort weiterzubilden, und dann in den Heimatort zurückkehrt, um den Familienbetrieb zu übernehmen – ein Team aus Mitarbeiterinnen, für die die neue Geschäftsführerin quasi zur Familie gehört und diese dementsprechend herzlich empfängt
Argumentatives Denken (Digitalisierung)	**Narratives Denken (Digitalisierung)**
Fokussierung auf: – Verbesserung der Rückverfolgbarkeit – Schaffung von Wettbewerbsvorteilen – Reduktion des CO_2-Ausstoßes – Erhöhung der Absatzzahlen – Arbeitserleichterung – Abhilfe für die Lock-down-Situation	*Erzählungen, wie:* – ein heterogenes Team aus Mitarbeiterinnen, die sich mit den Vorteilen und Hindernissen eines Digitalisierungsprozesses beschäftigen – welchen Herausforderungen und Erfolgsgeschichten sie dabei begegnen – welche Reaktionen von den Kundinnen an sie herangetragen werden

Abb. 10.7 Ansätze des argumentativen und narrativen Denkens im Fallbeispiel des Gartenbaubetriebes

aus der Themenplanung anknüpfen kann. Bei beiden Reizformen ist jedoch grundsätzlich darauf zu achten, dass diese in den Köpfen der Zielgruppen auf unterschiedliche Resonanzpunkte treffen können und möglicherweise anders interpretiert werden, als es vonseiten des Gartenbaubetriebes vorgesehen ist. Daher gilt es vor einer finalen Veröffentlichung auch zu überprüfen, inwieweit die nach außen kommunizierten Bilder, Worte oder Geräusche unterschiedliche Eindrücke bei den Zielgruppen hinterlassen können. Besonders in Bezug auf die Statements durch die künftige Geschäftsführerin und die Mitarbeiterinnen ist kritisch zu beleuchten, ob die jeweiligen Aussagen tatsächlich authentisch wirken und nicht als geschönt oder gar manipulativ wahrgenommen werden. Um dieses Risiko zu verringern, können die Mitarbeiterinnen z. B. in den Entwicklungsprozess der Illustrationen eingebunden werden und dort ihren individuellen Ausdruck hervorheben, wie bspw. inhaltliche Überzeugungen, die Tonalität oder auch spezifische Angewohnheiten in der Formulierung. Darüber hinaus sollte im Fallbeispiel des Gartenbaubetriebes aber auch versucht werden, die übrigen Sinne indirekt durch die Illustrationen zu aktivieren. So können anhand der Darstellung von blühenden Pflanzen oder fruchttragenden Obstbäumen z. B. auch der Geruchs- oder Geschmackssinn angesprochen und die Kreativplanung bereichert werden.

Im weiteren Vorgehen der Maßnahmenplanung ist die *instrumentelle Umsetzung* auszuarbeiten, womit die konzeptionellen Inhalte in eine sichtbare und vor allem auch praxistaugliche Kommunikation überführt werden sollen. Hinsichtlich der Medienzugänge bieten sich im Fallbeispiel des Gartenbaubetriebes vor allem Earned, Owned und Shared Media an, wodurch die Reichweite der Kommunikation mittels einer Vernetzung der unterschiedlichen Zugänge gesteigert wird. Über *Earned Media* besteht z. B. die Möglichkeit, dass die Neuerungen des Gartenbaubetriebes über Pressemitteilungen an die jeweiligen Zielgruppen kommuniziert werden. Dabei sind die Journalistinnen z. B. vereinzelt in den Gartenbaubetrieb einzuladen, damit sie einen Überblick über die aktuellen Veränderungsvorhaben erhalten sowie ggf. auch O-Töne der Geschäftsführerin oder aus der Belegschaft. Da der Gartenbaubetrieb aber ohnehin bereits seit Jahrzehnten fest in der Region verankert ist, geht es bei den Pressemitteilungen weniger darum, die Glaubwürdigkeit der Kommunikation zu erhöhen. Vielmehr sind diese als kostengünstige Maßnahme einzusetzen, mit denen ein Wiederholungseffekt erzeugt und die Reichweite der Kommunikation gesteigert werden kann.

Im Rahmen von *Owned Media* sind die Veränderungsvorhaben über die eigene Homepage zu teilen sowie auch über die jeweiligen Social-Media-Kanäle des Gartenbaubetriebes. Hierbei sollte darauf geachtet werden, dass die Unterschiede der Zielgruppen angemessen berücksichtigt werden. Somit erscheint es durchaus sinnvoll, dass neben einem Instagram-Account z. B. auch ein Facebook-Profil angelegt und mit zielgruppenspezifischem Content versorgt wird. Darüber hinaus besteht allerdings auch die Möglichkeit, dass die Illustrationen aus der gestalterischen Planung über den eigenen YouTube-Kanal veröffentlicht und mit den Online-Diensten sowie auch der eigenen Homepage verknüpft werden. Hierbei könnte es außerdem förderlich sein, einen Mitarbeiterinnen-Blog zu den jeweiligen Veränderungsvorhaben anzubieten, in dem diese dann in regelmäßigen Abständen über die Herausforderungen und Erfolge der Digitalisierung berichten und auf Userinnen-Kommentare reagieren. Abschließend gilt es an dieser Stelle aber auch noch einmal die Gartenbau-App hervorzuheben. Auch diese kann gezielt dazu eingesetzt werden, die zuvor angeführten Informationen z. B. über Push-Nachrichten an die jeweiligen Zielgruppen zu kommunizieren.

In Bezug auf *Shared Media* ist zunächst einmal nicht davon auszugehen, dass die Illustrationen oder Pressmitteilungen einem viralen Wachstum unterliegen, da deren Nachrichtenwerte einen stark regionalen Bezug mit durchaus überschaubaren Zielgruppen aufweisen. Dennoch besteht die Möglichkeit, die Veränderungsvorhaben über Freundinnen, Bekannte oder auch regionale Kooperationspartnerinnen zu teilen, um durch eine eingeschränkte Form der Influencer Relations noch einmal die Reichweite zu erhöhen.

Besonders interessant an dieser Kombination aus unterschiedlichen Medienzugängen und Maßnahmen ist allerdings die Verknüpfung der *Push-* und *Pull-Kommunikation.* Während über die Pressemitteilungen sowie auch das Liken, Folgen und Highlighten innerhalb der sozialen Netzwerke eine Push-Wirkung erzeugt wird, können die eigene Homepage sowie auch in Teilen der Mitarbeiterinnen-Blog zur Pull-Kommunikation eingesetzt werden.

Hinsichtlich einer *Strukturierung der herausgestellten Maßnahmen* wird in Tab. 10.1 eine Untergliederung nach zeitlichem Einsatz vorgenommen. Dies liegt vor allem daran, dass es sich im Fallbeispiel des Gartenbaubetriebs um Veränderungsprozesse handelt, denen, wie auch bereits zuvor in diesem Kapitel näher erläutert, ein einheitliches Vorgehensmodell zugrunde gelegt werden kann. Dieses Modell wird folgend mit den verschiedenen Teilschritten der Strukturierung verknüpft und um die wesentlichen Inhalte der Umsetzungsplanung zum Gartenbaubetrieb ergänzt.

10.7.4 Evaluation

Abschließend gilt es die bisherige Kommunikation zum Fallbeispiel des Gartenbaubetriebs zu evaluieren. Da sich allerdings beide Veränderungsvorhaben über einen längeren Umsetzungs- und Wirkungszeitraum erstrecken, handelt es sich an dieser Stelle eher um eine Art der Zwischenbilanz als um eine finale Bewertung der einzelnen Konzeptionsschritte. Insgesamt lässt sich hierbei allerdings anführen, dass die Evaluation mit großer Wahrscheinlichkeit durch den Betrieb selbst zu initiieren ist, da die Veränderungsvorhaben weder einen moralisierenden oder skandalisierenden Charakter aufweisen noch umfassend an die Leitthemen gesellschaftlicher sowie politischer Diskurse anknüpfen. Bei der eigentlichen Durchführung des Evaluationsprozesses hingegen kann aber durchaus auf eine öffentliche Bewertung durch Dritte zurückgegriffen werden, die sich z. B. in der Form von Likes, Kommentaren oder auch Anfragen ausdeutet.

Als primäre Kommunikationsprobleme im Fallbeispiel des Gartenbaubetriebes wurden in Abschn. 10.7.1 die Akzeptanz und das Vertrauen angeführt. Die *Akzeptanz* bezieht sich dabei auf den Führungswechsel und die Veränderung der bestehenden Strukturen und Prozesse in Folge der Digitalisierung. Das *Vertrauen* hingegen umfasst die Zukunftsfähigkeit des Gartenbaubetriebes unter Berücksichtigung beider Veränderungsvorhaben. Insgesamt handelt es sich bei den Kommunikationsproblemen somit um *immaterielle Größen des Outflows,* die vor allem auch in der Reputation und der Mitarbeiterkompetenz zum Ausdruck kommen. Um nun aber auch evaluieren zu können, ob diese Probleme tatsächlich durch Kommunikation gelöst werden konnten, ist nach Möglichkeit eine Befragung der jeweiligen Zielgruppen vorzunehmen. Diese kann in ganz unterschiedlicher Form durchgeführt werden, wobei es im Fallbeispiel des Gartenbaubetriebes durchaus sinnvoll erscheint, mehrere empirische Methoden miteinander zu kombinieren. Während die Mitarbeiterinnen und die Stammkundschaft z. B. in qualitative Interviews einzubinden sind, erfolgt bei den übrigen Kundinnen eine quantitative Befragung anhand eines standardisierten Fragebogens. Dieser kann z. B. über die Gartenbau-App, die eigene Homepage oder auch vor Ort im Gartenbaubetrieb ausgefüllt und eingereicht werden, womit die Teilnahmeschwelle möglichst gering ausfällt.

Tab. 10.1 Strukturierungsvorschlag zum Kommunikationsverlauf im Fallbeispiel der Schweinezuchtanlage

Phasen	Initialisierung	Konzipierung	Mobilisierung	Umsetzung	Verstetigung
Ziele	Wandlungsträgerinnen aktivieren Veränderungsnotwendigkeit feststellen Interesse erzeugen Informationen zur Verfügung stellen Transparenz erhöhen Ängste reduzieren	Vision/Strategie und Ziele des Wandels festlegen Maßnahmen entwickeln Informationen zur Verfügung stellen Transparenz erhöhen Multiplikatorinnen identifizieren	Wandlungskonzept kommunizieren Wandlungsbereitschaft fördern Wandlungsfähigkeit sichern sämtliche Zielgruppen durch Kommunikation erreichen intensiver Kontakt zu den Zielgruppen	Wandlungsvorhaben umsetzen Erfolgserlebnisse schaffen sämtliche Zielgruppen durch Kommunikation erreichen intensiver Kontakt zu den Zielgruppen umfassende Transparenz Akzeptanz der Veränderungsvorhaben	Wandlungsergebnisse verankern Wandlungsbereitschaft/-fähigkeit erhalten Kontakt zu den Zielgruppen aufrecht erhalten Akzeptanz der Veränderungsvorhaben
Zielgruppe	Mitarbeiterinnen	Mitarbeiterinnen	Mitarbeiterinnen Kundinnen	Mitarbeiterinnen Kundinnen	Mitarbeiterinnen Kundinnen
Medienzugang	Owned Media	Owned Media	Earned Media Owned Media Shared Media	Earned Media Owned Media Shared Media	Earned Media Owned Media Shared Media
Instrumente	Persönliche Gespräche Team-Meetings	Persönliche Gespräche Team-Meetings	Gespräche Team-Meetings Pressemitteilungen Kurzfilme Homepage/App Instagram Facebook YouTube Bloggerinnen/Influencerinnen	Gespräche Team-Meetings Pressemitteilungen Kurzfilme Homepage/App Instagram Facebook YouTube Bloggerinnen/Influencerinnen	Gespräche Team-Meetings Pressemitteilungen Kurzfilme Homepage/App Instagram Facebook YouTube Bloggerinnen/Influencerinnen

(Fortsetzung)

Tab. 10.1 (Fortsetzung)

Phasen	Initialisierung	Konzipierung	Mobilisierung	Umsetzung	Verstetigung
Touchpoints	Direktkontakte Betriebsgelände	Direktkontakte Betriebsgelände Printmedien Social Media	Direktkontakte Betriebsgelände Printmedien Social Media	Direktkontakte Betriebsgelände Printmedien Social Media	Direktkontakte Betriebsgelände Printmedien Social Media
Kostenblöcke	Aufbereitung von Informationsmaterialien Arbeitszeit der Mitarbeiterinnen	Arbeitszeit der Mitarbeiterinnen/Geschäftsführung Kurzfilme Aufbau der Social-Media-Aktivitäten	Arbeitszeit der Mitarbeiterinnen/Geschäftsführung Kurzfilme Aufbau/Pflege der Social-Media-Aktivitäten	Arbeitszeit der Mitarbeiterinnen/Geschäftsführung Kurzfilme Aufbau/Pflege der Social-Media-Aktivitäten	Arbeitszeit der Mitarbeiterinnen/Geschäftsführung Kurzfilme Aufbau/Pflege der Social-Media-Aktivitäten

Hinsichtlich der zuvor *festgelegten Kommunikationsziele* sind die Möglichkeiten einer Evaluation durchaus vielfältig. Hierbei sollte z. B. erfasst werden, wie viele Follower über die sozialen Netzwerke dazugewonnen werden konnten und wie häufig die Berichterstattung zu den Veränderungsvorhaben gelikt, geteilt oder kommentiert wurde. Außerdem ist an dieser Stelle auch eine inhaltliche Analyse der jeweiligen Kommentare und Anfragen vorzunehmen, um daraus intuitiv ableiten zu können, wie die allgemeine Wahrnehmung und Einstellung zu den Veränderungsvorhaben des Gartenbaubetriebes ausfällt bzw. sich im Laufe des Kommunikationsprozesses entwickelt hat. Darüber hinaus kann es diesbezüglich aber auch zielführend sein, die Online-Verkaufszahlen von der eigenen Homepage und aus der Gartenbau-App zu erfassen und dahingehend zu interpretieren, inwieweit die Digitalisierung auf eine zunehmende Akzeptanz bei den jeweiligen Zielgruppen stößt.

Bei der Evaluation auf *Kanal-* bzw. *Maßnahmenebene* ist zunächst einmal herauszustellen, wie viele Aufrufe und Klicks auf der eigenen Homepage und über die Social-Media-Kanäle zu verzeichnen sind und wie oft und umfassend die Gartenbau-App bereits genutzt wurde. Weiterhin ist aber auch mit den jeweiligen Journalistinnen dahingehend Rücksprache zu halten, wie häufig, in welcher Form und ob überhaupt eine Berichterstattung zu den Veränderungsvorhaben im Gartenbaubetrieb stattgefunden hat oder künftig noch erfolgen soll. Auch können in diesem Zusammenhang die Mediadaten der Kreiszeitung eingesehen und in der Evaluation berücksichtigt werden, wie z. B. die Erscheinungsweise, die Anzahl der Exemplare oder auch die Reichweite des jeweiligen Formates. Dabei kann es außerdem förderlich sein, dass in regelmäßigen Abständen Clippings durchgeführt werden, um feststellen zu können, ob die Berichterstattung ggf. auch anderweitig aufgegriffen, verarbeitet oder erneut veröffentlicht wurde.

Der *monetäre Input* für die eingesetzten Kommunikationsmaßnahmen fällt im Fallbeispiel des Gartenbaubetriebes relativ gering aus. Die Kosten auf der digitalen Ebene entstehen insbesondere durch die Pflege der eigenen Homepage, der Gartenbau-App sowie auch der übrigen Social-Media-Kanäle. Im analogen Bereich ist der Input noch einmal stärker zu differenzieren. Zum einen fallen hier Kosten für das Kamera- und Filmequipment an, welches zur Erstellung der zuvor angeführten Illustrationen benötigt wird. Zum anderen sind die Mitarbeiterinnen aber auch für verschiedene Kommunikationsmaßnahmen von ihren regulären Arbeitsaufgaben freizustellen. Hierzu gehören z. B. die Weiterbildungen, persönliche Gespräche und Teammeetings, die Produktion der Illustrationen sowie auch die Pflege des Mitarbeiterinnenblogs.

Literatur

Bea, F. X., & Haas, J. (2009). *Strategisches Management* (5. Aufl.). Lucius & Lucius.

Benning, R. (2021). *Fleischatlas. Daten und Fakten über Tiere als Nahrungsmittel.* Heinrich-Böll-Stiftung.

Bock, P. (2020). *Der entstörte Mensch. Wie wir uns und die Welt verändern: warum wir nach dem technischen jetzt den menschlichen Fortschritt brauchen.* Droemer Knaur.

Brehm, C. (2014). Kommunikation im Wandel. In W. Krüger & N. Bach (Hrsg.), *Excellence in Change. Wege zur strategischen Erneuerung* (5. Aufl., S. 237–264). Gabler.

Brown, E. (2017). Future of tech and media: Waging a war for people's time. Activate co-founder Michael Wolf says the battle of internet giants will enter new technologies and take them deeper into each other's turf. Hrsg. von The Wall Street Journal. https://www.wsj.com/articles/michael-wolf-whats-next-for-tech-and-media-in-2018-1508258936. Zugegriffen: 16. Febr. 2021.

Buchholz, U., & Knorre, S. (2012). *Interne Unternehmenskommunikation in resilienten Organisationen*. Springer.

Bundesministerium für Ernährung und Landwirtschaft. (2018). *Landwirtschaft verstehen. Fakten und Hintergründe*. Bundesministerium für Ernährung und Landwirtschaft.

Daimler, R., Sparrer, I., & Varga von Kibéd, M. (2016). *Basics der Systemischen Strukturaufstellungen Eine Anleitung für Einsteiger und Fortgeschrittene* (5. Aufl.). Kösel.

Deutinger, G. (2017). *Kommunikation im Change. Erfolgreich kommunizieren in Veränderungsprozessen* (2. Aufl.). Springer Gabler.

Dyllick, T. (1992). *Management der Umweltbeziehungen. Öffentliche Auseinandersetzungen als Herausforderung*. Zugl.: Sankt Gallen, Univ., Habil-Schr., 1988. Gabler.

Felton, N. (2008). Consumption spreads faster today. Hrsg. von The New York Times. https://archive.nytimes.com/www.nytimes.com/imagepages/2008/02/10/opinion/10op.graphic.ready.html. Zugegriffen: 16. Febr. 2021.

Forstner, B., & Tietz, A. (2013). *Kapitalbeteiligung nichtlandwirtschaftlicher und überregional ausgerichteter Investoren an landwirtschaftlichen Unternehmen in Deutschland*. Johann-Heinrich-von-Thünen-Institut.

Giesler, S. (2018). Digitalisierung in der Landwirtschaft – vom Precision Farming zum Farming 4.0. Hrsg. von BIOPRO Baden-Württemberg GmbH. https://www.biooekonomie-bw.de/fachbeitrag/dossier/digitalisierung-in-der-landwirtschaft-vom-precision-farming-zum-farming-40. Zugegriffen: 30. Nov. 2020.

Göggerle, T. (2020). Landwirtschaft 4.0: Was nützt die Digitalisierung kleinen Betrieben? Hrsg. von agrarheute. https://www.agrarheute.com/technik/landwirtschaft-40-nuetzt-digitalisierung-kleinen-betrieben-568609. Zugegriffen: 16. Febr. 2021.

Grain, Institute for Agriculture and Trade Policy. (2018). *Emissions impossible. How big meat and dairy are heating up the planet. Barcelona:*GRAIN and the Institute for Agriculture and Trade Policy.

Jacobs, K., van Beaumont, K., Rietra, M., Buvat, J., Cherian, S., Robey, J., et al. (2020). *How sustainability is fundamentally changing consumer preferences*. Capgemini Service SAS.

Keicher, I., Anke, T., Bohn, U., Crummenerl, C., & Mergenthal, N. (2012). *Digitale Revolution. Ist Change Management mutig genug für die Zukunft?* Capgemini Deutschland GmbH.

Kim, W. C., & Mauborgne, R. (2005). *Blue ocean strategy. How to create uncontested market space and make the competition irrelevant*. Harvard Business School Press.

Klaffke, M. (2014). *Generationen-Management. Konzepte, Instrumente, Good-Practice-Ansätze*. Springer Gabler.

Klaffke, M. (2017). Generation Diversity – Mehr-Generationen-Belegschaft erfolgreich führen. GegenstandsbereicheIn P. Genkova & T. Ringeisen (Hrsg.), *Handbuch Diversity Kompetenz* (Bd. 2, S. 209–223). Springer Fachmedien Wiesbaden.

Kotter, J. P. (2013). *Leading Change. Wie Sie Ihr Unternehmen in acht Schritten erfolgreich verändern*. Vahlen.

Krüger, W., & Bach, N. (Hrsg.). (2014). *Excellence in Change. Wege zur strategischen Erneuerung* (5. Aufl.). Gabler.

Kruse, P. (2015). *Next practice – Erfolgreiches Management von Instabilität. Veränderung durch Vernetzung* (8. Aufl.). GABAL.

Laudenbach, P., & Hirsch, E. (2019). Rügenwalder Mühle – Alles Wurst. Vor vielen Jahren nahm der Fleischverarbeiter Rügenwalder Mühle vegetarische Würste ins Sortiment auf. Das hätte Ärger geben können. In: *Reputation 2019.*

Lauer, T. (2014). *Change Management. Grundlagen und Erfolgsfaktoren* (2. Aufl.). Springer/Gabler.

Lewin, K. (1947). Frontiers in group dynamics. *Change Management, Human Relations, 1*(1), 5–41.

Luhmann, N. (2014). *Vertrauen. Ein Mechanismus der Reduktionsozialer Komplexität* (5. Aufl.). UVK Verlagsgesellschaft mbH mit UVK/Lucius.

March, J. G., Simon, H. A., & Guetzkow, H. S. (1958). *Organizations.* Wiley.

Marg, S., Geiges, L., Butzlaff, F., & Walter, F. (2013). *Die neue Macht der Bürger. Was motiviert die Protestbewegungen? BP-Gesellschaftsstudie.* Rowohlt.

Mayer, J. D., & Salovey, P. (1993). The intelligence of emotional intelligence. *Intelligence, 17*(4), 433–442.

Meyer, R., & Priefer, Carmen (2015). Energiepflanzen und Flächenkonkurrenz: Indizien und Unsicherheiten. *GAIA – Ecological Perspectives on Science and Society 24*(2).

Nieder, P. (1997). *Erfolg durch Vertrauen. Abschied vom Management des Mißtrauens.* Gabler.

Niegsch, C., & Stappel, M. (2017). *Branchenanalysen. „Agrar 4.0.“ – Abschied vom bäuerlichen Familienbetrieb?* DZ Bank AG.

Our World in Data. (2019). Technology adoption in US households, 1860 to 2019. Hrsg. von Global Change Data Lab. https://ourworldindata.org/grapher/technology-adoption-by-households-in-the-united-states. Zugegriffen: 16. Febr. 2021.

Pfannenberg, J. (2013). *Veränderungskommunikation. So unterstützen Sie den Change-Prozess wirkungsvoll* (3. Aufl.). Frankfurter Allgemeine Buch.

Poore, J., & Nemecek, T. (2018). Reducing food's environmental impacts through producers and consumers. *Science, 360*(6392), 987–992.

PWC. (2016). Quo vadis, agricola. Smart Farming: Nachhaltigkeit und Effizienz durch den Einsatz digitaler Technologien. https://www.pwc.de/de/handel-und-konsumguter/assets/smart-farming-studie-2016.pdf. Zugegriffen: 20. Febr. 2021.

Rogers, E. M. (1995). *Diffusion of innovations* (4. Aufl.). Free Press.

Schaft, F., & Brosig, S. (2020). Corporate Social Responsibility in der deutschen Landwirtschaft – Verbreitung, Ausgestaltung, Motive. *Berichte über Landwirtschaft, 98*(1), 19–20. https://doi.org/10.12767/buel.v98i1.277

Schaltegger, S., Hörisch, J., Windolph, S., & Harms, D. (Hrsg.). (2013). *Corporate Sustainability Barometer 2012. Praxisstand und Fortschritt des Nachhaltigkeitsmanagements in den größten Unternehmen Deutschland.* Center for Sustainablility Management e. V.

Schmidbauer, K., & Jorzik, O. (2017). *Wirksame Kommunikation – Mit Konzept. Ein Handbuch für Praxis und Studium.* Talpa.

Schrempf, J. (2014). A social connection approach to corporate responsibility. *Business & Society, 53*(2), 300–332. https://doi.org/10.1177/0007650312449577

Searcy, C., & Buslovich, R. (2014). Corporate perspectives on the development and use of sustainability reports. *Journal of Business Ethics, 121*(2), 149–169. https://doi.org/10.1007/s10551-013-1701-7

Sides, H., & Nakott, J. (2015). Marihuana als Heilmittel – Ein Tabu fällt. *National Geographics, 8*, 36–65.

Steinle, C., Eggers, B., & Ahlers, F. (2008). *Change management Wandlungsprozesse erfolgreich planen und umsetzen: Mit Fallbeispielen.* Rainer Hampp.

Suchman, M. C. (1995). Managing legitimacy: Strategic and institutional approaches. *The Academy of Management Review, 20*(3), 571. https://doi.org/10.2307/258788.

Uebernickel, F., Brenner, W., Pukall, B., Naef, T., & Schindlholzer, B. (Hrsg.). (2015). *Design Thinking. Das Handbuch*. Frankfurter Allgemeine Buch.

Vanham, D., Comero, S., Gawlik, B. M., & Bidoglio, G. (2018). The water footprint of different diets within European sub-national geographical entities. *Nature Sustainability, 1*(9), 518–525.

Vieser, S. (2019). Serie digitale Transformation Teil IX Claas: "Niemals stehen bleiben". Hrsg. von Food Service. https://www.food-service.de/praxis/gesetze/serie-digitale-transformation-teil-ix-claas-niemals-stehen-bleiben-42629. Zugegriffen: 21. Febr. 2021.

von Gall, P. (2016). *Tierschutz als Agrarpolitik Wie das deutsche Tierschutzgesetz der industriellen Tierhaltung den Weg bereitete*. transcript.

Werther, S., & Jacobs, C. (2014). *Organisationsentwicklung. Freude am Change*. Springer.

Wöhe, G., & Döring, U. (Hrsg.). (2005). *Einführung in die allgemeine Betriebswirtschaftslehre* (22. Aufl.). Vahlen.

Zander, K., Isermeyer, F., Bürgelt, D., Christoph-Schulz, I., Salamon, P., & Weible, D. (2013). *Erwartungen der Gesellschaft an die Landwirtschaft. Gutachten im Auftrag der Stiftung Westfälische Landschaft*. Thünen.

Zerres, C., & Zerres, M. P. (2006). *Marketing. Die Grundlagen* (2. Aufl.). Kohlhammer.

Zukunftsinstitut GmbH. (2021a). Megatrends. https://www.zukunftsinstitut.de/dossier/megatrends/. Zugegriffen: 4. März 2020.

Zukunftsinstitut GmbH. (2021b). Verschiedene Trends und Trendkategorien. https://www.zukunftsinstitut.de/artikel/trends-grundlagenwissen/. Zugegriffen: 4. März 2020.

Krisenkommunikation

11

In jeder Branche kommt es zu Ereignissen und Entwicklungen, die als Krisen bezeichnet werden – sei es von Branchenakteurinnen selbst, den Medien oder anderen externen Akteurinnen. Auch die Agrarwirtschaft ist mit diesem Umstand konfrontiert. Auslöser, Ausmaß, Verantwortliche, Geschädigte und Konsequenzen krisenhafter Ereignisse können dabei ganz unterschiedlich sein – man denke an den Preisverfall von Milch an den Märkten (z. B. 2016), die Ehec-Epidemie (2011), die Kontamination von Futtermitteln oder Einbrüche von Tierrechtsaktivistinnen in Ställe. Manche Krise kann schnell überwunden werden und bleibt ohne nennenswerte Konsequenzen – andere dagegen schädigen Unternehmen und ganze Branchenbereiche nachhaltig, bis hin zur Betriebsaufgabe. Auch der Radius der Betroffenheit ist sehr verschieden: Krisen können sich auf einzelne Personen wie eine Betriebsleiterin beziehen. Daneben kann es auch ein Unternehmen oder ein Verband mit einer Krise zu tun bekommen. Schließlich geraten ganze Branchen oder Staaten in Krisen – man denke an die BSE-Krise oder an nicht auszuschließende Fälle von Lebensmittelengpässen, für die Politik und Verwaltungen den Bürgerinnen Empfehlungen für Vorkehrungen aussprechen (vgl. Bundesanstalt für Landwirtschaft und Ernährung o. J.). Gemein ist all diesen Geschehnissen, dass mit ihrem Eintreten bei Verursacherinnen und Betroffenen ein erhöhter Management- und Kommunikationsbedarf hervorgerufen wird – und dass eine professionelle Kommunikation entscheidenden Anteil an der Krisenbewältigung haben kann.[1]

Die gesteigerten Anforderungen an die Kommunikation sind nicht zuletzt darauf zurückzuführen, dass Krisen durch journalistische Berichterstattung zu Medienereignissen werden (vgl. Weichert, 2006) bzw. in den sozialen Netzwerken hohe Wellen schlagen. Ob *Coronakrise, BSE-Krise, Finanzkrise, Griechenlandkrise, Klimakrise,*

---

[1] Dies zeigen Studien wie beispielsweise die zur Dioxinkrise Ende der 1990er Jahre (vgl. Casey et al., 2010).

M. Kussin und J. Berstermann, *Agrarkommunikation,*
https://doi.org/10.1007/978-3-658-36341-3_11

Flüchtlingskrise – der Begriff der Krise ist heute in der öffentlichen Kommunikation allgegenwärtig und muss als *„sprachliches Etikett"* (Merten, 2014, S. 156) für ganz unterschiedliche Dinge herhalten. Von nachgeordneter Relevanz ist dabei, wie viel Substanz hinter der Krisendiskussion steckt: Akteurinnen, die mit dem Krisenbegriff in Verbindung gebracht werden, können es kaum vermeiden, sich der öffentlichen Kommunikation zu stellen.[2]

Hinzukommt, dass die Reaktion der Akteurinnen die Krise in ihrem Verlauf selbst beeinflusst (vgl. Raupp, 2014, S. 178). Es treten Geschäftsführerinnen und Ministerinnen zurück, weil sie nicht rechtzeitig oder nicht vollständig über Krisenauswirkungen informiert haben. Oder es werden Unternehmen boykottiert, weil sie vor allem über den eigenen wirtschaftlichen Schaden, aber nicht über den von Kundinnen oder Mitarbeiterinnen sprechen. In diesen Fällen verschlimmert die Kommunikation die Krise und führt in Folge der öffentlichen Resonanz zu weiteren Konsequenzen.[3]

Wie schon im Kontext von Risikofragen (siehe Kap. 7) zeigt sich auch mit Blick auf die Krisenkommunikation eine besondere Exponiertheit der Agrar- und Ernährungswirtschaft – gerade in Fällen, in denen ein Schaden für die Gesundheit durch den Verzehr von Lebensmitteln oder aber die Zerstörung natürlicher Lebensgrundlage befürchtet wird.[4] Und doch sind die Herausforderungen von Krisen anders gelagert als in der fortlaufenden Risikokommunikation: Während ein Risiko die Wahrscheinlichkeit des Eintretens einer Gefahr darstellt, ist bei einer Krise diese Gefahr bereits eingetreten und bleibt bis zur Beendigung der Krise präsent. Daher handelt es sich bei einer Krise nicht um Risikokommunikation (Kommunikation möglicher unwillkommener Ereignisse), sondern um Krisenkommunikation (Kommunikation bei eingetretener Gefahr). Die Krise ist daher eine gefährliche Zeitstrecke und die Gefahr ist, anders als beim Risiko, *real* vorhanden, sodass Krisen generell negativ auffällig sind (vgl. Merten, S. 159).

11.1   Begriff der Krise und Ziele der Krisenkommunikation

Der Begriff der Krise wird in verschiedenen wissenschaftlichen Disziplinen sehr unterschiedlich verwendet. Auch in den Kommunikationswissenschaften finden sich verschiedene Ansätze. Im Folgenden wird ein Verständnis zugrunde gelegt, welches die Betrachtungen des Kommunikationswissenschaftlers Klaus Merten mit denen des Soziologen Niklas Luhmanns sowie den psychologisch orientierten Ansätzen des

---

[2] Warum Schweigen keine Lösung ist, wird in Abschn. 11.4 ausgeführt.

[3] Ein Beispiel ist der Rücktritt der damaligen Gesundheitsministerin Andrea Fischer, der im Kontext der BSE-Krise eine nachlässige Informationspolitik ihres Ministeriums vorgeworfen wurde (vgl. Handelsblatt 2001).

[4] Siehe dazu Kap. 7. Risikokommunikation. Die Exponiertheit ergibt sich auch mit Blick auf das Thema.

Krisenkommunikationsforschers Timothy Coombs zusammenführt: Demnach ist dann von einer Krise die Rede, wenn durch Ereignisse und Entscheidungen die *„Störung eines geordnet verlaufenden Prozesses"* (Merten, 2014, S. 159) eintritt, durch die das *„eingelebte Anspruchsniveau"* (Luhmann, 2007, S. 16) *aus Sicht der Betroffenen* (vgl. Coombs, 2015, S. 3) nachhaltig bedroht ist.

Eine solche Definition erscheint zunächst einmal abstrakt und bedarf einer Konkretisierung über empirische Beispiele. Zugleich ergibt sich aus der Abstraktion der Vorteil, dass eine solche Definition auf sehr verschiedene Krisentypen angewendet werden kann und damit der gemeinsame Kern jeglicher Krisenkommunikation zum Ausdruck kommt.[5] Der Begriff des eingelebten Anspruchsniveaus bezieht sich dabei sowohl auf Ansprüche innerhalb des Betriebs bzw. der Branche als auch die aus dem Organisations- bzw. Branchenumfeld, die unhinterfragt als berechtigt und als zu erfüllen betrachtet werden. Intern geht es u. a. um den wirtschaftlichen Erfolg oder die langfristige Existenzsicherung, extern geht es um Ansprüche auf den Erwerb gesunder und sicherer Lebensmittel oder die Rücksichtnahme auf Natur und Umwelt sowie einen verantwortungsvollen Umgang mit Nutztieren. Gerade bei Fragen zur menschlichen Gesundheit und zur Ökologie besteht dabei ein hohes Maß an Sensibilität, wie in Kap. 7 bereits deutlich wurde.

Eine erfolgreiche Krisenkommunikation leistet ihren Beitrag dazu, die Störung geordnet verlaufender Prozesse zu beheben bzw. ihre Folgen für das Unternehmen zu verringern. Je nach Situation erfordert das sehr spezifische Kommunikationsaufgaben: Es kann darum gehen, Mitarbeiterinnen und Nachbarinnen bei Unfällen vor bestimmten Emissionen zu warnen, Kundinnen über bestimmte Mängel von Lebensmitteln aufzuklären oder über die Konsequenzen bestimmter unternehmerischer Entscheidungen zu informieren. Gerade in Krisenfällen leiten sich Kommunikationsaufgaben dann aus einem unmittelbaren Handlungsdruck ab – z. B. dem Schutz des Lebens von Menschen und Tieren oder der Vermeidung sonstiger Schäden für Verbraucherinnen und die Allgemeinheit.

Jenseits dieser intuitiv einleuchtenden Aufgabenebene bewertet eine strategische Kommunikation diese Handlungsoptionen im übergeordneten Sinne. Aus ihrem Verständnis heraus wird jede Aktivität der Kommunikation darauf hin bewertet, ob sie dazu beiträgt, die Reputation des Unternehmens zu schützen (vgl. Benoit, 1997) und die sogenannte *Licence to Operate* zu sichern (vgl. Zerfaß, 2014, S. 26 f.). Dabei hat es jede Krise mit sehr spezifischen Herausforderungen und Schweregraden der Bedrohung des eingelebten Anspruchsniveaus zu tun. Entsprechend müssen Wirkung und Erfolgsaussichten einer Krisenkommunikation immer in Relation zur Schwere dieser Bedrohung bewertet werden. Gelingt es der Kommunikation, die Reputationsschäden überproportional gering zu halten, war sie besonders erfolgreich. Steht einem

---

[5]Insofern besitzt die Kommunikation mit bestimmten NGOs, z. B. aus dem Bereich der Tierrechtler für Nutztierhalter, den Charakter einer Dauerkrise, da es hier nie zur Stabilisierung von Ansprüchen kommt.

geringen materiellen Schaden dagegen ein hoher Reputationsschaden gegenüber, so lässt sich von einer Kommunikationskrise sprechen, da die Kommunikation bzw. Nicht-Kommunikation vielleicht sogar die Krise verschlimmert hat.

In welchem Ausmaß eine Situation als Krise bezeichnet wird und eine entsprechende Kommunikation erforderlich ist, entscheidet sich dabei nicht anhand objektiv gültiger Kriterien. Ebenso wichtig ist die Vorgeschichte eines Betriebs, aber auch die Wahrnehmungen im Betrieb oder/und aus dem Betriebsumfeld, wie im Folgenden deutlich wird. Selbst Faktoren wie der räumliche Standort der Organisation und Subbranche etc. können eine Rolle spielen. Mit anderen Worten: Was sich für den einen Betrieb als Krise darstellt und entsprechende Kommunikation erfordert, kann für den anderen Betrieb der Normalfall sein. Daraus ergibt sich vor allem auch die Aufgabe, die Krisenhaftigkeit einer Situation wahrzunehmen und daraus die richtigen Schlüsse zu ziehen. Die Spiegelung externer Prozesse im Unternehmen stellt damit eine Aufgabe dar, an der auch der Kommunikationsbereich seinen Anteil haben kann (vgl. Buchholz & Knorre, 2012, S. 65–72; Kussin, 2009).

11.2   Krisenwahrnehmung und -kommunikation – von innen

Die Frage, ob und in welchem Ausmaß man selbst, der eigene Betrieb oder die Branche in einer Krise steckt, ist alles andere als trivial. Der Organisationsforscher Karl Weick weist darauf hin, dass die Frage nach dem Krisenbeginn, dem Krisenverlauf und die Frage danach, ob überhaupt eine Krise vorliegt, gar nicht so einfach beantwortet werden können. Dies ist vor allem dann der Fall, wenn Unternehmen es selten mit Krisen zu tun haben. Während dann beispielsweise in der Organisationsumwelt bestimmte Ereignisse als Krisenzeichen gedeutet werden, scheitert die Organisation daran, die Entwicklung der Geschehnisse ebenfalls angemessen zu interpretieren. Hier liegt eine Gefahr. Je weniger die Krise als Krise begriffen wird, desto eher kann es dazu kommen, dass die Folgen schlimmer werden (vgl. Weick, 1988, S. 305). Eine Fehlwahrnehmung kann zunächst ihre Ursachen innerhalb der Organisations- und Branchenstrukturen haben. Die Managementforscher Thierry C. Pauchant und Ian I. Mitroff sind bereits vor über 30 Jahren in einer empirischen Studie zu dem Ergebnis gekommen, dass die Organisationskultur in diesem Zusammenhang einen entscheidenden Faktor darstellt. So unterscheiden sich Unternehmen in ihrer Fähigkeit, externe Krisen zu identifizieren – vor allem ein Mangel an Empathie für die Bedürfnisse und Ansprüche externer Stakeholder sind dann eine Ursache für eine mangelnde Wahrnehmung von Krisen, die ihren Ursprung in der Organisationsumwelt haben (vgl. Pauchant & Mitroff, 1988, S. 57).[6]

---

[6] Dies kann vor allem dann passieren, wenn Unternehmen ihre Innensicht mit der der Außensicht verwechseln und nicht in Rechnung stellen, dass ein Sachverhalt außerhalb des Unternehmens ganz anders wahrgenommen wird, als innerhalb des Unternehmens (vgl. Kepplinger 2015, S. 997).

Tab. 11.1 Krisentypologie nach Egelhoff und Sen (1992, S. 450)

Krisenauslöser	Unzugängliche/entfernte Unternehmensumwelt	Relevante, bekannte, ggf. beeinflussbare Unternehmensumwelt
Technisch	Naturkatastrophen, bisher unbekannte Tierseuchen	Unfall im eigenen Betrieb, kontaminierte Futtermittel
Soziopolitisch	Stalleinbrüche, Sabotage etc., Boykott aufgrund übergeordneter politischer Ereignisse	Gerichtsprozesse, Veränderungen in der Agrarpolitik

Aber auch die Ausprägung der Krise selbst kann einen Unterschied bedeuten: In der Literatur zur Krisenforschung finden sich verschiedene Ansätze, wie sich Krisen gemäß der Herausforderung für die erforderliche interne Informationsverarbeitung unterscheiden lassen. Auf drei Vorschläge zur Strukturierung soll im Folgenden eingegangen werden, die sich anhand von verschiedenen Merkmalen kategorisieren lassen: dem des Krisenauslösers, des Krisenverlaufs und des Krisentypus.

Krisenauslöser

Der erste Ansatz stammt aus der Organisationsforschung von William Egelhoff und Falguni Sen (vgl. Tab. 11.1).

Die Wissenschaftler machen darauf aufmerksam, dass der Grad der Angemessenheit einer Interpretation der Krisenereignisse auch davon abhängt, wo der Auslöser einer Krise zu verorten ist. Es macht demnach einen Unterschied, ob der Auslöser in der relevanten und bekannten Umwelt wie dem Markt und Marktumfeld bzw. eigenen technischen Infrastrukturen zu sehen ist oder ob er aus einem weiteren Umfeld stammt. So können Krisen im ersten Fall bzw. ihre möglichen Konsequenzen aus diesem Umfeld deutlich besser abgeschätzt werden, als im zweiten (vgl. Egelhoff & Sen, 1992, S. 448).

> **Beispiel: Arla Foods – Soziopolitisch aus der entfernten Unternehmensumwelt induzierte Krise**
>
> Eines der prominentesten Branchenbeispiele für soziopolitische Krisen, die in der entfernten Unternehmensumwelt ausgelöst wurden und die einen hohen internen Interpretationsbedarf erforderten, war der Boykott der schwedisch-dänischen Molkereigenossenschaft Arla A.m.b.A. im arabischen Raum. Hintergrund war die Abbildung des islamischen Propheten Mohammed in der dänischen Tageszeitung Jyllands-Posten am 30. September 2005, die zu großen Protesten in der arabischen Welt geführt hat. Nachdem es zum Austausch auf politischer Ebene zwischen Dänemark und Botschaftern aus Ländern mit einer Bevölkerung mehrheitlich muslimischen Glaubens gekommen war, meinte man, die Krise überwunden zu haben. Für Arla Foods begann die Krise damit aber erst, wie in der Case Study von Finn Frandsen und Winni Johansen beschrieben wird (vgl. Frandsen & Johansen, 2012) – so rieten 20 religiöse Führer in Saudi-Arabien den Bürgerinnen davon ab, dänische Produkte zu kaufen – für das Unternehmen Arla, das seit 30 Jahren in der

Region tätig ist, dort über 1000 Mitarbeiterinnen beschäftigte, über 50.000 Geschäfte belieferte und einem Umsatz von 2,6 Mrd. Kronen erwirtschaftete, eine schwierige Situation.

Kurz nach diesem Aufruf kam das Geschäft nach Angaben des Unternehmens im mittleren Osten komplett zum Erliegen (vgl. Dairy Reporter, 2006). Arla musste sich plötzlich in der Kommunikation zu Themen wie Meinungsfreiheit, Toleranz, aber auch Respekt vor religiösen Gefühlen äußern, um sowohl in Dänemark als auch im mittleren Osten seine Reputation zu sichern (vgl. Frandsen & Johansen, 2012, S. 438–445). Die kommunikativen Herausforderungen der Krise spielten sich damit in Themenfeldern ab, die weit entfernt von Kernthemen der Kundinnenkommunikation wie beispielsweise Produktqualität, Tierwohl, Gesundheit des Lebensmittels und anderen klassischen Themen der Milchwirtschaft liegen und in denen die Kommunikation voraussichtlich keine Erfahrungen hatte. ◄

Auch die Frage, ob die Krise eher technischer Natur ist oder ihren Ursprung im sozio-politischen Kontext hat, kann eine Rolle spielen, vor allem in größeren Unternehmen. Hier wird das Aufkommen der Krise jeweils in unterschiedlichen Bereichen des Unternehmens wahrgenommen – eine marktinduzierte Krise wird eher im Vertrieb wahrgenommen, eine Krise, die auf Basis technischer Probleme entsteht, eher in der Produktion. Der Ansatz zeigt, dass sich zu jedem Krisentypus sehr unterschiedliche Arten des Krisenmanagements und der Krisenkommunikation sowie des Abstimmungsbedarfs anbieten, auf die in Abschn. 11.4.2 und 11.4.3 eingegangen wird.

Krisenverlauf
Der zweite Ansatz, an dem sich die Bedeutung einer rechtzeitigen und angemessenen Interpretation von Krisenereignissen nachvollziehen lässt, nimmt die Entwicklungsdynamik einer Krise in den Blick. Eine entsprechende Unterscheidung findet sich z. B. bei Armin Töpfer. Dem folgend lassen sich, wie in Abb. 11.1 illustriert, idealtypisch zwei Entwicklungsmuster gegenüberstellen: der latente Krisenverlauf und der eruptive Krisenverlauf – beide Verlaufsformen bringen spezifische Herausforderungen für eine angemessene Krisenkommunikation mit sich. Eine latente Krise entwickelt sich zunächst langsam und schleichend, gewinnt dann aber immer mehr an Dynamik. In diesem Fall besteht die größte Herausforderung darin, die Krise rechtzeitig und überhaupt angemessen zu interpretieren – sie gewissermaßen aus dem Latenzbereich herauszuholen. Ist die zurückgegangene Nachfrage bei einem Produkt bereits der Beginn einer Krise oder ein Einmaleffekt, der im nächsten Jahr korrigiert werden kann? Sind die Diskussionen über die Gesundheitsgefährdungen eines bestimmten Wirkstoffs eine Sommerlochdebatte, die bald wieder verschwindet, oder sind die Gespräche im NGO-Kontext der Vorbote einer politischen Debatte, an deren Ende eine Regulierung mit erheblichen Auswirkungen auf das Geschäft steht? Diese Fragen gilt es angemessen zu beantworten, um entsprechende Antworten zu finden – auch in der Kommunikation.

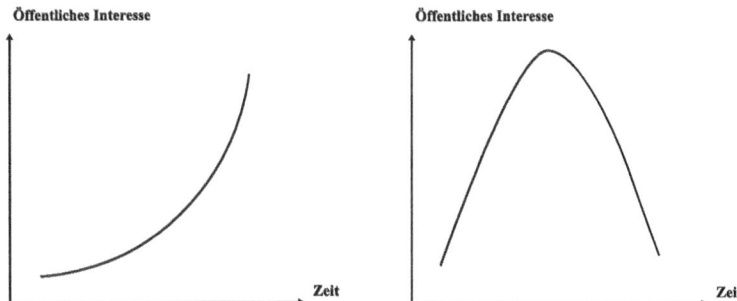

Abb. 11.1 Krisentypologie unter Berücksichtigung zeitlicher Krisendynamiken. (In Anlehnung an Töpfer, 2014, S. 244)

Anders als im Falle einer latenten Krise ist bei einer eruptiven Krise die Bedrohung des in Abschn. 11.1 angesprochenen eingelebten Anspruchsniveaus unmittelbar erkenntlich. Das heißt: Nicht die Wahrnehmung der Krise überhaupt stellt damit die unmittelbare Herausforderung dar, sondern eine angemessene Interpretation der Situation, um sehr schnell geeignete Antworten für die Krisenbewältigung zu finden. Ein klassisches Beispiel für solche Krisen sind sogenannte *Shitstorms* im Bereich der Social-Media-Kanäle – z. B. als Reaktion auf eine bestimmte Unternehmensentscheidung oder die Skandalisierung bestimmter Geschäftspraktiken durch eine Nichtregierungsorganisation. In einer solchen Krise kommt es zu einer schlagartigen Steigerung des öffentlichen Interesses, worauf Unternehmen schnell reagieren müssen. Ein Ziel ist dann darin zu sehen, das Interesse schnell wieder zu reduzieren und aus einem Krisenmodus wieder in den Routinebetrieb zurückzukehren.

Die Auslöser von Krisen können sehr unterschiedlich sein – der weitere Verlauf von Krisen aber ist ähnlich. Einen Vorschlag für einen solchen idealtypischen Verlauf machen Susanne Fiederer und Anabel Ternès, die Krisen in fünf Phasen strukturieren (vgl. Fiederer & Ternès, 2017, S. 24):

1. Prävention – die Krisenvorbereitung
2. Warm-up – die ersten Anzeichen für eine Krise, auch öffentlich
3. Akut and hot – Höhepunkt der Krisenberichterstattung und öffentlichen Diskussion
4. Cool-down – Abflauen der Krise
5. Learning – Ende der Krise, Evaluation des Krisenverlaufs

Krisentypus
Eine dritte Strukturierung von Krisen, die die Bedeutung der organisations- und brancheninternen Wahrnehmung zeigt, orientiert sich an der Frage nach der inhaltlichen Ausgestaltung von Krisen – dargestellt in Abb. 11.2: So können sich Krisen auf die Enttäuschungen von Erwartungen und Ansprüchen durch die Stakeholder beziehen,

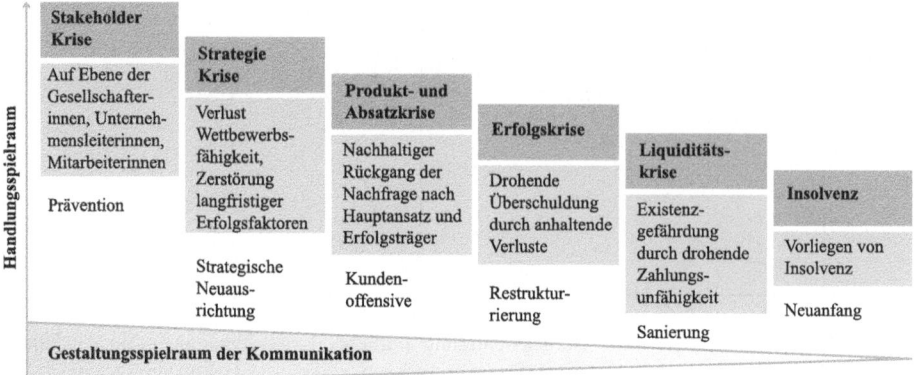

Abb. 11.2 Krisentypen. (In Anlehnung an Lintemeier, 2014, S. 60)

die zunächst (!) keinen Einfluss auf die Wertschöpfung des Unternehmens besitzen:
Ob nun die Stellenstreichungen für die Mitarbeiterinnen, die geringere Dividende für
die Aktionärin, das kurzfristig angekündigte Neubauprojekt für die Nachbarin oder
die Preiserhöhung für die Kundinnen – all diese Ereignisse können Stakeholderkrisen
hervorrufen. Am anderen Ende der Typologie steht dagegen die Insolvenz, die das Ende
der Handlungsfähigkeit bedeutet. Auch diese Einteilung legt den Schluss nahe, dass die
schnelle angemessene Interpretation einer Krise, ihres Ausmaßes und der entsprechenden
Handlungsoptionen in technischer, kaufmännischer oder kommunikativer Hinsicht entscheidend ist.

Entsprechend dem geringer werdenden allgemeinen Handlungsspielraum nimmt
auch die Relevanz der Kommunikation im Krisenmanagement ab. Während bei der
Bewältigung einer Stakeholderkrise viel von einer angemessenen Kommunikation
abhängt und dazu auch noch ein hoher Entscheidungsspielraum besteht, ist dies im Falle
einer Insolvenz anders. Zur Erreichung strategischer Ziele kann sie dann kaum mehr
etwas beitragen. Die Haupteinsatzbereiche der Kommunikation liegen damit bei der
Stakeholderkrise, der Strategiekrise und auch der Produkt- und Absatzkrise.

11.3 Externe Krisenwahrnehmung

Auch in der Organisationsumwelt kann die Bedrohung eingelebter Anspruchsniveaus
unterschiedlich erlebt und bewertet werden. Dafür ist erstens relevant, aus welcher
Position heraus die jeweiligen Akteurinnen ihre Ansprüche berührt sehen. Dies kann
aus der Position der Konsumentin geschehen, die ein Lebensmittel verzehrt hat, das im

Verdacht der Gesundheitsschädigung steht. Oder auch aus der Rolle der Lebensmittel-einzelhändlerin, die das Lebensmittel verkauft hat. Es kann um die Bedrohung von Ansprüchen einer Person als Anwohnerin gehen, die durch den Neubau einer Biogas-anlage ihre Lebensqualität massiv beeinträchtigt sieht. Oder um die einer Person in der Position einer Naturschützerin, die den Anbau von Energiepflanzen kritisch betrachtet. Dies sind Perspektiven, aus denen heraus sich die Frage nach einer adäquaten Unter-nehmens- oder Branchenantwort sehr unterschiedlich stellt.

Krisen können abhängig von der eigenen Betroffenheit, aber auch abhängig vom Bild des krisenauslösenden Unternehmens unterschiedlich wahrgenommen werden. Dies gilt insbesondere mit Blick auf die Frage nach dem *Warum*, also der Frage nach den Ursachen einer Krise. Hier zeigt sich, wie bereits im Kontext der Risikokommunikation (Kap. 7) ein Unterschied zwischen einer technischen und einer nicht-technischen Betrachtung (siehe Abschn. 11.4). In naturwissenschaftlich-technischen Kontexten läuft die Frage nach den Ursachen i. d. R. auf die Frage nach einem objektiv bestimmbaren Wirkungszusammenhang hinaus. Es geht darum zu bestimmen, welches Ereignis oder welche Ereigniskette verantwortlich sind für bestimmte Folgen, was also Ursache(n) und was Wirkung(en) sind. Dafür werden in technischen Vorgehensweisen eindeutige Antworten gefunden – auch, wenn es sich dabei aus soziologischer Perspektive um Ver-einfachungen bzw. Heuristiken handelt.

In der Welt von denkenden und kommunizierenden Menschen läuft die Frage nach den Ursachen bestimmter Handlungen anders ab – sowohl in der Krise von Unternehmen als auch im täglichen Leben. Dafür finden sich Erklärungen in der Psychologie, konkret in der sogenannten Attributionstheorie: Die US-amerikanische Krisenkommunikations-forschung hat die Erklärungskraft der Attributionstheorie für den Bereich der Krisen-kommunikation herausgearbeitet. Was die Theorie im Allgemeinen interessiert – ob das Verhalten einer Person als Ergebnis ihrer eigenen Entscheidungen oder als Ergebnis von externen Umweltbedingungen wahrgenommen wird (vgl. Kelley, 1973, S. 107) – interessiert bei der Krisenkommunikation im Besonderen: Wird eine Branche/ein Unter-nehmen/eine Person von externen Stakeholdern als Verursacherin oder als Opfer einer Krise wahrgenommen?

Kelley (1973) ist dabei in seinen empirischen Studien zu folgenden Ergebnissen gekommen: Stellt das Handeln der Person eine Ausnahme dar, was aber trotzdem in verschiedenen Situationen zum Ausdruck kommt? Dann wird das Handeln dem Akteur zugeschrieben (interne Attribution). Handelt die Person so wie alle anderen Akteurinnen in einer vergleichbaren Situation (hoher Konsenus) und handelt sie nur in wenigen Situationen in dieser Art und Weise (hohe Distinktheit)? In diesem Fall wird die Ver-antwortung der Situation zugerechnet – die Ursache also in der Umwelt gesehen (externe Attribution) (Tab. 11.2).

Tab. 11.2 Attributionsprozess in Krisensituationen

	Interne Attribution (Akteurin)	Externe Attribution (Situation)
Verantwortungs- zuschreibung	Die Landwirtin ist selbst verantwort- lich	Die Landwirtin ist Opfer der Situation
Beispielhafte Krisensituation	Verenden von Hühnern aufgrund einer defekten Lüftungsanlage	Keulung von Geflügel wegen einer Vogelgrippe
Konsensus	Niedrig Beispiel: die überwältigende Mehrheit der Lüftungsanlagen von Ställen für Nutztiere arbeitet stets zuverlässig	Hoch Beispiel: alle landwirtschaftlichen Betriebe in der Region müssen ihre Tiere keulen
Distinktheit	Niedrig Beispiel: der Betrieb ist in der Ver- gangenheit wiederholt aufgrund von anderen Tierschutzproblemen auffällig geworden, die Außenanlagen machen einen ungepflegten Eindruck	Hoch Beispiel: Über den Betrieb ist bekannt, dass er gut geführt ist und sich gut um seine Tiere kümmert
Konsistenz	Hoch Beispiel: In dem Betrieb ist es wiederholt zu toten Tieren aufgrund von Problemen mit der Lüftung gekommen	Hoch Beispiel: Der Betrieb hat in der Ver- gangenheit in vergleichbarer Weise gehandelt

Mit Blick auf die öffentliche Kommunikation und die zu schützende Reputation des Unternehmens hat die Krisenkommunikationsforschung dabei vor allem zwei Fragen als entscheidend herausgearbeitet:

1. Bis zu welchen Grad wird das Unternehmen verantwortlich gemacht?
2. Wird das krisenauslösende Unternehmen als Entscheiderin oder Betroffene[7] und damit dann entweder als Täterin oder Opfer des krisenauslösenden Ereignisses wahrgenommen und bezeichnet (vgl. Coombs, 2007, S. 166)?

Die Antworten auf diese Fragen entscheiden mit darüber, wie hoch der Reputationsverlust eines Unternehmens ist – und welches Vorgehen sich in der Praxis als vorteilhaft zur Krisenbewältigung erweisen dürfte.

Die Herausbildung von Entscheiderinnen- und Täterinnenwahrnehmungen geschieht dabei – wie Klaus Merten (2014, S. 164) herausgearbeitet hat – auf verschiedenen Wirklichkeitsebenen. So setzt sich die *aktuelle Wirklichkeit* der Krise aus der *realen Wirklichkeit* (z. B. selbst erhobene Fakten zur Krise) und der *fiktionalen Wirklichkeit* (z. B. Wortmeldungen von Stakeholdern in den Medien) zusammen. Die Zurechnung von

---

[7] Diese Unterscheidung finden wir bereits im Kontext der Risikokommunikation (siehe Abschn. 7.2).

Verantwortung wird auch von Journalistinnen vorgenommen und findet schließlich Niederschlag in der Berichterstattung. Befragungen von Medienleuten kamen zu dem Ergebnis, dass mehr als zwei Drittel der Journalistinnen bei Krisenereignissen die Problemlage bewusst übertreiben, mit der Absicht, auf diese Weise einen Missstand zu beheben (vgl. Kepplinger, 2015, S. 998).

Die Beobachtungen dieser aktuellen Wirklichkeit in der Krise bringt wiederum Effekte mit sich. Käuferinnen boykottieren ein Produkt, Aktionärinnen verkaufen ihre Anteile, Politikerinnen kündigen Konsequenzen an, und auch das wird wiederum Teil der öffentlichen Kommunikation auf der Ebene der *„strategischen Wirklichkeit"* (vgl. Merten, 2014, S. 164). Das hohe Reflexionsniveau, das vor dem Hintergrund der unterschiedlichen Wirklichkeitsebenen und ihrer Interdependenzen erforderlich wird, um eine Krise und ihre Kommunikationsdynamiken zu erfassen, macht die Krisenkommunikation in der Praxis so anspruchsvoll.

11.4 Krisenkommunikation in der Praxis

Die praktische Krisenkommunikation geschieht meist unter vergleichsweise ungünstigen Bedingungen. Dies gilt insbesondere für eruptive, plötzlich eintretende Krisen, die durch Unfälle, Medienberichte oder Gerüchte und Beschuldigungen in den sozialen Netzwerken hervorgerufen werden. Antworten auf Strategiekrisen und Marktkrisen können i. d. R. auf Basis des klassischen Konzeptionsprozesses gefunden werden (siehe Kap. 2) – vor allem dann, wenn diese nicht durch ein akutes Ereignis ausgelöst werden (vgl. Hofmann & Braun, 2008, S. 137). Bei eruptiven Krisenverläufen haben es Unternehmen und Branchenbereiche dagegen mit zwei Anforderungen zu tun, die schwer vereinbar sind.

- Zum einen erfordert eine sich eruptiv entwickelnde Krisensituation eine schnelle Reaktion. Öffentlichkeit und Stakeholder erwarten Antworten. Dies erzeugt unmittelbaren Handlungsdruck. Zugleich thematisieren Medien die Ereignisse; und erzeugen dabei ihre eigene Version der Geschehnisse (siehe Abschn. 7.2) – unabhängig davon, ob das Unternehmen bereits sprachfähig ist.
  Bleibt das Unternehmen stumm, kann dies zur Schädigung seiner Reputation führen. Die kommunikationswissenschaftliche Forschung sowie zahlreiche Stimmen aus der Praxisliteratur zu diesem Thema erklären, dass ein offensiver Umgang mit der Krise und eine schnelle kommunikative Reaktion i. d. R. vorteilhafte Wirkungen mit sich bringen (vgl. Riecken, 2008, S. 211; Mast, 2008, S. 89–111). Journalistinnen haben ein positiveres Bild von Organisationen, wenn diese in der Krise aktiv kommunizieren. Zu diesem Schluss kommt beispielsweise Simon Herrmann in einer empirischen Studie zur Wirkung von Krisenkommunikation. In seinen Untersuchungen bestätigt sich zudem die Hypothese, dass Journalistinnen weniger emotionales Potenzial in einer Krise vermuten, wenn sie Informationen dazu vom Unternehmen und nicht von Dritten erhalten (vgl. Herrmann, 2012, S. 184–185).

Auch bei den Verbraucherinnen hat eine schnelle Reaktion positive Effekte. In einer experimentellen Studie zu einem Skandal in der Fleischbranche konnten Göttinger Agrarökonominnen zeigen, dass ein Schweigen sogar negativer bewertet wird als ein Dementi mit Blick auf die Verantwortung für die Krise. Am positivsten dagegen wurde in der Studie eine Entschuldigung bewertet (vgl. Cordes et al., 2016, S. 103).

- Neben der Geschwindigkeit erfordert eine Krisensituation zum zweiten Gründlichkeit in der Kommunikation. Die Öffentlichkeit erwartet nicht nur schnelle, sondern auch präzise und belastbare Antworten – gerade dann, wenn, wie im Agrar- und Ernährungsbereich, vielleicht sogar die Gesundheit von Mensch und Tier auf dem Spiel steht. Unklare oder zweideutige Äußerungen können für Missverständnisse sorgen und die Krisenlage weiter verschärfen (vgl. Hofmann & Braun, 2008, S. 140).

Dieser Zeitdruck erhöht die Gefahr, dass Fehler gemacht werden; weil in der Drucksituation die kognitiven und emotionalen Kapazitäten stark beansprucht sind (vgl. Johanssen & Dujic, 2008, S. 201), Sachverhalte unzureichend geprüft und Informationen unvollständig weitergegeben werden. Deshalb ist Zeitgewinn bei Krisenausbruch wichtig. Er kann erreicht werden, wenn Krisen besonders schnell identifiziert werden und ihre Tragweite eingeschätzt wird – eine der schwierigsten Aufgaben, wie in Abschn. 11.2 deutlich wurde. Helfen können dabei Analysemethoden und Vorgehensweisen, die im Bereich der Risikokommunikation zum Einsatz kommen (siehe auch Abschn. 7.3).

Zudem lässt sich Zeit gewinnen, wenn in Nicht-Krisenzeiten die inhaltlichen und operativen Punkte vorbereitet werden, die sich vordenken und konzeptionieren lassen. Dazu zählen Arbeitsschritte, die in der allgemeinen Konzeptionslehre typischerweise erst mit Aufkommen eines Problems im Anschluss an die Analyse und Strategieauswahl durchgeführt werden (siehe Kap. 2) – als Teil der Umsetzungsplanung (siehe Kap. 5). Welche Punkte in Nicht-Krisenzeiten vorbereitet werden können, wird im Folgenden erläutert.

11.4.1 Krisenvorbereitung

Ein beträchtlicher Teil von Aufgaben der Krisenvorbereitung besteht in einer Art antizipativer Umsetzungsplanung. Die Umsetzungsplanung der *Krisenvorbereitung* weicht dabei von der Umsetzungsplanung einer „normalen Kommunikation" ab, wie sie in Kap. 2 für den Konzeptionsprozess beschrieben wurde. Denn bei der Krisenvorbereitung geht es nicht darum, eine zeitnah zu erfolgende Umsetzung von Kommunikation konkret vorzubereiten – mit einer ausgearbeiteten Dramaturgie, einer inhaltlichen Storyline und einem Einsatzplan für die verschiedenen Kanäle. Stattdessen werden mit einer antizipativen Umsetzungsplanung mögliche Krisen der Zukunft gedanklich vorweggenommen und dafür wichtige Informationen, Regeln und

Instrumente bereitgestellt – mit dem Ziel des Zeitgewinns (vgl. Klewes & Popp, 2014, S. 384). Dafür gilt es

1. zu überlegen, welche Krisenfälle im eigenen Unternehmen sowie in der eigenen Branche denkbar sind und dazu
   a. Inhalte aufzubereiten, die dann für die Kommunikation erforderlich werden, um sprachfähig zu sein.
   b. entsprechende materielle Ressourcen zu definieren, die für den Krisenfall bereitstehen müssen, um sprechen zu können und gehört zu werden (Sachdimension).
2. festzulegen, wer in der Krise für welche Aufgaben verantwortlich ist, wie die Zusammenarbeit aussieht und welche relevanten Akteurinnen extern angesprochen werden müssen (Sozialdimension).
3. Prozesse zu definieren, aus denen hervorgeht, in welcher Abfolge welche grundsätzlichen Schritte in der Kommunikation zu erledigen sind und wie diese Schritte ineinandergreifen (Zeitdimension).

Krisenkommunikationsplan

Alle wichtigen Informationen aus den drei genannten Dimensionen (Sachdimension, Sozialdimension und Zeitdimension) werden in einem Krisenmanagementplan fixiert (vgl. Krämer, 2008, S. 155). Ein solcher Plan ist laut Literatur bereits Standard in vielen Unternehmen (vgl. Riecken, 2014, S. 321; Merten, 2014, S. 167). Er dient im Fall der Fälle als *„Werkzeugkasten des Krisenmanagements"* (Koulalis & Schäfer, 2019, S. 55) und ist für alle am Krisenmanagement Beteiligten verfügbar (vgl. Coombs, 2015, S. 66–67). Ein umfangreiches Beispiel für ein solches Dokument liefert das Krisenhandbuch für Kommunikation des Kreisbauernverbands im Fallbeispiel Krisenkommunikationshandbuch. Das Dokument bietet für den Verband und seine Mitglieder auf 50 Seiten detaillierte Vorgaben zur operativen und insbesondere kommunikativen Krisenbewältigung – sowohl mit Blick auf inhaltliche und ressourcenbezogene als auch auf personelle sowie prozessuale Aspekte.

Kultur des Vorbereitetseins auf Krisen

Ein Krisenplan ist im Idealfall im doppelten Sinne ein lebendes Dokument: Zum einen muss er fortwährend aktualisiert werden, damit im Krisenfall alle Informationen aktuell sind. Zum anderen sollte er bereits im Rahmen seiner Erstellung für Krisenthemen sensibilisieren und die Themen ins Unternehmen hereintragen. Mit Krisentrainings können diese Sensibilisierung und Kompetenz zur Krisenbewältigung stabil gehalten werden (vgl. Pauchant & Mitroff, 1992, S. 114). Es geht darum, eine Kultur des Vorbereitetseins zu schaffen. Andernfalls ist die Leistungsfähigkeit von Krisenplänen begrenzt – so zumindest folgert auch der Krisenkommunikationsforscher Francis Marra auf Basis von Fallstudien über Krisenfälle in Großunternehmen (vgl. Marra, 1998, S. 472).

11.4.1.1 Sachdimension: Krisentypen, inhaltliche Schwerpunkte von Krisen und Ressourcen

Denkbare Krisenfälle

In Abschn. 11.2 zeigte sich: Krisen können unterschiedlich sein, was Krisenursache, Dynamik und Typus betrifft. Theoretisch sind unzählige Ausprägungen von Krisenereignissen denkbar. Maßnahmenplanung zur Krisenbewältigung bedeutet somit immer auch ein Handeln und Entscheiden unter Ungewissheit, da die Effektivität der Handlungen und Entscheidungen im Fall der Fälle nicht sicher abgeschätzt werden kann (vgl. Merten, 2014, S. 159). Planung und Vorausdenken erscheinen vor dem Hintergrund dieser Ungewissheit fast abwegig – angesichts des Zeitdrucks jedoch zugleich erforderlich. Erfahrungen aus der Praxis zeigen zudem, dass bestimmte Branchen und ihre Unternehmen anfälliger sind für bestimmte Krisentypen und dass sich trotz der Einzigartigkeit jeder Krise bestimmte Muster wiederholen können. Für eine Tierhalterin und ihren Betrieb dürfte beispielsweise eine Stakeholderkrise wahrscheinlicher sein als für eine Saatgutvermehrerin. Schließlich ist die Nutztierhaltung ein öffentlich kontrovers diskutiertes Thema. Eine Direktvermarkterin muss eher damit rechnen, in eine Krisensituation zu geraten, weil ein von ihr hergestelltes Lebensmittel als nicht sicher wahrgenommen wird, als eine Berufskollegin, die *nur* an eine Genossenschaft abliefert. Für einen Ackerbaubetrieb mit Hanglage besteht eine größere Gefahr, dass Nährstoffe in Gewässer geschwemmt werden, im Vergleich zu einem Betrieb mit anderen topografischen Gegebenheiten. Entsprechend dürfte er bei Krisen dieser Art bevorzugt in den Blick der Öffentlichkeit geraten. Über diese intuitive Betrachtung der eigenen Krisenanfälligkeit hinaus lassen sich zwei weitere Typen von Informationsquellen für die Krisenvorbereitung nutzen.

1. Hilfreich sind eigene Erfahrungswerte und die aus vergleichbaren Betrieben. Eine empirische Studie zeigt, dass das Lernen aus vergangenen Krisen besonders wichtig ist (vgl. Pauchant & Mitroff, 1992, S. 139–140).
2. Relevant können auch Erkenntnisse aus zukunftsgerichteten Ansätzen wie der Themen- und Risikoanalyse sein, wie sie in den Kapiteln Analyse (siehe Abschn. 3.2.1) bzw. Risikokommunikation (siehe Abschn. 7.3.1) dargestellt sind. Diese können Hinweise geben, in welchen Bereichen eine Krisenanfälligkeit der Branche zu vermuten ist – bei Themen, bei denen Störungen eingelebter Anspruchsniveaus in den Feldern von Umweltschutz, Verbraucherschutz und Tierschutz beobachtet werden. Besonders kleinere Unternehmen konzentrieren sich nach Beobachtungen aus der Krisenforschung noch zu stark ausschließlich auf Erfahrungen aus vergangenen Krisen und haben mögliche Auslöser für künftige, neue Krisen zu wenig vor Augen (vgl. Spillan & Hough, 2003, S. 406).

Aufbereitung von Inhalten

Auf Basis der Erkenntnisse zu denkbaren Krisenfällen werden im nächsten Schritt relevante Themenfelder identifiziert und entsprechende Inhalte zu Textbausteinen aufbereitet (vgl. Hofmann & Braun, 2008, S. 140).[8]

Der Kreisbauernverband hat dies für die Themenfelder *Rückstände im Futter, Tierseuchen, Massentierhaltung* und *Gülle* vorgenommen. Nach Einschätzungen des Verbands sind dies die Bereiche mit dem höchsten Krisenpotenzial für seine Mitglieder – auch deshalb, weil die Region durch eine vergleichsweise hohe Viehdichte geprägt ist. Zu jedem dieser Themenfelder enthält das Krisenkommunikationshandbuch Textbausteine, in denen die Kernpositionen des Verbands und wesentliche fachliche Inhalte dargelegt sind. Derartig präventiv erstellter Content kann im Krisenfall als Grundgerüst für Beiträge wie Pressemitteilungen oder Social-Media-Posts genutzt werden (siehe Kap. 5).

Textbausteine für die Krisenkommunikation sind bewusst einfach gehalten. Schließlich sollen sie für Laien verständlich sein und damit eine klare Kommunikations- und Argumentationsgrundlage bieten. Ganz konkret finden sich einige Texte im Krisenkommunikationshandbuch selbst – für andere Informationen sind dagegen Verweise im Intranet des Verbands hinterlegt, über die die Informationen online schnell verfügbar sind.

Bereitstellung und Definition erforderlicher Ressourcen für den Krisenfall

Über die inhaltliche Vorbereitung hinaus sind weitere Schritte für eine schnelle Reaktion in der Krise wichtig. So gilt es im Vorfeld festzulegen, welche konkreten Arbeitswerkzeuge direkt zur Verfügung stehen müssen. Dazu zählen zum einen Arbeitshilfen wie Formblätter für Arbeitsaufgaben. Sie funktionieren in Krisenfällen wie eine Checkliste für Kommunikationsaufgaben.

Ein Beispiel dafür liefert ein Formblatt aus dem Fallbeispiel Krisenkommunikationshandbuch für eine Erstreaktion in der Krise in Abb. 11.3. Das Formblatt funktioniert wie eine Checkliste. Es beschleunigt den Prozess der Krisenreaktion, da nicht mehr überlegt und entschieden werden muss, welche Informationen und Mitteilungen wichtig sind. Das Formblatt gibt dies vor.

Auch die Anforderungen an Informationsmedien und die räumliche Infrastruktur für das Krisenmanagement sind im Krisenplan formuliert – z. B. Festnetztelefone, Faxgeräte, Scanner, Kopierer, Computer mit Internetanschluss, Präsentationsmedien wie beispielsweise Beamer, Flipcharts und Präsentationswände. Verfügbarkeit und verantwortliche Personen sind ebenfalls festgelegt. Sie sind die Voraussetzung dafür, dass die situative instrumentelle Umsetzung (Abschn. 5.2) ohne Verzögerung gelingt.

---

[8] Das in Abschn. 11.2 genannte Beispiel Arla Foods und der Boykott in der arabischen Welt zeigten, dass es immer auch Krisen gibt, die abseits der bisher für möglich gehaltenen Aspekte liegen. Gleichwohl sollte das nicht davon abhalten, in den für möglich gehaltenen Themenfeldern vorzuarbeiten.

Erstreaktion Krise

In _____	Wir haben großes Mitgefühl mit
(Ort, ggf. Adresse) im Kreis x ist heute,	_____ /
	führen uns verantwortlich für
am _____ Folgendes passiert.	_____ /
_____	Wir begeben uns jetzt auf die detaillierte Suche
_____	nach den Ursachen/werden nun als Erstes
_____	_____ /
(erste kurze Beschreibung)	bemühen uns um
	_____
	Wir sind zuversichtlich, dass
Für den Kreisverband bedeutet dies:	_____
	_____
_____	
_____	
(falls erste Einschätzung möglich)	

Abb. 11.3 Formblatt für Erstreaktion auf Krise

Räumliches Zentrum zur Krisenbewältigung ist der Krisenraum, der *War Room* – hier trifft sich das Krisenmanagementteam (siehe Abschn. 11.4.1.2 zur Lagebesprechung und Abstimmung der nächsten Schritte. Der Raum sollte ebenfalls in der Vorbereitung ausgewählt und mit der bereits genannten Infrastruktur ausgestattet sein. Neben diesen materiellen Ressourcen empfiehlt sich bei größeren Unternehmen auch der Einsatz von digitalen Ressourcen wie einer bestimmten Internetseite, einer Dark Site. Eine Dark Site ist eine separate Internetseite des Betriebs, die erst im Krisenfall aktiviert und für Nutzerinnen sichtbar wird (vgl. Köhler, 2008, S. 241; González-Herrero & Smith, 2008, S. 149). In einer schweren Krise kann sie die *normale* Website ersetzen – bei kleineren Krisen mit geringerer Reichweite ist dies eher nicht empfehlenswert. Schließlich kann durch einen solchen Schritt auch die Überdramatisierung einer Krise erreicht werden (vgl. Coombs, 2015, S. 104).

11.4.1.2 Sozialdimension – klare Rollen- und Aufgabenteilung für die Zusammenarbeit

Ein wichtiger Punkt der Krisenvorbereitung besteht in der Klärung der Frage, wer im Fall der Fälle welche Aufgabe übernimmt. Die formalen und gelebten Regelungen aus Nicht-Krisenzeiten reichen dafür typischerweise nicht aus. Es sollte klar sein, wer die Krise intern aufarbeitet – z. B. fachlich klärt, ob die Nährstoffeinträge in Gewässer tatsächlich von den eigenen Flächen stammen können, bzw. ob die Bilder zweifellos aus dem eigenen Stall stammen, wann sie aufgenommen wurden und wie sie zu bewerten sind. Auch sollte für eine reibungslose instrumentelle Umsetzung (siehe Abschn. 5.2) vorher festgelegt werden, wer mit den Medien spricht, wer ggf. Kontakt zu den Behörden hält – und bei wem die einzelnen Fäden zusammenlaufen.

Der Krisenstab

In größeren Unternehmen, Verbänden und anderen Organisationen wird dafür im Vorfeld ein Krisenstab benannt, der bei Krisenausbruch zusammentritt und dann als Krisenmanagement-Team zusammenarbeitet (vgl. Coombs, 2015, S. 68). Mitglieder eines solchen Teams zeichnen sich idealerweise durch drei Aspekte aus. Sie sollten:

- die fachlichen Fähigkeiten besitzen, die im Krisenfall gebraucht werden könnten, z. B. juristische, technische, kaufmännische oder eben kommunikative Beurteilungskompetenzen (vgl. Coombs, 2015, S. 69),
- überfachliche Kompetenzen mitbringen, z. B. ein hohes Maß an Teamfähigkeit, Umgang mit Mehrdeutigkeiten sowie Stressresistenz (vgl. Coombs, 2015, S. 75),
- mit formalen Kompetenzen ausgestattet sein, um Entscheidungen schnell treffen zu können.

Dabei sind derartige Teams nicht selten in besondere Organisationsstrukturen eingebettet: Das Bundesamt für Verbraucherschutz und Lebensmittelsicherheit (BVL) hat für den Fall eines besonderen Vorkommnisses, eines Ereignisses und einer Krise eine wie in Abb. 11.4 ersichtliche Aufbauorganisation vorgesehen: So arbeiten in dieser Situation zwei Organisationsbereiche, die (fachliche) Besondere Aufbauorganisation (BAO Stufe

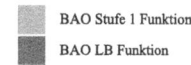

Besonderes Vorkommnis und Ereignis | BAO Stufe 1

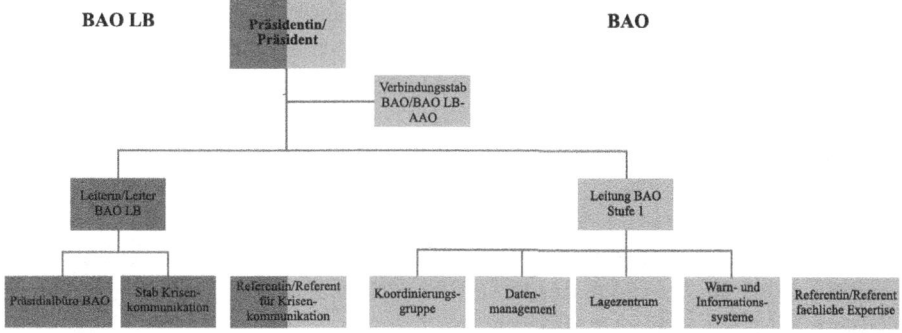

Abb. 11.4 Aufgabe der Kommunikation in der Aufbauorganisation des BVL für Krisenfälle (BVL, 2021)

1 und 2) und die Besondere Aufbauorganisation des Leitungsbereichs (BAO LB), zu der auch der Stab Krisenkommunikation gehört, zusammen (BVL, 2021).

Der Referentin für Krisenkommunikation kommt dabei die Aufgabe zu, den Informationsfluss zwischen der fachlichen und der Leitungsseite sicherzustellen. Dafür werden alle für die Presse- und Öffentlichkeitsarbeit relevanten Informationen an dieser Stelle gebündelt, aufbereitet und an den Leitungsbereich LB sowie den Stab Krisenkommunikation weitergegeben.

Im Kreisbauernverband des Fallbeispiels Krisenkommunikationshandbuch besteht der Krisenstab aus dem Vorsitzenden, dem stellvertretenden Vorsitzenden, dem Leiter des Ausschusses für Öffentlichkeitsarbeit, der Geschäftsführerin und der Pressesprecherin. Im Krisenkommunikationshandbuch ist festgelegt,

- welche Person in der Krise welche Rollen übernimmt – z. B. mit den Medien kommuniziert, bilaterale Kommunikation z. B. mit der Landrätin oder Behörden tätigt oder auch die Kommunikation im Verband steuert – dokumentiert im Handbuch.
- wie die Verantwortlichkeiten verteilt sind und wer auf welcher Grundlage was entscheiden darf.

Wichtig für eine erfolgreiche Kommunikation als Beitrag zur Krisenbewältigung ist, dass die Kommunikationsverantwortliche als gleichberechtigtes Mitglied des Krisenteams mitentscheiden kann – so zumindest sind die Erfahrungen der Kommunikationsberatung zu diesem Thema. Auf diese Weise findet bei jeder Entscheidung auch die kommunikative Sichtweise, der Reputationsschutz, neben den kaufmännischen, juristischen und technisch-fachlichen Aspekten Berücksichtigung. Es geht – so formulieren es die Kommunikationsberater Klaus-Peter Johannsen und Ana Dujic mit Blick auf die strategische Rolle von Kommunikationsverantwortlichen – nicht zuletzt um notwendige Macht im Entscheidungsprozess (vgl. Johanssen & Dujic, 2008, S. 203).

Organigramme für Krisenstäbe mit abteilungsübergreifenden Teams sind dabei vor allem ein Thema für größere Unternehmen, Behörden und Verbände. Landwirtschaftliche Familienbetriebe und kleinere Unternehmen haben dagegen andere Voraussetzungen. In diesem Rahmen zählen vielleicht nur wenige Personen zum Betrieb. Der Krisenstab ist dann womöglich die Familie und der Küchentisch wird zum War Room. Und doch gilt es auch für diesen überschaubaren Kontext die Fragen der Aufgaben und Verantwortlichkeiten zu klären.

Externe Unterstützung

Für größere und kleinere Unternehmen sowie weitere Organisationen gilt dabei gleichermaßen: Die Aufgabenfülle in Krisenfällen ist i. d. R. beträchtlich. Ohne externe Unterstützung ist sie daher oftmals kaum zu bewältigen. Diese Unterstützung kann sich in Krisenzeiten auf drei Aspekte beziehen:

- die Nutzung von intern nicht verfügbarer Expertise,
- die Integration von zusätzlicher Womanpower oder technischen Kapazitäten sowie
- die Unabhängigkeit von internen Erfahrungs- oder Machtstrukturen (vgl. Klewes und Popp 2014, S. 384).

Ob ein Betrieb im Fall einer Krise derartige Angebote in Anspruch nehmen möchte oder sich in der Lage sieht, dies selbst zu tun, sollte ebenfalls nach Möglichkeit in Nicht-Krisenzeiten vorüberlegt werden. Externe Unterstützung im Krisenmanagement für landwirtschaftliche Betriebe bietet z. B. die Berufsvertretung auf Orts- oder Kreisebene. Alternativ existieren spezielle Agenturen sowie Anwaltskanzleien, die bei der Kommunikation bzw. rechtlichen Aufgaben der Krisenbewältigung ihre Kompetenzen und Erfahrungen anbieten.

Kontaktliste interner und externer Stakeholder
Die Festlegung von Rollen und Verfügbarkeiten wird in Handbüchern zusammengeführt, verbunden mit Kontaktdaten. Was damit entsteht, bezeichnet die Krisenkommunikationsforschung als eine *Crisis Knowledge Map* – in der interne und externe Stakeholdernetzwerke dargelegt sind – ein Punkt, der besonders in der Analysephase einer akuten Krise mit eruptivem Verlauf zentral werden kann (vgl. Coombs, 2015, S. 123). So muss im Krisenfall keine Zeit in die Suche derartiger Informationen investiert werden. Die Crisis Knowledge Map umfasst erstens Kontakte der unternehmens- oder verbandsinternen Ansprechpartnerinnen. Dazu zählen im Krisenkommunikationshandbuch des Kreisbauernverbands alle wichtigen Amts- und Entscheidungsträgerinnen sowie Fachexpertinnen mit Namen, E-Mail, Mobiladresse(n) und Themenverantwortung. Zweitens gehören auch die Kontaktdaten der wichtigen externen Stakeholder dazu (vgl. Coombs, 2015, S. 92). Im Falle des Kreisverbands zählen dazu öffentliche Stellen beim Landkreis wie das Veterinäramt, das Bauamt, Fachbereich Natur- und Umwelt, aber auch Institutionen wie die Landwirtschaftskammer bis hin zu großen Unternehmen der Weiterverarbeitung im Fleisch- und Milchbereich, die in der Region ansässig sind. Auch dies dient dazu, im Krisenfall direkt die wichtigsten Stakeholder als konkrete Ansprechpartner verfügbar zu haben. Auch die Daten zu wichtigen Medienvertreterinnen gehören in die Kontaktliste.

Für den Einzelbetrieb können weitere Stakeholder wichtig sein, z. B. die Hoftierärztin, Nachbarinnen, aber auch Meinungs- und Entscheidungsträgerinnen vor Ort. Für die Identifikation der krisenrelevanten Stakeholder ist eine Analyse (siehe Abschn. 8.8.1) erforderlich.

11.4.1.3 Zeitdimension – Beschleunigung der Aktions- und Reaktionszeiten in Prozessen

Punkte 1 (Sachdimension) und 2 (Sozialdimension) bereiten das *Was* und *Wer* der Krisenreaktion vor, Punkt drei fokussiert stattdessen auf das *Wann*. Für die ersten zwei Stunden nach Kriseneintritt hat das Krisenteam 52 Aufgaben formuliert, die anfallen

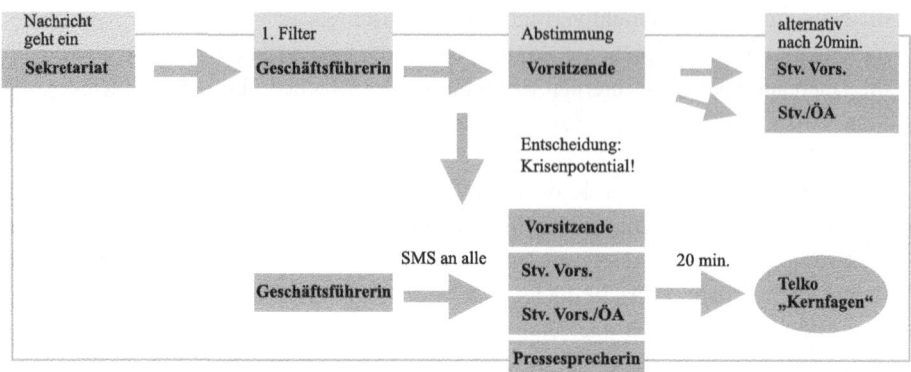

Abb. 11.5 Ablauf des Krisenmanagements gemäß dem Krisenhandbuch im Kreisbauernverband

können – eingeteilt in die Kategorien *klären, erledigen* und *kommunizieren*. Jeder
Aufgabe ist dabei, wie Abb. 11.5 exemplarisch für den Kriseneintritt zeigt, eine Verantwortlichkeit zugeordnet – sei es ein Mitglied aus dem Krisenteam oder aber das
gesamte Team. Eine weitere vorgelagerte Entscheidung ist die der Priorität. Das Krisenkommunikationshandbuch legt fest, welche Aufgaben sofort angegangen werden
und welche innerhalb von zwei Stunden zu realisieren sind. Eine solche Priorisierung
korrespondiert mit den Empfehlungen aus der Literatur: Timothy Coombs schlägt
hier die Einteilung in *dringend, Routine* und *Sonstiges* vor, nach der eingehende
Informationen hinsichtlich ihrer Priorität eingeteilt werden (vgl. Coombs, 2015, S. 125).
Auch dafür kann der Krisenmanagementplan im Vorfeld Orientierung bieten.

11.4.2 Analyse

Die Analyse ist der erste Schritt der Krisenreaktion in einer akut entstehenden Krise.
Sie setzt ein, wenn eine Krise als Krise wahrgenommen wird und das Unternehmen auf
Krisenmodus umstellt – eine besondere Herausforderung, wie in Abschn. 11.2 deutlich
wurde.

11.4.2.1 Problemdefinition
Wie jede Analyse, auch die des Krisenfalls, beginnt mit einer Problemdefinition (siehe
Abschn. 3.1). Allerdings unterscheidet sich, wie am Anfang des Praxisteils beschrieben,
dabei das Vorgehen im Falle einer schleichenden Krise von dem bei Ausbruch einer
eruptiven Krise:

- **Schleichende Krise:** Ein schleichender Verlauf erlaubt und erfordert einen Analyseprozess, wie in Kap. 3. Das heißt: Das Ausgangsproblem wird umfassend beleuchtet;

und es wird geprüft, ob und welche Rolle die Kommunikation spielen kann. Verschiedene Analysewerkzeuge können lose verbunden und explorativ genutzt werden, z. B. eine Benchmark- oder Themenanalyse. Ziel ist es, verschiedene strategische Optionen zu erarbeiteten Lösungsmöglichkeiten zu eruieren und dabei, falls erforderlich, im Kommunikationsprozess bereits erarbeitete Ergebnisse noch einmal anzupassen.

- **Eruptive Krise:** In diesem Fall herrschen andere Voraussetzungen: Ein eruptiver Krisenverlauf erzeugt unmittelbar öffentliche Visibilität. Es steht dann außer Zweifel, dass Kommunikation einen wichtigen Beitrag zur Krisenbewältigung leisten kann. Zugleich billigt ein solcher Krisenverlauf dem Krisenteam wenige Freiheiten zu. Es muss, wie in Abschn. 11.4 aufgeführt, unverzüglich handeln. Für ausgiebige, kreative Analyseprozesse fehlt die Zeit. Die Analyse folgt stattdessen einer Art *Pflichtenheft* – ausgearbeitet im Krisenkommunikationshandbuch. Darin wird dem Krisenmanagementteam mehr oder minder vorgeschrieben, worauf der Fokus der Analyse liegt. Das Managementteam folgt mit dem Pflichtenheft gewissermaßen einem Routineprogramm. Derartige Routineprogramme, so ist es in der soziologischen Organisationstheorie formuliert, haben die Funktion, Instabilität und Unregelmäßigkeit in der Umwelt in Regelmäßigkeit im Unternehmen zu übersetzen und damit derartige Probleme lösbar zu machen (Luhmann, 2007, S. 119). Wenn Krise – dann diese ersten Analyseschritte. Ein solches Vorgehen soll verhindern, dass das Krisenteam in einer möglicherweise unüberschaubaren Situation den Blick auf die Prioritäten verliert. Das Handbuch soll nur so viel Komplexität zulassen, wie zeitlich verkraftbar ist (vgl. Coombs, 2015, S. 119), um so die Handlungsfähigkeit zu sichern.

11.4.2.2 Situationsanalyse

Der Übergang von der Problemdefinition in die Situationsanalyse dürfte in der Praxis eruptiv verlaufender Krisen fließend sein. Der Kreisbauernverband hat sich ebenfalls selbst im Krisenkommunikationshandbuch auf konkrete Aufgaben für die Ausgangsanalyse verpflichtet: Dabei genießen die Fragen in sachlicher Hinsicht, also die Klärung von Fakten, besonders hohe Priorität. Diese sollen überwiegend sofort beantwortet werden:

- Was ist geschehen? Was sind die Ursachen?
- Wer ist/welche Betriebe sind betroffen?
- Sind Menschen bzw. Tiere zu Schaden gekommen?
- Ist die Versorgung der Betroffenen sichergestellt?
- Treten Schadstoffe aus? Ist die Umwelt betroffen?

Eruptiv verlaufende Krisensituationen sind dadurch geprägt, dass faktisch kein Planungshorizont zur Verfügung steht: anders als im Nicht-Krisenmodus, in dem Branche und Betriebe Zeit haben, die Kommunikation zu planen.

Im Beispiel der Milchtankstelle erlaubt das Problem einer saisonal ungünstigen Auslastung es, dass die Situationsanalyse ohne extern gesetzte Zeitrestriktionen verläuft. Ein anderer Fall läge dagegen vor, wenn der Vorwurf im Raum stünde, eine Kundin sei nach dem Verzehr der Milch ernsthaft erkrankt. In solchen Situationen gerät die Organisation unter Stress – Informationen sind mehrdeutig. Zur klären ist, ob die Kundin die Milch getrunken hat, ob sie sie vorher vorschriftsmäßig abgekocht hat und ob typische Symptome einer Lebensmittelvergiftung mit Rohmilch aufgetreten sind. Ebenso geht es darum, ob weitere Kundinnen betroffen sind. Diese und andere Fragen sind nicht immer direkt gesichert zu beantworten, zumal sich die Informationslage und damit auch die Aufgabenlage unerwartet wieder ändern können.

Gleiches würde gelten, wenn Bilder aus Ställen ausgestrahlt würden, die dem Betrieb zugerechnet werden, verbunden mit Beschuldigungen inakzeptabler Haltungsbedingungen. Auch in diesem Fall gilt es unverzüglich die Sachlage aufzuklären und intern Klarheit über den Fall zu bekommen. Zugleich geht es auch in der Analyse um Themen in der Sozialdimension, konkret um relevante Akteurinnen, die Informationen und Interpretationen liefern:

- Wer hat ggf. den Schaden gemeldet? Wer weiß davon (intern und extern)?
- Wer ist intern Expertin für das Thema? Wer ist renommierte Expertin extern?

Die bereits erwähnte Crisis Knowledge Map ist Ausgangspunkt zur Beantwortung dieser Fragen, in sachlicher, aber auch sozialer Hinsicht. In ihr sind relevante interne und externe Stakeholder aufgelistet (vgl. Coombs, 2015, S. 123); Ansprechpartnerinnen vor Ort, die mehr Klarheit und Tiefenschärfe über das Geschehene ermöglichen (Fakten: Was ist geschehen?); außerdem Expertinnen, die eine Einordnung und Bewertung der Situation leisten können (Interpretation von Fakten: Wie ist das Geschehene zu bewerten?). Beides – mehr Klarheit auf Faktenebene und Verständnis auf der interpretativen Ebene – sind Grundlagen zur Entscheidung der nächsten Handlungsschritte. Für den Kreisbauernverband sind dabei folgende Fragen zu klären:

- Muss die Bevölkerung (die Nachbarinnen) gewarnt werden? Auf welche Weise?
- Müssen Vorkehrungen nach dem Seuchengesetz getroffen werden?
- Muss der Schaden bei weiteren Behörden gemeldet werden?

Die Auswahl aus dem Handbuch nach den Aufgaben der ersten zwei Stunden macht deutlich, dass für eine professionelle Krisenkommunikation die Betrachtung der Situation aus rechtlicher Perspektive – neben technisch-fachlichen Fragen – von besonderer Relevanz sein kann. Die folgenden Darstellungen geben einen ersten Eindruck über die juristische Bewertung von Krisen und entsprechende Kommunikationspflichten. Die Inanspruchnahme einer juristischen Beratung in einer Krisensituation ersetzen die Ausführungen jedoch keinesfalls.

Analyse der rechtlichen Rahmenbedingungen
Eine sorgfältige Analyse der Rechtslage erweist sich vor allem aus zwei übergeordneten Gründen als relevant:

1. **Rechtliche Pflichten:** Es geht darum, dass Agrar- und Lebensmittelunternehmen unter bestimmten Voraussetzungen zur Kommunikation verpflichtet sind: Zum einen mit bestimmten Stakeholderinnen wie Behördenvertreterinnen; zum Zweiten aber ggf. auch direkt mit der Öffentlichkeit; insbesondere dann, wenn es um gesundheitliche Risiken geht.
2. **Strategische Optionen:** Eine sorgfältige Beurteilung der Rechtslage kann ebenfalls dazu dienen, wichtige Schlüsse für die geeignete kommunikative Strategie abzuleiten.

Lebens- und futtermittelrechtliche Aspekte
Rechtlich vorgegebene Kommunikationspflichten können sich auf die Benachrichtigung von Kundinnen beziehen. Es kann zudem um die Information und Abstimmung mit Geschäftspartnerinnen und Behörden gehen. Erforderlich werden diese Schritte vor allem in Fällen, in denen Ansprüche von Konsumentinnen berührt sind bis hin zur Schädigung der Gesundheit. Die Prüfung der lebensmittelrechtlichen Aspekte ist dann zentral, wenn ein Lebensmittel nicht den erforderlichen Standards entspricht. Der Gesetzgeber hat dies in der Verordnung (EG) Nr. 178/2002 des Europäischen Parlaments und des Rates vom 28. Januar 2002 zur Festlegung der allgemeinen Grundsätze und Anforderungen des Lebensmittelrechts, zur Errichtung der Europäischen Behörde für Lebensmittelsicherheit und zur Festlegung von Verfahren zur Lebensmittelsicherheit festgelegt. Auf Basis dieser Verordnung sind drei Sachverhalte zu unterscheiden, deren Implikationen für die Kommunikation im Folgenden exemplarisch an möglichen Ereignissen des Fallbeispiels Eierhandel verdeutlicht werden:

1. Es besteht Grund zu der Annahme, dass an den LEH gelieferte Eier als Lebensmittel nicht verkehrsfähig sind – ein Grund könnte eine falsche Etikettierung sein, z. B. mit Blick auf die Angabe der Haltungsform. In diesem Fall ist es ein Vertriebsstopp, der sich aus der Nichtverkehrsfähigkeit und einem Verkaufsverbot ergibt.
2. Es besteht Grund zu der Annahme, dass die Eier als Lebensmittel unsicher sind, da sie ungeeignet für den Verzehr sind, z. B. wegen Schadnageranfraßes der Verpackung. In diesem Fall ist gemäß Art. 19 Abs. 1 Satz 1 EG VO 178/2002 zumindest ein stiller Rückruf erforderlich – die rechtlich notwendige Kommunikation beschränkt sich auf die zwischen Großhandel und Lebensmitteleinzelhandel sowie die Information der Behörden. Auch wenn die Eier bereits an den Handel ausgeliefert sind und die Verbraucherin bereits erreicht haben könnten, genügt eine *stille* Maßnahme, sofern keine Gesundheitsgefahren für die Verbraucherin bestehen.
3. Es besteht Grund zu der Annahme, dass in den Verkehr gebrachte Eier als Lebensmittel unsicher einzustufen sind, da sie möglicherweise gesundheitsschädlich sind. Wenn die betreffenden Lebensmittel die Verbraucherinnen erreicht haben können, ist

die Ware öffentlich/medial zurückzurufen. Dies ist gemäß Art. 19 Abs. 3 Satz 1 EG
VO 178/2002 unverzüglich den zuständigen Behörden mitzuteilen. Außerdem muss
die Behörde über Maßnahmen unterrichtet werden, die getroffen worden sind, um
Risiken für die Endverbraucherin zu verhindern. Auch darf niemand daran gehindert
oder davon abgeschreckt werden, gemäß einzelstaatlichem Recht und einzelstaat-
licher Rechtspraxis mit den zuständigen Behörden zusammenzuarbeiten, um einem
mit einem Lebensmittel verbundenen Risiko vorzubeugen, es zu begrenzen oder aus-
zuschalten. Das bedeutet, dass kein kommerzieller Druck aufgebaut werden darf, um
einen notwendigen Rückruf zu unterbinden.

Entsprechende Regeln gelten ebenfalls für den Bereich der Futtermittel. Auch für diesen
Wirtschaftsbereich sind gemäß Art. 20 Abs. 3 Satz 1 EG VO 178/2002 kommunikative
Pflichten im Krisenfall vorgesehen, sofern ein Futtermittel die Vorgaben der Futter-
mittelsicherheit möglicherweise nicht erfüllt. Dabei handelt es sich zum einen um
Informationspflichten gegenüber der Verwenderin des Futtermittels, zum anderen um
Informations-, aber auch Abstimmungspflichten gegenüber zuständigen Behörden.

Liegt eine Sachlage vor, in der kommuniziert werden muss, so ist dies in enger
Abstimmung mit den Behörden vorzunehmen. Eine aus Behördensicht unvollständige
oder unzureichende Information der Öffentlichkeit kann dabei zur Folge haben, dass die
Behörde sich selbst an die Öffentlichkeit wendet, wozu diese gemäß §40 Abs. 2 Satz 1
LFBG– nach Anhörung der betroffenen Herstellerin oder Inverkehrbringerin – verpflichtet ist. Ein derartiges Procedere ist auch aus kommunikativer Sicht unbedingt zu
vermeiden. Schließlich ist eine aktive Reaktion, wie in Abschn. 11.4 beschrieben, ein
wichtiger Bestandteil für ein erfolgreiches Reputationsmanagement in der Krise.

Das Einschreiten der bzw. die Übernahme der Krisenkommunikation durch die
Behörde lässt sich überhaupt nicht mehr vermeiden, wenn es sich um strukturelle Krisen
wie EHEC, BSE oder andere Ereignisse handelt, deren Ausmaß weit über einen Einzelbetrieb hinausgeht. Hier ist die Politik gefordert. Demnach handelt es sich dabei „um
Situationen, mit so weitgehender Beteiligung kritischer Faktoren, dass die Bewältigung
des jeweils von einem Lebensmittel oder Futtermittel ausgehenden Risikos so komplex
ist, dass es nicht durch bereits getroffene Sofortmaßnahmen auf nationaler und
europäischer Ebene angemessen bewältigt werden kann" (Europäische Kommission
29.04.2004, L 160/102).

- **Tierseuchen sowie umwelt- und tierschutzrelevante Aspekte:** Die rechtliche
  Perspektive ist auch dann für die kommunikative Analyse von hoher Relevanz, wenn
  es um Tierseuchen oder um Krisen geht, die durch umwelt- oder tierschutzrelevante
  Ereignisse ausgelöst wurden. Eine unmittelbare Informationspflicht gegenüber der
  Öffentlichkeit, wie sie bei den genannten lebensmittel- und futtermittelrechtlichen
  Sachverhalten besteht, existiert in diesen Fällen zwar nicht in vergleichbarer Weise.
  Dennoch ist eine umfassende Analyse der rechtlichen Pflichten unverzichtbar, um
  Fehler bei der Kommunikation zu vermeiden. Dies beginnt bei der Anzeigepflicht von

Tierseuchen bzw. Erscheinungen, die einen Ausbruch befürchten lassen. Gemäß §4 TierGesG ist ein Halter verpflichtet, dies der nach Landesrecht zuständigen Behörde zu melden.

Meldepflichten bestehen zudem auch, wenn es um umweltschutzrelevante Aspekte geht. In der Verordnung über Anlagen zum Umgang mit wassergefährdenden Stoffen (AwSV) werden in Anlage 7 Anforderungen an Jauch-, Gülle- und Silagesichersaftanalagen (JGS-Anlagen) formuliert. Neben verschiedenen technischen und baulichen Vorgaben finden sich auch hier kommunikative Aufgaben. So hat der Betreiber gemäß Absatz 6.2 Anlage 7 AwSV bei Verdacht des Austritts einer nicht unerheblichen Menge von wassergefährdenden Stoffen unverzüglich die Behörde zu unterrichten.

Auch im Falle möglicher tierschutzrelevanter Sachverhalte im Stall ist eine Bewertung der Rechtslage wichtig – gleichgültig, ob der Sachverhalt bereits durch Bildmaterial bekannt ist oder nach gegenwärtigem Informationsstand ansonsten niemand Kenntnis hat. Die wichtigsten kommunikativen Pflichten bestehen hier jedoch nicht gegenüber dem Gesetzgeber. Vielmehr legen Qualitätsprogramme wie beispielsweise das QS-System der QS Qualität und Sicherheit GmbH Regeln für ihre Teilnehmerinnen fest, die damit für diese faktisch ebenfalls ein hohes Maß an Verbindlichkeit besitzen. Das QS-System gibt mit dem „Meldebogen für den Ereignisfall" Hinweise zum richtigen Umgang mit Ereignis- und Krisensituationen. Liegt ein kritisches Ereignis vor – im Bereich der Tierhaltung ist dies z. B. der Verdacht auf eine melde- oder anzeigenpflichtige Tierseuche oder auch negative Medienberichte über den Betrieb mit Blick auf das Thema Tierschutz – ist dies der QS möglichst konkret zu berichten (vgl. QS Qualität und Sicherheit o. J.). Ziel des QS-Ereignismanagements ist es dann, mithilfe von Sonderaudits Klarheit zu schaffen und Sachverhalte objektiv aufzuklären, insbesondere im Rahmen von Stalleinbrüchen, aus denen Bilder hervorgegangen sind, nach denen der Verdacht von Verstößen gegen das Tierschutzgesetz im Raum steht (vgl. QS Qualität und Sicherheit 05.08.2018).

- **Unterschiede und Unvereinbarkeiten von juristischer und kommunikativer Analyse:** Die Analyse der rechtlichen Ausgangslage ist in Krisensituationen somit unverzichtbar, um Kommunikationspflichten zu erkennen und diese in der Strategieentwicklung zu berücksichtigen. Zugleich ist in Rechnung zu stellen, dass der juristische Blick und der kommunikative Blick auf eine Krisensituation naturgemäß nicht deckungsgleich sind. Noch pointierter formuliert es die Rechtswissenschaftlerin Boehme-Neßler in einem Handbuch zur Unternehmenskommunikation: *„Die Einstellung zur Öffentlichkeit könnte unterschiedlicher nicht sein. Juristen sind eher skeptisch gegenüber der Öffentlichkeit und halten sich sehr zurück. Ganz anders die Unternehmenskommunikatoren. Öffentlichkeit ist ihr Ziel und ihr Mittel"* (Boehme-Neßler, 2014, S. 1322).

Ein wesentlicher Grund für die verschiedenen Einstellungen sind nicht zuletzt die unterschiedlichen Zielorientierungen beider Teilperspektiven. Kommunikatorinnen geht es in der Krise, wie in Abschn. 11.1 eingeführt, um den Schutz der Unternehmensreputation mit den Mitteln der Öffentlichkeitsarbeit. Bei der Betrachtung der juristischen Perspektive spielt die Reputation streng genommen keine Rolle. Maßgeblich ist, ob die eigene Position am Ende vor Gericht Bestand hat; losgelöst davon, wie die Öffentlichkeit darüber denkt (vgl. Boehme-Neßler, 2014, S. 1323). Bereits in der Krisenprävention ist deshalb die *gerichtsfeste Organisation* der Bewertungsmaßstab für eine Rechtsabteilung, wie ein Beispiel aus der Energiewirtschaft (vgl. Davidsohn, 2014) zeigt. Diese unterschiedlichen Zielsetzungen von Recht und Kommunikation in der Situationsanalyse zeigen sich auch in sachlicher, sozialer und zeitlicher Hinsicht:

– **Sachlich:** In dieser Hinsicht geht es in der juristischen Perspektive um Fragen wie die der *„haftungsbegründeten Kausalität"* (Hofmann & Braun, 2008, S. 144). Juristinnen analysieren, welche Rechtsansprüche sich daraus ableiten. Die Analyse der Kommunikation ist dagegen breiter: Sie nimmt insbesondere auch (kommunizierte) Wahrnehmungen, Interpretationen und Zuschreibungen von Stakeholdern und der allgemeinen Öffentlichkeit in den Blick. Die Erkenntnisse der psychologischen Attributionstheorie (siehe Abschn. 11.3), verbunden mit den Analysen aus der psychologischen und soziologischen Risikoforschung (siehe Abschn. 7.2) zeigen dabei, dass diese eben nicht allein technisch-fachlichen oder rechtlichen Maßstäben folgen.

– **Sozial:** Auch in der Sozialdimension zeigen sich Unterschiede: Juristinnen betrachten externe Stakeholder zunächst als Anspruchsstellerinnen, deren Forderungen abzuwehren sind (vgl. Hofmann & Braun, 2008, S. 144) – seien es nun Wasserwerke, die Ausgleich für eine vermeintliche Minderung der Wasserqualität durch Nährstoffeinträge fordern, Tierschutzverbände, die Konsequenzen für vermeintliche Verstöße gegen das Tierschutzgesetz sehen, oder einfach Journalistinnen, die auf der Suche nach der nächsten Schlagzeile sind. Kommunikatorinnen betrachten diese Stakeholder unter anderen Prämissen. Ihre Loyalität gilt im gleichen Maße dem Unternehmen und der Kundin, die sie vertreten – aber sie haben ein anderes Verständnis davon, was für sie der beste Weg durch und aus der Krise ist. Ihnen geht es vor allem darum, die Wahrnehmungen der Stakeholder positiv zu prägen – nicht nur die der direkten Opfer einer Krise, sondern auch die weiterer Akteurinnen (siehe auch Abschn. 4.2).

– **Zeitlich:** Für Kommunikatorinnen entsteht im Analyseprozess naturgemäß ein Zielkonflikt von Dringlichkeit und Gründlichkeit. Für Juristinnen ist die Prioritätensetzung dagegen klar: Für sie geht Gründlichkeit vor Zeit. Selbst wenn in der öffentlichen Diskussion bereits die Krisenverantwortlichen ausgemacht sind und auch in der Politik erste Schuldzuweisungen erfolgen: Die Juristin schweigt, bis alle Sachverhalte eindeutig geklärt sind. Ihre Vorgehensweise steht damit den kommunikativen Prämissen einer schnellen Sprachfähigkeit und öffentlichen Wortmeldung diametral entgegen (vgl. Boehme-Neßler, 2014, S. 1326).

Die Kommunikatorin hat zusammengefasst neben den fachlichen Aspekten und der rechtlichen Bewertung immer auch die öffentliche Dynamik der Krise im Blick – welche Bewertung von den Massenmedien über die Krise vorliegt, also die berichtete Wirklichkeit und zugleich auch, welche Dynamiken sich in den sozialen Netzwerken entfalten, in welcher Intensität auf den Plattformen welche Argumente und Bewertungen geteilt werden und wem die Krisenverantwortung von wem dort zugerechnet wird (vgl. Eriksson, 2018, S. 535–536).

Die Implikationen der juristischen und kommunikativen Teilperspektiven in der Krisenbeurteilung und -bearbeitung auszubalancieren, ist schließlich Aufgabe des Krisenstabs. Im Idealfall ergänzen sich beide Betrachtungsweisen. Lassen sich Spannungen dagegen nicht auflösen, auch weil hinter der Analyse unterschiedliche Teilziele stehen, kommt es schließlich der Führungsebene von Betrieb bzw. Verband zu, qua Funktion eine übergeordnete Entscheidung für die nächsten Schritte zu fällen.

11.4.2.3 Problemlösung

Ungeachtet dessen, unter welchen Prämissen im Gesamtunternehmen das Krisenmanagement vorgenommen wird: Aus Sicht der Kommunikation läuft die Situationsanalyse auf die Beantwortung zweier Fragen hinaus: Zum einen die Frage, ob und bis zu welchem Grad das Unternehmen fachlich und rechtlich verantwortlich ist. Und zum zweiten die Frage, ob und bis zu welchem Grad weitere Stakeholder dem Unternehmen öffentlich Verantwortung zuschreiben, womöglich auch losgelöst von technisch-fachlichen und/oder juristischen Bewertungen (vgl. Coombs, 2007, S. 166).[9] Für diesen zweiten Punkt erweisen sich erfahrungsgemäß drei Dinge als entscheidend: der Krisentypus, die Krisenhistorie des Unternehmens und die Stakeholderbeziehungen vor der Krise. Auf eine durch einen Unfall induzierte Krise wird anders geschaut als auf eine Krise, die durch soziopolitische Veränderungen ausgelöst wurde. Über einen Betrieb, dessen Stall zum wiederholten Male innerhalb kurzer Zeit abgebrannt ist, wird in den sozialen Netzwerken erfahrungsgemäß anders diskutiert als über einen Betrieb, wo dies zum ersten Mal geschieht. Die Attributionstheorie liefert dafür eine plausible Erklärung (siehe Abschn. 11.3).

In der Problemlösung werden anschließend alle Informationen zu diesen zwei Fragen daraufhin verdichtet, welche Problemlösung als sinnvoll erscheint. Vier Szenarien (siehe Tab. 11.3) zur strategischen Ausrichtung sind dabei denkbar, für die jeweils ein Lösungsweg besonders naheliegend ist:

---

[9]Coombs selbst verzichtet auf die technisch-rechtliche Perspektive. Er sieht einzig die Stakeholderbewertung als Auswahlkriterium. Das Problem an dieser Betrachtung ist, dass sie keine Differenzierung zwischen Stakeholdern erlaubt. Die breite Öffentlichkeit sagt das eine, interne Stakeholder und der Rechtsanwalt kommen aber zu einer anderen Bewertung. Gerade diese Spannungsfelder aber dürften sich gerade in der Praxis als herausfordernd erweisen.

1. **„Wir sind Täter"-Szenario:** Das Unternehmen übernimmt öffentlich die gesamte bzw. einen großen Teil der Verantwortung für die Krise.

   Die strategische Erarbeitung einer *„Wir sind Täter"*-Ausrichtung ist dann geboten, wenn erstens aufgrund einer Analyse der Fakten- und Rechtslage, aber zweitens auch aufgrund von Analysen der Stakeholderbewertung mit einer stabilen Zurechnung der Verantwortung auf das Unternehmen gerechnet werden muss. Dabei wird davon ausgegangen, dass sich die Verantwortungszuweisung kommunikativ nicht verhindern lässt. Die Aufgabe der Kommunikation wird in diesem Szenario darin gesehen, dass Stakeholder zumindest die Reaktion des Unternehmens auf die Krise positiv beurteilen – sodass auf diese Weise der Reputationsschaden möglichst gering bleibt.

2. **„Wir sind Opfer"-Szenario:** Das Unternehmen übernimmt keine bzw. einen kleinen Teil der Verantwortung für die Krise.

   Eine *„Wir sind Opfer"*-Ausrichtung ist dann geboten, wenn Stakeholder dem Unternehmen eine geringe Verantwortung in der Krisenverursachung zuweisen und weder aus fachlicher noch juristischer Sicht eine Verantwortungsübernahme geboten erscheint. Die *„Wir sind Opfer"*-Problemlösung soll bewirken, dass keine negativen Erfahrungen durch die Krise mit dem Betrieb in Verbindung gebracht werden.

3. **„Fiktional Täter, real Opfer"-Szenario:** Das Unternehmen übernimmt keine oder nur eine geringe Verantwortung für die Krise, obwohl diese ihm in der öffentlichen Bewertung zugeschrieben wird.

   Diese Problemlösung könnte dann präferiert werden, wenn Fakten- und Rechtslage für eine geringe Verantwortung sprechen, in der Öffentlichkeit aber eine starke Verantwortungszuweisung stattfindet. Ein solcher Fall wird wahrscheinlicher, wenn der Betrieb bereits in der Vergangenheit Kritik auf sich gezogen hat. Teil einer solchen Problemlösung ist es dann, diesen Stakeholderbewertungen Rechnungen tragen – vielleicht sogar Verständnis zu äußern, aber zugleich vehement auf Differenzierung in der Sache hinzuarbeiten.

4. **„Fiktional Opfer, real Täter"-Szenario:** Das Unternehmen übernimmt keine Verantwortung für die Krise, obwohl Fakten und rechtliche Bewertung eine (Mit-)Verantwortung nicht ausschließen.

   Auch hier existiert eine Divergenz zwischen Faktenlage und Interpretationen. Stakeholder bewerten den Fall anders – z. B., weil nicht alle Informationen öffentlich sind oder die Öffentlichkeit eine andere Akteurin, z. B. eine Kundin, oder einen Zulieferer bei der Krisenverursachung im Auge hat. Bei den Fragen nach der Kontamination von Futter in der Pferdepension schauen alle zunächst auf den bekannteren Futtermittelhersteller, obwohl es sein könnte, dass eine unsachgerechte Lagerung der Auslöser war. Zunächst ist dann weder eine *„Wir sind Täter"*-, noch eine *„Wir sind Opfer"*-Problemlösung geboten. Die erste verschenkt die Option, dass die Krise ohne öffentliche Verantwortungszuweisung vorübergeht. Denn hier sind sich Juristin und Kommunikatorin einig – ein Unternehmen ist nicht verpflichtet sich an dieser Stelle proaktiv zu belasten, solange dies nicht der Kriseneindämmung und Schadensvermeidung dient. Die zweite riskiert, dass sich die Stakeholderbewertungen ändern – und dann dem Unternehmen nicht nur die Krisenauslösung, sondern auch bewusste Irreführung in der Krise vorgeworfen wird.

Tab. 11.3 Lösungswege zum Reputationsschutz in der Krise

Lösungswege zum Reputationsschutz in der Krise		Stakeholderbewertung, basierend auf Krisentypus, Krisenhistorie des Unternehmens und Beziehungen zum Unternehmen vor der Krise	
		Geringe Verantwortung	Hohe Verantwortung
Unternehmensbewertung, basierend auf Krisentypus und entsprechenden Fakten zur Krise und rechtlichen Aspekten	Geringe Verantwortung	Eindeutig: Geringeres Maß an Verantwortung übernehmen (2)	Ambivalent: Verständnis für Stakeholderbewertungen zeigen, in der Sache auf Differenzierung hinarbeiten (3)
	Hohe Verantwortung	Ambivalent: Keine eindeutige Position beziehen, auf Veränderungen der Stakeholderbewertung vorbereitet sein (4)	Eindeutig: Hohes Maß an Verantwortung in der Kommunikation übernehmen (1)

Szenario 4 ist damit in besonderem Maße durch Ungewissheit des weiteren Krisenverlaufs gekennzeichnet. Gleichwohl haben auch die Szenarien eins bis drei mit dem Umstand zu tun, dass es sich bei einer Krise, wie Klaus Merten (2008, S. 91) formuliert, um *„eine Situation höchster Ungewissheit, die kategorisch ausschließt, dass vorab ein Regelfall überhaupt erkennbar ist"*, handelt. Dies ist die Ausgangslage, der sich ein Unternehmen oder ein Verband trotz eingehender Analyse fortwährend auch in der Strategieentwicklung ausgesetzt sieht.

11.4.3 Strategie

Die Strategieentwicklung beginnt aufbauend auf der grundsätzlichen Präferenz für eines der vier Problemlösungsszenarien. Dabei dürfte sich die übliche Form der Konzeptionierung via zweier Prozessdurchgänge (siehe Kap. 4) als wenig brauchbar erweisen. Für ein solch lineares Vorgehen ist eine Krisensituation häufig zu dynamisch. Zielsetzung und kommunikative Position in der Krise haben gerade zu Beginn womöglich erst einmal nur einen vorläufigen Charakter. Der konkrete *Kommunikationskurs* in Form von Zielen, Positionierung und Botschaften klärt sich i. d. R. erst im Laufe der Krise.

11.4.3.1 Ziele der Krisenkommunikation

In Abschn. 11.1 wurde deutlich: Der Schutz der *Organisationsreputation* sowie der *Licence to Operate* sind übergeordnete Ziele jeglicher Krisenkommunikation. Es geht darum, das Grundvertrauen bei relevanten Stakeholdern zu erhalten. Dies kann sich auf sehr unterschiedliche Sachverhalte beziehen:

- Im Fallbeispiel Pferdepension darauf, dass die Tiere ordentlich untergebracht sind;
- in den Fallbeispielen Milchtankstelle, Hühnermobil und Kartoffelvermarktung darauf, dass die Lebensmittel von den Betrieben grundsätzlich hochwertig und sicher sind;
- im Fallbeispiel Bürgerwindpark darauf, dass von den Windkraftanlagen grundsätzlich keine Gefahr für Mensch und Tier ausgeht.

Um den erforderlichen Maßnahmen zur Vertrauensstabilisierung eine *Richtung* zu geben, sind konkrete Unterziele in der Kommunikation erforderlich. In dieser Hinsicht sind die thematisch unterschiedlichen Fälle vergleichbar. Mit diesen Zielen wird für alle Krisen-beteiligten klarer, wie die Herausforderungen in der Krise konkret zu bestehen sind *(Motivation)*. Als Heuristik bietet sich eine bereits bekannte Typologie an, die auch bei anderen Kommunikationsaufgaben zum Einsatz kommt (siehe Abschn. 4.1):

Konative Ziele
Gleichgültig, auf Basis welches Szenarios der Betrieb seine Strategie aufbaut. Auf allen vier Lösungswegen (siehe Tab. 11.3) zahlt es sich i. d. R. für das Unternehmen bzw. die Branche aus, wenn die tatsächlichen Schäden für Mensch, Tier, Natur und Infra-struktur durch die Krise nicht größer werden. Diese Prämisse steht daher im Zentrum der konativen Kommunikationsziele. Es geht darum, Menschen zu bewegen, ein bestimmtes Lebens- oder Futtermittel zu entsorgen, Hygienemaßnahmen zu beachten, um keine Erreger für Tierseuchen unbeabsichtigt weiter zu tragen, bei einem Brand die Fenster geschlossen zu halten oder auf die Nutzung von Trinkwasser zu verzichten. Derartige *Instructing Information* stellt für Coombs sogar die vordringlichste Form der Krisen-kommunikation dar (vgl. Coombs, 2015, S. 139), weshalb die konativen Ziele hier, anders als in Kap. 4, auch als Erstes vorgestellt werden.

Für **Lösungsweg (3)** ist die Verhaltensbeeinflussung dabei noch in einer anderen Hinsicht relevant. So kann es hier ein Ziel sein, Mittlerzielgruppen zu bewegen, für den Betrieb Partei zu ergreifen und die geringe Krisenverantwortung des Unternehmens öffentlich zu bekunden. Dies kann die Hoftierärztin sein, die die einwandfreie Situation im Stall öffentlich bekundet, oder Wasserwerke, die die Landwirtschaft als Quelle für akute Gewässerverunreinigungen in einem Medienbeitrag ausschließen, bis hin zu Diagnostiklaboren, die über eine Auswertung die Unbedenklichkeit bestimmter Lebens-mittel bestätigen.

Kognitiv orientierte Ziele

Es wurde deutlich gemacht: Für das Unternehmen ist es i. d. R. von Vorteil, wenn es in der Krise als kommunizierender Akteur wahrgenommen wird. Die Teilnahme an der öffentlichen Kommunikation und das Wahrgenommenwerden in der Öffentlichkeit erfüllen im Rahmen der verschiedenen Lösungswege unterschiedliche Aufgaben.

- **Lösungsweg (2) oder (3):** Das Ziel besteht darin, dass die Unternehmenssichtweise auch inhaltlich wahrgenommen wird. Es geht darum, den Argumenten und Bewertungen des Unternehmens Beachtung zu verschaffen – bei Lösungsweg (2), um den Opferstatus abzusichern, bei (3), um in der öffentlichen Wahrnehmung die fachlichen und möglicherweise juristischen Argumente hörbar zu machen, die das Unternehmen entlasten.
- **Lösungsweg (1):** Hier ist es wichtig, dass die Bemühungen des akuten Krisenmanagements wahrgenommen werden. Anders als bei (2) und (3) geht es also nicht um Inhalte zur Krisenverursachung, sondern stärker um die Wahrnehmung der Krisenbearbeitung durch das Unternehmen bei den Rezipientinnen.
- **Lösungsweg (4):** Bei Wahl dieses Szenarios sind keine kognitiven Ziele formulierbar. Hier es ist lediglich wichtig, dass von dem Unternehmen eine auffällige Nichtaktivität vermieden wird.

Affektiv orientierte Ziele

Auch die Zielsetzungen bei den kommunikativen Wirkungen auf Meinungen und Einstellungen hängen von Situation und präferiertem Lösungsweg ab.

- Im **Szenario 1** konzentriert sich das Unternehmen darauf, eine positive Einstellung zu seinem Krisenmanagement zu erreichen (das Unternehmen hat die Krise verursacht, aber es arbeitet jetzt zumindest professionell und glaubwürdig an einer Krisenbewältigung). Entscheidend ist, als wie ehrlich und selbstkritisch das Unternehmens wahrgenommen wird und als wie empathisch seine Kommunikation gegenüber den Krisenopfern wirkt – sei es im Falle von intern Betroffenen (Mitarbeiterinnen) oder extern Betroffenen (Konsumentinnen etc.) – Timothy Coombs hat dies auf die Definition gebracht: Der beste Beitrag zur Sicherung der Reputation liegt darin, zunächst einmal nicht an die eigene Reputation zu denken (vgl. Coombs, 2015, S. 139).
- Im **Szenario 2** liegt die Verstärkung und Stabilisierung bestehender Einstellungen als Lösungsweg nahe (Unternehmen ist Krisenopfer). Das Unternehmen kann sogar an Reputation gewinnen, wenn sein Krisenmanagement aus der Opferrolle heraus positiv wahrgenommen wird.

- Die Ziele in **Szenario 3** sind besonders anspruchsvoll. Auf diesem Lösungsweg wird ja der Möglichkeit nachgegangen, das Unternehmen aus dem Täter- in den Opferstatus zu drehen – womöglich auch vor dem Hintergrund einer ungünstigen Krisenhistorie des Unternehmens und schwierigen Stakeholderbeziehungen.
- Bei Auswahl von **Szenario 4** sollte darauf verzichtet werden, aktiv affektive Ziele zu verfolgen: Die bisherige öffentliche Krisenbewertung schützt die Reputation des Unternehmens. Eine aktive Stärkung dieser öffentlichen Bewertung könnte jedoch später als Täuschung ausgelegt werden, weshalb an dieser Stelle darauf verzichtet werden sollte, hier Wirkungen erzielen zu wollen.

Soziale Ziele

Diese Kategorie ist, wie auch in der Risikokommunikation, ganz entscheidend für die Krisenkommunikation – insbesondere im Kontext von Stakeholderkrisen kann es darauf ankommen. Besonders für die Lösungswege 1, 2 und 3 ist soziale Nähe wichtig. Der Beziehungsaufbau und die Erzeugung sozialer Nähe konzentrieren sich dabei auf die unterschiedlichen Zielgruppen, auf die nun im Folgenden eingegangen wird.

11.4.3.2 Zielgruppen in der Krisenkommunikation

Typischerweise werden im Kommunikationsmanagement drei Zielgruppen unterschieden: Absender-, Mittler- und Empfängerzielgruppen (siehe Abschn. 4.2). In der Krise erweist sich eine andere Typologie als sinnvoller, um eigene Kommunikationsziele effektiver zu erreichen, indem Maßnahmen passgenauer eingeleitet und dadurch Informationsbedürfnisse besser befriedigt werden können. Die Typologie teilt die Empfänger der Krisenkommunikation in:

- Opfer,
- potenzielle Opfer
- und (nicht direkt betroffene) Beobachter.

ein (vgl. Coombs, 2015, S. 138). Diese Struktur liegt gewissermaßen quer zur sonst geläufigen Unterscheidung. So können sowohl Akteurinnen aus der Absender- (Mitarbeiterin), Mittler- (Naturschützerin) als auch Empfängerzielgruppe (Kundin) unter den Opfern, aber auch unter den potenziellen Opfern sowie den Beobachterinnen sein.

Der Opferbegriff ist dabei breit gefasst – und sollte immer vom Empfänger gedacht werden. Opfer ist, wer sich als Opfer fühlt und dies artikuliert. Opfer kann die Mitarbeiterin sein, die bei einem Unfall in einem Betrieb zu Schaden gekommen ist; eine Kundin, die sich nach Verzehr eines Lebensmittels nicht gut fühlt; eine Pferdehalterin, deren Tier über Keimbelastung im Trinkwasser in der Pferdepension erkrankt; die Anglerin, die sich durch Gewässerbelastung durch landwirtschaftliche Betriebe in der Ausübung ihres Hobbys eingeschränkt sieht; bis hin zum Mitglied eines Naturschutzverbands, dem ein möglicher Tod von Vögeln einer seltenen Art im Bürgerwindpark emotionale Schmerzen bereitet.

Die Strukturierung in dieser Zielgruppentypologie hilft so auch zu unterscheiden, mit wem in welchem Szenario, losgelöst von den konativen Zielen der *Instructing Information* in Abschn. 11.4.3.1 in welcher Weise mit welcher Zielsetzung typischerweise zu kommunizieren ist:

- Für einen Betrieb, der den Szenario-1-Lösungsweg einschlägt, steht Empathie gegenüber den Opfern und damit die Verfolgung sozial orientierter Ziele an erster Stelle. Es gilt, die Betroffenen bilateral einzubinden. Gleich dahinter folgt das Verantwortungsbewusstsein gegenüber potenziellen Opfern, in Verbindung mit kognitiv orientierten Zielen. Schließlich möchten diese erfahren, ob und unter welchen Voraussetzungen sie von der Krise betroffen sind. Beobachter bleiben in diesem Szenario tatsächlich Beobachter. Bei ihnen sollen gleichwohl mittelbar die bereits angesprochenen kognitiven und affektiven Ziele erreicht werden.
- Mit der Auswahl von Szenario 2 ist ebenfalls an soziale Ziele gegenüber Opfern zu denken, in diesem Fall jedoch eher im Sinne eines Solidarisierungsprozesses (*wir sind gemeinsam Opfer der Krise*).
- Für Szenario 3 dürften die Beobachter im besonderem Maße in den Fokus rücken – schließlich geht es darum, die eigene Sichtweise gegen eine bisher vorherrschende Bewertung durch Stakeholder hörbar zu machen. Dafür ist der Betrieb auf Unterstützung aus den eigenen Reihen angewiesen, ebenso wie auf glaubwürdige Testimonials aus der Mittlerzielgruppe. Erst, wenn hier eine breite Unterstützung gesichert ist, besteht die Möglichkeit, auch in der Empfängerzielgruppe die Verantwortungszuschreibung für die Krise zu ändern. Dabei ist, anders als in den Szenarien 1 und 2, die professionelle Distanz zwischen Unternehmen und Beobachtern im Sinne einer *„Rollenschottung"* (vgl. Merten, 2008, S. 92) wichtig, um nicht den Verdacht einer unbotmäßigen Einflussnahme zu wecken und die Glaubwürdigkeit der Beobachter zu beschädigen.
- Aus der abwartenden Position aus Szenario 4 ist zunächst keine Zielgruppendifferenzierung für die aktive Kommunikation erforderlich, was sich jedoch im Krisenverlauf ändern kann, wenn dieser Lösungsweg nicht mehr durchzuhalten ist (Tab. 11.4).

Tab. 11.4 Beispiele für Zielgruppen in der Krise. (In Anlehnung an Coombs, 2015, S. 138)

Besondere Typo-logie in der Krise	Klassische Zielgruppentypologie des Kommunikationsmanagements)			Primäre Ziele in den unter-schiedlichen Szenarien (neben den Instructing Information)
	Absender	Mittler	Empfänger	
Opfer	Mitarbeiterin, die bei einem technischen Defekt einer Maschine schwer verunglückt ist	NGO-Vertreterinnen, die sich von Bildern in Ställen emotional mitgenommen fühlen	Kundinnen, die durch den Verzehr eines Lebensmittels erkrankt sind	LW 1: „sozial" (Empathie) LW 2: sozial (Solidarisierung)
Potenzielle Opfer	Berufskolleginnen, deren Tierbestände von der Tierseuche betroffen sein könnten	Anglerinnenverbände, die aufgrund von Wasser-verunreinigungen durch Nährstoffeinträge um Fisch-bestände bangen	Kundinnen, die mög-licherweise das nicht-sichere Lebensmittel verzehrt haben	LW 1: „kognitiv" (Transparenz)
Nicht betroffene Beobachterinnen	Betriebszug-hörige, Berufsstand, Agribusiness	Journalistinnen, Politikerinnen, weitere Multiplikatorinnen	Breite Öffentlichkeit	LW 3: „konativ" (Aktivierung von Für-sprecherinnen)

Für eine schnelle konkrete Identifikation einzelner relevanter Organisationen und Personen kommt der Crisis-Knowledge-Map aus dem Krisenkommunikationshandbuch eine wichtige Funktion zu. Je differenzierter in diesem vor allem Absender- und Mittlerzielgruppen mit Informationen vorgestellt werden, desto schneller und reibungsloser gelingt die Kommunikation mit ihnen. Gleichgültig, ob sie als Opfer, potenzielle Opfer oder Beobachter in der Krise in Erscheinung treten.

11.4.3.3 Kommunikative Positionierung in der Krise und Botschaften

Erfolgreiche kommunikative Positionierungen zeichnen sich typischerweise dadurch aus, dass sie ein hohes Maß an Stabilität aufweisen; dass sie also durch Veränderungen der Lage nicht grundsätzlich aufgegeben werden müssen (siehe Abschn. 4.3). Ein klar kommunizierter Standpunkt erfordert dabei eine fundierte Informationslage, nicht selten auf Basis einer zeitintensiven Recherche. Diese aber steht bei Krisenausbruch häufig noch am Anfang.

Eine eindeutige Position entwickelt sich unter Umständen erst dann, wenn die Umsetzung der Kommunikation bereits angelaufen ist. Die vorgesehene Erstreaktion des Kreisverbands Fallbeispiel Krisenkommunikationshandbuch ist ein Beispiel dafür. Diese sollte in einer ersten Pressemitteilung bestehen, die innerhalb der ersten 30 min veröffentlicht wird und folgende Punkte zum Inhalt hat:

- Das ist vorgefallen.
- Wir fühlen uns (zumindest teilweise) verantwortlich und nehmen uns des Themas an.
- Wir haben evtl. noch keine weiteren Infos, aber sind dabei, uns schlau zu machen.
- Wir melden uns, sobald wir mehr wissen.

Kennzeichnend für die Auflistung ist der Charakter der Vorläufigkeit, den die Meldung einnehmen sollte. In dieser Nachricht wird keine klare Positionierung hinsichtlich der Verantwortung vorgenommen. Zwar ist vorgesehen, dass eine Verantwortlichkeit kommuniziert wird. Diese dürfte sich – das vermittelt der zweite Satzteil des zweiten Satzes – primär darauf beziehen, an der Krisenaufklärung mitzuhelfen. Eine ähnliche Diktion findet sich auch im Formblatt zur Erstreaktion auf die Krise (siehe Abb. 11.3). Die Vorgabe trägt damit dem Umstand Rechnung, dass eine klare Positionierung riskant sein kann, wenn Daten und Fakten noch nicht vollständig vorliegen, oder auch erste Reaktionen der Stakeholder zur Krise noch nicht veröffentlicht sind.

Derartige vorläufige Positionen lassen sich unter Verwendung der Terminologie von Coombs in die Kategorie als *„secondary crisis response strategies"* (Coombs, 2007, S. 170) einordnen. Sie sind eine Reaktion darauf, dass es gegenwärtig an Informationen mangelt – und zwar in sachlicher Hinsicht (Daten und Fakten), aber auch sozialer Hinsicht (Frage der Verantwortlichkeit und Verantwortungszuschreibung). Diese Leerstelle der Gegenwart kann, wie in Abb. 11.6 dargestellt, mit vorläufigen Positionierungen durch zwei Mechanismen kompensiert werden:

Abb. 11.6 Vorläufige Positionierung zu Krisenbeginn im Kontext von Sach-, Sozial- und Zeitdimension

1. Die Verlagerung der Inhalte aus der Sach- und Sozial- in die Zeitdimension. Es wird darauf verwiesen, dass man so schnell wie möglich Informationen liefert (Zukunft). Und es werden, wenn möglich und glaubhaft, Erinnerungsbotschaften gesendet, die auf die Vergangenheit verweisen: z. B., wenn möglich, wie gut vor der Krise mit Stakeholdern zusammengearbeitet wurde (Vergangenheit).
2. Die Betonung der Kooperationsbereitschaft. Auch dies ist wichtig, solange Fakten fehlen. Erst später, bei hinreichend gesicherter Informationslage, kann dann ggf. auf Konfrontation umgestellt werden.

Botschaften wie diese ersetzen keine inhaltliche Positionierung im weiteren Krisenverlauf – sie können aber als Gegenstand einer ersten Stellungnahme in der *Warmup-Phase* hilfreich sein, um überhaupt etwas zu kommunizieren. Liegen dann hinreichend gesicherte Informationen vor, geben Positionierungen einen konkreteren Orientierungsrahmen für konkrete Maßnahmen im Kontext der vier Lösungswege. Diese Ausprägungen der Positionierung unterscheiden sich in zwei Hinsichten: der Krisenverursachung (Verantwortungszurückweisung oder -übernahme) und dem Kommunikationsstil (konfrontativ/kooperativ) in der Krise.[10]

Einige dieser Positionen werden in der Literatur grundsätzlich eher skeptisch betrachtet, was die Erfolgsaussichten betrifft (vgl. Mast, 2008, S. 109). In einer anderen Quelle wird auf den kulturellen Kontext als wichtige Einflussquelle hingewiesen. Konkret erläutert Ansgar Thießen (2011, S. 226), dass Wiedergutmachungsstrategien in China einen weniger positiven Effekt auf die Organisationsreputation haben als beispielsweise in den USA.

---

[10] Coombs spricht dabei von Strategien, unter Anwendung der Konzeptionslehre auf die Krisenkommunikation haben diese Ansätze jedoch eher den Status von Positionierungen. Auch, wenn diese Auswahl sicher nicht vollständig ist, soll sich an dieser Stelle darauf konzentriert werden.

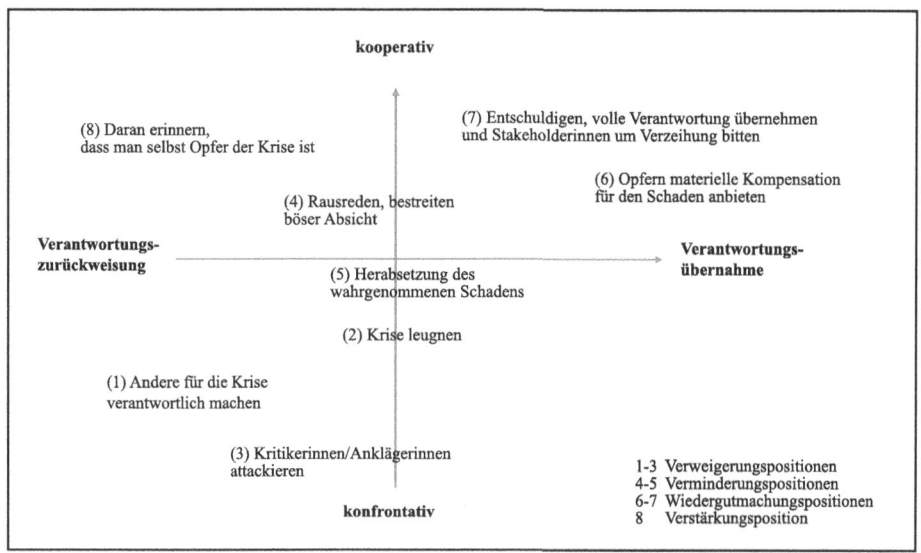

Abb. 11.7   Positionierungen in der Krise. (In Anlehnung an Coombs, 2007, S. 170)

Neben diesen übergeordneten Aspekten zu Erfolgsaussichten dürften aber auch der Krisentypus und die konkrete Krisensituation, verbunden mit dem präferierten Lösungsweg, dabei eine Rolle spielen:

- Mit *Lösungsweg 1* weisen wohl Positionierung im Quadranten rechts in Abb. 11.7 (Wiedergutmachungspositionen) die höchste Konsistenz auf. Schließlich geht es darum, aus einer schwachen Position des Krisenverursachers als ehrlicher und empathischer Krisenmanager wahrgenommen zu werden.
- Für *Lösungsweg 2* erscheint hingegen eine Verstärkungsposition zielführender – sie ermöglicht eine Kombination aus Verantwortungszurückweisung und einem kooperativen Kommunikationsstil.
- Für eine Ausrichtung an *Lösungsweg 3* dürfte in vielen Fällen eine Verweigerungsposition unumgänglich sein. Schließlich eröffnet sich nur mit einer Zurückweisung der Verantwortung ein Weg, um die öffentliche Wahrnehmung zur Krisenverantwortung zu verändern. Dabei kann sich der Weg gleichwohl als schmaler Grat erweisen. Der Betrieb muss vielleicht sogar in der Kommunikation zuspitzen, um für seine Argumente Gehör zu finden. Zugleich gilt es für ihn zu vermeiden, dass der konfrontative Stil selbst zum Thema wird und die Diskussion über die Krise selbst überlagert. Für Coombs sind derartige Positionierungen am brauchbarsten, wenn es Krisen sind, die durch unbestätigte Gerüchte ausgelöst wurden (vgl. Coombs, 2015, S. 147).
- Für *Lösungsweg 4* bietet sich keine der hier aufgeführten Positionen an – eine klare Positionierung könnte, wie bereits erwähnt, an dieser Stelle sogar riskant sein (Tab. 11.5).

Tab. 11.5 Zusammenfassende Übersicht zu strategischen Ausrichtungen in der Krise aus Sicht des Unternehmens

		LW 1 *Wir sind Täter*	LW 2 *Wir sind Opfer*	LW 3 *Real Opfer, fiktional Täter*	LW 4 *Real Täter, fiktional Opfer*
Ziele	**Kognitiv**	Unternehmen als aktiv wahrgenommen (+++)	Inhalte von Unternehmen werden wahrgenommen (++)	Inhalte von Unternehmen werden wahrgenommen (+++)	Unternehmen als aktiv wahrgenommen (+)
	Affektiv	Krisenmanagement von Unternehmen positiv bewertet (+++)	Opferstatus von Unternehmen bestätigt (+)	Bewertung von Unternehmen geändert, vom Täter zum Opfer (+++)	Keine Veränderung
	Konativ	Hinweise von Unternehmen zu Kriseneindämmung befolgt (+++)		Wie LW 1 und 2; Mittler aktiviert, Unternehmen zu unterstützen (+++)	Wie LW 1 und 2
	Sozial	Nähe zu Opfern suchen		Professionelles Verhältnis	
Zielgruppen	**Opfer**	Empathie und Schuldbewusstsein werden wahrgenommen (+++)	Solidarisierung gestärkt (++)	Einschätzungen, Bewertungen geändert, vom Täter zum Opfer (+)	Keine besonderen
	Potenzielle Opfer	Fühlen sich informiert (+++)	Weiter als Opfer wahrgenommen (+)	Einschätzungen, Bewertungen geändert, vom Täter zum Opfer (+)	
	Beobachter	Empathie und Schuldbewusstsein werden wahrgenommen (++)	Weiter als Opfer wahrgenommen (++)	Einschätzungen, Bewertungen geändert, vom Täter zum Opfer (+++)	
Positionierung		Wiedergutmachung (+++)	Verstärkung (++)	Verweigerung (+)	Keine

11.4.4 Maßnahmen

Die Konzeptionsarbeit in Krisen zeichnet sich nicht zuletzt dadurch aus, dass Positionierung, strategische Zielsetzung, Analyse und Umsetzung faktisch parallel laufen. Die kognitiven und operativen Herausforderungen bestehen für Kommunikatorinnen dabei darin, besonders engmaschig zwischen den drei Denksystemen der Konzeption (siehe Abschn. 2.1.2) zu oszillieren. Zugleich gilt es, die technisch-fachliche sowie die juristische Seite des Krisenmanagements stets mit zu berücksichtigen. Diese enorme Komplexität und zeitliche Verdichtung der Aufgaben verdeutlichen die Vorzüge einer engen räumlichen Zusammenarbeit des Krisenteams in einem *Krisenraum* (siehe Abschn. 11.4.1.1). Die zeitliche Verdichtung und Verschränkung der Schritte zeigt sich auch an den definierten Aufgabenpaketen (siehe Tab. 11.6) im Fallbeispiel Krisenkommunikationshandbuch.

In den ersten zwei Stunden laufen Analyse, Strategie und Maßnahmenplanung synchron. Der Kommunikationsprozess wird nicht erst strategisch geplant und dann umgesetzt. Stattdessen werden einzelne organisatorische und Analyseschritte fortwährend mit Content (Nr. 8 und 12) und kreativer Umsetzung (Nr. 12) angereichert und angepasst. Parallel werden Medienzugänge und Kommunikationskanäle (Nr. 13, 14) ausgewählt.

Gestalterische Umsetzung
Die Wahl der richtigen Inhalte sowie einer angemessenen kreativen Umsetzung sind Voraussetzungen dafür, dass Emotionen über Worte und Bilder transportiert werden; dass diese empathisch und wahrhaftig wirken, aber auch in ihren Botschaften klar und glaubwürdig verstanden werden (siehe Abschn. 5.1).

Die thematische Gestaltung unterliegt dabei einem stetigen Anpassungsprozess, in Abhängigkeit vom Krisenverlauf und von den einzelnen Krisenphasen:

Krisenausbruch *Warm-up*
Zu diesem Zeitpunkt geht es darum, operativ eine Lösung für die bereits genannte strategische Aufgabe zu finden, die vereinfacht formuliert lautet: Sich Gehör verschaffen, ohne viel zu sagen (oder ohne viel sagen zu können). Der zu veröffentlichende Inhalt beschränkt sich zumeist auf:

- eine erste sehr detaillierte Beschreibung des Krisenausbruchs und der Lage. Es geht darum, deutlich zu machen, was bisher bekannt ist. Ebenso sollte explizit gemacht werden, was noch nicht bekannt ist.
- eine möglichst detaillierte Beschreibung der eingeleiteten Schritte zur Krisenaufklärung und -bewältigung.
- ein Rückblick auf Aspekte der Vorkrisenphase.

Dabei gilt grundsätzlich: Jeder kommunizierte Inhalt muss sich auf belastbare Informationen stützen. Nachträgliche Korrekturen im Verlauf des Krisengeschehens

Tab. 11.6 Auszug aus den Checklisten für die ersten zwei Stunden im Fallbeispiel Krisenkommunikationshandbuch (Auswahl, eigene Ergänzung der Nummern)

Erledigen

		Zeitrahmen	Verantwortlich	Bemerkungen
1	Krisenstab einberufen	Sofort	Geschäftsführer	
2	Krisenraum belegen	Sofort		
3	Behörden informieren	Erste halbe Stunde	Geschäftsführer, oder Vertreter	
	…			
4	Kommunikationsunterstützung und Rechtsberatung aktivieren	Erste halbe Stunde	Geschäftsführer	Abstimmung mit Landesverband nötig?
5	Vor-Ort-Besichtigung bei Störfall	Binnen zwei Stunden		
6	Telko oder Meeting Krisenstab	In etwa zwei Stunden	Geschäftsführer	Gesamter Krisenstab
Kommunikation				
7	Erste Stellungnahme/ Störmeldung formulieren	Erste halbe Stunde („*kurzfristig*")	Pressesprecherin	
8	Wording für das Geschehen abstimmen	Binnen einer Stunde	Krisenstab	Formulieren: Pressesprecherin. Nach außen geben: Sprecherin des Stabs
9	Homepage auf unpassende Inhalte hin kontrollieren[11]	Erste halbe Stunde	Pressesprecherin	
10	Interne Kommunikation vorbereiten	Binnen einer Stunde	Pressesprecherin, Kreisvorsitzende	Format für weitere Infos festlegen
11	Hintergrundinfos und Positionen zum Thema zusammenstellen	Binnen einer Stunde	Pressesprecherin	
12	Fotos/Grafiken/Footage	Binnen einer Stunde	Pressesprecherin	
13	Flugblätter für betroffene Landwirtinnen formulieren	Binnen zwei Stunden	Krisenstab/Pressesprecherin	„Was kann ich sagen?"
14	Flugblätter für Nachbarn und Unfalltouristen formulieren	Binnen zwei Stunden	Krisenstab/Pressesprecherin	

---

[11] Hier kann bei größeren Geschehnissen – wie oben geschrieben – direkt auf eine Dark Website umgestellt werden.

beschädigen die Glaubwürdigkeit und zerstören Vertrauen bei den Stakeholdern (vgl. Coombs, 2015, S. 142).

In vielen Fällen steht mit Krisenausbruch zugleich zu wenig und zu viel an Inhalten zur Verfügung. Das macht es herausfordernd, in O-Tönen oder Pressemitteilungen den öffentlichen Informationserwartungen nachzukommen. Zu wenig deshalb, weil die Krisenlage womöglich noch nicht in Gänze erfasst ist und wichtige Informationen fehlen, um eine konsistente Äußerung zu tätigen. Und zu viel deshalb, weil durch die antizipative Maßnahmenplanung in der Krisenvorbereitung ein Fundus an Inhalten vorliegt, von dem aber nur ein bestimmter Teil in der konkreten Situation brauchbar ist. Dementsprechend gilt es in der akuten Krise die relevanten auszuwählen und mit aktuellen Informationen oder Nichtinformationen zu verzahnen. Kommt es beispielsweise zu einer Krise aufgrund von Berichten über massive Gewässerverunreinigungen, die auf unsachgemäßen Gebrauch mit Gülle zurückzuführen sind, so gilt es einerseits, auf Basis der Situationsanalyse Inhalte zum aktiven Krisenfall zu formulieren. Gleichzeitig können bereits aufbereitete Inhalte aus der antizipativen Planung (siehe Abschn. 11.4.1) hilfreich sein, um relevante Hintergründe zum Thema Düngung zu nennen, welche Mengen in der Region anfallen, welche Standards im Nährstoffmanagement gelten und was routinemäßig unternommen wird, um Situationen wie die eingetretene zu verhindern.

Krisenhöhepunkt *(akut and hot)*
In dieser Phase wird dem Betrieb die größte öffentliche Aufmerksamkeit zuteil. Befindet er sich in der Täterrolle, kann dies mit einem hohen Maß an öffentlichem Druck einhergehen. Um diesem standzuhalten, sollte die Position des Unternehmens zur Krisenverursachung an Kontur gewinnen. Auf Basis eines definierten Lösungswegs geht es darum, die Krise klar einzuordnen und erste Entscheidungen zu kommunizieren; sowohl zum Krisenmanagement als auch zu Konsequenzen, die über die Krise hinausgehen. Diese Entscheidungen können sich auf Entschädigungen für Opfer beziehen (LW1), es kann sich aber auch um Forderungen gegenüber Dritten handeln (LW2). Auch an dieser Stelle sollte jede inhaltliche Äußerung daraufhin überprüft werden, ob sie zur Positionierung passt. Zugleich gilt es, neue Informationen zum Krisenverlauf weiterhin direkt zu veröffentlichen, im Sinne einer detailreichen, chronologischen Rekonstruktion der Ereignisse. Dies kann beruhigende Effekte auf Stakeholder haben, gewinnen diese doch dadurch den Eindruck, dass die Krise unter Kontrolle ist und das Unternehmen sukzessive an der Bewältigung weiterarbeitet (vgl. Coombs, 2015, S. 142).

Abflauen der Krise *(cool-down)*
Die fortwährende Berichterstattung bleibt auch wichtig, wenn das öffentliche Interesse an der Krise abflaut. Die Aufgabe besteht darin, mit sinkendem Interesse in der Medienöffentlichkeit weiter transparent und aktuell zu kommunizieren, vor allem auch in den sozialen Netzwerken (vgl. Coombs, 2015, S. 158).

Die Themenplanung ist so besonderen Herausforderungen in sachlicher Hinsicht im Zeitverlauf der Krise ausgesetzt. Es geht um die richtigen Inhalte zur richtigen Zeit. Die Kreativplanung ist dagegen vor allem in sozialer Hinsicht vor besondere Aufgaben gestellt. Wichtig ist, Professionalität und Lösungsorientierung gegenüben den Zielgruppen auszustrahlen und damit die Vertrauensbildung oder -rückgewinnung zu unterstützen: über das Finden der richtigen Worte, Bilder und weiteren situationsadäquaten Gestaltungsmerkmalen in der Krise. Dazu zählt die Vermeidung jeder missverständlichen Aussage, die unwillkommene Spekulationen und Interpretationen in Gang setzen könnte. Eine verständliche Sprache, übersichtliche Grafiken sowie aktuelles Bildmaterial (Nr. 12 in Tab. 11.6) sind die notwendigen Voraussetzungen – vieles davon wurde idealerweise in der antizipativen Umsetzungsplanung vorbereitet und kann nun Verwendung finden. Ungeachtet des Krisentypus dürften sich die Grundprinzipien der Klarheit und Einfachheit stets auszahlen. Sie können in zwei Hinsichten besonders wichtig werden: zum einen, weil Krisen sehr komplizierte technische Ursachen haben können, die organisationsintern in *Technical Information* dargestellt werden. Diese Technical Information aber sind für die breite Öffentlichkeit unverständlich und müssen daher übersetzt werden, um ihre kognitiven, aber auch konativen Wirkungen zu entfalten (vgl. Stephens & Malone, 2012, S. 390). Zum anderen, weil Krisenverläufe in der Zielgruppe der Opfer häufig starke Emotionen hervorrufen, die die kognitiven Kapazitäten reduzieren (vgl. Coombs, 2015, S. 139).

Kreative multisensuale Kommunikationsansätze aus dem Kontext der Verkaufskommunikation sind dagegen in der Krise nicht gefragt. Im Gegenteil geht es in der Krise sogar darum, den kreativen Gestaltungsrahmen der Unternehmens- oder Branchenkommunikation einzugrenzen. Vor allem geht es, wie auch unter Nr. 9 (Tab. 11.6) ersichtlich, darum, alle unpassenden Bilder und Inhalte zu entfernen. Fröhliche oder gar ironische Inhalte wirken deplatziert, wenn es zu einem schweren Unfall gekommen ist. Die Umleitung von der Homepage auf eine Dark Site (siehe Abschn. 11.4.1.1) kann dieses Risiko grundsätzlich vermeiden. Andernfalls müssen die bestehenden Internetseiten gezielt angepasst werden. Während auf inhaltlicher Ebene fortwährend Anpassungen und Aktualisierungen stattfinden, kann über Kreativplanung Stabilität ausgestrahlt werden.

Instrumentelle Umsetzung

Die Maßnahmenplanung des Fallbeispiel Krisenkommunikationshandbuch illustriert: Auch die instrumentelle Umsetzung verläuft gleichzeitig mit der Gestaltung. Dafür zahlt es sich aus, wenn die im Krisenkommunikationshandbuch vorgesehenen materiellen Ressourcen unmittelbar verfügbar sind (siehe Abschn. 11.4.1). Insbesondere bei eruptiv ausgelösten Krisen gilt es, alle relevanten Kanäle direkt in den Blick zu nehmen; vor allem die sozialen Netzwerke (vgl. Cheng, 2018, S. 65). Verwackelte Handyvideos vom Unfallort oder heimliche Stallaufnahmen gehen vielleicht schon durch das Netz, bevor die offiziellen Kanäle reagiert haben. In Onlineforen wird so munter diskutiert und spekuliert, bevor eine Stellungnahme möglich ist – geschweige denn die Echtheit und

Aussagekraft der Bilder bestätigt werden kann. Es ist nicht allein die Geschwindigkeit, sondern auch die emotionale Intensität, die die netzöffentlichen Reaktionen auf Krisenausbrüche auszeichnet. Zu beobachten ist die Aktivierung archaischer Ängste mittels Kommunikation, die dann in den Netzwerken weiter auf Resonanz stoßen – so beispielsweise beobachtet im Rahmen einer Krise, die durch die Inverkehrbringung nicht genießbarer Lebensmittel ausgelöst wurde (vgl. Hofmann, 2014, S. 346).

Die Kommunikationsarchitektur der sozialen Netzwerke befeuert derartige Dynamiken. Sie bietet aber zugleich auch die Möglichkeit, sich schnell und direkt zu informieren und dann rasch mit der Öffentlichkeit zu kommunizieren und z. B. Besorgnis zu signalisieren (vgl. Schultz & Utz, 2014, S. 339). Dabei spricht viel dafür, sich bei Krisenausbruch nicht von den Eigendynamiken in den sozialen Netzwerken treiben zu lassen. Es geht bei Krisenausbruch zunächst nicht um symmetrischen Dialog, sondern darum, die Unternehmens- oder Branchensichtweise der Öffentlichkeit deutlich zu machen, so auch das Ergebnis einer empirischen Studie zu diesem Thema (vgl. Nikolaev, 2012, S. 277–278). Dafür gilt es rasch, aber nicht aktionistisch zu agieren.

Opfer

An erster Stelle steht die Kommunikation mit Betroffenen, idealerweise in einer Face-to-Face-Konstellation. Face to Face stellt die reichhaltigste Kommunikationsform dar. Das macht ihre Stärke in schwierigen, uneindeutigen und konflikthaften Kontexten aus (siehe Abschn. 5.2.4). Opfer und Betroffene erfahren Wertschätzung, sie können Rückfragen stellen, ihre Emotionen zeigen, aber auch Emotionen aufseiten des Unternehmens wahrnehmen. Diese Kommunikationsform bietet somit die größten Voraussetzungen, um sozial, aber auch affektiv orientierte Ziele zu erfüllen.

Nicht immer lassen sich Face-to-Face-Formate einsetzen. Vor allem dann nicht, wenn die Opferzahl hoch ist oder die Betroffenen räumlich verteilt sind. In diesen Fällen können als zweite Möglichkeit bilaterale Kanäle wie Telefon oder Videokonferenzen zum Einsatz kommen, über die die Opfer benachrichtigt werden. Auch Social-Media-Kanäle gewinnen drittens an Bedeutung, um sozial orientierte und affektive Ziele im Austausch mit Opfern zu erreichen. So zeigte sich in einer Studie über eine Rückrufaktion von Tierfutter in den USA, dass fast ein Drittel der Nutzer primär in den sozialen Medien aktiv wurde, um emotionale Unterstützung in der Krise zu erhalten (vgl. Stephens & Malone, 2012, S. 388–389). In solchen Situationen erweisen sich die Möglichkeiten des Dialogs und des Zuhörens über die Kanäle als Stärke (vgl. Eriksson, 2018, S. 531).

Potenzielle Opfer

Den meisten potenziellen Opfern geht es darum zu erfahren, ob sie tatsächlich betroffen sind (kognitiv); eine Teilgruppe will zudem Sorgen und Befürchtungen (affektiv) loswerden. Dafür eignen sich vor allem zwei Medienzugänge: Owned Media und Earned Media.

Tab. 11.7 Vor- und Nachteile der Krisenbewältigung durch die Nutzung des unternehmenseigenen Webangebots. (Köhler, 2008, S. 244)

	Information	Dialogorientierung
Inhalt	Umfassende Informationen, die für die Krise und den Krisenverlauf relevant sind	E-Mail-Adressen Telefonnummern
Vorteil	Umgehende Informationszustellung Anspruchsgruppengerechte Darstellung Erreichbarkeit eines Großpublikums Geringe Streuverluste Große Aufmerksamkeit und großes Interesse auf Nutzerseite Kostengünstig Entlastung anderer Kanäle	Vorbereitung symmetrischer Kommunikation Erwartungshaltung der Anspruchs-gruppen wird befriedigt
Nachteil	Glaubwürdigkeitsproblematik Zweifel an Vollständigkeit Gefahr von Fehlinterpretationen und Konfliktbetonung Nur Internet-Nutzer erreichbar	Nur aktive Internet-Nutzer erreichbar

- **Owned Media:** Eine proaktive Face-to-Face-Ansprache der potenziellen Opfer
  ist ebenfalls dann sinnvoll, wenn der Adressatenkreis überschaubar bleibt – z. B.
  bei Krisen, von denen die Nachbarschaft eines Betriebs betroffen sein könnte. In
  größeren Kontexten erweist sich die Nutzung von Pull-Medien wie z. B. einer Tele-
  fonhotline als Alternative, wenn eine direkte Ansprache kapazitiv nicht zu bewältigen
  ist. Auch Social Media können hier einen wirkungsvollen Effekt haben, wie sich
  anhand der Krisenkommunikation eines geflügelverarbeitenden Betriebs bei einem
  Salmonellenausbruch zeigte. Die Reduktion von Unsicherheit über einfache, verständliche Informationen brachte auch auf affektiver Ebene positive Effekte mit
  sich (vgl. Chung & Lee, 2016, S. 342). Für Transparenz und vertiefte Informationen
  für alle Zielgruppen stellt die Unternehmensinternetseite bzw. ggf. die Dark Site
  (Abschn. 11.4.1.1) ein zentrales Instrument dar. Sie ermöglicht es, empfänger-
  gerecht alle Informationen aufzubereiten. Dabei lässt eine ausführliche Online-
  Dokumentation alle anderen Formate nicht obsolet werden lässt. Dies zeigt sich in
  einer Zusammenstellung der Vor- und Nachteile dieses Kommunikationskanals, die
  die Kommunikationswissenschaftlerin und Journalistin Tanja Köhler vorgenommen
  hat (Tab. 11.7).
- **Earned Media:** Auch deshalb bleibt der Zugang zu potenziellen Opfern über
  Earned Media wichtig: Der Vorteil von journalistischen Medien, aber auch bekannten
  offiziellen Internetseiten Dritter liegt in ihrer hohen Reichweite. So können
  Informationen breit gestreut und damit auch potenzielle Opfer gewarnt werden, z. B.
  bei Lebensmittelkrisen. Der zweite Vorteil liegt in ihrer Glaubwürdigkeit, vor allem
  die der etablierten Medien, wie in einer Metastudie dazu festgestellt wurde (vgl.
  Eriksson, 2018, S. 535–536).

Beobachter

Beobachter der Krise müssen hinsichtlich ihres Status unterschieden werden; in Mittler-Beobachter, die als Entscheiderinnen (z. B. Landrätin) oder Multiplikatorinnen (Journalistinnen) von besonderer Relevanz sind; zum zweiten in Empfänger-Beobachter, die das Krisengeschehen eher passiv verfolgen, bzw. in den sozialen Netzwerken aktiv werden.

Mittler-Beobachter

Für die Ansprache dieser Zielgruppe ist i. d. R. zunächst die bilaterale Kommunikation das Mittel der Wahl. In den rechtlichen Anforderungen an Krisenkommunikation ist dies in bestimmten Situationen in Form von Behördeninformation bereits vorgesehen (siehe Abschn. 11.4.2.2). Entsprechend finden sich beim Fallbeispiel Krisenkommunikations-handbuch umfangreiche Kontaktdaten der wichtigsten Personen, die in diese Kategorie fallen. Der intensive Austausch ist auch deshalb wichtig, weil Mittler als vermeint-liche Beobachter zum Opfer werden können – z. B. eine Landrätin, die in einer Krise unglücklich agiert und unter Druck gerät. Für Krisen größeren Ausmaßes, die auch einen größeren Kreis an Mittlern mit sich bringen, bieten sich weitere Kommunikationsformate wie Pressekonferenzen für Journalistinnen an, um der eigenen Position über schriftliche Formen wie Medieninformationen hinaus entsprechend Raum zu bieten und zugleich die Informationsbedürfnisse zu befriedigen. Auch diese sollten zeitnah nach Krisenausbruch stattfinden (vgl. Riecken, 2014, S. 329).

Empfänger-Beobachter

Empfänger-Beobachtern bietet die Krisenkommunikation einen vergleichsweise geringen Nutzwert. Dafür besitzen Krisen für sie einen hohen Orientierungs-, Wissens- und vor allem Gesprächswert (siehe Abschn. 5.1.1). Sie nehmen dabei im doppelten Sinne eine Beobachterrolle ein. Erstens sind sie an Krisenursachen und -folgen, also den Tätern und ihrer Schuld, bzw. den Opfern und ihren Schäden interessiert. Zweitens beobachten sie den Krisenverlauf und das Krisenmanagement – und dabei insbesondere auch die öffentlich sichtbare Krisenkommunikation, die zwischen Täter(n), Opfern und potenziellen Opfern. Was hier also vorliegt, ist die Beobachtung der *aktuellen Wirklichkeit* (siehe auch Abschn. 11.3), die auch an dieser Stelle Effekte auf die strategische Wirklichkeit der Krise für das Unternehmen mit sich bringen kann: Nämlich dann, wenn Empfänger-Beobachter aus ihrer Rolle heraustreten und die von Mittler-Beobachtern einnehmen, indem sie bei-spielsweise gegen das Unternehmen in den sozialen Netzwerken Position beziehen. Den Ergebnissen einer empirischen Studie über öffentliche Beschwerdekommunikation auf Facebook zufolge ist dies vor allem dann wahrscheinlich, wenn Nutzerinnen mit den Reaktionen des Unternehmens auf Beschwerden, also mit dem Krisenmanagement, konkret unzufrieden sind (vgl. Folger & Röttger, 2015, S. 174), aber auch, wenn sie dem Unter-nehmen generell etwas entgegensetzen wollen. Das Ergebnis sind dann die sogenannten *Shit-storms*, die den Krisenverlauf weiter verschärfen (vgl. Folger & Röttger, 2015, S. 178), was vor allem für Unternehmen in den Szenarien 1 und 3 weitere Gefahren bedeutet (Tab. 11.8).

Tab. 11.8 Strategische und taktische Ausrichtung in der Krisenkommunikation

Zielgruppe	Ziele	Wichtigste Instrumente und Medienzugänge	Relevanz in den Lösungswegen
Opfer	Hilfe körperlicher und psychologischer Art, Minimierung von Schäden	Direkte Kommunikation, Face to Face und digital (Owned Media)	Zentral für LW 1 und 2
Potenzielle Opfer (Empfänger)	Information, Bewältigung von (diffuser) Unsicherheit	Medien-kommunikation/Social Media (Earned Media)	Zentral für LW 1
Beobachter (Mittler)	Transparenz, enge Abstimmung, Unterstützung	Direkte Kommunikation, Face to Face und Veranstaltungsformate, Face to Face (Owned Media)	Zentral für LW 1 und 3
Beobachter (Empfängerzielgruppe)	Transparenz, Verhinderung von (offener) Ablehnung, Unterstützung	Traditionelle und Social Media	Zentral für LW 1 und 3

Dokumentation der instrumentellen Umsetzung Neben der aktiven öffentlichen Kommunikation gilt es zugleich, auch die Analyse des Krisenverlaufs weiterlaufen zu lassen. Dazu zählt auch die Dokumentation jedes Arbeitsschritts und jedes stattfindenden Stakeholderkontakts, bis hin zur Dokumentation der Social-Media-Dialoge. Der Kreisverband hat dazu in seinem Krisenkommunikationshandbuch ein Dokumentationsblatt vorgesehen, mit dem alle Stakeholderkontakte mit Zeitpunkt und Inhalt festgehalten werden können. Derartige Formblätter helfen, die oftmals enorme Komplexität im Auge zu behalten, aber auch am Ende einer Krise die Geschehnisse in einer Evaluation aufzuarbeiten.

11.4.5 Evaluation

Die Verschränkung der einzelnen Konzeptionsschritte in der Kommunikation umfasst selbst auch die Evaluation. Bereits während der Krise erweist es sich als sinnvoll, den Kommunikationsprozess und die Wirksamkeit einzelner Schritte mit den auch sonst vorgesehenen Instrumenten der Evaluation (siehe Kap. 6) zu bewerten, um die Wirksamkeit des laufenden Prozesses im Auge zu behalten (vgl. Besson, 2014, S. 363). Die Evaluation gewinnt mit dem Abflauen der Krise *(cool-down)* und dem Rückgang des öffentlichen Drucks weiter an Relevanz. Es geht nun darum, einen positiven Aspekt der Krise produktiv zu nutzen – nämlich die großen Möglichkeit des Lernens aus der Krise (vgl. Pauchant & Mitroff, 1992, S. 158), um künftige Krisenausbrüche zu vermeiden.

Dabei erweisen sich Hürden für eine Bewertung der Krisenkommunikation als hoch – und dies aus zwei Gründen: Zum einen ist Evaluation von Kommunikation generell ein Problem (siehe Abschn. 6.1) – zum anderen kann die Aufarbeitung von Krisen aufgrund der Ausnahmesituation für die Beteiligten auch emotional belastend sein (vgl. Pauchant & Mitroff, 1992, S. 158). Der erste Punkt betrifft vor allem Aspekte, die auf die Effektkommunikation abzielen, der zweite Punkt betrifft den Aspekt des Ablaufcontrollings.

- **Effektcontrolling:** Zu Beginn des Kapitels wurde deutlich gemacht, was ein übergeordnetes Ziel jeglicher Kommunikation sein sollte: die Verringerung von Folgen der Krise (siehe Abschn. 11.1). Auch die Evaluierung orientiert sich daran: Leidet die Reputation unterproportional zum Schadensausmaß, kann von einem Erfolg der Kommunikation und in diesem Sinne von einer abgemilderten Krise gesprochen werden. Eine Schwierigkeit besteht darin, die *Milderung* quantitativ zu erfassen. Hintergrund ist, dass quantitative Ansätze wie z. B. eine Ist-Soll-Analyse für die Krisenkommunikation schwierig durchzuführen sind. Eben weil Krisen sich hoch individuell entwickeln, sind Soll-Werte daraus schwierig zu definieren (vgl. Besson, 2008, S. 266).
  Als quantitative Kennzahlen bieten sich dann gleichwohl Kennzahlen an, die die Frage der Abmilderung nicht direkt beantworten können, jedoch gleichwohl ein Bild von der Krisenkommunikation zeichnen, z. B. die Gesamtzahl der öffentlichen Beiträge auf die Krise, aber auch die Verteilung der Beiträge hinsichtlich der Tonalität (vgl. Besson, 2014, S. 368–369).
  Zugleich bieten sich weitere Instrumente der Evaluation an, die auch in Nicht-Krisen-Zeiten eine Rolle spielen, wie z. B. Stakeholderbefragungen. Für die Krisenevaluation sind diese Befragungen jedoch nur nützlich, wenn sie bereits vor der Krise mindestens einmal durchgeführt wurden, damit ein Vorher-Nachher-Vergleich angestellt werden kann. Eine offen zugängliche Quelle für Meinungen stellen Weblogs und Meinungsforen dar. Sie repräsentieren allerdings nicht die allgemeine öffentliche Meinung (vgl. Besson, 2008, S. 263).
- **Ablaufcontrolling:** Neben der Evaluation der Wirkungen sollte auch der Ablauf der Krisenkommunikation im Zusammenspiel mit anderen Maßnahmen zur Krisenbewältigung kritisch reflektiert werden. In dieser Hinsicht unterscheidet sich die Aufgabe nicht von den in anderen Kommunikationsthemen (siehe Kap. 6). Für das Ablaufcontrolling von Krisen kommt als weiterer Punkt hinzu, dass auch die ganze Krisenvorbereitung und damit das Krisenkommunikationshandbuch als lebendes Dokument (siehe Abschn. 11.4.1) auf dem Prüfstand stehen (vgl. Coombs, 2015, S. 165). Denn gerade hier kann das Lernen ansetzen: Insbesondere, um in künftigen Krisen erfolgreicher zu agieren oder künftige Krisen gar zu verhindern.
- **Evaluation von möglichen Veränderungen außerhalb der Kommunikation:** Zugleich gilt es zu evaluieren, welche Lernpotenziale sich für den Betrieb bzw. die Branche aus der Krise ableiten, die über die kommunikativen Learnings hinausgehen. Der Kommunikation kommt somit hier auch die Aufgabe zu, als Reflexionszentrum

für die Gesamtorganisation zu dienen und Möglichkeiten für Anpassungen im Kerngeschäft auszuloten. Das kann heißen: Veränderungen im Qualitätsmanagement,
Veränderungen in der Produktion oder auch Veränderungen des gesamten Geschäftsmodells. Die Kommunikation kann hier zwar nur Anstöße geben. Aber gerade in den
Zeiten nach einer öffentlich gewordenen Krise kann sie das tun und sollte es vielleicht
auch – im Sinne der in Abschn. 1.1 angesprochenen Resonanzfähigkeit (in) der
Branche.

Literatur

Benoit, W. L. (1997). Image repair discourse and crisis communication. *Public Relations Review,*
    23(2), 177–186.
Besson, N. A. (2008). Mit strategischer Krisenevaluation zur besseren Krisenperformance. In T.
    Nolting & A. Thießen (Hrsg.), *Krisenmanagement in der Mediengesellschaft. Potenziale und*
    Perspektiven der Krisenkommunikation (S. 253–272). VS.
Besson, N. A. (2014). Strategische Krisenkommunikation im Zeitalter von Social Media. In A.
    Thießen (Hrsg.), *Handbuch Krisenmanagement* (2. Aufl., S. 361–380). Springer VS.
Boehme-Neßler. (2014). Litigation und Kommunikation: Zusammenarbeit von Kommunikations-
    und Rechtsabteilungen in Unternehmen. In A. Zerfaß & M. Piwinger (Hrsg.), *Handbuch Unter-*
    nehmenskommunikation. Strategie, Management, Wertschöpfung. (2. Aufl., S. 1321–1332).
    Springer Gabler.
Buchholz, U., & Knorre, S. (2012). *Interne Unternehmenskommunikation in resilienten*
    Organisationen. Springer.
BVL. (2021). Internes Krisenmanagementhandbuch des Bundesamtes für Verbraucherschutz und
    Lebensmittelsicherheit (BVL). o. V.
Bundesanstalt für Landwirtschaft und Ernährung. (o. J.). Ernährungsnotfallvorsorge. Allgemeine
    Informationen. https://www.ernaehrungsvorsorge.de/. Zugegriffen: 1. Juni 2019.
Casey, D. K., Lawless, J. S., & Wall, P. G. (2010). A tale of two crises: The Belgian and Irish
    dioxin contamination incidents. *British Food Journal, 112*(10), 1077–1091.
Cheng, Y. (2018). How social media is changing crisis communication strategies: Evidence form
    the updated literature. *Journal of Contingencies and Crisis Management, 26*(1), 59–68.
Chung, S., & Lee, S. (2016). Crisis communication strategy on social media and the public's
    cognitive and affective responses: A case of foster farms Salmonella outbreak. *Communication*
    Research Reports, 33(4), 341–348.
Coombs, T. W. (2007). Protecting organization reputations during a crisis. The development and
    application of situational crisis communication theory. *Corporate Reputation Review, 10*(3),
    163–176.
Coombs, W. T. (2015). *Ongoing crisis communication. Planning, managing, and responding*
    (4. Aufl.). Sage.
Cordes, H., Ermann, M., Rühmann, H., & Spiller, A. (2016). Öffentlichkeitsorientierte
    Kommunikation im Falle eines Lebensmittelskandals. *Jahrbuch der österreichischen Gesell-*
    schaft für Agrarökonomie, 25, 97–106.
Dairy Reporter. (2006). Arla dairy sales crippled by Middle East boycott. 31.01.2005. https://
    www.dairyreporter.com/Article/2006/01/31/Arla-dairy-sales-crippled-by-Middle-East-boycott.
    Zugegriffen: 7. Juni 2019.

Davidsohn, M. (2014). Die „gerichtsfeste" Organisation. *VGB-Power Power Tech, 7,* 24–27. https://dag-recht.de/images/pdf/veroeffentlichungen/VGB-PowerTech-2014-07-024-027-DAVIDSOHN-Autorenexemplar.pdf. Zugegriffen: 6. Jan. 2021.

Egelhoff, W. G., & Sen, F. (1992). An information-processing model of crisis management. *Management Communication Quarterly, 5*(4), 443–484.

Eriksson, M. (2018). Lessons for crisis communication on social media: A systematic review what research tells the practice. *International Journal of Strategic Communication, 12*(5), 526–551.

Europäische Kommission. (29.04.2004). Beschluss der Kommission zur Erstellung eines allgemeinen Plans für das Krisenmanagement im Bereich der Lebens- und Futtermittelsicherheit.

Fiederer, S., & Ternès, A. (2017). *Effiziente Krisenkommunikation – transparent und authentisch. Mit zahlreichen Praxisbeispielen.* Springer Gabler.

Folger, M., & Röttger, U. (2015). Entstehung und Entwicklung von negativem Word of-Mouth: Warum Facebook-Nutzer Shitstorms initiieren und unterstützen. In O. Hoffjann & T. Pleil (Hrsg.), *Strategische Onlinekommunikation. Theoretische Konzepte und empirische Befunde* (S. 155–182). s: Springer VS.

Frandsen, F., & Johansen, W. (2012). The cartoon affair: A case study. In T. W. Coombs & S. J. Holladay (Hrsg.), *the handbook of crisis communication* (S. 425–448). Wiley-Blackwell.

González-Herrero, A., & Smith, S. (2008). Crisis communications management on the web: How internet-based technologies are changing the way public relations professionals handle business crises. *Journal of Contingencies and Crisis Management, 16*(3), 143–153.

Handelsblatt. (2001). Fischer und Funke treten zurück. BSE-Krisenmanager geben auf. https://www.handelsblatt.com/archiv/bse-krisenmanager-geben-auf-fischer-und-funke-treten-zurueck/2031216.html?ticket=ST-164625-fIVkq69pNsS3qHimznSQ-ap5. Zugegriffen: 7. Juni 2019.

Herrmann, S. (2012). *Kommunikation bei Krisenausbruch. Wirkung von Krisen-PR und Koorientierung auf die journalistische Wahrnehmung.* Dissertation. Springer.

Hofmann, T. (2014). Krise 2.0: Erfolgreiches Reputationsmanagement mit Social Media. In A. Thießen (Hrsg.), *Handbuch Krisenmanagement* (2. Aufl., S. 345–359). Springer VS.

Hofmann, T., & Braun, S. (2008). Die Rolle der Kommunikation im interdisziplinären Krisenmanagement. In T. Nolting & A. Thießen (Hrsg.), *Krisenmanagement in der Mediengesellschaft. Potenziale und Perspektiven der Krisenkommunikation* (S. 135–146). VS.

Johanssen, K.-P., & Dujic, A. (2008). Krisenkommunikation im Ernstfall – Die Rolle der Kommunikationsverantwortlichen. In T. Nolting & A. Thießen (Hrsg.), *Krisenmanagement in der Mediengesellschaft. Potenziale und Perspektiven der Krisenkommunikation* (S. 198–204). VS.

Kelley, H. H. (1973). The processes of causal attribution. *American Psychologist, 28,* 107–128.

Kepplinger, H. M. (2015). Konflikt- und Krisenkommunikation. In R. Fröhlich, P. Szyszka, & G. Bentele (Hrsg.), *Handbuch der Public Relations. Wissenschaftliche Grundlagen und berufliches Handeln. Mit Lexikon* (3. Aufl., S. 993–1000). Springer VS.

Klewes, J., & Popp, D. (2014). Strukturen und Prozesse der Krisenkommunikation – Wie die Zusammenarbeit mit Agenturen und Dienstleistern funktioniert. In A. Thießen (Hrsg.), *Handbuch Krisenmanagement* (2. Aufl., S. 381–396). Springer VS.

Köhler, T. (2008). Gefahrenzone Internet – Die Rolle der Online-Kommunikation bei der Krisenbewältigung. In T. Nolting & A. Thießen (Hrsg.), *Krisenmanagement in der Mediengesellschaft. Potenziale und Perspektiven der Krisenkommunikation* (S. 233–252). VS.

Koulalis, J., & Schäfer, C. (2019). Der Werkzeugkasten des Krisenmanagements. In J. Meißner & A. Schach (Hrsg.), *Professionelle Krisenkommunikation. Basiswissen, Impulse und Handlungsempfehlungen für die Praxis* (S. 55–62). Springer Gabler.

Krämer, J. (2008). Krisenprävention als Zusammenspiel der Disziplinen, oder: Ein Orchester, kein Solo-Instrument. In T. Nolting & A. Thießen (Hrsg.), *Krisenmanagement in der Mediengesellschaft. Potenziale und Perspektiven der Krisenkommunikation* (S. 147–158). VS.

Kussin, M. (2009). PR-Stellen als Reflexionszentren multireferentiellen Organisationen. In U. Röttger (Hrsg.), *Theorien der Public Relations: Grundlagen und Perspektiven der PR-Forschung* (S. 117–133). VS.

Lintemeier, K. (2014). Unternehmenskrisen und Stakeholder-Beziehungen. In A. Thießen (Hrsg.), *Handbuch Krisenmanagement* (2. Aufl., S. 55–69). Springer VS.

Luhmann, N. (2007). *Politische Planung Aufsätze zur Soziologie von Politik und Verwaltung* (5. Aufl.). VS.

Marra, F. J. (1998). Crisis communication plans: Poor predictors of excellent crisis public relations. *Public Relations Review, 24*(4), 461–474.

Mast, C. (2008). Nach der Krise ist vor der Krise – Beschleunigung der Krisenkommunikation. In T. Nolting & A. Thießen (Hrsg.), *Krisenmanagement in der Mediengesellschaft. Potenziale und Perspektiven der Krisenkommunikation* (S. 98–111). VS.

Merten, K. (2008). Krise und Krisenkommunikation: Von der Ausnahme zur Regel? In T. Nolting & A. Thießen (Hrsg.), *Krisenmanagement in der Mediengesellschaft. Potenziale und Perspektiven der Krisenkommunikation* (S. 83–97). VS.

Merten, K. (2014). Krise, Krisenmanagement und Krisenkommunikation. In A. Thießen (Hrsg.), *Handbuch Krisenmanagement* (2. Aufl., S. 155–175). Springer VS.

Nikolaev, A. G. (2012). Thirty common basic elements of crisis management plans: Guidelines for handling the acute stage of „Hard" emergencies at the tactical level. In T. W. Coombs & S. J. Holladay (Hrsg.), *The handbook of crisis communication* (S. 261–281). Wiley-Blackwell.

Pauchant, T. C., & Mitroff, I. I. (1988). Crisis prone versus crisis avoiding organizations. Is your company's culture its own worst enemy in creating crisis? *Industrial Crisis Quarterly, 2*, 53–63.

Pauchant, T. C., & Mitroff, I. I. (1992). *Transforming the crisis-prone organization. Preventing individual, organizational and environmental tragedies.* Jossey-Bass Publishers.

QS Qualität und Sicherheit. (o. J.). Meldebogen für den Ereignisfall (Ereignisfallblatt). Tierhaltung und Tiertransport. www.q-s.de. Zugegriffen: 21. Mai 2021.

QS Qualität und Sicherheit. (05.08.2018). Tatort Stall QS-Ereignismanagement geht jedem Fall nach. https://www.q-s.de/services/files/pressemeldungen/pm-2018/18%2005%2008%20QS%20PM%20Ereignismanagement%20Stalleinbr%C3%BCche.pdf. Zugegriffen: 7. Jan. 2021.

Raupp, J. (2014). Krisenkommunikation und Media Relations. In A. Thießen (Hrsg.), *Handbuch Krisenmanagement* (2. Aufl., S. 77–195). Springer VS.

Riecken, M. (2008). Zwölf Faktoren erfolgreicher Medienarbeit in Krisensituationen. In T. Nolting & A. Thießen (Hrsg.), *Krisenmanagement in der Mediengesellschaft. Potenziale und Perspektiven der Krisenkommunikation* (S. 205–217). VS Verl.

Riecken, M. (2014). Erfolgskritische Faktoren der angewandten Krisenkommunikation. In A. Thießen (Hrsg.), *Handbuch Krisenmanagement* (2. Aufl., S. 319–332). Springer VS.

Schultz, F., & Utz, S. (2014). Krisenkommunikation und soziale Medien in der vernetzten Gesellschaft – Theoretische Perspektiven und empirische Befunde. In A. Thießen (Hrsg.), *Handbuch Krisenmanagement* (2. Aufl., S. 333–344). Springer VS.

Spillan, J., & Hough, M. (2003). Crisis planning in small businesses: Importance, impetus and indifference. *European Management Journal, 21*(3), 398–407.

Stephens, K. K., & Malone, P. (2012). New media for crisis communication. In T. W. Coombs & S. J. Holladay (Hrsg.), *The handbook of crisis communication* (S. 381–395). Wiley-Blackwell.

Thießen, A. (2011). *Organisationskommunikation in Krisen. Reputationsmanagement durch situative, integrierte und strategische Krisenkommunikation.* Zugl.: Fribourg, Univ., Diss., 2011. VS //dx.doi.org/https://doi.org/10.1007/978-3-531-93372-6.

Töpfer, A. (2014). Die Managementperspektive im Krisenmanagement – Welche Rolle spielt das Management bei der Bewältigung von Krisensituationen. In A. Thießen (Hrsg.), *Handbuch Krisenmanagement* (2. Aufl., S. 239–270). Springer VS.

Weichert, S. (2006). *Die Krise als Medienereignis. Über den 11. September im deutschen Fernsehen.* Köln: Herbert von Halem.

Weick, K. E. (1988). Enacted Sensemaking in crisis situations. *Journal of Management Studies, 25*(4), 305–317.

Zerfaß, A. (2014). Unternehmenskommunikation und Kommunikationsmanagement. Strategie, Management und Controlling. In A. Zerfaß & M. Piwinger (Hrsg.), *Handbuch Unternehmenskommunikation. Strategie, Management, Wertschöpfung* (S. 21–79). Springer Gabler.

The manufacturer's authorised representative in the EU is Springer
Nature Customer Service Centre GmbH, Europaplatz 3, 69115 Heidelberg,
Germany. If you have any concerns regarding our products, please
contact ProductSafety@springernature.com

Printed and bound by CPI Group (UK) Ltd, Croydon, CR0 4YY
24/04/2026
02096335-0016